LEON ATKINSON

core PHP4 Programmierung

Mit einem Vorwort von Andi Gutmans

Markt + Technik Verlag

Die Deutsche Bibliothek – CIP-Einheitsaufnahme

Ein Titeldatensatz für diese Publikation ist bei
Der Deutschen Bibliothek erhältlich.

Autorisierte Übersetzung der amerikanischen Originalausgabe:
Core PHP Programming © Prentice Hall PTR, 2001

10 9 8 7 6 5 4 3 2 1

03   02   01

ISBN 3-8272-5809-X

© 2001 by Markt+Technik Verlag,
ein Imprint der Pearson Education Deutschland GmbH,
Martin-Kollar-Straße 10–12, D-81829 München/Germany
Alle Rechte vorbehalten
Übersetzung: Comet Computer, Rückertstraße 5, 80336 München
Lektorat: Boris Karnikowski, bkarnikowski@pearson.de
Fachlektorat: Egon Schmid, Stuttgart, Cornelia Boenigk, Pliezhausen
Herstellung: Elisabeth Egger, eegger@pearson.de
Einbandgestaltung: Heinz H. Rauner, Gmund
Satz: reemers publishing services gmbh, Krefeld (www.reemers.de)
Druck und Verarbeitung: Bercker, Kevelaer
Printed in Germany

Hallo Johannes,

kannst Du das evtl.
gebrauchen – wenn ja,
voilà. Ich arbeite ja gerade
bei Naht & Technik und
habe die freie Buchwahl.

Viele Grüße aus
München und an
Nina, Lucas,
Katharina & Matthias

Arne

core

PHP4

Programmierung

Inhaltsverzeichnis

Vorwort 13

Einleitung 15

Danksagung 19

Teil I: Programmieren mit PHP **21**

1   Einführung 23
    1.1   Die Ursprünge von PHP 24
    1.2   Warum PHP die bessere Alternative ist 26
    1.3   Schnittstellen zu externen Systemen. 27
    1.4   PHP über den Webserver ausführen 28
    1.5   Welche Software und Hardware wird benötigt? 28
    1.6   PHP auf Apache für UNIX installieren 29
    1.7   PHP auf IIS für Windows NT installieren 30
    1.8   Scripts editieren 31
    1.9   Algorithmen 32
    1.10   Wie ein PHP-Script aussieht. 32
    1.11   Daten speichern. 34
    1.12   Eingaben von Benutzern. 36
    1.13   Zwischen Alternativen auswählen 39
    1.14   Programmcode wiederholen 39
    1.15   Schluss 40

2   Variablen, Operatoren und Ausdrücke 41
    2.1   Bezeichner. 42
    2.2   Datentypen 42
    2.3   Variablen und ihr Gültigkeitsbereich 45
    2.4   Variablen Werte zuweisen 48
    2.5   Werte abrufen 50
    2.6   Speicher freigeben 51
    2.7   Konstanten 51
    2.8   Operatoren. 52
    2.9   Logische Operatoren und Vergleichsoperatoren 53
    2.10   Bit-Operatoren 55
    2.11   Sonstige Operatoren 55

| 2.12 | Zuweisungsoperatoren | 58 |
| 2.13 | Ausdrücke | 59 |

3	**Steueranweisungen**	**63**
3.1	TRUE und FALSE	64
3.2	Die if-Anweisung	64
3.3	Der Operator ?	65
3.4	Die switch-Anweisung	67
3.5	Schleifen	69
3.6	Die while-Anweisung	69
3.7	Die break-Anweisung	70
3.8	Die continue-Anweisung	71
3.9	Die do...while-Anweisung	72
3.10	Die for-Anweisung	73
3.11	Die foreach-Anweisung	75
3.12	exit, die und return	75
3.13	Boolesche Ausdrücke auswerten	76

4	**Funktionen**	**77**
4.1	Funktionen definieren	78
4.2	Die return-Anweisung	79
4.3	Gültigkeitsbereich und global-Anweisung	79
4.4	Argumente	80
4.5	Rekursion	82
4.6	Dynamische Funktionsaufrufe	84

5	**Arrays**	**85**
5.1	Eindimensionale Arrays	86
5.2	Arrays indizieren	87
5.3	Arrays initialisieren	88
5.4	Multidimensionale Arrays	89
5.5	Datentypumwandlung in Arrays (Casting)	90
5.6	Arrays innerhalb von Zeichenketten referenzieren	92

6	**Klassen und Objekte**	**95**
6.1	Klassen definieren	97
6.2	Objekte erstellen	99
6.3	Auf Eigenschaften und Methoden zugreifen	99

7	**Eingaben/Ausgaben und Dateizugriffe**	**103**
7.1	HTTP-Verbindungen	104
7.2	An den Browser schreiben	106

7.3	Ausgaben puffern	106
7.4	Umgebungsvariablen	107
7.5	Eingaben aus Formularen	108
7.6	Cookies	109
7.7	Datei-Uploads	110
7.8	PUT-Anforderungen	111
7.9	Aus Dateien lesen und in Dateien schreiben.	112
7.10	Sitzungen (Sessions)	114
7.11	Die Funktionen include und require	116

Teil II: Funktionsreferenz **119**

8	**I/O-Funktionen**	121
8.1	Text an den Browser schicken	122
8.2	Dateien	125
8.3	Funktionen für komprimierte Dateien	155
8.4	Fehlersuche (Debugging)	164
8.5	Sitzungen verwalten	183
8.6	Shell-Anweisung.	185
8.7	HTTP-Header	187
8.8	Netzwerk-I/O-Funktionen.	189
8.9	FTP	193

9	**Datenfunktionen**	201
9.1	Datentypen, Konstanten und Variablen	202
9.2	Arrays	206
9.3	Hashing	227
9.4	Strings	230
9.5	Codieren und decodieren	236
9.6	Kryptographie	255
9.7	Reguläre Ausdrücke	260
9.8	Perl-kompatible reguläre Ausdrücke	262

10	**Mathematische Funktionen**	267
10.1	Allgemeine mathematische Operationen	268
10.2	Zufallszahlen.	274
10.3	Zahlen mit beliebiger Präzision	277

11   Zeit-, Datums- und Konfigurationsfunktionen 279
      11.1   Zeit und Datum 280
      11.2   Alternative Kalender 286
      11.3   Konfigurationsfunktionen 289

12   Bildfunktionen 297
      12.1   Bilder analysieren 298
      12.2   Bilder im JPEG-, PNG- und WBMP-Format erzeugen 300

13   Datenbankfunktionen 329
      13.1   dBase 330
      13.2   DBM-Datenbankabstraktion 334
      13.3   filePro 339
      13.4   Informix 341
      13.5   InterBase 348
      13.6   mSQL 353
      13.7   MySQL 362
      13.8   ODBC 376
      13.9   Oracle 386
      13.10   Postgres 404
      13.11   Sybase 413

14   Sonstige Funktionen 421
      14.1   Apache 422
      14.2   Aspell 425
      14.3   COM 427
      14.4   Gettext 428
      14.5   IMAP 429
      14.6   Java 448
      14.7   LDAP 448
      14.8   Semaphore 458
      14.9   Gemeinsam genutzter Speicher (Shared Memory) 460
      14.10   SNMP 464
      14.11   WDDX 466
      14.12   XML 469

Teil III: Algorithmen **481**

15 **Sortieren, Suchen und Zufallszahlen**. 483
    15.1   Sortieren 484
    15.2   Aufsteigend sortieren 485
    15.3   Binär sortieren. 487
    15.4   Eingebaute Sortierfunktionen 489
    15.5   Mit einer Vergleichsfunktion sortieren. 493
    15.6   Suchen. 496
    15.7   Indizieren 498
    15.8   Zufallszahlen. 500
    15.9   Zufalls-ID 502
    15.10   Werbebanner. 503

16 **Parsen und Zeichenketten auswerten** 505
    16.1   Token bestimmen 506
    16.2   Reguläre Ausdrücke 508
    16.3   Reguläre Ausdrücke definieren. 508
    16.4   Reguläre Ausdrücke in PHP 510

17 **Datenbankintegration** 517
    17.1   HTML-Tabellen aus SQL-Abfragen erzeugen. 518
    17.2   Benutzerbesuche mit Sitzungs-IDs aufzeichnen. 522
    17.3   Daten in einer Datenbank speichern 526
    17.4   Datenbank-Abstraction-Layer. 532

18 **Netzwerk** 533
    18.1   HTTP-Authentifizierung. 534
    18.2   Browser-Cache kontrollieren 536
    18.3   Dokumenttyp festlegen 538
    18.4   E-Mail mit Anhängen 539
    18.5   E-Mail-Adresse verifizieren 542

19 **Grafiken erzeugen** 547
    19.1   Dynamische Schaltflächen 548
    19.2   Grafiken nach Bedarf erzeugen 552
    19.3   Balkendiagramme 554
    19.4   Kreisdiagramme 554
    19.5   1 Pixel große Bilder strecken 559

Teil IV: Software-Entwicklung **561**

20   Kombination mit HTML 563
    20.1   PHP-Abschnitte in ein HTML-Dokument einfügen.................... 564
    20.2   HTML mit PHP ausgeben 568
    20.3   HTML von PHP trennen.. 569
    20.4   <SELECT>-Felder erzeugen 571
    20.5   Arrays aus Formularen übergeben 573

21   Design 577
    21.1   Leistungsbeschreibung.. 578
    21.2   Design-Dokument... 581
    21.3   CVS einsetzen... 583
    21.4   Website mit include in Module aufteilen 583
    21.5   FreeEnergy 585
    21.6   FastTemplate 586
    21.7   Midgard 587
    21.8   Ariadne.. 587
    21.9   Informationen aufzeichnen und Daten schützen 587
    21.10   Cloaking 588
    21.11   Suchmaschinenfreundliche URLs 589
    21.12   Scripts regelmäßig ausführen 591

22   Effizienz und Debugging.. 593
    22.1   Performance messen.. 594
    22.2   Datenbank-Abfrageergebnisse holen 596
    22.3   Inhalte in einer Datenbank speichern 596
    22.4   In-Line Debugging 597
    22.5   Remote Debugging... 598
    22.6   HTTP-Verbindungen simulieren 598

A   Steuerzeichen... 601

B   ASCII-Codes 603

C   Operatoren.. 609

D   PHP-Tags 613

E   PHP Compiler-Konfiguration..................................... 615

F **Internet-Ressourcen** 619

F.1 Portale 621

F.2 Software 621

F.3 Jobs und Dienstleistungen. 622

G **PHP Style Guide** 623

G.1 Kommentare 624

G.2 Funktionsdeklarationen. 625

G.3 Zusammengesetzte Anweisungen. 625

G.4 Namensgebung 625

G.5 Ausdrücke. 627

H **Auf der Buch-CD** 629

Stichwortverzeichnis 631

Vorwort

Für die PHP-Neulinge unter Ihnen möchte ich mit einem kurzen Rückblick beginnen. PHP entstand, als Rasmus Lerdorf Ende 1994 versuchte, Perl auf eine schnelle Art abzuwandeln. Während der folgenden zwei bis drei Jahre entwickelte es sich zu dem, was wir heute als PHP/FI 2.0 kennen. Im Sommer 1997 führten Zeev Suraski und ich einen neuen Parser ein, und es entstand PHP 3. Zu dieser Zeit wurden Syntax und Semantik formalisiert, eine gute Grundlage für weitere Entwicklung.

Heute ist PHP 3 eine der beliebtesten Web-Scriptsprachen. Als dieses Vorwort geschrieben wurde, war PHP bereits auf ungefähr 5 Millionen Webservern installiert. Seine Hauptmerkmale sind:

* sehr kurze Entwicklungszeiten

* Plattform-Unabhängigkeit

* Unterstützung mehrerer Datenbanken

Doch mit der vierten Version hat PHP ein noch höheres Niveau erreicht. Durch die »Zend Engine« ist PHP 4 deutlich schneller und in jeder Hinsicht leistungsfähiger. Die neue Version unterstützt multithreaded Webserver-Umgebungen, einschließlich ISAPI-Modul (Microsoft IIS). Weitere Features sind ein neuer Webserver, Abstraction Layer, Java-Anbindung und die Möglichkeit, deutlich bessere PHP-Konfigurationen aufzubauen.

Wie geht es weiter? Neulinge in der PHP-Gemeinde sind in erster Linie an der Unterstützung von Applikationen interessiert. Dass die PHP-Funktionalität gut ist, ist bekannt. Doch wird sie unterstützt? Die Antwort ist ja. Zend Technologies wurde gegründet, um PHP kommerziell zu unterstützen. Somit können unentschlossene Firmen den Sprung wagen und von hervorragender Open-Source-Software profitieren.

Die zweite Auflage von Leon Atkinsons *Core PHP Programming* soll ebenfalls unterstützend wirken. Hier die verbesserten Features:

* Erläuterungen zu sprachlichen Änderungen und zu Features von PHP 4, wie die verbesserte `include`-Funktion und die neuen NULL- und booleschen Datentypen.

* Erläuterungen zu den meisten Erweiterungen von PHP 4.

* Verbesserter Schriftsatz für diejenigen, die eine zweckmäßige Referenz brauchen.

* Zusätzliche Screenshots und Erläuterungen für PHP-Einsteiger, die PHP schnell lernen wollen.

Kommerzielle Unterstützung und Fachliteratur machen PHP allmählich zu *dem* Standard für Webscripting.

Bei dieser Gelegenheit möchte ich allen danken, die zur Entwicklung von PHP beigetragen haben. Lasst uns weiterhin zusammenarbeiten, um es sogar noch besser zu machen!

Ich hoffe, dass dieses Buch Neulingen einen schnellen Einstieg in PHP ermöglicht und erfahreneren Nutzern ein nützliches Handbuch ist.

Andi Gutmans

Einleitung

Ich wollte ein Buch über PHP schreiben, weil mich die Arbeit mit dem ursprünglichen PHP-Handbuch sehr frustrierte. Es war eine einzige große HTML-Datei mit sämtlichen Funktionen in alphabetischer Reihenfolge. Diese Datei lag zudem auf einem Webserver Tausende von Meilen von mir entfernt in Kanada und baute sich – trotz T1 Verbindung – nur sehr langsam auf. Natürlich speicherte ich sie sofort. Nach einigen Monaten kam mir die Idee, die Informationen in eine zweckmäßigere Form zu bringen. Zu dieser Zeit nahm die nächste PHP-Version Formen an, und mit ihr wurde ein neues Handbuch entwickelt. Es beschäftigte sich mit dem PHP-Quellcode, war jedoch weniger vollständig als das alte PHP-Handbuch. Ich steuerte einige fehlende Beschreibungen für Funktionen bei, wollte jedoch nach wie vor mein eigenes Handbuch schreiben. Im Frühjahr 1998 gab mir Prentice Hall die Gelegenheit dazu. Es ist eine Ehre für mich, dass sich mein Buch unter den Klassikern von Prentice Hall wie *The C Programming Language* von Brian Kernighan und Dennis Ritchi befindet.

Dieses Buch setzt voraus, dass Sie einigermaßen mit dem Internet, dem Web und der HTML-Programmierung vertraut sind, beginnt jedoch mit den Grundsätzen des Programmierens. Es wird Ihnen allgemeine Prinzipien von Programmiersprachen zeigen und erklären, wie diese in PHP funktionieren. Sie lernen, umfangreiche, dynamische Web-Sites zu erstellen. Später wird es Ihnen auf Ihrem Schreibtisch als Referenz für die Arbeit mit PHP dienen und auch als Hilfe bei häufig auftretenden Design-Problemen in der Erstellung von Web-Sites.

Wenn Sie manche Informationen in diesem Buch nicht verstehen, hat dies nichts mit mangelnder Intelligenz zu tun. Manche Dinge sind wirklich sehr schwer verständlich. Lesen Sie schwierige Abschnitte mehrmals. Vor allem experimentieren Sie mit den Beispielen.

Vielleicht können Sie HTML-Dateien noch nicht schreiben und möchten dies zunächst lernen. Marty Halls *Core Web Programming* bietet hierzu eine hervorragende Einführung. Doch auch neben HTML spreche ich zahlreiche Themen an, die über den Rahmen dieses Buches hinausgehen. Wann immer es mir möglich ist, nenne ich Bücher und Web-Sites, die zusätzliche Informationen liefern. PHP bietet vieles, das über das Schreiben von Scripts hinausgeht. Ein Beispiel hierfür ist das Schreiben von Erweiterungen von PHP auf C. Dafür brauchen Sie gute Kenntnisse in der C-Programmierung, die ich hier nicht vermitteln kann. Ähnlich ist es mit dem Kompilieren und Installieren von PHP. Ich werde die PHP Installierung sowie das Kompilieren des Quellcodes beschreiben. Doch kann ich nicht auf sämtliche Kombinationen von Betriebssystem, Webserver und Erweiterungen eingehen. Wenn Sie mit der Ausführung von `make`-Files vertraut sind, genügen Ihnen die Informationen zum PHP-Quellcode.

Um meine Erklärungen zu verdeutlichen, nenne ich Praxisbeispiele. Nichts ist frustrierender, als irgendein theoretisches Problem auf eine Web-Site übertragen zu müssen, die dringend fertig werden muss. Einige der Beispiele beruhen auf dem Code tatsächlich existierender Web-Sites, die ich seit 1997 mit PHP bearbeitet habe. Andere stammen aus Diskussionen in den PHP-Mailinglisten.

Dieses Buch ist in vier Hauptteile gegliedert: Es enthält eine Einführung in das Programmieren, eine Referenz für alle PHP-Funktionen, einen Überblick häufiger Programmierprobleme und schließlich eine Anleitung, um dieses Wissen bei der Entwicklung von Web-Sites anzuwenden. Der erste Teil behandelt allgemeine Themen aus der Programmierung: Wie sieht ein PHP-Script aus? Wie führe ich es aus? Wie gehe ich mit Daten um? Der zweite Teil gliedert Funktionen nach ihrem Aufgabenbereich und bringt Beispiele für ihren Gebrauch. Da PHP viele Funktionen bietet, ist dies der längste Teil. Der dritte Teil behandelt Lösungen für häufig auftretende Aufgaben wie Sortierfunktionen und das Erstellen von Grafiken. Der letzte Teil dient als Ratgeber bei der Erstellung einer ganzen Web-Site mit PHP.

Bestimmte Informationen hebe ich hervor. Schlüsselwörter, wie zum Beispiel Scriptnamen oder Funktionen, sind in nichtproportionaler Schrift gesetzt wie zum Beispiel die `print`-Funktion. E-Mail-Adressen und Web-Adressen werden in spitze Klammern gesetzt, wie meine eigene E-Mail-Adresse `<corephp@leonatkinson.com>` und meine Web-Site `<http://www.leonatkinson.com>`.

Danksagung

Ein Buch zu schreiben erfordert Hingabe und Opfer, meist von Familie und Freunden. Viele Wochenenden blieb ich zu Hause und schrieb, und ich danke allen für die Geduld, die sie mir entgegenbrachten. Dazu gehören meine Frau Vicky, meine Eltern Rhonda und Leonard und meine Großmutter Afton. Dazu gehören auch alle Freunde, die mich aus dem Haus locken wollten, insbesondere diejenigen, die meine fachliche Hilfe gebraucht hätten.

Auch dieses Mal hatte ich zwei phänomenale Lektoren. Vicky las jedes einzelne Wort des Buches, einschließlich der Funktionsreferenz. Dies ist sehr mühsam und ich danke ihr sehr dafür. Von Shannon »JJ« Behrens erhielt ich wertvolle Rückmeldungen und sie stand mir in mancher »Notlage« zur Seite.

Kein PHP Buch ist vollständig, wenn es nicht den PHP-Entwicklern dankt. Es mag klischeehaft klingen, doch Rasmus Lerdorf ist ein wirklich netter Kerl. Nutzen Sie die Gelegenheit, sich einen Vortrag von ihm anzuhören. Zeev Suraski und Andi Gutmans haben enorme Beiträge geleistet. Andi möchte ich ganz besonders für sein Vorwort zu diesem Buch danken. Es sind zu viele, als dass ich jedem Einzelnen danken könnte. Einen möchte ich jedoch nicht unerwähnt lassen: Egon Schmid. Er verbessert nicht nur das PHP-Online-Handbuch, sondern beantwortet auch jede Frage auf der Mailingliste unter Angabe der URL zu den Buchseiten auf der php.net-Site (Anm. d. Verlags: Übrigens hat Egon Schmid auch die vorliegende deutsche Übersetzung fachlektoriert.).

Die Arbeit mit Prentice Hall war mir eine große Freude. Ich danke Mark Taub, von dessen Wissen und Rat ich profitieren durfte, und dem ganzen Team, das sehr professionelle Arbeit geleistet hat.

Zum Abschluss möchte ich all jenen danken, die die erste Auflage der US-Vorlage dieser Übersetzung gekauft haben, und insbesondere denen, die sich die Zeit genommen haben, mir E-Mails zu schicken. Die Resonanz war überwältigend. Es freut mich sehr, PHP so vielen Menschen nahe gebracht zu haben.

Teil I:
Programmieren mit PHP

Der erste Teil dieses Buches beschäftigt sich eingehend mit PHP als Programmiersprache. Sie werden in allgemeine Grundlagen der Informatik eingeführt und erfahren, wie diese in PHP realisiert sind. Außer Kenntnissen in einfachen Auszeichnungssprachen, brauchen Sie keine Programmiererfahrungen. Sie sollten lediglich HTML kennen. Die ersten Kapitel bilden eine Verständnisgrundlage und zielen zunächst nicht darauf ab, Lösungen für spezielle Probleme zu finden. Wenn Sie Erfahrungen mit ähnlichen Programmiersprachen haben, wie C oder Perl, können Sie Kapitel 1 lesen und den Rest überfliegen. Das Buch wird Ihnen weiterhin als Referenz dienen. In den meisten Fällen ist die PHP-Syntax genau wie bei diesen Sprachen.

Kapitel 1 ist eine Einführung in PHP – wie es anfing und wie es sich entwickelte. Erfahrenen Programmierern mag dieses Kapitel ausreichen, da hier die Hauptmerkmale von PHP schnell abgehandelt werden. Wenn Sie weniger erfahren sind, betrachten Sie dieses Kapitel als einen ersten Einblick. Machen Sie sich nicht zu viele Gedanken, wie Beispiele genau funktionieren. In späteren Kapiteln gehe ich näher darauf ein.

Kapitel 2 ist eine Einführung in das Prinzip der Variablen, Operatoren und Ausdrücke. Dies sind die Fundamente eines PHP-Scripts. Um es ganz kurz zu sagen: ein Computer speichert und manipuliert Daten. Durch Variablen erhalten Sie Werte, Operatoren und Ausdrücke manipulieren diese.

Kapitel 3 geht auf die Möglichkeiten ein, mit PHP Programme auszuführen. Dazu gehören Bedingungen und Schleifen.

Kapitel 4 beschäftigt sich mit Funktionen – wie sie aufgerufen und wie sie definiert werden. Eine Funktion ist ein Stück Programmcode, das Sie wiederholt aufrufen können.

Kapitel 5 behandelt Arrays. Ein Array ist eine Sammlung von Werten, die mit Zahlen oder Namen bezeichnet werden. Mit einem Array können Sie Informationen sehr effektiv speichern und abfragen.

Kapitel 6 behandelt Klassen, mit denen Funktionen und Daten objektorientiert in Gruppen eingeteilt werden. PHP ist keine strikt objektorientierte Sprache. Trotzdem enthält sie viele Features aus OO-Sprachen wie Java.

Kapitel 7 beschreibt, wie PHP Daten verschickt und empfängt.

Kapitel **1**

Einführung

- Die Ursprünge von PHP
- Warum PHP die bessere Alternative ist
- Schnittstellen
- PHP über den Webserver
- Welche Software
- PHP auf Apache
- PHP auf IIS für Windows NT installieren
- Scripts editieren
- Algorithmen
- Wie ein PHP-Script aussieht
- Daten speichern
- Eingaben von Benutzern
- Zwischen Alternativen auswählen
- Code wiederholen
- Schluss

Dieses Kapitel wird Sie in PHP einführen. Sie lernen, wie PHP sich entwickelt hat, wie es heute aussieht und warum es die beste serverseitige Technologie ist. Und Sie werden die wichtigsten Features dieser Sprache kennen lernen.

Am Anfang war PHP lediglich eine Sammlung von Makros. Diese war schon sehr hilfreich, aber mehr auch nicht. Inzwischen ist die Entwicklung des Internet rasend schnell vorangeschritten, und PHP ist dabei zu einem günstigen, schnellen und vielseitigen Werkzeug geworden.

Ob Internet, Intranet oder Extranet, das Web besteht nicht mehr nur aus einfachen HTML-Dateien. Web-Seiten werden durch Web-Applikationen ersetzt. Web-Designer müssen viele Technologien wählen.

In diesem Kapitel können Sie aktiv werden und ein bisschen mit PHP spielen. Es gibt viele einfache Beispiele, die Sie sofort ausprobieren können. Wie alle Beispiele in diesem Buch, lassen sie sich leicht umsetzen, um praktische Lösungen zu erzielen. Lassen Sie sich nicht verunsichern, wenn Sie den PHP-Code nicht sofort verstehen. In den nachfolgenden Kapiteln wird jedes Thema ganz genau behandelt.

In diesem Kapitel geht es um Dinge, die Sie bereits wissen. Zum Beispiel, was ist ein Computer. Damit will ich sicherstellen, dass wir alle die gleiche Basis haben. Es mag sein, dass Sie HTML aus dem Effeff beherrschen, doch es mag Ihnen völlig fremd sein, wie ein Computer aufgebaut ist. Vielleicht haben Sie all dies aber auch schon in irgendeinem Computerkurs gelernt. Wenn Ihnen die Grundsätze zu langweilig werden, gehen Sie über zu Kapitel 2 »Variablen, Operatoren und Ausdrücke«.

1.1 Die Ursprünge von PHP

PHP entstand, als Rasmus Lerdorf einen einfachen Weg schaffen wollte, die Besucher seines Online-Lebenslaufs zurückzuverfolgen. Zudem konnten mit PHP SQL-Abfragen in Web-Seiten eingebettet werden. Doch wie so oft im Netz, wollten Fans bald eigene Kopien. Als Befürworter des Prinzips, durch das Internet Wissen zu teilen, veröffentlichte Rasmus im Netz sein Personal Home Page Tool, Version 1.0, als noch niemand ahnte, wie bedeutsam es einmal werden sollte.

PHP wurde sehr beliebt. Die Folge war eine Flut von Vorschlägen. PHP 1.0 filterte Eingaben, indem es einfache Befehle für HTML ersetzte. Mit zunehmender Beliebtheit kam die Frage auf, ob es nicht noch mehr könnte. Schleifen, Bedingungen, umfangreiche Datenstrukturen – die Annehmlichkeiten moderner Programmierung schienen der nächste logische Schritt zu sein. Rasmus lernte den Umgang mit Sprachparsern, arbeitete sich in YaCC und GNU Bison ein und schuf PHP 2.0.

Mit PHP 2.0 konnten Entwickler strukturierten Code in HTML-Tags einbetten. PHP-Scripts konnten Daten, die im HTML-Format übermittelt wurden, analysieren. Sie konnten mit Datenbanken kommunizieren und komplizierte Berechnungen im Handumdrehen ausführen. Zudem war PHP sehr schnell, da der frei verfügbare Quellcode für den Apache Webserver kompiliert werden konnte. Ein PHP-Script war in den Webserver-Prozess integriert und erforderte keine Verzweigungen. Dies war häufig an Common Gateway Interface (CGI) Scripts kritisiert worden.

PHP war eine anerkannte Entwicklerlösung und wurde schließlich auch für kommerzielle Web-Sites verwendet. 1996 schuf Clear Ink die SuperCuts-Site (`www.supercuts.com`) und setzte PHP ein, um hier Web-Surfern die Möglichkeit zu geben, spezielle Erfahrungen zu sammeln. Im Januar 1999 wurde PHP auf fast 100.000 Webservern verwendet. Im November war diese Zahl auf 350.000 gestiegen!

Um PHP entstand eine Entwickler-Gemeinde. Mit Fehlerbeseitigung und Verbesserungen erfüllte man die Nachfrage nach bestimmten Features. Zeev Suraski und Andi Gutmans leisteten einen enormen Beitrag, indem sie einen neuen Parser schrieben. Sie stellten fest, dass der Parser in PHP 2.0 die Ursache für viele Probleme war. Rasmus begann mit PHP 3.0 und rief Entwickler zur Mitarbeit auf. Neben Andi und Zeev unterstützten auch Stig Bakken, Shane Caraveo und Jim Winstead die Arbeit an PHP 3.0.

Nach sieben Monaten Entwicklungsarbeit erschien am 6. Juni 1999 PHP Version 3.0. Sofort danach wurde die Arbeit an der nächsten Version aufgenommen. Zunächst war eine Version 3.1 geplant, doch dank weiterer revolutionärer Arbeit von Zeev und Andi, entstand PHP 4.0 mit der neuen Zend-Engine.

Am 4. Januar 1999 führten Zeev und Andi ein neues Framework ein, mit dem die Leistungsfähigkeit von PHP-Scripts entscheidend verbessert werden sollte. Das neue Framework erhielt den Namen Zend, was sich aus je einem Teil ihrer Vornamen zusammensetzt. In Tests zeigte sich bald, dass die Ausführungszeiten für Scripts um ein Hundertfaches gesunken waren. Zudem wurden neue Features geplant zum Kompilieren von Scripts im Binärsystem, zur Optimierung und Profilierung.

Die Arbeit an Zend und PHP 4.0 fand zur gleichen Zeit statt wie die Fehlerbeseitigung und Verbesserung an PHP 3.0. 1999 wurden acht erweiterte Versionen fertig gestellt und am 29. Dezember 1999 wurde die PHP Version 3.0.13 angekündigt. In diesem Jahr hatten auch Open-Source-Projekte, die mit PHP geschrieben waren, Erfolg. Projekte wie Phorum setzten sich mit langwierigen Internet-Aufgaben auseinander, wie Hosting von Online-Diskussionen. Das PHPLib-Projekt rief Internet-Sitzungen für Nutzer ins Leben, wo neuer Code für PHP entstand. FreeTrade, ein Projekt, das ich selbst leitete, bot ein Toolkit für die Erstellung von E-Commerce-Sites.

Es wurde mehr und mehr über PHP geschrieben. Auf stark frequentierten Sites wie webmonkey.com und techweb.com erschienen über 20 Artikel. Es entstanden Sites, die PHP-Entwickler unterstützen sollten. Im Mai 1999 wurden die ersten beiden Bücher über PHP veröffentlicht. Egon Schmid, Christian Cartus und Richard Blume schrieben das deutsche Buch *PHP: Dynamische Webauftritte professionell realisieren*. Prentice Hall veröffentlichte die erste Auflage meines Buches *Core PHP Programming*. Seither wurden viele andere Bücher veröffentlicht, und weitere sind geplant.

PHP ist kein abgehobenes Produkt, das von realitätsfremden Entwicklern geschaffen wurde. Es entstand aus einem einfachen Tool, das von Eric Raymond in dem Essay *The cathedral and the bazaar* beschrieben wurde <`http://www.tuxedo.org/~esr/writings/cathedral-bazaar/`>.

Seit PHP im Internet zugänglich ist, kann jeder Verbesserungen zusteuern, und viele haben dies getan. Viele suchen nach Lösungen, die für sie von direktem persönlichen Interesse sind. Wenn Ihr Kunde einen Datenbankanschluss braucht, den PHP noch nicht unterstützt, schreiben Sie einfach eine Erweiterung. Geben Sie diese an die PHP-Gemeinde. Bald werden andere weiter daran arbeiten. Die Mehrheit der PHP-Nutzer schreibt jedoch nie eine Erweiterung. Sie profitieren von dem, was schon vorhanden ist. Andere wiederum haben Tausende von Zeilen zum PHP-Code beigetragen. Wenn möglich, nenne ich die Namen derjenigen, die bestimmte Erweiterungen beigesteuert haben. Eine aktualisierte Liste von Beiträgen finden Sie auf der PHP-Site `<http://www.php.net/version4/credits.php>`.

1.2 Warum PHP die bessere Alternative ist

Skeptiker fragen sich: »Warum soll ich PHP lernen?« Die Zeiten, in denen statische Web-Sites mit HTML-Dateien und nur wenigen CGI-Scripts erstellt wurden, sind vorbei. Sites von heute sind dynamisch. Veraltete Firmenpräsentationen werden sich entweder in virtuelle Schaufenster verwandeln oder sie werden völlig verschwinden. Die schwierigste Entscheidung für einen Designer einer Web-Applikation ist es, unter Hunderten von Technologien auszuwählen.

Perl hat sich für CGI-Lösungen gut bewährt und wird für komplexe Web-Technologien wie Cyber-Cash und Excite EWS-Suchmaschinen eingesetzt. Microsoft stattet seine Active Server Pages mit Internet Information Server aus. Eine weitere Lösung ist Middleware wie Allaires Cold Fusion. ServerWatch.com zeigt Hunderte von Web-Technologien. Die Kosten für einige von ihnen gehen in die Zehntausende. Warum PHP unter all diesen Alternativen wählen?

Was PHP auszeichnet, ist schnelle Codierung und schnelle Ausführung. Ohne Veränderungen kann ein und derselbe PHP-Code auf verschiedenen Webservern und Betriebssystemen laufen. Funktionalität, die bei PHP Standard ist, ist in anderen Umgebungen eine Besonderheit. Zudem ist PHP kostenlos. Jeder kann die PHP Web-Site `<htttp://www.php.net/>` besuchen und den Quellcode vollständig herunterladen. Zudem sind Windows-Binaries erhältlich. Somit ist ein leichter Einstieg in die Praxis möglich. Ein Versuch mit PHP birgt kaum Risiko, und aufgrund seiner Lizenz kann der Code für die Entwicklung genutzt werden, ohne dass Lizenzgebühren entrichtet werden müssen. Bei Produkten wie Cold Fusion von Allaire oder Tango Enterprise von Everyware ist das anders. Hier werden Tausende von Mark verlangt für Software mit Interpreter und für Scripts. Doch sogar Marktriesen wie Netscape oder IBM sehen inzwischen die Vorteile, Quellcode verfügbar zu machen.

PHP läuft auf UNIX, Windows 98, Windows NT und Macintosh. PHP ist zur Integration mit dem Apache Webserver ausgelegt. Apache, eine weitere freie Technologie, ist der beliebteste Webserver im Internet und liefert Quellcode für UNIX und Binaries für Windows. Auch kommerzielle Apache-Varianten wie WebTen und Stronghod unterstützen PHP. Doch PHP arbeitet auch mit anderen Webservern, einschließlich dem Internet Information Server von Microsoft. Scripts können zwischen Server-Plattformen hin- und hergeschoben werden, ohne sie zu verändern. PHP unterstützt ISAPI, um von der engen Anbindung an Microsoft Web Server profitieren zu können.

PHP kann modifiziert werden. PHP ist darauf ausgerichtet, dass seine Funktionalität erweitert werden kann. PHP ist in C codiert und bietet eine gut definierte Programmschnittstelle (API). Programmierer können leicht neue Funktionalität hinzufügen. Dass dem so ist, zeigt die große Zahl an Funktionen, die PHP bietet. Auch wenn Sie den Quellcode nicht ändern wollen, können Sie ihn genau anschauen. So bekommen Sie vielleicht Vertrauen in die Robustheit von PHP.

PHP wurde für die Erstellung von Web-Sites geschrieben. Perl, C und Java sind sehr gute allgemeine Sprachen. Auch mit ihnen ist es möglich, Web-Applikationen zu schreiben. Doch leider unterstützen diese Sprachen die Kommunikation mit dem Web nicht. PHP-Applikationen können rasch und leicht entwickelt werden, da der Code in den Web-Sites selbst enthalten ist. Unterstützung für PHP ist kostenlos und frei verfügbar. Anfragen in der PHP Mailingliste werden häufig innerhalb von Stunden beantwortet. Ein allgemeines System zum Auffinden von Fehlern auf der PHP-Site zeigt Probleme und ihre Lösungen. Zahlreiche Sites wie phpbuilder.com und zend.com zeigen PHP-Entwicklern den Quellcode.

Internet Service Provider können ihren Kunden das Schreiben von Web-Applikationen mit PHP ermöglichen. Die Risiken, die mit CGI einhergehen, fallen weg. Entwickler auf der ganzen Welt bieten PHP-Programmierung an. In PHP codierte Sites können von einem Host zum anderen verschoben werden, und jeder Entwickler kann Funktionen hinzufügen.

Programmiererfahrungen in einer anderen Sprache können auf PHP übertragen werden. PHP lehnt sich an Perl und an C an. Programmierer mit Erfahrung in Perl und C lernen PHP sehr schnell. Programmierer, für die PHP die erste Sprache ist, können ihr Wissen auf Perl und C, aber auch auf C ähnlichen Sprachen wie Java übertragen. Dies ist etwas ganz anderes, als mit einer grafischen Entwicklungsumgebung wie MVI zu lernen.

1.3 Schnittstellen zu externen Systemen

PHP ist dafür bekannt, dass es Schnittstellen zu vielen unterschiedlichen Datenbanksystemen bietet. Es unterstützt jedoch auch andere externe Systeme. Diese Unterstützung erfolgt in Form von Modulen, die Erweiterungen genannt werden. Es kommen regelmäßig neue Erweiterungen dazu. Diese Erweiterungen haben Funktionsgruppen, mit denen externen Systeme genutzt werden. Wie bereits gesagt, sind einige davon Datenbanken. PHP bietet Funktionen für einen systemeigenen Austausch mit bekannten Datenbanken und Zugriff auf ODBC-Treiber. Andere Erweiterungen ermöglichen das Verschicken von Nachrichten. Hierzu wird ein bestimmtes Netzwerkprotokoll verwendet, wie LDAP oder IMAP. Diese Funktionen werden genauer in Teil 2 beschrieben, doch die besten führe ich hier auf. PHP-Entwickler sind besessen und arbeitswütig. Deshalb wird es, wenn Sie dies lesen, sicher schon wieder ein paar Erweiterungen mehr geben.

Aspell ist ein System zur Rechtschreibprüfung. Eine Erweiterung unterstützt Zahlen mit beliebig vielen Stellen hinter dem Komma. Mit einer anderen Erweiterung können verschiedene Kalendersysteme bearbeitet werden. Wieder eine Erweiterung unterstützt DBM-Datenbanken. Sie können aus filePro-Datenbanken lesen. Sie können mit Hyperwave kommunizieren. Sie können ICAP-, IMAP- und LDAP-Protokolle verwenden. Unterstützung für Interbase- und Informix-Datenbanken sind in PHP bereits enthalten. Dies gilt auch für mSQL, Mysql, MS SQL, Sybase, Oracle und Postgres. Sie können auch XML parsen oder WDDX-Pakete gestalten.

1.4   PHP über den Webserver ausführen

Wenn ein Webserver eine Seite an den Browser ausgibt, funktioniert das normalerweise folgendermaßen: Als Erstes kommt vom Browser die Anforderung einer Web-Seite. Je nach URL löst der Browser die Adresse des Webservers auf, identifiziert die entsprechende Seite und schickt gegebenenfalls weitere Informationen an den Webserver. Einige dieser Informationen betreffen den Browser selbst, wie sein Name (Mozilla), seine Version (4.08) oder das Betriebssystem (Linux). Andere Informationen für den Webserver könnten zum Beispiel Text sein, den Nutzer in Formularfelder eingegeben haben.

Wenn eine HTML-Datei angefordert wird, sucht der Webserver diese, teilt dem Browser mit, dass er HTML-Text zu erwarten hat, und verschickt dann den Inhalt der Dateien. Der Browser erhält den Inhalt und beginnt mit Hilfe des HTML-Codes die Seite aufzubauen.

Gut wäre es, wenn Sie auch schon einige Erfahrung mit CGI-Scripts haben. Wenn der Webserver eine Anforderung nach einem CGI-Script erhält, kann er nicht einfach den Inhalt der Datei verschicken. Zuerst muss er das Script ausführen. Das Script generiert HTML-Code, der dann an den Browser verschickt wird. Der Browser erhält nur HTML-Programmcode. Der Webserver hingegen erfüllt viele Aufgaben.

Wenn eine PHP-Seite angefordert ist, wird genauso wie bei einem CGI-Script verfahren. Doch das Script wird nicht einfach an den Browser geschickt. Zunächst durchläuft es die PHP-Engine, und der Webserver erhält HTML-Text.

Was ist, wenn Sie die Schaltfläche »Stop« anklicken, noch bevor die Seite ganz heruntergeladen ist? Der Webserver erkennt dies. Normalerweise bricht er das PHP-Script ab. Es ist auch möglich, ein Script zu beenden, obwohl die Verbindung abgebrochen wurde. Oder Sie lassen Ihr Script abbrechen und führen zuvor einen besonderen Programmcode aus. Die Funktionen für diese Funktionalität finden Sie in Kapitel 8 und Kapitel 11.

1.5   Welche Software und Hardware wird benötigt?

Ein großer Vorteil der Open-Source-Software ist, dass sie sich an neue Umgebungen anpasst. Und dies gilt auch für PHP. Obwohl PHP ursprünglich als ein Modul für Apache-Server vorgesehen war, umfasst PHP längst den ISAPI- Standard und arbeitet somit genauso gut mit dem Microsoft Internet Information Server. Was die Hardware anbelangt, so habe ich PHP schon auf 100-MHz-Pentium-Rechnern laufen sehen, die sowohl mit Slackware Linux als auch Windows NT betrieben wurden. Für eine private Entwicklungsumgebung war die Leistung ausreichend. Eine Site, die Tausende von Anforderungen am Tag erfüllen soll, braucht jedoch schnellere Hardware. Auch wenn für eine PHP-betriebene Site mehr Betriebsmittel nötig sind als für eine reine HTML-Site, gelten ähnliche Voraussetzungen. Ich nenne Intel in meinem Beispiel. Sie sind jedoch nicht an diese Hardware gebunden. PHP läuft ebenso gut auf PowerPC und Sparc CPUs.

Sie können zwischen einem Windows-Betriebssystem und einem UNIX-ähnlichen Betriebssystem wählen. PHP läuft auf Windows 95 und 98, obwohl diese Betriebssysteme nicht für stark frequentierte Webserver geeignet sind. Es läuft auch auf Windows NT und dessen Nachfolger Windows 2000. Bei den UNIX-Betriebssystemen läuft PHP gut auf Linux, Solaris und anderen. Wenn Sie mit einem PPC-System wie Macintosh arbeiten, können Sie LinuxPPC wählen. Sie können auch den kommerziellen WebTen-Server verwenden, der auf dem Macintosh-Betriebssystem läuft. Es war Chad Cunningham, der zum Kompilieren von PHP im Betriebssystem X von Apple beitrug. 1999 trug Brian Havard mit Unterstützung zum IBM Betriebssystem 2 bei.

Am besten läuft PHP auf dem Apache-Server. Inzwischen läuft es aber auch sehr gut mit IIS. Sie können es auch als Modul für den fhttpd-Webserver kompilieren. Mit der CGI-Version läuft PHP auf fast allen Webservern, doch würde ich diese Installation nicht für die Erstellung von Web-Sites empfehlen. Wenn Sie mit UNIX arbeiten, empfehle ich, PHP als ein Apache-Modul zu kompilieren. Wenn Sie mit Windows NT arbeiten, bleiben Sie bei IIS.

1.6   PHP auf Apache für UNIX installieren

Wenn Sie Linux verwenden, ist es leicht, ein RPM für Apache und PHP zu finden, doch es kann sein, dass in dieser Installation nicht alle gewünschten PHP-Features enthalten sind. Ich empfehle diesen Weg, damit Sie schnell anfangen können. Später können Sie dann immer noch den Apache und PHP von Grund auf kompilieren. PHP kann auf fast allen UNIX-artigen Betriebssystemen, einschließlich Solaris und Linux, kompiliert werden. Wenn Sie schon einmal Software vom Netz kompiliert haben, wird Ihnen diese Installation keine Schwierigkeiten bereiten. Wenn Sie noch keine Erfahrung damit haben, Dateien aus einem Tar-Archiv auszupacken und make-Dateien auszuführen, wenden Sie sich an Ihren Systemverwalter oder jemand anderen mit Erfahrung. Um PHP vollständig installieren zu können, brauchen Sie Root-Privilegien.

Der erste Schritt ist, die Tar-Dateien herunterzuladen und auszupacken. Die CD-ROM, die diesem Buch beigefügt ist, enthält neue Versionen von PHP und Apache. Die allerneuesten Versionen können Sie aber auch jeweils online finden unter <http://www.php.net/> und <http://www.apache.org/>.

Nachdem Sie die Tar-Datei ausgepackt haben, müssen Sie zunächst Apache konfigurieren. Dafür muss das Konfigurations-Script im Apache-Verzeichnis aufgeführt werden:

```
./configure --prefix=/www
```

Das Script untersucht Ihr System und erstellt die make-Datei. Durch die prefix-Direktive wird im Wurzelverzeichnis Ihres Dateisystems ein Verzeichnis angelegt.

Dann konfigurieren und kompilieren Sie PHP:

```
./configure --with-apache=/usr/local/src/apache?1.3.9 --enable-track-vars
make
make install
```

Dies geschieht innerhalb des PHP-Verzeichnisses. Sie müssen mindestens die Optionen --with-apache und --enable-track-vars angeben. Sie können --with-mysql zufügen, wenn bei Ihnen die MySQL-Datenbank installiert ist. Normalerweise findet PHP die MySQL-Bibliothek selbst. Anhang E zeigt die Direktiven der Konfiguration zur Zeit der Kompilierung. Mit make entsteht die PHP-Bibliothek, und mit make install integriert der Apache das PHP-Modul. Beachten Sie, dass die Anweisung configure einen Pfad zu ihrem Apache Quellcode-Verzeichnis enthält. Machen Sie jedoch bitte nicht den Fehler, relative Pfade für eine der anderen Direktiven zu verwenden.

Als Nächstes müssen Sie Apache neu konfigurieren und make ausführen. Kehren Sie zum Apache Quellcode-Verzeichnis zurück und weisen Sie erneut configure an, dieses Mal mit einer Option, das PHP-Modul zu aktivieren:

```
./configure --prefix=/www --activate-module=src/modules/php4/libphp4.a
make
make install
```

Durch configure entsteht eine neue make-Datei, die Sie nun ausführen. Das neue http-Binärsystem wird im Verzeichnis /www/bin installiert oder dort, wo Sie es angeben.

Um zusätzliche Konfigurationen zur Verfügung zu stellen, verwendet PHP eine Datei, die sich php.ini nennt. Diese Datei befindet sich in /usr/local/lib. Kopieren Sie sie vom PHP Quellverzeichnis:

```
cp php.ini-dist /usr/local/lib/php.ini
```

Es ist unwahrscheinlich, dass Sie diese Datei editieren müssen. Sollte es trotzdem nötig sein, finden Sie darin Anweisungen und Erläuterungen.

Der letzte Schritt ist, eine Dateierweiterung PHP zu erstellen. Dafür wird die httpd.conf-Datei editiert. Sie befindet sich im conf-Verzeichnis Apache, zum Beispiel /www/conf/httpd.conf. Fügen Sie die folgende Zeile hinzu:

```
AddType application/x-httpd-php .php
```

Hierdurch werden alle Dateien mit der Erweiterung .php als PHP-Script ausgeführt. Sie können auch eine andere wählen, zum Beispiel phtml. Sie können auch index.php als Standarddokument einfügen. Wenn der Apache-Server gestartet wird, verarbeitet er die PHP-Scripts. Die Dokumentation für Apache enthält Hinweise, Apache automatisch zu starten. Wenn Apache kürzlich bei Ihnen gelaufen ist, müssen Sie ihn erneut starten, es reicht nicht, den Befehl kill-HUP zu benutzen.

1.7 PHP auf IIS für Windows NT installieren

Der erste Schritt ist, PHP zu installieren. Sie müssen PHP nicht für Windows kompilieren. Eine Binärdatei ist auf der Web-Site (und natürlich auf der beiliegenden CD-ROM) verfügbar. Laden Sie die Zip-Datei herunter und entpacken Sie sie, wo immer Sie möchten. Meine liegt auf c:\php4. Als Nächstes kopieren Sie die Datei php.ini-dist in Ihr System-Root-Verzeichnis. Dies heißt in der Regel c:\winnt. Benennen Sie es in php.ini um. Wenn PHP aufgerufen wird, sucht es zunächst in diesem Verzeichnis nach php.ini. Wenn nötig können Sie sie editieren, um Konfigurations-Parameter zu ändern, einschließlich automatischer Ladeerweiterungen. Erläuterungen in der Datei erklären den Zweck jeder Konfigurations-Direktive.

Als Nächstes müssen Sie sicherstellen, dass sich die nötigen DLL-Dateien auf Ihrem Pfad befinden. Eine Möglichkeit ist, die beiden nötigen Dateien in Ihr Systemverzeichnis zu kopieren, zum Beispiel auf c:\winnt\system32. Eine weitere Möglichkeit ist, das Icon system auf dem Bedienerfeld anzuklicken und Ihr PHP-Verzeichnis dem Systempfad zuzufügen.

Dateien, die mit der Erweiterung .php enden, sollen als PHP-Script bearbeitet werden. IIS nennt diesen Vorgang einen ISAP-Filter. Öffnen Sie die Verwaltungskonsole, mit der Sie alle Seiten von

IIP konfigurieren können. Mit einem der Tabulatoren, mit dem ein Webserver editiert wird, können Sie auch ISAPI-Filter editieren. Fügen Sie einen hinzu. Nennen Sie ihn PHP und verweisen Sie auf die `php4isapi.dll`-Datei, die sich unter den anderen Dateien befindet, die Sie mit PHP installiert haben. Diese Datei ist sehr klein, doch sie lädt den PHP-Kern von einer anderen Bibliothek herunter, nämlich `php4ts.dll`.

Wenn Sie den Filter zugefügt haben, versehen Sie ihn mit einer Erweiterung. Suchen Sie die Schaltfläche für die Konfiguration des Home-Verzeichnisses im Fenster *Eigenschaften*. Machen Sie einen neuen Eintrag in der Liste der Applikationen. Nehmen Sie `.php` als Erweiterung und suchen Sie dann wieder Ihre `php4isapi.dll`-Datei. Lassen Sie das Eingabefeld *method exclusions* frei und prüfen Sie das Script-Engine-Kontrollfeld.

Als letztes starten Sie Ihren Webserver neu. Es reicht nicht, ihn von der Verwaltungskonsole aus zu beenden. Sie müssen diesen Dienst entweder auf der Befehlszeile mit `net stop w2svc` beenden oder mit dem *Dienste*-Bedienfeld. Nachdem Sie ihn beendet haben, starten Sie ihn neu.

1.8   Scripts editieren

PHP-Scripts sind nichts anderes als Text-Dateien, und Sie können sie genauso editieren und erstellen wie HTML-Dateien. Über Telnet stellen Sie eine Verbindung zu Ihrem Webserver her und erstellen eine Datei mit `vi`. Sie können Dateien auch mit `notepad` erstellen und sie dabei mit `ftp` einzeln heraufladen. Dies sind jedoch keine idealen Voraussetzungen. Ein hilfreiches Feature neuerer Hilfsprogramme ist integriertes FTP. Diese Hilfsprogramme können Dateien auf einem externen Webserver öffnen, als wären Sie lokal gespeichert. Mit einem einzigen Klick sind Sie wieder auf dem externen Webserver. Ein anderes vorteilhaftes Feature ist die hervorgehobene Syntax. PHP-Schlüsselwörter sind farbig markiert, um Ihnen ein schnelleres Lesen des Code zu ermöglichen.

Jeder hat sein spezielles Hilfsprogramm für PHP-Scripts. Ich benutze UltraEdit `<http://www.ultraedit.com/>`. Viele, die mit Windows arbeiten, benutzen Macromedias Dreamweaver, um Scripts zu editieren:

`<http://www.macromedia.com/software/dreamweaver/>`

Oder Sie arbeiten mit HomePage von Allaire:

`<http://www.allaire.com/products/homesite/>`.

Quad Systems bietet die kostenlose Ergänzung phpWeave, mit der Dreamweaver einige PHP-Scripts automatisch erstellen kann `<http://phpweave.quad-sys.com/>`. Diejenigen, die mit Macintosh arbeiten, bevorzugen BBedit:

`<http://www.barebones.com/products/bbedit/bbedit.html>`.

Wenn Sie ein UNIX-Betriebssystem haben, sind Ihnen natürlich `emacs` oder `vi` lieber. Auch `nEdit` `<ftp://ftp.fnal.gov/pub/nedit/>` ist eine Möglichkeit für Sie. Ein Modul für PHP finden Sie im Verzeichnis `contrib`. Welches Hilfsprogramm das beste ist, ist oft Thema der PHP-Mailingliste. Die Archive zu lesen macht Spaß und ist sehr informativ:

`<http://www.progressive-comp.com/Lists/?1=php3-general>`.

1.9   Algorithmen

Wenn Sie mit Ihrem Computer arbeiten, geben Sie ihm Anweisungen, die er ausführen soll. Wenn Sie auf Ihrem Desktop eine Schaltfläche in den Papierkorb ziehen, weisen Sie Ihren Computer an, diese Datei von Ihrer Festplatte zu löschen. Wenn Sie eine HTML-Datei schreiben, sollen Informationen auf eine bestimmte Art angezeigt werden. Normalerweise werden bei jedem Vorgang des Computers aufeinander folgende Schritte ausgeführt. Zunächst erscheint im Browser-Fenster die Farbe, die Sie im `body`-Tag definiert haben. Dann zeigt er einen Text in einer bestimmten Farbe oder einer bestimmten Schriftart an. Einen Computer zu benutzen heißt nicht, jeden kleinsten Schritt, den er ausführt, zu kennen, sondern ihm eine Reihe geordneter Anweisungen zu geben, die er ausführen soll.

Die Anleitung für einen Kuchen nennt man Rezept. Die Anleitung für einen Film nennt man Drehbuch. Und die Anleitung für einen Computer heißt Programm. Jede dieser Anleitungen ist in ihrer eigenen Sprache geschrieben, um abstrakte Anweisungen auf konkrete Weise verwirklichen zu können. In der Informatik wird solch eine abstrakte Anweisung »Algorithmus« genannt, ein Begriff, der aus der Mathematik kommt.

Sicherlich haben Sie spontan eine Idee für einen Algorithmus. Vielleicht Informationen auf einem Web-Browser, die sich ständig aktualisieren. Stellen Sie sich jedoch besser etwas Einfaches vor, zum Beispiel das Anzeigen des aktuellen Datums. Es ist möglich, eine einfache HTML-Datei einmal am Tag zu editieren. Sie können sich sogar eine Anleitung schreiben, die Ihnen hilft, keinen Schritt zu vergessen. Doch Sie können diese Aufgabe nicht mit HTML allein ausführen. HTML besitzt kein Tag für das aktuelle Datum.

PHP ist eine Sprache, mit der Sie Algorithmen für HTML-Dateien ausdrücken können. Mit PHP schreiben Sie Anweisungen, um das aktuelle Datum innerhalb eines HTML-Dokuments anzuzeigen. Ihre Anweisungen schreiben Sie in einer Datei, die man »Script« nennt. Die Sprache dieses Scripts ist PHP.

1.10   Wie ein PHP-Script aussieht

PHP existiert als Tag innerhalb einer HTML-Datei. Bei allen HTML-Tags steht vorne ein Kleiner-als-Zeichen (<) und hinten ein Größer-als-Zeichen (>). Damit sich ein PHP-Tag von anderen Tags unterscheidet, steht nach dem Kleiner-als-Zeichen und vor dem Größer-als-Zeichen ein Fragezeichen. Text, der sich außerhalb das PHP-Tags befindet, läuft einfach durch den Browser. Text im Tag sollte PHP-Code sein und wird geparst. Um XML unterzubringen und einige andere besondere Hilfsprogramme wie Front Page von Microsoft, bietet PHP drei andere Wege, mit denen Sie Programmcode markieren können. Wenn Sie nach dem ersten Fragezeichen `php` schreiben, ist PHP-Code gut für XML-Parser lesbar. Sie können auch ein Script-Tag so gebrauchen, als würden Sie ein JavaScript schreiben. Und schließlich können Sie Tags verwenden, die wie ASP aussehen und bei denen ein Code-Block mit <% gestartet wird. In Anhang D werden diese Alternativen erklärt. In meinen Beispielen verwende ich <? und ?>.

Listing 1.1 zeigt eine simple HTML-Seite. Hier gibt es jedoch einen bemerkenswerten Unterschied, nämlich den PHP-Code, der zwischen <? und ?> steht.

Abbildung 1.1: Aktuelles Datum ausgeben

Listing 1.1: Aktuelles Datum ausgeben

```
<HTML>
<HEAD>
<TITLE>Listing 1-1</TITLE>
</HEAD>
<BODY>
Das Datum von heute: <? print(Date("l F d, Y")); ?>
</BODY>
</HTML>
```

Wenn diese Seite das PHP-Modul durchlaufen hat, wird der PHP-Code durch das aktuelle Datum ersetzt. Es kann dann folgendermaßen aussehen: Friday February 08, 2001.

PHP ignoriert Leerraum, also Leerzeichen, Tabs und Zeilenumschaltungen. Richtig eingesetzt, kann Leerraum Ihren Code leserlicher machen. Das Beispiel in Listing 1.2 funktioniert wie das vorhergehende Beispiel. Doch der PHP-Code ist leichter zu erkennen.

Listing 1.2: Neu formatiertes Script

```
<HTML>
<HEAD>
<TITLE>Listing 1-2</TITLE>
</HEAD>
<BODY>
Heutiges Datum:
<?
    /*
    ** Gibt das heutige Datum aus
    */
    print (Date ("l F d, Y"));
?>
</BODY>
</HTM>
```

Sicher haben Sie in Listing 1.2 auch den Programmcode bemerkt, an dessen Anfang ein Slash steht, gefolgt von einem Sternchen. Dies ist ein Kommentar. Alles zwischen /* und */ wird wie Leerraum behandelt, es wird ignoriert. Mit Kommentaren können Sie beschreiben, wie Ihr Code funktioniert. Selbst wenn Sie mit Ihrem eigenen Code arbeiten, werden Sie merken, dass Sie Kommentare in fast allen Scripts brauchen.

Zusätzlich zu Kommentaren am Anfang und am Ende, gibt es bei PHP zwei Wege, einen einzeiligen Kommentar zu erstellen. Durch einen doppelten Slash oder ein Pfund-Zeichen wird alles Nachfolgende bis zum Zeilenende vom Parser ignoriert.

Nachdem der Parser die Leerzeile und den Kommentar in Listing 1.2 übersprungen hat, trifft er auf das erste Wort: `print`. Dies ist eine PHP-Funktion. Eine Funktion fasst Code in einer Einheit zusammen, die sie mit ihrem Namen aufrufen können. Die `print`-Funktion schickt Text an den Browser. Was in Klammern steht, wird ausgewertet, und die Funktion `print` gibt das Ergebnis im Browser aus. Doch wo ist das Zeilenende? Im Gegensatz zu BASIC und JavaScript, die das Zeilenende mit einem Zeilenumbruch anzeigen, verwendet man bei PHP ein Semikolon. Hier lehnt sich PHP an C an.

Was in einer Zeile zwischen `print` und `;` steht, ist der Funktionsaufruf `date`. Der Text zwischen der vorderen und der hinteren Klammer ist der Parameter, der an `date` übergeben wird. Durch den Parameter weiß `date`, in welcher Form das Datum erscheinen soll. In diesem Fall haben wir Programmcode für den Wochentag in ausgeschriebener Form gewählt, den Monat in ausgeschriebener Form, den Tag als Zahl und die vierstellige Jahreszahl. Das aktuelle Datum wird formatiert und wieder an die `print`- Funktion übergeben. Die Zeichenfolge, die zwischen Anführungszeichen steht, nennt sich Zeichenkettenkonstante oder Zeichenkettenliteral. PHP weiß, dass Zeichen, die sich zwischen Anführungszeichen befinden, als Text behandelt werden sollen. Ohne die Anführungszeichen geht PHP davon aus, dass Sie eine Funktion nennen oder ein anderes Element der Sprache. Mit anderen Worten: Trifft PHP auf ein Paar Anführungszeichen, tut es nichts, solange bis es auf ein zweites Paar Anführungszeichen trifft.

Beachten Sie, dass `print` vollständig in Kleinbuchstaben geschrieben wird, aber bei `date` der erste Buchstabe ein Großbuchstabe ist. Damit wollte ich zeigen, dass bei PHP das Erscheinungsbild der integrierten Funktionen nicht so wichtig ist. Sowohl `Print`, `PRINT` als auch `PrInT` sind gültige Aufrufe für die gleiche Funktion. Der Lesbarkeit halber werden integrierte Funktionen bei PHP jedoch für gewöhnlich in Kleinbuchstaben geschrieben.

1.11 Daten speichern

Häufig muss man Daten speichern, um sie später wieder verwenden zu können. Wie die meisten Programmiersprachen arbeitet auch PHP mit Variablen. Durch Variablen erhalten die Informationen, die Sie speichern und bearbeiten möchten, Namen. In Listing 1.3 wird unser Beispiel diesmal mit Variablen bearbeitet.

Listing 1.3: Variablen Werte zuweisen

```
<?
    $Name = "Leon";
    $Heute = date("l F d, Y");
    $Kosten = 7.50;
    $Tage = 4;
?>
<HTML>
<HEAD>
```

```
<TITLE>Listing 1-3</TITLE>
</HEAD>
<BODY>
Heute:
<?
   /*
   ** Gibt das aktuelle Datum aus
   */
   print ("<H3>$Heute</H3>\n");

   /*
   ** Message mit Rechnung
   */
   print ("$Name, bitte bezahlen Sie ");
   print ($Kosten * $Tage);
   print (" DM für $Tage Tage.<BR>\n");
?>
</BODY>
</HTML>
```

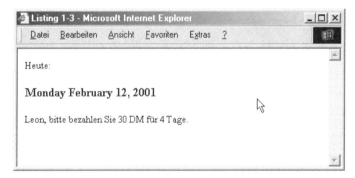

Abbildung 1.2: Variablen Werte zuweisen

Durch den ersten Code-Block werden einigen Variablen Werte zugewiesen. Die vier Variablen sind Name, Heute, Kosten und Tage. PHP weiß, dass dies Variablen sind, da vor ihnen ein Dollarzeichen ($) steht. Wenn Sie das erste Mal eine Variable in Ihrem Script verwenden, wird Speicher reserviert, um die gewünschten Informationen zu speichern. Sie brauchen PHP nicht zu sagen, welche Art von Information Sie in der Variablen speichern werden. PHP findet das selbst heraus.

Zunächst setzt das Script eine Reihe von Zeichen in die Variable Name. Wie ich schon sagte, erkennt PHP diese als Textdaten, da ich sie in Anführungszeichen setze. Ebenso setze ich das heutige Datum in eine Variable mit dem Namen Heute. In diesem Fall weiß PHP, dass Text in die Variable gesetzt werden soll, da die date-Funktion Text zurückgibt. Dieser Datentyp wird als Zeichenkette bezeichnet. Ein Zeichen ist ein einzelner Buchstabe, eine Zahl und jede Markierung, die Sie mit nur einer Taste Ihrer Tastatur erzeugen.

Beachten Sie, dass mit einem Gleichheitszeichen (=) die Variable und der Wert voneinander getrennt werden. Das ist der Zuweisungsoperator. Alles auf seiner rechten Seite wird in eine Variable gesetzt, die auf seiner linken Seite genannt wird.

Mit der dritten und vierten Zuweisung setzen Sie numerische Daten in Variablen. Der Wert 7,5 ist eine Gleitkommazahl oder eine Bruchzahl. PHP nennt dies ein Double, was auf C zurückgeht. Der Wert 4 in der nächsten Zuweisung ist ein Integer, eine ganze Zahl.

Nachdem HTML-Code eingegeben wurde, wird ein neuer PHP-Programmcode geöffnet. Zuerst druckt das Script das aktuelle Datum als Überschrift der Gruppe 3. Beachten Sie, dass das Script einige neue Informationstypen an die `print`-Funktion übergibt. Sie können Zeichenkettenliterale oder Zeichenkettenvariable an `print` geben, die dann zum Browser geschickt werden.

Bei den Variablen ist PHP sehr genau. `Heute` und `heute` sind zwei unterschiedliche Variablen. Da es bei PHP nicht notwendig ist, Variablen zu deklarieren, bevor man sie benutzt, kann es passieren, dass Sie `heute` schreiben, obwohl Sie `Heute` meinen, und dass trotzdem kein Fehler angezeigt wird. Wenn Variablen unerwarteterweise leer sind, überprüfen Sie sie noch einmal.

Als Nächstes druckt das Script `Leon, bitte bezahlen Sie 30 DM für 4 Tage`. Die Zeile, in der der Gesamtbetrag erscheint, berechnet diese durch Multiplikation mit dem *-Operator.

1.12 Eingaben von Benutzern

Variablen zu manipulieren, die Sie in Ihr Script gesetzt haben, ist nicht sonderlich aufregend. Scripts werden wesentlich nützlicher, wenn sie Informationen von Benutzern enthalten. Wenn Sie PHP von einem HTML-Formular aufrufen, werden die Felder des Formulars in Variablen verwandelt. Listing 1.4 ist ein Formular, das Listing 1.5 aufruft, eine weitere Abwandlung unseres Beispiels.

Abbildung 1.3: HTML-Formular

Listing 1.4: HTML-Formular

```
<HTML>
<HEAD>
<TITLE>Listing 1-4</TITLE>
</HEAD>
<BODY>
<FORM ACTION="listing?1-5.php" METHOD="post">
```

```
Name:
<INPUT TYPE="text" NAME="Name"><BR>
Kosten:
<INPUT TYPE="text" NAME="Kosten"><BR>
Tage:
<INPUT TYPE="text" NAME="Tage"><BR>
<INPUT TYPE="submit" NAME="x" VALUE="Berechnen">
</FORM>
</BODY>
</HTML>
```

Listing 1.4 ist ein normales HTML-Formular. Wenn Sie jemals mit CGI zu tun hatten, kommt es Ihnen bekannt vor. Hier gleichen drei Formularfelder den Variablen unseres vorherigen Beispiels. Anstatt einfach nur Daten in die Variablen einzufügen, verwenden wir ein Formular und nehmen Informationen von Benutzern auf. Wird die Schaltfläche zum Absenden betätigt, erhält das Script die drei Formularfelder, die in dem Attribut ACTION angegeben sind. PHP wandelt sie in Variablen um.

Abbildung 1.4: Kosten aus dem Formular berechnen

Listing 1.5: Kosten aus dem Formular berechnen

```
<?
    $Heute = date("l F d, Y");
?>
<HTML>
<HEAD>
<TITLE>Listing 1-5</TITLE>
</HEAD>
<BODY>
Heute:
<?
    /*
    ** Gibt das aktuelle Datum aus
    */
    print ("<H3>$Heute</H3>\n");

    /*
    ** Message mit Kosten
```

```
      */
      print("$Name, bitte bezahlen Sie ");
      print($Kosten * $Tage);
      print(" DM für $Tage Tage.<BR>\n");
?>
</BODY>
</HTML>
```

Im ersten Abschnitt des PHP-Scripts fehlen die Zeilen, die die Variablen enthalten, außer dem heutigen Datum. Der Rest des Scripts bleibt unverändert. Das Script geht davon aus, dass die Variablen Daten enthalten. Experimentieren Sie mit den Scripts, indem Sie irgendeine unsinnige Information in die Formularfelder eingeben.

Beachten Sie, dass, wenn Sie Wörter eingeben, wo das Script Zahlen verlangt, PHP diesen Nullwerte zuweist. Die Variablen werden mit einer Zeichenkette gesetzt. Beim Versuch, diese als eine Zahl zu behandeln, wandelt PHP die Information um. Die Eingabe 10 Little Indians als Kosten für das Mittagessen wird als 10 interpretiert.

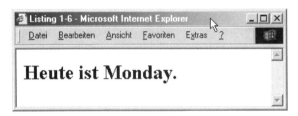

Abbildung 1.5: Aktuelle Mitteilung

Listing 1.6: Aktuelle Mitteilung

```
<HTML>
<HEAD>
<TITLE>Listing 1-6</TITLE>
</HEAD>
<BODY>
<H1>
<?
    /*
    ** Den Wochentag ermitteln
    */
    $Heute = date ("l");

    if ($Today == "Friday") {
       print("Heute ist Freitag!");
    } else {
       print("Heute ist $Today.");
    }
?>
```

```
</H1>
</BODY>
</HTML>
```

1.13 Zwischen Alternativen auswählen

Mit PHP können Sie Bedingungen prüfen und, ausgehend vom Ergebnis dieser Prüfung, bestimmten Code ausführen. Die einfachste Form ist die if-Anweisung. Listing 1.6 zeigt, wie Sie den Inhalt einer Seite anhand des Wertes einer Variablen anpassen.

Die Heute-Variable enthält den aktuellen Wochentag. Die if-Anweisung wertet den Ausdruck in der Klammer als erfüllt oder nicht erfüllt. Der ==-Operator vergleicht die rechte Seite mit der linken Seite. Wenn Heute das Wort Friday enthält, wird der Programmcode in der geschweiften Klammer ({ und }) ausgeführt. In allen anderen Fällen wird der Programmcode, der die else-Anweisung enthält, ausgeführt.

1.14 Programmcode wiederholen

Der letzte Funktionalitätstyp in dieser kurzen Einführung sind Schleifen. Mit Schleifen können Sie die Ausführung von Code wiederholen. Listing 1.7 ist ein Beispiel für eine for-Schleife. Die for-Anweisung erwartet drei Parameter, die durch ein Semikolon voneinander getrennt sind. Der erste Parameter wird einmal ausgeführt, bevor die Schleife beginnt. Normalerweise initialisiert sie eine Variable. Der zweite Parameter führt einen Vergleich durch. Dies ist meist ein Vergleich mit der Variablen aus dem ersten Parameter. Der dritte Parameter wird jedes Mal dann ausgeführt, wenn das Ende der Schleife erreicht wird.

Die for-Schleife in Listing 1.7 löst drei Wiederholungen aus. Der Initialisierungs-Code setzt die Variable count auf 1. Dann vergleicht der Vergleichs-Code den Wert von count mit 3. Da 1 weniger als oder gleich 3 ist, wird der Code in der Schleife ausgeführt. Beachten Sie, dass das Script den Wert von count ausgibt. Wenn Sie dieses Script starten, werden Sie bemerken, dass count von 1 bis 3 fortfährt. Der Grund ist, dass der dritte Teil der for-Anweisung count bei jeder Schleife um 1 vergrößert. Der ++-Operator vergrößert sofort die Variable zu seiner Linken.

Beim ersten Mal in der Schleife ist count 1, nicht 2. Der Grund hierfür ist, dass die Vergrößerung von count erst dann erscheint, wenn wir Größer-als-Zeichen erreicht haben. Nach der dritten Schleife, wird count auf 4 vergrößert. Zu diesem Zeitpunkt ist 4 nicht weniger als oder gleich 3, und die Schleife endet. Bei dem Befehl, der der Schleife folgt, wird die Ausführung fortgeführt.

Listing 1.7: Tägliche Bestätigung

```
<HTML>
<HEAD>
<TITLE>Listing 1-7</TITLE>
</HEAD>
<BODY>
<H1>Tägliche Bestätigung</H1>
Dreimal wiederholen:<BR>
<?
```

```
    for ($count = 1; $count <= 3; $count++)
    {
        print ("<B>$count</B> Ich bin gut, ");
        print ("ich bin nicht schlecht, ");
        print ("und ich denke ... !<BR>\n");
    }
?>
</BODY>
</HTML>
```

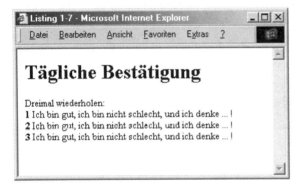

Abbildung 1.6: Tägliche Bestätigung

1.15 Schluss

Ich hoffe, dass Sie dieses Kapitel bereits von den Vorzügen von PHP überzeugt hat. Sie haben einige der Hauptmerkmale der Sprache sowie ihre Vorzüge gegenüber vielen Konkurrenten kennen gelernt. Im folgenden Teil des Buches wird PHP ausführlicher behandelt.

Kapitel **2**

Variablen, Operatoren und Ausdrücke

- Bezeichner
- Datentypen
- Variablen und ihr Gültigkeitsbereich
- Variablen Werte zuweisen
- Werte abrufen
- Speicher freigeben
- Konstanten
- Operatoren
- Logische Operatoren und Vergleichsoperatoren
- Bit-Operatoren
- Sonstige Operatoren
- Zuweisungsoperatoren
- Ausdrücke

Die wesentlichen Bestandteile von PHP sind Bezeichner und Operatoren. Ein Bezeichner kann eine Funktion oder eine Variable sein. Bei einem Operator handelt es sich normalerweise um ein oder zwei Symbole, die für eine Operation wie Addition oder Multiplikation stehen. Die Kombination aus Bezeichner und Operatoren heißt Ausdruck. Dieses Kapitel erklärt die grundlegenden Konzepte von PHP.

2.1 Bezeichner

Bezeichner geben den abstrakten Dingen in PHP einen Namen: Funktionen, Variablen und Klassen. Einige davon erzeugt PHP als eingebaute Funktionen oder Umgebungsvariablen. Andere erzeugen Sie selbst. Bezeichner können beliebig lang sein. Sie können aus Buchstaben, Zahlen und Unterstrich bestehen.

Groß- und Kleinschreibung wird beachtet. Die Variablen `UserName` und `username` sind also zwei unterschiedliche Bezeichner. Eine Ausnahme sind eingebaute Funktionen. So können Sie die Funktion `print` auch `Print` nennen.

Zulässig	Nicht zulässig
`LastVisit`	`Last!Visit`
`_password`	`~password`
`compute_Mean`	`computer-Mean`
`Lucky7`	`7Lucke`

Tabelle 2.1: Zulässige und nicht zulässige Bezeichner

Variablen, die in diesem Buch noch näher beschrieben werden, beginnen mit einem `$`. Dies hat den Vorteil, dass Funktionen und Variablen denselben Namen haben können. Es ist auch möglich, eine Variable zu erzeugen, die denselben Namen hat wie eine eingebaute Funktion. Dies kann Ihren Programmcode jedoch sehr verwirrend machen. Eine Funktion darf aber niemals denselben Namen wie eine eingebaute Funktion haben.

2.2 Datentypen

PHP enthält drei elementare Datentypen: Integer (Ganzzahl), Double (Gleitkommazahlen) und String (Zeichenketten). Integer-Datentypen werden oft als ganze oder natürliche Zahlen bezeichnet. Sie haben kein Komma. Gleitkommazahlen werden häufig auch als Realzahlen bezeichnet. Sie haben immer ein Komma, auch wenn danach eine Null folgt. In PHP werden sie Double genannt, eine Abkürzung für »double-precision floating-point numbers«. Zeichenketten sind Aneinanderreihungen von Textdaten. Zeichenkettenkonstanten sind immer in doppelte (`"`) oder einfache Anführungszeichen (`'`) eingeschlossen.

Neben diesen hat PHP vier Datentypen, die sich aus den drei oben genannten zusammensetzen: Arrays, Objekte, boolesche Werte und Ressourcen. Ein Array ist eine Aneinanderreihung von

Werten, denen Indizes zugeordnet sind. Arrays werden umfassend in Kapitel 5, »Arrays«, behandelt. Objekte sind ähnlich wie Arrays, können aber auch Funktionen enthalten. Sie werden in Kapitel 6, »Klassen und Objekte«, behandelt. Boolesche Werte sind entweder TRUE oder FALSE. Ursprünglich gab es in PHP keinen eigenen Datentyp für boolesche Werte. Statt dessen wurden Null und eine leere Zeichenkette als FALSE und jeder andere Wert als TRUE betrachtet. Bei PHP 4 ist dies anders. Hier können Daten vom booleschen Typ sein. Ressourcen sind Integer-Zahlen, mit denen Betriebsmittel des Systems identifiziert werden, wie offene Dateien oder Datenbankverbindungen.

Wenn Sie PHP-Code schreiben, unterscheiden Sie normalerweise nicht bewusst zwischen den Datentypen, denn PHP-Variablen sind Multi-Typ-Variablen. Sie definieren keinen speziellen Typ für eine Variable, sondern weisen ihr einfach einen Wert zu. PHP speichert, welcher Datentyp in der Variablen enthalten ist. Wenn Sie Daten aus der Variablen abfragen, wird derselbe Datentyp ausgegeben.

Es gibt zwei Möglichkeiten, dieses Verhalten zu ändern. Die erste ist die Funktion settype. Damit bestimmen Sie explizit den Typ der Variablen. Die Daten, die der Variablen zugeordnet sind, werden in den neuen Typ umgewandelt. Die zweite Möglichkeit ist, eine Konvertierungsfunktion oder Casting (implizierte Typumwandlung) zu verwenden. Listing 2.1 zeigt settype, die Konvertierungsfunktionen und Casting.

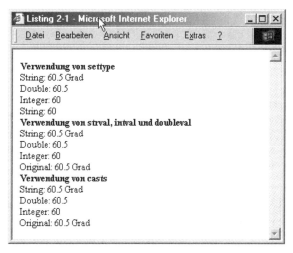

Abbildung 2.1: Typumwandlung

Listing 2.1: Typumwandlung

```
<?
    echo "<B>Verwendung von settype</B><BR>\n";

    $Temperatur = "60.5 Grad";
    echo "String: $Temperatur<BR>\n";

    settype ($Temperatur, "double");
```

```
echo "Double: $Temperatur<BR>\n";

settype ($Temperatur, "integer");
echo "Integer: $Temperatur<BR>\n";

settype($Temperatur, "string");
echo "String: $Temperatur<BR>\n";

echo "<B>Verwendung von strval, intval";
echo " und doubleval</B><BR>\n";
$Temperatur = "60.5 Grad";

echo "String: " . strval ($Temperatur) . "<BR>\n";
echo "Double: " . doubleval ($Temperatur) . "<BR>\n";
echo "Integer: " . intval ($Temperatur) . "<BR>\n";
echo "Original: $Temperatur<BR>\n";

print("<B>Verwendung von casts</B><BR>\n");
$Temperatur = "60.5 Grad";

echo "String: " . (string)$Temperatur . ?<BR>\n";
echo "Double: " . (double)$Temperatur . ?<BR>\n";
echo "Integer: " . (integer)$Temperatur . ?<BR>\n";
echo "Original: $Temperatur<BR>\n";
?>
```

Bei der ersten Verwendung von Temperatur setzt PHP den Typ String, weil der Variablen ein Zeichenkettenliteral zugewiesen wird. Beim Setzen des Typs auf Double, wird der Wert neu ausgewertet. Wenn Sie das Ergebnis prüfen, sehen Sie, dass dabei einige Informationen verloren gegangen sind. Der Text, der nach der Nummer steht, fällt weg, da er im Zusammenhang mit einer Gleitkommazahl keine Bedeutung hat. Beim Konvertieren nach Integer fallen entsprechend die Dezimalstellen nach dem Dezimalpunkt weg. Wird der Typ wieder in einen String umgewandelt, ist die vorherige Information verloren.

Im Gegensatz dazu bleibt bei einem Konvertierungs-Befehl der Wert der Variablen erhalten, da hier nur die Ausgabe umgewandelt wird. Daten in der Variable bleiben unverändert.

In Kapitel 9 wird die Funktion settype genau beschrieben, ebenso wie die Konvertierungsfunktionen intval, strval und doubleval. Bei Castings, die dieselbe Wirkung wie Konvertierungsfunktionen haben, steht der Datentyp in Klammern vor dem Ausdruck. Gültige Castings sind (boolean), (integer), (double), (array) und (object). Arrays und Objekte werden in Kapitel 5 und 6 behandelt.

Ein anderer Datentyp, der uns in diesem Buch gelegentlich begegnet, ist das »Bit-Feld«. Das Bit-Feld ist nicht direkt ein Datentyp, sondern eine Sicht auf ein Integer, als eine Folge von Einsen und Nullen. Bit-Felder werden weiter unten in diesem Kapitel bei den Bit-Operatoren behandelt.

2.3 Variablen und ihr Gültigkeitsbereich

Im Folgenden werden wir die Variablen genauer behandeln. Ein Teil des Computers nennt sich RAM oder Random Access Memory. Dies ist ein flüchtiges Medium zum Speichern von Informationen. Das heißt, dass die Informationen verloren gehen, wenn Sie den Computer abschalten. Für den Computer ist dieser Speicher eine lange Kette nummerierter Einzelzeichen oder Bytes. Auf dieser Ebene können Sie mit PHP den Speicher nicht ansprechen. Sie müssen eine Variable verwenden. Sie vergeben einen Namen, und PHP findet zu diesem Namen den Speicher.

In PHP ist es nicht nötig, eine Variable zu deklarieren, bevor sie verwendet wird. Bei manchen Sprachen wie C muss jede Variable zusammen mit ihrem Typ deklariert werden, damit eine bestimmte Menge Speicher reserviert werden kann. Dieses Problem taucht jedoch im Allgemeinen bei kompilierten Sprachen auf, und nicht bei interpretierten Sprachen. Wenn Sie eine Variable das erste Mal in PHP verwenden, fügt der Interpreter sie der Variablenliste zu, und versucht ihr einen Datentyp zuzuordnen.

Die erste Stelle, an der Sie die Variable verwenden, legt ihren Gültigkeitsbereich fest. Das ist der Bereich innerhalb des Codes, in dem die Variable sichtbar ist. Jede Funktion, die Sie definieren, hat ihren eigenen Variablenraum. Das heißt, es gibt Variablen, die nur für diese Funktion existieren. Sie sind für alle anderen Teile Ihres Scripts unsichtbar. Zudem gibt es einen globalen Gültigkeitsbereich für Variablen, die außerhalb von allen Funktionen definiert werden. Bei einigen Programmiersprachen sind globale Variablen innerhalb von Funktionen sichtbar. Bei PHP ist das anders. Wenn Sie in PHP eine Funktion definieren, müssen Sie ausdrücklich mitteilen, dass eine globale Variable in der Funktion enthalten sein soll. In Listing 2.2 wird dies beispielhaft gezeigt.

Abbildung 2.2: Gültigkeitsbereich

Listing 2.2: Gültigkeitsbereich

```
<?
   function printStadt ($Stadt) {
      print ("Die Stadt ist $Stadt.<BR>\n");
   }

   function California() {
      $hauptstadt = "Sacramento";
```

```
    printStadt ($hauptstadt);
}

function Utah() {
    $hauptstadt = "Salt Lake City";
    printStadt ($hauptstadt);
}

function Nation() {
    global $hauptstadt;
    printStadt ($hauptstadt);
}

$hauptstadt = "Washington DC";

Nation();
California();
Utah();
Nation();
?>
```

Das Script erstellt eine Funktion, nämlich printStadt, die den Namen einer Stadt ausgibt. Sie gibt den Inhalt der Variablen hauptstadt aus. Das Script enthält drei Variablen mit dem Namen hauptstadt. Eine davon ist global, die anderen sind lokale Variablen der Funktionen California und Utah.

Wenn Sie dieses Script ausführen, sehen Sie, dass die Städte in der Reihenfolge Washington DC, Sacramento, Salt Lake City und Washington DC erscheinen. Beachten Sie: Obwohl wir hauptstadt einen neuen Wert in California gegeben haben, ist es nicht die gleiche Variable, die wir auch für Washington DC verwendet haben. Die Variablen in California und Utah existieren innerhalb ihres Gültigkeitsbereichs und werden jedes Mal, wenn die Funktion aufgerufen wird, erzeugt und zerstört.

Es ist wichtig zu wissen, dass eine Variable, die innerhalb der Funktion erzeugt wird, nur so lange existiert, wie diese Funktion aktiv ist. Sobald die Ausführung beendet ist und die Steuerung an die aufrufende Funktion zurückgeht, wird der gesamte Variablenraum für diese Funktion freigemacht. Dies ist manchmal nicht wünschenswert. Manchmal soll die Funktion den Wert der Variablen zwischen den Aufrufen speichern. Dies könnten Sie durch globale Variablen erreichen, doch eine elegantere Lösung ist die Anweisung static.

Am Anfang einer Funktion, vor jedem anderen Befehl, können Sie eine statische Variable deklarieren. Die Variable behält ihren Wert auch nach Beendigung der Funktion. Die Frage ist, wann dies nötig ist: Stellen Sie sich vor, Sie wollen eine Tabelle erstellen, in der die Zeilen wechselnde Hintergrundfarben haben, wie in Listing 2.3.

Listing 2.3 zeigt eine Tabelle mit 10 Zeilen. Die Farben der Zeilen wechseln zwischen einem dunklen Grün und einem helleren Grün.

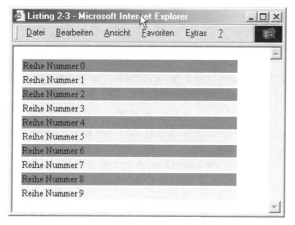

Abbildung 2.3: Statische Variablen

Listing 2.3: Statische Variablen

```php
<?
    function useColor() {
        /*
        ** Die zuletzt benutzte Farbe merken
        */
        static $ColorValue;

        /* Andere Farbe wählen */
        if ($ColorValue == "#00FF00") {
            $ColorValue = "#CCFFCC";
        } else {
            $ColorValue = "#00FF00";
        }

        return($ColorValue);
    }
    echo "<TABLE WIDTH=\"300\">\n";
    for ($count=0; $count < 10; $count++) {
        /*
        ** Die Farbe für diese Reihe wählen
        */
        $RowColor = useColor();

        /*
        ** Die Reihe als HTML ausgeben
        ** und Hintergrundfarbe festlegen
        */
        echo "<TR><TD BGCOLOR=\"$RowColor\">
              Reihe Nummer $count</TD></TR>\n";
```

```
    }
    echo "</TABLE>\n";
?>
```

Diese Technik habe ich in einem Fall verwendet, in dem ich bei Daten aus einer Datenbank die Zeilen durch blaue und grüne Linien voneinander getrennt habe. Statt Hintergrundfarben habe ich 1 Pixel große Bilder gewählt und diese auf Browserfenster-Größe aufgezogen.

Eine Variable kann auch als Argument in einer Funktion vorkommen. Funktionen werden genauer in Kapitel 4 beschrieben. Doch es sind Ihnen hier schon Funktionen begegnet, bei denen Variablen in Klammern stehen. Schauen Sie sich noch einmal Listing 2.2 an. Die Funktion printStadt enthält das Argument Stadt. Wenn die Funktion aufgerufen wird, erhält die Variable den Wert, der im Funktionsaufruf übergeben wurde. Ansonsten entspricht die Variable anderen lokalen Variablen.

2.4 Variablen Werte zuweisen

Das Gleichheitszeichen (=) wird verwendet, um den Wert einer Variablen zu setzen. Dies nennt man den Zuweisungsoperator. Links vom Gleichheitszeichen steht eine Variable, der der Wert zugewiesen wird. Auf der rechten Seite steht ein Ausdruck, der eine einfache Zeichenkette, aber auch eine komplizierte Kombination aus Operatoren, Variablen und Konstanten sein kann.

Wenn Sie einer Variablen einen Wert zuweisen, ändert sich ihr Wert und passt sich dem Datentyp an, den Sie ihr gegeben haben. Dies ist hier anders als bei C, wo Werte dem Variablentyp entsprechend umgewandelt werden. Wenn Sie einer Variablen, die zuvor eine Zeichenkette enthalten hat, einen Integer-Wert zuweisen, wird dadurch die Variable in ein Integer umgewandelt.

Die einfachste Art der Zuweisung ist ein konstanter Ausdruck. Dies kann eine Zahl oder eine Zeichenkette sein, die in Anführungszeichen steht. Tabelle 2.2 gibt einige Beispiele.

Zeichenkettenkonstante	Integerkonstante	Double-Konstante
$myString = "leon";	$myInteger = 1;	$myDouble = 123.456;
$myString = "\n";	$myInteger = -256;	$myDouble = -98.76e5;

Tabelle 2.2: Beispiele für Variablenzuweisungen

Sicher haben Sie bemerkt, dass in den meisten Beispielen \n auftaucht. Ein Backslash (\) in einer Zeichenkettenkonstanten in Anführungszeichen hat eine besondere Bedeutung. Damit können Sie die besondere Bedeutung von bestimmten Zeichen außer Kraft setzen oder bestimmte Zeichen deutlicher hervorheben. Zeichenketten, die in einfache Anführungszeichen eingeschlossen sind, werden wörtlich behandelt. Mit Ausnahme der Entwertung der Anführungszeichen wird der Backslash ignoriert. Tabelle 2.3 zeigt einige Backslash-Codierungen. \n steht für Zeilenende.

Code	Beschreibung
\"	doppelte Anführungszeichen
\\	Backslash-Zeichen
\n	neue Zeile
\r	Zeilenumbruch
\t	waagerechter Tabulator
\x00 - \xFF	hexadezimales Zeichen

Tabelle 2.3: Backslash-Code

Obwohl nicht unbedingt erforderlich, verwende ich \n häufig. Sie können eine komplette HTML-Seite aus einer einzigen Zeile erstellen. Browser können damit umgehen, doch es ist sehr schwer, Fehler in Ihrem PHP-Script zu finden. Setzen Sie eine Zeilenschaltung dort, wo Sie sie setzen würden, wenn Sie die Seite nicht mit PHP schreiben. So brauchen Sie weniger Zeit, um Ihr Script durchzusehen.

Einen ähnlichen Mechanismus wie bei der Backslash-Codierung finden Sie bei eingebetteten Variablen. Eine Variable innerhalb einer Zeichenkette in doppelten Anführungszeichen wird durch ihren Wert ersetzt. Dies funktioniert sogar mit Arrays und Objekten. Tabelle 2.3 ist ein Beispiel für diese Technik. Beachten Sie, dass die Variable RowColor in eine print oder echo-Anweisung in doppelten Anführungszeichen steht.

In Anlehnung an Perl gibt es auch in PHP so genannte »here docs«. Mit einem speziellen Operator können Sie eine eigene Zeichenfolge definieren, mit der Sie das Ende einer Zeichenkette anzeigen. Dies ist hilfreich, wenn Sie große Textblöcke über vielen Zeilen mit Anführungszeichen haben. Backslashs und Variablen werden genauso erkannt wie in Zeichenketten in doppelten Anführungszeichen. Um einen Bereich des Textes zu markieren, verwenden Sie den Operator <<<. Danach setzen Sie den Bezeichner, mit dem das Ende der Zeichenkette angezeigt werden soll. Wenn PHP diesen Bezeichner allein in einer Zeile findet, betrachtet es ihn als Abschluss-Zeichen. Für den von Ihnen gewählten Bezeichner gelten dieselben Regeln wie für die oben genannten Bezeichner. Üblicherweise schreibt man HERE oder EOD (end of data). Ein Beispiel finden Sie in Listing 2.4.

Listing 2.4: HERE docs

```
<?
    $text = <<< HERE
"Dieser Text kann einfache und doppelte
Anführungszeichen enthalten".

Bitte beachten Sie, dass der Zeilenumbruch
nach dem ersten HERE und vor dem letzten
HERE nicht in der Zeichenkette enthalten sind.
PHP ist schlau genug, dass es das HERE in obiger
Zeile nicht als Ende der Zeichenkette wertet.
```

Sie können auch Variablen und die Backslash-
Codes in diese Zeichenkette einfügen.

> Andererseits werden alle Tabs und Leer-
> zeichen, die man zum Formatieren benutzt
> hat, auch mitgeschickt.

HERE;

```
    print("<PRE>$text</PRE>\n");
?>
```

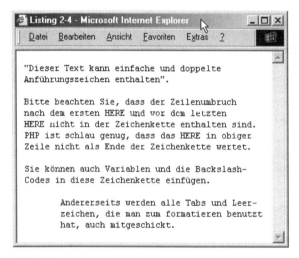

Abbildung 2.4: HERE docs

2.5   Werte abrufen

Einen Wert, der in einer Variablen gespeichert ist, können Sie überall dort verwenden, wo ein Wert benötigt wird, als Argument einer Funktion oder in einem Ausdruck. Um den Namen einer Variablen s auszugeben, schreiben Sie print ($s). Sie können auch eine Variable auf den Wert einer anderen Variablen setzen, wie $s = $t.

Wenn eine Variable eine Zeichenkette enthält, können Sie jedes Zeichen durch Verwendung von eckigen Klammern ansprechen. Die Zeichen einer Zeichenkette sind durchgehend beginnend mit Null nummeriert. Das siebte Zeichen in der Variablen s sprechen Sie mit $s[6] an. Diese Schreibweise funktioniert in beide Richtungen. Sie können ein einzelnes Zeichen einer Zeichenkette durch einen Ausdruck wie $s[6] = 'x' setzen. Nur das erste Zeichen des Wertes auf der rechten Seite wird dazu verwendet, ein bestimmtes Zeichen zu ersetzen. Wenn die Variable auf der linken Seite keine Zeichenkette ist, bleibt sie unverändert. Listing 2.5 zeigt, wie eckige Klammern verwendet werden, um auf einzelne Zeichen Bezug zu nehmen.

Abbildung 2.5: Einzelne Zeichen

Listing 2.5: Einzelne Zeichen

```
<?
    // Ersetze das Leerzeichen
    // durch einen Bindestrich
    $s = "a string";
    $s[1] = "-";
    print ($s);
?>
```

2.6 Speicher freigeben

Jedes Mal wenn Sie eine Variable erzeugen, wird Systemspeicher dafür freigehalten. Speicherplatz ist zwar immer begrenzt, aber bei PHP ist das kaum ein kritischer Punkt, da in der Regel nur wenig Speicherplatz benötigt wird. Wenn Ihr Script fertig ist, wird der für die Variablen benötigte Speicher wieder für andere Prozesse frei.

Ich stelle dies hier vereinfacht dar. PHP bietet mehrere Möglichkeiten, Speicher länger als zum Aufbau einer Seite zu halten. Zudem ist physikalischer Speicher nicht das, was das Programm als verfügbar ansieht. In den meisten Fällen können Sie davon ausgehen, dass Speicher zwar nicht unbegrenzt, aber doch in sehr großer Menge vorhanden ist.

Sollte der Speicher tatsächlich einmal knapp werden oder ein anderer Grund dafür sprechen, eine Variable zu löschen, verwenden Sie die Anweisung unset. Mit dieser Anweisung entfernen Sie eine Variable oder einen Teil eines Arrays vollständig aus dem Speicher. Der Name der Variablen wird nicht mehr erkannt. Die Funktion isset, die in Kapitel 9 erklärt wird, ist mit dieser Anweisung gekoppelt. Wenn eine Variable vorhanden ist, gibt diese Funktion TRUE zurück.

2.7 Konstanten

Konstanten ähneln Variablen, doch sie können nur einmal gesetzt werden. Einige von ihnen werden automatisch von PHP erzeugt, andere werden mit der Funktion define erzeugt, die in Kapitel 9 beschrieben ist. Sie benötigen kein Dollarzeichen, um den Wert einer Konstanten zu ermitteln. Zudem darf eine Konstante nie auf der linken Seite eines Zuweisungsoperators stehen.

Für Konstanten gibt es keinen Gültigkeitsbereich. Sie sind deshalb ohne die Anweisung global in der ganzen Funktion sichtbar.

Wenn auch nicht unbedingt erforderlich, werden Konstanten normalerweise ausschließlich in Großbuchstaben geschrieben. Dadurch sind sie in Ihrem Script gut sichtbar, wie Sie in Listing 2.6 sehen.

Abbildung 2.6: Konstante

Listing 2.6: Konstante

```
<?
    define ("STANDARD?GREETING", "Hello, World!");
    print (STANDARD?GREETING);
?>
```

Wenn Sie PHP starten, werden mehrere Konstanten erstellt. PHP_VERSION enthält die aktuelle PHP-Version. TRUE hat den Wert 1. FALSE hat den Wert 0. PHP_OS gibt das Betriebssystem an. E_ERROR, E_WARNING, E_PARSE, E_NOTICE, E_CORE_ERROR, E_CORE_WARNING, E_COMPILE_ERROR, E_COMPILE_WARNING, E_USER_ERROR, E_USER_WARNING und E_USER_NOTICE verwendet die Funktion error_reporting. Mit _FILE_ und _LINE_ erhalten Sie den Namen des Scripts beziehungsweise die aktuelle Zeilennummer. Der Wert von pi ist in der Konstanten M_PI gespeichert. Auch einige Erweiterungen erzeugen Konstanten.

2.8 Operatoren

Ein Operator ist ein Symbol, aufgrund dessen PHP eine mathematische oder logische Operation ausführt. Einige Operatoren erwarten zwei Argumente, andere nur eins. Abgesehen von einigen Ausnahmen, lassen sich die meisten Operatoren in drei Gruppen einteilen: arithmetisch, logisch und bitweise. Tabelle 2.4 enthält eine Liste der arithmetischen Operatoren.

Operator	Operation
+	Addition
-	Subtraktion und Negation
*	Multiplikation
/	Division
%	Modulo Division
++	Inkrement
--	Dekrement

Tabelle 2.4: Arithmetische Operatoren

Addition, Subtraktion, Multiplikation und Division sind bekannte Operationen für Ganzzahlen und Gleitkommazahlen. Wenn eine Zeichenkette als Argument in einem arithmetischen Operator vorkommt, wird die Zeichenkette zuerst in eine Zahl umgewandelt. Die Modulo-Division gibt den Rest der Division als Ganzzahl zurück. Mit dem Operator - kann das Vorzeichen einer Zahl oder einer Variablen umgekehrt werden.

Mit Inkrement- und Dekrementoperatoren wird 1 zu einer Variablen addiert bzw. von ihr subtrahiert. Sicher erinnern Sie sich, dass wir diese in Listing 2.3 in der for-Schleife verwendet haben. Inkrement- und Dekrementoperatoren können Sie vor oder nach einer Variablen setzen. Steht die Variable in einem Ausdruck, unterscheidet sich die Wirkung. Wenn ein Inkrement-/Dekrementoperator vor einer Variablen steht, wird die Variable inkrementiert/dekrementiert, bevor der Ausdruck gewertet wurde. Steht er danach, wird erst der Wert des Ausdrucks berechnet und dann die Variable inkrementiert. Dies wird in Listing 2.7 gezeigt.

Listing 2.7: Vergleich von Vor- und Nachinkrementierung

```
<?
   $Besucher = 1;

   // Ergebnis: 1
   print ($Besucher++);

   // Ergebnis: 2
   print ("<BR>\n");

   // Ergebnis: 3
   print (++$Besucher);

   print ("<BR>\n");
?>
```

In der ersten print-Anweisung hat Besucher den Wert 1, auch nachdem es ausgegeben wurde, da der Inkrementoperator erst nach Auswertung des Ausdrucks angewendet wird. In der dritten print-Anweisung wird Besucher inkrementiert, bevor der Ausdruck ausgewertet wird. Deshalb wird 3 an den Browser geschickt.

2.9   Logische Operatoren und Vergleichsoperatoren

Vergleichsoperatoren vergleichen Werte. Sie geben entweder TRUE oder FALSE zurück. Logische Operatoren führen logische Operationen mit TRUE oder FALSE aus. Die Argumente eines logischen Operators werden vor ihrer Auswertung in boolesche Werte umgewandelt. Bei den numerischen Werten wird Null als FALSE interpretiert und andere Werte als TRUE. Leere Zeichenketten werden als FALSE angesehen und nicht leere Zeichenketten als TRUE. Tabelle 2.5 ist eine Liste der logischen Operatoren und Vergleichsoperatoren.

Operator	Operation
<	kleiner als
>	größer als
<=	kleiner als oder gleich
>=	größer als oder gleich
==	gleich
===	identisch und vom selben Typ
!=	ungleich
!==	nicht identisch oder nicht vom selben Typ
AND &&	und
OR ||	oder
XOR	ausschließlich oder
!	nicht

Tabelle 2.5: Logische Operatoren und Vergleichsoperatoren

Der Gleichheitsoperator ist dem Zuweisungsoperator sehr ähnlich. Der Gleichheitsoperator gleicht die beiden Seiten an. Der Wert der rechten Seite wird auf die Variable der linken Seite übertragen. Der andere Operator fragt, ob beide Seiten gleich sind. Sie dürfen die beiden aber nicht verwechseln, das führt zu schwer erkennbaren Fehlern. Und dies lässt sich nur schwer feststellen. Bei PHP können Sie eine Zuweisung als Bedingung einer if-Anweisung angeben.

Wenn eine if-Anweisung immer das gleiche ergibt, prüfen Sie, ob Sie nicht = geschrieben haben, obwohl Sie == gemeint haben.

p	q	p AND q	p OR q	p XOR q	!p
false	*false*	*false*	*false*	*False*	*true*
false	*true*	*false*	*true*	*True*	*true*
true	*false*	*false*	*true*	*True*	*false*
true	*true*	*true*	*true*	*False*	*false*

Tabelle 2.6: Wahrheitstabelle für logische Operatoren

Wenn Ihnen logische Operationen nicht vertraut sind, beachten Sie Tabelle 2.6. Die ersten beiden Spalten zeigen alle Möglichkeiten, die Werte von p und q zu kombinieren. In den anderen vier Spalten sehen Sie die Ergebnisse logischer Operationen, die mit p und q ausgeführt wurden.

In Tabelle 2.5 finden Sie zwei verschiedene logische Operatoren für und und oder, zum Beispiel && und AND. Sie haben dieselbe Wirkung, aber unterschiedliche Präzedenz. Präzedenz wird am Ende dieses Kapitels behandelt.

2.10 Bit-Operatoren

Ein Binärwert kann 1 oder 0 sein. Er wird Bit genannt. Bit-Operatoren sind ähnlich wie logische Operatoren, doch im Gegensatz zu diesen arbeiten sie nicht mit TRUE und FALSE, sondern mit Binärzahlen. Bei einem logischen Operator sind sowohl 1 als auch 10 TRUE, doch für einen Bitoperator sieht 1 wie 0001 aus und 10 wie 1010. Ein logisches AND aus 1 und 10 wird TRUE. Ein binäres AND aus 1 und 10 wird 0. Der Grund ist, dass jedes Bit der beiden Zahlen durch ein binäres AND verglichen wird. Tabelle 2.7 ist eine Liste der PHP-Bit-Operatoren.

Operator	Name	Operation
&	And	Und
|	Or	Oder
^	Xor	ausschließlich oder
~	Not	Komplement oder NOT
>>	Shift left	alle Bits nach rechts
<<	Shift right	alle Bits nach links

Tabelle 2.7: PHP-Bit-Operatoren

In Tabelle 2.8 finden Sie ein Beispiel für eine binäre Operation. Es zeigt, dass (12 & 10) == 8. Die Bits an derselben Position werden mit AND verknüpft, zum Beispiel 0 AND 0 auf der letzten rechten Stelle. Das Ergebnis für diese Position ist daher 0.

In C, an das sich PHP anlehnt, sind Bit-Operatoren sehr nützlich, doch für ein PHP-Script werden Sie sie kaum brauchen. In den Kapiteln 8 bis 14 finden Sie einige Funktionen, in denen Bit-Felder verwendet werden.

	1	1	0	0	(12)
&	1	0	1	0	(10)
	1	0	0	0	(8)

Tabelle 2.8: Bitweises AND von 12 und 10

2.11 Sonstige Operatoren

Es gibt Operatoren, die in keine der oben genannten Kategorien hineinpassen: der Verkettungsoperator, die Variablenmarkierung, der Referenzoperator und andere. Sie sind in Tabelle 2.9 aufgelistet.

.	Verkettung
$	Bezug auf eine Variable
&	Speicher einer Variablen

Tabelle 2.9: Sonstige Operatoren

->	Bezug auf eine Klassenmethode oder Eigenschaft
=>	Argument auf Defaultwert setzen oder einem Arrayelement einen Index zuweisen
@	Fehlermeldungen unterdrücken
?	Dreistelliger bedingter Ausdruck
{}	Variablen in Zeichenkette eingebettet

Tabelle 2.9: Sonstige Operatoren (Forts.)

Der Verkettungsoperator ist ähnlich wie der Additionsoperator, nur dass er zwei Zeichenketten miteinander verknüpft. Ich finde diesen Operator unentbehrlich. Wenn print aufgerufen wird, ist es praktisch, mehrere Zeichenketten miteinander zu verketten. Ich verwende den Verkettungsoperator auch für Datenbankabfragen. Ein Beispiel hierfür ist Listing 2.8.

Listing 2.8: Verkettungsoperator

```
<?
    $Query = "SELECT nachname, vorname " .
    "FROM kunden " .
    "WHERE veranlagung = 'freundlich' " .
    "ORDER BY nachname";

    print ($Query);
?>
```

Wir wissen bereits, dass vor dem Namen einer Variablen immer ein Dollarzeichen steht. Dies gilt für globale und lokale Variablen sowie für Funktionsargumente. Der Operator kann folgende Bedeutung geben: »Verwende den Wert, der in der angegebenen Variablen gespeichert ist«. Wenn vor dem Dollarzeichen ($) ein Und-Zeichen (&) steht, ändert sich die Bedeutung der Operation zu »Verwende den Speicher, der für die Variable freigehalten wurde«. Dies entspricht dem Operator new in C++ und anderen Sprachen. Dieser feine Unterschied ist bei Definition und Aufruf von Funktionen sehr nützlich.

Wenn eine Funktion mit einem Argument aufgerufen wird, wird der Wert des Arguments an die Funktion gegeben und in die zugehörige Argumentvariable gespeichert. Wenn eine Variable innerhalb eines Funktionsaufrufs verwendet wird, wird nur der Wert der Variablen verwendet. Wenn Sie den Wert eines Arguments verändern, bleibt die ursprüngliche Variable unverändert.

Wenn Sie jedoch in einer Funktionsdeklaration ein & vor ein $ setzen, entspricht dies einer Referenz auf die Variable. Innerhalb der Funktion ist das Argument gewissermaßen eine andere Bezeichnung für die gelieferte Variable. Jede Veränderung des Arguments verändert auch die Variable. Dieses Verhalten wird in Kapitel 4 genauer erklärt.

Außerhalb der Funktion wird der Operator & verwendet, um mehreren Variablen denselben Speicherbereich zuzuweisen. Das entspricht Synonymen. Jede Operation auf einer der Variablen ändert den zugrunde liegenden Speicher, wie in Listing 2.9 gezeigt.

Abbildung 2.7: Referenzoperator

Listing 2.9: Referenzoperator

```
<?
    $s = "Leon";
    $t = &$s;
    $t .= " Atkinson";

    print ("$s<BR>\n");
    print ("$t<BR>\n");
?>
```

Der Dollarzeichenoperator kann auf das Ergebnis eines anderen Dollarzeichenoperators angewendet werden. Im einfachsten Fall enthält eine Variable den Namen einer anderen Variablen. Dies ist in Listing 2.10 gezeigt.

Beachten Sie, dass zum Zusammenfassen geschweifte Klammern { } verwendet werden sowie Klammern für Zahlen. Dadurch wird Zweideutigkeit vermieden, die beim Referieren von Arrays entstehen kann. Zudem können Sie Teile multidimensionaler Arrays in einer Zeichenkette definieren. Auch wenn es nicht unbedingt notwendig sein sollte, ist es ratsam, geschweifte Klammern so zu verwenden, wie ich es in Listing 2.10 getan habe. Hier wird deutlich, dass ich eine Variable durch eine andere Variable benennen möchte.

Der Dollarzeichen-Operator ist eindeutig, da er zwischen doppelten Anführungszeichen ausgeführt wird. Doch Dollarzeichen innerhalb von doppelten Anführungszeichen verhalten sich anders als außerhalb von doppelten Anführungszeichen. Bei zwei Dollarzeichen werden alle außer dem letzten als Dollarzeichen ohne Sonderbedeutung behandelt. Wenn Sie eine Variable durch ein andere benennen wollen, verwenden Sie geschweifte Klammern. Listing 2.10 zeigt, wie raffiniert diese Funktionalität ist.

Listing 2.10: Variablen durch andere Variablen benennen

```
<?
    // Variablen festlegen
    $var_name = "myValue";
    $myValue = 123.456;
    $array_name = "myArray";
    $myArray = array (1,2,3);

    // Ergebnis: "123.456"
    print ($$var_name . "<BR>\n");
```

```
// Ergebnis: "$myValue"
// Vielleicht hätten Sie was anderes erwartet
print ("$$var_name<BR>\n");

// Ergebnis: "123.456"
print ("${$var_name}<BR>\n");

// Ergebnis: "3"
print (${$array_name}[2] . "<BR>\n");
?>
```

Der Operator `->` wird dazu verwendet, Methoden oder Eigenschaften von Klassen zu referenzieren. Dies wird in Kapitel 6 erläutert. Die linke Seite des Operators ist der Name der instantiierten Klasse. Die rechte Seite ist der Name der Funktion oder Variablen innerhalb der Klasse.

Der Operator `=>` dient der Deklarierung von Arrays. Arrays werden in Kapitel 5 beschrieben. Wenn ein Array mit der Funktion `array` erzeugt wird, können Sie den Index für ein Element mit dem Operator `=>` angeben. Die linke Seite des Operators ist der Index und die rechte Seite der Wert. Dieser Operator wird ähnlich in der Anweisung `foreach` verwendet.

Der Operator `?` entspricht einer `if`-Anweisung. Er ist ein dreistelliger Operator, da er drei Parameter hat: einen Ausdruck, der `TRUE` oder `FALSE` ergibt, einen Ausdruck, der ausgewertet wird, wenn der erste Ausdruck `TRUE` ergibt, und einen Ausdruck, der ausgewertet wird, wenn der erste Ausdruck `FALSE` ergibt. Eine genaue Erläuterung zum Operator `?` folgt in Kapitel 3.

Der Operator `@` unterdrückt alle Fehlermeldungen, wenn er einem Ausdruck vorangestellt ist. Wenn eine eingebaute Funktion auf einen Fehler trifft, wird normalerweise Text direkt an den Browser geschickt. Manchmal ist das nur eine Warnung. Wenn Sie Fehler oder Warnungen unterdrücken wollen, setzen Sie `@` direkt vor den Namen der Funktion. Sie können `@` auch vor einen Ausdruck stellen, wenn Sie mit einer Fehlermeldung rechnen, wie zum Beispiel bei Division durch Null. Mit der Funktion `error_reporting` können Sie Fehlermeldungen für sämtliche Funktionen in einem Script unterdrücken.

2.12 Zuweisungsoperatoren

Es gibt nur einen Zuweisungsoperator, doch PHP bietet einige Shortcut-Operatoren, mit denen Sie die Zuweisung mit einem anderen Operator kombinieren können. Tabelle 2.10 enthält eine Liste aller Zuweisungsoperatoren.

Operator	Operation
=	Rechte Seite der linken Seite zuweisen
+=	Rechte Seite zu linker Seite addieren
-=	Rechte Seite von linker Seite subtrahieren
*=	Rechte Seite mit linker Seite multiplizieren

Tabelle 2.10: Zuweisungsoperatoren

Operator	Operation
/=	Rechte Seite durch linke Seite dividieren
%=	Der linken Seite das Ergebnis von linke Seite modulo rechte Seite zuweisen
&=	Der linken Seite das Ergebnis von bitweisen AND der linken und rechten Seite zuweisen
|=	Der linken Seite das Ergebnis von bitweisen OR der linken und rechten Seite zuweisen
^=	Der linken Seite das Ergebnis von bitweisen XOR der linken und rechten Seite zuweisen
.=	Der linken Seite das Ergebnis von Verkettung der linken und rechten Seite zuweisen

Tabelle 2.10: Zuweisungsoperatoren (Forts.)

Zuweisungsoperatoren übertragen einen Wert in eine Variable. Genauer gesagt, sie übertragen den Wert der rechten Seite in eine Variable auf der linken Seite. Diese Reihenfolge darf nicht umgekehrt werden. Operatoren, die einen anderen Operator mit einem Zuweisungsoperator kombinieren, wirken auf der rechten Seite und auf der linken Seite. Danach werden sie das Ergebnis in die Variable auf der linken Seite übertragen. Listing 2.11 zeigt entsprechende Anweisungen.

Listing 2.11: Zuweisungsoperatoren

```
<?
   // Diese Zuweisung
   $Count = $Count + 1;

   // ist dieselbe wie diese hier
   $Count += 1;
?>
```

2.13 Ausdrücke

Ausdrücke sind Kombinationen aus Bezeichnern und Operatoren. In den meisten Fällen entsprechen sie den Formeln, die Sie schon in der Schule in Algebra gelernt haben. Sie werden von links nach rechts ausgewertet. Manche Operatoren werden vor anderen ausgeführt.

Mit Klammern bewirken Sie, dass eine Operation vor anderen Teilen des Ausdrucks berechnet wird. Da ein Ausdruck verschiedene Datentypen enhalten kann, müssen Sie wissen, wie Datentypen umgewandelt werden.

Bei der Auswertung von Ausdrücken gibt es zwei grundsätzliche Regeln. Erstens funktionieren manche Operatoren nur bei bestimmten Datentypen, zweitens wird Integer in Double umgewandelt, wenn in einer Operation Integer und Double vorkommen.

Die meisten Operatoren arbeiten mit Zahlen. Fügen Sie eine Zeichenkette hinzu, wird diese in eine Zahl umgewandelt. Der Inhalt der Zeichenkette bestimmt, ob dies ein Integer oder ein Double wird. PHP versucht alles, um Ihre Zeichenkette in eine Zahl zu verwandeln. Vorangestellte Leerzeichen und Zeichen hinter den Ziffern werden entfernt. PHP erkennt sogar ein Double mit einem Exponenten.

Wenn PHP keinen sinnvollen numerischen Wert erkennen kann, behandelt es Ihre Zeichenkette als Null.

Listing 2.12 zeigt, wie PHP Zeichenketten und Zahlen umwandelt. Mit jeder Anweisung erhalten Sie eine Zahl aus der Zeichenkette. Da die Zeichenkette in der letzten Zeile mit einem Buchstaben beginnt, kann PHP sie nur als Null behandeln. Beachten Sie, dass das Script nach der Addition einen Verkettungsoperator enthält. Dadurch wird der Integer-Wert, der in den Klammern gebildet wird, in eine Zeichenkette umgewandelt, so dass er ausgedruckt werden kann. Durch den Verkettungsoperator müssen beide Seiten als Zeichenkette behandelt werden.

Listing 2.12: Zeichenketten/Zahlen umwandeln

```
<?
   // 1 + 1 == 2
   print ((1 + "1") . "<BR>\n");

   // 1 + 2 == 3
   print ((1 + " 2") . "<BR>\n");

   // 1 + 3 == 4
   print ((1 + "3extra stuff") . "<BR>\n");

   // 1 + 4500000 == 4500001
   print ((1 + "4.5e6") . "<BR>\n");

   // 1 + 0 == 1
   print ((1 + "a7") . "<BR>\n");
?>
```

Listing 2.13 zeigt die Verwendung von Klammern, um die Reihenfolge festzulegen, in der der Ausdruck ausgewertet wird. Die erste Zeile ergibt 17, die zweite 35. Die Auswertung geschieht von links nach rechts. Zudem haben Operatoren eine bestimmte Rangfolge. So geht zum Beispiel Multiplikation vor Addition.

Listing 2.13: Klammern

```
<?
   print ((3 + 2 * 7) . "<BR>\n");
   print (((3 + 2) * 7) . "<BR>\n");
?>
```

Normalerweise sind in Programmiersprachen die Operatoren geordnet, doch in der Praxis ist es für den Programmierer oft schwierig, den Überblick zu behalten. Am besten legen Sie in komplizierten Ausdrücken mit Klammern den Vorrang nach Priorität fest. Tabelle 2.11 zeigt die Operatoren nach ihrer Rangfolge geordnet. Operatoren in derselben Zeile haben die gleiche Rangfolge. Für sie gilt deshalb wieder die »von links nach rechts«-Ordnung.

höchste Rangfolge	`[]`
	`() {}`
	`~ ! ++ -- - $ & @`
	`(double) (integer) (string) (array) (object)`
	`* / %`
	`+ - .`
	`<< >>`
	`< > <= >=`
	`== != === !==`
	`&`
	`^`
	`|`
	`&&`
	`||`
	`?:`
	`= += -= *= /= &= |= ^= .= <<= >>=`
	`AND`
	`XOR`
	`OR`
niedrigste Rangfolge	`,`

Tabelle 2.11: Rangfolge der Operatoren

Kapitel **3**

Steueranweisungen

- TRUE und FALSE
- Die if-Anweisung
- Der Operator ?
- Die switch-Anweisung
- Schleifen
- Die while-Anweisung
- Die break-Anweisung
- Die do...while-Anweisung
- Die for-Anweisung
- Die foreach-Anweisung
- exit, die und return
- Boolesche Ausdrücke auswerten

Mit Steueranweisungen können Sie Code-Blöcke in Abhängigkeit von Bedingungen ausführen. Zudem können Sie Code-Blöcke wiederholen, so dass sich ein Script einfacher und effektiver erstellen lässt. In diesem Kapitel lernen Sie die Anweisungen if und switch kennen. Sie lernen auch, wie sie mit for und while Schleifen programmieren.

3.1 TRUE und FALSE

Aus Kapitel 2 wissen Sie, dass PHP TRUE und FALSE kennt. Null und eine leere Zeichenkette werden als FALSE angesehen. Andere numerische Werte oder Zeichenketten sind TRUE. Dies wurde im Zusammenhang mit den Vergleichsoperatoren behandelt und ist auch bei den Steueranweisungen von Bedeutung. Steueranweisungen wie if erfordern einen booleschen Wert. Deshalb wandeln sie jeden Wert, den sie erhalten, in einen booleschen Wert um.

3.2 Die if-Anweisung

Abbildung 3.1 zeigt eine if-Anweisung:

```
If (expression1) {

    Dieser Block wird ausgeführt, wenn expression1 true ist.

} elseif (expression2) {

    Dieser Block wird ausgeführt, wenn expression1
    false ist und expression2 true ist.

} else {

    Dieser Block wird ausgeführt wenn expression1
    und expression2 beide false sind.

}
```

Abbildung 3.1: So sieht eine if-Anweisung aus

Die if-Anweisung führt eine Anweisung aus, wenn der Ausdruck in der Klammer TRUE ist. Andernfalls wird der Code übersprungen. Dies kann eine einzelne Anweisung sein, hinter der ein Semikolon steht. Normalerweise handelt es sich um eine zusammengesetzte Anweisung, die in geschweiften Klammern steht. Es kann sein, dass direkt nach der Anweisung eine else-Anweisung steht, die ihre eigene Anweisung hat. Auch diese kann eine einzelne oder eine zusammengesetzte Anweisung sein. Sie wird nur dann ausgeführt, wenn die vorhergehende Anweisung FALSE ist. Zwischen if-Anweisung und else-Anweisung können Sie beliebig viele elseif-Anweisungen setzen. Die elseif-Ausdrücke werden der Reihe nach gewertet, und die Steuerung überspringt solche, die FALSE sind. Wenn eine elseif-Anweisung TRUE ist, wird der restliche Programmcode in der größeren if-Anweisung übersprungen. Das heißt, es gibt nur einen Treffer. Listing 3.1 zeigt eine if-elseif-else-Anweisung.

Listing 3.1: if-elseif-else-Anweisung

```
<?
   if ($name == "") {
      print("Sie haben keinen Namen.");
   } elseif (($name == "leon") OR ($name == "Leon")) {
      print("Hallo, Leon!");
   } else {
      print("Ihr Name ist '$name'.");
   }
?>
```

Sie müssen elseif oder else nicht verwenden. Sie können auch nur eine einfache if-Anweisung wie in Listing 3.2 einsetzen.

Listing 3.2: Einfache if-Anweisung

```
<?
   if (date("D") == "Mon") {
      print("Tragen Sie den Mülleimer runter.");
   }
?>
```

Mit if können Sie eine Prüfkette einrichten, die alle Möglichkeiten abdeckt. Beginnen Sie einfach bei der ersten Bedingung mit einem if. Dann prüfen Sie jede folgende Bedingung mit einem elseif. Wenn Sie dann noch ein else ans Ende setzen, haben Sie für alle Möglichkeiten gesorgt. Listing 3.3 zeigt, wie mit dieser Methode der Wochentag auf Deutsch ausgegeben wird. Das Script erhält den aktuellen Wochentag und vergleicht ihn mit den Tagen Montag bis Samstag. Wenn keiner dieser Tage passt, nimmt es an, dass Sonntag ist.

3.3 Der Operator ?

PHP bietet eine verkürzte Variante der if-Anweisung, die sich an die Syntax von C anlehnt. Hier wird das Fragezeichen als ein dreistelliger Operator verwendet. Abbildung 3.2 zeigt das Format:

```
conditional expression ? true expression : false expression;
```

Abbildung 3.2: der Operator ?

Listing 3.3: Mit if-elseif-else alle Fälle abdecken

```
<?
   /*
   ** Gibt den Wochentag von Heute aus
   */
   $english_Day = date ("l");
   /*
   ** Suche den deutschen Wochentag
   */
   if ($english_Day == "Monday") {
```

```
        $deutsch_Day = "Montag";
    } elseif ($english_Day == "Tuesday") {
        $deutsch_Day = "Dienstag";
    } elseif ($english_Day == "Wednesday") {
        $deutsch_Day = "Mittwoch";
    } elseif ($english_Day == "Thursday") {
        $deutsch_Day = "Donnerstag";
    } elseif ($english_Day == "Friday") {
        $deutsch_Day = "Freitag";
    } elseif ($english_Day == "Saturday") {
        $deutsch_Day = "Samstag";
    } else {
        // Es kann nur noch Sonntag sein.
        $deutsch_Day = "Sonntag";
    }


    /*
    ** Gibt die heutigen Wochennamen in Englisch
    ** und Deutsch aus
    */
    print ("<H2>German Lesson: Day of the Week</H2>\n");
    print ("In Englisch: <B>$english_Day</B>.<BR>\n");
    print ("In Deutsch: <B>$deutsch_Day</B>.<BR>\n");
?>
```

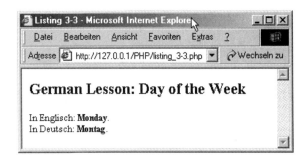

Abbildung 3.3: Mit if-elseif-else alle Fälle abdecken

Der bedingte Ausdruck ergibt entweder TRUE oder FALSE. Ist er TRUE, wird der Ausdruck zwischen dem Fragezeichen und dem Doppelpunkt ausgeführt. Ist er FALSE, wird der Ausdruck nach dem Doppelpunkt ausgeführt. Das folgende Code-Fragment

```
($clientQueue > 0) ? serveClients() : cleanUp();
```

ergibt das gleiche Ergebnis wie:

```
if ($clientQueue > 0)
    serveClients();
else
    cleanUp();
```

Die Ähnlichkeit ist täuschend. Obwohl die verkürzte Form dem `if-else` gleich zu sein scheint, ist dies nicht der Fall. ? ist ein Operator, keine Anweisung. Das heißt, dass der Ausdruck als Ganzes gewertet wird. Der berechnete Wert des Ausdrucks ersetzt den ?-Ausdruck. Deshalb ist

```
Print (true ? "it's true" : "it's false");
```

eine gültige Anweisung. Da der bedingte Ausdruck `TRUE` ist, wird diese Zeile in

```
print ("it's true");
```

umgewandelt. Dies ist mit einer `if`-Anweisung nicht möglich.

Durch den Operator ? kann ein Script sehr verwirrend werden. Er ist nicht unbedingt notwendig. Es ist daher kein Fehler, ihn nicht zu verwenden. Andererseits können Sie mit ihm einen sehr kompakten Programmcode schreiben.

3.4 Die switch-Anweisung

Die `switch`-Anweisung ist eine Alternative zu `if-elseif-else`-Strukturen. Bei der `switch`-Anweisung wird ein einzelner Ausdruck mit einer Anzahl möglicher Werte verglichen. Abbildung 3.4 zeigt den Aufbau einer `switch`-Anweisung.

```
switch (root-expression) {
    case case-expression:
    default:
}
```

Abbildung 3.4: switch-Anweisung

Der Root-Ausdruck in einer `switch`-Anweisung wird ausgewertet und dann mit jedem Ausdruck verglichen, der einem `case`-Ausdruck folgt. An das Ende einer Reihe von Fällen können Sie eine `default`-Anweisung setzen, die genau wie eine `else`-Anweisung wirkt. Sie trifft zu, wenn kein anderer Fall gilt.

Beachten Sie, dass nach einem Fall keine geschweifte Klammer steht. Dies zeigt einen wichtigen Unterschied zwischen `if` und `switch`. Wenn ein `if`-Block übereinstimmt und ausgeführt wird, springt die Steuerung ganz zum Ende der `if`-Anweisung. Listing 3.3 zeigt Folgendes: Wenn heute Dienstag ist, wird `deutsch_Day` auf `Dienstag` gesetzt und die Steuerung springt nach unten bis hinter die geschweifte Klammer, die den `else`-Block schließt.

Eine `case`-Anweisung dient als Anfangspunkt für eine Ausführung. Der Root-Ausdruck wird mit jedem Fall-Ausdruck verglichen, bis einer übereinstimmt. Jede nachfolgende Zeile Programmcode wird ausgeführt. Wenn eine andere `case`-Anweisung erreicht wird, wird diese ignoriert. Dies ist manchmal nützlich, doch meistens dient die `break`-Anweisung dazu, die `switch`-Anweisung zu verlassen.

Listing 3.4 ist eine neu codierte Version von Listing 3.3. Sie enthält eine `switch`-Anweisung. Ein großer Vorzug der `switch`-Anweisung ist, dass sie besser lesbar ist. Da Sie mit PHP Zeichenketten vergleichen können, ist die `switch`-Anweisung hier sehr viel nützlicher als in anderen Sprachen.

Listing 3.4: Alle Fälle mit switch abdecken

```php
<?
    /*
    ** Gibt den Namen des Wochentags von Heute aus
    */
    $english_Day = date ("l");
    /*
    ** Suche den Wochentagsname in Deutsch
    */
    switch ($english_Day) {
        case "Monday":
            $deutsch_Day = "Montag";
            break;
        case "Tuesday":
            $deutsch_Day = "Dienstag";
            break;
        case "Wednesday":
            $deutsch_Day = "Mittwoch";
            break;
        case "Thursday":
            $deutsch_Day = "Donnerstag";
            break;
        case "Friday":
            $deutsch_Day = "Freitag";
            break;
        case "Saturday":
            $deutsch_Day = "Samstag";
            break;
        default:
            // Es sollte Sonntag sein
            $deutsch_Day = "Sonntag";
    }
    /*
    ** Gibt die Namen der Wochentage in
    ** Deutsch und Englisch aus
    */
    print("<H2>German Lesson: Day of the Week</H2>\n");
    print("In Englisch: <B>$english_Day</B>.<BR>\n");
    print("In Deutsch: <B>$deutsch_Day.</B><BR>\n");
?>
```

Wenn Sie BASIC kennen, fragen Sie sich vielleicht, ob die Fälle einer switch-Anweisung in PHP Blöcke sein können. Die Antwort ist nein. Hier ist eine if-elseif-else-Codierung das Beste.

3.5 Schleifen

Mit Schleifen können Sie aufgrund einiger Bedingungen Programmcode wiederholen. Sie können die Zeilen einer Datei bis zum Ende lesen. Sie können einen Teil eines HTML-Codes genau zehn Mal ausgeben. Sie können auch drei Versuche unternehmen, eine Datenbankverbindung herzustellen, bevor Sie es aufgeben.

3.6 Die while-Anweisung

Die einfachste Schleife ist die while-Anweisung. Wird die while-Anweisung zum ersten Mal erreicht, wird der Ausdruck ausgewertet. Ist er FALSE, wird der Programmcode übersprungen. Ist er TRUE, wird der Block ausgeführt und die Steuerung geht zurück zum Anfang, wo der Ausdruck erneut ausgewertet wird. Abbildung 3.5 zeigt den Aufbau einer while-Anweisung:

```
while(expression) {
    keine oder mehrere Anweisungen
}
```

Abbildung 3.5: while-Anweisung

Eine while-Schleife ist nützlich, wenn Sie nicht genau wissen, wie oft eine Iteration durch den Programmcode nötig ist, zum Beispiel wenn Sie Zeilen einer Datei lesen oder wenn Sie Zeilen aus einer Datenbankabfrage abrufen. Folgendes Beispiel ist eine einfache Lösung für die Ausgabe der Wochentage von heute bis Freitag.

Die while-Schleife in Listing 3.5 prüft, ob das in currentDate gespeicherte Datum Freitag ist. Wenn ja, wird die Schleife beendet und die Ausführung bis zur hinteren geschweiften Klammer fortgeführt. Ist das aktuelle Datum jedoch nicht Freitag, wird ein Listenelement mit dem Wochentag ausgegeben, und currentDate wird um 24 Stunden vorgerückt.

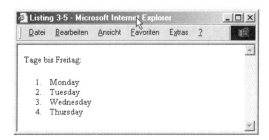

Abbildung 3.6: Wochentage mit while ausgeben

Listing 3.5: Wochentage mit while ausgeben

```
<?
    /*
    ** Hole das aktuelle Datum in Sekunden
    */
    $currentDate = time();
```

```
/*
** Tage bis Freitag
*/
print ("Tage bis Freitag:\n");
print ("<OL>\n");
while (date ("l", $currentDate) != "Friday") {
    /*
    ** Gibt den Namen des Tages aus
    */
    print ("<LI>" . date ("l", $currentDate) . "\n");
    /*
    ** Addiere 24 Stunden zu currentDate
    */
    $currentDate += (60 * 60 * 24);
}
    print ("</OL>\n");
?>
```

An dieser Stelle ist das Ende des Programmcodes erreicht und die Steuerung springt zurück zum Anfang der Schleife.

Wieder wird das aktuelle Datum daraufhin geprüft, ob es ein Freitag ist. Schließlich ist `currentDate` ein Freitag, und die Schleife wird beendet. Doch was ist, wenn ich einen Fehler gemacht habe, wie zum Beispiel das aktuelle Datum mit »Workday« zu vergleichen? Es gibt keinen Wochentag, der so heißt, so dass der Ausdruck immer `TRUE` ist. Das heißt, dass `date("l", $currentDate) != "Workday"` immer `TRUE` sein muss. Das Ergebnis ist eine Endlosschleife. Ich könnte dafür auch `while (TRUE)` schreiben.

Wenn Ihre Seite nicht mehr aufhört zu laden, haben Sie vielleicht versehentlich eine Endlosschleife erzeugt. Es kann aber auch sein, dass Sie bewusst eine Endlosschleife schreiben, und die Ausführung irgendwo in der Mitte des Codeblocks unterbrechen. Dies erreichen Sie mit der `break`-Anweisung.

3.7 Die break-Anweisung

Bei einer `break`-Anweisung springt die Ausführung aus der innersten Schleife oder der `switch`-Anweisung heraus. Dies ist entscheidend für die `switch`-Anweisung. Zudem kann die `break`-Anweisung in Schleifen verwendet werden. In manchen Fällen müssen Sie einen Schleifenblock irgendwo in der Mitte verlassen. Dies zeigt Listing 3.6.

Listing 3.6: Schleife mit break verlassen

```
<?
while (true) {
    print ("This line is printed.");
    break;
    print ("This line will never be printed.");
}
?>
```

3.8 Die continue-Anweisung

Die continue-Anweisung ist ähnlich wie die break-Anweisung, allerdings wird bei ihr die Schleife nicht vollständig angehalten. Statt dessen wird die aktuelle Ausführung der Schleife beendet. Die Steuerung geht zur schließenden geschweiften Klammer, und die Schleife setzt sich fort. In for-Schleifen, die weiter unten beschrieben werden, werden Fortsetzungen so ausgeführt, als hätte die Steuerung das Ende der Schleife erreicht. Diese Anweisung eignet sich dazu, abhängig von einer Bedingung Teile einer Schleife zu überspringen. Dies zeigt Listing 3.7.

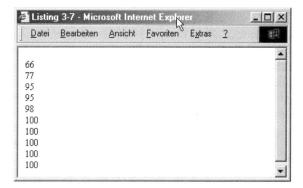

Abbildung 3.7: continue-Anweisung

Listing 3.7: continue-Anweisung

```
<?
   /*
   ** Generiere 10 Zufallszahlen, wobei
   ** die folgenden größer sein sollen
   */
   // Den Zufallszahlengenerator initialisieren
   srand (time());

   // Variablen initialisieren
   $count = 0;
   $max = 0;

   // Hole 10 Zufallszahlen
   while ($count < 10) {
      $value = rand (1, 100);

      // Prüfen, ob der Wert zu klein ist
      if ($value < $max) {
         continue;
      }

      $count++;
```

```
   $max = $value;

   print ("$value <BR>\n");
 }
?>
```

In der Schleife werden zehn größer werdende Zufallszahlen erzeugt. Der Schleifenkörper wird übersprungen, wenn aufgrund der if-Anweisung die continue-Anweisung ausgeführt wird.

3.9 Die do...while-Anweisung

Mit einer do...while-Anweisung können Sie die Entscheidung, ob eine Schleife fortgeführt wird, bis zum Ende hinauszögern. Listing 3.8 ist eine andere Darstellung von Listing 3.5. Sie werden keinen Unterschied bemerken, es sei denn, Ihr Script läuft an einem Freitag. An einem Freitag schreibt das ursprüngliche Script nichts in seine Liste der Tage. Die neue Version dagegen nimmt Freitag in seine Liste auf, da der Schleifenkörper ausgeführt wird, bevor currentDate geprüft wird. Wenn Sie eine do...while-Schleife verwenden, zeigt die Schleife die Tage bis zum nächsten Freitag.

Listing 3.8: Wochentage mit do...while ausgeben

```
<?
   /*
   ** Hole das aktuelle Datum in Sekunden
   */
   $currentDate = time();
   /*
   ** Tage bis Freitag
   */
   print ("Tage bis Freitag:\n");
   print ("<OL>\n");
   do {
      /*
      ** Gibt den Namen des Tages aus
      */
      print ("<LI>" . date ("l", $currentDate) . "\n");
      /*
      ** Addiere 24 Stunden zum aktuellen Datum
      */
      $currentDate += (60 * 60 * 24);
   }
   while (date ("l", $currentDate) != "Friday");
   print ("</OL>\n");
?>
```

3.10 Die for-Anweisung

Genau gesehen ist eine for-Schleife überflüssig. Eine for-Schleife kann durch eine while-Schleife implementiert werden. For bietet keine neue Funktionalität, sondern eine bessere Struktur der häufigsten Schleifen. In vielen Schleifen wird eine Zählervariable bei jeder Wiederholung erhöht, und die Iteration wird so lange fortgeführt, bis ein Maximum erreicht wird.

Stellen Sie sich vor, Sie wollten die Zahlen 1 bis 10 durchlaufen. Mit while würden Sie zunächst eine Variable auf 1 setzen. Dann würden Sie eine while-Schleife einrichten, die prüft, ob Ihr Zähler kleiner ist als 10 oder gleich 10. Sie würden dann Ihren Zähler in Ihrem Programmcode inkrementieren und sicherstellen, dass dies die letzte Anweisung im Block ist.

Das Problem ist, dass sehr leicht die Fortsetzung vergessen wird, was zu einer Endlosschleife führt. Die for-Schleife bietet all diese Funktionalität an einer Stelle. Innerhalb der for-Anweisung geben Sie drei Dinge an: eine Initialisierungs-Anweisung, einen booleschen Wert und eine Inkrement-Anweisung. Abbildung 3.8 zeigt eine for-Schleife.

```
For (initialization; continue; increment) {
    keine oder mehrere Anweisungen
}
```

Abbildung 3.8: for-Anweisung

In der ersten Schleife wird die Initialisierungs-Anweisung ausgeführt. Häufig wird einer Variablen der Wert 0 oder 1 zugewiesen. Dann wird, ebenso wie bei der while-Anweisung, der boolesche Ausdruck ausgewertet. Ist dieser FALSE, springt die Steuerung genau hinter den Programmcode. Ist er TRUE, wird der Programmcode ausgeführt. Noch bevor der boolesche Ausdruck wieder ausgewertet wird, wird die Inkrement-Anweisung ausgeführt. Dadurch werden alle Informationen, die für die Ausführung der Schleife nötig sind, an eine Stelle gesetzt, so dass Sie gezwungen sind, alle Schritte zu überprüfen. Listing 3.9 ist eine sehr einfache, aber typische for-Schleife.

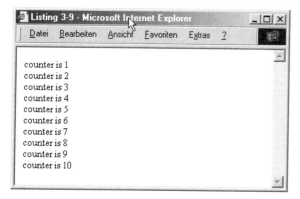

Abbildung 3.9: Typische for-Schleife

Listing 3.9: Eine typische for-Schleife

```
<?
    for ($counter = 1; $counter <= 10; $counter++) {
        print ("counter is $counter<BR>\n");
    }
?>
```

Die meisten `for`-Schleifen sehen aus wie in Listing 3.9. Sie enthalten einen Zähler, der in jedem Schleifenablauf mit 1 hochgezählt wird. Allerdings können Sie recht beliebige Angaben in der `for`-Anweisung vornehmen. Wenn Sie möchten, können Sie auch kompliziertere Ausdrücke verwenden. Als Initialisierung können Sie eine Liste mehrerer, durch Kommas voneinander getrennter Zuweisungen setzen. Hiermit weisen Sie zum Beispiel zwei oder mehreren Variablen Werte zu. Sie können ein Argument auch leer lassen. Listing 3.10 wandelt den Code aus Listing 3.5 in eine `for`-Schleife um.

Listing 3.10: Mit for Wochentage ausgeben

```
<?
    /*
    ** Tage bis Freitag
    */
    print ("Tage bis Freitag:\n");
    print ("<OL>\n");
    for ($currentDate = date("U");
        date ("l", $currentDate) != "Friday";
        $currentDate += (60 * 60 * 24))
    {
        /*
        ** Gibt den Wochentag aus
        */
        print ("<LI>" . date ("l", $currentDate) . "\n");
    }
    print ("</OL>\n");
?>
```

Ich habe der `for`-Anweisung Zeilenumbrüche zugefügt, um den Programmcode übersichtlicher zu machen. Außerdem sieht man die drei Teile deutlicher. Obwohl die `for`-Anweisung länger ist und komplizierter aussieht, unterscheidet sie sich nicht von dem einfachen Beispiel in Listing 3.9. Einer Variablen, in diesem Fall `currentDate`, wird ein Anfangswert zugewiesen. Mit dem Wert wird geprüft, ob eine Endbedingung vorhanden ist. Zudem wird der Wert mit der Anzahl an Sekunden eines Tages inkrementiert, und nicht nur mit einer.

3.11 Die foreach-Anweisung

Obwohl die foreach-Anweisung im Zusammenhang mit Arrays verwendet wird, die in Kapitel 5 besprochen werden, muss ich an dieser Stelle auf sie eingehen. Ein Array ist eine Sammlung von Werten, denen Indizes zugeordnet sind. Die foreach-Anweisung ruft Werte aus einem Array ab, einen nach dem anderen. Genauso wie andere Schleifenstrukturen kann die foreach-Anweisung einen einfachen oder zusammengesetzten Ausdruck enthalten, der bei jeder Schleifenwiederholung ausgeführt wird. Abbildung 3.10 zeigt den Aufbau einer foreach-Anweisung.

```
foreach (array as key=>value) {
    keine oder mehrere Anweisungen
}
```

Abbildung 3.10: foreach-Anweisung

Die foreach-Anweisung muss ein Array enthalten, das Schlüsselwort as und eine Definition der Variablen. Wenn as von einem einfachen Wert gefolgt wird, wie foreach ($array as $value), wird der Variablen mit dem Namen value bei jedem Schleifendurchlauf der Wert des nächsten Array-Elements zugewiesen. Sie können den Index des Array-Elements speichern, wenn Sie die foreach-Anweisung folgendermaßen bilden: foreach ($array as $value). In Kapitel 5 werde ich noch einmal auf diese Anweisung eingehen.

3.12 exit, die und return

Ebenso wie mit der break-Anweisung können Sie mit der exit-Anweisung aus der Ausführung herauskommen. Allerdings beendet die exit-Anweisung die Ausführung vollständig. Auch Text außerhalb der PHP-Tags wird nicht an den Browser geschickt. Dies ist hilfreich, wenn ein Fehler auftaucht. Es wäre schädlicher, die Ausführung des Programmcodes fortzusetzen, als sie abzubrechen. Dies ist häufig bei der Erstellung von Datenbankabfragen der Fall. Wenn die SQL-Anweisung nicht geparst werden kann, ist es sinnlos, sie auszuführen.

Die die-Anweisung ist exit ähnlich, doch ihr kann ein Ausdruck folgen, der an den Browser geschickt wird, bevor das Script abgebrochen wird. Aufgrund der Tatsache, dass Unterausdrücke in einer if-Anweisung von links nach rechts und nur wenn nötig ausgewertet werden, ist das Idiom in Listing 3.11 möglich. Beachten Sie die Klammern um die Zeichenkette, die ausgegeben werden soll, wenn open nicht funktioniert. Sie sind erforderlich.

Listing 3.11: Idiom für die die-Anweisung

```
$fp = fopen("somefile.txt", "r") OR die("Unable to open file");
```

In Kapitel 4 lernen Sie mehr über die normale Verwendung der return-Anweisung. Return kann in PHP allerdings auch auf eine ungewöhnliche Art verwendet werden, und zwar wenn ein Script die Funktion include enthält, die in Kapitel 7 beschrieben wird. Wird eine return-Anweisung außerhalb einer Funktion aufgerufen, beendet sie die Ausführung des aktuellen Scripts und führt die Steuerung zu dem Script zurück, das einen Aufruf an include gemacht hat. Mit anderen Worten, wenn ein Script die Funktion `include` verwendet, kann das enthaltene Script verfrüht zurückkehren. Wenn Sie `return` in einem Script verwenden, das nicht durch `include` aufgerufen wurde, endet das Script so, als wäre `exit` verwendet worden.

Zugegeben, dieses Konzept mag eigenartig scheinen, doch in bestimmten Fällen ist es sehr hilfreich, nämlich dann, wenn Sie einen wirklich ordentlichen Programmcode schreiben möchten. So wird zum Beispiel vermieden, dass eine Datei zwei Mal verwendet wird, wie in Kapitel 20 beschrieben.

3.13 Boolesche Ausdrücke auswerten

Die bedingten Anweisungen in diesem Kapitel können auch zusammengesetzte Ausdrücke sein. PHP wertet einen Ausdruck nur aus, bis es seinen eindeutigen Wert bestimmt hat. Ein klassisches Beispiel ist ein Ausdruck mit dem Operator `or`. PHP wertet zuerst die linke Seite des Operators `or` aus. Wenn ein Unterausdruck `TRUE` ist, muss nicht fortgefahren werden. Dann ist der gesamte Ausdruck `TRUE`. Dies kann zu unerwarteter Funktionalität führen, wenn Sie Funktionsaufrufe oder Zuweisungen in Ihren booleschen Ausdruck einbetten. Dies ist an sich nicht sinnvoll, doch man kann dieses Verhalten vorteilhaft nutzen. So können Sie zum Beispiel einen Ausdruck, der `TRUE` sein soll, prüfen und auf der rechten Seite einer `or`-Anweisung eine Routine aufrufen, die den Fehler bearbeitet.

Kapitel **4**

Funktionen

- Funktionen definieren
- Die `return`-Anweisung
- Gültigkeitsbereich und `global`-Anweisung
- Argumente
- Rekursion
- Dynamische Funktionsaufrufe

In den vorhergehenden Kapiteln haben Sie die Verwendung mehrerer Funktionen kennen gelernt. Date und print sind eingebaute Funktionen, die Ihnen immer zur Verfügung stehen. Mit PHP können Sie auch eigene Funktionen definieren.

Hinter einer Funktion steht die Idee, Programmcode wiederholt zu verwenden. Den Funktionsblock können Sie beliebig oft in Ihrem Script ausführen. Sie deklarieren einen Code-Block als Funktion und können die Funktion dann überall aufrufen. Wenn Sie eine Funktion aufrufen, übergeben Sie erforderliche Argumente, und die Funktion gibt einen Wert zurück.

4.1　Funktionen definieren

Sie beginnen mit der Anweisung function. Als Nächstes geben Sie der Funktion einen Namen. In Klammern steht eine Liste mit Argumenten, die durch Komma voneinander getrennt sind. Sie können auch auf Argumente verzichten. Abbildung 4.1 zeigt, wie die Definition für eine Funktion aussieht:

```
function function_name (arguments) {
    code block
}
```

Abbildung 4.1: Funktion definieren

In früheren Versionen von PHP und auch in anderen Sprachen muss eine Funktion definiert werden, bevor Sie sie aufrufen können. Bei PHP 4 ist das anders. Sie können eine Funktion aufrufen und danach definieren. Im Funktionsaufruf geben Sie den Funktionsnamen an, gefolgt von Klammern, auch wenn keine Argumente übergeben werden.

Mit Funktionen können Sie Programmcode zusammenstellen, den Sie dann ganz nach Bedarf in Ihrem Script wiederholt ausführen. So vermeiden Sie, dass Sie identischen Programmcode an mehreren Stellen schreiben müssen. Zudem wird Ihr Programmcode verständlicher. Beachten Sie Listing 4.1. Hier wird eine Funktion mit dem Namen printBold definiert, die Text fett ausgibt.

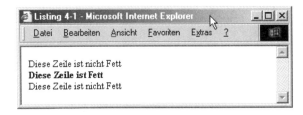

Abbildung 4.2: einfache Funktion

Listing 4.1: einfache Funktion

```
<?
    function printBold ($inputText) {
        print ("<B>" . $inputText . "</B>");
    }
```

```
   print ("Diese Zeile ist nicht Fett<BR>\n");
   printBold ("Diese Zeile ist Fett");
   print ("<BR>\n");
   print ("Diese Zeile ist nicht Fett<BR>\n");
?>
```

4.2 Die return-Anweisung

Wenn eine Funktion beendet ist, geht die Steuerung zurück an die Aufrufstelle. So zum Beispiel, wenn die Ausführung am Ende des Funktionsblocks angelangt ist. Die Ausführung springt zurück zu der Stelle, von wo aus der Aufruf erfolgte. Eine andere Art, die Ausführung zu beenden, ist die return-Anweisung.

Ihre Funktion kann viele return-Anweisungen enthalten, doch Sie müssen beachten, dass dies die Lesbarkeit Ihres Programms verschlechtert. Viele return-Anweisungen machen den Ausführungs-fluss unverständlich. Idealerweise sollten Funktionen einen Eingang und einen Ausgang haben. Aber in der Praxis gibt es durchaus Fälle, wo eine Vielzahl an return-Anweisungen vertretbar ist.

Steht nach return ein Ausdruck, wird der Wert des Ausdrucks zurückgegeben. Listing 4.2 zeigt dies anhand einer Zeichenkette, die in Fettschrift zurückgegeben wird.

Listing 4.2: Einfache Funktion mit return

```
<?
   function makeBold ($inputText) {
      $boldedText = "<B>";
      $boldedText .= $inputText;
      $boldedText .= "</B>";

      return ($boldedText);
   }

   print ("Diese Zeile ist nicht Fett<BR>\n");
   print (makeBold ("Diese Zeile ist Fett") . "<BR>\n");
   print ("Diese Zeile ist nicht Fett<BR>\n");
?>
```

4.3 Gültigkeitsbereich und global-Anweisung

Wie bereits in Kapitel 2 beschrieben, existieren Variablen innerhalb einer Funktion in einem Namensraum, der von dem globalen Namensraum getrennt ist. Die Variablen innerhalb einer Funktion können niemals außerhalb der Funktion gesehen oder bearbeitet werden.

Es gibt jedoch zwei Wege, wie eine Funktion auf Variablen im globalen Gültigkeitsbereich zugrei-fen kann: Die global-Anweisung und das GLOBALS-Array. Mit der global-Anweisung gelangt eine Variable in den Namensraum einer Funktion. Danach kann eine Variable so verwendet werden, als stehe sie außerhalb der Funktion. Alle Änderungen der Variablen bleiben erhalten, nachdem die Ausführung der Funktion beendet ist. Ebenso können Sie auch globale Variablen über das Array

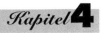
GLOBALS ansprechen. Das Array wird mit einem Variablennamen indiziert. Wenn Sie also eine Variable mit dem Namen userName erstellen, können Sie diese innerhalb der Funktion manipulieren, indem Sie $GLOBALS["userName"] schreiben.

Kapitel 2 behandelt auch die statischen Variablen. Wenn eine Variable als statisch deklariert wird, behält sie ihren Wert zwischen den Funktionsaufrufen. Listing 2.3 zeigt, wie statische Variablen gebraucht werden.

4.4   Argumente

Wenn eine Funktion definiert wird, können Sie Argumente in den Klammern deklarieren und diese durch Kommas voneinander trennen. Dem Argument wird ein Dollarzeichen vorangestellt. Es wird zur Variablen innerhalb der Funktion. Wird die Funktion aufgerufen, geht sie davon aus, dass ihr Werte übergeben werden, die die Argumente in der deklarierten Reihenfolge füllen.

Standardmäßig kopieren Argumente den übergebenen Wert in die lokale Variable. Steht vor der Variablen der Operator &, wird die Variable ein Alias für die übergebene Variable. Das wird normalerweise als Variablen-Referenz bezeichnet. Änderungen der referenzierten Variablen verändern das Original.

Stellen Sie sich vor, Sie erstellen eine Funktion, die Kommas aus Zahlen entfernt. Wenn Sie die Zahl 10,000 in einem Eingabefeld finden, wissen Sie, dass Zehntausend gemeint ist und nicht Zehn. Wir könnten ein Funktion erstellen, die eine Zeichenkette enthält und diese ohne Punkt zurückgibt. Wir möchten jedoch einfach die Variable übergeben, so dass diese geändert wird. Listing 4.3 zeigt diese Funktionalität.

Listing 4.3: Argument per Referenz übergeben

```
<?
    function stripCommas (&$inputString) {
        $inputString = ereg_replace (",", "", $inputString);
    }

    $myNumber = "10,000";

    stripCommas ($myNumber);
    print ($myNumber);
?>
```

Ein Argument kann auch optional sein. Viele eingebaute Funktionen haben optionale Argumente. Die Funktion date müsste Ihnen inzwischen vertraut sein. Sie können ein oder zwei Argumente an date übergeben. Das erste Argument ist das Format des Return-Wertes. Das zweite Argument ist die Zeitmarke, ein Datum, das in Sekunden seit dem 1. Januar 1970 ausgedrückt wird. Wenn das zweite Argument fehlt, wird die aktuelle Zeit verwendet.

In Ihren eigenen Funktionen erreichen Sie dies, indem Sie direkt nach dem Argument den Operator = und einen Default-Wert angeben. Die rechte Seite von = ist ein literal, das der Variablen zugeordnet wird.

Beachten Sie Listing 4.4. Da Argumente von links nach rechts zugeordnet werden, müssen Sie nach dem ersten Argument mit Default-Wert auch den nachfolgenden Argumenten Default-Werte zuordnen.

Sie können ein Argument so einstellen, dass es standardmäßig nicht gesetzt ist, indem Sie es gleich Null setzen. Null ist eine spezielle Konstante. Listing 4.5 zeigt diese Funktionalität.

Sie können auf Argumente statt mit dem Namen auch über ihre Position zugreifen, und zwar mit drei Funktionen: func_get_arg, func_get_args und func_num_args. Diese Funktionen werden in Kapitel 8 beschrieben. Sie können entweder ein Argument nach dem anderen mit func_get_arg holen, oder alle als Array mit func_get_args. Um herauszufinden, wie viele Argumente übergeben wurden, nehmen Sie die func_num_args. In PHP ist es kein Fehler, beim Aufruf einer Funktion eine andere Anzahl von Argumenten anzugeben als bei der Definition.

Listing 4.4: Argumente

```
<?
    function printColored ($Text, $Color="black") {
        print("<FONT COLOR=\"$Color\">$Text</FONT>");
    }

    printColored ("This is black text");
    print ("<BR>\n");

    printColored ("This is blue text", "blue");
    print ("<BR>\n");
?>
```

Abbildung 4.3: unset über Default-Wert

Listing 4.5: unset über Default-Wert

```
<?
function myPrint ($text, $size=NULL) {
    if (isset ($size)) {
        print ("<FONT SIZE=\"$size\">$text</FONT>");
    } else {
        print ($text);
    }
}

myPrint ("Normal");
```

```
print ("<BR>\n");

myPrint ("Riesig", 5);
print ("<BR>\n");
?>
```

Die oben genannten Funktionen sind nützlich, wenn Sie nicht wissen, wie viele Argumente Sie bekommen werden. Stellen Sie sich eine Funktion vor, die eine Liste aus einer beliebigen Anzahl von Elementen erstellt. Sie könnten zuerst diese Elemente in ein Array schreiben, dann das Array an die Funktion übergeben, die die Elemente wiederum aus dem Array herausnehmen würde. Alternativ dazu können Sie auch eine Funktion schreiben, die eine variable Anzahl an Argumenten akzeptiert, wie in Listing 4.6.

Listing 4.6: Funktion mit variabler Anzahl an Argumenten

```
<?
    function makeList() {
        print ("<OL>\n");

        for ($i=0; $i < func_num_args(); $i++) {
            print ("<LI>" . func_get_arg ($i) . "\n");
        }

        print ("</OL>\n");
    }

    makeList ("PHP", "MySQL", "Apache");
?>
```

4.5   Rekursion

Ihre Funktionen können andere Funktionen aufrufen, und sie können sich sogar selbst aufrufen. Eine Funktion, die sich selbst aufruft, nennt sich rekursive Funktion. Rekursive Definition führt normalerweise zu eleganten Algorithmen. Zur Lösung einer Aufgabenstellung wird eine kleine Aufgabe identifiziert, die sich viele Male wiederholt.

Rekursive Definitionen tauchen normalerweise in der Mathematik auf. Betrachten Sie zum Beispiel diese Definition eines Integer: Die Summe oder die Differenz aus einem Integer und einem anderen Integer, wobei 1 ein Integer ist. 3 ist ein Integer, da aus 1 plus 1 ein Integer entstehen muss, nämlich 2. Und die Summe aus 1 und 2 muss ebenfalls ein Integer sein.

Das Prinzip der Rekursion ist nicht leicht zu verstehen. Doch es führt normalerweise zu einem klaren Programmcode. Schauen Sie sich Listing 4.7 an. Bei der Funktion `checkInteger` ist der Input eine Zahl. Wir wissen, dass die Differenz aus einem Integer und 1 ein Integer ist. Wenn also die Funktion eine Zahl erhält, die größer als 1 ist, prüft sie diese Zahl, indem Sie 1 subtrahiert. Wenn wir mit einer Zahl beginnen, die kleiner als null ist, multiplizieren wir diese mit einer negativen Zahl und prüfen diese. Schließlich erhalten wir 1 oder ein Zahl zwischen null und 1, es sei denn, null – per Definition ein Integer – wurde übergeben.

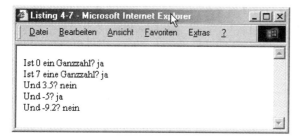

Abbildung 4.4: Rekursion

Listing 4.7: Rekursion

```
<?
    function checkInteger ($Number) {
        if ($Number > 1) {
            //Integer minus eins ist immer noch Integer
            return (checkInteger ($Number-1));
        } elseif ($Number < 0) {
            /*
            ** Zahlen sind symmetrisch, deshalb
            ** prüfen wir die positive Version
            */
            return (checkInteger ((-1)*$Number-1));
        } else {
            if (($Number > 0) AND ($Number < 1)) {
                return ("nein");
            } else {
                /*
                ** Null und Eins sind per
                ** Definition Integer
                */
                return ("ja");
            }
        }
    }
    print ("Ist 0 ein Ganzzahl? " . checkInteger (0) .
        "<BR>\n");
    print ("Ist 7 eine Ganzzahl? " .
    checkInteger (7) . "<BR>\n");
    print ("Und 3.5? " . checkInteger (3.5) . "<BR>\n");
    print("Und -5? " . checkInteger (-5) . "<BR>\n");
    print("Und -9.2? " . checkInteger (-9.2) . "<BR>\n");
?>
```

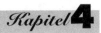
4.6 Dynamische Funktionsaufrufe

Es kann vorkommen, dass Sie nicht wissen, welche Funktion aufgerufen werden soll, wenn Sie ein Script schreiben. Sie möchten dies anhand von Daten während der Ausführung entscheiden. Eine Möglichkeit ist, eine Variable mit dem Namen einer Funktion zu versehen und diese Variable dann so zu verwenden, als wäre sie eine Funktion.

Setzen Sie nach einer Variablen Klammern, wird der Wert der Variablen als Name der Funktion behandelt. Dies wird in Listing 4.8 gezeigt. Beachten Sie, dass dies mit eingebauten Funktionen nicht möglich ist. Wenn Sie myFunction als print setzen, führt dies zu einem Fehler.

Listing 4.8: Funktion dynamisch aufrufen

```
<?
   function write ($text) {
      print ($text);
   }

   function writeBold ($text) {
      print ("<B>$text</B>");
   }

   $myFunction = "write";
   $myFunction("Hello!");
   print("<BR>\n");

   $myFunction = "writeBold";
   $myFunction ("Goodbye!");
   print ("<BR>\n");
?>
```

$\mathcal{K}apitel$ **5**

Arrays

- Eindimensionale Arrays
- Arrays indizieren
- Arrays initialisieren
- Multidimensionale Arrays
- Datentypumwandlung in Arrays
- Arrays innerhalb von Zeichenketten referenzieren

Arrays fassen Werte zu Listen zusammen. Die Elemente eines Array werden durch Indizes angesprochen. Dies ist häufig ein Integer, kann aber auch eine Zeichenkette sein. Der Wert eines Elements kann Text sein, eine Zahl oder auch ein anderes Array. Wenn Sie ein Array aus Arrays erzeugen, erhalten Sie ein multidimensionales Array. Arrays werden in den eingebauten Funktionen von PHP häufig verwendet. Sie sind äußerst wichtig beim Programmieren. Viele Funktionen dienen lediglich dem Zweck, Arrays zu manipulieren. Diese Funktionen werden ausführlich in Kapitel 9 behandelt.

5.1   Eindimensionale Arrays

Um ein Element eines Arrays anzusprechen, verwenden Sie eckige Klammern. In der Klammer geben Sie den Index des Elements an, wie in Listing 5.1 gezeigt.

Abbildung 5.1: Array-Elemente

Listing 5.1: Array-Elemente

```
<?
    $Cities[0] = "San Francisco";
    $Cities[1] = "Los Angeles";
    $Cities[2] = "New York";
    $Cities[3] = "Stuttgart";

    print ("Ich wohne in $Cities[3].<BR>\n");
?>
```

Diese Konstruktion kann genau wie eine Variable behandelt werden. Sie können einen Wert zuweisen oder seinen Wert an eine Funktion übergeben. Eine Deklaration ist nicht nötig, bevor Sie das Array verwenden. Wie bei den Variablen wird jedes Element des Arrays nach Bedarf erzeugt. Wenn Sie ein Array-Element ansprechen, das nicht existiert, wird es je nach Kontext als null oder leere Zeichenkette gewertet.

Ein eindimensionales Array ist eine Liste von Werten, mit einem gemeinsamen Namen. Doch was ist der Sinn der Sache? Es wäre doch genauso gut möglich, Variablen zu verwenden wie $Cities1, $Cities2, $Cities3. Dabei werden keine eckigen Klammern benötigt. Ein Grund für Arrays ist das leichte Durchlaufen der Array-Elemente. Wenn Sie wissen, dass die Array-Elemente einen fortlaufenden Index haben, können Sie mit einer for-Schleife auf jedes Element zugreifen. Mit PHP ist es leicht, solche Arrays zu erstellen. Wenn Sie den Index weglassen, verwendet PHP laufende Zahlen, beginnend bei Null. Wenn Sie den Programmcode aus Listing 5.2 ausführen, werden Sie sehen, dass die vier Städte die Indizes 0, 1, 2 und 3 haben.

Abbildung 5.2: Array auffüllen

Listing 5.2: Array auffüllen

```
<?
    $Cities[] = "San Francisco";
    $Cities[] = "Los Angeles";
    $Cities[] = "New York";
    $Cities[] = "Stuttgart";

    /*
    ** Zählen der Elemente
    */
    $indexLimit = count ($Cities);

    /*
    ** Jedes Element ausgeben
    */
    for ($index=0; $index < $indexLimit; $index++) {
        print ("Stadt $index ist $Cities[$index]. <BR>\n");
    }
?>
```

5.2   Arrays indizieren

Bisher sind Ihnen nur Arrays begegnet, die mit Integern indiziert waren. Sie können jedoch auch Zeichenketten verwenden. Solche Arrays werden auch assoziative Arrays genannt. Sie sind besonders dann hilfreich, wenn Sie verschiedenartige Informationen in einem Array unterbringen möchten. Sie könnten zum Beispiel eine Struktur aufbauen, in der das null-te Element ein Name ist, das erste Element ein Ort und das zweite Element ein Beruf. Listing 5.3 zeigt einen eleganteren Weg, dies zu erreichen.

Listing 5.3: Arrays mit Zeichenketten indizieren

```
<?
    /*
    ** Eingeben von Informationen
    */
    $UserInfo["Name"] = "Leon Atkinson";
```

```
$UserInfo["Ort"] = "Martinez, California";
$UserInfo["Beruf"] = "Generaldirektor";

foreach ($UserInfo as $key=>$value) {
    print ("$key: $value.<BR>\n");
}
?>
```

Abbildung 5.3: Arrays mit Zeichenketten indizieren

Da das Array nicht mit Integern indiziert wird, können wir die Elemente nicht einfach mit Zahlen indizieren, die bei Null beginnen. Wenn Sie bereits weiter hinten in Kapitel 9 bei den Array-Funktionen nachgeschaut haben, sind Ihnen vielleicht Funktionen wie reset, next und current aufgefallen. Diese Funktionen sind eine Möglichkeit, Arrays zu durchlaufen. Zudem eignen sie sich sehr gut, wenn es mehr zu tun gibt, als das Array einfach der Reihe nach zu durchlaufen. Sie können aber auch die Funktion each verwenden.

PHP 4 hat eine neue Anweisung foreach, die inbesondere dafür verwendet wird, Arrays zu durchlaufen. Die Anweisung foreach wurde in Kapitel 3 behandelt. Sie entspricht einer for-Schleife, ist jedoch dazu gedacht, die Elemente eines Arrays abzufragen. Dies können Sie in Kapitel 3 nachlesen.

5.3   Arrays initialisieren

Wenn Sie ein Array mit mehreren Werten füllen wollen, bevor Sie es verwenden, ist es mühsam, für jedes Element eine Zuweisung zu schreiben. Für diesen Fall gibt es in PHP die Funktion array. Diese Funktion erhält eine Liste von Werten und gibt ein Array zurück. Listing 5.4 erstellt mit array ein Array für die Monate eines Jahres.

Listing 5.4: Ein Array initialisieren

```
<?
    $monthName = array(1=>"Januar", "Februar", "März",
        "April", "Mai", "Juni", "Juli", "August",
        "September", "Oktober", "November", "Dezember");

    print("Der 5. Monat ist $monthName[5] <BR>\n");
?>
```

Jeder Wert ist so, als wäre er auf der rechten Seite des Zuweisungsoperators. Kommas trennen die Werte voneinander. Standardmäßig werden Elemente numersich indiziert, beginnend bei Null, so wie es bei leeren Klammern der Fall ist. Dies können Sie mit dem Operator => umgehen. In Listing 5.4 habe ich Januar mit dem Index 1 versehen. Jedes weitere Element ist mit einem Integer indiziert.

Natürlich sind Sie bei der Indizierung nicht nur auf das erste Element beschränkt. Sie können jedem Element einen Index zuweisen. Zudem sind Sie nicht auf Integer beschränkt. In Listing 5.5 wird ein Array erstellt, mit dem verschiedene Möglichkeiten, einen Monat anzugeben, auf eine Form abgebildet werden.

Listing 5.5: Mit einem Array Werte abbilden

```
<?
    $monthName = array(
        1=>"Januar", "Februar", "März",
        "April", "Mai", "Juni",
        "Juli", "August", "September",
        "Oktober", "November", "Dezember",

        "Jan"=>"Januar", "Feb"=>"Februar",
        "Mar"=>"März", "Apr"=>"April",
        "May"=>"Mai", "Jun"=>"Juni",
        "Jul"=>"Juli", "Aug"=>"August",
        "Sep"=>"September", "Oct"=>"Oktober",
        "Nov"=>"November", "Dec"=>"Dezember",

        "Januar"=>"Januar", "Februar"=>"Februar",
        "März"=>"März", "April"=>"April",
        "Mai"=>"Mai", "Juni"=>"Juni",
        "Juli"=>"Juli", "August"=>"August",
        "September"=>"September", "Oktober"=>"Oktober",
        "November"=>"November", "Dezember"=>"Dezember"
        );

    print("Der 5. Monat ist " . $monthName[5] . "<BR>\n");
    print("Monat Aug ist " . $monthName["Aug"] . "<BR>\n");
    print("Monat Juni ist " .
        $monthName["June"] . "<BR>\n");
?>
```

5.4 Multidimensionale Arrays

Ein Array-Element kann jeden Datentyp haben. Sie haben Zahlen und Zeichenketten gesehen, doch Sie können auch ein Array in ein Array setzen. Ein Array, das aus Arrays besteht, wird multidimensionales Array genannt. Stellen wir uns ein Gitter vor, das aus zehn mal zehn Quadraten besteht. Wir haben 100 verschiedene Quadrate, wobei jedes seinen eigenen Wert haben kann. Mit einem zweidimensionalen Array können Sie dies im Programmcode darstellen: ein Array mit zehn Elementen bestehend aus Arrays mit zehn Zahlen, zehn Zeilen und zehn Spalten.

Um ein einzelnes Element anzusprechen, verwenden Sie zunächst eckige Klammern für die erste Dimension (Zeilen), dann ein zweites Paar Klammern für die zweite Dimension (Spalten). Für Zeile 3, Spalte 7 schreiben Sie `$someArray[3][7]`.

Listing 5.6 initialisiert ein multidimensionales Array mit der Funktion `array`. Dies zeigt, dass multidimensionale Arrays nichts anderes sind als Arrays, die aus Arrays bestehen.

Listing 5.6: Ein multidimensionales Array erstellen und referenzieren

```
<?
    $Cities = array(
        "California"=>array(
            "Martinez",
            "San Francisco",
            "Los Angeles"
            ),
        "New York"=>array(
            "New York",
            "Buffalo"
            )
        );

    print($Cities["California"][1]);
?>
```

5.5   Datentypumwandlung in Arrays (Casting)

Sie können ein Array in einen anderen Datentyp umwandeln. Das kann aus verschiedenen Gründen nützlich sein. Wenn Sie ein Array als Integer, Double oder booleschen Wert umwandeln, erhalten Sie den Wert 1. Wenn Sie ein Array als String umwandeln, erhalten Sie das Wort `Array`. Dies ist ein nützlicher Indikator, wenn Sie ein Array versehentlich als Zeichenkette verwendet haben. Ein Array wird in eine Zeichenkette mit dem Wort `Array` umgewandelt, wenn Sie das Array in einem Kontext verwenden, der eine Zeichenkette verlangt, wie zum Beispiel die `print`-Anweisung. Sie dürfen ein Array nicht in einem Kontext verwenden, der eine Zahl erfordert, wie zum Beispiel bei einem Additionsoperator. Dies führt zu einem Fehler. Listing 5.7 zeigt die Umwandlung von Arrays in andere Datentypen.

Listing 5.7: Arrays in andere Datentypen umwandeln

```
<?
    $userInfo = array ("Name"=>"Leon Atkinson",
        "Ort"=>"Martinez, California",
        "Beruf"=>"Web Engineer",
        "PHP Version"=>4.0);

    // Egal ob Boolean, Integer oder Double,
    // PHP konvertiert das Array nach 1
    $asBool = (boolean)$userInfo;
    print ("$asBool <BR>\n");
```

```
$asInt = (integer)$userInfo;
print ("$asInt <BR>\n");

$asDouble = (double)$userInfo;
print ("$asDouble <BR>\n");

// Die Konvertierung zu einer Zeichenkette
// ergibt die Zeichenkette "Array"
$asString = (string)$userInfo;
print("$asString <BR>\n");

// Wenn man das Array in ein Objekt konvertiert,
// dann versucht PHP alle Elemente in Eigenschaften
// zu wandeln.
// Elemente mit Leerzeichen im Schlüsselwort
// gehen nicht verloren, sind aber nicht verfügbar.
$asObject = (object)$userInfo;
print ("$asObject->Ort <BR>\n");
print ("$asObject->PHP Version <BR>\n"); //funktioniert
                                         //nicht!

// Dies würde einen Parserfehler erzeugen
// print ($userInfo + 1);

// PHP weiß wie man ein Array in eine Zeichenkette
// wandelt, das Ergebnis ist aber nicht nützlich.
print ($userInfo . "<BR>\n");

// PHP wandelt ein Array nicht in ein Objekt. Macht
// man dies dennoch, so werden keine Fehler angezeigt.
print ($userInfo->Name . "<BR>\n");
?>
```

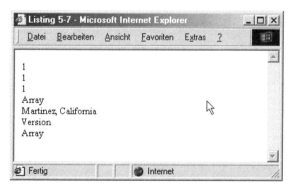

Abbildung 5.4: Arrays in andere Datentypen umwandeln

Am sinnvollsten ist es, ein Array in ein Objekt umzuwandeln. Die Elemente des Arrays werden zu den Eigenschaften des Objekts. Auf Elemente, die durch Werte indiziert sind, die als Eigenschaftsnamen nicht zulässig sind, kann jedoch nicht zugegriffen werden. Diese Werte sind nicht verloren. Wenn Sie die Variable wieder in ein Array umwandeln, sind sie wieder verfügbar. Objekte werden in Kapitel 6 behandelt.

5.6 Arrays innerhalb von Zeichenketten referenzieren

Aus Kapitel 2 wissen Sie, dass Sie eine Variable in eine Zeichenkette setzen können, indem Sie doppelte Anführungszeichen verwenden. Die Variable wird durch den Wert der Variablen ersetzt. Ein eindimensionales, numerisch indiziertes Array wird in doppelten Anführungszeichen richtig interpretiert. Es ist jedoch problematisch, Arrays anders zu verwenden. Für multidimensionale Arrays verwenden Sie geschweifte Klammern. Durch sie wird das Parsen unterbrochen, das normalerweise bei einer Zeichenkette, die in doppelten Anführungszeichen steht, vorgenommen wird. Natürlich können Sie Zeichenketten auch verknüpfen. Listing 5.8 zeigt verschiedene Arten, Arrays innerhalb von Zeichenketten zu verwenden.

Abbildung 5.5: Arrays in Zeichenketten referenzieren

Listing 5.8: Arrays in Zeichenketten referenzieren

```
<?
    $monthInfo = array(1=>array("Januar", 31),
        array("Februar", 28),
        array("März", 31),
        array("April", 30),
        array("Mai", 31),
        array("Juni", 30),
        array("Juli", 31),
        array("August", 31),
        array("September", 30),
        array("Oktober", 31),
        array("November", 30),
        array("Dezember", 31));
```

```
$userInfo = array("Name"=>"Leon Atkinson",
    "Ort"=>"Martinez, California",
    "Beruf"=>"Web Engineer");

// Dies wird nicht wie erwartet geparst. Es wird
// Array[0] ausgegeben, weil [0] nicht im Ausdruck
// enthalten ist.
print ("$monthInfo[1][0] <BR>\n");

// Die geschweiften Klammern bedeuten, dass der
// gesamte Arrayausdruck, einschließlich
// der zweiten Dimension, betrachtet werden soll.
print ("Der {$monthInfo[1][0]} hat
    {$monthInfo[1][1]} Tage<BR>\n");

// Hier versuchen wir die Arraywerte ausserhalb der
// Zeichenkette zu schreiben. Dadurch leidet die Lesbar-
// keit des Scripts.
print ("Der " . $monthInfo[1][0] . " hat "
    . $monthInfo[1][1] . " Tage<BR>\n");

// Diese Zeile würde einen Parsefehler bringen.
//print ("Der Name ist $userInfo["Name"]<BR>\n");

// Noch einmal, die geschweiften Klammern sind dazu da,
// um dem Parser bei seiner Arbeit zu unterstützen.
print ("Der Name ist {$userInfo["Name"]}<BR>\n");
?>
```

Kapitel 6

Klassen und Objekte

- Klassen definieren
- Objekte erstellen
- Auf Eigenschaften und Methoden zugreifen

Das Ziel der objektorientierten Programmierung ist es, eine Lösung für Probleme zu schaffen, die bei großen Software-Projekten auftreten, wo viele Programmiererinnen und Programmierer mit einem einzigen System arbeiten. Bei einem Quellcode mit mehr als zehntausend Zeilen kann jede Änderung unerwartete Auswirkungen haben. Stellen Sie sich vor, ein Modul für die Handhabung von Logins und ein Modul für die Bearbeitung von Kreditkarten teilen sich eine Datenbankverbindung. So könnte man zwar eine weitere Verbindung einsparen, doch was, wenn das Login-Modul den Variablennamen verändert. Der Programmcode für die Kreditkartenbearbeitung funktioniert nicht mehr, ebenso das Modul, das Rechnungen erstellt. Bald sind Module betroffen, die an sich nicht mit dem System zusammenhängen.

Zugegeben, mein Beispiel ist recht dramatisch. Die Prinzipien der Kopplung und Kapselung gewinnen bei der Programmierung immer mehr an Bedeutung. Kopplung zeigt, wie abhängig zwei Module voneinander sind. Je weniger Kopplung, desto besser. Es muss möglich sein, die Module bereits existierender Projekte in neuen Projekten wiederzuverwenden. Es muss möglich sein, größere Veränderungen in den Modulen vorzunehmen, ohne dass wir uns über die Auswirkung auf andere Module Sorgen machen müssen. Die Lösung heißt hier: Kapselung. Das heißt, dass Module als unabhängige Einheiten betrachtet werden und ein Austausch zwischen Modulen über enge, strukturierte Schnittstellen stattfindet. Module greifen nicht auf die Variablen der anderen zu. Informationen werden über Funktionen weitergegeben.

Kapselung ist ein Prinzip, das in jeder Programmiersprache eingesetzt werden kann, doch es erfordert Disziplin. Denn PHP und viele andere prozedurale Sprachen verführen zur Trägheit. Es ist sehr leicht, Module miteinander zu verschicken. Mit objektorientierter Programmierung ist es dagegen nahezu unmöglich, Kapselung zu verletzen.

In der objektorientierten Programmierung werden Module durch Objekte aufgebaut. Diese Objekte haben Methoden und Eigenschaften. Abstrakt gesehen, ist eine Methode das, was ein Objekt tut. Eine Eigenschaft hingegen ist das Merkmal eines Objekts. Aus der Sicht der Programmierung sind Methoden Funktionen, und Eigenschaften sind Variablen. In einem idealen objektorientierten System gibt es nur Objekte. Der Ablauf des Systems besteht darin, dass Objekte mit Hilfe von Methoden Objekte durch andere Objekte austauschen.

Jede Sprache hat ihren eigenen Umgang mit Objekten. PHP lehnt sich hier an C++ an. Es bietet einen Datentyp, in dem Funktionen und Variablen unter einem einzigen Bezeichner enthalten sein können. Noch bei PHP 3 waren Projekte mit mehr als 100.000 Zeilen Programmcode unvorstellbar. Dies wurde erst aufgrund jüngster Fortschritte in PHP und Zend möglich. Es spielt keine Rolle, wie groß Ihr Projekt ist. Wenn Sie Ihr Script mit Klassen aufbauen, können Sie Programmcode schreiben, der wiederverwendet werden kann. Dies bietet sich besonders an, wenn Sie Ihren Programmcode mit anderen teilen wollen.

Der Umgang mit Objekten scheint zunächst sehr schwierig, doch er wird Ihnen sicher bald vertraut sein. Trotzdem können Sie Objekte zunächst ignorieren und auf dieses Kapitel später zurückkommen. Einige eingebaute Funktionen geben Objekte zurück. Es gibt andere, die dies nicht tun. Sie können auch Objekte als Arrays schreiben. Dies erkläre ich am Ende dieses Kapitels.

6.1 Klassen definieren

Wenn Sie eine Klasse definieren, erstellen Sie damit ein Muster für die Erstellung von Objekten. Sie geben alle Variablen an, die das Objekt enthalten soll, sowie alle erforderlichen Funktionen. Diese werden Eigenschaften bzw. Methoden genannt. Abbildung 6.1 zeigt, wie eine Klassenfunktion aussieht. In den geschweiften Klammern ist es nur möglich, Variablen mit der `var`-Anweisung der Funktion zu deklarieren.

```
class name extends another class
{
  var Variable Declaration
  Function Declaration
}
```

Abbildung 6.1: Definition einer Klasse

Listing 6.1 zeigt die Definition einer Klasse mit drei Eigenschaften und zwei Methoden.

Abbildung 6.2: Klassen

Listing 6.1: Klassen

```
<?
    /*
    ** Definiere eine Klasse, um Benutzer verfolgen zu können
    */
    class user {
        /*
        ** Eigenschaften
        */
        var $name;
        var $password;
        var $last_login;

        /*
        ** Methoden
        */
        function user ($inputName, $inputPassword) {
            $this->name = $inputName;
            $this->password = $inputPassword;
            $this->last_login = time();
```

```
    }

    // Datum des letzten Logins
    function getLastLogin() {
        return (Date ("M d Y", $this->last_login));
    }
}

// Erzeugen einer Instanz
$currentUser = new user ("Leon", "sdf123");
// Gebe das Datum des letzten Logins aus
print ($currentUser->getLastLogin());
print ("<BR>\n");

// Gib den Namen des Benutzers aus
print ($currentUser->name);
print ("<BR>\n");
?>
```

Wenn Sie eine Eigenschaft deklarieren, definieren Sie nicht den Datentyp. Sie ist eine Variable wie jede andere und kann ein Integer, ein String oder sogar ein anderes Objekt enthalten. Es kann hilfreich sein, einen Kommentar neben die Deklaration der Eigenschaft zu setzen, der die geplante Verwendung und den Datentyp angibt. Sie deklarieren eine Methode wie eine Funktion außerhalb einer Klassendefinition. Methoden und Eigenschaften haben ihren eigenen Gültigkeitsbereich oder Namensraum. Das heißt, dass Sie problemlos Methoden erzeugen können, die denselben Namen haben wie Funktionen, die außerhalb von Klassendefinitionen deklariert wurden. Eine Ausnahme sind die eingebauten Funktionen. So können Sie zum Beispiel keine print-Methode erstellen.

Neben den Variablen, die als Argumente übergeben werden, enthalten Methoden die besondere Variable this. Sie steht für eine spezielle Instanz der Klasse. Die Variable this verwenden Sie, um auf Eigenschaften und Methoden der Objekte anzusprechen. Bei einigen objektorientierten Sprachen können Sie sich mit unqualifizierten Variablen auf lokale Eigenschaften beziehen. Aber bei PHP sind alle Variablen, auf die Sie sich innerhalb einer Methode beziehen, einfache Variablen dieses Gültigkeitsbereichs. In Listing 6.1 sehen Sie, wie die Variable this im Konstruktor für die user-Klasse verwendet wird.

Wenn Sie eine Funktion innerhalb einer Klasse definieren, die denselben Namen wie die Klasse selbst hat, wird die Funktion als Konstruktor angesehen und sofort nach der Erstellung eines Objekts aus dieser Klasse ausgeführt. Typischerweise dient der Konstruktor dazu, die Eigenschaften des Objekts zu initialisieren. Wie jede andere Funktion kann der Konstruktor Parameter und sogar Default-Werte enthalten. Sie können Klassen definieren, mit denen Sie ein Objekt erzeugen und alle seine Eigenschaften in einer Anweisung setzen können. Im Gegensatz zu anderen Sprachen gibt es bei PHP keine Destruktoren, also Funktionen, die ausgeführt werden, wenn die Instanz gelöscht werden soll. Wenn Sie jedoch unset bei einem Objekt verwenden, wird der gesamte Arbeitsspeicher, der für dieses Objekt gebraucht wird, freigegeben. Sie können Ihre eigene Löschfunktion schreiben, die Sie bei Bedarf aufrufen.

Bei Klassen gibt es das Prinzip der Vererbung, durch die eine Klasse die Funktionalität anderer Klassen erweitern kann. Die neue Klasse enthält alle Methoden und Eigenschaften der Klasse, die sie erweitert, und zudem alle anderen, die in ihrem Rumpf aufgelistet sind. Zudem ist es möglich, geerbte Methoden und Eigenschaften zu überschreiben. Wie Sie in Abbildung 6.1 sehen, erweitern Sie eine Klasse mit dem Schlüsselwort extends.

Hier stellt sich die Frage, ob Konstruktoren vererblich sind, und wenn ja, wie. Sie werden zwar zusammen mit allen anderen Methoden vererbt, doch können Sie nicht mehr aufgerufen werden, wenn ein Objekt aus der Klasse erstellt wird. Wenn Sie diese Funktionalität brauchen, müssen Sie explizit den Konstruktor der Elternklasse in dem Konstruktor der Kindklasse aufrufen.

6.2 Objekte erstellen

Haben Sie eine Klasse definiert, erstellen Sie mit der new-Anweisung Instanzen der Klasse, also Objekte. Die new-Anweisung braucht den Namen der Klasse und gibt eine neue Instanz dieser Klasse zurück. Wenn ein Konstruktor mit Parametern deklariert wurde, können Sie die Parameter auch nach den Klassennamen in Klammern angeben. Schauen Sie sich die new-Anweisung in Listing 6.1 an.

Wenn Sie eine Instanz erzeugen, wird Arbeitsspeicher für alle Eigenschaften reserviert. Jede Instanz hat ihre eigenen Eigenschaften. Die Instanzen einer Klasse aber haben dieselben Methoden.

Sie erinnern sich, dass Sie mit PHP Variablen erstellen können, ohne den Typ ausdrücklich deklarieren zu müssen. Bei Objekten ist das nicht anders. Sie können ein Objekt einfach dadurch erzeugen, dass Sie es im richtigen Kontext verwenden. Das heißt, wenn Sie den Operator -> für eine Variable verwenden, wird aus ihr ein Objekt. Sie können in diesem Objekt beliebig viele Eigenschaften erzeugen, einfach indem Sie Bezug darauf nehmen. Dies gilt nicht für Methoden.

Eine andere Art, ein Objekt zu erstellen, ist, den Typ des Arrays zu verändern. Wird ein Array zu einem Objekt, werden alle Elemente, die durch eine Zeichenkette indiziert sind, zu Eigenschaften. Elemente, die durch Zahlen indiziert sind, bleiben erhalten, doch ist ein Zugriff darauf nicht möglich. Wenn aus der Variablen später wieder ein Array wird, kann auf die mit Zahlen indizierten Elemente wieder zugegriffen werden. Dasselbe gilt, wenn ein Objekt in ein Array umgewandelt wird. Alle Eigenschaften sind als Array-Elemente verfügbar, die Methoden jedoch nicht. Wenn ein Objekt durch Datentypumwandlung oder Interferenz erstellt wird, gehört es zum Typ stdClass.

6.3 Auf Eigenschaften und Methoden zugreifen

Die Eigenschaften einer Instanz sind Variablen, die sich nicht von anderen PHP-Variablen unterscheiden. Um auf sie Bezug zu nehmen, verwenden Sie den Operator ->. Sie setzen kein Dollarzeichen vor den Namen der Eigenschaft. Sehen Sie sich zum Beispiel in Listing 6.1 die Zeile an, die die Eigenschaft name des Objekt currentUser ausgibt.

Die Verkettung von -> ist möglich. Wenn die Eigenschaft eines Objekts ein Objekt enthält, können Sie zwei Operatoren -> verwenden, um die Eigenschaft des enthaltenen Objekts anzusprechen. Der Parser in PHP 3 konnte komplizierte Ausdrücke wie diese nicht bewältigen. PHP 4 lässt Ihnen hier mehr Möglichkeiten. Sie können solche Ausdrücke sogar in eine Zeichenkette mit doppelten Anführungszeichen setzen. In Listing 6.2 sehen Sie ein Beispiel für ein Objekt, das ein Array aus Objekten enthält.

Abbildung 6.3: Objekte, die andere Objekte enthalten

Listing 6.2: Objekte, die andere Objekte enthalten

```php
<?
    class room {
        var $name;

        function room ($name="unnamed") {
            $this->name = $name;
        }
    }


    class house {
        // Array mit Zimmern
        var $room;
    }

    // Erzeuge ein neues Haus
    $home = new house;

    // Füge ein paar Zimmer hinzu
    $home->room[] = new room("Schlafzimmer");
    $home->room[] = new room("Küche");
    $home->room[] = new room("Badezimmer");

    // Zeige das erste Zimmer
    print ($home->room[0]->name);
?>
```

Im Gegensatz zu objektorientierten Sprachen wie C++, dürfen in PHP die Eigenschaften der Klassen nicht privat sein. Jeder Programmcode kann in die Instanz hinein und die Werte der Eigenschaften ändern oder lesen.

Auf Methoden zuzugreifen ist ähnlich, wie auf Eigenschaften zuzugreifen. Mit dem Operator `->` referenzieren Sie die Methoden der Instanz. Dies wird in Listing 6.1 in dem Aufruf `getLastLogin` gezeigt. Methoden verhalten sich genauso wie Funktionen, die außerhalb von Klassen definiert sind.

Wenn eine Klasse eine andere Klasse erweitert, werden die Eigenschaften und Methoden aller Vorfahrenklassen in der Kindklasse verfügbar, obwohl sie nicht ausdrücklich deklariert wurden. Wie bereits gesagt, hat Vererbung einen starken Einfluss. Wenn Sie auf eine vererbte Eigenschaft zugreifen wollen, sprechen Sie diese an wie jede andere lokale Eigenschaft.

Es gibt drei Funktionen, mit denen Sie Informationen zu einer Klasse erhalten, während Ihr Script läuft: `get_class`, `get_parent_class` und `method_exists`. Diese Funktionen werden in Kapitel 8 beschrieben.

Kapitel **7**

Eingaben/Ausgaben und Dateizugriffe

- HTTP-Verbindungen
- An den Browser schreiben
- Ausgaben
- Umgebungsvariablen
- Eingaben
- Cookies
- Datei-Uploads
- PUT-Anforderungen
- Aus Dateien lesen und in Dateien schreiben
- Sitzungen
- Die Funktionen `include` und `require`

Im Grunde genommen ist ein Script nur dann nützlich, wenn es mit der Außenwelt kommunizieren kann. Es gibt PHP-Scripts, die Text an den Browser schicken und Informationen von Funktionen wie date erhalten. In diesem Kapitel erfahren Sie, wie ein PHP-Script Daten austauschen kann, ohne spezielle Schnittstellen zu verwenden. Dazu gehört, von lokalen Laufwerken zu lesen, Verbindungen zu externen Rechnern im Internet herzustellen und Formular-Eingaben zu erhalten.

PHP entspricht anderen Programmier-Umgebungen, allerdings mit einer großen Ausnahme. Benutzereingaben erfolgen in der Regel in HTML-Formularen. Die Felder in Formularen werden in Variablen umgewandelt. Sie können Ihr Script nicht in der Mitte unterbrechen, um Benutzerangaben aufzufordern. Dies bringt ungeahnte Herausforderungen mit sich. Wenn ein Script läuft, ist es ohne jeden Kontext. Es weiß nicht, was vorher war, es sei denn, Sie teilen es ihm mit.

7.1 HTTP-Verbindungen

Wenn Sie noch einmal nachschlagen möchten, wie Daten zwischen Browser und Webserver übermittelt werden, finden Sie Genaueres auf der W3C Web-Seite <http://www.w3.org/Protocols/>. Wir gehen hier nur beispielhaft darauf ein.

Wenn Sie eine URL in der Adresszeile Ihres Browsers angeben, unterteilt der Browser sie erst einmal in die wichtigsten Teile. Der erste Teil ist das Protokoll, HTTP. Dann kommt der Name des Webservers, zu dem der Browser eine Verbindung herstellt. Der Browser teilt dem Webserver mit, welches Dokument er braucht. Dies macht er über das HTTP-Protokoll. Bevor der Browser diese Anforderung erfüllt, kann er Zeilen mit zusätzlichen Informationen liefern. Diese nennen sich Header. Diese Header zeigen dem Server die Marke des Browsers an, welchen Dokumententyp dieser akzeptieren kann und eventuell sogar die URL einer verwandten Seite.

Der Webserver setzt diese Header in Umgebungsvariablen, um dem Common Gateway Interface (CGI) zu entsprechen. Am Anfang eines PHP-Scripts werden die Umgebungsvariablen in PHP-Variablen umgewandelt. Der wohl nützlichste Header ist der, der die Marke und die Version des Web-Browsers angibt. Er wird vom Browser als User-Agent verschickt. Der Webserver erzeugt die Umgebungsvariable HTTP_USER_AGENT, die den Wert des Headers enthält. PHP wiederum erzeugt eine gleichnamige Variable. Sie können darauf mit $ Bezug nehmen, genauso wie auf jede andere Variable. Wenn Sie mit Apache arbeiten, können Sie auch die Funktion getallheaders verwenden. Sie gibt ein Array aller Header zurück, die zwischen Browser und Server ausgetauscht wurden.

Wenn ein PHP-Script mit der Ausführung beginnt, befindet sich der HTTP-Austausch in einer Phase, wo zwar schon Header an den Browser geschickt werden, jedoch noch kein Inhalt. An dieser Stelle haben Sie die Möglichkeit, zusätzliche Header zu verschicken. Sie können Header schicken, durch die der Browser die Authentifizierung anfordert, durch die der Browser eine Seite in den Cache kopiert, oder solche, die den Browser auf eine andere URL umleiten. Dies sind nur wenige von vielen HTTP-Headern, die Sie mit der Funktion header verschicken können. Die häufigsten Aufgaben werden im letzten Teil dieses Buches beschrieben.

Header werden in einem Stapelspeicher abgelegt. Hier sind Daten gestapelt wie Teller im Küchenschrank. Stellen Sie sich vor, jeder Teller ist ein Header. Ein neuer Teller wird auf den obersten Teller gelegt. Wenn Header verschickt werden, werden sie von oben weggenommen, einer nach dem anderen. Dadurch werden die Header in umgekehrter Reihenfolge an den Browser geschickt.

Normalerweise hat das keine besondere Wirkung, denn in HTTP hat die Reihenfolge der Header keine spezielle Bedeutung. Wenn Sie jedoch einen Header zwei Mal verschicken, kann es sein, dass der letzte der beiden den Wert des ersten überschreibt. Das heißt, wenn Sie versuchen, einen Header erneut zu senden, wird er wahrscheinlich vom Browser ignoriert. Ich rate Ihnen, Ihr Script so zu schreiben, dass Sie Header nur dann verschicken, wenn ihr Wert sicher ist.

Sobald Inhalt verschickt wurde, gibt es keine Möglichkeit mehr, einen Header zu verschicken. Dies gilt auch für Text außerhalb von PHP-Tags, auch wenn es sich nur um eine Zeilenschaltung handelt. Wenn Sie versuchen einen Header zu verschicken, nachdem Inhalt verschickt wurde, erhalten Sie eine Fehlermeldung. Mit der Funktion `header_sent` prüfen Sie, ob Sie dem Stapelspeicher weitere Header zufügen können, oder ob es zu spät ist. Cookies, auf die ich später eingehen werde, verwenden Header und sind somit denselben Einschränkungen unterworfen.

Während ein Script läuft und Inhalt verschickt, wird die Ausgabe gepuffert. Bei jeder Übertragung im Netzwerk entsteht ein gewisses Maß an Overhead, so dass die Information kurzfristig gespeichert wird, bis sie in Stapeln verschickt wird. Dieser Puffer gehört zum Webserver und kann nicht durch PHP beeinflusst werden. Mit der Funktion `flush` können Sie jedoch anweisen, dass der Puffer entleert wird, also der Inhalt sofort an den Browser geschickt wird. Dies ist bei langen Scripts sehr sinnvoll. Browser und Benutzer wollen schnellstmöglich eine Antwort haben. Sie können ihnen Ihren Fortschritt mitteilen, indem Sie Ihren Output »flushen«. Ich habe Scripts geschrieben, die nichts anderes als einen einzigen Punkt ausgeben und bei jeder langen Schleife den Puffer entleeren.

Es gibt zwei Möglichkeiten, warum ein Script unerwartet anhält: wenn das Script zu lange läuft und wenn die Schaltfläche `Stop` angeklickt wird. Standardmäßig sind Scripts auf eine bestimmte Sekundenzahl beschränkt. Dies ist in `php.ini` definiert. Sie beträgt normalerweise 30 Sekunden, kann aber auch verändert werden. Dies geschieht mit der Direktive `max_execution_time`. 30 Sekunden ist jedoch ein guter Zeitraum. Wenn ein Script endlos läuft, können Sie es anhalten. Es kann aber auch passieren, dass ein paar fehlgeleitete Scripts Ihren Server lahm legen. Aus diesem Grunde ist es wünschenswert, dass Benutzer eine Seitenanfrage abbrechen können.

Wenn Sie wollen, dass Ihr Script bis ganz zu Ende läuft, gibt Ihnen PHP die Möglichkeit, zeitliche Beschränkungen und Anweisungen von Benutzern, die die Seite abbrechen wollen, zu ignorieren. Die Funktion `set_time_limit` setzt den Timer von PHP auf null. In Kapitel 11 finden Sie hierzu eine vollständige Beschreibung mit Beispiel. Ich habe Scripts geschrieben, die jede Nacht allein laufen und viel Arbeit erledigen. Ich habe sie so geschrieben, dass sie mindestens eine Stunde laufen. Mit `ignore_user_abort` erhält PHP die Anweisung fortzufahren, auch wenn ein Benutzer auf die Schaltfläche `Stop` geklickt hat.

Wenn Sie wissen möchten, warum ein Script anhält, benötigen Sie eine spezielle Funktion, die PHP jedes Mal ausführt, wenn ein Script beendet wird. Sie heißt `register-shutdown_function`. Sie wird immer ausgeführt, ganz gleich aus welchem Grunde ein Script beendet wird, sogar wenn das Script normal endet. Den Beendigungsgrund können Sie mit zwei Funktionen herausfinden: `connection_aborted` und `connection_timeout`. Diese Funktionen werden in Kapitel 8 erklärt.

7.2 An den Browser schreiben

PHP hat drei Funktionen, mit denen Sie Text an den Browser schicken können: echo, print und printf. Jede Funktion hat dieselbe Aufgabe: Sie gibt Werte an den Browser weiter. Mit der Funktion printf können Sie das Format der Ausgabe definieren. Bisher habe ich in meinen Beispielen nur mit print gearbeitet, weil ich diese Funktion bevorzuge und normalerweise die Formatierung von printf nicht brauche. Viele ältere PHP-Beispiele im Web verwenden echo, da es schon in PHP 2 existierte. Ich verwende es nicht, da es sich eher wie ein Operator verhält als wie eine Funktion. Alle drei Funktionen werden in Kapitel 8 beschrieben.

Es ist wichtig zu wissen, dass alles, was Sie schreiben, im Kontext eines Web-Browsers steht. Wenn Sie keine anderweitigen Vorkehrungen treffen, wird Ihre Ausgabe wie HTML-Text behandelt. Wenn Sie Text in Form von HTML-Code verschicken, wird er vom Browser dekodiert und in seine endgültige Form gebracht. Im ganzen Buch habe ich schon <BR> mit print verschickt, auch Listing 7.1 zeigt dies noch einmal:

Listing 7.1: HTML mit print ausgeben

```
<?
   print ("Sie benutzen ");
   print ($HTTP_USER_AGENT);
   print (" um diese Seiten zu sehen. <BR>\n");
?<
```

Natürlich wird alles, was nicht in PHP-Tags steht, direkt an den Browser verschickt. Dies ist ohne Zweifel der schnellste Weg, Inhalt zu verschicken, aber auch der am wenigsten flexible. Wann verwenden Sie print und wann setzen Sie Text außerhalb von PHP-Tags? Machen Sie sich im Moment noch keine Gedanken über Effektivität und Lesbarkeit. Im letzten Teil dieses Buches wird dieses Thema ausführlich behandelt.

7.3 Ausgaben puffern

Wie oben bereits gesagt, wird im Webserver Inhalt, der an den Browser geschickt wurde, gepuffert, und Sie können den Puffer leeren. Mit PHP 4 wurde ein neuer Mechanismus zum Puffern von Ausgaben (output buffering) eingeführt, den Sie vollständig steuern können. Es gibt vier Funktionen, die Ausaben von PHP puffern: ob_start, ob_end_flush, ob_end_clean und ob_get_contents. Sie werden zusammen mit Beispielen in Kapitel 8 beschrieben. Trotzdem gebe ich hier schon einmal eine Zusammenfassung.

Wenn Sie die Funtkion ob_start aufrufen, wird alles, was Sie an den Browser schicken, im Puffer zwischengespeichert. Das gilt auch für Text, der nicht in PHP-Tags steht. Der Webserver erhält den Inhalt erst, wenn die Funktion ob_end_flush aufgerufen wird. Für diese Funktion gibt es mehrere sehr leistungsfähige Anwendungsmöglichkeiten. Zum einen kann das Problem beim Verschicken von Headern vermieden werden. Da alle Header auf einmal verschickt werden, bevor irgendein Inhalt verschickt wird, müssen Sie mit der Funktion header vorsichtig umgehen. Daraus resultiert ein Script-Design mit einem ausgabelosen Anfangsbereich. Und das kann störend sein. Wenn Sie die Ausgabe puffern, können Sie dem Stapelspeicher ohne weiteres Header hinzufügen und das Verschicken von Inhalt bis zur letzten Zeile Ihres Scripts hinauszögern. Eine andere Anwendung dieser Funktionen ist das Erstellen von HTML-Tabellen. Stellen Sie sich vor, Sie erstellen eine Tabelle mit Daten aus einer Datenbank. Zuerst schreiben Sie die Start-Tags für die Tabelle. Sie führen eine Abfrage durch und durchlaufen die Ergebnisse in einer Schleife. Wird kein Fehler gemeldet, schreiben Sie ein End-Tag. Tritt ein Fehler in der Schleife auf, müssen Sie abbrechen, und der Programmcode, der die Tabelle abschließt, wird nie erreicht. In Zusammenhang mit dem Netscape Navigator ist dies ungünstig, denn er zeigt innerhalb einer ungeschlossenen Tabelle keine Information an. Die Lösung ist hier, die Ausgaben zu puffern, bevor die Tabelle zusammengestellt wird. Wird die Tabelle erfolgreich erstellt, können Sie den Puffer leeren. Andernfalls verwenden Sie `ob_end_clean`, um alles im Puffer zu löschen.

7.4 Umgebungsvariablen

Durch PHP werden Umgebungsvariablen verfügbar. Dies sind Variablen, die Sie erstellen, wenn Sie eine neue Shell starten. Einige davon sind Standardvariablen, wie zum Beispiel `PATH`. Andere sind vom CGI definierte Variablen, zum Beispiel `REMOTE-ADDR` und `HTTP-USER-AGENT`. Um Ihnen die Arbeit zu erleichtern, werden diese Variablen in PHP-Variablen umgewandelt. Listing 7.2 gibt aus, mit welchem Browser eine Besucherin oder ein Besucher Ihre Seite anschaut.

Listing 7.2: Umgebungsvariablen erkennen

```
<?
   /*
   ** Erstellen einer Multiplikationstabelle
   */

   // Tabellenstart
   print ("<TABLE BORDER=\"1\">\n");

   for ($Row=1; $Row<=12; $Row++) {
      // Start einer neuen Reihe
      print ("<TR>\n");

      // Berechne jede Spalte
      for ($Column=1; $Column <= 12; $Column++) {
         print ("<TD>");
         print ($Row * $Column);
         print ("</TD>");
      }

      // Ende der Reihe
      print ("</TR>\n");
   }

   // Tabelle beenden
   print ("</TABLE>\n");
?>
```

Ähnlich wie Umgebungsvariablen sind die Variablen, die PHP für Sie erstellt. Eine davon ist GLO-BALS, ein assoziatives Array, mit allen für Ihr Script verfügbaren Variablen. Wenn Sie sich dieses Array genauer ansehen, werden Sie alle Umgebungsvariablen sowie einige andere Variablen entdecken. HTTP_GET_VARS, HTTP_POST_VARS und HTTP_COOKIE_VARS sind ähnlich wie GLOBALS. Wie ihr Name sagt, sind dies assoziative Arrays mit den Variablen, erstellt von den drei Methoden, die der Browser verwendet, um Informationen an den Server zu schicken.

Der Webserver definiert zusammen mit dem Betriebssystem, welche Umgebungsvariablen vorhanden sind. Sie können ein Script schreiben, mit dem Sie das Array GLOBALS entfernen, und sehen, welche Umgebungsvariablen verfügbar sind. Oder Sie schauen sich die Ausgabe der Funktion phpinfo an.

7.5   Eingaben aus Formularen

Text an den Browser zu verschicken ist leicht. Eingaben aus Formularen zu erhalten ist etwas schwieriger. HTML bietet verschiedene Wege, um über Formulare Informationen von Benutzern zu erhalten. Dies sind unter anderem Textfelder, Textbereiche, Auswahllisten und Optionsschaltflächen. Wenn die Schaltfläche zum Absenden betätigt wird, wird jede dieser Eingaben als Zeichenkette an den Webserver geschickt.

Wird ein Formular abgeschickt, wandelt PHP jedes Feld in eine Variable um. Diese sind wie andere Variablen. Sie können ihren Wert ändern. Sie werden so erstellt, als hätten Sie PHP-Code geschrieben, mit dem Sie Werte in Variablen schreiben. Wenn Sie also zwei Formularvariablen mit demselben Namen auf eine Seite setzen, kann die zweite den Wert der ersten überschreiben. Eine CGI-Lösung wäre es in diesem Fall, ein Array zu erstellen. Wenn Sie Arrays über Formularfelder übergeben möchten, können Sie Formularfelder mit eckigen Klammern definieren. Mehr dazu erfahren Sie etwas später.

Listing 7.3 zeigt, wie Sie Variablen verwenden, die aus Formularfeldern erstellt wurden. Das Script braucht eine Variable mit dem Namen inputColor. Zunächst bleibt inputColor leer und das Script setzt es auf sechs F's, was der RGB-Code für reines Weiß ist. Wenn die Seite anschließend aufgerufen wird, wird mit dem Wert der Textbox die Hintergrundfarbe der Seite festgelegt. Beachten Sie, dass mit inputColor auch das INPUT-Feld vorbereitet wird. So werden Sie jedes Mal, wenn Sie das Formular absenden, daran erinnert, was Sie eingesetzt haben. Nebenbei sehen Sie hier auch die Technik, mit der eine Seite sich selbst aufruft.

Listing 7.3: Formulareingaben erhalten

```
<?
    print ("<HTML>\n");
    print ("<HEAD>\n");
    print ("<TITLE>Listing 7.3</TITLE>\n");
    print ("</HEAD>\n");

    /*
    ** Wenn Sie zum ersten Mal hier sind,
    ** benutzen wir weiß als bgcolor
    */
```

```
   if ($inputColor == "") {
      $inputColor = "FFFFFF";
   }

   /*
   ** Öffnet BODY mit bgcolor
   */
   print ("<BODY BGCOLOR=\"#$inputColor\">\n");

   /*
   ** Beginnt ein FORM und die ACTION ist, diese Seite
   ** nochmals aufzurufen
   */
   print ("<FORM ACTION=\"$PHP_SELF\" METHOD=\"post\">\n");

   /*
   ** Holt sich eine Farbe
   */
   print ("<B>Geben Sie eine HTML Farbe ein:</B> ");
   print ("<INPUT ");
   print ("TYPE=\"text\" ");
   print ("NAME=\"inputColor\" ");
   print ("VALUE=\"$inputColor\">\n");

   /*
   ** Zeige den Submit Button
   */
   print ("<INPUT ");
   print ("TYPE=\"submit\" ");
   print ("NAME=\"Submit_Button\" ");
   print ("VALUE=\"Try It\">\n");

   print ("</FORM>\n");

   print ("</BODY>\n");
   print ("</HTML>\n");
?>
```

7.6 Cookies

Cookies sind kleine Zeichenketten mit Daten, die vom Webserver erstellt, aber beim Client gespeichert werden. Cookies enthalten Namen und Werte und haben zudem ein Verfallsdatum. Einige überleben nur einige Minuten, andere Monate. Durch Cookies erkennt eine Web-Seite Sie wieder, ohne dass Sie ein Passwort brauchen. Wenn Sie mehr über Cookies erfahren wollen, besuchen Sie die Netscape-Site <http://developer.netscape.com/docs/manuals/communicator/jsguide4/cookies.htm>.

Mit PHP sind Cookies ebenso leicht zu handhaben wie Formularfelder. Jedes Cookie, das vom Browser an den Server geschickt wird, wird automatisch in eine Variable umgewandelt. Zudem werden Cookies im `HTTP_COOKIE_VARS`-Array gespeichert.

Wenn Sie ein Cookie verschicken möchten, brauchen Sie die Funktion `setcookie`, die in Kapitel 8 beschrieben wird. Ein Cookie wird als Header an den Browser verschickt. Genau wie jeden anderen Header müssen Sie das Cookie erstellen, bevor Sie Inhalt verschicken können. Es kann jedoch sein, dass der Browser es nicht akzeptiert. Viele Leute lehnen Cookies ab. Sie können sich daher nicht darauf verlassen, dass ein Cookie vorhanden ist, wenn die Seite das nächste Mal von einem Benutzer besucht wird.

Beim Schreiben eines Cookie wird nicht gleichzeitig eine Variable erstellt, zumindest nicht sofort. Wenn Sie ein Cookie schreiben, soll der Browser Informationen speichern, die er beim nächsten Aufruf der Seite wieder ausgibt. Durch nachfolgende Seitenaufrufe wird das Cookie als Variable erstellt, die Sie nutzen können. Wenn in Ihrem Script die Cookie-Variable immer gesetzt sein muss, setzen Sie sie sofort nachdem Sie das Cookie verschickt haben.

Cookies sind ein heikles Thema. Einige empfinden sie als Eindringlinge – auch wenn Cookies nur eine begrenzte Größe haben –, denn Sie werden gebeten, Informationen auf ihrem Computer zu speichern. Ich rate Ihnen, Cookies so wenig wie möglich einzusetzen. In den meisten Fällen reicht ein einziges Cookie für Ihre ganze Seite. Wenn Sie den Benutzer durch eine besondere Kennung identifizieren können, können Sie mit dieser Kennung auf Informationen zugreifen, die Sie bereits zu dieser Person besitzen. Dies könnten zum Beispiel Sonderwünsche sein. Beachten Sie, dass jedes Mal, wenn eine Seite geladen wird, der Browser ein Cookie verschickt. Stellen Sie sich nun einen Extremfall vor, wo Sie 10 1K-Cookies erstellt haben. Das sind 10K Daten, die der Browser mit jedem Seitenaufruf verschicken muss.

7.7 Datei-Uploads

Ein Datei-Upload ist eine spezielle Art, Formulareingaben zu erhalten. Das Wichtigste ist, das richtige HTML zusammenzustellen. Datei-Uploads sind in RFC 1867 definiert. Sie werden vom Netscape Navigator ab Version 2 unterstützt und vom Internet Explorer ab Version 4. Wird ein Eingabe-Tag in ein HTML-Formular gesetzt und mit dem Schriftattribut `file` versehen, erscheint eine Textbox auf der Web-Seite und eine Schaltfläche, mit der Sie das lokale Dateisystem durchschauen können. Browser, die Uploads nicht unterstützen, zeigen dies wahrscheinlich in einer Textbox. Am besten richten Sie Upload-Formulare nur an Browser, die dafür ausgerüstet sind. Die Formulare müssen ein Sendeverfahren verwenden, mit dem Uploads verschickt werden können, und müssen zudem das Attribut `enctype` enthalten mit dem Wert von `multipart/form-data`. Eine versteckte Formularvariable, nämlich `MAX_FILE_SIZE`, muss dem Dateieingabe-Tag vorangestellt sein. Sein Wert gibt die maximale Größe der Datei in Byte an, die akzeptiert werden muss.

Wenn das Formular abgesendet wird, erkennt PHP das Datei-Upload. Die Datei wird in einem temporären Verzeichnis auf dem Server abgelegt, zum Beispiel auf `/var/tmp`. Anhand des Namens des Datei-Feldes werden verschiedenen Variablen erzeugt. Eine Variable, die denselben Namen wie das Datei-Feld hat, enthält den gesamten Pfad zu der Datei in dem lokalen Dateisystem. Eine Variable mit dem Anhang `_name` am Dateifeld-Namen enthält den Dateinamen, wie er ursprünglich vom Browser vergeben wurde. Eine Variable mit dem Anhang `_size` am Dateifeld-Namen enthält die Größe der Datei in Byte. Und eine Variable mit dem Anhang `_type` am Dateifeld-Namen enthält den MIME-Typ der Datei, wenn dieser vom Browser angegeben wurde.

Wenn Sie die Datei später verwenden möchten, verschicken Sie die neue Datei an einen permanenten Platz. Wenn Sie das nicht tun, löscht PHP die Datei in dem Moment, wo es den aktuellen Seitenabruf beendet. Listing 7.4 ist ein Beispiel für ein Script, das Uploads akzeptiert und sie sofort löscht.

Listing 7.4: Datei-Upload

```
<?
    // Prüfen des Datei-Uploads
    if (isset ($UploadedFile)) {
        unlink ($UploadedFile);
        print ("Local File: $UploadedFile <BR>\n");
        print ("Name: $UploadedFile_name <BR>\n");
        print ("Size: $UploadedFile_size <BR>\n");
        print ("Type: $UploadedFile_type <BR>\n");
        print ("<HR>\n");
    }
?>
<FORM ENCTYPE="multipart/form-data"
    ACTION="<? $PHP_SELF ?>" METHOD="post">
<INPUT TYPE="hidden" name="MAX_FILE_SIZE" value="4096">
<INPUT NAME="UploadedFile" TYPE="file">
<INPUT TYPE="submit" VALUE="Upload">
```

Die Größe von Datei-Uploads ist durch die Direktive `upload_max_filesize` in `php.ini` begrenzt. Der Standardwert ist zwei Megabyte. Wenn eine Datei diese Grenze überschreitet, wird Ihr Script so ausgeführt, als hätte kein Datei-Upload stattgefunden. Zudem wird eine Warnung ausgegeben.

Wie andere Formularfelder wird das Upload-Formularfeld so behandelt, als würde der Wert einer Variablen gesetzt. Wenn Sie an das Ende des Feldnamens eckige Klammern setzen, wird ein Array erzeugt. Die Werte für Größe und Typ stehen in Arrays mit ähnlichen Namen. Sie können dies für mehrfache Datei-Uploads nutzen.

7.8 PUT-Anforderungen

PUT ist eine HTTP-Methode, mit der Sie eine Datei auf einem externen Server ablegen können. Sie ist wie ein Datei-Upload, das nicht aus einem Formular stammt und Ihnen anzeigt, wo Sie die Datei in Ihrem Verzeichnisbaum ablegen sollen. Es ist sehr gefährlich, dies anonymen Benutzern zu gestatten. Besonders gefährlich ist es jedoch, wenn Benutzer Ihr PHP-Script hochladen können.

Nicht alle Browser unterstützen PUT, und auch nicht alle Server. Die Browser Netscape Composer und W3C Amaya unterstützen die PUT-Methode, auch Apache für UNIX, wenn es entsprechend konfiguriert wurde. Um Apache entsprechend zu konfigurieren, brauchen Sie die `Script`-Direktive in einer Konfigurationsdatei. Mehr Informationen dazu finden Sie auf der Web-Seite zu Apache

<http://www.apache.org/docs/mod/mod-actions.html#script>. Mit einer Programmzeile wie `Script PUT /handle_put.php` in `httpd.conf` können Sie Apache anweisen, alle PUT-Aufrufe durch ein PHP-Script laufen zu lassen.

Die Variable `PHP_UPLOAD_FILE_NAME` wird auf den Pfad der hochgeladenen Datei gesetzt, was ein temporäres Verzeichnis ist. Ebenso wie bei Datei-Uploads mit der POST-Methode, wird die Datei automatisch gelöscht, wenn Ihr Script endet und Sie die Datei nicht verschoben haben. Wenn Sie die angeforderte URI benötigen, schauen Sie sich die `REQUEST-URI`-Variable an.

7.9   Aus Dateien lesen und in Dateien schreiben

Die Kommunikation mit Dateien läuft wie folgt ab: Datenstrom für eine Datei öffnen, daraus lesen oder hineinschreiben und dann wieder schließen. Wenn Sie einen Strom öffnen, erhalten Sie einen Integer-Wert, der sich auf den geöffneten Strom bezieht. Jedes Mal, wenn Sie aus einer Datei lesen oder in eine Datei schreiben wollen, nehmen Sie den Bezeichner für den Datenstrom. Intern verwendet PHP diesen Integer-Wert, um sich auf alle Informationen zu beziehen, die für die Kommunikation mit der Datei benötigt werden.

Mit der Funktion `fopen` öffnen Sie eine Datei im lokalen Dateisystem. Sie benötigt Dateinamen und eine Zeichenkette, die die Kommunikationsart festlegt. Dies kann unter anderem `r` für readonly oder `w` für write-only sein. Sie können auch eine Internetadresse definieren, indem Sie den Dateinamen mit `http://` oder `ftp://` beginnen und daran einen vollständigen Pfad mit einem Hostnamen anschließen. Die Datei-Funktionen werden in Kapitel 8 vollständig definiert.

Noch zwei andere Funktionen erstellen Datenströme. Mit der Funktion `popen` können Sie eine Pipe öffnen und mit der Funktion `fsockopen` eine Socketverbindung. Wenn Sie bereits viel Erfahrung mit UNIX haben, sind Ihnen Pipes als temporäre Datenströme zwischen ausführenden Programmen bekannt. Um Mails zu verschicken, öffnet Perl häufig eine Pipe zu `sendmail`, dem Programm, mit welchem Mail im Internet verschickt wird. Da PHP so viele eingebaute Funktionen hat, ist es selten notwendig, Pipes zu öffnen. Dennoch ist es gut zu wissen, dass es diese Option gibt.

Sie können einen Datenstrom öffnen, der mit `fsockopen` via TCP/IP kommuniziert. Diese Funktion braucht einen Host-Namen und einen Anschluss und versucht eine Verbindung herzustellen. Diese Vorgänge werden in Kapitel 8 zusammmen mit den restlichen I/O-Funktionen beschrieben.

Sobald Sie einen Datenstrom geöffnet haben, können Sie mit Funktionen wie `fgets` und `fputs` aus ihm lesen oder in ihn schreiben. Dies wird in Listing 7.5 gezeigt. Beachten Sie, dass Sie mit einer `while`-Schleife jede Zeile aus der Beispieldatei erhalten. Mit der Funktion `feof` erkennt die Schleife das Ende der Datei. Wenn Sie eine Datei schließen wollen, am Dateiende oder auch sonst, rufen Sie die Funktion `fclose` auf. Der Speicher, der kurzzeitig für die geöffnete Datei reserviert war, wird freigegeben.

Listing 7.5: In eine Datei schreiben und daraus lesen

```php
<?
    /*
    ** Öffne eine Datei zum Schreiben
    */
    $filename = "data.txt";
    if (!($myFile = fopen ($filename, "w"))) {
        print("Error: ");
        print("'$filename' could not be created\n");
        exit;
    }

    // Schreibe ein paar Zeilen
    fputs ($myFile, "Sichere diese Zeile für später\n");
    fputs ($myFile, "Und auch diese Zeile\n");

    // Schließe die Datei
    fclose ($myFile);


    /*
    ** Öffne die Datei zum Lesen
    */
    if (!($myFile = fopen ($filename, "r"))) {
        print ("Error:");
        print ("'$filename' kann nicht gelesen werden\n");
        exit;
    }

    while (!feof ($myFile)) {
        // Lese eine Zeile der Datei
        $myLine = fgets ($myFile, 255);

    .  print ("$myLine <BR>\n");
    }

    // Schließt die Datei
    fclose ($myFile);
?>
```

Beachten Sie, dass ein Script unter einer eigenen Benutzerkennung ausgeführt wird. Diese Benutzerkennung ist häufig »Nobody«. Sie sollte keine Berechtigung haben, in Ihrem Web-Verzeichnis Dateien zu erstellen. Vorsicht ist geboten, wenn Ihr Script in ein Verzeichnis schreibt, das für externe Benutzer zugänglich ist. Wenn Sie zum Beispiel Gästebucheinträge sammeln, geben Sie jedem die Möglichkeit, Ihre Datei vollständig einzusehen. Schlimmer ist es, wenn PHP solche Dateien ausführt. Dadurch können externe Benutzer PHP-Code schreiben und Ihr System beschädigen oder Daten stehlen. In diesem Fall müssen Sie die Dateien außerhalb ablegen.

7.10 Sitzungen (Sessions)

Wenn Sie eine Web-Applikation erstellen, wollen Sie die Möglichkeit schaffen, Informationen zu den einzelnen Benutzern zu speichern. So möchten Sie vielleicht den Namen der Benutzer von Seite zu Seite speichern. Sie können Informationen auch auf aufeinander folgenden Formularen sammeln. Sie können versuchen, die anwachsende Informationsmenge auf versteckten Formularfeldern von einer Seite zur nächsten weiterzugeben, doch dies ist sehr unpraktisch. Eine elegantere Lösung sind Sessions. Jedem Besucher wird ein eigener Bezeichner zugewiesen, mit dem Sie gespeicherte Informationen zuordnen können, zum Beispiel in einer Datei oder in einer Datenbank.

Früher mussten PHP-Entwickler ihren eigenen Programmcode schreiben, um Sitzungen verwalten zu können, doch Sascha Schumann und Andrei Zmievski haben in PHP 4 neue Funktionen für Sitzungen definiert. Das Konzept ist folgendermaßen: Sie registrieren globale Variablen beim Sitzungsteilnehmer. Die Werte für diese Variablen werden in Dateien auf dem Server gespeichert. Rufen Benutzer eine andere Seite auf, werden diese Variablen im globalen Gültigkeitsbereich gespeichert.

Der Bezeichner der Session ist eine lange Reihe von Zahlen und Buchstaben und wird Benutzern als Cookie geschickt. Es ist jedoch möglich, dass Benutzer das Cookie ablehnen. Daher wird eine Konstante erstellt, mit der Sie den Sessionbezeichner in einer URL verschicken. Diese Konstante heißt SID und enthält eine volle GET-Methoden-Deklaration, die an das Ende einer URL angehängt werden kann.

Listing 7.6 ist ein einfaches Script, das den Namen eines Benutzers speichert sowie die Anzahl seiner Besuche auf der Seite. Der erste Schritt ist, die Funktion session_start aufzurufen. Diese schickt das Cookie an den Browser. Sie muss aufgerufen werden, bevor Inhalt verschickt wird. Als Nächstes werden zwei Variablen in der Sitzung registriert, nämlich Name und Count. Die erste speichert den Namen des Benutzers, und die zweite zählt, wie häufig Benutzer die Seite aufrufen. Wenn die Werte dieser Variablen einmal registriert sind, werden sie in der Sitzung festgehalten. Bevor Sie ein HTML-Dokument starten, setzt das Beispiel-Script Name mit einer Eingabe aus einem gegebenenfalls verschickten Formular und inkrementiert dann den Seitenzähler.

Listing 7.6: Sitzungen verwenden

```
<?
    // Beginn einer Session
    // Dies muss am Beginn gemacht
    // werden, bevor Inhalt verschickt wird.
    session_start();

    // Registrieren von Variablen
    session_register ("Name");
    session_register ("Count");

    // Setzt die Variable aus der FORM-Eingabe
    if ($inputName != "") {
        $Name = $inputName;
    }
```

```
    // Erhöhe den Zähler jedes Mal, wenn
    // die Seite geladen wird
    $Count++;
?>
<HTML>
<HEAD>
<TITLE>Listing 7.6</TITLE>
</HEAD>
<BODY>
<?
    // Ausgabe von Diagnoseinformationen
    print("<B>Diagnostic Information</B><BR>\n");
    print("Session Name: " . session_name() . "<BR>\n");
    print("Session ID: " . session_id() . "<BR>\n");
    print("Session Module Name: "
        . session_module_name() . "<BR>\n");
    print("Session Save Path: "
        . session_save_path() . "<BR>\n");
    print("Encoded Session:" . session_encode() . "<BR>\n");

    print("<HR>\n");

    if($Name != "") {
        print("Hello, $Name!<BR>\n");
    }

    print("Sie haben diese Seite
        $Count mal gesehen!<BR>\n");

    // FORM, um an den Namen zu gelangen
    print ("<FORM ACTION=\"$SCRIPT_NAME?".SID."\"
        METHOD=\"POST\">");
    print ("<INPUT TYPE=\"text\" NAME=\"inputName\"
        VALUE=\"$Name\"><BR>\n");
    print ("<INPUT TYPE=\"submit\" VALUE=\"Change
        Name\"><BR>\n");
    print ("</FORM>");

    // Wir benutzen einen Link, um dieselbe Seite zu laden
    print ("<A
        HREF=\"$SCRIPT_NAME?".SID."\">Reload</A><BR>\n");
?>
</BODY>
</HTML
```

Als Erstes erhalten Sie Diagnoseinformationen zur Sitzung. Der Sitzungsname ist zusammen mit verschiedenen anderen Sitzungsparametern in php.ini festgelegt. Mit diesem Namen wird auch das Cookie bezeichnet, das den Sitzungsbezeichner enthält. Der Bezeichner selbst ist eine lange

Kette aus Buchstaben und Zahlen, die nach dem Zufallsprinzip erzeugt werden. Standardmäßig speichert PHP Sitzungen in /tmp über den eingebauten Handler files. Dieses Verzeichnis ist bei Windows aber standardmäßig nicht vorhanden, und ohne dieses Verzeichnis funktionieren Sitzungen nicht.

Möglicherweise werden andere Handler zugefügt, um Sitzungen in relationalen Datenbanken zu speichern. Sie können jedoch auch Ihre eigenen Handler mit PHP-Code erstellen, indem Sie die Funktion session_set_handler verwenden. Wie dies funktioniert, lesen Sie in Kapitel 17.

Sitzungen werden durch Serialisierung entschlüsselt, ein Verfahren, mit dem Variablen in eine Form gebracht werden, in der sie als Zeichenketten gespeichert werden können. Wenn Sie die Dateien, die in /tmp gespeichert sind, näher anschauen, sehen Sie, dass sie zu den Zeichenketten passen, die von session_encode zurückgegeben wurden.

Wie bereits gesagt, werden Sitzungsbezeichner durch Cookies verschickt, doch können Sie vom Browser abgewiesen werden. Um sicherzugehen, können Sie die SID-Konstante verwenden. Sie enthält eine Zeichenkette, die den Sitzungsnamen, ein Gleichheitszeichen und den Sitzungsbezeichner enthält. Diesen können Sie in eine URL einfügen, wie ich es bei form action gemacht habe und darunter beim anchor tag. Wenn der Browser ein Session-Cookie an das Script zurückgibt, ist die SID-Konstante leer. Alle Sitzungsfunktionen werden in Kapitel 8 beschrieben.

7.11 Die Funktionen include und require

Die Funktionen include und require enthalten den Pfad zu einer Datei. Die Datei wird geparst, als wäre sie ein allein stehendes PHP-Script. Dies ist ähnlich wie bei der Direktive include in C und der Direktive require in Perl. Doch gibt es einen feinen Unterschied zwischen den beiden Funktionen. Wenn die Funktion require ausgeführt wird, wird sie durch die Datei ersetzt, auf die sie sich bezieht. Die Funktion include verhält sich eher wie ein Funktionsaufruf. Innerhalb einer Schleife zeigt sich der Unterschied erheblich. Stellen Sie sich vor, Sie haben drei Dateien, die eine nach der anderen ausgeführt werden sollen. Sie könnten include in eine for-Schleife setzen. Mit Namen wie include1.php, include2.php oder include3.php. gäbe es keine Probleme. Sie könnten den Namen einfach auf der Basis einer Zählervariablen erstellen.

Mit require würde jedoch die erste Datei drei Mal ausgeführt werden. Der Grund ist, dass beim ersten Schleifenablauf require durch den Inhalt der Datei ersetzt würde. Wie ich schon sagte, der Unterschied ist klein, doch kann er riesige Auswirkungen haben.

Listing 7.7 und Listing 7.8 zeigen eine Möglichkeit, die Funktion include einzusetzen. Hier komme ich auf ein Beispiel aus dem Kapitel über Arrays zurück. Ich habe die Definition für das Array aus der Hauptdatei genommen und sie in eine eigene Datei gesetzt. Ein Programmcode, durch den Monatsangaben an ein bevorzugtes Ausgabeformular angepasst werden, ist nicht unbedingt wichtig für das Haupt-Script. Es reicht zu wissen, dass wir das Übersetzungs-Array eingefügt haben. Dadurch wird das Script in Listing 7.8 viel verständlicher.

Listing 7.7: Enthaltene Datei

```
/*
    /*
    ** Aufbau des Arrays mit den Monatsnamen
    */
    $monthName = array (
        1=>"January", "February", "March",
        "April", "May", "June",
        "July", "August", "September",
        "October", "November", "December",

        "Jan"=>"January", "Feb"=>"February",
        "Mar"=>"March", "Apr"=>"April",
        "May"=>"May", "Jun"=>"June",
        "Jul"=>"July", "Aug"=>"August",
        "Sep"=>"September", "Oct"=>"October",
        "Nov"=>"November", "Dec"=>"December",

        "January"=>"January", "February"=>"February",
        "March"=>"March", "April"=>"April",
        "May"=>"May", "Jun"=>"June",
        "July"=>"July", "August"=>"August",
        "September"=>"September", "October"=>"October",
        "November"=>"November", "December"=>"December"
    );
?>
```

Listing 7.8: Datei einfügen

```
<?
    /*
    ** Einlesen des Arrays mit Monatsnamen
    */
    include ("listing_7-7.php");

    print("Month 5 ist " . $monthName[5] . "<BR>\n");
    print("Month Aug ist " . $monthName["Aug"] . "<BR>\n");
    print("Month June ist " . $monthName["June"] . "<BR>\");

?>
```

Durch diese Modularisierung wird die Lesbarkeit Ihres Programmcodes verbessert. Wenn Sie Genaueres sehen wollen, können Sie die eingeschlossene Datei mit nur wenigen Klicks öffnen. Doch wird durch diese Art der Codierung nicht nur die Lesbarkeit verbessert. Sie hilft Ihnen zudem, einen Programmcode zu schreiben, der wiederverwendet werden kann. Einmal brauchen Sie das Übersetzungs-Array für ein Listenanforderungs-Formular, ein anderes Mal brauchen Sie es vielleicht dafür, Daten aus einer Datenbank anzuzeigen. Anstatt die Array-Definition auszuschneiden, kopieren Sie einfach die Datei.

Teil II:
Funktionsreferenz

Dieser Teil mit den Kapiteln 8 bis 14 ist die Funktionsreferenz. Hier wird jede Funktion erklärt: Welches Argument braucht die Funktion? Welchen Wert gibt sie zurück? Wie wird sie verwendet? Die Funktionen sind nach ihren Aufgaben zusammengefasst.

Kapitel 8 behandelt Ein- und Ausgabefunktionen. Eingabefunktionen schicken und erhalten Informationen an und vom Browser, Ausgabefunktionen lesen und schreiben in und aus dem Dateisystem oder dem Netzwerk. Kapitel 9 behandelt die Bearbeitung von Daten. Hier finden Sie Funktionen, mit denen Sie Arrays bearbeiten, Funktionen, mit denen Sie Informationen innerhalb von Zeichenketten suchen, und Funktionen, mit denen Sie Informationen codieren und decodieren. In Kapitel 10 geht es um mathematische Funktionen. Neben den mathematischen Standardfunktionen bietet PHP durch spezielle Eigenschaften die Möglichkeit, beliebig große Zahlen zu bearbeiten. In Kapitel 11 sind verschiedene Funktionstypen zusammengefasst. Es behandelt Datums- und Zeitfunktionen für einfache Daten und Uhrzeiten, aber auch für außergewöhnliche Kalender- und Datumsberechnungen. Zudem finden Sie in Kapitel 11 viele Funktionen, die die Konfiguration von PHP betreffen und mit denen Sie die Arbeitsweise von PHP verändern können. Kapitel 12 ist ein kurzes, aber sehr wichtiges Kapitel über grafische Funktionen. Mit der GD-Bibliothek können Sie Bilder rasch erzeugen oder bearbeiten. Kapitel 13 ist ein umfassendes Kapitel über verschiedene Datenbankfunktionen. PHP zeichnet sich durch Unterstützung vieler Datenbanken aus. Dieses Kapitel zeigt die systemeigene Unterstützung für verbreitete kommerzielle Datenbanken wie Oracle und Sybase, aber auch für kostenlose wie MySQL. Kapitel 14 behandelt verschiedene Funktionen. Die meisten stellen Schnittstellen zu speziellen Bibliotheken dar, wie etwa für die Kommunikation mit LDAP- und IMAP-Server. In diesem Kapitel beschreibe ich die Funktionen immer auf dieselbe Weise. Die Beschreibung ist knapp und deutlich und beginnt mit einem Prototyp der Funktion. Sie sehen, welchen Datentyp die Funktion zurückgibt und welcher Datentyp übergeben werden muss. Gibt eine Funktion nichts zurück, steht am Anfang auch kein Datentyp. Enthält eine Funktion kein Argument, ist die Klammer hinter dem Funktionsnamen leer. Optionale Argumente mit vorangestelltem Datentyp stehen in eckigen Klammern.

Einige Funktionen gehören zu den Grundfunktionen von PHP und sind jederzeit verfügbar. Andere gehören zu Erweiterungen, die Sie über spezielle Dateien laden müssen oder die beim Kompilieren von PHP zugefügt werden. PHP gibt eine Fehlermeldung aus, wenn es die Funktion nicht erkennt. Es gibt mehr Erweiterungen, als ich hier aufführen kann. Einige wurden sicher erst geschrieben, als dieses Buch bereits gedruckt war. Andere sind zu speziell.

Wir haben die Funktionsreferenz sehr gründlich auf Fehler überprüft. Dennoch kann sich der eine oder andere Fehler eingeschlichen haben. Wie bei meinem ersten Buch finden Sie auf meiner Web-Seite <http://www.leonatkinson.com/> eine Errata-Seite. Sollte ein Beispiel nicht funktionieren, schauen Sie dort nach.

Kapitel **8**

I/O-Funktionen

- Text an den Browser schicken
- Dateien
- Komprimierte Dateifunktionen
- Fehlersuche (Debugging)
- Sitzungen verwalten
- Shell-Anweisungen
- Netzwerk-I/O-Funktionen
- FTP

Ein Programm kann noch so gut sein, es braucht eine Umgebung. In diesem Kapitel geht es um Ein- und Ausgabefunktionen für Browser, Datei oder Netzwerk. Einige dieser Funktionen haben sehr spezielle Aufgaben wie die Bearbeitung von Dateien. Andere dienen einfach der Fehlersuche (Debugging) oder sollen Informationen über die Umgebung ausgeben.

Wenn Sie mit der konventionellen Anwendungsentwicklung bereits Erfahrung haben, interessiert Sie sicherlich die Besonderheit einer zustandslosen Arbeitsumgebung. Erst wenn die Ende-Schaltfläche gedrückt wird, kann Ihr Script eine Schleife durchlaufen und Eingaben von Anwendern empfangen. Obwohl es möglich ist, Einstellungen zu erhalten – eine Anzahl von Variablen für jeden Benutzer also – möchte ich Sie ermutigen, die Möglichkeiten, die PHP bietet, zu nutzen. Sie werden sehen, dass das, was Ihnen zunächst als Einschränkung erscheinen mag, erfrischend neue Möglichkeiten bietet.

8.1 Text an den Browser schicken

Text, der sich außerhalb eines PHP-Tags befindet, wird automatisch an den Browser geschickt. In Kapitel 18 geht es darum, Text über PHP-Funktionen zu verschicken. PHP bietet drei Funktionen, mit denen Sie Text an den Browser senden können: `echo`, `print` und `printf`.

echo string first, string second, ..., string last

Die Funktion `echo` schickt eine beliebige Anzahl von Parametern, die durch Kommas voneinander getrennt sind, an den Browser. Ein Parameter wird in eine Zeichenkette umgewandelt und ohne Zwischenräume ausgedruckt. `echo` benötigt keine Klammern wie sonst üblich bei Funktionen und ist daher eher eine Anweisung als eine Funktion.

```
<?
    echo "First string", 2, 3.4, "last string";
?>
```

flush()

Wenn Text über Funktionen wie `print` oder `echo` an den Browser geschickt wird, kann er in einem Puffer gespeichert werden. Er wird erst dann ausgegeben, wenn der Puffer voll ist. Mit der Funktion `flush` können Sie den Puffer sofort leeren und den Inhalt an den Browser schicken. Da der Webserver allerdings die letzte Instanz ist, die die Kommunikation mit dem Browser steuert, ist die Funktion `flush` möglicherweise nicht wirksam.

Wenn Ihr Script sehr lange für die Ausführung braucht, ist es ratsam, eine Statusmeldung auszugeben, und den Puffer zu leeren. Andernfalls werden Anwender die Seite möglicherweise verlassen.

```
<?
    // Simulieren einer langsamen Berechnung
    // Leere den Output Buffer bei jedem Zyklus
    for ($n=0; $n<5; $n++) {
        print ("Berechnung...<BR>\n");
        flush();
        sleep (3);
    }
    print ("Fertig!<BR>\n");
?>
```

integer print (string output)

Die Funktion `print` gibt ihr Argument aus. Dieses wird an den Browser geschickt.

```
<?
   print ("hello world!<BR>\n");
?>
```

printf (string format [,mixed arg1 [, mixed ...]])

Die Funktion `printf` wandelt Argumente entsprechend einer Formatzeichenkette um und gibt sie an den Browser aus. Die Formatzeichenkette enthält Steuerzeichen für unterschiedliche Datentypen. Dies ist in Tabelle 8.1 gezeigt. Jede Codierung beginnt mit einem Prozentzeichen (%) und endet mit einem Buchstaben, der den Datentyp angibt. Die Codierungen werden den Werten in der Argumentliste zugeordnet, die hinter der Formatzeichenkette angegeben ist. Jeder andere Text wird unverändert an den Browser geschickt.

Steuerzeichen	Beschreibung
d	Integer, dargestellt als Dezimalzahl
o	Integer, dargestellt als Oktalzahl
x, X	Integer, als Hexadezimalzahl dargestellt mit Kleinbuchstaben bzw. Großbuchstaben
b	Integer, dargestellt als Binärzahl
c	Integer als ASCII-Zeichen, (Anhang B enthält eine vollständige Liste der ASCII-Codierungen)
s	String
f	Double
e	Double mit wissenschaftlicher Schreibweise, wie 1.2e3
%	Prozentzeichen ausgeben, ohne Argument

Tabelle 8.1: printf-Steuerzeichen

Sie können auch beliebige Zeichen zwischen Prozentzeichen und Codierung angeben. Außerdem können Sie Flags nach dem Prozentzeichen angeben. Diese steuern Füllzeichen und Ausrichtung. Sie sind in Tabelle 8.2 gezeigt.

Flag	Beschreibung
-	Text nach rechts ausrichten
Leerzeichen	Ausgabe mit Leerzeichen versehen; dies ist das Standardfüllzeichen
0	Ausgabe mit Null auffüllen
' und beliebiges Zeichen	Ausgabe mit diesem Zeichen auffüllen

Tabelle 8.2: printf-Flags

Nach einem Flag können Sie die Mindestfeldlänge angeben. Die umgewandelte Ausgabe wird in ein Feld geschrieben, das mindestens diese Breite hat. Ist die Ausgabe kürzer als die minimale Breite, wird sie mit Füllzeichen aufgefüllt. Das ist in der Regel ein Leerzeichen. Normalerweise stehen Füllzeichen links. Steht jedoch ein - vor dem Flag, stehen sie rechts.

Dann können Sie die Genauigkeit bestimmen. Die Genauigkeit muss mit einem Punkt von der Mindestfeldlänge abgegrenzt werden. Bei einem String gibt die Genauigkeit die maximale Feldlänge an. Bei einem Double entspricht die Genauigkeit der Anzahl der Ziffern, die nach dem Dezimalpunkt stehen. Bei einem Integer ist die Genauigkeit nicht von Bedeutung.

```
<?
    printf ("%-10s %5d %05.5f <BR>\n", "a string", 10, 3.14);
?>
```

Ausgaben puffern

Wenn Sie eine Anweisung zum Puffern der Ausgabe geben, wird – unabhängig vom Puffer des Webserver – ein zusätzlicher Puffer, *Output Buffering* genannt, durch PHP eingesetzt. Dies führt zu geringen Performance-Einbußen. Allerdings haben Sie mehr Kontrolle durch den zusätzlichen Puffer.

Wird `ob_start` aufgerufen, gelangen alle Ausgaben von `print` und `echo` in einen Puffer, einen großen Speicher. Der Inhalt des Puffers kann mit `ob_end_flush` an den Browser geschickt oder mit `ob_end_clean` gelöscht werden. Wie Sie aus Kapitel 7 wissen, können Header nicht verschickt werden, wenn bereits Inhalt verschickt wurde. Mit diesen Funktionen vermeiden Sie also den Fehler, Inhalt vor einem Header zu schicken.

ob_start()

Die Funktion `ob_start` aktiviert das Puffern der Ausgabe. Text, der von `print` oder ähnlichen Funktionen ausgegeben wurde, wird in einem Puffer gespeichert und erst an den Browser geschickt, wenn `ob_end_flush` aufgerufen wird. Der Puffer wird geleert, wenn das Script beendet ist.

```
<?
    // Starte das Output Buffering
    ob_start();
?>
<HTML>
<HEAD>
<TITLE>ob_start</TITLE>
</HEAD>
<BODY>
<?
    print ("An diesem Punkt sind ");
    print (strlen(ob_get_contents()));
    print (" Zeichen im Output Buffer.<BR>\n");
?>
</BODY>
</HTML>
<?
```

```
    // Füge einen Header hinzu
    header ("X-note: COREPHP");

    // gebe den Inhalt aus
    ob_end_flush();
?>
```

ob_end_flush()

Mit der Funktion `ob_end_flush` wird das Puffern der Ausgabe beendet und der Inhalt des Puffers an den Browser geschickt.

ob_end_clean()

Mit `ob_end_clean` wird das Puffern der Ausgabe beendet und der Inhalt des Puffers gelöscht. Es werden keine Daten an den Browser geschickt.

string ob_get_contents()

Die Funktion `ob_get_contents` gibt den Inhalt des Ausgabepuffers zurück.

8.2   Dateien

Diese Funktionen bearbeiten Dateien oder geben Informationen über Dateien zurück. Viele von ihnen enthalten Befehle, die in der UNIX- oder Windows-Befehls-Shell ausgeführt werden.

Wenn diese Funktionen einen Dateinamen oder ein Verzeichnis verlangen, können Sie eine Datei aus demselben Verzeichnis angeben, in dem sich Ihr Script befindet. Sie können auch einen absoluten oder einen relativen Pfad angeben. Die Verzeichnisbezeichnungen . und .. gelten sowohl für UNIX als auch für Windows. Bei einem Windows-Rechner können Sie auch Laufwerksbuchstaben angeben. Unter Windows werden Verzeichnisse und Dateinamen durch einen Backslash begrenzt. Ein Schrägstrich wird jedoch richtig interpretiert, so dass Sie ihn beibehalten sollten.

boolean chdir (string directory)

Wenn ein PHP-Script mit der Ausführung beginnt, ist sein Standardpfad der Pfad zum Script. Wenn also der absolute Pfad zum Script `/user/leon/public_html/somescript.php` ist, gehen alle relativen Pfade von `/user/leon/public_html/` aus. Sie können diesen Standardpfad mit der Funktion `chdir` ändern. Sie gibt `TRUE` zurück, wenn eine Änderung vorgenommen wurde, und `FALSE`, wenn das Script keine Änderung vornehmen konnte.

```
<?
    if (chdir("/tmp")) {
        print ("das aktuelle Verzeichnis ist /tmp");
    } else {
        print("nicht möglich nach /tmp zu wechseln");
    }
?>
```

boolean chgrp (string filename, mixed group)

Die Funktion chgrp geht auf ein Konzept von UNIX zurück, das darin besteht, die Gruppe, zu der eine Datei gehört, zu ändern. Wird die Gruppe verändert, wird TRUE zurückgegeben. Wird sie nicht geändert, wird FALSE zurückgegeben. Unter Windows gibt diese Funktion immer TRUE zurück und verändert die Datei nicht. Zwei ähnliche Funktionen sind chmod und chown. Mit der Funktion filegroup finden Sie die Gruppe, der die Datei zurzeit zugeordnet ist.

Den gleichnamigen Shell-Befehl finden Sie auf der UNIX-Manpage.

```
<?
    if (chgrp ("log.txt", "editors")) {
        print ("log.txt geändert für die Editoren Gruppe");
    } else {
        print ("log.txt nicht geändert");
    }
?>
```

boolean chmod(string filename, integer mode)

Die Funktion chmod setzt abhängig vom Modus UNIX-Zugriffsrechte für die übergebene Datei. Der Modus wird wie beim UNIX-Shell-Befehl interpretiert, aber nicht in eine Oktalzahl umgewandelt. Wenn Sie keine Null vor mode setzen, wird es als Dezimalzahl behandelt.

Unter UNIX gibt es drei Oktalzahlen, mit denen Sie die Zugriffsrechte für Besitzer, Gruppe und Andere festlegen. Sie können Modi, und somit Rechte, kombinieren. Soll eine Datei zum Beispiel lesbar und ausführbar sein, verwenden Sie den Modus 5. Siehe hierzu Tabelle 8.3. Auf der Manpage für chmod auf Ihrem UNIX-System erfahren Sie mehr dazu.

Modus	Beschreibung
0	kein Zugriff
1	Ausführen
2	Schreiben
4	Lesen

Tabelle 8.3: Datei-Modi

Unter Windows kann chmod nur eingeschränkt verwendet werden. Die Modi aus Tabelle 8.4 wurden von Microsoft definiert. Sie können mit dem Bitwise-or (|) kombiniert werden. In der Praxis sind jedoch nur die Schreibrechte von Bedeutung. Unter Windows sind alle Dateien lesbar. Die Dateierweiterung gibt an, ob die Datei ausgeführt wird.

Modus	Beschreibung
0000400	Leserecht für den Besitzer
0000200	Schreibrecht für den Besitzer
0000100	Ausführ-/Durchsuchrecht für den Besitzer

Tabelle 8.4: Modi unter Windows

Die Funktionen chgrp, chown und chmod sind sehr ähnlich. Die Funktion fileperms zeigt Ihnen den aktuellen Modus der Datei.

```
<?
    /*
    ** Erlaube jedem das Lesen und Schreiben einer Datei,
    ** wenn PHP unter Unix läuft
    */
    if (chmod ("data.txt", 0666)) {
        print ("erfolgreiche Modus-Änderung");
    } else {
        print ("Modus-Änderung fehlgeschlagen");
    }
?>
```

boolean chown (string filename, mixed user)

Mit der Funktion chown ändern Sie den Besitzer einer Datei. Bei erfolgreicher Ausführung wird TRUE zurückgegeben, sonst FALSE. Unter Windows funktioniert diese Funktion nicht. Es wird immer TRUE zurückgegeben. Die Funktion ist ähnlich wie chgrp und chmod. Wenn Sie wissen möchten, wer der aktuelle Besitzer einer Datei ist, verwenden Sie die Funktion fileowner.

```
<?
    /*
    ** Ändere den Besitzer auf leon
    */
    if (chown ("data.txt", "leon")) {
        print ("Besitzer geändert");
    } else {
        print ("konnte den Besitzer nicht ändern");
    }
?>
```

closedir ([integer directory_handle])

Die Funktion closedir schließt ein Verzeichnis, nachdem es mit opendir geöffnet wurde. PHP schließt eine Verbindung zu einem Verzeichnis selbstständig, wenn das Script beendet wird. Es ist also nicht unbedingt nötig, diese Funktion zu verwenden.

```
<?
    // Gib das aktuelle Verzeichnis ungeordnet aus
    print ("<UL>\n");

    // Öffne das Verzeichnis
    $myDirectory = opendir (".");

    // Hole jeden Eintrag
    while ($entryName = readdir ($myDirectory)) {
        print ("<LI>$entryName\n");
    }
```

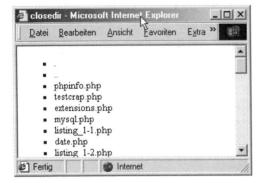

Abbildung 8.1: closedir

```
// Schließe das Verzeichnis
closedir ($myDirectory);

print ("</UL>\n");
?>
```

boolean copy (string source, string destination)

Die Funktion copy kopiert eine durch das Quellargument definierte Datei in die durch das Ziel-argument definierte Datei. Dadurch erhalten Sie zwei separate, identische Dateien. Eine ähnliche Funktion ist link. Sie wird weiter unten beschrieben.

```
<?
    if (copy ("data.txt", "/tmp/data.txt")) {
        print ("data.txt nach /tmp kopiert");
    } else {
        print ("data.txt konnte nicht kopiert werden");
    }
?>
```

double diskfreespace (string path)

Die Funktion diskfreespace gibt zurück, wie viel Byte für den aktuellen Pfad frei sind.

```
<?
    print (diskfreespace("/"));
    print (" Bytes frei");
?>
```

object dir (string directory)

Die Funktion dir erstellt ein Verzeichnisobjekt. Sie ist eine Alternative zu den Funktionen opendir und closedir. Das Objekt, das zurückgegeben wird, hat zwei Eigenschaften: handle und path. Die Eigenschaft handle kann mit anderen Verzeichnisfunktionen verwendet werden, wie zum Beispiel readdir. Verwenden Sie sie so, als wäre sie mit opendir erstellt worden. Die Eigenschaft path ergibt sich aus der angegebenen Zeichenkette. Das Objekt hat drei Methoden: read, rewind und close, die sich wie readdir, rewinddir und closedir verhalten.

boolean fclose (integer file_handle)

Mit der Funktion fclose schließen Sie eine offene Datei. Wird eine Datei geöffnet, erhalten Sie ein Integer, das ein Datei-Handle darstellt. Mit diesem Datei-Handle wird die Datei geschlossen, wenn Sie sie nicht mehr brauchen. Funktionen, mit denen Sie eine Datei öffnen, sind: fopen und fsockopen. Mit pclose schließen Sie eine Pipe.

```
<?
    // Öffne Datei zum lesen
    $myFile = fopen ("data.txt", "r");

    // Vergewissern Sie sich, dass das Öffnen geklappt hat
    if (!($myFile)) {
        print ("Datei konnte nicht geöffnet werden");
        exit;
    }

    while (!feof ($myFile)) {
        // Lese eine Zeile aus der Datei
        $myLine = fgets ($myFile, 255);
        print ("$myLine <BR>\n");
    }

    // Schließe die Datei
    fclose($myFile);
?>
```

boolean feof (integer file_handle)

Während Sie aus einer Datei lesen, zeigt Ihnen PHP mit einem Zeiger die letzte Stelle dieser Datei an. Die Funktion feof gibt TRUE zurück, wenn das Ende der Datei erreicht ist. Sie wird häufig in der Bedingung einer while-Schleife verwendet, in der die Datei vom Anfang bis zum Ende gelesen wird. Ein Anwendungsbeispiel finden Sie oben bei der Beschreibung zu fclose. Die Funktion ftell sagt Ihnen, wo Sie sich befinden, wenn Sie aus einer Datei lesen.

string fgetc (integer file_handle)

Die Funktion fgetc gibt ein einzelnes Zeichen einer Datei zurück. Sie braucht ein Datei-Handle, wie es von fopen, fsockopen oder popen zurückgegeben wird. Weitere Funktionen, mit denen Sie aus einer Datei lesen können, sind: fgetcsv, fgets, fgetss, fread, gzgetc.

```
<?
    // Öffnet eine Datei und gibt jedes einzelne Zeichen aus
    if ($myFile = fopen ("data.txt", "r")) {
        while (!feof ($myFile)) {
            $myCharacter = fgetc ($myFile);
```

```
        print ($myCharacter);
    }

    fclose ($myFile);
  }
?>
```

array fgetcsv (integer file_handle, integer length [, string separator])

Mit der Funktion `fgetcsv` können Sie Daten aus einer Datei lesen, die durch Kommas voneinander getrennt sind. Sie braucht ein gültiges Datei-Handle, das von `fopen`, `fsockopen` oder `popen` zurückgegeben wird. Zudem muss die maximale Zeilenlänge angegeben sein. Das optionale Argument `separator` gibt an, mit welchem Zeichen Felder voneinander getrennt werden. Ohne dieses Argument wird ein Komma gesetzt. Felder können in doppelte Anführungszeichen eingeschlossen sein, so dass Sie Kommas und Zeilenumbrüche in Felder einbetten können.

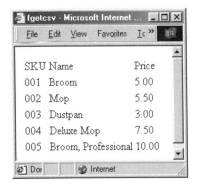

Abbildung 8.2: fgetcsv

```
<?
    if ($myFile = fopen ("data.csv", "r")) {
        print ("<TABLE>\n");

        while (!feof ($myFile)) {
            print ("<TR>\n");

            $myField = fgetcsv ($myFile, 1024);

            for ($n=0; $n<count ($myField); $n++) {
                print("\t<TD>");
                print($myField[$n]);
                print("</TD>\n");
            }

            print ("</TR>\n");
```

```
    }

    fclose($myFile);

    print("</TABLE>\n");
    }
?>
```

string fgets (integer file_handle, integer length)

Die Funktion `fgets` gibt die Zeichenkette zurück, die sie aus einer durch das Datei-Handle genannten Datei liest. Das Datei-Handle muss von `fopen`, `fsockopen` oder `popen` zurückgegeben worden sein. Die Funktion `fgets` liest die durch das Längen-Argument angegebene Anzahl an Zeichen minus 1. Bei einem Zeilenumbruch wird die Ausführung beendet, ebenso wie am Ende der Datei. Dies ist in der zurückgegebenen Zeichenkette enthalten.

Andere Funktionen, mit denen Sie aus Dateien lesen können, sind: `fgetc`, `fgetcsv`, `fgetss`, `fread`, `gzgets`.

```
<?
    // Öffnet eine Datei und gibt jede Zeile aus
    if ($myFile = fopen ("data.txt", "r")) {
        while (!feof ($myFile)) {
            $myLine = fgets ($myFile, 255);
            print ($myLine);
        }
        fclose($myFile);
    }
?>
```

string fgetss (integer file_handle, integer length [, string allowable_tags])

Die Funktion `fgetss` entspricht `fgets`, entfernt jedoch HTML- oder PHP-Code, bevor sie eine Zeichenkette zurückgibt. Das optionale Argument `ignore` gibt an, welche Tags unverändert durchlaufen können. Soll ein Tag ignoriert werden, müssen Sie nur das Start-Tag angeben. Andere Funktionen, mit denen Sie aus einer Datei lesen können, sind: `fgetc`, `fgetcsv`, `fread`, `gzgets`. Wenn Sie wollen, dass HTML erhalten bleibt, aber nicht interpretiert wird, verwenden Sie die Funktion `htmlentities`.

```
<?
    // Öffnet eine Datei und gibt jede Zeile aus,
    // entfernt HTML ausser für Anchor-Tags
    if ($myFile = fopen ("index.html", "r")) {
        while (!feof ($myFile)) {
            $myLine = fgetss ($myFile, 1024, "<A>");
            print ($myLine);
        }
        fclose($myFile);
    }
?>
```

array file (string filename [, integer use_include_path])

Die Funktion file gibt eine vollständige Datei als Array zurück. Jede Zeile der Datei ist ein Element des Arrays. Die Nummerierung beginnt bei Null. Wenn es praktischer ist, mit nur einer Zeichenkette zu arbeiten, verwenden Sie die Funktion implode, wie ich es im folgenden Beispiel getan habe. Wenn Sie vorhaben, die Datei direkt an den Browser zu schicken, wählen Sie statt dessen readfile.

```
<?
    // Öffne Datei
    $myFile = file ("data.txt");

    // Wandle den Array in eine Zeichenkette um
    $myFile = implode ($myFile, "");

    // Gib die vollständige Zeichenkette aus
    print ($myFile);
?>
```

boolean file_exists (string filename)

Die Funktion file_exists gibt TRUE zurück, wenn die angegebene Datei vorhanden ist, und FALSE, wenn sie nicht vorhanden ist. Diese Funktion ist hilfreich, wenn Sie Fehler bei den anderen Dateifunktionen vermeiden möchten. Im Beispiel unten wird geprüft, ob eine Datei vorhanden ist, bevor sie an den Browser geschickt wird.

```
<?
    $filename = "data.txt";

    // Wenn die Datei existiert, dann einlesen
    if (file_exists ($filename)) {
        readfile ($filename);
    } else {
        print ("'$filename' does not exist");
    }
?>
```

integer fileatime (string filename)

Die Funktion fileatime gibt den Zeitpunkt zurück, an dem das letzte Mal auf eine Datei zugegriffen wurde, und zwar in Sekunden seit dem 1. Januar 1970 im Standardformat für Zeitmarken. Es wird FALSE zurückgegeben, wenn ein Fehler vorliegt. Mit Zugriff ist das Erstellen einer Datei gemeint, sowie Schreib- und Lesevorgänge. Im Gegensatz zu anderen Datei-Funktionen, arbeitet die Funktion fileatime unter Windows und UNIX identisch.

Zwei andere Funktionen, mit denen Sie Zeitinformationen über eine Datei erhalten, sind fileatime und filemtime.

```
<?
    $LastAccess = fileatime ("data.txt");
    print ("Der letzte Zugriff erfolgte: ");
    print (date ("l F d, Y", $LastAccess));
?>
```

integer filectime (string filename)

Auf UNIX gibt die Funktion filectime den Zeitpunkt zurück, an dem eine Datei das letzte Mal verändert wurde, und zwar in Sekunden seit dem 1. Januar 1970 im Standardformat für Zeitmarken. Mit Veränderung ist das Erstellen einer Datei gemeint, Schreibvorgänge oder eine Änderung der Zugriffsrechte. Auf Windows gibt filectime den Zeitpunkt zurück, an dem die Datei erstellt wurde. Wenn ein Fehler auftritt, wird FALSE zurückgegeben.

Zwei weitere Funktionen, mit denen Sie Zeitinformationen über eine Datei erhalten können, sind fileatime und filemtime.

```
<?
    $LastChange = filectime ("data.txt");
    print ("Die letzte Veränderung: ");
    print (date ("l F d, Y", $LastChange));
?>
```

integer filegroup (string filename)

Die Funktion filegroup gibt den Gruppenbezeichner für die übergebene Datei zurück, oder FALSE, wenn ein Fehler auftritt. Unter Windows gibt diese Funktion immer FALSE zurück. Andere Funktionen, die Informationen über eine Datei zurückgeben, sind fileinode, fileowner und fileperms. Mit chgrp können Sie die Gruppe einer Datei ändern.

```
<?
    print (filegroup ("data.txt"));
?>
```

integer fileinode (string filename)

Die Funktion fileinode gibt die Inode der aktuellen Datei zurück, oder FALSE bei einem Fehler. Unter Windows gibt diese Funktion immer FALSE zurück. Ähnliche Funktionen sind filegroup, fileowner und fileperms.

```
<?
    print (fileinode ("data.txt"));
?>
```

integer filemtime (string filename)

Die Funktion filemtime gibt den Zeitpunkt zurück, an dem die Datei das letzte Mal verändert wurde, und zwar in Sekunden seit dem 1. Januar 1970 im Standardformat für Zeitmarken. Bei einem Fehler wird FALSE zurückgegeben. Mit Veränderung ist das Erstellen einer Datei gemeint oder Änderungen des Inhalts. Auf anderen Betriebssystemen verhält sich diese Funktion identisch. Zwei weitere Funktionen, mit denen Sie Zeitinformationen über Dateien erhalten, sind fileatime und filectime.

```
<?
    $LastMod = filemtime ("data.txt");
    print ("Letzte Veränderung: ");
    print (date ("l F d, Y", $LastMod));
?>
```

integer fileowner (string filename)

Die Funktion `fileowner` gibt den Benutzerbezeichner für den Besitzer zurück, und FALSE, wenn ein Fehler auftritt. Unter Windows gibt diese Funktion immer FALSE zurück. Mit chown können Sie den Besitzer einer Datei ändern. Ähnliche Funktionen, mit denen Sie Informationen über eine Datei erhalten, sind `filegroup`, `fileinode` und `fileperms`.

```
<?
   print (fileowner ("data.txt"));
?>
```

integer fileperms (string filename)

Die Funktion `fileperms` gibt die Zugriffsrechte als Zahl zurück, die die angegebene Datei hat. Wenn Sie mit UNIX arbeiten, lesen Sie die Manpage zur Systemfunktion stat. Möglicherweise überrascht es Sie, dass diese Zahl als Oktalzahl mit sechs Ziffern ausgegeben wird. Durch die ersten drei Ziffern erhalten Sie Informationen über die Datei, die sich aber nicht auf die Rechte zum Lesen, Schreiben oder Ausführen beziehen. Mit einem logischen AND-Vorgang können Sie diese Informationen herausfiltern, wie ich es in meinem Beispiel getan habe. Mit der Funktion chmod ändern Sie den Modus einer Datei.

```
<?
   printf ("%o", (fileperms ("data.txt") & 0777));
?>
```

integer filesize (string filename)

Die Funktion `filesize` gibt die Größe der genannten Datei in Byte zurück.

```
<?
   print (filesize ("data.txt"));
?>
```

string filetype (string filename)

Die Funktion `filetype` gibt den Dateityp als beschreibende Zeichenkette zurück. Mögliche Werte sind block, char, dir, fifo, file, link und unknown. Diese Funktion ist eine Schnittstelle zur Funktion stat in C, deren Manpage Informationen zu den verschiedenen Dateitypen enthält.

```
<?
   print (filetype ("data.txt"));
?>
```

boolean flock (integer file_handle, integer mode [, integer wouldblock])

Mit der Funktion `flock` wird der Zugriff auf eine Datei temporär gesperrt. Dafür hat PHP ein eigenes Sperrsystem, das auf vielen Plattformen funktioniert. Es muss bei allen Prozessen die gleiche Art von Sperre verwendet werden, damit die Datei für PHP-Scripts, aber nicht für andere Prozesse gesperrt wird.

Das Argument `file_handle` muss ein Integer sein, das durch `fopen` zurückgegeben wird. Das Argument `mode` bestimmt, ob Sie eine Sperre einrichten, mit der andere die Datei lesen können (1), ob Sie eine Sperre einrichten, mit der andere die Datei nicht lesen können (2), oder ob Sie ein Sperre aufheben (3). Wenn Sie eine Sperre einrichten, kann es sein, dass ein Prozess blockiert. Das heißt, die Datei ist bereits gesperrt, und die Funktion wartet jetzt, bis sie die Anweisung zum Fortfahren der Ausführung erhält. Sie können die Sperre auch mit Modus 5 und 6 abstellen. Tabelle 8.5 zeigt die Modi.

Modus	erlaubte Prozesse
1	Lesen ist erlaubt
2	Lesen ist nicht erlaubt
3	Sperre wird aufgehoben
5	Lesen ist erlaubt, keine Sperre
6	Lesen ist nicht erlaubt, keine Sperre

Tabelle 8.5: flock-Modi

```
<?
   $fp = fopen ("log.txt", "a");

   // Lesesperre setzen
   flock ($fp, 2);
   // Eine Zeile in die Datei schreiben
   fputs ($fp, date ("h:i A l F dS, Y\n"));

   // Lesesperre wieder aufheben
   flock ($fp, 3);

   fclose ($fp);

   // Datei ausgeben
   print("<PRE>");
   readfile("log.txt");
   print("</PRE>\n");
?>
```

integer fopen (string filename, string mode [, integer use_include_path])

Mit der Funktion `fopen` wird eine Datei für Lese- oder Schreibvorgänge geöffnet. Für diese Funktion benötigen Sie den Namen der Datei und einen Modus. Sie gibt einen Integer-Wert zurück, das Datei-Handle. Mit diesem Integer-Wert referenziert PHP Informationen über die geöffnete Datei. Das Datei-Handle wird von anderen Datei-Funktionen verwendet, wie `fputs` und `fgets`.

Normalerweise ist das Argument `filename` der Pfad zu einer Datei. Das kann ein absoluter oder ein relativer Pfad sein. Wenn der Dateiname mit `http://` oder `ftp://` beginnt, wird die Datei durch HTTP- oder FTP-Protokolle über das Internet geöffnet.

Das Argument `mode` gibt an, ob die Datei gelesen, beschrieben oder ergänzt werden kann. Modi mit einem Pluszeichen (+) sind Update-Modi, mit denen sowohl Lesen als auch Schreiben möglich ist. Steht am Ende des Modus der Buchstabe `b`, wird die Datei als Binärdatei betrachtet und den Zeichen am Ende der Zeile keine Bedeutung geschenkt. Tabelle 8.6 zeigt alle Modi.

Modus	erlaubte Operation
`r[b]`	nur Lesen [binär]
`w[b]`	nur Schreiben; gegebenenfalls erstellen; bisherigen Inhalt löschen [binär]
`a[b]`	an Datei anhängen; gegebenenfalls erstellen; am Ende der Datei mit Schreiben beginnen [binär]
`r+[b]`	lesen und schreiben [binär]
`w+[b]`	Lesen und Schreiben, gegebenenfalls erstellen; bisherigen Inhalt löschen [binär]
`a+[b]`	Lesen und Schreiben, gegebenenfalls erstellen; am Ende der Datei mit Schreiben beginnen [binär]

Tabelle 8.6: Schreib- und Lesemodi

Eine Datei darf nicht zum Schreiben geöffnet werden, wenn eine HTTP-URL angegeben ist. Das gilt nicht für FTP. Sie können eine FTP-Datei hochladen und den Schreibmodus wählen. Diese Funktionalität ist jedoch begrenzt. Sie können externe Dateien erstellen, aber keine bestehenden Dateien überschreiben. Sowohl bei HTTP als auch bei FTP können Sie eine Datei nur von Anfang bis Ende lesen. Sie können nicht `fseek` oder ähnliche Funktionen verwenden.

Es ist möglich, dass Dateien auf HTTP- und FTP-Servern durch Benutzernamen und Passwörter geschützt sind. Einen Benutzernamen oder ein Passwort geben Sie genauso an wie bei gängigen Web-Browsern. Geben Sie nach dem Netzwerkprotokoll und vor dem Server-Namen den Benutzernamen, einen Doppelpunkt, ein Passwort und ein At-Zeichen (@) ein.

Es gibt drei weitere Funktionen, mit denen Sie eine Datei öffnen können: `fsockopen`, `gzopen`, `popen`.

```
<?
    print ("<H1>HTTP</H1>\n");

    // Öffne eine Datei unter Verwendung des HTTP-Protokolls
    // und Benutzernamen und Passwort
    if (!($myFile =
        fopen("http://leon:passwd@www.clearink.com/","r"))) {
        print ("Datei konnte nicht geöffnet werden");
        exit;
    }
```

```
    while (!feof ($myFile)) {
        // Lese eine Zeile aus der Datei
        $myLine = fgetss ($myFile, 255);
        print ("$myLine<BR>\n");
    }

    // Schließe die Datei
    fclose ($myFile);

    print ("<H1>FTP</H1>\n");
    print ("<HR>\n");

    // Öffne eine Datei unter Verwendung des FTP-Protokolls
    if (!($myFile =
         fopen ("ftp://ftp.php.net/welcome.msg", "r"))) {
        print ("Datei konnte nicht geöffnet werden");
        exit;
    }

    while (!feof ($myFile)) {
        // Lese eine Zeile aus der Datei
        $myLine = fgetss ($myFile, 255);
        print ("$myLine <BR>\n");
    }

    // Schließe die Datei
    fclose ($myFile);

    print ("<H1>Local</H1>\n");
    print ("<HR>\n");

    // Öffne eine lokale Datei
    if (!($myFile = fopen ("data.txt", "r"))) {
        print ("Datei konnte nicht geöffnet werden");
        exit;
    }
    while (!feof ($myFile)) {
        // Lese eine Zeile aus der Datei
        $myLine = fgetss ($myFile, 255);
        print ("$myLine <BR>\n");
    }

    // Schließe die Datei
    fclose ($myFile);
?>
```

boolean fpassthru (integer file_handle)

Die Funktion fpassthru schickt den Inhalt einer Datei von der aktuellen Position bis zum Dateiende an den Browser. Das heißt, Sie können einige Zeilen lesen und dann den Rest ausgeben. Ist die Datei verschickt, wird sie geschlossen. Wenn ein Fehler auftritt, gibt die Funktion fpassthru FALSE zurück. Die Funktion gzpassthru bietet die gleiche Funktionalität für komprimierte Dateien.

```
<?
    /*
    ** Hole eine Web-Seite und ändere den Title-Tag
    */

    // Öffne eine unter Verwendung des HTTP-Protokolls
    if(!($myFile = fopen("http://www.clearink.com/","r"))) {
        print ("Datei konnte nicht geöffnet werden");
        exit;
    }

    $KeepSearching = TRUE;

    while (!feof ($myFile) AND $KeepSearching) {
        // Lese eine Zeile aus der Datei
        $myLine = fgets ($myFile, 1024);

        // Nach dem Body-Tag schauen
        if (eregi("<body", $myLine)) {
            // Keine Chance, nach dem Body-Tag
            // einen Title-Tag zu finden
            $KeepSearching = FALSE;
        }

        // Versuche nach dem Title-Tag etwas einzufügen
        $myLine = eregi_replace ("<title>",
            "<title>(fpassthru Beispiel)", $myLine);

        // Schicke diese Seite dem Browser
        print ("$myLine");
    }

    // Schicke dem Browser den Rest der Datei
    fpassthru ($myFile);
?>
```

integer fwrite (int file_handle, string output [, int length])

Die Funktion fwrite schreibt in eine offene Datei. Sie braucht ein Datei-Handle, das von fopen, fsockopen oder popen zurückgegeben wird. Es wird entweder die Zahl der geschriebenen Bytes zurückgegeben oder -1, wenn ein Fehler auftritt. Die Funktion gzputs wird bei komprimierten Dateien verwendet.

```
<?
    // Öffne Datei zum Schreiben
    $myFile = fopen ("data.txt","w");

    // Prüfen ob Datei auch wirklich geöffnet
    if (!($myFile)) {
        print ("Datei konnte nicht geöffnet werden");
        exit;
    }

    for ($index=0; $index<10; $index++) {
        // Schreibe eine Zeile in die Datei
        fwrite ($myFile, "line $index\n");
    }

    // Schließe die Datei
    fclose ($myFile);
?>
```

string fread (integer file_handle, integer length)

Die Funktion `fread` ist eine Variante der Funktion `fgets`, kann aber auch für Binärdateien genutzt werden. Sie interpretiert nicht den Zeilenumbruch. Sie gibt die Anzahl der Bytes zurück, die durch das Argument `length` bestimmt wird, es sei denn, sie erreicht das Dateiende. Sie brauchen diese Funktion, wenn Sie aus Binärdateien wie JPEG Bilddateien lesen wollen.

```
<?
    /*
    ** Prüfen, ob eine Datei ein GIF89 ist
    */

    $filename = "php.gif";

    $fp = fopen ($filename, "r");

    // Lesen der ersten 128 Bytes
    $data = fread ($fp, 128);

    // Datei schließen
    fclose ($fp);

    // Prüfen, ob die Datei am Anfang "GIF89" enthält
    if (substr ($data, 0, 5) == "GIF89") {
        print ("$filename ist eine GIF89-Datei.\n");
    } else {
        print ("$filename ist keine GIF89-Datei.\n");
    }
?>
```

integer fseek(integer file_handle, integer offset [, integer whence])

Mit `fseek` ändern Sie den Dateizeiger. Diese Funktion braucht ein gültiges Datei-Handle, das durch `fopen` erstellt wird. Zudem braucht sie ein Offset, also die Anzahl der Bytes relativ zum Dateianfang. Im Fall eines Fehlers gibt `fseek` minus Eins (-1) zurück. Andernfalls gibt sie Null (0) zurück. Beachten Sie, dass sich `fseek` darin von den meisten PHP-Funktionen unterscheidet.

Es ist kein Fehler, `fseek` über das Ende der Datei hinaus einzusetzen, doch darf die Funktion nicht in einer durch `fopen` geöffneten Datei eingesetzt werden, wenn sie mit `http://` oder `ftp://` verwendet wurde.

Mit der `ftell`-Funktion sehen Sie, wo der Dateizeiger steht.

```
<?
    // Datei öffnen
    if ($myFile = fopen ("data.txt", "r")) {
        // 32 Zeichen weiter
        fseek ($myFile, 32);

        // Den Rest der Datei ausgeben
        fpassthru ($myFile);
    } else {
        print ("Datei konnte nicht geöffnet werden");
    }
?>
```

array fstat (integer file_handle)

Die Funktion `fstat` entspricht der Funktion `stat` aus C und gibt Informationen über eine geöffnete Datei als ein assoziatives Array zurück. Die Array-Elemente sind `atime`, `blksize`, `blocks`, `ctime`, `dev`, `gid`, `ino`, `mode`, `mtime`, `nlink`, `rdev`, `size` und `uid`. Diese Funktion gibt dieselben Informationen zurück wie `stat` und `lstat`.

integer ftell(integer file_handle)

Vorausgesetzt ein gültiges Datei-Handle ist vorhanden, gibt `ftell` das Offset des Dateizeigers zurück. Die Position des Dateizeigers verändern Sie mit `fseek`.

```
<?
    // Datei öffnen
    if ($myFile = fopen ("data.txt", "r")) {
        // Solange lesen, bis erstes Leerzeichen gefunden
        $c = "";
        while (!(feof ($myFile)) AND ($c != " ")) {
            $c = fgetc ($myFile);
        }

        print("Dateizeiger bei " . ftell($myFile)
              . " Zeichen");
    } else {
```

```
      print("Datei konnte nicht geöffnet werden");
   }
?>
```

integer ftruncate(integer file_handle, integer size)

Die Funktion ftruncate verkleinert eine Datei auf eine bestimmte Größe, die in Byte angegeben wird.

integer fwrite(integer file_handle, string data [, integer length])

Die Funktion fwrite schreibt eine Zeichenkette in eine Datei. Sie entspricht fputs, kann aber auch für Binärdateien angewendet werden. Das Argument file_handle muss ein von fopen, fsockopen oder popen zurückgegebener Integer-Wert sein. Das Argument length ist optional. Es bewirkt, dass die Funktion der Anführungszeichen aufgehoben wird. Ein Backslash in einer Zeichenkette zur Entwertung von Anführungszeichen wird vor dem Schreiben also nicht entfernt.

```
<?
   // Datei zum Schreiben öffnen
   $myFile = fopen ("data.txt", "w");


   // Vergewissern, ob die Datei geöffnet wurde
   if (!($myFile)) {
      print("Datei konnte nicht geöffnet werden");
      exit;
   }

   for ($index=0; $index<10; $index++) {
      // Eine Zeile in die Datei schreiben
      fwrite ($myFile, "line $index\n");
   }
   // Datei schließen
   fclose ($myFile);
?>
```

array get_meta_tags(string filename [, integer use_include_path])

Die Funktion get_meta_tags öffnet eine Datei und sucht nach HTML-Meta-Tags. Die Datei muss eine gut strukturierte HTML-Datei mit automatischen Zeilenumbrüchen sein. Ein Array wird zurückgegeben, das durch das Attribut name des Tag meta indiziert ist. Enthält der Name ein Zeichen, das in Bezeichnern nicht zulässig ist, wird es durch einen Unterstrich ersetzt. Dies ist hilfreich, wenn Sie die Array-Elemente mit der Funktion extract in Variablen umwandeln wollen. Die extract Funktion wird in Kapitel 9 erläutert.

Das optionale Argument use_include_path bewirkt, dass get_mega_tags nicht im aktuellen Verzeichnis, sondern im include-Pfad nach der Datei sucht. Der include-Pfad ist in php.ini festgelegt und wird normalerweise von der Funktion include verwendet.

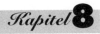
Wie bei vielen anderen Dateifunktionen, können Sie auch mit `get_meta_tags` eine URL anstelle eines Pfads auf dem lokalen Dateisystem angeben.

```
get_meta_tags - Microsoft Internet Explorer          _ □ ×
Datei  Bearbeiten  Ansicht  Favoriten  Extras  ?

Array
(
    [description] => Demo der get_meta_tags.
    [keywords] => PHP, Core PHP, Leon Atkinson
    [name_mit_leerzeichen] => Beachten sie die Änderung des Namens
)

Description: Demo der get_meta_tags.

Fertig                              Internet
```

Abbildung 8.3: get_meta-tags

```
<HTML>
<HEAD>
<TITLE>get_meta_tags</TITLE>
<META NAME="description" CONTENT="Demo der get_meta_tags.">
<META NAME="keywords" CONTENT="PHP, Core PHP, Leon Atkinson">
<META NAME="Name mit Leerzeichen" CONTENT="Beachten sie die Änderung des Namens">
</HEAD>
<BODY>
<?
    $tag = get_meta_tags ("get_meta_tags.php");

    // Alle erhaltenen Elemente ausgeben
    print ("<PRE>");
    print_r($tag);
    print ("</PRE>\n");

    // Alle Tags als Variablen holen
    extract ($tag, EXTR_PREFIX_ALL, "meta");

    print ("Description: <I>$meta_description</I><BR>\n");
?>
</BODY>
</HTML>
```

include (string filename)

Durch die Funktion `include` öffnet der PHP-Parser die angegebene Datei und führt sie aus. Die Datei wird wie ein normales PHP-Script behandelt. Das heißt, dass Text direkt an den Browser geschickt wird, es sei denn, es werden PHP-Tags verwendet. Die Datei können Sie in einer Variablen nennen. Wenn Sie `include` in einer Schleife verwenden, wird sie bei jedem Schleifendurchlauf ausgewertet.

Sie können Dateien auch durch eine URL nennen, indem Sie `http://` oder `ftp://` an den Anfang setzen. PHP holt sich die Datei über das angegebene Protokoll und führt sie aus, als wäre sie im lokalen Dateisystem.

Wie Sie diese Funktion verwenden, lesen Sie in Kapitel 7. Vergleichen Sie die Funktion mit `require`.

boolean is_dir (string filename)

Die Funktion `is_dir` gibt `TRUE` zurück, wenn der übergebene Dateiname ein Verzeichnis ist. Andernfalls gibt sie `FALSE` zurück. Ähnliche Funktionen sind `is_file` und `is_link`.

```
<?
   $filename = "data.txt";

   if (is_dir ($filename)) {
      print ("$filename ist ein Verzeichnis");
   } else {
      print ("$filename ist kein Verzeichnis");
   }
?>
```

boolean is_executable (string filename)

Die Funktion `is_executable` gibt `TRUE` zurück, wenn eine Datei vorhanden ist und ausgeführt werden kann. Andernfalls wird `FALSE` zurückgegeben. Unter UNIX wird dies durch die Zugriffsrechte der Datei bestimmt, unter Windows durch die Dateierweiterung. Zwei ähnliche Funktionen sind `is_readable` und `is_writeable`.

```
<?
   $filename = "data.txt";

   if (is_executable ($filename)) {
      print ("$filename ist ausführbar");
   } else {
      print ("$filename ist nicht ausführbar");
   }
?>
```

boolean is_file (string filename)

Die Funktion `is_file` gibt `TRUE` zurück, wenn der übergebene Dateiname kein Verzeichnis und kein symbolischer Link ist. Andernfalls gibt sie `FALSE` zurück. Ähnliche Funktionen sind `is_dir` und `is_link`.

```
<?
   $filename = "data.txt";

   if (is_file ($filename)) {
      print ("$filename ist eine Datei");
   } else {
```

```
   print ("$filename ist keine Datei");
  }
?>
```

boolean is_link (string filename)

Die Funktion is_link gibt TRUE zurück, wenn der Dateiname ein symbolischer Link ist. Andernfalls gibt sie FALSE zurück. Ähnliche Funktionen sind is_dir und is_file.

```
<?
  $filename = "data.txt";

  if (is_link ($filename)) {
    print ("$filename ist ein link");
  } else {
    print ("$filename ist kein link");
  }
?>
```

boolean is_readable (string filename)

Die Funktion is_readable gibt TRUE zurück, wenn eine Datei vorhanden und lesbar ist. Ansonsten wird FALSE zurückgegeben. Unter UNIX wird dies durch die Zugriffsrechte der Datei bestimmt. Unter Windows wird immer TRUE zurückgegeben, wenn eine Datei vorhanden ist. Diese Funktion entspricht is_executeable und is_writeable.

```
<?
  $filename = "data.txt";

  if (is_readable ($filename)) {
    print ("$filename ist lesbar");
  } else {
    print ("$filename ist nicht lesbar");
  }
?>
```

boolean is_writeable (string filename)

Die Funktion is_writeable gibt TRUE zurück, wenn eine Datei vorhanden ist und ein Schreibvorgang möglich ist. Andernfalls gibt sie FALSE zurück. Ähnliche Funktionen sind is_executable und is_readable.

```
<?
  $filename = "data.txt";

  if (is_writeable ($filename)) {
    print ("$filename ist zum beschreiben");
  } else {
    print ("$filename kann nicht beschrieben werden");
  }
?>
```

boolean link (string source, string destination)

Die Funktion link stellt einen harten Link her. Ein harter Link kann nicht auf ein Verzeichnis außerhalb seines eigenen Dateisystems verweisen und lässt sich nicht von der Datei trennen, zu der er einen Link erstellt. Auf der Manpage für link oder ln finden Sie eine umfassende Beschreibung. Die Funktion link benötigt eine Quelldatei und eine Zieldatei. Unter Windows hat link keine Funktionalität. Mit der Funktion symlink erstellen Sie einen symbolischen Link.

```
<?
    link ("/www/htdocs/index.php", "/www/htdocs/index2.php");
?>
```

integer linkinfo (string filename)

Die Funktion linkinfo ruft die C-Funktion lstat für den übergebenen Dateinamen auf und gibt das von lstat erzeugte st_dev-Feld zurück. Hiermit sehen Sie, ob ein Link vorhanden ist. Die Funktion gibt FALSE zurück, wenn ein Fehler vorliegt. Mehr über lstat finden Sie auf der Manpage oder in der Hilfedatei für Microsoft Visual C++.

```
<?
   print (linkinfo ("data.txt"));
?>
```

array lstat (string filename)

Die Funktion lstat führt die Funktion stat aus C aus und gibt ein Array zurück. Das Array hat 13 Elemente, beginnend bei Null. Wenn das Dateiargument ein symbolischer Link ist, ist der Link im Array erkennbar, jedoch nicht die Datei, auf die der Link verweist. Die Funktion stat gibt Information über die Datei zurück, auf die der Link verweist. Tabelle 8.7 zeigt den Inhalt des Arrays.

Abbildung 8.4: lstat

```
<?
   /*
   ** Ausgabe der lstat-Infos
   */

   // Einholen der lstat-Infos
```

```
$statInfo = lstat ("data.txt");

if (eregi ("windows", $OS)) {
    // Nützliche Information von Windows
    printf ("Drive: %c <BR>\n", ($statInfo[0]+65));
    printf ("Mode: %o <BR>\n", $statInfo[2]);
    print ("Links: $statInfo[3] <BR>\n");
    print ("Size: $statInfo[7] bytes<BR>\n");
    printf ("Last Accessed: %s <BR>\n",
        date ("H:i:s F d, Y", $statInfo[8]));
    printf ("Last Modified: %s <BR>\n",
        date ("H:i:s F d, Y", $statInfo[9]));
    printf ("Created: %s <BR>\n",
        date ("H:i:s F d, Y", $statInfo[10]));
} else {
    // Ausgabe für die UNIX-Version
    print ("Device: $statInfo[0] <BR>\n");
    print ("INode: $statInfo[1] <BR>\n");
    printf ("Mode: %o <BR>\n", $statInfo[2]);
    print ("Links: $statInfo[3] <BR>\n");
    print ("UID: $statInfo[4] <BR>\n");
    print ("GID: $statInfo[5] <BR>\n");
    print ("Device Type: $statInfo[6] <BR>\n");
    print ("Size: $statInfo[7] bytes<BR>\n");
    printf ("Last Accessed: %s <BR>\n",
        date("H:i:s F d, Y", $statInfo[8]));
    printf ("Last Modified: %s <BR>\n",
        date("H:i:s F d, Y", $statInfo[9]));
    printf ("Last Changed: %s <BR>\n",
        date("H:i:s F d, Y", $statInfo[10]));
    print ("Block Size: $statInfo[11] <BR>\n");
    print ("Blocks: $statInfo[12] <BR>\n");
}
?>
```

boolean mkdir (string directory, integer mode)

Die Funktion mkdir erstellt ein neues Verzeichnis mit dem ausgegebenen Namen. Zugriffsrechte werden mit dem Argument mode vergeben, das wie bei chmod behandelt wird. Unter Windows wird das Argument mode ignoriert. Mit der Funktion rmdir können Sie das Verzeichnis entfernen.

```
<?
    if (mkdir ("myDir", 0777)) {
        print ("Verzeichnis erzeugt");
    } else {
        print ("Verzeichnis kann nicht angelegt werden");
    }
?>
```

integer opendir (string directory)

Die Funktion opendir braucht einen Verzeichnisnamen und gibt ein Verzeichnis-Handle zurück. Dieses Handle kann mit readdir, rewinddir und closedir verwendet werden. Die oben genannte Funktion dir ist eine Alternative zu diesen Funktionen.

```
<?
    // Ausgabe des aktuellen Verzeichnisses als Tabelle
    print ("<TABLE BORDER=\"1\">\n");

    // Kopfzeile
    print ("<TR>\n");
    print ("<TH>Dateiname</TH>\n");
    print ("<TH>Dateigröße</TH>\n");
    print ("</TR>\n");

    // Verzeichnis öffnen
    $myDirectory = opendir (".");

    // Alle Einträge ausgeben
    while ($entryName = readdir ($myDirectory)) {
        print ("<TR>");
        print ("<TD>$entryName</TD>");
        print ("<TD ALIGN=\"right\">");
        print (filesize($entryName));
        print ("</TD>");
        print ("</TR>\n");
    }
    // Verzeichnis schließen
    closedir ($myDirectory);

    print ("</TABLE>\n");
?>
```

integer pclose(integer file_handle)

Die Funktion pclose schließt einen Datenstrom, der durch popen geöffnet wurde. Es wird der Wert zurückgegeben, der in dem Prozess, der durch popen aufgerufenen wurde, erzeugt wurde.

integer popen(string command, string mode)

Die Funktion popen öffnet eine Pipe zu einer ausführenden Anweisung, in die hineingeschrieben werden und aus der gelesen werden kann, wie in eine Datei oder aus einer Datei. Es wird ein Datei-Handle zurückgegeben, das Sie für Funktionen wie fgets verwenden können. Pipes funktionieren nur in eine Richtung. Das heißt, dass Sie keinen Update-Modus für popen verwenden können.

Wenn Sie eine Pipe öffnen, führen Sie ein Programm im lokalen Dateisystem aus. Ebenso wie bei den anderen Funktionen, die eine Anweisung ausführen (exec, passthru und system), müssen Sie auch hier den großen Aufwand bedenken, der anfällt, wenn ein neuer Prozess gestartet wird, ebenso wie das Sicherheitsrisiko, wenn Benutzereingaben im Argument command enthalten sind.

Wenn Sie Daten, die Sie von Anwendern erhalten haben, an eine Anweisung übergeben müssen, lassen Sie zunächst die Funktion `escapeshellcmd` über die Daten laufen.

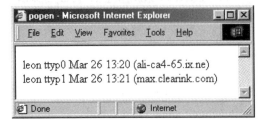

Abbildung 8.5: popen

```
<?
    /*
    ** Nachsehen, wer eingeloggt ist
    */
    $myPipe = popen ("who", "r");

    while (!feof ($myPipe)) {
        print (nl2br (fgets ($myPipe, 255)));
    }

    pclose ($myPipe);
?>
```

string readdir (integer directory_handle)

Die Funktion `readdir` gibt den Namen der nächsten Datei aus einem Verzeichnis-Handle zurück, das mit `opendir` geöffnet wurde. Es gibt `FALSE` zurück, wenn keine Einträge übrig bleiben. Sie können `readdir` in den bedingten Ausdruck einer `while`-Schleife setzen, um jeden Eintrag eines Verzeichnisses zu erhalten. Beachten Sie, dass . und .. immer vorhanden sind und zurückgegeben werden. Ein Beispiel finden Sie unter `closedir`.

integer readfile (string filename)

Die übergebene Datei wird gelesen und durch `readfile` direkt an den Browser gesendet, wobei die Anzahl der gelesenen Bytes zurückgegeben wird. Tritt ein Fehler auf, wird `FALSE` zurückgegeben. Beginnt der Dateinamen mit `http://` oder `ftp://`, wird die Datei über HTTP oder FTP geholt. Andernfalls wird die Datei im lokalen Dateisystem geöffnet. Die Funktion `readgzfile` sendet eine komprimierte Datei an den Browser. Wenn Sie eine Datei in eine Variable lesen möchten, verwenden Sie die Funktion `file`.

```
<?
    print ("Hier kommen ein paar Daten<BR>\n");
    readfile ("data.txt");
?>
```

string readlink (string filename)

Die Funktion readlink gibt den Pfad zurück, auf den ein symbolischer Link verweist. Bei einem Fehler gibt sie FALSE zurück. Eine andere Funktion, mit der Sie Informationen über einen Link erhalten, ist linkinfo.

```
<?
    print (readlink ("data.txt"));
?>
```

boolean rename (string old_name, string new_name)

Die Funktion rename benennt eine Datei um. Aus dem Namen, der im Argument old_name genannt ist, wird der Name, der im Argument new_name genannt ist. Im neuen bzw. alten Namen kann ein kompletter Pfad enthalten sein, so dass Sie mit rename Dateien verschieben können.

```
<?
    // Verschieben von data.txt vom aktuellen
    // Verzeichnis ins tmp-Verzeichnis
    rename ("./data.txt", "/tmp/data.dat");
?>
```

boolean rewind (integer file_handle)

Die Funktion rewind setzt den Dateizeiger zum Anfang der Datei. Ebenso wie bei der Funktion fseek gelangen Sie zur Position Null.

```
<?
    /*
    ** Gib eine Datei aus und dann die erste Zeile nochmal
    */

    // Datei öffnen
    $myFile = fopen ("data.txt", "r");

    while (!feof ($myFile)) {
        // lese eine Zeile
        $myLine = fgetss ($myFile, 255);
        print ("$myLine <BR>\n");
    }
    rewind ($myFile);
    $myLine = fgetss ($myFile, 255);
    print ("$myLine <BR>\n");

    // Datei schließen
    fclose ($myFile);
?>
```

boolean rewinddir (integer handle)

Die Funktion rewinddir gibt den Zeiger zum Anfang eines Verzeichnisses zurück. Wenn ein Fehler auftritt, gibt sie FALSE zurück, andernfalls TRUE. Das Handle ist ein von opendir zurückgegebener Integer-Wert.

```
<?
    /*
    ** Ausgabe des aktuellen Verzeichnisses als Tabelle
    */
    print ("<TABLE BORDER=\"1\">\n");

    // Verzeichnis öffnen
    $myDirectory = opendir (".");

    print ("<TR>\n");
    print ("<TH>Filename</TH>\n");

    // Alle Einträge auflisten
    while($entryName = readdir($myDirectory)) {
        print("<TD>$entryName</TD>\n");
    }

    print ("</TR>\n");

    // Zurück an den Anfang
    rewinddir ($myDirectory);

    print ("<TR>\n");
    print ("<TH>Size</TH>\n");

    // Alle Einträge auflisten
    while ($entryName = readdir ($myDirectory)) {
        print ("<TD ALIGN=\"right\">");
        print (filesize ($entryName));
        print ("</TD>\n");
    }
    print ("</TR>\n");

    // Verzeichnis schließen
    closedir ($myDirectory);

    print ("</TABLE>\n");
?>
```

boolean rmdir (string directory)

Die Funktion rmdir entfernt ein Verzeichnis. Das Verzeichnis muss leer sein. Wenn Sie eine Datei entfernen wollen, verwenden Sie unlink.

```
<?
   if (rmdir ("/tmp/leon")) {
      print ("Verzeichnis gelöscht");
   } else {
      print ("Verzeichnis nicht gelöscht"):
   }
?>
```

integer set_file_buffer (integer file_handle, integer size)

Mit der Funktion set_file_buffer setzen Sie die Größe des Schreibpuffers für einen Datenstrom.
Sie braucht ein gültiges Datei-Handle, das von fopen, fsockopen oder popen erstellt wurde. Das Argument size gibt die Größe des Puffers in Byte an. Wenn Sie size auf Null setzen, gibt es keinen
Puffer. Sie müssen set_file_buffer aufrufen, bevor Lese- oder Schreibvorgänge aus dem Datenstrom möglich sind. Standardmäßig hat ein Puffer 8 Kbyte.

```
<?
   // Öffne Datei zum Schreiben
   $myFile = fopen ("data.txt", "w");

   // Sicherstellen, dass das Öffnen funktionierte
   if (!($myFile)) {
      print("die Datei konnte nicht geöffnet werden");
      exit;
   }

   // Benutze 1 Kbyte buffer
   print (set_file_buffer ($myFile, 1024));


   for ($index=0; $index<10; $index++) {
      // Eine Zeile schreiben
      fwrite ($myFile, "line $index\n");
   }

   // Datei schließen
   fclose ($myFile);
?>
```

array stat(string filename)

Die Funktion stat führt die Funktion stat aus C aus und gibt ein Array zurück. Das Array hat 13
Elemente, beginnend bei Null. Wenn das Dateinamen-Argument auf einen symbolischen Link verweist, zeigt das Array die Datei, auf die der Link verweist. Informationen zum Link finden Sie bei
der Funktion lstat. Tabelle 8.7 zeigt den Inhalt des Arrays.

```
<?
   /*
   ** Ausgabe der stat-Infos, abhängig vom Betriebssystem
```

```
*/

// stat-Infos holen
$statInfo = stat ("data.txt");

if (eregi ("windows", $OS)) {
    // Infos von Windows
    printf ("Drive: %c <BR>\n", ($statInfo[0]+65));
    printf ("Mode: %o <BR>\n", $statInfo[2]);
    print ("Links: $statInfo[3] <BR>\n");
    print ("Size: $statInfo[7] bytes<BR>\n");
    printf ("Last Accessed: %s <BR>\n",
        date("H:i:s F d, Y", $statInfo[8]));
    printf ("Last Modified: %s <BR>\n",
        date("H:i:s F d, Y", $statInfo[9]));
    printf ("Created: %s <BR>\n",
        date("H:i:s F d, Y", $statInfo[10]));
} else {
    // Ausgabe für die UNIX-Version
    print ("Device: $statInfo[0] <BR>\n");
    print ("INode: $statInfo[1] <BR>\n");
    printf ("Mode: %o <BR>\n", $statInfo[2]);
    print ("Links: $statInfo[3] <BR>\n");
    print ("UID: $statInfo[4] <BR>\n");
    print ("GID: $statInfo[5] <BR>\n");
    print ("Device Type: $statInfo[6] <BR>\n");
    print ("Size: $statInfo[7] bytes<BR>\n");
    printf ("Last Accessed: %s <BR>\n",
        date("H:i:s F d, Y", $statInfo[8]));
    printf ("Last Modified: %s <BR>\n",
        date("H:i:s F d, Y", $statInfo[9]));
    printf ("Last Changed: %s <BR>\n",
        date("H:i:s F d, Y", $statInfo[10]));
    print ("Block Size: $statInfo[11] <BR>\n");
    print ("Blocks: $statInfo[12] <BR>\n");
}
?>
```

Element	Name	Beschreibung
0	Device or Drive Letter	Nummer, die das Gerät des filesystem bezeichnet. Unter Windows bezeichnet diese Zahl das Laufwerk, auf dem sich die Datei befindet. Das Laufwerk A ist Null.
1	Inode	Bezeichner der Datei, der unter Windows immer Null ist. Entspricht dem Wert, der von der Funktion filenode zurückgegeben wird.

Tabelle 8.7: Array-Elemente, die durch stat zurückgegeben wurden

Element	Name	Beschreibung
2	Modus	Der gleiche Wert, den die Funktion `fileperms` zurückgibt, also Lese-, Schreib- und Ausführrechte.
3	Number of Links	Anzahl der Links zu einer Datei. Unter Windows ist dies 1, es sei denn, die Datei liegt auf einer NTFS-Partition.
4	User	ID des Besitzers, unter Windows immer Null. Dies ist derselbe Wert, den die Funktion `fileowner` zurückgibt.
5	Group	ID der Gruppe, unter Windows immer Null. Dies ist derselbe Wert, den die Funktin `filegroup` zurückgibt.
6	Device Type	Gerätetyp, unter Windows wird die Gerätenummer zurückgegeben.
7	Size	Größe der Datei in Byte. Wird auch von `filesize` zurückgegeben.
8	Last Accessed	Datum des letzten Zugriffs auf eine Datei, wie unter `fileatime` erklärt.
9	Last Modified	Datum der letzten Änderung einer Datei, wie unter `filemtime` erklärt.
10	Last Changed	Datum der letzten Dateibewegung, wie unter `filectime` erklärt. Unter Windows ist dies der Zeitpunkt, an dem eine Datei erstellt wurde.
11	Block Size	Vorgeschlagene Blockgröße für I/O einer Datei, -1 unter Windows.
12	Number of Blocks	Anzahl der von der Datei verwendeten Blöcke, -1 unter Windows.

Tabelle 8.7: Array-Elemente, die durch stat zurückgegeben wurden (Forts.)

boolean symlink (string source, string destination)

Die Funktion `symlink` stellt einen symbolischen Link zum Quellargument her, mit dem Namen, der im Zielargument angegeben ist. Einen harten Link stellen Sie mit `link` her.

```
<?
    // Link von moredata.txt auf die existierende data.txt
    if (symlink ("data.txt", "moredata.txt")) {
        print ("symbolischen Link erzeugt");
    } else {
        print ("symbolischen Link nicht erzeugt");
    }
?>
```

integer tmpfile()

Die Funktion `tmpfile` öffnet eine neue temporäre Datei und gibt deren Datei-Handle zurück. Dieses Handle kann, wie bei `fopen`, mit einem Update-Modus verwendet werden. Wenn Sie die Datei schließen oder wenn Ihr Script endet, wird die Datei gelöscht. Diese Funktion entspricht der gleichnamigen Funktion aus C. Kann keine temporäre Datei erstellt werden, wird `FALSE` zurückgegeben.

```
<?
   // Öffnet eine temporäre Datei
   $fp = tmpfile();

   // Schreibe 10 kB mit Zufallsdaten
   for ($i=0; $i<10240; $i++) {
      // wähle ein Buchstaben
      fputs ($fp, chr (rand(ord (' '), ord ('z'))));
   }

   // An den Anfang der Datei gehen
   rewind($fp);

   // Inhalt ausgeben und schließen,
   // dadurch wird die Datei gelöscht
   fpassthru($fp);
?>
```

boolean touch (string filename [, integer time])

Die Funktion touch setzt das Datum der letzten Veränderung der Datei, in Sekunden seit dem 1. Januar 1970. Ist das Argument time nicht vorhanden, wird das aktuelle Datum angegeben. Existiert die Datei noch nicht, können Sie sie mit touch erstellen. Ihre Länge ist Null. Diese Funktion wird auch verwendet, um leere Dateien zu erstellen. Mit filemtime finden Sie heraus, wann eine Datei das letzte Mal verändert wurde.

```
<?
   touch ("data.txt");
?>
```

integer umask ([integer umask])

Die Funktion umask gibt die Zugriffsrechte zurück, die eine Datei standardmäßig bei der Erstellung erhält. Die Funktion umask verknüpft das optionale Argument umask und 0777 mit logischem UND (&). Unter Windows hat diese Funktion keine Wirkung und gibt FALSE zurück. Wenn Sie wissen möchten, welche Rechte eine bestimmte Datei hat, verwenden Sie fileperms.

```
<?
   printf ("umask is %o", umask (0444));
?>
```

boolean unlink (string filename)

Die Funktion unlink löscht eine Datei dauerhaft. Wenn Sie ein Verzeichnis löschen möchten, verwenden Sie rmdir.

```
?
   if (unlink ("data2.txt")) {
      print ("data2.txt gelöscht");
   } else {
```

```
        print ("data2.txt konnte nicht gelöscht werden");
    }
?>
```

8.3 Funktionen für komprimierte Dateien

Die Funktionen in diesem Teil verwenden die zlib-Bibliothek und werden bei Dateien eingesetzt, die mit GNU-Komprimierungsprogrammen komprimiert wurden, wie zum Beispiel gzip. Die Bibliothek wurde von Jean-loup Gaill und Mark Adler geschrieben. Sie sind auch Autoren des Tools gzip. Mehr Informationen zur Bibliothek erhalten Sie auf der zlib-Home-Page <http://www.cdrom.com/pub/infozip/zlib/>.

Um diese Funktionen aktivieren zu können, müssen Sie die zlib-Erweiterung einbinden. Auf einem UNIX-Betriebssystem erfolgt die Einbindung beim Kompilieren von PHP. Unter Windows aktivieren Sie die Erweiterung php_zlib.dll entweder in der php.ini oder mit der Funktion dl.

Die meisten Funktionen zum Lesen und Schreiben von Dateien finden Sie hier mit ähnlicher Funktionalität. Allerdings fehlt die Funktionalität für HTTP und FTP-Protokolle.

boolean gzclose (integer file_handle)

Die Funktion gzclose schließt eine Datei, die mit gzopen geöffnet wurde. TRUE wird zurückgegeben, wenn die Datei geschlossen werden kann. FALSE wird zurückgegeben, wenn die Datei nicht geschlossen werden kann. Ein Anwendungsbeispiel finden Sie bei gzgets.

boolean gzeof (integer file_handle)

Wenn Sie eine komprimierte Datei lesen, setzt PHP immer einen Pointer auf die zuletzt gelesene Stelle der Datei. Die Funktion gzeof gibt TRUE zurück, wenn das Ende der Datei erreicht ist. Ein Beispiel für die Anwendung finden Sie bei gzgets.

array gzfile (string filename [, integer use_include_path])

Die Funktion gzfile liest eine ganze Datei in ein Array. Zuerst wird die Datei dekomprimiert. Jede Zeile der Datei ist ein Array-Element, beginnend bei Null. Durch das optionale Argument use_include_path sucht gzfile die Datei im include-Pfad, der in php.ini angegeben ist.

```
<?
    // Öffne Datei und gebe jede Zeile aus
    $myFile = gzfile ("data.gz");
    for ($index = 0; $index < count($myFile); $index++) {
        print ($myFile[$index]);
    }
?>
```

string gzgetc (integer file_handle)

Die Funktion gzgetc gibt ein einzelnes Zeichen einer komprimierten Datei zurück. Sie braucht ein Datei-Handle, das von gzopen zurückgegeben wird.

```
<?
   // Öffne komprimierte Datei und gebe jedes Zeichen aus
   if ($myFile = gzopen ("data.gz", "r")) {
      while (!gzeof ($myFile)) {
         $myCharacter = gzgetc ($myFile);
         print ($myCharacter);
      }

      gzclose($myFile);
   }
?>
```

string gzgets (integer file_handle, integer length)

Die Funktion gzgets gibt eine Zeichenkette zurück, die sie aus einer komprimierten Datei liest. Die Datei wird durch das Datei-Handle angegeben, das mit gzopen erstellt sein muss. Die Funktion versucht so viele Zeichen zu lesen, wie durch das Argument length angegeben, minus eins (eine Erbschaft von C). Ein Zeilenumbruch wird als Endpunkt behandelt, ebenso das Ende der Datei. Zeilenumbrüche sind in der zurückgegebenen Zeichenkette enthalten.

```
<?
   // Öffnet eine Datei und gibt alle Zeilen aus
   if ($myFile = gzopen ("data.gz", "r")) {
      while (!gzeof ($myFile)) {
         $myLine = gzgets ($myFile, 255);
         print ($myLine);
      }

      gzclose($myFile);
   }
?>
```

string gzgetss (integer file_handle, integer length [, string allowable_tags])

Die Funktion gzgetss ist ähnlich wie gzgets. Allerdings entfernt sie jeden HTML- oder PHP-Code, bevor sie eine Zeichenkette zurückgibt. Das optionale Argument allowable_tags kann Tags enthalten, die ignoriert werden.

```
<?
   // öffnet komprimierte Datei und gibt jede Zeile aus
   if ($myFile = gzopen ("data.gz", "r")) {
      while (!gzeof ($myFile)) {
         $myLine = gzgetss ($myFile, 255);
         print($myLine);
      }

      gzclose ($myFile);
   }
?>
```

integer gzopen (string filename, string mode [, boolean use_include_path])

Die Funktion `gzopen` ist ähnlich wie `fopen`, wird jedoch für komprimierte Dateien verwendet. Wenn das Argument `use_include_path` `TRUE` ist, wird nach dem in `php.ini` definierten `include`-Pfad gesucht. Anwendungsbeispiele finden Sie bei `gzgets` und `gzputs`.

Das Modus-Argument von `gzopen` kann mehr Weite enthalten als bei `fopen`. Zusätzlich zu den in Tabelle 8.6 gezeigten Modi, können Sie beim Anlegen einer Datei den Komprimierungsgrad bestimmen sowie eine Komprimierungsstrategie. Dem Schreibmodus kann ein Integer zwischen 0 und 9 folgen, der den Komprimierungsgrad angibt. 0 bedeutet keine Komprimierung, 9 bedeutet maximale Komprimierung. Nach dem Komprimierungsgrad können Sie `h` angeben, um die Huffman-Codierung zu verlangen, oder `f` für eine Optimierung der gefilterten Eingaben. Der zlib-Quellcode definiert gefilterte Daten als kleine Werte mit Zufallsverteilung. Es ist ratsam, die Standardeinstellungen zu wählen und zusätzliche Modus-Einstellungen zu vermeiden.

Mit `gzopen` öffnen Sie auch eine unkomprimierte Datei. Sie können ganz normal aus der Datei lesen. Dies ist praktisch, wenn Sie nicht wissen, ob eine Datei komprimiert ist.

boolean gzpassthru(integer file_handle)

Die Funktion `gzpassthru` gibt – wie die Funktion `fpassthru` – den Inhalt einer komprimierten Datei an den Browser aus.

```
<?
    // Öffnet eine komprimierte Datei
    if (!($myFile = gzopen ("data.html.gz", "r"))) {
        print ("Datei konnte nicht geöffnet werden");
        exit;
    }

    // Schickt die komplette Datei an den Browser
    gzpassthru($myFile);
?>
```

boolean gzputs (int file_handle, string output [, integer length])

Die Funktion `gzputs` schreibt Daten in eine komprimierte Datei. Sie braucht ein Datei-Handle, das von `gzopen` zurückgegeben wurde. Wenn der Schreibvorgang erfolgreich war, wird `TRUE` zurückgegeben, andernfalls `FALSE`. Das optionale Argument `length` bestimmt, wie viele Bytes maximal eingegeben werden können. Wird `length` definiert, hat dies zur Folge, dass die `magic_quotes_runtime`-Konfiguration ignoriert wird.

```
<?
    // Öffne Datei zum Schreiben
    // Benutze die maximale Komprimierung
    // und die Huffman-Codierung
    $myFile = gzopen("data.gz","wb9h");
```

```
// Überprüfen, ob die Datei erfolgreich geöffnet wurde
if (!($myFile)) {
    print("Datei konnte nicht geöffnet werden");
    exit;
}

for ($index=0; $index<10; $index++) {
    // Schreibe eine Zeile in die Datei
    gzputs ($myFile, "line $index\n");
}

// Schließe die Datei
gzclose ($myFile);
?>
```

gzread()

Die Funktion gzread ist ein Alias für gzgets.

boolean gzrewind (integer file_handle)

Durch die Funktion gzrewind wird der Dateizeiger zurück an den Anfang der komprimierten Datei gesetzt. Ist der Vorgang erfolgreich, gibt die Funktion TRUE aus, andernfalls FALSE.

```
<?
    /*
    ** Gib eine Datei aus und dann die erste Zeile
    */

    // Öffne eine lokale Datei
    if (!($myFile = gzopen ("data.gz", "r"))) {
        print ("Datei konnte nicht geöffnet werden");
        exit;
    }

    while (!gzeof ($myFile)) {
        // Lese eine Zeile aus der Datei
        $myLine = gzgetss ($myFile, 255);
        print ("$myLine <BR>\n");
    }

    gzrewind ($myFile);
    $myLine = gzgetss ($myFile, 255);
    print ("$myLine <BR>\n");

    // Datei schließen
    gzclose($myFile);
?>
```

integer gzseek (integer file_handle, integer offset)

Diese Funktion ist wie fseek, wird aber für komprimierte Dateien verwendet.

```
<?
   // Datei öffnen
   if (!($myFile = gzopen ("data.gz", "r"))) {
      print ("Datei konnte nicht geöffnet werden");
      exit;
   }

   // Bewege den Dateizeiger 32 Zeichen weiter
   gzseek ($myFile, 32);

   $myLine = gzgets ($myFile, 255);
   print ($myLine);

   // Gib den Rest der Datei aus
   gzpassthru ($myFile);

?>
```

integer gztell (integer file_handle)

Bei einem gültigen Datei-Handle gibt gztell das Offset des Dateizeigers zurück.

```
<?
   // Datei öffnen
   if (!($myFile = gzopen ("data.gz", "r"))) {
      print ("konnte Datei nicht öffnen");
      exit;
   }

   $myLine = gzgets ($myFile, 255);
   print ($myLine);

   print ("<HR>\n");
   print ("Dateizeiger: " . gztell ($myFile) . " Bytes");

   // Datei schließen
   gzclose ($myFile);

?>
```

integer gzwrite (integer file_handle, string output [, integer length])

Die Funktion gzwrite ist ein Synonym für gzputs.

integer readgzfile (string filename [, boolean use_include_path])

Die Funktion `readgzfile` ist identisch mit der Funktion `readfile`, wird jedoch für komprimierte Dateien verwendet. Die Datei wird bei Anfrage in eine unkomprimierte Datei umgewandelt und direkt an den Browser gesendet.

```
<?
   // Sendet den entkomprimierten Inhalt
   // von data.gz an den Browser
   readgzfile ("data.gz");
?>
```

POSIX

Kristian Köhntopp hat PHP um ein Modul erweitert, das den POSIX.1-Standard unterstützt. Dieser Standard ist auch unter dem Namen IEEE 1003.1 bekannt. Er beschreibt die Funktionalität, die durch ein Betriebssystem für Benutzerprozesse verfügbar wird. Einige der Funktionen in diesem Abschnitt gehören nicht zum Standard, doch sie sind normalerweise in System V oder in BSD UNIX-Systemen vorhanden.

Viele dieser Funktionen stehen nur dem Root-Benutzer zur Verfügung. PHP-Scripts werden vom Besitzer des Webserver-Prozesses ausgeführt, in der Regel eine spezielle Benutzerkennung für den zugehörigen Aufgabenbereich. Den Webserver als Root zu betreiben ist unüblich und sehr gefährlich. Jeder, der eine PHP-Datei über den Webserver betrachten kann, kann beliebig Kontrolle auf das System ausüben. Beachten Sie jedoch, dass PHP als allein stehende ausführbare Datei kompiliert werden kann. In diesem Fall kann es wie jede andere Script-Sprache eingesetzt werden.

Diese Funktionen sind Wrapper (Hüllen) für die entsprechenden C-Funktionen, die mit der Vorsilbe `posix_` benannt sind. Auf der Manpage finden Sie weitere Informationen.

string posix_ctermid()

Die Funktion `posix_ctermid` gibt den Terminal-Pfad zurück.

```
<?
   print ("Terminal Path Name: "
      . posix_ctermid() . "<BR>\n");
?>
```

string posix_getcwd()

Die Funktion `posix_getcwd` gibt das aktuelle Arbeitsverzeichnis zurück.

```
<?
   print ("Current Working Directory: "
      . posix_getcwd() . "<BR>\n");
?>
```

integer posix_getegid()

Die Funktion posix_getegid gibt die effektive Gruppen-ID des aufrufenden Prozesses zurück.

integer posix_geteuid()

Die Funktion posix_geteuid gibt die effektive Benutzer-ID für den Prozess zurück, der den PHP-Interpreter ausführt.

integer posix_getgid()

Die Funktion posix_getgid gibt die ID der aktuellen Gruppe zurück.

array posix_getgrgid (integer group_id)

Die Funktion posix_getgrgid gibt ein Array zurück, das zeigt, wie auf Gruppendaten mit group_id zugegriffen werden kann. Die Elemente des zurückgegebenen Arrays sind gid, members, name und ein Eintrag für jedes Gruppenmitglied.

```
<?
    $group = posix_getgrgid(posix_getgid());
    print ("Group: {$group['name']}<BR>\n");
?>
```

array posix_getgrnam (string group_name)

Die Funktion posix_getgrnam gibt ein Array zurück, das zeigt, wie auf Gruppendaten mit group_name zugegriffen werden kann. Die Elemente des zurückgegebenen Arrays sind gid, members, name und ein Eintrag für jedes Gruppenmitglied.

array posix_getgroups()

Die Funktion posix_getgroups gibt zusätzliche Gruppen-IDs zurück.

string posix_getlogin()

Mit posix_getlogin erhalten Sie den Login-Namen des Anwenders, der den PHP-Interpreter ausführt.

integer posix_getpgid()

Die Funktion posix_getpgid gibt die Gruppen-ID des Anwenders zurück, der den PHP-Interpreter ausführt.

integer posix_getpgrp()

Die Funktion posix_getpgrp gibt die aktuelle Prozessgruppen-ID zurück.

integer posix_getpid()

Die Funktion posix_getpid gibt die Prozess-ID zurück.

integer posix_getppid()

Die Funktion posix_getppid gibt die Prozess-ID des Elternprozesses zurück.

array posix_getpwnam (string user)

Die Funktion `posix_getpwnam` gibt ein Array zurück, das einen Eintrag aus der Benutzerdatenbank enthält. Die Elemente des Arrays sind `dir`, `gecos`, `gid`, `name`, `passwd`, `shell` und `uid`.

array posix_getpwuid (integer user)

Die Funktion `posix_getpwuid` gibt ein Array zurück mit dem Eintrag aus der Benutzerdatenbank für die angegebene Benutzer-ID. Die Elemente des Arrays sind `dir`, `gecos`, `gid`, `name`, `passwd`, `shell` und `uid`. Diese Array-Elemente werden auch von `posix_getpwnam` zurückgegeben.

array posix_getrlimit()

Die Funktion `posix_getrlimit` gibt ein Array zurück, das zeigt, wie Systemressourcen genutzt werden. Das Array enthält Elemente, die mit `hard` oder `soft` beginnen, gefolgt von einer Leerstelle und einer der folgenden Bezeichnungen für Grenzwerte: `core`, `cpu`, `data`, `filesize`, `maxproc`, `memlock`, `openfiles`, `rss`, `stack`, `totalmem`, `virtualmem`.

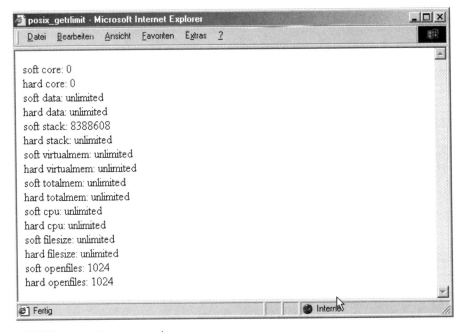

Abbildung 8.6: posix_getrlimit

```
<?
   foreach (posix_getrlimit() as $key=>$value) {
      print ("$key: $value<BR>\n");
   }
?>
```

integer posix_getsid()

Die Funktion `posix_getsid` gibt die Prozessgruppen-ID der Sitzungsleitung zurück.

integer posix_getuid()

Die Funktion `posix_getuid` gibt die Benutzer-ID des Anwenders zurück, der den PHP-Interpreter ausführt.

boolean posix_isatty (integer descriptor)

Die Funktion `posix_isatty` gibt TRUE zurück, wenn der aktuelle Datei-Bezeichner ein TTY ist.

boolean posix_kill (integer process, integer signal)

Die Funktion `posix_kill` sendet ein Signal an einen Prozess.

boolean posix_mkfifo (string path, integer mode)

Die Funktion `posix_mkfifo` erstellt eine FIFO-Datei. Für das Argument `mode` gilt dasselbe wie für `chmod`.

boolean posix_setgid (integer group)

Mit `posix_setgid` ändern Sie die Gruppe des aktuellen Prozesses. Nur die Root-Benutzerkennung kann Gruppen ändern.

integer posix_setpgid (integer process, integer group)

Die Funktion `posix_setpgid` legt die Prozessgruppen-ID des aktuellen Prozesses fest.

integer posix_setsid()

Die Funktion `posix_setsid` erzeugt eine Sitzung und gibt die Prozessgruppen-ID zurück.

boolean posix_setuid (integer user)

Die Funktion `posix_setuid` ändern Sie den Benutzer des aktuellen Prozesses. Nur die Root-Benutzerkennung kann die Benutzer-ID ändern.

array posix_times()

Die Funktion `posix_times` gibt ein Array zurück, das Werte zur Systemzeit enthält. Die Array-Elemente sind `cstime`, `cutime`, `stime`, `ticks` und `utime`.

```
<?
    foreach (posix_times() as $key=>$value) {
        print ("$key: $value<BR>\n");
    }
?>
```

string posix_ttyname (integer descriptor)

Die Funktion `posix_ttyname` gibt den Namen des Terminalgerätes zurück.

array posix_uname()

Die Funktion `posix_uname` gibt ein Array mit Informationen zum System zurück. Die Array-Elemente sind `machine`, `nodename`, `release`, `sysname` und `version`.

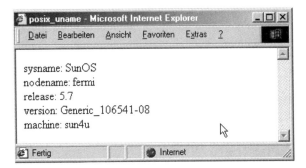

Abbildung 8.7: posix_uname

```
<?
    foreach (posix_uname() as $key=>$value) {
        print ("$key: $value<BR>\n");
    }
?>
```

8.4   Fehlersuche (Debugging)

Fehlersuch-Funktionen sind sehr hilfreich, wenn Sie Probleme mit dem Script haben. Einige dieser Funktionen liefern Ihnen Diagnose-Informationen über Ihr Script. Andere Funktionen kommunizieren mit einem Systemprotokoll oder mit einem externen Debugger. Wie die Fehlersuche in der Praxis aussieht, lesen Sie in Kapitel 21.

assert (expression)

Die Funktion `assert` prüft einen Ausdruck. Ist die Behauptung wahr, fährt das Script fort. Ist sie falsch, legen Optionen das weitere Vorgehen fest. Normalerweise sind keine Behauptungen aktiv, das heißt, sie werden ignoriert. Mit `assert_options` aktivieren Sie sie.

Mit Behauptungen können Sie Ihren Programmcode zusätzlich auf Fehler überprüfen, insbesondere als Vorsichtsmaßnahme, die nur für die Entwicklungsphase relevant ist.

```
<?
    // Eigene Fehlersuchfunktion
    function failedAssertion ($file, $line, $expression) {
        print ("Auf Zeile $line, in Datei '$file' ");
        print ("ist folgende Behauptung falsch:
            '$expression'<BR>\n");
    }

    // Einschalten der Fehlersuche
```

```
assert_options (ASSERT_ACTIVE, TRUE);

// Eine Fehlermeldung ausgeben
assert_options (ASSERT_CALLBACK, "failedAssertion");

// Überprüfen einer falschen Behauptung
assert (1 == 2);
?>
```

value assert_options (integer flag, value)

Mit der Funktion `assert_options` erhalten Sie Assert-Optionen oder legen sie fest. Tabelle 8.8 zeigt eine Liste der Optionen und deren Bedeutungen. Der vorhergehende Wert wird zurückgegeben. Die meisten Optionen haben einen booleschen Wert. Es gilt entweder ja oder nein. Eine Ausnahme ist die Option, mit der Sie die Funktion `callback` setzen. Diese Option setzen Sie auf den Namen der Funktion, die aufgerufen wird, wenn eine Behauptung nicht zutrifft. Diese Funktion enthält drei Argumente: den Dateinamen, die Zeilenzahl und den Ausdruck, der `FALSE` ergibt.

Option	Beschreibung
ASSERT_ACTIVE	Behauptungen werden ignoriert, wenn sie nicht durch diese Option aktiviert werden.
ASSERT_BAIL	Das Script wird beendet, wenn die Behauptung nicht zutrifft. FALSE ist Standard.
ASSERT_CALLBACK	Eine Funktion, die im Fehlerfall aufgerufen wird. Standardmäßig wird keine Funktion aufgerufen.
ASSERT_QUIET_EVAL	Gibt den an assert übergebenen Ausdruck aus. FALSE ist Standard.
ASSERT_WARNING	Gibt regelmäßig eine Warnung aus. TRUE ist Standard.

Tabelle 8.8: Assert-Optionen

value call_user_func (string function [, mixed value] [, mixed ...])

Die Funktion `call_user_function` führt eine von Ihnen definierte Funktion aus. Das Argument `function` enthält die Funktion. Dann folgen die Argumente, die übergeben werden sollen.

value call_user_method (string method, object object [, mixed parameter] [, mixed ...]

Die Funktion `call_user_method` führt eine Methode aus, die in einem Objekt genannt ist. Sie müssen eine Methode und ein Objekt nennen. Dann folgen Argumente, die an die Methode übergeben werden sollen.

integer closelog()

Die Funktion `closelog` beendet eine Verbindung zum Systemprotokoll. Sie kann optional aufgerufen werden, da die Verbindung wenn nötig von PHP beendet wird. Ein Anwendungsbeispiel finden Sie unter `syslog`.

boolean connection_aborted()

Die Funktion `connection_aborted` überprüft, ob ein Aufruf für Ihr Script abgebrochen wurde. Anwender können dies tun, indem sie die Schaltfläche `Stop` auf dem Browser anklicken oder den
Browser abschalten. Normalerweise beendet Ihr Script die Ausführung, wenn es abgebrochen
wird. Dieses Verhalten können Sie mit `ignore_user_abort` ändern. Die Abbruchbehandlung lässt
sich auch durch Anweisungen in `php.ini` oder mit einer Apache-Direktive festsetzen.

```
<?
    // Das Script soll weiterlaufen, auch wenn der Benutzer
    // auf den Stop-Button geklickt hat
    ignore_user_abort (TRUE);

    // Vortäuschen einer langen Aufgabe
    sleep (20);

    // Überprüfen des Abbruchs
    if (connection_aborted()) {
        // In die Log-Datei schreiben, dass der Prozess
        // abgebrochen worden ist
        openlog ("TEST", LOG_PID | LOG_CONS, LOG_USER);
        syslog (LOG_INFO, "Prozess ist abgebrochen
                worden!");
        closelog();
    } else {
        print ("Danke fürs warten!\n");
    }
?>
```

integer connection_status()

Die Funktion `connection_status` gibt einen Integer-Wert zurück, der den Status der Verbindung
zum Browser anzeigt. Der Integer-Wert gibt mit Bit-Feldern an, ob eine Verbindung abgebrochen
oder die Verbindungszeit überschritten wurde. Binärzahlen zeigen den jeweiligen Zustand. Das
erste Bit zeigt, ob das Script abgebrochen wurde, das zweite Bit, ob das Script die maximale Ausführungszeit erreicht hat. Besser ist es jedoch, die Konstanten `ABORTED` und `TIMEOUT` zu verwenden.
Zudem gibt es die Konstante `NORMAL`, die auf Null gesetzt wird, was zeigt, dass keine Bit-Felder aktiviert sind.

Anstelle von `connection_status` können Sie auch `connect_aborted` und `connection_timeout` verwenden. Diese geben `TRUE` oder `FALSE` zurück.

```
<?
    function cleanUp() {
        $status = connection_status();

        $statusMessage = date ("Y-m-d H:i:s");
        $statusMessage .= " Status war $status. ";
```

```
        if($status & ABORTED) {
            $statusMessage.="Skript wurde abgerochen.";
        }

        if ($status & TIMEOUT) {
            $statusMessage .= "Zeitüberschreitung.";
        }

        $statusMessage .= "\n";
        // Schreibe den Status in die Log-Datei
        error_log ($statusMessage, 3, "status.log");
    }

    // Registriere die cleanUp Funktion
    register_shutdown_function ("cleanUp");

    // Warte bis die maximale Ausführungzeit abgelaufen ist
    sleep (35);

    print ("Aufgabe beendet.\n");
?>
```

boolean connection_timeout()

Die Funktion connection_timeout gibt TRUE zurück, wenn das aktuelle Script endet, weil die maximale Ausführungszeit erreicht wurde. Sinnvoll ist diese jedoch nur in einer Funktion, die Sie mit register_shutdown_function als Shutdown-Funktion gekennzeichnet haben. Mit set_time_limit bestimmen Sie die Zeit, die ein Script laufen soll. Sie können auch connection_status verwenden.

```
<?
    function cleanUp() {
        if (connection_timeout()) {
            $statusMessage = date ("Y-m-d H:i:s");
            $statusMessage.=" The script timed out.\n";

            // Schreibe den Status in die Log-Datei
            error_log ($statusMessage,3,"status.log");
        }
    }

    // Registriere die cleanUp Funktion
    register_shutdown_function("cleanUp");

    // Warte bis die maximale Ausführungzeit abgelaufen ist
    while(true);

    print("Imitation ist beendet.\n");
?>
```

debugger_off()

Mit der Funktion debugger_off verhindern Sie, dass Informationen zum Debugging an den entfernten Debugger geschickt werden.

```
<?
   debugger_off();
?>
```

boolean debugger_on (string host)

Mit debugger_on führen Sie eine entfernte Fehlersuche durch. Mit dem Port, der in php.ini festgelegt ist, werden diagnostische Informationen an einen bestimmten Host geschickt. Standardmäßig
ist dies 7869. Wie Sie den entfernten Debugger verwenden, erfahren Sie in Kapitel 22.

```
<?
   debugger_on ("127.0.0.1");
?>
```

boolean error_log (string message, integer type [, string destination] [, string extra_headers])

Abhängig vom Argument type sendet die Funktion error_log eine Fehlermeldung an eine von vier
Stellen. Die vier Werte des Arguments type sind in Tabelle 8.9 aufgelistet. Eine Alternative zu
error_log ist syslog.

```
<?
   // Schickt dem User root eine Nachricht via E-Mail
   error_log ("The error_log is working", 1, "root");
?>
```

Wert	Beschreibung
0	Abhängig von der error_log-Konfigurations-Direktive, wird die Fehlermeldung entweder an das Systemprotokoll oder an die Datei geschickt.
1	Die Fehlermeldung wird als E-Mail zu der im Ziel-Argument definierten Adresse geschickt. Ist das Argument extra_headers nicht leer, wird es als Header an die E-Mail geschickt.
2	Die Fehlermeldung wird durch das entfernte Debugging-System verschickt. Das Ziel-Argument definiert den host und das port, die durch ein Semikolon voneinander getrennt sind.
3	Die Fehlermeldung wird an die im Argument destination definierte Datei angehängt.

Tabelle 8.9: error_log-Meldungen

boolean extension_loaded (string extension)

Mit extension_loaded prüfen Sie, ob eine Erweiterung vorhanden ist.

```
<?
   if (extension_loaded ("php_mysql.dll")) {
     print ("php_mysql.dll ist geladen");
   } else {
```

```
      print ("php_mysql.dll ist nicht geladen");
   }
?>
```

mixed func_get_arg (integer argument)

Durch die Funktion `func_get_arg` erhalten Sie die Nummer eines Arguments. Das erste Argument hat Nummer Null. Damit können Sie Funktionen mit einer beliebigen Anzahl an Argumenten schreiben. Der zurückgegebene Wert kann einen beliebigen Typ haben. Er entspricht dem Typ des geholten Arguments. Die Funktion `func_num_args` gibt die Zahl der verfügbaren Argumente zurück.

Kapitel 4 beschreibt Funktionen, einschließlich Schreibfunktionen, die eine unbegrenzte Anzahl an Argumenten enthalten können.

```
<?
   /*
   ** Function concat
   ** Input: Zahlreiche Zeichenketten
   ** Output: String
   ** Description: Die eingegebenen Zeichenketten
   ** werden als eine große Zeichenkette ausgegeben.
   */
   function concat() {
      // Start mit einem leerem String
      $returnValue ="";

      // Schleife über jedes Argument
      for ($i=0; $i < func_num_args(); $i++) {
         // Füge die Argumente aneinander
         $returnValue .= func_get_arg($i);
      }

      return($returnValue);
   }
   // Gebe "OneTwoThree" aus
   print (concat ("One", "Two", "Three") . "<BR>\n");
?>
```

array func_get_args()

Mit `func_get_args` erhalten Sie ein Array, das alle Argumente enthält, die als Argumente an eine Funktion übergeben wurden. Die Array-Elemente sind durch Integer indiziert, beginnend bei Null. Diese Funktion ist eine Alternative zu `func_get_arg` und `func_num_args`.

```
<?
   /*
   ** Function gcd
   ** Input: eine Menge von Integerzahlen
   ** Output: Integer
```

```
** Description: Gibt den größten gemeinsamen
** Nenner zurück.
*/
function gcd() {
   /*
   ** Beginne mit einem kleinen Wert bis man die
   ** Eins erhält, welches für alle gemeinsam ist
   */

   $start = 2147483647;
   foreach (func_get_args() as $arg) {
      if (abs ($arg) < $start) {
         $start = abs ($arg);
      }
   }

   for ($i=$start; $i > 1; $i-) {
      // Wir setzen voraus, dass ein größter
      // gemeinsamer Nenner gefunden wird
      $isCommon = TRUE;

      // Versuche es mit jeder Zahl der Argumente
      foreach (func_get_args() as $arg) {
         // Wenn $arg dividiert durch $i kein
         // Rest ergibt, dann ist der größte
         // gemeinsame Nenner gefunden
         if (($arg % $i) != 0) {
            $isCommon = FALSE;
         }
      }
      // Wenn $isCommon TRUE ist, dann haben wir
      // den größten gemeinsamen Nenner gefunden
      if ($isCommon) {
         break;
      }
   }

   return($i);
}

// Gibt 5 aus
print (gcd (10, 20, -35) . "<BR>\n");
?>
```

integer func_num_args()

Die Funktion func_num_args gibt die Anzahl von Argumenten zurück, die an die Funktion übergeben wurden. Ein Anwendungsbeispiel finden Sie bei der Beschreibung zu func_get_arg.

boolean function_exists (string function)

Mit `function_exists` prüfen Sie, ob eine Funktion vorhanden ist, entweder als eingebaute Funktion oder als PHP-Programmcode.

```
<?
    $function = "date";
    if (function_exists ($function)) {
        print ($function . " existiert");
    }
?>
```

object get_browser (string user_agent)

Die Funktion `get_browser` sucht aus der Datei `browscap.ini` die Fähigkeiten des Browsers. Das Argument `user_agent` enthält den Text, durch den sich der Browser während einer HTTP-Transaktion identifiziert. Wenn Sie dieses Argument nicht setzen, verwendet PHP `HTTP_USER-AGENT`, eine von PHP erstellte Variable. Das Argument wird mit jedem Browser in der Datei `browscap.ini` verglichen. Wenn eine Übereinstimmung auftritt, wird jedes Feature eine Eigenschaft in dem zurückgegebenen Objekt. Wo sich die Datei `browscap.ini` befindet, ist in `php.ini` durch die `browscap`-Direktive festgelegt. Wenn die Direktive nicht verwendet wird oder wenn PHP den Browser nicht mit einem Eintrag in Ihrer Datei `browscap.ini` vergleichen kann, wird kein Fehler erzeugt. Das zurückgegebene Objekt hat dann jedoch keine Eigenschaften.

Die Firma Microsoft bietet eine Datei `browscap.ini` für ihren Webserver an. Sie ist jedoch nicht frei verfügbar. Die Datei `browscap.ini` vom Web-Entwickler cyScape finden Sie bei <http://www.cyscape.com/asp/browscap/>. Um Zugriff zu bekommen, müssen Sie sich jedoch registrieren lassen.

```
<?
    $browser = get_browser();
    print ("Sie benutzen " . $browser->browser . "<BR>\n");
    if ($browser->javascript) {
        print ("Ihr Browser unterstützt JavaScript.<BR>\n");
    }
?>
```

string get_cfg_var (string variable)

Die Funktion `cfg_var` gibt den Wert der genannten Konfigurations-Variablen zurück. Dies sind die Variablen, die in `php.ini` oder in den Apache- Konfigurationsdateien genannt sind. Einen Bericht über alle Konfigurations-Informationen erhalten Sie durch Aufruf der Funktion `phpinfo`.

```
<?
    print ("Die Skripts dürfen maximal " .
      get_cfg_var ("max_execution_time") .
      " Sekunden laufen");
?>
```

string get_class (object variable)

Die Funktion `get_class` gibt den Namen der Klasse für das übergebene Objekt zurück.

```
<?
   class animal {
      var $name;
   }

   $gus = new animal;

   print ("Gus ist vom Typ ".get_class ($gus)."<BR>\n");
?>
```

array get_class_methods (string class)

Die Funktion `get_class_methods` gibt ein Array zurück mit den Namen der Methoden für die übergebene Klasse.

```
<?
   class dog {
      var $name = "none";
      var $sound = "woof!";

      function speak() {
         print ($this->sound);
      }
   }

   $gus = new dog;
   $gus->name = "Gus";
   foreach (get_class_methods ("dog") as $method) {
      print ("$method<BR>\n");
   }
?>
```

array get_class_vars (string class)

Die Funktion `get_class_vars` gibt ein Array zurück, das die Eigenschaften einer Klasse und deren Standardwerte enthält. Vergleichen Sie diese Funktion mit `get_object_vars`.

```
<?
   class animal {
      var $name = "none";
      var $age = 0;
      var $color = "none";
   }

   $gus = new animal;
   $gus->name = "Gus";
   $gus->age = 7;
```

```
    $gus->color = "black and tan";

    print("<B>get_class_vars</B><BR>\n");
    foreach (get_class_vars ("animal") as $key=>$val) {
        print("$key=$val<BR>\n");
    }

    print ("<BR>\n");

    print ("<B>get_object_vars</B><BR>\n");
    foreach (get_object_vars ($gus) as $key=>$val) {
        print ("$key=$val<BR>\n");
    }
?>
```

Abbildung 8.8: get_class_vars

string get_current_user()

Die Funktion get_current_user gibt den Namen des Eigentümers des gerade ausgeführten Scripts zurück. Unter Windows 98 ist die Funktionalität nicht garantiert.

```
<?
    print (get_current_user());
?>
```

string getcwd()

Die Funktion getcwd gibt den Namen des aktuellen Arbeitsverzeichnisses zurück, einschließlich des vollständigen Pfads.

```
<?
    print (getcwd());
?>
```

array get_extension_funcs (string extension)

Mit `get_extension_funcs` erhalten Sie ein Array mit den Namen von Funktionen aus einer Erweiterung.

array get_loaded_extensions()

Die Funktion `get_loaded_extensions` gibt ein Array zurück mit den Namen der verfügbaren Erweiterungen. Dazu gehören in PHP kompilierte Erweiterungen oder solche, die mit `dl` geladen wurden. Diese Erweiterungen finden Sie auch unter `phpinfo`.

array get_object_vars (object data)

Die Funktion `get_object_vars` gibt ein Array zurück mit den Eigenschaften eines Objekts und ihren Werten. Ein Beispiel finden Sie unter `get_class_vars`.

boolean highlight_file (string filename)

Die Funktion `highlight_file` gibt ein PHP-Script mit hervorgehobener Syntax direkt an den Browser aus. Es wird HTML verwendet, um Teile der PHP-Sprache hervorzuheben und das Script leserlicher zu machen.

```
<?
  // Diese Datei farblich hervorheben
  highlight_file (__FILE__);
?>
```

boolean highlight_string (string code)

Die Funktion `highlight_string` gibt eine Zeichenkette mit PHP-Programmcode an den Browser hervorgehoben aus.

```
<?
  // Erzeuge etwas Code
  $code = "print (\"a string\");";

  // Zeige den Beispielcode farblich hervorgehoben an
  highlight_string ($code);
?>
```

string get_html_translation_table (integer table)

Mit `get_html_translation_table` erhalten Sie die Tabelle, die von `htmlentities` und `htmlspecialchars` verwendet wird. Standardmäßig wird Erstere zurückgegeben. Wenn table 1 ist, wird die von `htmlspecialchars` verwendete zurückgegeben.

```
<?
  $trans = get_html_translation_table (HTML_ENTITIES);

  print ("<pre>");
  var_dump ($trans);
  print ("</pre>\n");
?>
```

integer get_magic_quotes_gpc()

Die Funktion get_magic_quotes_gpc gibt die Direktiven-Einstellung magic_quotes_gpc zurück. Hierdurch werden Anführungszeichen in Benutzerdaten automatisch übersprungen.

```
<?
    if (get_magic_quotes_gpc() == 1) {
        print ("magic_quotes_gpc ist an");
    } else {
        print ("magic_quotes_gpc ist aus");
    }
?>
```

integer get_magic_quotes_runtime()

Die Funktion get_magic_quotes_runtime gibt die Direktiven-Einstellung magic_quotes_runtime zurück. Sie bewirkt, dass Anführungszeichen, die sich in Daten befinden, die aus Datenbanken abgerufen wurden, automatisch übersprungen werden. Mit set_magic_quotes_runtime ändern Sie ihren Wert.

```
<?
    if (get_magic_quotes_runtime() == 1) {
        print ("magic_quotes_runtime ist an");
    } else {
        print ("magic_quotes_runtime ist aus");
    }
?>
```

string get_parent_class (object variable)

Die Funktion get_parent_class gibt den Namen der Elternklasse eines Objekts zurück.

```
<?
    class animal {
        var $name;
    }

    class dog extends animal {
        var $owner;
    }

    $gus = new dog;
    $gus->name = "Gus";
    // Gus ist vom Typ dog, welches vom Typ animal ist
    print ("$gus->name ist vom Typ " .
        get_class ($gus) . ", welches vom Typ ".
        get_parent_class ($gus) . " ist<BR>\n");
?>
```

integer getlastmod()

Die Funktion `getlastmod` gibt das Datum zurück, an dem das ausführende Script zum letzten Mal verändert wurde. Das Datum wird in Sekunden seit 1. Januar 1970 ausgedrückt. Dies entspricht dem Aufruf von `filemtime` für die aktuelle Datei.

```
<?
    printf ("Dieses Script wurde verändert: %s",
        date("m/d/y", getlastmod()));
?>
```

integer getmyinode()

Die Funktion `getmyinode` gibt die Inode des ausführenden Scripts zurück. Unter Windows wird immer Null zurückgegeben. Mit `fileinode` erhalten Sie die Inode einer Datei.

```
<?
    print (getmyinode());
?>
```

integer getmypid()

Die Funktion `getmypid` gibt den Prozessbezeichner des PHP-Interpreters zurück. Möglicherweise wird unter Windows 98 nichts zurückgegeben.

```
<?
    print (getmypid());
?>
```

integer getmyuid()

Die Funktion `getmyuid` gibt die Benutzer-ID des aktuellen Script-Eigentümers zurück.

```
<?
    print (getmyuid());
?>
```

array getrusage([integer children])

Die Funktion `getrusage` entspricht der gleichnamigen C-Funktion. Sie gibt Informationen über Ressourcen aus, die für den Prozessaufruf verwendet werden. Wenn das Argument `children` 1 ist, wird die Funktion mit der Konstante `RUSAGE_CHILDREN` aufgerufen. Mehr Informationen finden Sie auf der Manpage.

```
<?
    // Die verbrauchte CPU-Zeit anzeigen
    $rusage = getrusage (1);
    print ($rusage["ru_utime.tv_sec"] . " Sekunden.");
?>
```

boolean headers_sent()

Die Funktion `headers_sent` gibt `TRUE` zurück, wenn HTTP-Header gesendet wurden. Header müssen vor dem Inhalt verschickt werden. Wenn Sie eine `print`-Anweisung ausführen oder Text außerhalb von PHP-Tags schreiben, werden Header verschickt. Wenn Sie Header dem Stapelspeicher zufügen, nachdem sie verschickt wurden, hat dies einen Fehler zur Folge.

```
<?
   if (headers_sent()) {
      print ("Kann keine Header anhängen!<BR>\n");
   } else {
      header ("X-Debug: It's OK to send a header");
   }
?>
```

boolean leak (integer bytes)

Die Funktion leak macht den Arbeitsspeicher absichtlich durchlässig. Die Funktion ist vor allem dann sinnvoll, wenn Sie die Wirksamkeit von PHP-Routinen für die Garbage Collection überprüfen wollen. Sie können mit dieser Funktion auch die Verwendung einer großen Menge Arbeitsspeicher simulieren und eine Belastungsprobe durchführen.

```
<?
   // leak 8 MB
   leak (8388608);
?>
```

boolean method_exists(object variable, string method)

Die Funktion method_exists gibt TRUE zurück, wenn die Methode, die im genannten Objekt angegeben ist, existiert.

```
<?
   class animal {
      var $name;
   }

   class dog extends animal {
      var $owner;

      function speak() {
         print ("woof!");
      }
   }

   $gus = new dog;
   $gus->name = "Gus";

   if (method_exists ($gus, "speak")) {
      $gus->speak();
   }
?>
```

integer openlog (string identifier, integer option, integer facility)

Die Funktion `openlog` stellt eine Verbindung zum Systemprotokoll her und ruft die Funktion `openlog` aus C auf. Es ist nicht unbedingt nötig, `openlog` aufzurufen, bevor Sie mit `syslog` arbeiten, doch das Verhalten der Funktion `syslog` kann damit verändert werden. Auf der Manpage für `openlog` finden Sie weitere Informationen. Unter Windows wird mit einem Emulations-Code UNIX-Funktionalität simuliert. Das Argument `identifier` wird an den Anfang der Meldungen gesetzt, die an das Systemprotokoll geschickt werden. Dies ist normalerweise der Name des ausgeführten Prozesses oder der ausgeführten Aufgabe. Das Argument `option` ist ein Bitfeld, das das Umschalten zu verschiedenen Optionen steuert. Mit dem logischen Operator `or` können Sie Optionen miteinander verbinden. Tabelle 8.10 zeigt die verfügbaren Werte. Unter Windows ist nur die Option `LOG_PID` wirksam.

Konstante	Beschreibung
LOG_PID	Jeder Meldung wird ein Prozessbezeichner zugefügt.
LOG_CONS	Kann die Meldung nicht an das Protokoll geschickt werden, schicken Sie es an die System-Konsole.
LOG_ODELAY	Das Anfangsprotokoll wird verzögert, bis `syslog` zum ersten Mal aufgerufen wird. Es ist standardmäßig `TRUE`.
LOG_NDELAY	Das Protokoll soll sofort geöffnet werden. Warten Sie nicht, bis `syslog` aufgerufen wird.
LOG_NOWAIT	Der Kindprozess wird nicht abgewartet. Verwenden Sie dieses Flag nur, wenn unbedingt nötig.
LOG_PERROR	Alle Fehlermeldungen an `stderr` mit Log erweitern.

Tabelle 8.10: openlog-Optionen

Das Argument `facility` legt einen Standardwert für die Fehlerquelle fest. Das ist der Teil des Systems, der die Nachricht ausgegeben hat. Dieses Argument wird unter Windows ignoriert. Tabelle 8.11 zeigt die möglichen Fehlerquellen. Ein Beispiel finden Sie unter `syslog`.

Konstante	Mögliche Fehlerquellen
LOG_AUTH	Autorisation
LOG_AUTHPRIV	Autorisations-Privilegien
LOG_CRON	Cron
LOG_DAEMON	Daemon
LOG_KERN	Kernal
LOG_LPR	Drucker
LOG_MAIL	Mail
LOG_NEWS	Neuigkeiten

Tabelle 8.11: openlog-Möglichkeiten

Konstante	Mögliche Fehlerquellen
LOG_SYSLOG	Systemprotokoll
LOG_USER	Benutzer
LOG_UUCP	UNIX-to-UNIX-Protocol

Tabelle 8.11: openlog-Möglichkeiten (Forts.)

phpcredits ([integer flags])

Mit der Funktion phpcredits erfahren Sie, welche Personen die Hauptbeiträge zum PHP-Projekt geleistet haben. Wenn Sie das optionale Argument flags nicht setzen, erhalten Sie alle Informationen. Sie können aber auch die Flags aus Tabelle 8.12 zusammenstellen und so bestimmte Informationen erhalten. Die Konstante PHP_FULL_PAGE bewirkt, dass die Danksagungen mit einem Minimum an Tags für die HTML-Seite umgeben sind.

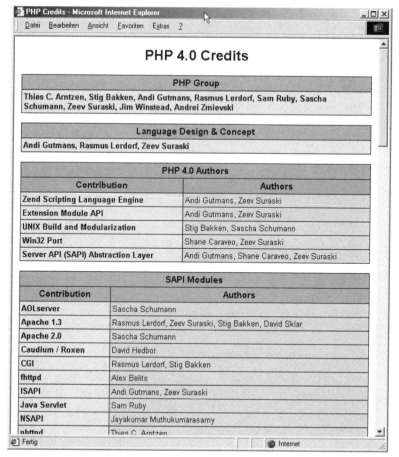

Abbildung 8.9: phpcredits

```
<?
  // Anzeige der Autoren
  phpcredits();
?>
```

CREDITS_FULLPAGE
CREDITS_GENERAL
CREDITS_MODULES
CREDITS_DOCS

Tabelle 8.12: Flags für phpcredits

boolean phpinfo ([integer flags])

Die Funktion phpinfo sendet eine große Menge diagnostischer Informationen an den Browser und gibt TRUE zurück. Das Argument flags wird nicht benötigt. Standardmäßig werden alle Informationen zurückgegeben. Sie können die Flags aus Tabelle 8.13 mit Bitwise-OR-Operatoren verwenden, um spezielle Informationen zu wählen. Die vollständigen Informationen enthalten

- die PHP-Version,
- Danksagungen,
- das Betriebssystem des Webservers,
- die Erweiterungen, die in ausführbares PHP kompiliert werden,
- die Konfigurationsvariablen,
- die Umgebungsvariablen,
- Apache-Variablen, wenn sie als Apache-Modul laufen, und den
- HTTP-Header.

INFO_GENERAL
INFO_CREDITS
INFO_CONFIGURATION
INFO_MODULES
INFO_ENVIRONMENT
INFO_VARIABLES
INFO_LICENSE

Tabelle 8.13: Flags für phpinfo

Mit phpinfo können Sie herausfinden, welche Umgebungsvariablen verfügbar sind.

```
<?
  phpinfo();
?>
```

string phpversion()

Die Funktion phpversion gibt eine Zeichenkette zurück, die die Version angibt, mit der das Script ausgeführt wird.

```
<?
   print ("PHP Version" . phpversion() . "<BR>\n");
?>
```

string print_r (mixed var)

Die Funktion print_r gibt den Wert eines Ausdrucks aus. Wenn der Ausdruck ein String, ein Integer oder ein Double ist, wird die einfachste Darstellung an den Browser gesendet. Wenn der Ausdruck ein Objekt oder ein Array ist, werden Indizes und Eigenschaften in besonderer Darstellung gezeigt. In Fällen, wo Objekte und Arrays sich gegenseitig enthalten, werden Arrays und Objekte rekursiv untersucht.

```
<?
   // Variablen definieren
   $s = "a string";
   $a = array ("x", "y", "z", array(1, 2, 3));

   // Einen String ausgeben
   print_r ($s);
   print ("\n");

   // Ein Array ausgeben
   print_r ($a);
   print ("\n");
?>
```

boolean show_source (string file_name)

Die Funktion show_source ist ein Synonym für highlight_file.

Integer syslog (integer priority, string message)

Die Funktion syslog fügt dem Systemprotokoll eine Meldung hinzu. Die Priorität ist ein Integer-Wert, der den Fehlergrad anzeigt. Sie ist ein Wrapper für die gleichnamige C-Funktion. Unter UNIX kann die Priorität zu besonderen Systemmaßnahmen führen. Prioritäten sind in Tabelle 8.14 aufgeführt.

Konstante	Priorität	Beschreibung
LOG_EMERG	Emergency	Eine Notfallsituation, in der die Meldung an alle Nutzer des Systems übertragen wird. Auf Windows wird dies als Warnung übersetzt.
LOG_ALERT	Alert	Eine Situation, die sofortige Korrektur erfordert. Auf Windows wird dies als Fehler übersetzt.

Tabelle 8.14: syslog-Prioritäten

Konstante	Priorität	Beschreibung
LOG_CRIT	Critical	Eine kritischer Zustand, der durch Fehler in der Hardware entstanden sein kann. Auf Windows wird dies als Warnung übersetzt.
LOG_ERR	Error	Allgemeine Fehlerbedingungen. Auf Windows werden diese als Warnungen übersetzt.
LOG_WARNING	Warning	Warnungen sind weniger ernsthaft als Fehler.
LOG_NOTICE	Notice	Eine Mitteilung ist kein Fehler, doch erfordert mehr Aufmerksamkeit als eine rein informative Meldung. Auf Windows wird dies als Warnung übersetzt.
LOG_INFO	Information	Informative Meldungen erfordern keine besondere Aufmerksamkeit.
LOG_DEBUG	Debug	Diese Meldungen sind nur für Debugging-Aufgaben wichtig. Auf Windows werden sie als Warnung ausgegeben.

Tabelle 8.14: syslog-Prioritäten (Forts.)

Unter Windows NT wird die UNIX-Funktionalität mit Emulations-Code simuliert. Meldungen, die durch die Funktion syslog erzeugt wurden, werden dem Anwendungsprotokoll hinzugefügt, das mit Event Viewer angesehen werden kann. Die Priorität wird auf zwei Arten verwendet. Zum einen ergibt sich daraus eine der Fehlerklassen Fehler, Warnung oder Information. Diese bestimmt das Symbol, das neben der Meldung im Event Viewer erscheint. Außerdem wird die Priorität in die Spalte *Category* eingetragen. Die Spalte *Event* ist immer auf 2000 gesetzt und die Spalte User auf Null.

```
<?
   openlog ("TEST", LOG_PID | LOG_CONS, LOG_USER);
   syslog (LOG_INFO, "Testen der Log-Datei");
   closelog();
?>
```

var_dump (mixed var)

Die Funktion var_dump gibt Informationen über eine übergebene Variable aus. Die Information wird direkt an den Browser ausgegeben. Sie können beliebig viele Variablen angeben, die Sie durch Kommas voneinander trennen. Die Ausgabe der Anweisung ist gut formatiert und enthält Einrückungen zum Beispiel für den Fall, dass ein Array ein anderes Array enthält.

```
<?
   // Erzeuge ein Direktory-Objekt
   $d = dir (".");

   // Gib die Infos dazu aus
   var_dump ($d)
?>
```

string zend_version()

Mit `zend_version` erhalten Sie die Version der Zend Library.

```
<?
  print (zend_version());
?>
```

8.5   Sitzungen verwalten

Die Funktionen in diesem Kapitel sollen bei der Sitzungsverwaltung helfen. Sie wurden in PHP 4 hinzugefügt. Mehr über die Verwendung dieser Funktionen sowie ein vollständiges Beispiel finden Sie in Kapitel 7.

boolean session_decode (string code)

Mit `session_decode` können Sie codierte Sitzungsdaten lesen. Setzen Sie die Werte globaler Variablen in der Sitzung. Dies geschieht automatisch, wenn Sie mit `session_start` eine Sitzung initialisieren.

boolean session_destroy()

Die Funktion `session_destroy` löscht alle Daten, die während der Sitzung gespeichert wurden. Die Sitzung selbst wird jedoch nicht zerstört.

string session_encode()

Die Funktion `session_encode` gibt eine Zeichenkette zurück, die codierte Daten über die aktuelle Sitzung enthält.

string session_id(string id)

Mit `session_id` erhalten Sie den Wert des Sitzungsbezeichners. Mit dem optionalen Argument `id` ändern Sie den Sitzungsbezeichner. Dies sollte jedoch in jedem Fall geschehen, bevor eine Ausgabe an den Browser gesendet wird, da der Bezeichner als Cookie verschickt wird.

boolean session_is_registered(string name)

Die Funktion `session_is_registered` gibt `TRUE` zurück, wenn die genannte Variable in der Sitzung registriert wurde.

string session_module_name (string name)

Die Funktion `session_module_name` gibt den Namen eines Moduls zurück, das Sitzungsangelegenheiten steuert. Dies ist derselbe Wert, der durch die Direktive `session.save_handler` in `php.ini` festgelegt ist. Mit dem optionalen Argument `name` ändern Sie den Modulnamen. Als dieses Buch geschrieben wurde, gab es jedoch lediglich das Modul `files`.

Wenn Sie Ihren eigenen Handler in PHP implementieren möchten, verwenden Sie dafür die Funktion `session_set_save_handler`.

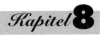
string session_name ([string new_name])

Die Funktion `session_name` gibt den aktuellen Namen der Sitzungsvariablen zurück. Mit dem optionalen Argument `new_name` können Sie die Sitzung umbenennen. Mit diesem Namen wird das Cookie benannt, das den Sitzungsbezeichner enthält. Er wird auch für die Back-up GET-Variable verwendet. Wenn Sie den in `php.ini` definierten Sitzungsnamen ändern wollen, müssen Sie dies tun, bevor eine Variable registriert und die Sitzung initialisiert wurde.

boolean session_register (mixed var_names [, mixed ...])

Die Funktion `session_register` kann beliebig viele Argumente enthalten. Dies können Zeichenketten oder Arrays sein. Jedes Argument ist eine globale Variable, die der Sitzung hinzugefügt wird. Arrays, die als Argumente übergeben wurden, werden elementweise durchlaufen. Auch multidimensionale Arrays können übergeben werden. Jede registrierte Variable, die bei Beendigung des Scripts gesetzt ist, wird serialisiert und den Sitzungsinformationen hinzugefügt. Kehrt der Benutzer später mit einer erneuten Anfrage zurück, wird die Variable wiederhergestellt.

string session_save_path ([string new_path])

Die Funktion `session_save_path` gibt den Pfad in dem Dateisystem an, mit dem serialisierte Sitzungsinformationen gespeichert werden. Normalerweise ist dies `/tmp`. Das optionale Argument `new_path` ändert den Pfad. Beachten Sie, dass die Rechte für dieses Verzeichnis auch Lese- und Schreibzugriff für den Server enthalten müssen.

session_set_save_handler (string open, string close, string read, string write, string destroy, string garbage)

Mit der Funktion `session_set_save_handler` können Sie eine Alternativmethode für die Sitzungsverwaltung implementieren. Jedes Argument ist der Name einer Funktion, mit der Sie einen bestimmten Aspekt des Sitzungsverwaltungsprozesses behandeln können. Als dieses Buch geschrieben wurde, war der Programmcode, mit dem diese Funktionalität implementiert wird, leider noch nicht fertig gestellt. Folglich kann ich zwar die voraussichtlichen Argumente beschreiben, aber kein Arbeitsbeispiel nennen. Siehe Tabelle 8.15.

Funktion	Argument
Open	string SavePath, string SessionName
Close	None
Read	string Variable
Write	string Variable, Value
destroy	None
garbage	integer MaximumLifetime

Tabelle 8.15: Funktionen für session_set_save_handler

boolean session_start()

Mit `session_start` initialisieren Sie eine Sitzung. Wenn noch keine Sitzung besteht, wird eine erstellt. Da dies das Verschicken eines Cookies erfordert, müssen Sie `session_start` aufrufen, bevor Sie Text an den Browser verschicken. Sie brauchen diese Funktion nicht, wenn Sie PHP so konfigurieren, dass Sitzungen automatisch mit jedem Aufruf initialisiert werden. Dies geschieht mit der Direktive `session.auto_start` aus `php.ini`.

Sobald Sie eine Sitzung initialisiert haben, überwacht PHP die Variablen, die Sie mit `session_register` registriert haben.

boolean session_unregister (string name)

Mit `session_unregister` wird eine globale Variable aus einer Sitzung gelöscht. Bei Beendigung des Scripts wird sie nicht in der Sitzung gespeichert.

8.6   Shell-Anweisung

In diesem Teil sind Funktionen beschrieben, die mit der Befehls-Shell zusammenwirken. Einige führen andere Programme aus, zwei von ihnen lesen aus oder schreiben in Umgebungsvariablen.

string exec (string command [, array output [, integer return]])

Mit der Funktion `exec` soll das Argument `command` so ausgeführt werden, als hätten Sie es an die Befehls-Shell übergeben. An den Browser wird nur die letzte Zeile der Ausgabe der Ausführung ausgegeben. Durch das optionale Argument `output` wird jede Zeile der Ausgabe dem Argument als ein Array-Element hinzugefügt. Mit dem optionalen Argument `return` wird die Variable auf den Rückgabewert des Befehls gesetzt.

Es ist sehr gefährlich, Informationen von Anwendern in ein Befehlsargument zu schreiben. Anwender können Werte in Formularfelder übergeben und ihre eigenen Befehle auf Ihrem Webserver ausführen. Wenn Sie einen Befehl aufgrund von Benutzereingaben ausführen müssen, geben Sie die Informationen in die Funktion `escapeshellcmd` ein, die in Kapitel 9 erläutert wird.

Vergleichen Sie diese Funktion mit `passthru` und `system`.

```
<?
   // Verzeichnisliste von C:
   $LastLine = exec ("dir C:\\", $AllOutput, $ReturnValue);

   print ("Letzter Eintrag: $LastLine <BR>\n");

   print ("Alle Einträge:<BR>\n");
   for ($index = 0; $index < count($AllOutput); $index++) {
      print ("$AllOutput[$index]<BR>\n");
   }
   print ("<BR><BR>\n");

   print ("ReturnValue: $ReturnValue<BR>\n");
?>
```

string getenv (string variable)

Die Funktion `getenv` gibt entweder den Wert der übergebenen Umgebungsvariablen zurück oder `FALSE`, wenn ein Fehler auftritt. PHP wandelt alle Umgebungsvariablen in PHP-Variablen um. Daher ist diese Funktion nur dann sinnvoll, wenn sich Umgebungsvariablen ändern, nachdem ein Script mit der Ausführung begonnen hat. Das ist sehr selten. Wenn Sie den Wert einer Umgebungsvariablen setzen müssen, verwenden Sie `putenv`.

```
<?
   print (getenv ("PATH"));
?>
```

string passthru (string command [, integer return])

Die Funktion `passthru` ist ähnlich wie `exec` und `system`. Das Argument `command` wird so ausgeführt, als würden Sie in eine Befehls-Shell schreiben. Wenn Sie das optionale Argument `return` setzen, wird es mit dem Rückgabewert des Befehls gesetzt. Ausgaben werden durch die Funktion `passthru` zurückgegeben und an den Browser geschickt. Ausgaben werden als Binärdaten verschickt. Das ist sinnvoll, wenn Sie einen Shell-Befehl ausführen müssen, der eine Binärdatei erstellt, wie zum Beispiel ein Bild. Die Anwendung wird in Kapitel 17 gezeigt.

Es ist sehr gefährlich, Informationen von Anwendern in das Argument `command` zu setzen. Anwender können Werte in Formularfelder übergeben, mit denen sie ihre eigenen Befehle auf Ihrem Webserver ausführen können. Wenn Sie es zulassen müssen, übergeben Sie die Informationen zunächst der Funktion `escapeshellcmd`.

putenv (string variable)

Die Funktion `putenv` setzt den Wert einer Umgebungsvariablen. Die Syntax entspricht der bei der Befehls-Shell. Dies ist im Beispiel unten gezeigt. Mit `getenv` erhalten Sie den Wert einer Umgebungsvariablen. Mit `phpinfo` entfernen Sie alle Umgebungsvariablen.

```
<?
   putenv ("PATH=/local/bin;.");
?>
```

string system(string command [, integer return])

Die Funktion `system` verhält sich exakt wie die Funktion `system` in C. Sie führt das Argument `command` aus, schickt eine Ausgabe an den Browser und gibt die letzte Zeile der Ausgabe zurück. Ist das Argument `return` vorhanden, wird es mit dem Rückgabewert des Befehls gesetzt. Mit der Funktion `exec` vermeiden Sie, dass die Ausgabe an den Browser geschickt wird.

Es ist sehr gefährlich, Informationen von Anwendern in das Argument `command` zu setzen. Anwender können Werte in Formularfeldern übergeben und ihre eigenen Befehle auf Ihrem Webserver ausführen. Wenn Sie dies zulassen müssen, übergeben Sie die Information zunächst an die Funktion `escapeshellcmd`.

```
<?
    // Directorylisting
    print ("<PRE>");
    system ("ls -l");
    print ("</PRE>");
?>
```

8.7   HTTP-Header

HTTP-Header sind besondere Befehle, die zwischen Browser und Webserver geschickt werden, bevor der Browser Inhalt erhält. Einige Header teilen dem Server mit, welche Datei der Browser benötigt. Andere Header teilen dem Browser mit, welcher Dateityp ihm geschickt wird. Mehr Informationen über Header finden Sie in der HTTP-Spezifikation, die ursprünglich in RFC 1945 beschrieben wurde. Diese finden Sie, ebenso wie andere Dokumente, auf der W3C-Site. Ein Teil dieser Seite ist dem HTTP-Protokoll gewidmet http://www.w3.org/Protocols/. Header werden auch in Kapitel 7 beschrieben.

header (string http_header [, boolean replace])

Durch die Funktion header wird ein HTTP-Header an den Browser geschickt. Sie muss aufgerufen werden, bevor eine Ausgabe an den Browser geschickt wird, egal ob sie innerhalb oder außerhalb eines PHP-Tags steht. In Kapitel 7 finden Sie eine Beschreibung zu HTTP-Verbindungen. Es können viele verschiedene Header verschickt werden. Am häufigsten wird ein Location-Header verschickt, der den Browser auf eine andere URI umleitet.

Wenn Sie die Funktion header aufrufen, wird sie in einen Stapelspeicher geschoben. Wenn Sie das Prinzip der Stapelspeicher noch nicht kennen, stellen Sie sich eine Reihe von Einträgen vor, die aufeinander gelegt werden. Wenn Ihr Script Inhalt an den Browser schickt, wird ein Header nach dem anderen vom Stapel heruntergezogen. Die Header werden also in umgekehrter Reihenfolge an den Browser geschickt.

Header dienen auch dazu, Cookies zu verschicken. Die Funktion setcookie ist dafür jedoch besser geeignet.

Mit der Funktion header ist es möglich, den Benutzer auf eine andere Seite zu verweisen, wie im Beispiel weiter unten gezeigt. Auch kann die Datei vom Browser heruntergeladen oder in einem OLE-Container angezeigt werden. Dies geschieht mit dem Header Content-type, der in PHP immer auf text/html gesetzt ist. Wenn der Wert von application/octet-stream verschickt wird, fragt der Browser den Benutzer, wo die Datei gespeichert werden soll. Sie können auch andere MIME-Typen verwenden, um eine Helper-Anwendung über den Browser auszuführen. Auf einem Rechner mit MS Excel beispielsweise startet bei application/vnd.ms-excel Excel in einem OLE-Container im Browser-Fenster. In diesem Fall ist es nicht nötig, eine Excel-Datei zu schicken. Eine einfache Datei, in der Tabulatoren gesetzt sind, wird richtig interpretiert.

```
<?
    // Umleitung eines Requests
    header ("Location: http://www.leonatkinson.com/");
?>
```

setcookie(string name [, string value [, integer expire [, string path [, string domain [, integer secure]]]]])

Mit setcookie schicken Sie ein Cookie an den Browser. Cookies werden als Header während einer HTTP-Verbindung geschickt. Da die Cookie-Header komplexer sind als andere Header, ist es praktisch, eine Funktion speziell für Cookies zu haben. Beachten Sie, dass alle Header geschickt werden müssen, bevor ein Inhalt verschickt wird. Zudem wird durch das Aufrufen von setcookie eine PHP-Variable erst dann erstellt, wenn das Cookie durch den Browser bei der nächsten Seitenanfrage zurückgeschickt wird.

Wenn setcookie aufgerufen wird und nur das Argument name enthält, wird das Cookie aus der Cookie-Datenbank des Browsers gelöscht. Ansonsten wird ein Cookie mit Namen und Wert im Client-Browser erstellt.

Das optionale Argument expire legt einen Zeitpunkt fest, an dem das Cookie automatisch durch den Browser gelöscht wird. Dies geschieht in Sekunden seit 1. Januar 1970. PHP wandelt dies in westeuropäische Zeit (Greenwich Mean Time) und die richtige Form für den Set-Cookie-Header um.

Mit Hilfe der Argumente path und domain bestimmt der Browser, ob das Cookie verschickt werden soll. Der Host-Name des Webservers wird mit der Domäne verglichen. Ist sie leer, wird der vollständige Name des Servers, der das Cookie überträgt, verwendet. Der Pfad wird mit dem Namen des Pfads zum Dokument auf dem Server verglichen. Die Spezifikation für Cookies erfordert, dass eine Domäne zwei Punkte enthält. Dadurch wird vermieden, dass Scripts an jede Domäne auf hoher Ebene geschickt werden (.com, .edu, .net). Zum Beispiel ist leonatkinson.com kein gültiger Domäne-Name. Der führende Punkt fehlt.

Durch das Argument secure schickt der Browser das Cookie nur über sichere Verbindungen mit dem Secure Socket Layer. Ein sicheres Cookie können Sie mit dem Wert 1 kennzeichnen.

Cookies, die mit der Funktion setcookie erstellt werden, werden ebenso wie andere Header in den Stapelspeicher geschrieben, so dass sie in umgekehrter Reihenfolge verschickt werden. Wenn Sie dasselbe Cookie mehr als ein Mal erstellen, wird der erste Aufruf an setcookie als letzter ausgeführt. Das wollen Sie wahrscheinlich nicht. Behalten Sie den Wert im Auge, den Sie als Wert für das Cookie vorsehen, und rufen Sie einmal setcookie auf. Die URL ist <http://developer.netscape .com/docs/manuals/communicator/jsguide4/cookies.htm>.

Um festzustellen, ob ein Browser Ihr Cookie akzeptiert, gibt es nur die Möglichkeit, eines zu verschicken und zu warten, ob es zurückgegeben wird, wenn die Seite erneut geladen wird.

```
<?
   /*
   ** Markiere diese Site für die
   ** nächsten 24 Stunden als besucht
   */
   setcookie ("HasVisitedLast24Hours","Yes", time()+86400);
?>
```

8.8 Netzwerk-I/O-Funktionen

Netzwerk-I/O-Funktionen senden Informationen direkt über das Internet-Protokoll und holen Informationen über Internet-Hosts ein.

boolean checkdnsrr (string host [, string type])

Die Funktion checkdnsrr prüft DNS-Datensätze für einen Host. Das Argument type bestimmt die Datensätze, nach denen gesucht werden soll. Die gültigen Datensätze finden Sie in Tabelle 8.16.

Direktive	Beschreibung
A	IP-Adresse
ANY	Datensätze jeglicher Art
CNAME	Kanonischer Name
MX	Mail-Austausch
NS	Name Server
SOA	Start of a Zone of Authority

Tabelle 8.16: DNS-Datensätze

Ist type nicht definiert, sucht checkdnsrr nach MX-Datensätzen. Auf der Manpage finden Sie Informationen zu named, dem Internet Domain-Name-Server-Daemon.

```
<?
   if (checkdnsrr ("clearink.com", "MX")) {
      print ("clearink.com ist ein Mail Austauscher");
   }
?>
```

integer fsockopen (string hostname, integer port [, integer error_number [, string error_description [, double timeout]]])

Die Funktion fsockopen beginnt eine Netzwerkverbindung als Datenstrom und gibt einen Dateibezeichner zurück, der von fputs, fgets und anderen in diesem Kapitel genannten Datenstrom-Funktionen verwendet werden kann. Es wird versucht, eine Verbindung an dem angegebenen Port zu hostname herzustellen. hostname kann eine numerische IP-Adresse sein oder auch der Pfad zu einem UNIX Domain Socket. In diesem Fall sollte port auf 0 gesetzt werden. UNIX Domain Sockets werden von einigen Betriebssystemen, insbesondere von Windows, nicht unterstützt.

Tritt ein Fehler auf, wird FALSE zurückgegeben, und die optionalen Argumente error_number und error_description werden gesetzt. Sie müssen per Referenz übergeben werden, das heißt, ein Und-Zeichen (&) steht vor dem Dollarzeichen ($). Wird 0 (Null) zurückgegeben, ist ein Fehler aufgetreten, bevor PHP die Verbindung herstellen konnte. Dies kann ein Zeichen dafür sein, dass Probleme bei der Initialisierung aufgetreten sind.

Das optionale Argument timeout gibt an, wie viele Sekunden PHP braucht, bis eine Verbindung hergestellt ist. Sie können auch Bruchteile einer Sekunde angeben.

Die Funktion pfsockopen macht fsockopen persistent.

```
<?
    // Teile dem Browser mit, dass folgende nicht zu rendern
    header ("Content-type: text/plain");

    // Verbindungsaufbau mit dem Webserver,
    // Zeitlimit auf 60 Sekunden festlegen
    $fp = fsockopen ("www.clearink.com", 80,
        &$error_number, &$error_description,
        60);

    if ($fp) {
        // Den Nonblocking-Modus einschalten
        set_socket_blocking ($fp, FALSE);

        // Wir wollen das root-Dokument vom Server
        fputs ($fp, "GET / HTTP/1.0");
        fputs ($fp, "\r\n\r\n");

        while (!feof ($fp)) {
            // Ausgeben der nächsten 4 KB
            print (fgets ($fp, 4096));
        }

        // Verbindung schließen
        fclose ($fp);

    } else {
        // $fp war FALSE
        print ("Ein Fehler ist aufgetreten<BR>\n");
        print ("Fehlernummer: $error_number<BR>\n");
        print ("Beschreibung: $error_description<BR>\n");
    }
?>
```

string gethostbyaddr (string ip_address)

Durch die Funktion gethostbyaddr erhalten Sie den Namen des Host, der durch die numerische IP-Adresse definiert ist. Ist der Host unbekannt, wird die Adresse zurückgegeben.

```
<?
    print (gethostbyaddr ("207.46.131.30"));
?>
```

string gethostbyname (string hostname)

Durch die Funktion gethostbyname erhalten Sie die IP-Adresse, die zu einem bestimmten Host-Namen gehört. Es ist möglich, dass zu einem Domänen-Namen mehreren IP-Adressen gehören. Mit gethostbyname1 erhalten Sie alle.

```
<?
   print (gethostbyname ("www.php.net"));
?>
```

array gethostbynamel (string hostname)

Mit der Funktion gethostbynamel erhalten Sie eine Liste von IP-Adressen, die zu einem bestimmten Host-Namen gehören.

```
<?
   $hosts = gethostbynamel ("www.microsoft.com");
   for ($index = 0; $index < count($hosts); $index++) {
      print ("$hosts[$index] <BR>\n");
   }
?>
```

boolean getmxrr (string host, array mxhost [, array weight])

Mit der Funktion getmxrr erhalten Sie Mail-Exchanger-DNS-Datensätze für einen Host. Host-Namen werden in das vom Argument mxhost genannte Array eingetragen. In das optionale Array weight wird das Gewicht für jeden Host eingetragen. Der Rückgabewert zeigt, ob der Vorgang erfolgreich war. In Kapitel 18 lesen Sie, wie Sie mit getmxrr prüfen, ob eine E-Mail-Adresse richtig ist.

```
<?
   // Mail-Exchanger-Datensätze für clearink.com
   getmxrr ("clearink.com", $mxrecord, $weight);

   // Ausgabe der Ergebnisse
   for ($index=0; $index < count ($mxrecord); $index++) {
      print ($mxrecord[$index]);
      print (" - ");
      print ($weight[$index]);
      print ("<BR>\n");
   }
?>
```

string getprotobynumber (integer protocol)

Die Funktion getprotobynumber gibt den Namen eines Protokolls zurück, das über seine Nummer angegeben wurde.

integer getprotobyname (string name)

Die Funktion getprotobyname gibt die zu einem Protokoll gehörende Protokollnummer zurück.

integer getservbyname (string service, string protocol)

Die Funktion getservbyname gibt den von einem Dienst verwendeten Port zurück. Das Argument protocol muss tcp oder udp sein.

```
<?
    // Prüfen, auf welchem Port FTP läuft
    $port = getservbyname ("ftp", "tcp");

    print ("Port $port<BR>\n");
?>
```

string getservbyport (integer port, string protocol)

Die Funktion `getservbyport` gibt den Namen eines Dienstes an, der einen bestimmten Port verwendet. Das Argument `protocol` muss `tcp` oder `udp` sein.

```
<?
    // Prüfen, welcher Service auf Port 25 läuft
    $service = getservbyport (25, "tcp");

    print ("$service<BR>\n");
?>
```

boolean mail (string recipient, string subject, string body [, string additional_headers [, string additional_parameters]])

Mit der Funktion `mail` verschicken Sie E-Mails. Unter UNIX aktiviert sie den Shell-Befehl `sendmail`. Unter Windows stellt sie eine Verbindung zum SMTP-Server her. Die Mail wird an die im Argument `recipient` definierte Adresse geschickt. Sie können mehrere Empfänger bestimmen. Trennen Sie die Namen durch Kommas voneinander. Zudem muss ein Betreff (`subject`) vorhanden sein und eine Nachricht (`body`). Es ist Ihnen überlassen, zusätzliche Header und Parameter in das vierte und fünfte optionale Argument einzufügen. Header sollten durch ein Zeichen zum Einfügen einer Leerzeile getrennt werden. Erreicht die Mail den Empfänger, wird `TRUE` zurückgegeben.

Unter Windows werden die Header `Date:` und `From:` der Nachricht automatisch hinzugefügt, es sei denn, Sie setzen sie selbst.

`php.ini` enthält einige wenige Direktiven, mit denen Sie diese Funktion konfigurieren können. Unter Windows können Sie mit der `SMTP`-Direktive den Namen des SMTP-Host festlegen und mit der `send_mail`-Direktive den Standard-Header `From:`. Es ist zulässig, auf einen SMTP-Server auf dem lokalen Host zu verweisen. Unter UNIX können Sie den Pfad zu `sendmail` bestimmen. Möglicherweise wurde auch eine akzeptable Standardeinstellung konfiguriert. Unter UNIX können Sie mit PHP keinen Code schreiben, mit dem Mail direkt an einen externen SMTP-Host gesendet wird. Sie können `sendmail` konfigurieren, um Nachrichten an einen bestimmten Host zu senden. Dieses Thema wird hier nicht behandelt.

In Kapitel 18 ist ein Beispiel gezeigt, in dem Anhängsel verschickt werden.

```
<?
    // Wem soll die Mail geschickt werden?
    //(in diesem Fall, root auf localhost)
    $mailTo = "root@" . $SERVER_NAME;

    // Den Betreff festlegen
```

```
    $mailSubject = "Testing Mail";

    // Die Message zusammenbasteln
    $mailBody = "This is a test of PHP's mail function. ";
    $mailBody .= "It was generated by PHP version ";
    $mailBody .= phpversion();

    // Einen From-Header einfügen
    $mailHeaders = "From: php@$SERVER_NAME.com\n";

    // Mail verschicken
    if (mail($mailTo,$mailSubject,$mailBody,$mailHeaders)) {
        print ("Mail an $mailTo geschickt.");
    } else {
        print ("Mailversand an $mailTo ging schief.");
    }
?>
```

integer pfsockopen (string hostname, integer port [, integer error_number [, string error_description [, double timeout]]])

Die Funktion `pfsockopen` funktioniert genauso wie `fsockopen`, allerdings werden Verbindungen im Cache gespeichert. Verbindungen, die mit `pfsockopen` geöffnet werden, werden nicht geschlossen, wenn das Script beendet wird. Sie bleiben erhalten solange der Server arbeitet.

boolean set_socket_blocking (integer file_descriptor, boolean mode)

Die Funktion `set_socket_blocking` legt fest, ob ein Datenstrom sperrt. Im ungesperrten Modus kehren Funktionsaufrufe, die Informationen aus dem Datenstrom erhalten, sofort mit den Daten aus dem Input-Puffer zurück. Durch den Sperrmodus wird die Ausführung so lange angehalten, bis genügend Daten vorhanden sind.

8.9   FTP

Mit den Funktionen aus diesem Teil können Sie Verbindungen zu FTP-Servern herstellen. FTP bedeutet File Transfer Protocol. Während Sie mit Datei-Funktionen Dateien auf entfernten Computern öffnen und bearbeiten können, indem Sie anstelle des lokalen Pfads eine URL angeben, arbeiten diese Funktionen direkt mit FTP. Sie bieten mehr Kontrolle. Mit ihnen können Sie auch eine Liste der auf dem Server vorhandenen Dateien erstellen. Die FTP-Funktionen stammen von Andrew Skalski.

boolean ftp_cdup (integer link)

Die Funktion `ftp_cdup` wandelt das Arbeitsverzeichnis in das Eltern-Verzeichnis um.

boolean ftp_chdir (integer link, string directory)

Die Funktion `ftp_chdir` verschiebt das Arbeitsverzeichnis zum genannten Verzeichnis.

integer ftp_connect (string host [, integer port])

Mit ftp_connect erstellen Sie eine FTP-Verbindung. Das Argument port ist optional. Konnte eine Verbindung hergestellt werden, wird ein FTP-Ressourcen-Bezeichner zurückgegeben. Bei nicht-vorhandener Verbindung wird FALSE zurückgegeben. Diese ID wird in allen weiteren FTP-Befehlen verwendet. Beachten Sie: Wenn Sie eine Verbindung herstellen, müssen Sie sich anmelden, bevor Sie Befehle geben können.

```
<?
    // Verbindung zum Server aufbauen
    if (!($ftp = ftp_connect ("localhost"))) {
        print("Konnte Verbindung nicht herstellen!<BR>\n");
        exit();
    }
    print ("Connected.<BR>\n");

    //Login
    if(!ftp_login($ftp, "anonymous", "corephp@localhost")) {
        print ("Kein Login möglich!<BR>\n");
        exit();
    }
    print("Eingeloggt<BR>\n");
    // Den Systemtyp ausgeben
    print ("System Type: " . ftp_systype ($ftp) . "<BR>\n");

    // Den Passiv-Modus ausschalten
    ftp_pasv ($ftp, FALSE);

    // Aktuelles Verzeichnis ausgeben
    print("Working Directory: " . ftp_pwd($ftp) . "<BR>\n");
    // alle Files mit Detailinformation auflisten
    print ("Raw List:<BR>\n");
    foreach (ftp_rawlist ($ftp, ".") as $line {
        print ("$line<BR>\n");
    }
    print("<BR>\n");

    // Ins pub-Verzeichnis wechseln
    if (!ftp_chdir ($ftp, "pub")) {
        print ("Konnte nicht nach pub wechseln!<BR>\n");
    }
    print ("ins pub Verzeichnis gewechselt.<BR>\n");

    // Eine Liste von Datei anzeigen
    print ("Files:<BR>\n");
    foreach (ftp_nlist($ftp, ".") as $filename) {
        print ("$filename<BR>\n");
        exit;
```

```
   }
   print ("<BR>\n");

   // Ins ursprüngliche Verzeichnis wechseln
   if (!ftp_cdup ($ftp)) {
      print("Konnte nicht wechseln!<BR>\n");
   }

   // Verbindung abbrechen
   ftp_quit ($ftp);
?>
```

boolean ftp_delete (integer link, string path)

Die Funktion `ftp_delete` löscht eine Datei auf dem entfernten Server. Das Argument `link` wird durch `ftp_connect` zurückgegeben. Das Argument `path` enthält den Pfad auf dem entfernten Server zu der Datei, die gelöscht werden soll. Ein Anwendungsbeispiel finden Sie unter `ftp_put`.

boolean ftp_fget (integer link, integer file, string filename, integer mode)

Die Funktion `ftp_fget` kopiert eine Datei auf einem entfernten Computer in einen offenen Datenstrom. Sie müssen eine Datei zuvor mit `fopen` oder einer ähnlichen Funktion holen. Das Argument `mode` sollten Sie mit einer der Konstanten `FTP_ASCII` oder `FTP_IMAGE` setzen. Diese werden auch Text- oder Binärmodi genannt.

```
<?
   // Verbindung mit Server aufbauen
   if (!($ftp = ftp_connect ("localhost"))) {
      print("Verbindung kam nicht zustande!<BR>\n");
      exit();
   }

   // Einloggen
   if(!ftp_login($ftp, "anonymous", "corephp@localhost")) {
      print ("Unable to login!<BR>\n");
      exit();
   }

   // Lokale Datei öffnen zum Schreiben
   $fp = fopen("/tmp/ftp_fget.test", "w");

   // Lokales Speichern der entfernten Datei
   if(!ftp_fget ($ftp, $fp, "data.txt", FTP_ASCII))) {
      print ("Unable to get remote file!<BR>\n");
   }

   // Die lokale Datei schließen
```

```
    fclose ($fp);

    // Verbindung schließen
    ftp_quit ($ftp);
?>
```

boolean ftp_fput (integer link, string remote, integer file, integer mode)

Die Funktion `ftp_fput` erstellt eine Datei auf einem entfernten Server aus dem Inhalt eines offenen Datenstroms. Das Argument `link` wird von `ftp_connect` zurückgegeben. Das Argument `remote` ist der Pfad zu der Datei, die auf dem entfernten Server erstellt werden soll. Das Argument `file` ist ein Dateibezeichner, der von `fopen` oder einer ähnlichen Funktion zurückgegeben wird. Das Argument `mode` sollte `FTP_ASCII` oder `FTP_IMAGE` sein.

```
<?
    // Serververbindung herstellen
    if (!($ftp = ftp_connect ("localhost")) {
        print ("Keine Verbindung!<BR>\n");
        exit();
    }
    // Einloggen
    if(!ftp_login($ftp, "anonymous", "corephp@localhost")) {
        print ("Einloggen schlug fehl!<BR>\n");
        exit();
    }
    // Öffne eine lokale Datei zum Lesen
    if (!($fp = fopen ("/tmp/data.txt", "r")) {
        print ("Konnte lokale Datei nicht öffnen!<BR>\n");
        exit();
    }
    // Schreibe die lokale Datei auf den entfernten Server
    ftp_fput ($ftp, "data.txt", $fp, FTP_ASCII);

    // Schließe lokale Datei
    fclose ($fp);

    // Verbindung schließen
    ftp_quit ($ftp);
?>
```

boolean ftp_get (integer link, string local, string remote, integer mode)

Mit `ftp_get` kopieren Sie eine Datei von einem entfernten Server auf ein lokales Dateisystem. Das Argument `link` wird von `ftp_connect` zurückgegeben. Die Argumente `local` und `remote` definieren den Pfad. Das Argument `mode` sollte `FTP_ASCII` oder `FTP_IMAGE` enthalten.

```
<?
   // Verbindung mit dem Server aufbauen
   if (!($ftp = ftp_connect ("localhost"))) {
      print("Keine Verbindung!<BR>\n");
      exit();
   }
   // Einloggen
   if(!ftp_login($ftp, "anonymous", "corephp@localhost")) {
      print ("Einloggen schlug fehl!<BR>\n");
      exit();
   }
   // Datei im tmp-Verzeichnis speichern
   ftp_get($ftp,"/tmp/data.bin","/pub/data.bin",FTP_IMAGE);
   // Verbindung schließen
   ftp_quit ($ftp);
?>
```

boolean ftp_login (integer link, string username, string password)

Wenn Sie eine Verbindung zu einem FTP-Server herstellen, müssen Sie sich mit `ftp_login` identifizieren. Es werden alle drei Argumente benötigt, selbst wenn Sie sich anonym anmelden. Ein Beispiel finden Sie unter `ftp_connect`.

integer ftp_mdtm (integer link, string path)

Die Funktion `ftp_mdtm` gibt den Zeitpunkt an, an dem die letzte Veränderung an der im Argument `path` genannten Datei vorgenommen wurde.

```
<?
   // Verbindung mit Server herstellen
   if (!($ftp = ftp_connect ("localhost"))) {
      print("Keine Verbindung!<BR>\n");
      exit();
   }
   // Einloggen
   if(!ftp_login($ftp, "anonymous", "corephp@localhost")) {
      print ("Login schlug fehl!<BR>\n");
      exit();
   }

   // Die Größe der Datei "README" ausgeben
   print ("Größe: " . ftp_size($ftp, "README") . "<BR>\n");
   // Das letzte Änderungsdatum ausgeben
   print ("Geändert am: " .
      date ("Y-m-d", ftp_mdtm ($ftp, "README")) .
      "<BR>\n");

   // Verbindung schließen
   ftp_quit ($ftp);
?>
```

string ftp_mkdir (integer link, string directory)

Mit der Funktion `ftp_mkdir` erstellen Sie ein Verzeichnis auf dem entfernten Server. Kann das Verzeichnis nicht erstellt werden, wird FALSE zurückgegeben.

```
<?
    // Verbindung mit Server herstellen
    if (!($ftp = ftp_connect ("localhost"))) {
        print("Keine Verbindung!<BR>\n");
        exit();
    }
    // Einloggen
    if(!ftp_login($ftp, "anonymous", "corephp@localhost")) {
        print ("Einloggen schlug fehl!<BR>\n");
        exit();
    }
    // Erzeuge ein neues Verzeichnis
    $result = ftp_mkdir ($ftp, "corephp");
    if ($result) {
        print ("Verzeichnis erstellt: $result<BR>\n");
    } else {
        print ("Verzeichnis nicht erstellt!<BR>\n");
    }
    // Verzeichnis löschen
    if (!ftp_rmdir ($ftp, "corephp")) {
        print ("Verzeichnis nicht gelöscht!<BR>\n");
    }
    // Verbindung schließen
    ftp_quit ($ftp);
?>
```

array ftp_nlist (integer link, string directory)

Die Funktion `ftp_nlist` gibt ein Array zurück, das die Dateien in dem genannten Verzeichnis enthält.

boolean ftp_pasv (integer link, boolean on)

Mit der Funktion `ftp_pasv` aktivieren oder deaktivieren Sie passive Modi. Standardmäßig sind passive Modi deaktiviert.

boolean ftp_put (integer link, string remote, string local, integer mode)

Die Funktion `ftp_put` kopiert eine Datei von einem lokalen Dateisystem auf einen entfernten Server. Das Argument `link` wird durch `ftp_connect` zurückgegeben. Die Argumente `local` und `remote` geben den Pfad an. Das Argument `mode` sollte entweder FTP_ASCII oder FTP_IMAGE sein.

```
<?
    // Verbindung zum Server herstellen
    if (!($ftp = ftp_connect ("localhost"))) {
        print ("Keine Verbindung!<BR>\n");
        exit();
    }
    // Einloggen
    if(!ftp_login($ftp, "anonymous", "corephp@localhost")) {
        print ("Kein Login!<BR>\n");
        exit();
    }
    // Kopiere eine lokale Datei auf den entfernten Server
    ftp_put ($ftp, "/uploads/data.txt",
            "/tmp/data.txt",FTP_ASCII);
    // Entfernte Datei entfernen
    ftp_delete ($ftp, "/uploads/data.txt");
    // Verbindung schließen
    ftp_quit ($ftp);
?>
```

string ftp_pwd (integer link)

Die Funktion ftp_pwd gibt den Namen des aktuellen Verzeichnisses zurück. Ein Beispiel finden Sie bei ftp_connect.

boolean ftp_quit (integer link)

Mit ftp_quit schließen Sie eine FTP-Verbindung.

array ftp_rawlist (integer link, string directory)

Die Funktion ftp_rawlist gibt die Ausgabe von ls -1 für das angegebene Verzeichnis zurück.

boolean ftp_rename (integer link, string original, string new)

Die Funktion ftp_rename ändert den Namen einer Datei auf einem entfernten Server.

boolean ftp_rmdir (integer link, string directory)

Mit ftp_rmdir löschen Sie ein Verzeichnis.

integer ftp_size (integer link, string path)

Die Funktion ftp_size gibt die Größe einer Datei auf einem entfernten Rechner in Byte an. Bei einem Fehler wird -1 zurückgegeben.

string ftp_systype (integer link)

Die Funktion ftp_systype gibt den Systemtyp des entfernten FTP-Servers zurück.

Kapitel **9**

Datenfunktionen

- Datentypen, Konstanten und Variablen
- Arrays
- Hashing
- Strings
- Codierung und Decodierung
- Verschlüsselung
- Reguläre Ausdrücke
- Perl-kompatible reguläre Ausdrücke

Die Funktionen in diesem Kapitel manipulieren Daten. Sie prüfen die Werte von Variablen. Sie wandeln Datentypen in andere Datentypen um. Und sie dienen der Bearbeitung von Arrays. Ich empfehle Ihnen, die Erläuterungen zu Datentypen und Variablen in Kapitel 2, »Variablen, Operatoren und Ausdrücke«, noch einmal zu lesen.

9.1　Datentypen, Konstanten und Variablen

Diese Funktionen prüfen den Status einer Variablen, ändern ihren Typ oder geben einen Wert als bestimmten Datentyp zurück.

boolean define (string name, mixed value [, boolean non_case_sensitive])

Die Funktion `define` erzeugt eine Konstante. Im Wesentlichen ist dies eine Variable, die nur einmal gesetzt werden darf. Das Argument `value` kann der Datentyp String, Integer, Double oder ein boolescher Wert sein, jedoch kein Array und kein Objekt. Das Argument `non_case_sensitive` ist optional. Standardmäßig ist bei Konstanten die Groß- und Kleinschreibung zu beachten. Dies gilt auch für Variablen.

Kann die Konstante nicht erzeugt werden, gibt die Funktion FALSE zurück. Mit der Funktion `defined` überprüfen Sie, ob eine Konstante definiert ist.

Üblicherweise bestehen Konstanten aus Großbuchstaben, wie in C. Dadurch unterscheiden sie sich von anderen Bezeichnern.

Da Sie in PHP Zeichenketten-Literale nicht in Anführungszeichen setzen müssen, können Sie Programmcode mit Konstanten schreiben, die nicht existieren, ohne dass eine Fehlermeldung ausgegeben wird. Wenn Sie also Konstanten mit Zeichenketten für die Ausgabe im Browser verwenden, erscheint auf der Seite ärgerlicherweise sofort ein Fehler. Wenn Werte nicht angezeigt werden, kann dies eine sehr unangenehme Fehlerquelle sein. Wenn eine Konstante aus mysteriösen Gründen Null auswertet, überprüfen Sie, ob sie definiert wurde.

```
<?
   /*
   ** Datenbank Variablen
   */
   define ("DATABASE_HOST", "localhost");
   define ("DATABASE_USER", "httpd");
   define ("DATABASE_PASSWORD", "");
   define ("DATABASE_NAME", "freetrade");

   print ("Verbindung mit " . DATABASE_HOST . "<BR>\n");
?>
```

boolean defined (string constant_name)

Wenn eine Konstante existiert, gibt diese Funktion TRUE zurück, ansonsten FALSE.

```
<?
   define ("THERMOSTAT", "20 Grad");
```

```
   if (defined ("THERMOSTAT")) {
      print("THERMOSTAT: " . THERMOSTAT);
   }
?>
```

double doubleval (mixed var)

Die Funktion doubleval gibt ihr Argument als Double zurück. Kapitel 2 beschreibt die Umwandlung von Datentypen. Ähnliche Funktionen sind strval und intval. Arrays und Objekte dürfen nicht an doubleval übergeben werden.

```
<?
   $myNumber = "13.1cm";
   print (doubleval ($myNumber));
?>
```

empty()

Diese Funktion ist ein Alias für isset.

string gettype (mixed var)

Die Funktion gettype gibt eine Zeichenkette zurück, die den Typ der Variablen oder des Ausdrucks angibt. Sie kann folgende Werte enthalten: array, class, double, integer, object, resource, string, unknown type.

```
<?
   //integer
   printf ("%s <BR>\n", gettype (11));

   //double
   printf ("%s <BR>\n", gettype (7.3));

   //string
   printf ("%s <BR>\n", gettype ("hello"));
?>
```

integer intval (mixed var [, integer base])

Die Funktion intval gibt ihr Argument als Integer zurück. Das optionale Argument base weist intval an, eine numerische Basis zu verwenden, die nicht 10 ist.

Kapitel 2 beschreibt die Umwandlung von Datentypen.

```
<?
   // Alles nach dem Dezimalpunkt weglassen
   print (intval ("13.5cm") . "<BR>\n");

   // Umwandeln von Hexzahlen
   print (intval ("EE", 16));
?>
```

boolean is_array (mixed var)

Die Funktion is_array gibt TRUE zurück, wenn der Ausdruck ein Array ist, ansonsten FALSE.

```
<?
   $colors = array ("red", "blue", "green");
   if (is_array ($colors)) {
      print ("colors is an array");
   }
?>
```

boolean is_bool (mixed var)

Die Funktion is_bool prüft, ob ein Ausdruck ein boolescher Wert ist.

boolean is_double (mixed var)

Die Funktion is_double gibt TRUE zurück, wenn der Ausdruck ein Double ist, andernfalls gibt sie FALSE zurück.

```
<?
   $Temperatur = 15.23;
   if (is_double ($Temperatur)) {
      print ("Temperatur ist ein double");
   }
?>
```

boolean is_float (mixed var)

Die Funktion is_float ist ein Alias für die Funktion is_double.

boolean is_int (mixed var)

Die Funktion is_int ist ein Alias für die Funktion is_integer.

boolean is_integer (mixed var)

Die Funktion is_integer gibt TRUE zurück, wenn der Ausdruck ein Integer ist, andernfalls gibt sie FALSE zurück.

```
<?
   $PageCount = 2234;
   if (is_integer ($PageCount)) {
      print ("$PageCount ist ein Integer");
   }
?>
```

boolean is_long (mixed var)

Die Funktion is_long ist ein Alias für die Funktion is_integer.

boolean is_object (mixed var)

Die Funktion is_object gibt TRUE zurück, wenn der Ausdruck ein Objekt ist, andernfalls gibt sie FALSE zurück.

```
<?
   class widget {
      var $name;
      var $length;
   }

   $thing = new widget;

   if (is_object ($thing)) {
      print("thing ist ein Objekt");
   }
?>
```

boolean is_real (mixed var)

Die Funktion is_real ist ein Alias für die Funktion is_double.

boolean is_resource (mixed var)

Diese Funktion gibt TRUE zurück, wenn die gegebene Variable eine Ressource ist. Eine Ressource ist ein Integer, mit dem Sie eine System-Ressource identifizieren. Ein Beispiel ist der Rückgabewert von fopen.

boolean is_string (mixed var)

Die Funktion is_string gibt TRUE zurück, wenn der Ausdruck ein String ist, andernfalls gibt sie FALSE zurück.

```
<?
   $Greeting = "Hello";
   if (is_string ($Greeting)) {
      print("Greeting ist ein String");
   }
?>
```

boolean isset (mixed var)

Die Funktion isset gibt TRUE zurück, wenn die Variable einen Wert enthält, und FALSE, wenn die Variable nie auf der linken Seite eines gesetzten Operators war. Mit anderen Worten, sie prüft, ob die Variable mit einem Wert gesetzt wurde.

```
<?
   if (isset ($Name)) {
      print ("Ihr Name ist $Name");
   } else {
      print ("Ich weiß ihren Namen nicht");
   }
?>
```

boolean settype (string var, string type)

Die Funktion settype ändert den Typ einer Variablen. Die Typangabe ist in Form einer der folgenden Zeichenketten: array, double, integer, object oder string. Konnte kein Typ gesetzt werden, gibt die Funktion FALSE zurück.

```
<?
    $myValue = 123.45;
    settype ($myValue, "integer");
    print ($myValue);
?>
```

string strval (mixed var)

Die Funktion strval gibt ihr Argument als Zeichenkette zurück.

```
<?
    $myNumber = 13;
    print (strval ($myNumber));
?>
```

unset (mixed var)

Die Funktion unset löscht eine Variable, so dass der von ihr belegte Speicher frei wird.

```
<?
    $list[0] = "milk";
    $list[1] = "eggs";
    $list[2] = "sugar";

    unset ($list);

    if (!isset ($list)) {
        print ("list ist gelöscht worden und hat ");
        print(count($list));
        print(" Elemente");
    }
?>
```

9.2 Arrays

Mit den folgenden Funktionen bearbeiten Sie Arrays. Einige Funktionen sortieren Arrays, andere finden den Wert eines Arrays und fragen ihn ab. Kapitel 5 behandelt Arrays ausführlich.

array array ([mixed ...])

Die Funktion array erhält Werte, die durch Kommas voneinander getrennt sind, und gibt ein Array zurück. Dies ist besonders hilfreich bei der Erzeugung von einmaligen Arrays, die Sie an Funktionen übergeben. Die Funktion fügt dem Array Elemente hinzu. Sie arbeitet so, als hätten Sie leere eckige Klammern hinzugefügt. Dies bedeutet, dass die Elemente fortlaufend, beginnend bei Null, indiziert werden. Mit dem Operator => können Sie die Indexwerte angeben.

```
<?
   // Ein Array erzeugen
   $myArray = array (
      "Name"=>"Leon Atkinson",
      "Beruf"=>array ("Programmer", "Author"),
      "Wohnort"=>"Martinez, California"
   );
?>
```

array array_count_values (array data)

Die Funktion array_count_values zählt die Werte in dem Argument data und gibt das Ergebnis zurück. Das zurückgegebene Array ist mit den Werten des Arguments data indiziert. Obwohl im folgenden Beispiel das Array Zahlen enthält, zählt die Funktion array_count_values die Elemente, die andere Datentypen enthalten.

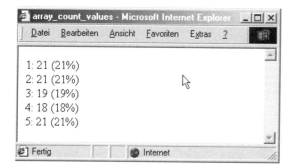

Abbildung 9.1: array_count_values

Listing 9.1: array_count_values

```
<?
   // Generiere $sample_size Zufallszahlen
   // zwischen 1 und 5
   $sample_size = 100;
   srand (time());
   for ($i=0; $i<$sample_size; $i++) {
      $data[] = rand(1, 5);
   }

   // Elemente zählen
   $count = array_count_values ($data);

   // Sortieren der Schlüssel
   ksort ($count);

   // Die Summen ausgeben
   foreach ($count as $key=>$value) {
```

```
        print ("$key: $value (".(100 *
                $value/$sample_size)."%)<BR>\n");
    }
?>
```

array array_flip (array data)

Die Funktion `array_flip` gibt das Argument data zurück, wobei die Indexe und Elemente vertauscht sind.

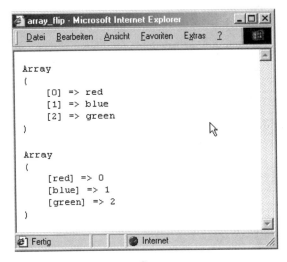

Abbildung 9.2: array_flip

Listing 9.2: array_flip

```
<?
    // Erzeuge ein Testarray
    $colors = array ("red", "blue", "green");

    // Zeige dieses Array wie [0] => red
    print ("<PRE>");
    print_r($colors);
    print ("</PRE>\n");

    // Vertausche die Schlüssel mit den Werten
    $colors = array_flip ($colors);

    // Zeige dieses Array wie [red] => 0
    print ("<PRE>");
    print_r ($colors);
    print ("</PRE>\n");
?>
```

array array_keys (array data [, mixed value])

Die Funktion array_keys gibt die im Array data verwendeten Schlüssel als Array zurück. Wenn Sie das optionale Argument value übergeben, erhalten Sie nur die Sub-Indexe, die auf den übergebenen Elementwert zeigen.

```
<?
   // Erzeuge Zufallszahlen mit 0 oder 1
   srand (time());
   for ($i=0; $i<10; $i++) {
      $data[] = rand(0, 1);
   }

   // Gib die Schlüssel des Wertes 1 aus
   foreach (array_keys ($data, 1) as $key) {
      print ("$key<BR>\n");
   }
?>
```

array array_merge (array data1, array data2 [, array ...])

Die Funktion array_merge verbindet zwei oder mehr Arrays und gibt ein einziges Array zurück, das alle Element enthält. Elemente, die mit Integern indiziert sind, werden dem neuen Array nacheinander hinzugefügt und dabei meist neu indiziert. Mit Strings indizierte Elemente behalten ihre Indexwerte und werden in der Reihenfolge hinzugefügt, wie sie im Quell-Array enthalten sind. Sie können vorige Werte ersetzen. Wenn Sie die Indexe der zusammengesetzten Arrays prüfen wollen, verwenden Sie array _values. Sie sehen dann, ob alle Werte mit einem Integer indiziert sind.

```
<?
   function printElement($element) {
      print ("$element<BR>\n");
   }

   // Arrays mit Farbnamen
   $colors = array ("red", "blue", "green");
   $more_colors = array ("yellow", "purple", "orange");

   // Zusammenführen der beiden Arrays
   $all_colors = array_merge($colors, $more_colors);

   // Alle Werte ausgeben
   array_walk ($all_colors, "printElement");
?>
```

boolean array_multisort (array data, integer direction [, ...])

Die Funktion array_multisort sortiert mehrere Arrays gleichzeitig, als wären sie in Tabellenspalten. Das Argument data ist ein Array und das Argument direction ist entweder die Konstante SORT_ASC oder SORT_DESC. Diese stehen für aufsteigend bzw. absteigend. Setzen Sie das Argument

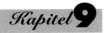

direction nicht, wird standardmäßig aufsteigend, also von klein nach groß, sortiert. Sie können eine beliebige Anzahl an Arrays angeben. Dabei müssen jedoch Arrays und Konstanten, die die Reihenfolge festlegen, abwechseln.

Die Funktion array_multisort sortiert die Ergebnisse einer Verbindung ähnlich wie eine relationale Datenbank. Sie fügt das erste Element jedes Arrays einer virtuellen Reihe hinzu. Alle Elemente einer Reihe bilden eine Einheit. Die Arrays werden nach dem ersten Array sortiert. Wenn sich Elemente des ersten Arrays wiederholen, wird nach dem zweiten Array, das heißt, der zweiten Zeile, sortiert, und zwar so lange wie nötig.

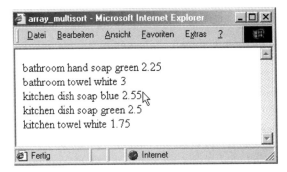

Abbildung 9.3: array_multisort

Listing 9.3: array_multisort

```
<?
   // Arrays erzeugen
   $color = array ("green","green","blue","white","white");
   $item = array ("dish soap","hand soap","dish soap",
              "towel", "towel");
   $dept = array ("kitchen", "bathroom", "kitchen",
              "kitchen", "bathroom");
   $price = array (2.50, 2.25, 2.55, 1.75, 3.00);

   // Sortiere nach Department, Gegenstände, Farbe und Preis
   array_multisort ($dept, SORT_ASC,
          $item, SORT_ASC,
          $color, SORT_ASC,
          $price, SORT_DESC);

   // Sortierte Liste ausgeben
   for ($i=0; $i < count ($item); $i++) {
      print ("$dept[$i] $item[$i] $color[$i]
             $price[$i]<BR>\n");
   }
?>
```

array array_pad (array data, integer size, mixed padding)

Die Funktion `array_pad` fügt einem Array Elemente hinzu, bis es die Anzahl an Elementen enthält, die im Argument `size` angegeben ist. Ist das Array groß genug, werden keine Elemente mehr hinzugefügt. Das Argument `padding` verwenden Sie, um neue Elemente mit Werten aufzufüllen. Ist das Argument `size` positiv, wird das Array am Ende aufgefüllt. Ist das Argument `size` negativ, wird das Array am Anfang aufgefüllt.

```
<?
   // Testdate erzeugen
   $data = array (1, 2, 3);

   // Füge "start" am Anfang des Arrays ein
   $data = array_pad ($data, -4, "start");

   // Füge "end" am Ende des Arrays ein
   $data = array_pad ($data, 5, "end");

   foreach ($data as $value) {
      print ("$value<BR>\n");
   }
?>
```

mixed array_pop (array stack)

Die Funktion `array_pop` gibt das letzte Element eines Arrays zurück und entfernt es aus dem Array. Die Funktion `array_push` fügt dem Array ein Element hinzu, die Funktion `array_shift` fügt Elemente am Array-Anfang hinzu, die Funktion `array_unshift` entfernt Elemente am Array-Anfang.

```
<?
   // Array mit Farbnamen
   $colors = array ("red", "blue", "green");

   $lastColor = array_pop ($colors);
   // Gibt "green" aus
   print ($lastColor . "<BR>\n");

   // Zeige die restlichen Farben "red" und "blue"
   print("<PRE>");
   print_r($colors);
   print("</PRE>\n");
?>
```

boolean array_push (array stack, mixed entry [, mixed ...])

Die Funktion `array_push` fügt am Ende des Arrays einen oder mehrere Werte hinzu. Sie behandelt das Array wie einen Stapel. Mit `array_pop` entfernen Sie Elemente vom Stapel. Die Funktion `array_shift` fügt Elemente am Array-Anfang hinzu, die Funktion `array_unshift` entfernt Elemente am Array-Anfang.

```
<?
   // Array mit Farbnamen
   $colors = array ("red", "blue", "green");

   // Hinzufügen von weiteren Farbnamen
   array_push ($colors, "purple", "yellow");

   // Alle Farben ausgeben
   //(red, blue, green, purple, yellow)
   print ("<PRE>");
   print_r ($colors);
   print ("</PRE>\n".);
?>
```

array array_reverse (array data [, boolean preserve_keys])

Die Funktion `array_reverse` gibt das Argument data zurück. Die Elemente sind nicht sortiert. Die Funktion kehrt lediglich die Reihenfolge der Elemente um.

```
<?
   // Testdaten
   $data = array(3, 1, 2, 7, 5);

   // Reihenfolge umdrehen
   $data = array_reverse ($data);

   // In umgekehrter Reihenfolge ausgeben
   // 5, 7, 2, 1, 3
   print ("<PRE>");
   print_r ($data);
   print ("</PRE>\n");
?>
```

mixed array_shift (array stack)

Die Funktion `array_shift` gibt das erste Element eines Arrays zurück und entfernt es aus dem Array. So können Sie das Array wie einen Stapel bearbeiten. Die Funktion `array_unshift` fügt ein Element am Array-Anfang hinzu. Die Funktionen `array_pop` und `array_push` verfahren entsprechend, allerdings am Ende des Arrays.

```
<?
   // Array mit Farbnamen
   $colors = array ("red", "blue", "green");

   $firstColor = array_shift ($colors);

   // Gibt "red" aus
   print ($firstColor . "<BR>\n");
```

```
    // Die restlichen Farben ausgeben (blue, green)
    print ("<PRE>");
    print_r ($colors);
    print ("</PRE>\n");
?>
```

array array_slice (array data, integer start [, integer stop])

Die Funktion `array_slice` gibt einen Teil eines Arrays zurück. Im Argument `start` geben Sie an, wo der Teil beginnt. Wenn Sie `start` mit einem negativen Wert setzen, liegt die Startposition entsprechend viele Elemente vor dem letzten Array-Element. Mit dem optionalen Argument `stop` geben Sie an, wie viele Elemente zurückgegeben werden sollen oder an welcher Stelle die Rückgabe aufhören soll. Ein positiver Wert gibt die maximale Anzahl an zurückzugebenden Elementen an. Ist `stop` negativ, wird vom letzten Element an rückwärts gezählt bis zu der Stelle, ab der kein Element mehr zurückgegeben werden soll.

Vergleichen Sie diese Funktion mit `array_merge` und `array_splice`.

```
<?
    function printElement ($element) {
        print ("$element<BR>\n");
    }

    // Array mit Farbnamen anlegen
    $colors = array ("red", "blue", "green",
            "purple", "cyan", "yellow");

    // Ein neues Array erzeugen mit dem
    // Abschnitt von "green" to "cyan"
    $colors_slice = array_slice ($colors, 2, 3);

    // Den neuen Abschnitt ausgeben
    array_walk($colors_slice, "printElement");
?>
```

array array_splice (array data, integer start [, integer stop [, array insert_data]])

Die Funktion `array_splice` entfernt einen Teil aus einem Array und ersetzt ihn durch einen anderen. Die Funktion ändert einen Teil des übergebenen Arrays, gibt ihn aber nicht zurück. Angefangen bei dem im Argument `start` angegebenen Element, werden alle Elemente bis zu dem im Argument `stop` angegebenen Element entfernt. Gibt es kein Argument `stop`, entfernt die Funktion alle Elemente bis zum Ende des Arrays. Ist `stop` negativ, wird vom Ende des Arrays an rückwärts gezählt. Sie können auch Werte für `start` und `stop` bestimmen, die keine Elemente entfernen. So kann zum Beispiel der Wert für `stop` positiv und kleiner als `start` sein. So können Sie mit `array_splice` ein Array einfügen, ohne Elemente zu entfernen.

Anstelle von entfernten Elementen wird das Array eingefügt, das Sie als Argument `insert_data` setzen. Das Argument ist optional, da Sie vielleicht nur einige Elemente entfernen möchten.

Wenn Sie dem Array ein einzelnes Element hinzufügen möchten, müssen Sie für `insert_data` kein Array setzen.

Vergleichen Sie diese Funktion mit `array_merge` und `array_slice`.

```
<?
   function printElement ($element) {
      print ("$element<BR>\n");
   }

   // Array mit Farbnamen festlegen
   $colors = array ("red", "blue", "green",
            "yellow", "orange", "purple");

   // Die Farbe "green" entfernen
   array_splice ($colors, 2, 2);

   // Nach "blue" "pink" einfügen
   array_splice ($colors, 2, 0, "pink");

   // Füge "cyan" und "black" zwischen
   // "orange" und "purple" ein
   array_splice ($colors, 4, 0, array ("cyan", "black"));

   // Gib alle Elemente aus
   array_walk ($colors, "printElement");
?>
```

boolean array_unshift (array stack,mixed var [, mixed ...])

Die Funktion `array_unshift` fügt ein oder mehrere Elemente am Anfang des Arrays ein, wie bei einem Stapel. Die Funktion `array_shift` entfernt ein Element am Anfang des Arrays. Vergleichen Sie diese Funktion mit `array_pop` und `array_push`. Sie verfahren entsprechend, allerdings am Ende des Arrays.

```
<?
   function printElement ($element) {
      print ("$element<BR>\n");
   }

   // Array mit Farbnamen festlegen
   $colors = array ("red", "blue", "green");

   // Zwei Farben reinschieben
   array_unshift ($colors, "purple", "yellow");

   // Alle Elemente ausgeben
   array_walk ($colors, "printElement");
?>
```

array array_values (array data)

Die Funktion `array_values` gibt nur Array-Elemente zurück, allerdings mit Integern neu indiziert.

```
<?
   // Array füllen
   $UserInfo = array ("First Name"=>"Leon",
               "Last Name"=>"Atkinson",
               "Favorite Language"=>"PHP");

   // Neuer Index mit Integer
   $UserInfo = array_values ($UserInfo);

   // Alle Werte und die neuen Schlüssel ausgeben
   for ($n=0; $n < count ($UserInfo); $n++) {
      print ("($n) $UserInfo[$n]<BR>\n");
   }
?>
```

boolean array_walk (array data, string function [, mixed userdata])

Die Funktion `array_walk` führt die angegebene Funktion für jedes Element des Arrays aus. Diese Funktion braucht genau ein Element, andernfalls wird eine Fehlermeldung erzeugt. Sie übergeben die Array-Elemente per Referenz, so dass die angegebene Funktion das Array permanent verändert. Die angegebene Funktion müssen Sie selbst erstellen. Es darf keine eingebaute PHP-Funktion sein.

```
<?
   $colors = array ("red", "blue", "green");

   function printElement ($element) {
      print ("$element<BR>\n");
   }

   array_walk ($colors, "printElement");
?>
```

arsort (array unsorted_array [, int sort_flags])

Die Funktion `arsort` sortiert die Werte eines Arrays rückwärts. Die Indexzuordnung wird beibehalten. Diese Sortierung ist für assoziative Arrays vorgesehen. In Kapitel 15 erfahren Sie mehr über das Sortieren.

```
<?
   // Array aufbauen
   $users = array ("bob"=>"Robert",
           "steve"=>"Stephen",
           "jon"=>"Jonathon");
```

```
// Array sortieren
arsort ($users);

// Werte ausgeben
for (reset($users); $index=key($users); next($users)) {
    print ("$index : $users[$index] <BR>\n");
}
?>
```

asort (array unsorted_array [, integer sort_flags])

Die Funktion asort sortiert die Werte eines Arrays. Die Indexzuordnung wird beibehalten. Diese
Sortierung ist für assoziative Arrays vorgesehen. In Kapitel 15 erfahren Sie mehr über das Sortieren.

```
<?
// Array aufbauen
$users = array ("bob"=>"Robert",
        "steve"=>"Stephen",
        "jon"=>"Jonathon");

// Array sortieren
asort ($users);

// Werte ausgeben
for (reset($users); $index=key($users); next($users)) {
    print ("$index : $users[$index] <BR>\n");
}
?>
```

array compact (mixed var_names [, mixed ...])

Die Funktion compact gibt ein Array zurück, das die Namen und die Werte der im Argument genannten Variablen enthält. Sie können beliebig viele Argumente übergeben. Dies können einzelne
String-Werte sein oder Arrays von String-Werten. Arrays, die andere Arrays enthalten, werden rekursiv durchsucht. Die Variablen müssen im aktuellen Gültigkeitsbereich liegen. Diese Funktion
ergänzt die Funktion extract, die Variablen aus einem Array erzeugt.

```
<?
// Variablen festlegen
$name = "Leon";
$language = "PHP";
$color = "blue";
$city = "Martinez";

// Variablen als Array holen
$variable = compact ("name",
    array ("city", array ("language", "color")));

// Alle Werte ausgeben
print ("<PRE>");
```

```
    print_r ($variable);
    print ("</PRE>\n");
?>
```

Abbildung 9.4: compact

integer count (mixed var)

Die Funktion count gibt die Anzahl der Elemente eines Arrays zurück. Ist die Variable nicht gesetzt, gibt die Funktion Null zurück. Wenn die Variable kein Array ist, wird 1 zurückgegeben. Trotz dieser zusätzlichen Funktionalität sollten Sie die Funktionen isset und is_array verwenden, um die Art der Variablen zu ermitteln.

```
<?
    $colors = array ("red", "green", "blue");
    print (count ($colors));
?>
```

mixed current(array arrayname)

Die Funktion current gibt den Wert des Elements zurück, auf das der interne PHP-Pointer gerade zeigt. Für jedes Array gibt es einen Pointer auf eines der Array-Elemente. Standardmäßig zeigt er auf das erste dem Array hinzugefügte Element, bis er von einer Funktion wie next oder reset weiterbewegt wird.

```
<?
    // Testdaten erzeugen
    $colors = array ("red", "green", "blue");

    // Mit current das Array durchlaufen
    for (reset ($colors);
        $value = current ($colors);
        next ($colors)) {
      print ("$value<BR>\n");
    }
?>
```

array each (array arrayname)

Die Funktion each gibt ein Array mit vier Elementen zurück, das den nächsten Wert aus einem Array darstellt. Die vier Elemente des zurückgegebenen Arrays (0, 1, key und value) beziehen sich auf den Schlüssel und den Wert des aktuellen Elements. Für den Schlüssel verwenden Sie 0 oder key, den Wert erhalten Sie mit 1 oder value. Sie können ein Array vollständig durchlaufen, indem Sie list und each wiederholen, wie im folgenden Beispiel.

```
<?
   // Testdaten erzeugen
   $colors = array("red", "green", "blue");
   // Array mit each durchlaufen
   // Die Ausgabe erzeugt z.B. "0 = red"
   while (list ($key, $value) = each ($colors)) {
       print ("$key = $value<BR>\n");
   }
?>
```

end (array arrayname)

Die Funktion end bewegt den internen Array-Pointer zum letzten Element des Arrays. Die Funktion reset bewegt den internen Pointer zum ersten Element.

```
<?
   $colors = array ("red", "green", "blue");
   end ($colors);
   print (current ($colors));
?>
```

array explode (string delimiter, string data [, integer limit])

Die Funktion explode erzeugt ein Array aus einer Zeichenkette. Das Argument delimiter unterteilt das Argument data in Elemente. Diese Funktion eignet sich gut für binäre Zeichenketten. Die Funktion implode wandelt ein Array in eine Zeichenkette um.

```
<?
   /*
   ** Konvertiere eine mit Tabs separierte Liste in ein Array
   */
   $data = "red\tgreen\tblue";
   $colors = explode ("\t", $data);

   // Werte ausgeben
   for ($index=0; $index < count ($colors); $index++) {
       print ("$index : $colors[$index] <BR>\n");
   }
?>
```

extract (array variables, integer mode [, string prefix])

Die Funktion extract erzeugt eine Variable im lokalen Gültigkeitsbereich, und zwar aus den im Argument variables angegebenen Elementen. Elemente, die nicht durch Strings indiziert sind, werden ignoriert. Das optionale Argument mode steuert, ob Variablen vorhandene Variablen überschreiben oder ob sie umbenannt werden, um eine Kollision zu vermeiden. Zulässige Modi finden Sie in Tabelle 9.1. Wird mode nicht gesetzt, ist EXTR_OVERWRITE Standard. Das Argument prefix brauchen Sie nur bei den Modi EXTR_PREFIX_SAME und EXTR_PREFIX_ALL. In diesem Fall fügen Sie dem Namen der zu extrahierenden Variablen das Argument prefix und einen Unterstrich hinzu.

Vergleichen Sie diese Funktion mit compact, die ein Array aus den Variablen im lokalen Gültigkeitsbereich erzeugt.

```
<?

    $new_variables = array ('Name'=>'Leon',
             'Language'=>'PHP');

    $Language = 'English';

    extract ($new_variables, EXTR_PREFIX_SAME, "collision");

    // Extrahierte Variablen ausgeben
    print ($Name . "<BR>\n");
    print ($collision_Language . "<BR>\n");
?>
```

Modus	Beschreibung
EXTR_OVERWRITE	Gleichnamige Variablen überschreiben
EXTR_SKIP	Gleichnamige Variablen überspringen
EXTR_PREFIX_SAME	Gleichnamigen Variablen ein Präfix hinzufügen
EXTR_PREFIX_ALL	Allen Variablen ein Präfix hinzufügen

Tabelle 9.1: Modi von extract

boolean in_array (mixed query, array data [, boolean strict])

Die Funktion in_array gibt TRUE zurück, wenn das Argument query ein Element des Arguments data ist.

```
<?
    // Testdaten erzeugen
    $colors = array ("red", "green", "blue");

    // Prüfen, ob green vorkommt
    if (in_array ("green", $colors)) {
        print ("ja, green ist vorhanden!");
    }
?>
```

string implode (array data, string delimiter)

Die Funktion `implode` wandelt ein Array in eine Zeichenkette um und verkettet die von `delimiter` unterteilten Elemente. Mit `explode` erhalten Sie die umgekehrte Funktionalität.

```
<?
    /*
    ** Konvertiere ein Array in eine kommaseparierte Liste
    */
    $colors = array ("red", "green", "blue");
    $colors = implode ($colors, ",");

    print ($colors);
?>
```

string join (array data, string delimiter)

Verwenden Sie `join` als ein Alias für die Funktion `implode`.

mixed key (array arrayname)

Die Funktion `key` gibt den Index des aktuellen Elements zurück. Mit `current` finden Sie den Wert des aktuellen Elements.

```
<?
    $colors = array ("FF0000"=>"red",
            "00FF00"=>"green",
            "0000FF"=>"blue");

    for(reset($colors);$key = key($colors);next($colors)) {
        print ("$key ist $colors[$key]<BR>\n");
    }
?>
```

boolean krsort (array data [, int sort_flags])

Die Funktion `krsort` sortiert ein Array anhand der Schlüsselwerte in umgekehrter Reihenfolge, also mit dem größten Wert an erster Stelle. Die Elementwerte werden zusammen mit den Schlüsselwerten verschoben. Dies ist vor allem bei assoziativen Arrays vorteilhaft, da mit Integern indizierte Arrays gut nach ihren Schlüsselwerten durchlaufen werden können.

```
<?
    $colors = array ("red"=>"FF0000",
            "green"=>"00FF00",
            "blue"=>"0000FF");

    // Sortiere anhand der Schlüssel
    krsort ($colors);

    // Schlüssel und Wert ausgeben
    foreach ($colors as $key=>$value) {
```

```
      print ("$key : $value <BR>\n");
   }
?>
```

boolean ksort (array data [, integer sort_flags])

Die Funktion ksort sortiert ein Array nach Schlüsseln oder Indexwerten. Sie verschiebt Element-werte zusammen mit den Schlüsseln. Dies ist vor allem bei assoziativen Arrays vorteilhaft, da mit Integern indizierte Arrays gut nach ihren Schlüsselwerten durchlaufen werden können.

```
<?
   $colors = array ("red"=>"FF0000",
          "green"=>"00FF00",
          "blue"=>"0000FF");

   // Sortieren anhand der Schlüssel
   ksort ($colors);

   // Farben ausgeben
   foreach ($colors as $key=>$value) {
      print ("$key: $value <BR>\n");
   }
?>
```

list (mixed var [, mixed ...])

Die Funktion list behandelt eine Liste von Variablen wie ein Array. Sie kann nur rechts von ei-nem Zuweisungsoperator stehen. Sie verwenden sie, um ein zurückgegebenes Array direkt in eine Gruppe Variablen umzuwandeln.

```
<?
   $colors = array ("red", "green", "blue");

   // Übergebe den Schlüssel und den Wert vom ersten
   // Array-Element an die Variablen key und value
   list ($key, $value) = each ($colors);

   print ("$key: $value<BR>\n");
?>
```

mixed max (mixed arg1 [, mixed arg2 [, mixed ...]])

Die Funktion max gibt den höchsten Wert aus den Array-Elementen zurück. Wenn alle Werte Strings sind, werden die Werte als Strings verglichen. Ist ein Wert eine Zahl, werden nur Integer und Double numerisch verglichen. Die Funktion max kann eine beliebige Anzahl von Argumenten aufnehmen und gibt das größte davon zurück. Wenn Sie keine Arrays verwenden, sondern einfa-che Variablen, müssen Sie mindestens zwei Argumente angeben.

Mit min finden Sie den kleinsten Wert.

```
<?
   $colors = array ("red"=>"FF0000",
           "green"=>"00FF00",
           "blue"=>"0000FF");

   // Gibt FF0000 aus
   print (max ($colors) . "<BR>\n");

   // Gibt 13 aus
   print (max ("hello", "55", 13) . "<BR>\n");
   // Gibt 17 aus
   print (max (1, 17, 3, 5.5) . "<BR>\n");
?>
```

mixed min (mixed arg1 [, mixed arg2 [, mixed ...]])

Die Funktion min gibt den kleinsten Wert aus den Array-Elementen zurück. Wenn alle Werte Strings sind, werden sie als Strings verglichen. Ist ein Wert eine Zahl, werden nur Integer und Double numerisch verglichen. Sie können auch eine beliebige Anzahl von Argumenten angeben, es wird der kleinste Wert zurückgegeben. Wenn Sie anstelle von Arrays einfache Variablen benutzen, müssen Sie mindestens zwei Argumente angeben.

```
<?
   $colors = array ("red"=>"FF0000",
           "green"=>"00FF00",
           "blue"=>"0000FF");

   // Gibt 0000FF aus
   print (min ($colors) . "<BR>\n");

   // Gibt 13 aus
   print (min ("hello", "55", 13) . "<BR>\n");

   // Gibt 1 aus
   print (min (1, 17, 3, 5.5) . "<BR>\n");
?>
```

mixed next (array arrayname)

Die Funktion next bewegt den Array-Pointer zum nächsten Element und gibt dessen Wert zurück. Hat der Pointer das Array-Ende erricht, gibt die Funktion FALSE zurück.

```
<?
   $colors = array ("red", "green", "blue");
   $my_color = current ($colors);
   do {
      print ("$my_color <BR>\n");
   }
   while ($my_color = next ($colors))
?>
```

mixed pos (array arrayname)

Verwenden Sie pos als ein Alias für die Funktion current.

mixed prev (array arrayname)

Die Funktion prev entspricht der Funktion next, durchläuft das Array jedoch rückwärts. Der interne Pointer des Arrays geht zum vorigen Element und die Funktion gibt den Wert dieses Elements zurück. Steht der Pointer bereits am Anfang, wird FALSE zurückgegeben.

```
<?
   $colors = array ("red", "green", "blue");
   end ($colors);
   $my_color = current ($colors);
   do {
      print ("$my_color <BR>\n");
   }
   while ($my_color = prev ($colors))
?>
```

array range (integer start, integer stop)

Die Funktion range erzeugt ein Array, das alle Integer zwischen dem ersten und dem zweiten Argument enthält.

```
<?
   $numbers = range (13, 19);

   // Alle Werte ausgeben
   foreach ($numbers as $value) {
      print ("$value<BR>\n");
   }
?>
```

mixed reset (array arrayname)

Die Funktion reset setzt den internen Pointer eines Arrays auf das erste Element und gibt den Wert dieses Elements zurück. Mit end setzen Sie den Pointer auf das letzte Element.

```
<?
   // Testdaten erzeugen
   $colors = array ("red", "green", "blue");

   // Bewegen des internen Pointers
   next ($colors);

   // Den internen Pointer auf das erste Element setzen
   reset ($colors);

   // Das aktuelle Element zeigen (red)
   print (current ($colors));
?>
```

rsort (array unsorted_array [, integer sort_flags])

Die Funktion rsort sortiert ein Array in umgekehrter Reihenfolge. Wie bei anderen Sortierfunktionen werden bei vorhandenen String-Werten alle Werte als String behandelt und die Elemente alphabetisch sortiert. Sind alle Elemente Zahlen, werden sie numerisch sortiert. Der Unterschied zwischen rsort und arsort ist, dass rsort Schlüsselwerte entfernt und den Elementen neue Schlüsselwerte von Null an aufwärts zuweist. Kapitel 15 beschreibt Sortierfunktionen ausführlich.

```
<?
    // Testdaten erzeugen
    $colors = array ("one"=>"orange", "two"=>"cyan",
            "three"=>"purple");

    // Sortieren und neue Schlüssel vergeben
    rsort ($colors);

    // Array ausgeben
    foreach ($colors as $key=>$value) {
        print ("$key = $value<BR>\n");
    }
?>
```

shuffle (array data)

Die Funktion shuffle bringt die Elemente eines Arrays in eine willkürliche Ordnung. Mit der Funktion srand setzen Sie den Zufallsgenerator. Wie bei der Funktion rand, beginnt der Zufallsgenerator bei der aktuellen Zeit, wenn Sie keinen Anfangswert setzen.

```
<?
    // Testdaten erzeugen
    $numbers = range (1, 10);

    // Neu zusammenstellen
    shuffle ($numbers);

    // Alle Werte ausgeben
    foreach ($numbers as $value) {
        print ("$value<BR>\n");
    }
?>
```

integer sizeof (mixed var)

Diese Funktion ist ein Alias für count.

sort(array unsorted_array [, integer sort_flags])

Die Funktion sort sortiert die Elementwerte eines Arrays vom kleinsten Wert zum größten. Ist ein Element ein String, werden alle Elemente in Strings umgewandelt, so dass sie alphabetisch sortiert werden können. Sind alle Elemente Zahlen, werden sie numerisch sortiert. Ebenso wie `rsort`, entfernt die Funktion `sort` Schlüsselwerte und weist den Elementen neue Schlüsselwerte zu, angefangen bei Null. Kapitel 15 beschreibt Sortierfunktionen ausführlich.

```
<?
    // Testdaten erzeugen
    $colors = array ("one"=>"orange", "two"=>"cyan",
            "three"=>"purple");

    // Sortieren
    sort ($colors);

    // Array ausgeben
    foreach ($colors as $key=>$value) {
        print ("$key = $value<BR>\n");
    }
?>
```

uasort(array unsorted_array, string comparison_function)

Die Funktion `uasort` sortiert ein Array unter Verwendung einer benutzerdefinierten Vergleichsfunktion. Die Indexwerte oder Schlüssel werden gemeinsam mit den Elementwerten bewegt, ähnlich wie bei der Funktion `asort`.

Die Vergleichsfunktion sollte ein Integer mit Vorzeichen zurückgeben. Wenn die Funktion Null zurückgibt, gibt es zwei gleiche Elemente. Gibt sie eine negative Zahl zurück, stehen die zwei Elemente in der richtigen Reihenfolge. Gibt sie eine positive Zahl zurück, stehen sie in der falschen Reihenfolge.

```
<?
    /*
    ** Dupliziere das normale Verhalten
    */
    function compare ($left, $right) {
        return($left - $right);
    }

    // Testdaten erzeugen
    $some_numbers = array(
            "red"=>6,
            "green"=>4,
            "blue"=>8,
            "yellow"=>2,
            "orange"=>7,
            "cyan"=>1,
            "purple"=>9,
            "magenta"=>3,
            "black"=>5);
```

```
// Sortieren mit eigener Funktion
uasort ($some_numbers, "compare");

// Sortiertes Array anzeigen
foreach ($some_numbers as $key=>$value) {
    print ($key . "=" . $value . "<BR>\n");
}
?>
```

uksort(array unsorted_array, string comparison_function)

Die Funktion uksort sortiert ein Array unter Verwendung einer benutzerdefinierten Vergleichs-funktion. Im Gegensatz zu usort sortiert diese Funktion das Array anhand der Indexwerte und nicht anhand der Elemente. Die Vergleichsfunktion sollte ein Integer mit Vorzeichen zurückgeben. Wenn die Funktion Null zurückgibt, gibt es zwei gleiche Indexwerte. Gibt sie eine negative Zahl zurück, stehen die zwei Indexwerte in der richtigen Reihenfolge. Gibt sie eine positive Zahl zu-rück, stehen sie in der falschen Reihenfolge.

```
<?
/*
** Dupliziere das normale Verhalten
*/
function compare ($left, $right) {
    return ($left - $right);
}
// Testdaten erzeugen
srand (time());
for ($i=0; $i<10; $i++) {
    $data[rand(1,100)] = rand(1,100);
}

// Sortieren mit eigener Funktion
uksort ($data, "compare");

// Sortiertes Array anzeigen
foreach ($data as $key=>$value) {
    print ($key . "=" . $value . "<BR>\n");
}
?>
```

usort(array unsorted_array, string compare_function)

Die Funktion usort sortiert die Elementwerte eines Arrays unter Verwendung einer benutzerdefi-nierten Vergleichsfunktion. Die Vergleichsfunktion compare sollte einen Integer mit Vorzeichen zurückgeben. Wenn die Funktion Null zurückgibt, gibt es zwei gleiche Elemente. Gibt sie eine ne-gative Zahl zurück, stehen die zwei Elemente in der richtigen Reihenfolge. Gibt sie eine positive Zahl zurück, stehen sie in der falschen Reihenfolge.

```
<?
   /*
   ** Dupliziere das normale Verhalten
   */
   function compare ($left, $right) {
      return ($left - $right);
   }

   // Testdaten erzeugen
   srand (time());
   for ($i=0; $i<10; $i++) {
      $data[rand(1,100)] = rand(1,100);
   }

   // Sortieren mit der Vergleichsfunktion
   usort ($data, "compare");

   // Sortiertes Array anzeigen
   foreach ($data as $key=>$value) {
      print ($key . "=" . $value . "<BR>\n");
   }
?>
```

9.3   Hashing

Hashing ist der Prozess zur Erzeugung eines Wert-Index, und zwar unter Verwendung des Wertes selbst. Der Index wird als Hash bezeichnet. Hashes beziehen sich nicht immer eindeutig nur auf einen Wert. Sie verwenden Hashes für die schnelle Suche nach Variablen und auch zur Verschlüsselung. Wenn die Hashes zweier Strings übereinstimmen, stimmen auch die Strings überein, vorausgesetzt die Hash-Werte sind einmalig. So können Sie Passwörter überprüfen, ohne das ursprüngliche Passwort entschlüsseln zu müssen.

Einige Funktionen in diesem Teil sind eingebaute Funktionen. Andere gehören zur Mhash-Bibliothek von Sascha Schumann. Diese Bibliothek bietet eine Vielzahl von Hash-Algorithmen. Mehr dazu erfahren Sie auf der Homepage: <http://schumann.cx/mhash/>.

string md5 (string text)

Die Funktion md5 erzeugt ein Hash, wie in RFC 1321 beschrieben. Die Funktion erhält einen String beliebiger Länge und gibt einen 32 Zeichen langen Bezeichner zurück. Theoretisch erzeugt der Algorithmus der Funktion md5 für jede Zeichenkette einen einmaligen Bezeichner.

Listing 9.4: md5

```
<?
   print (md5 ("Who is John Galt?"));
?>
```

Abbildung 9.5: md5

string metaphone (string word)

Mit der Funktion metaphone erzeugen Sie eine Zeichenkette, die die Aussprache eines Wortes zeigt. Diese Funktion ist ähnlich wie soundex, kennt jedoch die Aussprache englischer Buchstaben-kombinationen und ist deshalb genauer. Vergleichen Sie diese Funktion mit soundex und similar_text.

Der Algorithmus metaphone von Lawrence Philips wurde erstmalig in der Zeitschrift *Computer Language* beschrieben. Im Algorithmen-Archiv von Scott Gasch finden Sie eine Diskussion über metaphone <http://perl.guru.org/alg/node131.html>.

```
<?
    print ("Atkinson encodes as " . metaphone ("Atkinson"));
?>
```

string mhash (integer hash, string data [, string key])

Mit mhash erhalten Sie ein Hash für eine Zeichenkette. In Tabelle 9.2 finden Sie alle Hash-Algo-rithmen, die zur Zeit der Entstehung dieses Buchs verfügbar waren.

In der mhash-Dokumentation erfahren Sie mehr über die einzelnen Algorithmen.

```
<?
    print (mhash (MHASH_GOST, "Who is John Galt?"));
?>
```

MHASH_CRC32
MHASH_CRC32B
MHASH_GOST
MHASH_HAVAL
MHASH_MD5
MHASH_RIPEMD128
MHASH_RIPEMD160
MHASH_SHA1
MHASH_TIGER

Tabelle 9.2: mhash-Algorithmen

integer mhash_count()

Die Funktion mhash_count gibt den höchsten Hash-Bezeichner zurück. Alle Hash-Algorithmen sind von Null an aufwärts nummeriert. Mit mhash_count und mhash_get_hash_name erhalten Sie eine vollständige Liste der Hashes.

```
<?
   print ("<TABLE BORDER=\"1\">\n");

   print ("<TR>\n");
   print ("<TH>Algorithm</TH>\n");
   print ("<TH>Block Size</TH>\n");
   print ("</TR>\n");

   for ($i=0; $i <= mhash_count(); $i++) {
      print ("<TR>\n");
      print ("<TD>MHASH_" . mhash_get_hash_name($i)
         . "</TD>\n");
      print ("<TD>".mhash_get_block_size($i)."</TD>\n");
      print ("</TR>\n");
   }

   print ("</TABLE>\n");
?>
```

integer mhash_get_block_size (integer hash)

Die Funktion mhash_get_block_size gibt die Blockgröße eines Hash-Algorithmus zurück.

string mhash_get_hash_name (integer hash)

Die Funktion mhash_get_hash_name gibt den Namen eines bestimmten Hash-Bezeichners zurück.

int similar_text (string left, string right [, double percentage])

Die Funktion similar_text vergleicht zwei Zeichenketten und gibt die Anzahl der gemeinsamen Zeichen zurück. Falls vorhanden, erhält die im Argument percentage genannte Variable die Übereinstimmungen in Prozent. Vergleichen Sie diese Funktion mit metaphone und soundex.

Der Algorithmus für similar_text stammt aus dem Buch von Ian Oliver, *Programming Classics: Implementing the World's Best Algorithms,* Prentice Hall Verlag. Mehr zu diesem Titel finden Sie auf der Prentice Hall PTR Website <http://www.phptr.com/ptrbooks/ptr_0131004131.html>.

Listing 9.5: similar_text

```
<?
   // Zwei Strings erzeugen
   $left = "Leon Atkinson";
   $right = "Vicky Atkinson";

   // Die Ähnlichkeit bestimmen
   $i = similar_text ($left, $right, &$percent);
```

```
// Ergebnis ausgeben
print ($i . " gemeinsame Zeichen<BR>\n");
print ($percent . "% Ähnlichkeit<BR>\n");
?>
```

Abbildung 9.6: similar_text

string soundex (string text)

Die Funktion soundex gibt aufgrund der Aussprache eines Wortes einen Bezeichner zurück. Ähnlich klingende Wörter haben ähnliche oder gleiche Soundex-Codes. Der Soundex-Code hat vier Zeichen und beginnt mit einem Buchstaben. Vergleichen Sie diese Funktion mit den Funktionen similar_text und metaphone.

Den Algorithmus für soundex beschreibt Donald Knuth im dritten Band von *The Art of Computer Programming*.

```
<?
   print (soundex ("lion"));
   print ("<BR>");
   print (soundex ("lying"));
?>
```

9.4   Strings

Die meisten String-Funktionen erzeugen Zeichenketten aus anderen Zeichenketten oder geben die Eigenschaften einer Zeichenkette zurück. Eine Ausnahme ist die Funktion eval. Sie führt eine Zeichenkette wie eine Zeile PHP-Programmcode aus.

mixed count_chars (string data [, integer mode])

Die Funktion count_chars analysiert einen String anhand der vorhandenen Zeichen. Das Argument mode steuert den Rückgabewert. Die Modi 0, 1 und 2 geben ein Array zurück. Modus 3 und Modus 4 geben eine Zeichenkette zurück. Wenn mode nicht gesetzt ist, wird Modus 0 verwendet.

Wenn mode 0 ist, wird ein mit ASCII-Code (0-255) indiziertes Array zurückgegeben, wobei die Indexnummer der Code des Array-Elements, das heißt des Zeichens ist. Ist mode 1, werden nur die Elemente mit einem Wert größer als null zurückgegeben. Ist mode 2, werden nur die Elemente mit einem Wert gleich null zurückgegeben. Bei Modus 3 gibt die Funktion eine Zeichenkette zurück, die alle Zeichen der Quell-Zeichenkette enthält. Ist Modus 4, gibt die Funktion eine Zeichenkette mit allen Zeichen zurück, die nicht in der Quell-Zeichenkette enthalten sind.

```
<?
    // Gibt die Zahl der vorhandenen Zeichen aus
    foreach (count_chars ("Core PHP", 1) as $key=>$value) {
        print ("$key: $value<BR>\n");
    }

    // Liste mit den verschiedenen Zeichen
    print("Characters: '" . count_chars ("Core PHP", 3) .
        "'<BR>\n");
?>
```

eval (string phpcode)

Die Funktion `eval` versucht das Argument `phpcode` auszuführen, als wäre es eine Zeile in Ihrem PHP-Script. Wie bei allen Zeichenketten, führen doppelte Anführungszeichen dazu, dass Zeichenketten nach eingebetteten Zeichenketten und Sonderzeichen ausgewertet werden. Verwenden Sie also einfache Anführungszeichen oder entwerten Sie Dollarzeichen durch Backslash.

In gewisser Weise ist `eval` ähnlich wie `include` oder `require`. Abgesehen von dem offensichtlichen Unterschied, dass Sie `eval` mit Zeichenketten und nicht mit Dateien verwenden, beginnt diese Funktion in einem Modus, in dem sie PHP-Code erwartet. Wenn Sie einen Modus brauchen, bei dem einfacher HTML-Code direkt dem Browser übergeben wird, müssen Sie ein schließendes PHP-Tag (?>) einfügen. Warum sollten Sie `eval` auf eine Zeichenkette mit reinem HTML anwenden? Möglicherweise, weil der Programmcode in einer Datenbank gespeichert ist.

Seien Sie besonders vorsichtig, wenn Sie `eval` auf eine Zeichenkette anwenden, die Daten aus Formularvariablen enthält. Dazu gehören auch Datenbankfelder, die ursprünglich aus einem Formular stammen. Verwenden Sie wenn möglich eingebette $-Operatoren anstelle von `eval`.

```
<?
    // Ein einfaches Beispiel bei dem die eval()
    // Zeile kann mit $$varName = 1; ersetzt werden kann
    $varName = "myValue";
    eval ("\$$varName = 1;");
    print ($myValue . "<BR>\n");

    // Ein realistischeres Beispiel mit eval() mit
    // Daten aus einer Datenbank
    $code_from_database = "<B><? Print (date (\"Y-m-d\"));
            ?></B>";
    eval ("?>" . $code_from_database);
?>
```

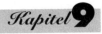
string sprintf (string format [, mixed arg1 [, mixed ...]])

Die Funktion `sprintf` ist identisch mit `printf`, allerdings schickt sie die Zeichenkette nicht zum Browser, sondern gibt sie zurück. Mehr dazu finden Sie bei der Beschreibung von `printf`. Steuern Sie mit dieser Funktion die Darstellung von Zahlen. Normalerweise kann PHP ein Double ohne Bruch ausgeben.

```
<?
    $x = 3.00;

    // Einfache Ausgabe der PHP Variable
    print ($x . "<BR>\n");

    // Formatierte Ausgabe von $x
    // so dass 2 Stellen nach dem
    // Dezimalpunkt ausgegeben werden
    $s = sprintf ("%.2f", $x);
    print ($s . "<BR>\n");
?>
```

string str_repeat (string text, integer count)

Die Funktion `str_repeat` gibt eine mit dem Argument `text` übergebene Zeichenkette so oft zurück, wie im Argument `count` angegeben.

```
<?
    print (str_repeat ("PHP!<BR>\n", 10));
?>
```

integer strcasecmp (string first, string second)

Die Funktion `strcasecmp` ist identisch mit `strcmp`. Allerdings unterscheidet `strcasecmp` nicht zwischen Groß- und Kleinschreibung. Als Alternativen für den Vergleich von Zeichenketten gibt es `soundex`, `metaphone` und `similar_text`.

```
<?
    $first = "abc";
    $second = "aBc";

    if (strcasecmp ($first, $second) == 0) {
        print ("Die Strings sind gleich");
    } else {
        print("Die Strings sind nicht gleich");
    }
?>
```

string strchr (string haystack, string needle)

Diese Funktion ist ein Alias für `strstr`.

integer strcmp (string first, string second)

Die Funktion strcmp vergleicht die erste Zeichenkette mit der zweiten Zeichenkette. Sie erhalten eine Zahl kleiner als Null, wenn die erste Zeichenkette kleiner ist als die zweite. Die Funktion gibt Null zurück, wenn die Zeichenketten gleich sind, und eine Zahl größer als Null, wenn die erste Zeichenkette größer ist als die zweite. Die Funktion vergleicht die ASCII-Werte. Sie eignet sich gut für den Vergleich von Binärdaten. Alternativ dazu können Sie soundex, metaphone und similar_text verwenden.

```
<?
   $first = "abc";
   $second = "xyz";

   if (strcmp ($first, $second) == 0) {
      print ("Die Strings sind gleich");
   } else {
      print ("Die Strings sind nicht gleich");
   }
?>
```

integer strcspn (string text, string set)

Die Funktion strcspn gibt die Position des ersten Zeichens im Argument text zurück, das Teil des gesetzten Arguments set ist. Vergleichen Sie diese Funktion mit strspn.

```
<?
   $text = "red cabbage";
   $set = "abc";
   $position = strcspn ($text, $set);

   // Gibt 'red ' aus
   print (substr ($text, 0, $position));
?>
```

string stristr(string text, string substring)

Die Funktion stristr ist eine Variante der unten beschriebenen Funktion strstr. Sie ignoriert Groß- und Kleinschreibung. Sie gibt einen Teil des Arguments text zurück, und zwar vom ersten Vorkommen des Arguments substring bis zum Ende.

```
<?
   $text = "Wir suchen Leon, den Autor dieses Buches.";

   print ("Gesamter Text: $text <BR>\n");
   print ("Nach 'leon' suchen:" . stristr ($text, "leon"));
?>
```

integer strlen (string text)

Die Funktion strlen ermittelt die Länge einer Zeichenkette.

```
<?
   $text = "ein kurzer String";
   print ("'$text' hat " . strlen ($text) . " Zeichen.");
?>
```

integer strpos (string data, string substring [, integer offset])

Die Funktion strpos gibt die Position des Arguments substring im Argument data zurück. Wenn das Argument substring keine Zeichenkette ist, wird es als ASCII-Code behandelt. Kommt der Teil-String häufiger vor, gibt die Funktion die Position des ersten Vorkommens zurück. Wenn kein Teil-String vorhanden ist, wird False zurückgegeben. Das optionale Argument offset weist PHP an, nach der angegebenen Position zu suchen. Die Zählung der Positionen beginnt bei Null.

Diese Funktion ist eine gute Alternative zu ereg, wenn Sie nach einer einfachen Zeichenkette suchen. Es entsteht kein Overhead wie beim Parsen regulärer Ausdrücke. Zudem eignet sie sich gut für binäre Zeichenketten.

```
<?
   $text = "Hello, World!";

   // Prüfen ob ein Leerzeichen in $text enthalten ist
   if (strpos ($text, 32)) {
      print("In '$text' ist ein Leerzeichen<BR>\n");
   }

   // Die Position des Wortes World feststellen
   print ("World is at position " . strpos ($text, "World")
      . "<BR>\n");
?>
```

string strrchr (string haystack, string needle)

Diese Funktion liefert alle Zeichen vom Beginn des letzten Vorkommens von needle bis zum Ende der Zeichenkette haystack.

integer strrpos (string text, string character)

Die Funktion strrpos arbeitet wie die Funktion strpos. Sie gibt das letzte Vorkommen des zweiten Arguments im ersten Argument zurück. Sie verwendet jedoch nur das erste Zeichen des zweiten Arguments. Diese Funktion bietet eine saubere Lösung, um den letzten Teil eines Pfads abzutrennen, wie unten gezeigt.

```
<?
   // String festlegen
   $path = "/usr/local/apache";

   // Nach dem letzten Slash suchen
```

```
    $pos = strrpos ($path, "/");

    // Alles nach dem letzten Slash ausgeben
    print (substr ($path, $pos+1));
?>
```

integer strspn (string text, string set)

Die Funktion strspn gibt die Position des ersten Zeichens im Argument text zurück, das nicht Teil der Zeichengruppe im Argument set ist. Vergleichen Sie diese Funktion mit strcspan.

```
<?
    $text = "cabbage";
    $set = "abc";
    $position = strspn ($text, $set);

    // Gibt 'cabba' aus
    print (substr ($text, 0, $position));
?>
```

string strstr (string text, string substring)

Die Funktion strstr gibt den Teil des Arguments text zurück, und zwar vom ersten Vorkommen des Arguments substring bis zum Ende der Zeichenkette. Ist substring keine Zeichenkette, behandelt die Funktion sie wie ASCII-Code. Die ASCII-Code-Tabelle finden Sie in Anhang B.

Sie erhalten eine leere Zeichenkette, wenn die Funktion substring nicht in text findet. Die Funktion strstr ist eine schnelle Alternative zu ereg. Verwenden Sie sie, wenn Sie nach einer leeren Zeichenkette suchen, wie im folgenden Beispiel. Die Funktion stristr arbeitet wie strstr, ignoriert jedoch Groß- und Kleinschreibung.

```
<?
    $text = "Dies ist Testtext und deshalb nicht sehr lang";
    if (strstr ($text, "und") != "") {
        print ("Der String enthält 'und'.<BR>/n");
    }
?>
```

string strtok ([string line,] string separator)

Die Funktion strtok zieht Token aus einer Zeichenkette. Das Argument line wird von den Zeichen in der Zeichenkette separator in Token unterteilt. Der erste Aufruf von strtok muss zwei Argumente enthalten. Nachfolgende Aufrufe enthalten nur das Argument separator, es sei denn, Sie möchten Token aus einer weiteren Zeichenkette erhalten. Kapitel 16 behandelt diese Funktion ausführlich, inklusive alternativer Funktionen wie ereg.

```
<?
    // Einen Teststring erzeugen
    $line = "leon\tatkinson\tleon@clearink.com";

    // So lange nach Token suchen, bis keine mehr da sind
```

```
for ($token = strtok ($line, "\t");
    $token != "";
    $token = strtok ("\t")) {
  print ("Token: $token<BR>\n");
}
?>
```

string substr (string text, integer start [, integer length])

Mit der Funktion substr erhalten Sie einen Teil-String aus dem Argument text. Die Funktion gibt eine Zeichenkette zurück, die mit dem im Argument start angegebenen Zeichen beginnt. Die Zählung beginnt bei Null. Ist start negativ, wird nicht vom ersten, sondern vom letzten Zeichen des Arguments text an rückwärts gezählt.

Die Anzahl der zurückgegebenen Zeichen wird vom Argument length bestimmt bzw. dem Anfang und Ende der Zeichenkette. Ist length negativ, endet die zurückgegebene Zeichenkette entsprechend viele Zeichen vor dem Ende der Zeichenkette. Wenn die Kombination aus length und start eine Zeichenkette mit negativer Länge ergibt, gibt die Funktion in jedem Fall ein einzelnes Zeichen zurück.

Diese Funktion eignet sich gut für binäre Zeichenketten.

```
<?
  $text = "Mein Hund heißt Angus.";

  // Angus ausgeben
  print(substr($text, 16, 5));
?>
```

9.5   Codieren und decodieren

Die Funktionen in diesem Abschnitt wandeln Daten von einer Form in eine andere um. Dazu gehört auch das Entfernen bestimmter Zeichen, das Ersetzen von Zeichen durch andere und das Übersetzen von Daten in eine codierte Form.

string addcslashes (string text, string characters)

Die Funktion addcslashes gibt, ähnlich wie in C, nach Entwertungszeichen das Argument text zurück. Dies bedeutet, dass Sonderzeichen durch Code ersetzt werden. Das Zeichen zum Einfügen einer neuen Zeile wird zum Beispiel durch \n ersetzt. Auch andere Zeichen außerhalb von ASCII 32-126 werden durch Code bestehend aus Backslash und Oktalzahlen ersetzt.

Mit dem optionalen Argument characters können Sie Entwertungszeichen angeben, wodurch der Standard, alle Sonderzeichen zu ersetzen, außer Kraft gesetzt wird. Sie geben die Zeichen in Oktal-Schreibweise an. Sie können einen Zeichenbereich angeben, indem Sie zwei Punkte verwenden.

```
<?
  $s = addcslashes ($s, "\0..\37");
?>
```

string addslashes (string text)

Die Funktion addslashes gibt das Argument text zurück, wobei vor Sonderzeichen, die bei Datenbankabfragen eine besondere Bedeutung haben, ein Backslash steht. Dies sind einfache Anführungszeichen ('), doppelte Anführungszeichen (») und der Backslash (\) selbst.

```
<?
    // Backslash in den Text einfügen
    $phrase = addslashes("I don't know");

    // Ein Query zusammenstellen
    $Query = "SELECT * ";
    $Query .= "FROM comment ";
    $Query .= "WHERE text like '%$phrase%'";

    print ($Query);
?>
```

string base64_decode (string data)

Die Funktion base64_decode übersetzt Daten aus MIME Base-64-Codierung in 8-Bit-Daten. Base-64-Codierung wird zum Übermitteln von Daten über Protokolle verwendet, wie zum Beispiel E-Mail, und bewahrt Binärdaten vor Beschädigung.

```
<?
    $data = "VGhpcyBpcyBhIAptdWx0aS1saW5lIG1lc3NhZ2UK";
    print (base64_decode ($data));
?>
```

string base64_encode(string text)

Die Funktion base64_encode wandelt Text, wie zum Beispiel E-Mail, in eine Form um, die 7-Bit-Systeme unbeschädigt durchlässt.

```
<?
    $text = "This is a \nmulti-line message\n";
    print (base64_encode ($text));
?>
```

string basename (string path)

Die Funktion basename gibt nur den Teil des Pfads zurück, der den Dateinamen enthält. Verzeichnisse bestehen aus Zeichenketten mit Zahlen und Buchstaben, die durch Schrägstriche (/) getrennt sind. Unter Windows werden Backslashes (\) und Schrägstriche (/) verwendet. Das Gegenstück zu dieser Funktion ist dirname, die das Verzeichnis zurückgibt.

```
<?
$path="/usr/local/bin/ls";
print(basename($path));
?>
```

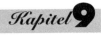
string bin2hex (string data)

Die Funktion `bin2hex` gibt das Argument `data` zurück, wobei jedes Byte durch seine hexadezimale Darstellung ersetzt wird. Die Zahlen werden mit absteigender Wertigkeit zurückgegeben. Das heißt, die erste Zahl hat die größte Bedeutung.

```
<?
    // Den Buchtitel in hexadezimaler Schreibweise ausgeben
    // 436f726520504850205072726f6772616d6d696e67
    $s = "Core PHP Programming";
    $s = bin2hex ($s);
    print ($s);
?>
```

string chop (string text)

Die Funktion `chop` gibt das Argument `text` zurück, wobei sie Leerzeichen vom Zeichenkettenende entfernt. Wenn Sie Leerzeichen sowohl vom Ende als auch vom Anfang der Zeichenkette entfernen wollen, verwenden Sie die Funktion `trim`. Mit `ltrim` entfernen Sie nur Leerzeichen am Zeichenkettenanfang. Leerzeichen sind Leerstellen, Tabulatoren und andere nicht druckbare Zeichen, einschließlich Null (ASCII 0).

```
<?
    print ("\"" . chop ("Hier sind Spaces     ") . "\"");
?>
```

string chr(integer ascii_code)

Mit `chr` erhalten Sie das Zeichen für einen ASCII-Code. Diese Funktion ist hilfreich, wenn Sie nicht druckbare Zeichen verwenden müssen, für die es keinen Backslash-Code oder nur uneindeutigen Backslash-Code gibt. Stellen Sie sich ein Script vor, das in eine formatierte Textdatei schreibt. Normalerweise würden Sie für den Zeilenumbruch \n verwenden. Das Verhalten kann sich jedoch ändern, wenn Sie Ihr Script von Windows nach Linux verschieben, da Windows einen Wagenrücklauf, gefolgt von einem Zeilenvorschub, verwendet. Sollen die Zeilen nur mit einem Zeilenvorschub enden, verwenden Sie chr(10) wie im folgenden Beispiel.

Natürlich können Sie ASCII-Code auch mit Backslash-Code angeben, wie in Anhang A gezeigt. Nähere Erläuterungen dazu finden Sie in Kapitel 2. Eine Alternative zu `chr` ist `sprintf`. Der Code %c steht für ein einzelnes Zeichen. Sie können den ASCII-Wert für das Zeichen bestimmen. Zudem akzeptieren einige Funktionen, wie zum Beispiel `ereg_replace`, Integer, die als ASCII-Code interpretiert werden.

Wenn Sie den ASCII-Code für ein Zeichen benötigen, verwenden Sie `ord`. In Anhang B finden Sie die ASCII-Code-Tabelle.

```
<?
    // Eine Testdatei öffnen
    $fp = fopen ("data.txt", "w");

    // Ein paar Zeilen mit Zeilenvorschüben am Ende
    fwrite ($fp, "data record 1" . chr(10));
```

```
    fwrite ($fp, "data record 2" . chr(10));

    // Datei schließen
    fclose ($fp);
?>
```

string chunk_split (string data [, integer length [, string marker]])

Die Funktion chunk_split gibt das Argument data zurück, nachdem sie in regelmäßigen Abständen einen Zeilenumbruch eingefügt hat. Standardmäßig wird alle 76 Zeichen ein Wagenrücklauf und ein Zeilenvorschub eingefügt. Sie können auch eine andere Länge und einen anderen Markierungs-String angeben.

Sascha Schumann hat diese Funktion speziell dafür entwickelt, Base-64-Code in Teile mit je 76 Zeichen zu unterteilen. Die Funktion ereg_replace besitzt die gleiche Funktionalität, ist jedoch nicht so schnell wie chunk_split. Wenn Sie Text zwischen den Wörtern trennen wollen, ist chunk_split nicht geeignet. Das heißt, die Funktion ist nicht für sanften Umbruch gedacht.

```
<?
    $encodedData = chunk_split (base64_encode ($rawData));
?>
```

string convert_cyr_string (string text, string from, string to)

Die Funktion convert_cyr_string konvertiert von einem kyrillischen Zeichensatz in einen anderen. Die Argumente from und to sind Codierungen, bestehend aus einzelnen Zeichen. Siehe Tabelle 9.3.

Code	Beschreibung
a,d	x-cp866
i	iso8859-5
k	koi8-r
m	x-mac-cyrillic
w	windows-1251

Tabelle 9.3: Codierungen für convert_cyr_string

```
<?
$new = convert_cyr_string ($old, "a", "w");
?>
```

string dirname (string path)

Die Funktion dirname gibt nur den Teil des Pfads zurück, der das Verzeichnis angibt. Der Schrägstrich am Ende ist nicht im Rückgabewert enthalten. Verzeichnisse werden durch Schrägstriche getrennt (/). Unter Windows können Sie Backslashes (\) und den Schrägstrich (/) verwenden. Wenn Sie den Dateinamen aus dem Pfad brauchen, verwenden Sie basename.

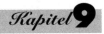
```
<?
   $path = "/usr/local/bin/ls";
   print (dirname ($path));
?>
```

string escapeshellcmd (string command)

Die Funktion escapeshellcmd setzt Backslashes vor Zeichen, die in einem Shell-Befehl Probleme hervorrufen könnten. Mit dieser Funktion können Sie Benutzereingaben filtern, bevor Sie sie in exec oder system verwenden. In Tabelle 9.4 finden Sie Zeichen, die von escapeshellcmd entwertet werden.

Abbildung 9.7: escapeshellcmd

```
<?
   $cmd = "echo 'potentially; bad text'";
   $cmd = escapeshellcmd ($cmd);

   print ("Trying $cmd <BR>\n");

   print ("<PRE>");
   system ($cmd);
   print ("</PRE>");
?>
```

Zeichen	Beschreibung
&	kaufmännisches Und
;	Semikolon
`	Akzent
'	einfaches Anführungszeichen
"	doppeltes Anführungszeichen
|	vertikaler Strich
*	Stern
?	Fragezeichen

Tabelle 9.4: Von escapeshellcmd entwertete Zeichen

Zeichen	Beschreibung
~	Tilde
<	Kleiner-als-Zeichen
>	Größer-als-Zeichen
^	Caret-Zeichen
(	Klammer auf
)	Klammer zu
[	eckige Klammer auf
]	eckige Klammer zu
{	geschweifte Klammer auf
}	geschweifte Klammer zu
$	Dollarzeichen
\	Backslash
ASCII 10	Zeilenvorschub
ASCII 255	ÿ

Tabelle 9.4: Von escapeshellcmd entwertete Zeichen (Forts.)

string hebrev (string text, integer length)

Im Gegensatz zu englischen Texten, werden hebräische Texte von rechts nach links gelesen, was die Arbeit mit Zeichenketten in jedem Fall erschwert. Die Funktion hebrev kehrt die Leserichtung hebräischer Texte um. Englische Texte bleiben von dieser Funktion unberührt. Hebräische Zeichen liegen im ASCII-Bereich von 224 bis einschließlich 251. Das optionale Argument length gibt die maximale Länge einer Zeile an. Längere Zeilen werden getrennt.

```
<?
   print (hebrev ("Hebrew"));
?>
```

string hebrevc (string text, integer length)

Die Funktion hebrevc ist identisch mit hebrev, fügt jedoch vor einem Zeilenumbruch das Tag <BR> ein.

string htmlentities (string text [, integer quote_style])

Die Funktion htmlentities gibt das Argument text zurück und konvertiert gleichzeitig bestimmte Zeichen in HTML-Entities. In Table 9.5 finden Sie die unterstützten Entities.

Diese Liste entspricht dem Zeichensatz ISO-8859-1. Die Funktion nl2br ist ähnlich: Sie konvertiert Zeilenumbrüche in das Tag <BR>. Mit strip_tags können Sie HTML-Tags komplett entfernen.

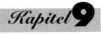
aacute	macr
aacute	micro
acirc	middot
acirc	nbsp
acute	not
aelig	ntilde
aelig	ntilde
agrave	oacute
agrave	oacute
aring	ocirc
aring	ocirc
atilde	ograve
atilde	ograve
auml	ordf
auml	ordm
brvbar	oslash
ccedil	oslash
ccedil	otilde
cedil	otilde
cent	ouml
copy	ouml
curren	para
deg	plusmn
divide	pound
eacute	raquo
acute	reg
ecirc	sect
ecirc	shy
egrave	sup1
egrave	sup2
eth	sup3
eth	szlig
euml	thorn
euml	thorn
frac12	times
frac14	uacute
frac34	uacute
iacute	ucirc
iacute	ucirc
icirc	ugrave
icirc	ugrave
iexcl	uml
igrave	uuml
igrave	uuml
iquest	yacute
iuml	yacute
iuml	yen
laquo	yuml

Tabelle 9.5: HTML-Entities

```
<?
   $text = "Benutzen Sie <HTML> zu Beginn des Dokuments.";
   print (htmlentities ($text));
?>
```

string htmlspecialchars (string text [, integer quote_style])

Die Funktion htmlspecialchars entspricht htmlentities, allerdings werden weniger Einheiten verwendet. Diese sind amp, quot, lt und gt.

```
<?
   $text = "Benutzen Sie <HTML> zu Beginn des Dokuments.";
   print (htmlspecialchars ($text));
?>
```

integer ip2long (string address)

Die Funktion ip2long erhält eine IP-Adresse und gibt ein Integer zurück. Dadurch können Sie eine 16-Byte-Zeichenkette in einen 4-Byte-Integer komprimieren. Mit long2ip kehren Sie den Vorgang um.

string long2ip (integer address)

Mit long2ip erhalten Sie eine IP-Adresse als Text. Mit ip2long kehren Sie den Vorgang um.

string ltrim (string text)

Die Funktion ltrim gibt das Argument text zurück und entfernt gleichzeitig Leerzeichen am Anfang der Zeichenkette. Mit chop entfernen Sie Leerzeichen am Ende einer Zeichenkette. Möchten Sie Leerzeichen am Anfang und am Ende entfernen, verwenden Sie trim. Leerzeichen sind Leerstellen, Tabulatoren und andere nicht druckbare Zeichen, einschließlich Null (ASCII 0).

```
<?
   $text = "   Leerzeichen am Anfang";
   print("<PRE>" . ltrim($text) . "</PRE>");
?>
```

string nl2br (string text)

Die Funktion nl2br fügt vor jeder neuen Zeile im Text-Argument <br /> ein und gibt den veränderten Text zurück.

```
<?
   $text = "line1\nline2\nline3\n";
   print (nl2br ($text));
?>
```

string number_format (double value, integer precision, string decimal, string thousands)

Die Funktion number_format gibt eine formatierte Darstellung des Arguments value als Integer zurück. Die Tausenderstellen werden durch Kommas getrennt. Das optionale Argument precision gibt

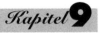

die Anzahl der Stellen nach dem Dezimalzeichen an. Standardmäßig ist dies Null. Die optionalen Argumente `decimal` und `thousands` müssen Sie zusammen verwenden. Sie setzen die standardmäßige Anwendung von Punkt und Komma als Dezimalzeichen und Tausenderstellen außer Kraft.

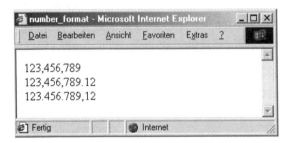

Abbildung 9.8: number_format

```
<?
    $test_number = 123456789.123456789;

    // Kommas einfügen und den Bruchteil weglassen
    print (number_format ($test_number) . "<BR>\n");

    // Kommas einfügen und die Genauigkeit auf 2 Stellen
    // nach dem Dezimalpunkt festlegen
    print (number_format ($test_number, 2) . "<BR>\n");

    // Deutsches Zahlenformat
    print (number_format ($test_number,2,",",".")."<BR>\n");
?>
```

integer ord (string character)

Die Funktion `ord` gibt den ASCII-Code des ersten Zeichens im Argument `character` zurück. Diese Funktion erlaubt es Ihnen, mit den ASCII-Werten der Zeichen zu arbeiten. Dies ist oft praktischer als die Arbeit mit Backslash-Codes, inbesondere wenn Sie die Reihenfolge in der ASCII-Tabelle nutzen wollen. In Anhang B finden Sie eine vollständige Tabelle mit ASCII-Code.

Mit der Funktion `chr` finden Sie das dem jeweiligen ASCII-Code entsprechende Zeichen.

```
<?
    /*
    ** Zerlegung eines Strings in seine ASCII-Codes.
    ** Prüfen ob die Codes unter 32 liegen und deshalb
    ** beim Druck stören würden
    */
    $text = "Line 1\nLine 2\n";

    print ("ASCII-Codes for '$text'<BR>\n");
```

```
    print ("<TABLE>\n");

    for ($i=0; $i < strlen($text); $i++) {
        print ("<TR>");

        print ("<TH>");
        if (ord ($text[$i]) > 31) {
            print ($text[$i]);
        } else {
            print ("(unprintable)");
        }
        print ("</TH> ");
        print (ord($text[$i]));
        print ("</TD>");

        print ("</TR>\n");
    }

    print ("</TABLE>\n");
?>
```

string pack (string format, mixed arg1 [, mixed arg2 [, mixed ...]])

Die Funktion pack lehnt sich an die gleichnamige Funktion in Perl an. Mit dieser Funktion können Sie Daten in eine kompakte Form bringen, die auf allen Plattformen lesbar ist. Formatierungs-Code im ersten Argument stimmt mit den nachfolgenden Argumenten überein. Die Codes geben an, wie die Werte gespeichert werden. Dem Formatierungs-Code kann optional ein Wiederholungszähler folgen. Er gibt an, wie viele der nachfolgenden Argumente verwendet werden. Der Wiederholungszähler kann auch ein * sein und entspricht dann den verbleibenden Argumenten. Manche Codes verwenden den Wiederholungszähler auf andere Weise. In Tabelle 9.6 sehen Sie die Formatierungs-Codes und wie sie den Wiederholungszähler anwenden.

Sie erhalten eine Zeichenkette mit den verpackten Daten. Diese sind in Binärform, können also nicht ausgegeben werden. Im folgenden Beispiel habe ich jedes Byte der verpackten Daten als Hexadezimal-Code ausgegeben.

```
<?
    // Gepackte Daten erzeugen
    $packedData = pack ("ca10n", 65, "hello", 1970);

    // Den ASCII-Code für jedes Zeichen anzeigen
    print ("<PRE>");
    for ($i=0; $i<strlen($packedData); $i++) {
        print ("0x" . dechex(ord($packedData[$i])) . " ");
    }
    print ("</PRE>\n");
```

```
// Wieder entpacken
$Data = unpack("cOne/a10Two/nThree", $packedData);

// Alle Elemente von dem entpackten Array anzeigen
while (list ($key, $value) = each ($Data)) {
    print ("$key = $value <BR>\n");
}
?>
```

Programm-code	Datentyp	Beschreibung
a	String	Wiederholungszähler ist die Zahl der aus der Zeichenkette zu nehmenden Zeichen. Sind weniger Zeichen in der Zeichenkette vorhanden, als durch den Wiederholungszähler angegeben, wird mit Leerzeichen aufgefüllt.
A	String	Wiederholungszähler ist die Zahl der aus der Zeichenkette zu nehmenden Zeichen. Sind weniger Zeichen in der Zeichenkette vorhanden, als durch den Wiederholungszähler angegeben, wird mit Null (ASCII 0) aufgefüllt.
c	Integer	Wandelt ein Integer in ein Zeichen mit Vorzeichen um.
C	Integer	Wandelt ein Integer in ein Zeichen ohne Vorzeichen um.
d	Double	Speichert ein Double im Gleitkomma-Format mit doppelter Breite. Je nach Betriebssystem ist dies wahrscheinlich 8 Byte.
f	Double	Speichert ein Double im Gleitkomma-Format mit einfacher Breite. Je nach Betriebssystem ist dies wahrscheinlich 4 Byte.
h	String	Speichert den ASCII-Wert der Zeichen eines Arguments als zwei Zeichen, die den ASCII-Code hexidezimal und in absteigender Wertigkeit darstellen. Der Wiederholungszähler gibt die Anzahl der aus der Eingabe zu nehmenden Zeichen an.
H	String	Speichert den ASCII-Wert der Zeichen eines Arguments als zwei Zeichen, die den ASCII-Code hexidezimal und in aufsteigender Wertigkeit darstellen. Der Wiederholungszähler gibt die Anzahl der aus der Eingabe zu nehmenden Zeichen an.
i	Integer	Speichert das Argument als Integer ohne Vorzeichen. Dies ist normalerweise 4 Byte.
I	Integer	Speichert das Argument als Integer mit Vorzeichen. Dies ist normalerweise 4 Byte und ein Bit für das Vorzeichen.
l	Integer	Speichert das Argument als Long ohne Vorzeichen. Dies ist normalerweise 8 Byte.
L	Integer	Speichert das Argument als Long mit Vorzeichen. Dies ist typischerweise 8 Byte und ein Bit für das Vorzeichen.

Tabelle 9.6: Pack-Codes

Programm-code	Datentyp	Beschreibung
n	Integer	Speichert das Argument als ein Short ohne Vorzeichen. Dies sind 2 Byte. Der Wert wird so gespeichert, dass sowohl auf Systemen mit aufsteigender als auch absteigender Wertigkeit ausgepackt werden kann.
N	Integer	Speichert das Argument als ein Long ohne Vorzeichen. Dies sind 8 Byte. Der Wert wird so gespeichert, dass sowohl auf Systemen mit aufsteigender als auch absteigender Wertigkeit ausgepackt werden kann.
s	Integer	Speichert das Argument als Short ohne Vorzeichen. Dies sind normalerweise 2 Byte.
S	Integer	Speichert das Argument als Short mit Vorzeichen. Dies sind normalerweise 2 Byte und ein Bit für das Vorzeichen.
v	Integer	Speichert das Argument als Short ohne Vorzeichen in aufsteigender Wertigkeit.
V	Integer	Speichert das Argument als Long ohne Vorzeichen in aufsteigender Wertigkeit.
x	Keines	Formatdirektive ohne Übereinstimmung mit einem Argument. Sie schreibt 0 Byte.
X	Keines	Diese Formatdirektive weist den Pointer einer verpackten Zeichenkette an, 1 Byte zu sichern.
@	Keines	Diese Formatdirektive bewegt den Pointer auf eine absolute Position, die im Wiederholungszähler angegeben ist. Leerstellen werden mit Null-Bytes ausgefüllt.

Tabelle 9.6: Pack-Codes (Forts.)

parse_str (string query [, array result])

Die Funktion parse_str parst das Argument query so, als wäre es eine HTTP GET-Abfrage. Sie erzeugt im aktuellen Bereich für jedes Feld der Abfrage eine Variable. Sie können diese Funktion auch mit der Ausgabe von parse_url verwenden.

```
<?
    $query = "name=Leon&occupation=Web+Engineer";
    parse_str ($query);
    print ("$name <BR>\n");
    print ("$occupation <BR>\n");
?>
```

array parse_url (string query)

Die Funktion parse_url unterteilt eine URL in ein assoziatives Array mit den folgenden Elementen: fragment, host, pass, path, port, query, scheme und user. Diese Funktion wertet die Abfrage anders aus als parse_str.

Abbildung 9.9: parse_url

Listing 9.6: parse_url

```
<?
    $query = "http://leon:secret@www.leonatkinson.com:80";
    $query .= "/test/test.php3?";
    $query .= "name=Leon&occupation=Web+Engineer";
    $url = parse_url ($query);
    for (reset($url); $index = key($url); next($url)) {
        print ("$index: $url[$index]<BR>\n");
    }
?>
```

string quoted_printable_decode (string text)

Die Funktion quoted_printable_decode wandelt eine in Anführungszeichen stehende Zeichenkette in eine 8-Bit-Binärform um. Sie kehrt den Vorgang der Funktion quotemeta um. Das heißt, sie entfernt Backslashes, die vor Sonderzeichen stehen. Diese Sonderzeichen finden Sie in Tabelle 9.7.

Diese Funktion führt denselben Vorgang wie imap_qprint aus, braucht jedoch keine IMAP-Erweiterung.

Zeichen	Beschreibung
.	Punkt
\	Backslash
+	Plus
*	Stern
?	Fragezeichen
[	eckige Klammer auf
]	eckige Klammer zu

Tabelle 9.7: Meta-Zeichen

Zeichen	Beschreibung
^	Caret-Zeichen
(	Klammer auf
)	Klammer zu
$	Dollarzeichen

Tabelle 9.7: Meta-Zeichen (Forts.)

```
<?
   $command = "echo 'hello\?'";
   print (quoted_printable_decode ($command));
?>
```

string quotemeta (string command_text)

Die Funktion quotemeta gibt das Argument command_text zurück und setzt gleichzeitig Backslashes vor Sonderzeichen. Die Sonderzeichen finden Sie in Tabelle 9.7. Vergleichen Sie diese Funktion mit addslashes und escapeshellcmd. Wenn Sie vermeiden möchten, dass Benutzerdaten Probleme hervorrufen, wenn sie in einen Shell-Befehl gesetzt werden, verwenden Sie escapeshellcmd.

Mit der Funktion quotemeta können Sie PHP-Code zusammenstellen, der an eval übergeben wird. Beachten Sie, wie im folgenden Beispiel Sonderzeichen in doppelten Anführungszeichen von quotemeta entwertet werden. So wird die Anzeige der Variablen password verhindert.

```
<?
   // Simuliere Benutzereingaben
   $input = '$password';

   // Ein sicheres PHP Kommando zusammenstellen
   $cmd = '$text = "' . quotemeta ($input) . '";';

   // Kommando evaluieren
   eval ($cmd);

   // Den neuen Text ausgeben
   print ($text);
?>
```

string rawurldecode (string url_text)

Die Funktion rawurldecode gibt die Zeichenkette url_text zurück, die aus dem URL-Format in einfachen Text übersetzt wird. Die Funktion ist eine Umkehrung von rawurlencode. Diese Funktion eignet sich gut für Binärdaten, die Funktion urldecode dagegen nicht.

```
<?
   print (rawurldecode ("mail%20leon%40clearink.com"));
?>
```

string rawurlencode (string url_text)

Die Funktion `rawurlencode` gibt die Zeichenkette `url_text` in URL-Format übersetzt zurück. Dieses Format verwendet Prozentzeichen (%), um den ASCII-Code der Zeichen anzugeben, wie von der HTTP-Spezifikation gefordert. Dadurch können Sie an eine URL Information übergeben, die Zeichen enthält mit besonderer Bedeutung in URIs, wie zum Beispiel das kaufmännische Und (&). Eine genaue Erläuterung finden Sie in RFC-1738.

Im Gegensatz zu `urlencode`, eignet sich diese Funktion gut für Binärdaten.

```
<?
    print (rawurlencode ("mail leon@clearink.com"));
?>
```

string serialize (mixed variable)

Mit `serialize` wandeln Sie einen Wert in eine ASCII-Zeichenkette um, die Sie später mit `unserialize` wieder in den Wert zurückverwandeln können. Den serialisierten Wert können Sie in einer Datei oder Datenbank speichern und später abrufen. Mit dieser Funktion speichern Sie komplexe Datenstrukturen in einer Datenbank, ohne einen speziellen Code schreiben zu müssen.

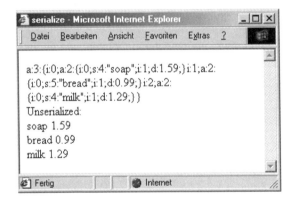

Abbildung 9.10: serialize

Listing 9.7: serialize

```
<?
    // Einen Warenkorb als mehrdimensionales
    // Array simulieren
    $Basket = array (
        array ("soap", 1.59),
        array ("bread", 0.99),
        array ("milk", 1.29)
    );

    // Daten serialisieren
    $Data = serialize ($Basket);
```

```
    // Daten probehalber ausgeben
    print ($Data . "<BR>\n");

    // Entserialisieren
    $recoveredBasket = unserialize ($Data);

    // Inhalt anzeigen
    print ("Unserialized:<BR>\n");
    while (list ($key, $value) = each ($recoveredBasket)) {
        print ("$value[0] $value[1]<BR>\n");
    }
?>
```

string sql_regcase (string regular_expression)

Die Funktion `sql_regcase` übersetzt einen regulären Ausdruck, der zwischen Groß- und Klein-schreibung unterscheidet, in einen regulären Ausdruck, der Groß- und Kleinschreibung ignoriert. Dies ist unnötig bei den eingebauten PHP-Funktionen für reguläre Ausdrücke, kann aber sehr hilf-reich sein, wenn Sie reguläre Ausdrücke für externe Programme, wie zum Beispiel Datenbanken, schreiben.

```
<?
    // Ausgabe: [Mm][Oo][Zz][Ii][Ll][Ll][Aa]
    print (sql_regcase ("Mozilla"));
?>
```

mixed str_replace (mixed target, mixed replacement, mixed text)

Die Funktion `str_replace` versucht, jedes Vorkommen von `target` in `text` durch `replacement` zu ersetzen. Diese Funktion eignet sich gut für das Ersetzen von Zeichenketten in Binärdaten. Zudem ist sie deutlich schneller als `ereg_replace`. Beachten Sie, dass `str_replace` zwischen Groß- und Kleinschreibung unterscheidet.

```
<?
    $text = "Suchergebnis mit hervorgehobenem Wort.";
    print (str_replace ("Wort","<B>Wort</B>",$text));
?>
```

string strip_tags(string text [, string ignore])

Die Funktion `strip_tags` entfernt alle SGML-Tags aus dem Argument `text`. Dazu gehören auch HTML- und PHP_Tags. Im optionalen Argument `ignore` können Sie Tags angeben, die nicht ent-fernt werden sollen. Die Funktion verwendet denselben Algorithmus wie `fgetss`. Wenn Sie Tags beibehalten möchten, verwenden Sie `htmlentities`.

```
<?
    // Testdaten erzeugen
    $text = "<P><B>Paragraph eins</B><P>Paragraph zwei<BR>";
```

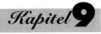
```
   // Alle Tags entfernen, ausser Paragraph und Break
   print (strip_tags ($text, "<P><BR>"));
?>
```

string stripcslashes (string text)

Die Funktion `stripcslashes` ergänzt `addcslashes`. Sie entfernt Backslash-Code im C-Stil. Mehr dazu finden Sie weiter oben bei `addcslashes`.

```
<?
   // Text erzeugen
   $text = "Zeile 1\x0AZeile 2\x0A";

   // Konvertiert die Backslashes in normale Zeichen
   print (stripcslashes ($text));
?>
```

string stripslashes (string text)

Die Funktion `stripslashes` gibt das Text-Argument ohne Backslash-Code zurück. Sie ergänzt `addslashes`. PHP ist standardmäßig so konfiguriert, dass Benutzereingaben mit Schrägstrichen versehen werden. Mit `stripslashes` entfernen Sie Schrägstriche, bevor Sie ausgefüllte Formularfelder zum Browser senden.

```
<?
   $text = "Leon\'s Test String";

   print ("Davor : $text<BR>\n");
   print ("Danach: " . stripslashes ($text) . "<BR>\n");
?>
```

string strrev (string text)

Die Funktion `strrev` kehrt das Text-Argument um und gibt es zurück.

```
<?
   print (strrev ("abcdefg"));
?>
```

string strtolower (string text)

Die Funktion `strtolower` wandelt alle Großbuchstaben im Argument `text` in Kleinbuchstaben um und gibt das Argument zurück. Andere Zeichen bleiben unberührt. Das jeweilige System entscheidet, was ein Buchstabe ist. Akzente und Umlaute werden ignoriert. Dies können Sie mit `setlocale` aufheben (siehe Kapitel 11).

```
<?
   print (strtolower ("Hello World"));
?>
```

string strtoupper (string text)

Die Funktion strtoupper wandelt Kleinbuchstaben im Argument text in Großbuchstaben um und gibt das Argument zurück. Andere Zeichen bleiben unberührt. Das System entscheidet, was ein Buchstabe ist. Akzente und Umlaute werden ignoriert. Dies können Sie mit setlocale aufheben (siehe Kapitel 11).

```
<?
    print (strtoupper ("Hello World"));
?>
```

string strtr (string text, string original, string translated)

Wenn Sie der Funktion strtr drei Argumente übergeben, gibt sie das Argument text zurück, wobei Zeichen entsprechend dem zweiten Argument, in Zeichen entsprechend dem dritten Argument umgewandelt werden. Sind original und translated unterschiedlich lang, werden die zusätzlichen Zeichen ignoriert.

Zur Zeit der Entstehung dieses Buchs war ein zweiter Prototyp von strtr in Planung, mit dem zwei Argumente übergeben werden können. Das zweite Argument muss ein assoziatives Array sein. Indexe geben die zu ersetzenden Zeichenketten an, und Werte den Ersatztext. Wenn eine Teil-Zeichenkette mehr als einem Index entspricht, wird die längere Teil-Zeichenkette verwendet. Dieser Prozess ist nicht iterativ. Das heißt, wenn eine Teil-Zeichenkette ersetzt ist, sucht die Funktion nicht weiter.

Diese Funktion ist gut für binäre Zeichenketten geeignet.

```
<?
    $text = "Wow! Das ist net.";
    $original = "!.";
    $translated = ".?";

    print (strtr ($text, $original, $translated));
?>
```

string substr_replace (string text, string replacement, integer start [, integer length])

Mit substr_replace ersetzen Sie eine Teil-Zeichenkette durch eine andere. Anders als str_replace, die nach Übereinstimmungen sucht, entfernt substr_replace ein Stück Text und fügt das Argument replacement ein. Die Argumente sind ähnlich wie bei substr. Das Argument start ist ein Index zum Argument text. Das erste Zeichen erhält die Nummer Null. Ist start negativ, beginnt die Zählung nicht beim ersten Zeichen, sondern beim letzten Zeichen des Arguments text.

Die Anzahl der zu ersetzenden Zeichen wird durch das optionale Argument length bestimmt oder durch Anfang und Ende der Zeichenkette. Ist length negativ, endet die zurückgegebene Zeichenkette entsprechend viele Zeichen vor dem Ende der Zeichenkette. Entsteht durch die Kombination aus start und length eine Zeichenkette mit negativer Länge, wird ein einzelnes Zeichen entfernt.

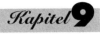
```
<?
    $text = "Mein Hund heißt Angus.";

    // Angus durch Gus ersetzen
    print (substr_replace ($text, "Gus", 16, 5));
?>
```

string trim (string text)

Die Funktion trim entfernt Leerraum am Anfang und am Ende einer Zeichenkette. Vergleichen Sie diese Funktion mit ltrim und chop. Leerraum sind Leerzeichen, Tabulatoren und andere nicht druckbare Zeichen, einschließlich Null (ASCII 0).

```
<?
    $text = "   whitespace   ";
    print ("\"" . trim ($text) . "\"");
?>
```

string ucfirst (string text)

Die Funktion ucfirst macht aus dem ersten Zeichen einer Zeichenkette einen Großbuchstaben. Vergleichen Sie diese Funktion mit strtoupper und ucwords. Ebenso wie bei diesen Funktionen bestimmt das System, welche Zeichen Buchstaben sind.

```
<?
    print (ucfirst ("ich habe vergessen, etwas groß zu schreiben."));
?>
```

string ucwords (string text)

Die Funktion ucwords setzt alle Buchstaben einer Zeichenkette in Großbuchstaben. Vergleichen Sie diese Funktion mit strtoupper und ucfirst. Ebenso wie bei diesen Funktionen bestimmt das System, welche Zeichen Buchstaben sind.

```
<?
    print (ucwords ("Core PHP-Programmierung"));
?>
```

array unpack (string format, string data)

Die Funktion unpack wandelt die durch pack erzeugten Daten in ein assoziatives Array um. Das Argument format folgt den gleichen Regeln wie pack. Allerdings sind hier die Elemente durch Schrägstriche voneinander getrennt, damit sie benannt werden können. Diese Namen werden als Schlüssel in zurückgegebenen assoziativen Arrays verwendet (siehe das Beispiel zu pack).

mixed unserialize (string data)

Mit unserialize wandeln Sie serialisierte Daten in PHP-Werte um. Bei der Beschreibung zu serialize finden Sie ein Beispiel für diesen Prozess.

string urldecode (string url_text)

Die Funktion `urldecode` decodiert die URL-codierte Zeichenkette `url_text` und gibt sie als einfachen Text zurück. Sie eignet sich nicht für Binärdaten.

```
<?
   print (urldecode ("mail%20leon%40clearink.com"));
?>
```

string urlencode (string url_text)

Die Funktion `urlencode` codiert die Zeichenkette `url_text` zu URL-Format und gibt sie zurück. Das URL-Format verwendet Prozentzeichen (%), um Zeichen im ASCII-Code anzugeben. Diese Funktion eignet sich nicht für Binärdaten.

```
<?
   print (urlencode ("mail leon@clearink.com"));
?>
```

9.6   Kryptographie

Kryptographie wandelt Information in ein unlesbares Format um oder macht unlesbare Formate lesbar. Manche Algorithmen würfeln Text durcheinander, andere machen diesen Prozess rückgängig. PHP nutzt die Funktion `crypt` aus C sowie eine Erweiterung für die Mcrypt-Library.

Die Mcrypt-Funktionen basieren auf der gleichnamigen Bibliothek von Nikos Mavroyanopoulos, die ein neues System zur Datenverschlüsselung bietet. Die URI für das Projekt ist <ftp://argeas.cs-net.gr/pub/unix/mcrypt/>. Die Mcrypt-Funktionen in PHP stammen von Sascha Schumann.

Das Thema Kryptographie geht über den Rahmen dieses Buchs hinaus. Einige der in diesem Teil erläuterten Konzepte erfordern Kenntnisse auf dem Gebiet anspruchsvoller kryptographischer Theorien. Die FAQ-Datei für die `sci.crypt`-Usenet-Newsgroup eignet sich sehr gut als Einstieg in die Kryptographie. Die URI ist <http://www.faqs.org/faqs/cryptography-faq/>. Eine andere gute Quelle ist das von Prentice Hall publizierte Buch *Cryptography and Network Security: Principles and Practice* von William Stallings. Dieses Buch ist vom Addison-Wesley Verlag ins Deutsche übersetzt worden und der Titel lautet: *Sicherheit im Internet. Anwendungen und Standards.* Die PHP-Dokumentation empfiehlt *Applied Cryptography* von Bruce Schneier. Der entsprechende deutsche Titel heißt: *Angewandte Kryptographie. Protokolle, Algorithmen und Sourcecode in C.*

string crypt (string text [, string salt])

Die Funktion `crypt` verschlüsselt eine Zeichenkette mit der Funktion `encrypt` aus C. Die Funktion `encrypt` wendet in der Regel DES an, ist jedoch von Ihrem Betriebssystem abhängig. Das Argument `text` wird verschlüsselt zurückgegeben. Das Argument `salt` ist optional. Wenn kein Wert für `salt` angegeben ist, erzeugt PHP einen beliebigen Wert. Auf der Manpage von `crypt` finden Sie weitere Informationen.

Beachten Sie, dass Daten, die Sie mit `crypt` verschlüsseln, nicht mehr entschlüsselt werden können. Diese Funktion wenden Sie an, um ein Passwort für Zugriffsrechte zu verschlüsseln und zu speichern. Wenn das Passwort verlangt wird, wird die verschlüsselte Eingabe mit dem vorher gespeicherten Passwort verglichen.

Einige Betriebssysteme bieten Alternativen zur Verschlüsselung nach DES. Das Argument `salt` bestimmt den zu verwendenden Algorithmus. Bei der standardmäßigen DES-Verschlüsselung hat `salt` zwei Zeichen. Bei neun Zeichen wird nach dem erweiterten DES verschlüsselt, bei 12 Zeichen nach MD5, und bei 16 Zeichen nach dem Blowfish-Argorithmus.

Beim Kompilieren von PHP werden verfügbare Algorithmen implementiert. Die folgenden Konstanten haben `TRUE` oder `FALSE`, je nach Verfügbarkeit der vier Algorithmen `CRYPT_STD_DES`, `CRYPT_EXT_DES`, `CRYPT_MD5`, `CRYPT_BLOWFISH`.

```
<?
   $password = "secret";

   if (CRYPT_MD5) {
      $salt = "leonatkinson";
      print ("MD5: ");
   } else {
      $salt = "cp";
      print ("DES: ");
   }

   print (crypt ($password, $salt));
?>
```

string mcrypt_create_iv (integer size, integer source)

Die Funktion `mcrypt_create_iv` erzeugt einen Initialisierungsvektor. Die Größe sollte dem Verschlüsselungsalgorithmus entsprechen und mit `mcrypt_get_block_size` gesetzt werden. Das Quellargument kann eine von drei Konstanten sein. `MCRYPT_DEV_RANDOM` verwendet Zufallszahlen aus /dev/random. `MCRYPT_DEV_URANDOM` verwendet Zufallszahlen aus /dev/urandom. `MCRYPT_RAND` verwendet Zufallszahlen aus der Funktion `rand` und sollte zuvor mit `srand` gesetzt werden.

string mcrypt_cbc (integer algorithm, string key, string data, integer mode [, string initialization_vector])

Die Funktion `mcrypt_cbc` verschlüsselt eine Zeichenkette mit Chiffrier-Block-Verkettung. Mit diesem Prozess können Sie ganze Dateien verschlüsseln. Das Algorithmus-Argument ist eine der Konstanten aus Tabelle 9.8. Das Argument `mode` kann entweder `MCRYPT_DECRYPT` oder `MCRYPT_ENCRYPT` sein. Ein Initialisierungsvektor ist optional. Bedenken Sie, dass Sie für die Verschlüsselung denselben Initialisierungsvektor brauchen wie für die Entschlüsselung.

```
<?
   // Testdaten erzeugen
   $message = "Diese Nachricht ist geheim.";
```

```
    $key = "secret";

    // Verschlüsseln der Nachricht
    $code = mcrypt_cbc (MCRYPT_BLOWFISH_128, $key, $message,
            MCRYPT_ENCRYPT);

    // Entschlüsselte Nachricht anzeigen
    print (mcrypt_cbc (MCRYPT_BLOWFISH_128, $key, $code,
            MCRYPT_DECRYPT));
?>
```

mcrypt_cfb (integer algorithm, string key, string data, integer mode, string initialization_vector)

Die Funktion `mcrypt_cfb` verschlüsselt eine Zeichenkette mit Chiffrier-Feedback. Diese Methode eignet sich am besten für das Verschlüsseln von Datenströmen. Zur Zeit der Entstehung dieses Buchs unterstützte die `mcrypt`-Schnittstelle von PHP die Datenstromverschlüsselung noch nicht. Das Algorithmus-Argument ist eine der Konstanten aus Tabelle 9.8. Das Argument `mode` kann entweder `MCRYPT_DECRYPT` oder `MCRYPT_ENCRYPT` sein. Sie brauchen einen Initialisierungsvektor. Für die Entschlüsselung brauchen Sie denselben Initialisierungsvektor.

mcrypt_ecb (integer algorithm, string key, string data, integer mode)

Die Funktion `mcrypt_ecb` verschlüsselt eine Zeichenkette mit ECB (Electronic Code Book), das sich gut für das Verschlüsseln von kurzen, unregelmäßigen Daten eignet. Das Algorithmus-Argument ist eine der Konstanten aus Tabelle 9.8. Das Argument `mode` kann entweder `MCRYPT_DECRYPT` oder `MCRYPT_ENCRYPT` sein.

```
<?
    // Testdaten erzeugen
    $message = "Diese Nachricht ist geheim.";
    $key = "secret";

    // Nachricht verschlüsseln
    $code = mcrypt_ecb (MCRYPT_BLOWFISH_128, $key, $message,
            MCRYPT_ENCRYPT);

    // Entschlüsselte Nachricht anzeigen
    print (mcrypt_ecb (MCRYPT_BLOWFISH_128, $key, $code,
            MCRYPT_DECRYPT));
?>
```

integer mcrypt_get_block_size (integer algorithm)

Die Funktion `mcrypt_get_block_size` gibt die Blockgröße des übergebenen Verschlüsselungs-Algorithmus zurück. Verwenden Sie eine der Konstanten aus Tabelle 9.8. Ein Anwendungsbeispiel finden Sie unter `mcrypt_get_cipher_name`.

string mcrypt_get_cipher_name (integer algorithm)

Die Funktion `mcrypt_get_cipher_name` gibt den Namen des übergebenen Verschlüsselungs-Algorithmus zurück. Verwenden Sie eine der Konstanten aus Tabelle 9.8.

```php
<?
    // Array mit Verschlüsselungs-Algorithmen
    $algorithm = array(
        3DES, 3WAY, BLOWFISH_128, BLOWFISH_192,
        BLOWFISH_256, BLOWFISH_448, CAST_128, CAST_256,
        DES, GOST, IDEA, LOKI97, RC2_1024, RC2_128,
        RC2_256, RC4, RC6_128, RC6_192, RC6_256,
        RIJNDAEL_128, RIJNDAEL_192, RIJNDAEL_256,
        SAFERPLUS, SAFER_128, SAFER_64, SERPENT_128,
        SERPENT_192, SERPENT_256, TWOFISH_128,
        TWOFISH_192, TWOFISH_256, XTEA);

    print ("<TABLE BORDER=\"1\">\n");

    print ("<TR>\n");
    print ("<TH>Name</TH>\n");
    print ("<TH>Block Size</TH>\n");
    print ("<TH>Key Size</TH>\n");
    print ("</TR>\n");

    // Schleife über alle Einträge
    foreach ($algorithm as $value) {
        print ("<TR>\n");
        print ("<TD>" . mcrypt_get_cipher_name ($value)
            . "</TD>");
        print ("<TD>" . mcrypt_get_block_size ($value)
            . "</TD>");
        print ("<TD>" . mcrypt_get_key_size ($value)
            . "</TD>");
        print ("</TR>\n");
    }

    print("</TABLE>\n");
?>
```

integer mcrypt_get_key_size (integer algorithm)

Die Funktion `mcrypt_get_key_size` gibt die Schlüsselgröße des übergebenen Verschlüsselungs-Algorithmus zurück. Verwenden Sie eine der Konstanten aus Tabelle 9.8. Eine Anwendungsbeispiel finden Sie unter `mcrypt_get_cipher_name`.

string mcrypt_ofb (integer algorithm, string key, string data, integer mode, string initialization_vector)

Die Funktion `mcrypt_ofb` verschlüsselt eine Zeichenkette mit Ausgabe-Feedback. Dies ist eine weitere Methode für die Datenstromverschlüsselung. Das Argument `algorithm` ist eine der Konstanten aus Tabelle 9.8. Das Argument `mode` kann entweder `MCRYPT_DECRYPT` oder `MCRYPT_ENCRYPT` sein. Sie brauchen einen Initialisierungsvektor. Für die Entschlüsselung müssen Sie denselben Initialisierungsvektor verwenden.

```
<?
    // Testdaten erzeugen
    $message = "Diese Nachricht ist geheim.";
    $key = "secret";
    $iv = mcrypt_create_iv (
        mcrypt_get_block_size (MCRYPT_BLOWFISH_128),
        MCRYPT_DEV_RANDOM);

    // Nachricht verschlüsseln
    $code = mcrypt_ofb (MCRYPT_BLOWFISH_128, $key, $message,
                MCRYPT_ENCRYPT, $iv);

    // Entschlüsselte Nachricht ausgeben
    print (mcrypt_ofb (MCRYPT_BLOWFISH_128, $key, $code,
        MCRYPT_DECRYPT, $iv));
?>
```

MCRYPT_3DES	MCRYPT_RC6_128
MCRYPT_3WAY	MCRYPT_RC6_192
MCRYPT_BLOWFISH_128	MCRYPT_RC6_256
MCRYPT_BLOWFISH_192	MCRYPT_RIJNDAEL_128
MCRYPT_BLOWFISH_256	MCRYPT_RIJNDAEL_192
MCRYPT_BLOWFISH_448	MCRYPT_RIJNDAEL_256
MCRYPT_CAST_128	MCRYPT_SAFERPLUS
MCRYPT_CAST_256	MCRYPT_SAFER_128
MCRYPT_DES	MCRYPT_SAFER_64
MCRYPT_GOST	MCRYPT_SERPENT_128
MCRYPT_IDEA	MCRYPT_SERPENT_192
MCRYPT_LOKI97	MCRYPT_SERPENT_256
MCRYPT_RC2_1024	MCRYPT_TWOFISH_128
MCRYPT_RC2_128	MCRYPT_TWOFISH_192
MCRYPT_RC2_256	MCRYPT_TWOFISH_256
MCRYPT_RC4	MCRYPT_XTEA

Tabelle 9.8: Verschlüsselungs-Algorithmen

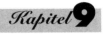
9.7   Reguläre Ausdrücke

Reguläre Ausdrücke sind sehr gut geeignet, Muster in Zeichenketten zu suchen. Sie verwenden eine eigene Sprache, meist Symbole, für die Beschreibung von Mustern. In PHP gibt es verschiedene Funktionen, die reguläre Ausdrücke verwenden. Kapitel 16 erläutert reguläre Ausdrücke ausführlich.

boolean ereg (string pattern, string text [, array matches])

Die Funktion ereg wertet das Muster-Argument als regulären Ausdruck aus und sucht im Argument text nach übereinstimmenden Mustern. Ist das optionale Argument matches gesetzt, fügt die Funktion jedes übereinstimmende Muster dem Array hinzu. Wird mindestens ein Muster gefunden, gibt die Funktion TRUE zurück, andernfalls FALSE.

Das erste Element des Arrays matches, mit dem Index Null, enthält das Muster für den gesamten regulären Ausdruck. Nachfolgende Elemente von matches enthalten die Muster für Unterausdrücke. Im Beispiel sind dies die Ausdrücke in Klammern.

Kapitel 16 erläutert diese Funktion ausführlich.

```
<?
    // User Agent anzeigen
    print ("User Agent: $HTTP_USER_AGENT<BR>\n");

    // Versuche, den User Agent zu parsen
    if (ereg ("^(.+)/([0-9])\.([0-9]+)",
            $HTTP_USER_AGENT, $matches)) {
        print ("Full match: $matches[0]<BR>\n");
        print ("Browser: $matches[1]<BR>\n");
        print ("Major Version: $matches[2]<BR>\n");
        print ("Minor Version: $matches[3]<BR>\n");
    } else {
        print ("User Agent nicht erkannt");
    }
?>
```

string ereg_replace (string pattern, string replacement, string text)

Mit ereg_replace ersetzen Sie Teil-Zeichenketten im Argument text. Jedes Mal, wenn das Muster eine entsprechende Teil-Zeichenkette im Argument text findet, wird der Text durch das Argument replacement ersetzt. Das Argument text bleibt unverändert; die geänderte Version wird zurückgegeben.

Wenn das Muster Unterausdrücke in Klammern enthält, kann im Argument replacement ein besonderer Code stehen, der angibt, welche Unterausdrücke zu ersetzen sind. Dieser hat zwei Backslashes, gefolgt von einer Ziffer zwischen Null und Neun. Null vergleicht den ganzen Ausdruck. Eins bis Neun vergleicht den ersten bis neunten Unterausdruck. Unterausdrücke werden von links nach rechts nummeriert, was das Vorkommen verschachtelter Unterausdrücke erklärt.

Kapitel 16 erläutert reguläre Ausdrücke ausführlich.

Abbildung 9.11: ereg_replace

Listing 9.8: ereg_replace

```
<?
   // Zeilenumbrüche durch Breaks ersetzen
   $text = "line1\nline2\nline3\n";
   print (ereg_replace ("\n", "<BR>", $text));

   print ("<HR>\n");

   // Worte vertauschen
   $text = "one two three four";
   print (ereg_replace("([a-z]+)([a-z]+)([a-z]+)([a-z]+)",
           "\\4 \\2 \\1 \\3", $text));
?>
```

boolean eregi (string pattern, string text, array matches)

Die Funktion eregi ist identisch mit ereg, ignoriert jedoch Groß- und Kleinschreibung.

Kapitel 16 erläutert reguläre Ausdrücke ausführlich.

string eregi_replace (string pattern, string replacement, string text)

Die Funktion eregi_replace ist identisch mit ereg_replace, ignoriert jedoch Groß- und Kleinschreibung.

array split (string pattern, string text [, integer limit])

Die Funktion split gibt ein Array mit Teil-Zeichenketten aus dem Argument text zurück. Das Argument pattern wird als Feldbegrenzung verwendet. Das optionale Argument limit setzt die maximale Anzahl zurückzugebender Elemente. Es gibt keine Variante von split, die Groß- oder Kleinschreibung ignoriert.

Vergleichen Sie diese Funktion mit `explode`, die eine einfache Zeichenkette für die Begrenzung von Teil-Zeichenketten verwendet. Reguläre Ausdrücke arbeiten langsamer als der direkte String-Vergleich. Verwenden Sie also, wenn möglich, `explode`.

```
<?
    $paragraph = "This is a short paragraph. Each ";
    $paragraph .= "sentence will be extracted by ";
    $paragraph .= "the split function. As a ";
    $paragraph .= "result, you will be amazed!";

    $sentence = split ("[\.\!\?]", $paragraph);

    for ($index = 0; $index < count ($sentence); $index++) {
        print ("$index. $sentence[$index] <BR>\n");
    }
?>
```

9.8 Perl-kompatible reguläre Ausdrücke

Die PHP-Unterstützung Perl-kompatibler regulärer Ausdrücke stammt von Andrei Zmievski. Perl-kompatible reguläre Ausdrücke stehen in Begrenzungszeichen, normalerweise / oder |. Begrenzungszeichen können aber auch druckbare Zeichen sein, ausgenommen Zahlen, Buchstaben oder Backslashes. Nach dem zweiten Begrenzungszeichen können Sie beliebig viele Modifier setzen. Dies sind Buchstaben, die die Art, reguläre Ausdrücke zu interpretieren, beeinflussen.

Die meisten der in diesem Abschnitt beschriebenen Funktionen entsprechen in ihrer Funktionsweise den regulären Ausdrücken in Perl 5. Es gibt nur wenige spezielle Unterschiede, die so fein sind, dass Sie sie kaum wahrnehmen. Sie zu erklären, wäre ohne ausführliche Beschreibung der regulären Ausdrücke nicht sinnvoll. Wenn Sie mehr dazu wissen wollen, bietet das PHP Online-Handbuch einige exzellente Anmerkungen zu diesem Thema <http://www.php.net/manual/html/ref.pcre.html>.

array preg_grep (string pattern, array data)

Die Funktion `preg_grep` vergleicht die Elemente des Arguments `data` mit dem übergebenen Muster.

boolean preg_match (string pattern, string text [, array matches])

Die Funktion `preg_match` entspricht `ereg`. Sie wertet das Argument `pattern` als einen regulären Ausdruck aus und sucht nach Übereinstimmungen im Argument `text`. Wenn Sie das optionale Argument `matches` setzen, fügt die Funktion jedes gefundene Muster dem Array hinzu. `TRUE` wird zurückgegeben, wenn wenigstens eine Übereinstimmung vorhanden ist, andernfalls `FALSE`.

Das erste Element im Array `matches`, mit dem Index Null, enthält das Muster für den gesamten regulären Ausdruck. Nachfolgende Elemente von `matches` enthalten die Muster für Unterausdrücke. Im Beispiel sind dies die Ausdrücke in Klammern.

```
<?
   // User Agent anzeigen
   print ("User Agent: $HTTP_USER_AGENT<BR>\n");

   // User Agent parsen
   if (preg_match ("/^(.+)/([0-9])\.([0-9]+)/",
           $HTTP_USER_AGENT, $matches)) {
     print ("Full match: $matches[0]<BR>\n");
     print ("Browser: $matches[1]<BR>\n");
     print ("Major Version: $matches[2]<BR>\n");
     print ("Minor Version: $matches[3]<BR>\n");
   } else {
     print ("User Agent nicht erkannt");
   }
?>
```

integer preg_match_all (string pattern, string text, array matches [, integer order])

Die Funktion preg_match_all arbeitet ähnlich wie preg_match. Sie vergleicht ein Muster mit dem Argument text, allerdings sucht diese Funktion nach einem Treffer weiter. Das Argument matches ist erforderlich. Sie übergeben ihm ein zweidimensionales Array. Das Argument order bestimmt die Art, wie das Array gefüllt wird. Es kann mit zwei Konstanten gesetzt werden, entweder standardmäßig mit PREG_PATTERN_ORDER oder mit PREG_SET_ORDER. Die Funktion gibt die Anzahl an Übereinstimmungen mit dem Gesamtmuster zurück.

Wenn Sie die Konstante PREG_PATTERN_ORDER verwenden, enthält das erste Element des Arrays matches ein Array mit allen Übereinstimmungen mit dem Gesamtmuster. Die anderen Array-Elemente enthalten Arrays mit Übereinstimmungen mit Untermustern.

Wenn Sie PREG_SET_ORDER verwenden, enthält jedes Element des Arrays matches ein Array, das wie ein durch preg_match erzeugtes Array organisiert ist. Das erste Element enthält die gesamte übereinstimmende Zeichenkette. Jedes nachfolgende Element enthält die Übereinstimmung mit dem Untermuster für diesen Vergleich.

Listing 9.9: preg_match_all

```
<?
   // Testdaten erzeugen
   $paragraph = "This is a <B>short</B> paragraph. Some ";
   $paragraph .= "<B>words</B> and <B>some phrases</B> ";
   $paragraph .= "are surround by <B>bold</B> tags. ";

   /*
   ** Mit PREG_MATCH_ORDER fett geschriebene Worte suchen
   */
   preg_match_all ("|<[^>]+>(.*)</[^>]+>|", $paragraph,
         $match, PREG_MATCH_ORDER);
```

```php
// Alle Treffer ausgeben
print ("<B>Subpattern matches</B>:<BR>\n");
for ($i=0; $i < count($match[0]); $i++) {
    print (htmlentities ($match[0][$i]) . "<BR>\n");
}

print ("<B>Subpattern matches</B>:<BR>\n");
for ($i=0; $i < count ($match[1]); $i++) {
    print (htmlentities ($match[0][$i]) . "<BR>\n");
}

/*
** Mit PREG_SET_ORDER fett geschriebene Worte suchen
*/
preg_match_all ("|<[^>]+>(.*)</[^>]+>|", $paragraph,
         $match, PREG_SET_ORDER);

foreach ($match as $m) {
    print (htmlentities ($m[0]));

    for ($i=1; $i < count ($m); $i++) {
        print (" (".htmlentities ($m[$i]).")");
    }

    print ("<BR>\n");
}
?>
```

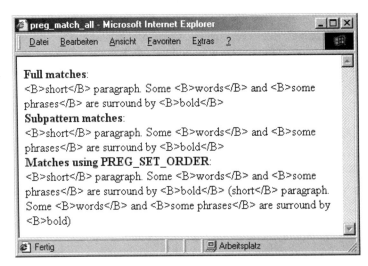

Abbildung 9.12: preg_match_all

string preg_quote (string text)

Die Funktion `preg_quote` gibt `text` zurück und fügt Backslashes vor Zeichen ein, die in den hier besprochenen Funktionen eine besondere Bedeutung haben. Diese Sonderzeichen sind:

. \\ + * ? [^] $ ( ) { } = ! < > | :

string preg_replace (string pattern, string replacement, string text [, integer limit])

Die Funktion `preg_replace` entspricht der Funktion `ereg_replace`. Bei jeder Übereinstimmung des Musters mit der Teil-Zeichenkette im Argument `text`, wird Text durch das Argument `replacement` ersetzt. Das Argument `text` bleibt unverändert, jedoch gibt die Funktion die geänderte Version zurück.

Stehen in dem Muster Unterausdrücke in Klammern, können Sie mit einem speziellen Code im Argument `replacement` angeben, welcher Unterausdruck ersetzt werden soll. Dieser Code hat zwei Backslashes, gefolgt von einer Ziffer zwischen Null und Neun. Null vergleicht den gesamten Ausdruck. Eins bis Neun vergleicht den ersten bis neunten Unterausdruck. Unterausdrücke werden von links nach rechts nummeriert, was das Vorkommen verschachtelter Unterausdrücke erklärt.

```
<?
    // Zeilenumbrüche mit Breaks vertauschen
    $text = "line1\nline2\nline3\n";
    print (preg_replace("|\n|", "<BR>", $text));

    print ("<HR>\n");

    // Worte vertauschen
    $text = "one two three four";
    print(preg_replace("|([a-z]+)([a-z]+)([a-z]+)([a-z]+)|",
            "\\4 \\2 \\1 \\3", $text));
?>
```

array preg_split (string pattern, string text [, integer limit [, integer flags]])

Die Funktion `preg_split` gibt ein Array mit Teil-Zeichenketten aus dem Argument `text` zurück. Das Argument `pattern` wird als Feldbegrenzung verwendet. Das optionale Argument `limit` bestimmt die maximale Anzahl zurückzugebender Elemente. Diese Funktion entspricht `split`.

```
<?
    $paragraph = "This is a short paragraph. Each ";
    $paragraph .= "sentence will be extracted by ";
    $paragraph .= "the preg_split function. As a ";
    $paragraph .= "result, you will be amazed!";

    $sentence = preg_split ("/[\.\!\?]/", $paragraph);

    for ($index = 0; $index < count($sentence); $index++) {
        print ("$index. $sentence[$index]<BR>\n");
    }
?>
```

Mathematische Funktionen

- Allgemeine mathematische Operationen
- Zufallszahlen
- Zahlen mit beliebiger Präzision

Mathematische Funktionen werden in drei Gruppen unterteilt. Die erste enthält Funktionen für allgemeine mathematische Operationen, die zweite Funktionen, mit denen Sie Zufallszahlen erzeugen. Die dritte Gruppe umfasst spezielle Funktion für Zahlen von beliebiger Präzision.

10.1 Allgemeine mathematische Operationen

Mit den Funktionen in diesem Teil können Sie die meisten allgemeinen mathematischen Operationen aus der Arithmetik, Geometrie und Trigonometrie durchführen. Die meisten dieser Funktionen arbeiten mit Double- oder Integer-Werten. Der zurückgegebene Datentyp entspricht dem des Arguments. Wenn ich von »Zahl« spreche, meine ich ein Double oder Integer, es sei denn, ich nenne einen anderen Datentyp.

integer abs (integer value)

Die Funktion abs gibt den absoluten Wert einer Zahl zurück. Ist es eine positive Zahl, entspricht der Wert der Zahl selbst. Ist es eine negative Zahl, wird sie mit (-1) multipliziert.

```
<?
    // Gibl 13 aus
    print (abs (-13));
?>
```

double acos (double value)

Die Funktion acos gibt den Arcus-Cosinus des Arguments value zurück. Arcus-Cosinus für einen Wert, der größer als 1 oder kleiner als -1 ist, ist nicht definiert.

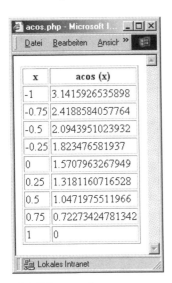

x	acos (x)
-1	3.1415926535898
-0.75	2.4188584057764
-0.5	2.0943951023932
-0.25	1.823476581937
0	1.5707963267949
0.25	1.3181160716528
0.5	1.0471975511966
0.75	0.72273424781342
1	0

Abbildung 10.1: acos

```
<?
   // Arcus-Cosinus der Werte von -1 bis 1
   print ("<TABLE BORDER=\"1\">\n");
   print ("<TR><TH>x</TH><TH>acos (x)</TH></TR>\n");

   for ($index = -1; $index <= 1; $index += 0.25) {
      print ("<TR>\n");
      print ("<TD>$index</TD>\n");
      print ("<TD>" . acos ($index) . "</TD>\n");
      print ("</TR>\n");
   }

   print ("</TABLE>\n");
?>
```

double asin (double value)

Die Funktion asin gibt den Arcus-Sinus des Arguments value zurück. Arcus-Sinus für einen Wert, der größer ist als 1 oder kleiner als -1 ist, ist nicht definiert.

```
<?
   // Arcus-Sinus der Werte von -1 bis 1
   print ("<TABLE BORDER=\"1\">\n");
   print ("<TR><TH>x</TH><TH>asin (x)</TH></TR>\n");

   for ($index = -1; $index <= 1; $index += 0.25){
      print ("<TR>\n");
      print ("<TD>$index</TD>\n");
      print ("<TD>" . asin ($index) . "</TD>\n");
      print ("</TR>\n");
   }

   print ("</TABLE>\n");
?>
```

double atan (double value)

Die Funktion atan gibt den Arcus-Tangens des Arguments value zurück.

```
<?
   // Arcus-Tangens der Werte von -1 bis 1
   print ("<TABLE BORDER=\"1\">\n");
   print ("<TR><TH>x</TH><TH>atan (x)</TH></TR>\n");

   for ($index = -1; $index <= 1; $index += 0.25){
      print ("<TR>\n");
      print ("<TD>$index</TD>\n");
      print ("<TD>" . atan ($index) . "</TD>\n");
      print ("</TR>\n");
```

```
    }

    print ("</TABLE>\n");
?>
```

double atan2 (double y, double x)

Die Funktion `atan2` gibt den Arcus-Tangens der durch die kartesischen Koordinaten bestimmten Polarkoordinate in Bogenmaß zurück.

```
<?
    // Gibt 0.40489178628508 zurück
    print (atan2 (3, 7));
?>
```

string base_convert (string value, integer base, integer new_base)

Die Funktion `base_convert` wandelt eine Zahl von einer Basis in eine andere Basis um. Einige bekannte Basen haben eigene Funktionen.

```
<?
    //Konvertiert hex CC nach dezimal
    print (base_convert ("CC", 16, 10));
?>
```

integer bindec (string binary_number)

Die Funktion `bindec` gibt den Integer-Wert einer als Zeichenkette geschriebenen binären Zahl zurück. PHP verwendet 32-Bit-Integer mit Vorzeichen. Die Binärzahlen sind little-endian, was bedeutet, dass das Bit mit der geringsten Bedeutung rechts steht. Das erste Bit enthält das Vorzeichen.

Abbildung 10.2: bindec

```
<?
    // Gibt den größten Integerwert aus
    print ("Größter Integerwert: ");
    print (bindec ("1111111111111111111111111111111"));

    print ("<BR>\n");
```

```
   // Gibt den kleinsten Integerwert aus
   print ("Kleinster Integerwert: ");
   print (bindec ("10000000000000000000000000000000"));
   print ("<BR>\n");
?>
```

integer ceil (double value)

Die Funktion ceil gibt den nächstgrößeren Integer-Wert eines Arguments zurück.

```
<?
   // Gibt 14 zurück
   print (ceil (13.2));
?>
```

double cos (double angle)

Die Funktion cos gibt den Cosinus eines Winkels im Bogenmaß zurück.

```
<?
   // Gibt 1 zurück
   print (cos (2 * pi()));
?>
```

string decbin (integer value)

Die Funktion decbin gibt die binäre Darstellung eines Integer-Werts als Zeichenkette zurück.

```
<?
   // Gibt 11111111 zurück
   print (decbin (255));
?>
```

string dechex (integer value)

Die Funktion dechex gibt die hexadezimale Darstellung des Arguments value als Zeichenkette zurück.

```
<?
   // Gibt ff zurück
   print (dechex (255));
?>
```

string decoct (integer value)

Die Funktion decoct gibt die oktale Darstellung des Arguments value als Zeichenkette zurück.

```
<?
   // Gibt 377 zurück
   print (decoct (255));
?>
```

double deg2rad (double angle)

Die Funktion deg2rad wandelt die im Argument angle angegebenen Grad in Bogenmaß um.

```
<?
    // Gibt 1.5707963267949 zurück
    print (deg2rad (90));
?>
```

double exp (double power)

Die Funktion exp gibt den natürlichen Logarithmus zurück, potenziert mit dem Wert des Arguments.

```
<?
    // Gibt 20.085536923188 zurück
    print (exp (3));
?>
```

integer floor (double value)

Die Funktion floor gibt den nächstkleineren Integer-Wert des Arguments zurück.

```
<?
    // Gibt 13 zurück
    print (floor (13.2));
?>
```

integer hexdec (string hexadecimal_number)

Die Funktion hexdec wandelt eine Zeichenkette in hexadezimaler Darstellung in einen Integer-Wert um. Sie können 0x vor die Zahl stellen.

```
<?
    print (hexdec ("FF"));
    print ("<BR>\n");
    print (hexdec ("0x7FAD"));
    print ("<BR>\n");
?>
```

double log (double value)

Die Funktion log gibt den natürlichen Logarithmus des Arguments value zurück.

```
<?
    // Gibt 3.0022112396517 zurück
    print (log (20.13));
?>
```

double log10 (double value)

Die Funktion log10 gibt den dekadischen Logarithmus ihres Arguments zurück.

```
<?
    // Gibt 3.2494429614426 zurück
    print (log10 (1776));
?>
```

integer octdec (string octal_number)

Die Funktion octdec gibt den Integer-Wert einer als Oktalzahl dargestellten Zeichenkette zurück.

```
<?
    // Gibt 497 zurück
    print (octdec ("761"));
?>
```

double pi (void)

Die Funktion pi gibt die Approximation von π zurück. Alternativ können Sie die Konstante M_PI verwenden.

```
<?
    // Gibt 3.1415926535898 zurück
    print (pi() . "<BR>\n");

    // Gibt auch 3.1415926535898 zurück
    print (M_PI . "<BR>\n");
?>
```

double pow (double base, double power)

Die Funktion pow potenziert das Argument base mit dem zweiten Argument.

```
<?
    // Gibt 32 zurück
    print (pow (2, 5));
?>
```

double rad2deg (double angle)

Die Funktion rad2deg wandelt das im Argument angle genannte Bogenmaß in Grad um.

```
<?
    // Gibt 90.00021045915 zurück
    print (rad2deg (1.5708));
?>
```

double round (double value [, integer precision])

Die Funktion round gibt das Argument zurück, gerundet auf den nächsten Integer-Wert.

```
<?
    // Gibt 1 zurück
    print (round (1.4) . "<BR>\n");

    // Gibt 1 zurück
    print (round (1.5) . "<BR>\n");

    // Gibt 2 zurück
    print (round (1.6) . "<BR>\n");
?>
```

double sin (double angle)

Die Funktion sin gibt den Sinus eines Winkels im Bogenmaß zurück.

```
<?
    // Gibt 1 zurück
    print (sin (0.5 * M_PI));
?>
```

double sqrt (double value)

Die Funktion sqrt gibt die Quadratwurzel einer Zahl zurück.

```
<?
    // Gibt 9 zurück
    print (sqrt (81.0));
?>
```

double tan (double angle)

Die Funktion tan gibt den Tangens eines Winkels im Bogenmaß zurück.

```
<?
    // Gibt 1.5574077246549 zurück
    print (tan (1));
?>
```

10.2 Zufallszahlen

Mit den folgenden Funktionen können Sie Pseudo-Zufallszahlen erzeugen. Einige Funktionen entsprechen den Zufallszahlen-Funktionen, die Ihr Betriebssystem bietet. Andere beruhen auf dem Mersenne-Twister-Algorithmus. Die Mersenne-Twister-Funktionen sind schneller und geben Zahlen mit deutlich besserer Verteilung zurück, die sich für eine kryptographische Anwendung eignen. Der Algorithmus wurde von Makoto Matsumoto und Takuji Nishimura entwickelt. Mehr darüber finden Sie auf deren Webseite <http://www.math.keio.ac.jp/~matumoto/emt.html>. Pedro Melo hat eine Implementierung von Shawn Cokus überarbeitet, um PHP eine Unterstützung hinzuzufügen.

integer getrandmax()

Die Funktion getrandmax gibt die größtmögliche Zufallszahl zurück, die die Funktion rand liefern kann.

```
<?
print (getrandmax());
?>
```

integer mt_getrandmax()

Die Funktion mt_getrandmax gibt die größtmögliche Zufallszahl zurück, die die Funktion mt_rand liefern kann.

```
<?
Print (mt_getrandmax());
?>
```

double lcg_value ()

Die Funktion lcg_value gibt eine Zahl zwischen 0 und 1 zurück und verwendet dafür einen Algorithmus, der als linear kongruenter Generator oder LCG bezeichnet wird. Dieser Prozess wird häufig für die Erzeugung von Pseudo-Zufallszahlen verwendet. Der Generator wird mit der Prozess-ID aufgerufen.

integer mt_rand ([integer min, integer max])

Die Funktion mt_rand verwendet den Mersenne-Twister-Algorithmus und gibt eine Zahl zwischen den beiden optionalen Argumenten zurück, die beiden Argumente eingeschlossen. Wenn Sie die Argumente nicht angeben, werden Null und ein durch die Funktion mt_getrandmax zurückgegebener Integer-Wert verwendet. Mit mt_srand setzen Sie den Mersenne-Twister-Zufallsgenerator.

```
<?
    // Dem Zufallszahlengenerator einen Wert vorgeben
    mt_srand (time());

    // 10 Zufallszahlen zwischen 1 und 100 ausgeben
    for ($index = 0; $index < 10; $index++) {
        print (mt_rand (1, 100) . "<BR>\n");
    }
?>
```

mt_srand (integer seed)

Die Funktion mt_srand setzt den Mersenne-Twister-Zufallsgenerator. Rufen Sie die Funktion möglichst ein Mal auf, bevor Sie mt_rand verwenden.

integer rand ([integer lowest, integer highest])

Die Funktion rand gibt Zahlen zwischen den beiden optionalen Argumenten zurück, die beiden Argumente eingeschlossen. Werden die Argumente nicht gesetzt, wird Null verwendet sowie ein Integer-Wert, der von der Funktion getrandmax zurückgegeben wurde. Verwenden Sie die Funktion srand, um den Zufallsgenerator zu setzen.

```
<?
   srand (time());

   // 10 Zufallszahlen zwischen -100 und 100 ausgeben
   for ($index = 0; $index < 10; $index++) {
      print (rand (-100, 100) . "<BR>\n");
   }
?>
```

srand (integer seed)

Die Funktion `srand` setzt den Zufallsgenerator. Rufen Sie diese Funktion möglichst ein Mal auf, bevor Sie die Funktion `rand` verwenden.

string tempnam (string directory, string prefix)

Die Funktion `tempnam` gibt den vollständigen und eindeutigen Pfad für eine temporäre Datei zurück. So können Sie sicher sein, dass Sie keine bestehende Datei überschreiben. Sie müssen sich um das Erstellen und Löschen der Datei kümmern.

Das Argument `directory` gibt an, in welchem Verzeichnis die Datei abgelegt werden soll. Es wird jedoch nicht verwendet, wenn in einer Umgebungsvariablen ein temporäres Standardverzeichnis genannt ist. Unter UNIX heißt die Variable `TMPDIR` und unter Windows `TMP`.

Sie müssen ein Präfix für die Datei angeben, können jedoch eine leere Zeichenkette übergeben. Es ist hilfreich, ein sinnvolles Präfix zu vergeben, so dass Sie zwischen temporären, durch unterschiedliche Prozesse erstellten Dateien unterscheiden können.

Die Datei erhält kein Suffix. Unter Windows können Sie `.tmp` oder eine andere Dateierweiterung anhängen.

Tritt ein Fehler auf, wird eine leere Zeichenkette zurückgegeben. Diese Funktion ist ähnlich wie `uniqid`.

```
<?
   $myFile = tempnam ("C:\temp", "data");
   if (strlen ($myFile) > 0) {
      print ($myFile);
   } else {
      print ("Konnte keinen temporären Namen vergeben");
   }
?>
```

string uniqid (string prefix [, boolean use_lcg])

Die Funktion `uniqid` hängt das Argument `prefix` vor eine Reihe von Zahlen und Buchstaben, die ausgehend von der Systemuhr erzeugt werden. Das Präfix kann bis zu 114 Zeichen lang sein, die eindeutige Zeichenkette hat immer 13 Zeichen.

Wenn das optionale Argument `use_lcg` `TRUE` ist, werden an das Ende der zurückgegebenen Zeichenkette neun weitere Zeichen angehängt. Diese Zeichen erzeugt derselbe Algorithmus, der die

Funktion `lcg_value` verwendet. Die Zeichen bestehen aus einem Punkt, gefolgt von acht Ziffern. Da die Funktion `lcg_value` mit der Prozess-ID parametrisiert wird, wird der Zufallsfaktor durch dieses Flag nicht deutlich erhöht.

Vergleichen Sie diese Funktion mit `tempnam`.

```
<?
   print (uniqid ("data"));
?>
```

10.3 Zahlen mit beliebiger Präzision

Wenn Sie eine numerische Analyse vornehmen wollen, ist ein Double-Wert in der Regel ausreichend präzise. Mit PHP können Sie jedoch Zahlen mit hoher Präzision bearbeiten. Die folgenden Funktionen speichern lange Gleitkommazahlen in Zeichenketten. Sie verwenden einen Skalierungsparameter, der die Anzahl von Ziffern nach dem Dezimalzeichen angibt. Das Argument `scale`, das in allen diesen Funktionen vorhanden ist, ist optional und entwertet den Standard-Skalierungsparameter. Die Funktion `bcscale`, die in Kapitel 11 beschrieben wird, setzt den Standard-Skalierungsparameter.

string bcadd(string left, string right [, integer scale])

Die Funktion `bcadd` addiert das linke Argument zum rechten Argument.

```
<?
   print (bcadd ("1.234567890", "9.87654321", 10));
?>
```

integer bccomp (string left, string right [, integer scale])

Die Funktion `bccomp` vergleicht die Argumente der linken und rechten Seite miteinander. Sind sie gleich, wird Null zurückgegeben. Ist das linke Argument kleiner als das rechte, wird -1 zurückgegeben. Ist das linke Argument größer als das rechte, wird 1 zurückgegeben.

```
<?
   print (bccomp ("12345","1.111111111111", 10));
?>
```

string bcdiv (string left, string right [, integer scale])

Mit der Funktion `bcdiv` dividieren Sie das linke Argument durch das rechte.

```
<?
   print (bcdiv ("12345", "98754", 10));
?>
```

string bcmod (string left, string right)

Die Funktion `bcmod` findet den Modulus der Division des linken Arguments durch das rechte.

```
<?
   print (bcmod ("66394593", "133347"));
?>
```

string bcmul (string left, string right [, integer scale])

Mit bcmul multiplizieren Sie das linke Argument mit dem rechten.

```
<?
    print (bcmul ("66394593", "133347", 10));
?>
```

string bcpow (string value, string exponent [, integer scale])

Die Funktion bcpow potenziert das Argument value mit dem Argument exponent. Wenn der Exponent kein Integer ist, fallen die Dezimalstellen weg.

```
<?
    print (bcpow ("66394593", "3", 10));
?>
```

string bcsqrt (string value [, integer scale])

Die Funktion bcsqrt gibt die Quadratwurzel des Arguments value zurück.

```
<?
    print (bcsqrt ("1234.567", 10));
?>
```

string bcsub (string left, string right [, integer scale])

Mit bcsub subtrahieren Sie das linke Argument vom rechten Argument.

```
<?
    print (bcsub ("1234.4842", "88.6674"));
?>
```

Kapitel **11**

Zeit-, Datums- und Konfigurationsfunktionen

- Zeit und Datum
- Alternative Kalender
- Konfigurationsfunktionen

Die Funktionen in diesem Abschnitt lassen sich in drei Kategorien einordnen: Zeit und Datum, alternative Kalender und Konfiguration. Funktionen für Zeit und Datum gibt es in jeder Programmiersprache. Mit diesen Funktionen lässt sich das aktuelle Datum in verschiedenen Formaten darstellen. Kalenderfunktionen bearbeiten Datumsangaben unterschiedlicher Kalender, auch veralteter und unüblicher Kalender. Die Konfigurationsfunktionen bieten die Möglichkeit, die PHP-Konfiguration pro Script getrennt einzurichten.

11.1 Zeit und Datum

Alle Zeitfunktionen beziehen sich auf die UNIX-Epoche, die auf 1. Januar 1970 festgelegt wurde. Ein Datum wird in Anzahl Sekunden seit dem 1. Januar 1970 angegeben. Datumsangaben sind damit einfache Integerzahlen, die wir in der folgenden Funktionsbeschreibung als »Zeitmarke« bezeichnen.

boolean checkdate(integer Monat, integer Tag, integer Jahr)

Die Funktion checkdate gibt true zurück, wenn ein Datum gültig ist, und ansonsten false. Ein Tag ist gültig, wenn die Jahreszahl zwischen 0 und 32.767 liegt, der Monat zwischen 1 und 12 und wenn es den angegebenen Tag in dem betreffenden Monat gibt.

```
<?
   if (checkdate (2,18,1970)) {
      print ("Heute ist ein guter Tag");
   }
?>
```

string date (string format [, integer zeitmarke])

Die Funktion date gibt eine Zeichenkette zurück, die das durch Zeitmarke definierte Datum entsprechend dem Argument Format enthält. Buchstaben im Argument Format werden durch Datums- bzw. Uhrzeitangaben ersetzt. Alle Zeichen, die nicht als Formatangaben interpretiert werden, bleiben unverändert. Die Formatangaben sind in Tabelle 11.1 aufgelistet.

Das Argument Zeitmarke ist optional. Wenn es fehlt, wird die aktuelle Zeit verwendet. Die Zeitmarke wird als Ortszeit interpretiert.

```
<?
   // Ergibt etwas wie das Folgende
   // 03:59 PM Monday January 1st, 2001
   print (date ("h:i A l F dS, Y"));
?>
```

array getdate ([integer zeitmarke])

Die Funktion getdate gibt ein assoziatives Array mit Informationen zu dem angegebenen Datum zurück. Das Array ist in Tabelle 11.2 beschrieben. Das Argument Zeitmarke enthält die Anzahl Sekunden seit dem 1. Januar 1970. Wenn es fehlt, wird die aktuelle Zeit verwendet.

```
<?
   // Aktuelles Datum
   $dateInfo = getdate();

   // Zeige alle Elemente des Arrays
   foreach ($dateInfo as $key=>$value) {
      print ("$key: $value<BR>\n");
   }
?>
```

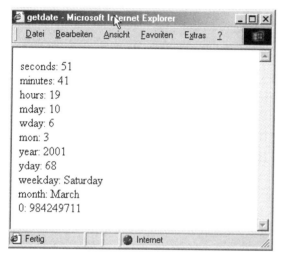

seconds: 51
minutes: 41
hours: 19
mday: 10
wday: 6
mon: 3
year: 2001
yday: 68
weekday: Saturday
month: March
0: 984249711

Abbildung 11.1: getdate

array gettimeofday()

Die Funktion gettimeofday gibt ein assoziatives Array mit Informationen über die Uhrzeitangabe zurück. Sie ist eine direkte Schnittstelle zu der gleichnamigen Funktion in C. Die Elemente des zurückgegebenen Arrays sind in Tabelle 11.3 aufgelistet.

```
<?
   $timeOfDay = gettimeofday();

   foreach ($timeOfDay as $key=>$value) {
      print ("$key = $value<BR>\n");
   }
?>
```

Abbildung 11.2: gettimeofday

Code	Beschreibung
a	am (vormittags) oder pm (nachmittags)
A	AM (vormittags) oder PM (nachmittags)
B	Swatch Beat-Zeit
d	Tag des Monats mit führenden Nullen
D	Tag der Woche als Abkürzung mit drei Buchstaben
F	Name des Monats
h	Stunde von 01 bis 12
H	Stunde von 00 bis 23
g	Stunde von 1 bis 12 (keine führenden Nullen)
G	Stunde von 0 bis 23 (keine führenden Nullen)
i	Minuten
j	Tag des Monats ohne führende Nullen
l	Tag der Woche
L	1 für Schaltjahre, sonst 0
m	Monat von 01 bis 12
M	Abkürzung des Monatsnamens (Jan, Feb, . . .)
n	Monat von 1 bis 12 (ohne führende Nullen)
s	Sekunden von 00 bis 59
S	Zählanhang für den Monat (1st, 2nd, 3rd)
t	Anzahl der Tage des Monats
U	Sekunden seit der Epoche
y	Jahr, zweistellig
Y	Jahr, vierstellig

Tabelle 11.1: Formatierungscodes für date

Code	Beschreibung
z	Tag des Jahres von 0 bis 365
Z	Zeitverschiebung der Zeitzone in Sekunden (-43,200 to 43,200)

Tabelle 11.1: Formatierungscodes für date (Forts.)

Element	Beschreibung
hours	Stunde im 24-Stunden-Format
mday	Tag des Monats
minutes	Minuten der Stunde
mon	Monat als Zahl
month	voller Name des Monats
seconds	Sekunden der Minute
wday	Wochentag als Zahl von 0 bis 6
weekday	Name des Wochentags
yday	Tag des Jahres als Zahl
year	Jahr
0	Zeitmarke

Tabelle 11.2: Elemente des Arrays getdate

Element	Bedeutung
sec	Sekunden
usec	Mikrosekunden
minuteswest	Minuten westlich von Greenwich
dsttime	Art der Sommerzeitkorrektur

Tabelle 11.3: Elemente des von gettimeofday zurückgegebenen Arrays

string gmdate (string Format [, integer zeitmarke])

Die Funktion gmdate ist identisch mit date. Allerdings gibt sie statt der Uhrzeit in der örtlichen Zeitzone die Weltzeit zurück (Greenwich Mean Time).

```
<?
  print ("Local: ");
  print (date("h:i A l "));
  print (date("F dS, Y"));
  print ("<BR>\n");

  print ("GMT: ");
  print (gmdate("h:i A l "));
```

```
    print (gmdate("F dS, Y"));
    print ("<BR>\n");
?>
```

string gmstrftime (string format [, integer zeitmarke])

Die Funktion `gmstrftime` ist identisch mit `strftime`. Allerdings wird die Zeitmarke in Weltzeit übersetzt. Für das Argument `format` werden die gleichen, in Tabelle 11.4 definierten Formatangaben verwendet.

```
<?
    print (gmstrftime ("%A, %c", mktime(0, 0, 0, 1, 1, 1970)));
?>
```

Code	Beschreibung
%a	abgekürzter Name des Wochentags
%A	voller Name des Wochentags
%h	abgekürzter Name des Monats
%B	voller Name des Monats
%c	bevorzugte Darstellung von Datum und Zeit
%d	Tag des Monats, zweistellig, mit Nullen aufgefüllt
%H	Stunde im 24-Stunden-Format, mit Nullen aufgefüllt
%I	Stunde im 12-Stunden-Format
%j	Tag des Jahres, dreistellig, mit Nullen aufgefüllt
%m	Zahl des Monats von 1 bis 12
%M	Minuten
%p	äquivalente Darstellung von *am* oder *pm*
%S	Sekunden
%U	Zahl der Woche (Woche 1 beginnt mit dem ersten Sonntag des Jahres)
%W	Zahl der Woche (Woche 1 beginnt mit dem ersten Montag des Jahres)
%w	Tag der Woche als Zahl (beginnend mit Sonntag als »Null«)
%x	bevorzugte Darstellung des Datums
%X	bevorzugte Darstellung der Zeit
%y	zweistellige Jahreszahl, mit Nullen aufgefüllt
%Y	vierstellige Jahreszahl
%Z	Zeitzone
%%	wörtliches »%«-Zeichen

Tabelle 11.4: Von strftime verwendete Codes

string microtime()

Die Funktion microtime gibt eine Zeichenkette mit zwei durch ein Leerzeichen getrennten Zahlen zurück. Die erste Zahl gibt die Systemuhr in Mikrosekunden an, die zweite die Anzahl Sekunden seit dem 1. Januar 1970.

```
<?
    // Gib die microtime aus
    print ("Start: ". microtime() . "<BR>\n");

    // Halte kurz an
    usleep (rand (100, 5000));

    // Gib die microtime aus
    print("Stop: " . microtime() . "<BR>\n");
?>
```

integer mktime (integer stunde, integer minute, integer sekunde, integer monat, integer tag, integer jahr)

Die Funktion mktime gibt eine Zeitmarke für das angegebene Datum zurück. Alle Argumente sind optional. Wenn ein Argument fehlt, wird der Wert verwendet, der dem aktuellen Datum entspricht. Wenn ein Argument einen unzulässigen Wert enthält, modifiziert mktime die anderen Argumente entsprechend. Geben Sie zum Beispiel »13« für monat an, setzt mktime den Monat Januar des folgenden Jahres ein. mktime eignet sich sehr gut, Zeitspannen zu addieren oder zu subtrahieren.

```
<?
    print ("Fünfzig Stunden von jetzt: ");
    print (date ("h:i A l F dS, Y", mktime (date("h")+50)));
    print ("<BR>\n");
?>
```

string strftime(string format [, integer zeitmarke])

Die Funktion strftime gibt ein Datum im angegebenen Format zurück. Wenn das optionale Argument zeitmarke fehlt, wird das aktuelle Datum verwendet. Für sprachabhängige Zeichenketten gilt der aktuelle Standort. Er kann mit der Funktion setlocale eingestellt werden. Die Zeichenkette format kann Formatangaben mit spezieller Bedeutung enthalten. Formatangaben beginnen mit einem Prozent-Zeichen. Andere Zeichen werden unverändert weitergegeben. Tabelle 11.4 enthält eine Liste der Formatangaben.

```
<?
    // Gib das Datum in folgendem Format aus
    // Monday, 01/01/01 16:04:12
    print (strftime ("%A, %c"));
?>
```

integer strtotime (string datum, integer jetzt)

Die Funktion strtotime versucht, eine Zeichenkette mit Informationen über Datum und Zeit zu parsen und das enthaltene Datum als Zeitmarke zurückzugeben. Wenn das Argument datum unvollständige Informationen enthält, werden die fehlenden Angaben aus dem Argument jetzt gewonnen. Sie können das Argument jetzt weglassen, um statt dessen die aktuelle Zeit zu verwenden.

```
<?
   //
   // Datumsbeschreibung
   $time = "Feb 18, 1970 3AM";

   // Hole die Zeitmarke
   $ts = strtotime ($time);

   // Gebe das Datum erneut aus
   print (date ("h:i A l F dS, Y", $ts));
?>
```

integer time()

Die Funktion gibt die aktuelle Zeitmarke zurück.

```
<?
   print (time());
?>
```

11.2 Alternative Kalender

In PHP können Datumsangaben sehr bequem aus einem Kalendersystem in ein anderes umgewandelt werden. Zunächst müssen Sie jedes Datum in eine julianische Tagesanzahl umwandeln. Dann wandeln Sie diesen Integerwert in das Datum eines anderen Kalenders zurück.

Sie brauchen für diese Funktionen die Kalendererweiterung. Sie können diese dynamisch laden oder in PHP kompilieren.

integer easter_date ([integer jahr])

Mit easter_date erhalten Sie die Zeitmarke für Mitternacht an Ostern des übergebenen Jahres.

```
<?
   print (easter_date (2000));
?>
```

integer easter_days ([integer jahr])

Mit der Funktion easter_days erhalten Sie die Anzahl Tage, die Ostern im übergebenen Jahr nach dem 21. März stattfindet.

```
<?
   print (easter_days (2000));
?>
```

integer frenchtojd (integer monat, integer tag, integer jahr)

Die Funktion `frenchtojd` gibt die julianische Tagesanzahl für das übergebene Datum nach dem Französisch-Republikanischen Kalender zurück.

```
<?
    $jdc = frenchtojd (1, 1, 1);
    print (jdtogregorian ($jdc));
?>
```

integer gregoriantojd (integer monat, integer tag, integer jahr)

Die Funktion `gregoriantojd` gibt die julianische Tagesanzahl für das übergebene Datum nach dem Gregorianischen Kalender zurück.

```
<?
    $jdc = gregoriantojd (1,1,1);
    print (jdtogregorian ($jdc));
?>
```

mixed jddayofweek (integer julianische_Tagesanzahl [, integer Modus])

Die Funktion `jddayofweek` gibt je nach Modus entweder eine Integerzahl oder eine Zeichenkette zurück. Die Modi sind in Tabelle 11.5 aufgelistet.

```
<?
    $jdc = gregoriantojd (1, 1, 1);
    print (jddayofweek ($jdc, 1));
?>
```

Modus	Beschreibung
0	Der Wochentag wird als Zahl von 0 bis 6 zurückgegeben, wobei Sonntag »0« entspricht.
1	Der englische Name des Wochentags aus dem Gregorianischen Kalender wird zurückgegeben.
2	Der abgekürzte englische Name des Wochentags aus dem Gregorianischen Kalender wird zurückgegeben.

Tabelle 11.5: Modi für die Kalendertage

string jdmonthname (integer julianische_tagesanzahl,integer modus)

Die Funktion `jdmonthname` gibt den Namen des Monats zurück, in dem ein bestimmter Tag liegt. Das Argument Modus legt fest, aus welchem Kalender die Monatsnamen kommen sollen. Die Modi sind in Tabelle 11.6 aufgelistet.

```
<?
    $jdc = gregoriantojd (1,1,1800);
    print (jdmonthname ($jdc, 0) . "<BR>\n");
    print (jdmonthname ($jdc, 1) . "<BR>\n");
    print (jdmonthname ($jdc, 2) . "<BR>\n");
    print (jdmonthname ($jdc, 3) . "<BR>\n");
    print (jdmonthname ($jdc, 4) . "<BR>\n");
    print (jdmonthname ($jdc, 5) . "<BR>\n");
?>
```

string jdtofrench (integer julianische_tagesanzahl)

Die Funktion jdtofrench gibt das Datum des Französisch-Republikanischen Kalenders entsprechend einer julianischen Tagesanzahl zurück.

```
<?
    $jdc = gregoriantojd(1, 1, 1800);
    print (jdtofrench ($jdc));
?>
```

Modus	Kalender
0	Gregorianisch, abgekürzt
1	Gregorianisch, vollständig
2	Julianisch, abgekürzt
3	Julianisch, vollständig
4	Jüdisch
5	Französisch-Republikanisch

Tabelle 11.6: Modi für die Monatsnamen

string jdtogregorian(integer julianische_Tagesanzahl)

Mit der Funktion jdtogregorian konvertieren Sie eine julianische Tagesanzahl in ein gregorianisches Datum.

```
<?
    $jdc = jewishtojd (1, 1, 1);
    print (jdtogregorian ($jdc));
?>
```

string jdtojewish (integer julianische_tagesanzahl)

Die Funktion jdtojewish gibt das Datum des Jüdischen Kalenders entsprechend einer julianischen Tagesanzahl zurück.

```
<?
    $jdc = gregoriantojd (1, 1, 1);
    print (jdtojewish ($jdc));
?>
```

string jdtojulian (integer julianische_tagesanzahl)

Mit der Funktion `jdtojulian` konvertieren Sie eine julianische Tagesanzahl in ein julianisches Datum.

```
<?
   $jdc = gregoriantojd (1, 1, 1);
   print (jdtojulian ($jdc));
?>
```

integer jewishtojd(integer monat, integer tag, integer jahr)

Die Funktion `jewishtojd` liefert Ihnen die julianische Tagesanzahl für ein übergebenes Datum des Jüdischen Kalenders.

```
<?
   $jdc = jewishtojd(1,1,1);
   print(jdtogregorian($jdc));
?>
```

integer juliantojd (integer monat, integer tag, integer jahr)

Die Funktion `juliantojd` liefert Ihnen die julianische Tagesanzahl für ein übergebenes Datum des julianischen Kalenders.

```
<?
   $jdc = juliantojd (1, 1, 1);
   print (jdtogregorian ($jdc));
?>
```

11.3 Konfigurationsfunktionen

Die folgenden Funktionen haben Auswirkungen auf den Ablauf von PHP. Mit einigen werden Konfigurationsvariablen verändert. Andere bewirken, dass die Ausführung eines Scripts für eine bestimmte Zeit unterbrochen wird.

boolean bcscale (integer dezimalstellen)

Mit der Funktion `bscale` wird die Standardgenauigkeit für alle Funktionen festgelegt, die mathematische Operationen mit Zahlen beliebiger Genauigkeit durchführen. »Dezimalstellen« bedeutet die Anzahl Stellen nach dem Dezimalpunkt. Siehe auch den Abschnitt über Zahlen mit beliebiger Genauigkeit in Kapitel 10, »Mathematische Funktionen«.

```
<?
   // 10 Stellen nach dem Dezimalpunkt
   bcscale (10);
?>
```

clearstatcache()

Der Aufruf der C-Funktion `stat` kann recht lange dauern. Um die Performance zu verbessern, speichert PHP das Ergebnis jedes Aufrufs in einem Cache. Wenn Sie eine Funktion aufrufen, die das Ergebnis von `stat` benötigt, wird dieser Cache ausgelesen. Wenn sich die Informationen über eine Datei häufig ändern, müssen Sie vielleicht den `stat`-Cache löschen.

Die folgenden Funktionen verwenden den `stat`-Cache: `stat`, `file_exists`, `fileatime`, `filectime`, `fileinode`, `filegroup`, `fileowner`, `fileperms`, `filesize`, `filetype`.

```
<?
    // Sicherstellen, dass keine Infos im Cache sind
    clearstatcache();

    // Die Größe der Datei feststellen
    print (filesize (__FILE__));
?>
```

define_syslog_variables()

Die Funktion `define_syslog_variables` emuliert die gleichnamige Konfigurationsdirektive. Sie bewirkt, dass die im Systemprotokoll verwendeten Konstanten als Variablen angelegt werden. Die folgenden Funktionen arbeiten mit dem Systemprotokoll: `closelog`, `openlog` und `syslog`.

```
<?
define_syslog_variables();
?>
```

boolean dl (string erweiterung)

Mit der Funktion `dl` laden Sie ein dynamisches Erweiterungsmodul. Wenn das Modul nicht geladen werden konnte, gibt die Funktion `FALSE` zurück. Der Pfad zu diesen Modulen steht in `php.ini`, Sie brauchen also nur den Dateinamen anzugeben.

```
<?
    // Lädt das Windows-MySQL-Modul
    dl ("php_mysql.dll");

    // Anzeige der PHP-Informationen
    phpinfo();
?>
```

integer error_reporting (integer ebene)

Die Funktion `error_reporting` legt die Ebene der Fehlermeldungen fest und gibt den vorher eingestellten Wert zurück. Das Argument `ebene` ist ein Bitfeld oder eine Konstante. Verwenden Sie also den bitweisen OR-Operator (`|`), um die Art der gewünschten Fehlermeldung zusammenzustellen. PHP verwendet standardmäßig Ebene 7, gibt also Fehler, Warnungen und Parserfehler aus. Beachten Sie Tabelle 11.7, dort finden Sie eine Liste der Fehlermeldungs-Ebenen.

Wegen der Kompatibilität mit zukünftigen Versionen sollten Sie die Konstanten verwenden. In Tabelle 11.7 sind die Namen der Konstanten mit angeführt.

Wert	Konstante	Beschreibung
1	E_ERROR	Kritischer Fehler, der zum Abbruch der Script-Bearbeitung führt.
2	E_WARNING	Nicht kritischer Fehler, verursacht durch Übergabe falscher Werte an Funktionen, der eine Weiterbearbeitung des Scripts erlaubt.
4	E_PARSE	Vom Parser erzeugter Fehler, der zum Abbruch der Script-Bearbeitung führt.
8	E_NOTICE	Warnung über einen Zustand, der möglicherweise ein Fehler sein könnte, etwa das Auslesen einer Variablen, bevor sie gesetzt wurde.
16	E_CORE_ERROR	Fehler, der vom Betriebssystem gemeldet wird.
32	E_CORE_WARNING	Warnung, die vom Betriebssystem gemeldet wird.
64	E_COMPILE_ERROR	Fehler beim Kompilieren.
128	E_COMPILE_WARNING	Warnung beim Kompilieren.
256	E_USER_ERROR	Fehler durch den Benutzer.
512	E_USER_WARNING	Warnung durch den Benutzer.
1024	E_USER_NOTICE	Eine Notiz über einen Zustand, der durch den Anwender veranlasst wurde.

Tabelle 11.7: Fehlermeldungs-Ebenen

```
<?
    // Nicht initialisierte Variable, keine Notiz
    print ($empty_variable);
    // Einschalten der Notizen
    error_reporting (error_reporting(0) | 8);
    // Nicht initialisierte Variable, Notiz wird angezeigt
    print ($empty_variable);
?>
```

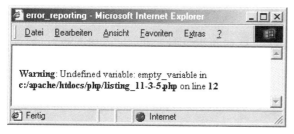

Abbildung 11.3: Fehlermeldungen

boolean ignore_user_abort (boolean ignoriere)

Wenn Sie ignore_user_abort mit einem Argument ignoriere aufrufen, das TRUE ergibt, wird PHP auch dann weiter ausgeführt, wenn der entfernte Client die Verbindung abrupt beendet. Die Funktion gibt die vorherige Einstellung zurück. Wenn Sie ignore_user_abort ohne Argument aufrufen, erfolgt keine Änderung der Einstellung.

```
<?
    function fakeProcess ($name) {
        print ("Starte den fingierten Prozess.<BR>\n");
        flush();
        sleep (10);
        print ("Ende des fingierten Prozess.<BR>\n");

        // Schreibe die Nachricht in die Log-Datei
        $statusMessage = date ("Y-m-d H:i:s")
                . " Fingierter Prozess $name beendet\n";
        error_log ($statusMessage, 3, "status.log");
    }

    // Beende das Script, auch wenn
    // der Benutzer es abbricht
    ignore_user_abort (TRUE);

    fakeProcess ("one");

    // Erlaube den Abbruch wieder
    ignore_user_abort (FALSE);

    fakeProcess ("two");
?>
```

string ini_set (string direktive, string wert)

Mit ini_set »überstimmen« Sie eine der Direktiven in der Datei php.ini. Die Einstellung gilt nur für Ihr Script. Die Datei selbst wird nicht verändert.

string ini_get (string direktive)

Die Funktion ini_get gibt den Wert einer der Direktiven in der Datei php.ini zurück.

```
<?
    // Nachsehen wie SMTP gesetzt ist
    print (ini_get ("SMTP") . "<BR>\n");

    // Auf einen falschen Wert setzen
    ini_set ("SMTP", "mail.corephp.com");
    print (ini_get ("SMTP") . "<BR>\n");
```

```
// Wieder zurücksetzen
ini_restore ("SMTP");
print (ini_get ("SMTP") . "<BR>\n");
?>
```

ini_restore (string direktive)

Die Funktion `ini_restore` setzt die benannte Direktive auf den Wert in der Datei `php.ini` zurück. Bei `ini_get` finden Sie ein Anwendungsbeispiel.

magic_quotes_runtime()

`magic_quotes_runtime` ist eine alternative Aufrufmöglichkeit für `set_magic_quotes_runtime`.

register_shutdown_function (string funktion)

Der Aufruf von `register_shutdown_function` veranlasst PHP, nach dem Parsen des gesamten Scripts, einschließlich aller Teile außerhalb von PHP-Tags, eine Funktion aufzurufen. Diese abschließende Funktion wird auch aufgerufen, wenn ein Fehler, ein Timeout oder ein Benutzerabbruch auftritt.

Denken Sie daran, dass die abschließende Funktion auch aufgerufen wird, wenn die Verbindung zum Browser geschlossen wurde. In diesem Fall wäre die Verwendung von `print` nicht sehr sinnvoll. Die Funktion eignet sich also nicht zur Fehlersuche.

Sie können mehrere abschließende Funktionen registrieren. Sie werden dann in der Reihenfolge ihrer Registrierung ausgeführt.

```
<?
   function shutdown() {
      print("<!- Script Terminated ->\n");
   }

   register_shutdown_function("shutdown");
?>
```

integer set_magic_quotes_runtime (integer einstellung)

Mit `set_magic_quotes_runtime` legen Sie fest, ob Anführungszeichen, die in Daten aus einer Datenbank enthalten sind, entwertet werden sollen oder nicht. Der vorher eingestellte Wert wird zurückgegeben. Es gibt zwei Werte, wobei 0 für abschalten und 1 für einschalten steht.

```
<?
   // magic_quotes_runtime abschalten
   set_magic_quotes_runtime(0);
?>
```

string setlocale (mixed kategorie, string standorteinstellung)

Die Funktion `setlocale` verändert die Standorteinstellung für PHP und gibt die Spezifikation der neuen Einstellung zurück. Wenn ein Fehler auftritt, wird `FALSE` zurückgegeben. Die Standorteinstellung legt zum Beispiel fest, ob in Gleitkommazahlen ein Komma oder ein Punkt verwendet wird. Standorteinstellungen haben keinen Einfluss auf Ihre Programmierung, sondern lediglich auf die Ausgabe einiger Funktionen.

Wenn das Argument `kategorie` eine leere Zeichenkette ist, werden die Werte der Kategorien aus den Umgebungsvariablen bestimmt. Wenn das Argument `kategorie` Null ist, wird die aktuelle Einstellung zurückgegeben. Ansonsten sollte eine Kategorie aus Tabelle 11.8 gewählt werden.

Diese Funktion entspricht der gleichnamigen Funktion in C. Es empfiehlt sich also, den entsprechenden Handbucheintrag zu lesen. PHP akzeptiert einige Kategorien, die sich nicht auf PHP selbst auswirken. Außerdem akzeptiert PHP nicht unbedingt alle Kategorien, die Ihr Betriebssystem anbietet.

Standortcodes unterscheiden sich je nach Betriebssystem. Im Allgemeinen haben sie die Form `language_country`, also einen Sprachcode, gefolgt von einem optionalen Unterstrich und einem Ländercode. Wenn Sie unter Windows arbeiten, finden Sie alle Sprachen und Länder in der Hilfedatei von Visual C.

```
<?
    // Ändern der Standorteinstellung unter Windows NT
    print ("Changing to Russian: ");
    print (setlocale(LC_ALL, "russian"));
    print ("<BR>\n");
    print ("Dos vedanya!");
?>
```

Kategorie	Beschreibung
LC_ALL	alle Aspekte des Standorts
LC_COLLATE	Zeichenkettenvergleiche (nicht von PHP verwendet)
LC_CTYPE	Umwandlung und Klassifizierung von Zeichen
LC_MONETARY	Währungsformate (nicht von PHP verwendet)
LC_NUMERIC	Zahlentrennung
LC_TIME	Zeitformate

Tabelle 11.8: Kategorien für setlocale

set_time_limit (integer Sekunden)

Mit `set_time_limit` wird die voreingestellte Zeit, während der ein Script laufen darf, überstimmt. Normalerweise sind in `php.ini` 30 Sekunden voreingestellt. Wenn diese Grenze erreicht ist, wird ein Fehler erzeugt und das Script beendet. Wenn das Argument auf Null gesetzt wird, läuft das Script ohne Zeitbegrenzung.

Jedes Mal, wenn set_time_limit aufgerufen wird, wird der Zähler auf Null zurückgestellt. Wenn Sie also set_time_limit(30) aufrufen, haben Sie neue 30 Sekunden Ausführungszeit zur Verfügung.

In Windows können solche Zeitbegrenzungen nicht eingestellt werden. Scripts laufen hier so lange, bis sie abgearbeitet sind.

```
<?
    // Setzt die Zeitbegrenzung auf unendlich
    set_time_limit(0);
?>
```

sleep (integer sekunden)

Die Funktion sleep unterbricht die Ausführung für die übergebene Zeitdauer in Sekunden.

```
<?
    print (microtime());
    sleep (3);

    print ("<BR>\n");
    print (microtime());
?>
```

usleep (integer mikrosekunden)

Die Funktion usleep unterbricht die Ausführung für die übergebene Zeitdauer in Mikrosekunden. Eine Sekunde hat eine Million Mikrosekunden.

```
<?
    print (microtime());
    usleep (30);
    print ("<BR>\n");
    print (microtime());
?>
```

Kapitel 12

Bildfunktionen

- Bilder analysieren
- Bilder im JPEG-, PNG- und WBMP-Format erzeugen

Die meisten Bildfunktionen stammen aus der GD-Bibliothek, einer freien Software zur Bildbearbeitung. Die GD-Erweiterung muss geladen sein, entweder über `php3.ini` oder die Funktion `dl`. Die vier Funktionen im ersten Abschnitt dieses Kapitels sind nicht Teil der GD-Erweiterung und stehen Ihnen immer zur Verfügung.

Die GD-Bibliothek wurde von Boutell.com erstellt. Dieses Unternehmen hat für die Web-Gemeinschaft eine ganze Reihe von Open-Source-Tools geschaffen. Früher konnten mit der Bibliothek GIF-Bilder erzeugt werden, bis diese Möglichkeit 1999 zu Gunsten des PNG-Formats gestrichen wurde. Der für die Erzeugung von GIF-Bildern verwendete Komprimierungs-Algorithmus ist patentiert. Deshalb müssen Sie seine Verwendung bei der Software-Programmierung genehmigen lassen. Bei PNG andererseits handelt es sich um eine freie Spezifikation, die außerdem dem GIF-Format technisch überlegen ist. Da die vierte Generation der beiden großen Browser (Netscape Navigator und Microsoft Internet Explorer) PNG unterstützt, ist die Verwendung dieses Bildformats problemlos möglich. Seit Anfang des Jahres 2000 enthält die GD-Bibliothek auch die Formate JPEG und WBMP.

Die Homepage der GD-Bibliothek finden Sie unter `http://www.boutell.com/gd/`. Die URL der Homepage von PNG ist `http://www.cdrom.com/pub/png/`.

Zwei der in diesem Kapitel vorgestellten Funktionen brauchen eine spezielle Bibliothek für den Umgang mit TrueType-Schriften: `imagettfbbox` und `imagettftext`. Auch die Funktionen, die mit PostScript-Schriften arbeiten, brauchen ihre eigene Bibliothek. Diese Funktionen stehen Ihnen nur zur Verfügung, wenn Sie PHP entsprechend kompiliert haben.

In Kapitel 19, »Grafiken erzeugen«, wenden wir die Funktionen dieses Kapitels in einigen praktischen Aufgabenstellungen an.

12.1 Bilder analysieren

Diese Funktionen sind Teil des PHP-Kerns. Sie brauchen dafür keine Erweiterung laden.

string gamma_correct_tag (string color, double original, double new)

Die Funktion `gamma_correct_tag` stellt einen neuen Gamma-Wert für eine HTML-Farbe ein. Sie übergibt der Hardware einen Gamma-Wert, der die relative Helligkeit der Bilddarstellung definiert. Identische Bilder erscheinen auf Macintosh-Hardware heller als auf einem typischen Wintel-Klon. In W3C gibt es eine interessante Diskussion über Farbräume einschließlich Informationen über Gamma-Werte: `http://www.w3.org/Graphics/Color/sRGB.html`.

```
<?
   // Von Windows gamma auf Macintosh gamma anpassen
   $color = gamma_correct_tag ("#CC0000", 2.2, 1.571);

   print ("<FONT COLOR=\"$color\">");
   print ("Beispieltext");
   print ("</FONT>");
?>
```

array getimagesize (string filename [, array image_info])

Die Funktion getimagesize gibt ein Array mit vier Elementen zurück, das die Bildgröße des übergebenen Dateinamens enthält. Die Belegung des Arrays sehen Sie in Tabelle 12.1. Die Datei muss eine Bilddatei in einem der folgenden Formate sein: GIF, JPEG oder PNG.

Element	Beschreibung
0	Breite in Pixel
1	Höhe in Pixel
2	Bildart (GIF=1, JPG=2, PNG=3)
3	Zeichenkette nach dem Muster: »height=150 width=200«, kann im IMG-Tag verwendet werden
Bits	Bit pro Sample bei JPEG
Channels	Samples pro Pixel bei JPEG

Tabelle 12.1: Array-Elemente für getimagesize

Das optionale Argument image_info übergeben Sie mit zusätzlichen Informationen über die Datei. Gegenwärtig ist das Array mit den APP-Markern 0 bis 15 für JPEG-Dateien belegt. Einer der gebräuchlichsten ist APP13. Hierbei handelt es sich um einen IPTC-Block (International Press Telecommunications Council). Diese Blöcke dienen der Übertragung von Informationen über elektronische Medien an Nachrichtenagenturen. Sie sind in Binärform gespeichert. Um sie zu decodieren, verwenden Sie die Funktion iptcparse. Sie erfahren mehr über IPTC auf der Website: <http://www.iptc.org/iptc/>.

Beachten Sie, dass Sie das Argument image_info als Referenz übergeben müssen. Sie müssen also ein &-Zeichen voranstellen.

```
<?
    $image_file = "php.jpg";
    $image_size = getimagesize ($image_file, &$image_info);
    print ("<IMG SRC=\"$image_file\" $image_size[3]><BR>\n");

    // Bilddaten anzeigen, falls das Bild existiert
    while (list ($key, $value) = each ($image_info)) {
        print ($key . "<BR>\n");
    }
?>
```

string iptcembed (string iptc, string file [, integer spool])

Die Funktion iptcembed fügt IPTC-Blöcke zu JPEG-Dateien hinzu. Standardmäßig werden die Blöcke der Datei hinzugefügt und die geänderte Datei wird zurückgegeben. Mit dem Argument spool können Sie dieses Verhalten ändern. Wenn das spool-Flag 1 oder 2 ist, wird die geänderte JPEG-Datei direkt an den Browser geschickt. Wenn das spool-Flag 2 ist, wird die JPEG-Datei nicht als Zeichenkette zurückgegeben.

array iptcparse (string iptc, string file [, integer spool])

Die Funktion iptcparse erhält einen IPTC-Block und gibt alle darin enthaltenen Tags in einem Array zurück. Wie Sie IPTC-Blöcke erhalten, erfahren Sie in der Beschreibung von getimagesize.

12.2 Bilder im JPEG-, PNG- und WBMP-Format erzeugen

Alle Funktionen in diesem Abschnitt brauchen die GD-Bibliothek. Wenn Sie diese nicht als Teil Ihres PHP-Moduls kompiliert haben, laden Sie sie entweder automatisch, indem Sie die Datei php3.ini ändern, oder Sie verwenden die Funktion dl. Für einige Funktionen brauchen Sie zusätzliche Bibliotheken, die Ihnen die Verwendung von Schriftdateien erlauben.

Um die Bilderzeugung zu beginnen, erzeugen Sie entweder ein leeres Bild mit imagecreate oder Sie laden mit einer Funktion wie imagecreatefrompng ein PNG-Bild aus einer Datei. Diese Funktionen verwenden ein Koordinatensystem, in dem (0,0) die linke obere Ecke kennzeichnet. Die Zahlen bezeichnen Pixel. Auch Größenargumente sind in Pixel.

Wenn Sie mit diesen Funktionen ein Bild erzeugen, können Sie dieses nicht einfach mitten in einem Script mit HTML-Ausgabe ausgeben. Sie müssen ein getrenntes Script erstellen, das einen content-type-Header sendet (wie in den Beispielen).

Für Funktionen, die Schriftarten verwenden, gibt es fünf interne Schriftarten, die von 1 bis 5 durchnummeriert sind. Sie können auch Schriftarten laden. Diese haben dann immer Bezeichner, die größer als 5 sind.

boolean imagearc (integer image, integer center_x, integer center_y, integer width, integer height, integer start, integer end, integer color)

Mit imagearc zeichnen Sie einen Teil einer Ellipse. Das erste Argument ist ein gültiges Bild. Der Mittelpunkt der Ellipse liegt bei center_x und center_y. Die Höhe und Breite übergeben Sie als entsprechende Argumente in Pixel. Start- und Endpunkt der Kurve übergeben Sie als Gradangaben. Dabei sind 0° bei drei Uhr, gezählt wird gegen den Uhrzeiger.

```
<?
    /*
    ** Einen runden Ausschnitt aus einem Bild erzeugen
    */

    // Das Bild öffnen, Fehlermeldungen unterdrücken
    if (! ($image = @imagecreatefrompng ("php.png"))) {
        // Fehler, Meldung ausgeben und Programm beenden
        $image = imagecreate (200, 200);
        $colorWhite = imagecolorallocate ($image, 255, 255, 255);
        $colorBlack = imagecolorallocate ($image, 0, 0, 0);
        imagefill ($image, 0, 0, $colorWhite);
        imagestring ($image, 4, 10, 10, "Konnte Bild nicht
                laden!", $colorBlack);
        header ("Content-type: image/jpeg");
```

```
    imagejpeg ($image);
    exit();
}


// Eine transparente Farbe erzeugen von einer
// Farbe, die nicht in dem Bild vorkommt
$colorMagenta = imagecolorallocate ($image, 255, 0, 255);


// Einen Kreis zeichnen
imagearc ($image,100,50,100,100,0,360,$colorMagenta);


// Außerhalb des Kreises mit Magenta einfärben
imagefilltoborder ($image,0,0,$colorMagenta,$colorMagenta);


// Magenta transparent machen
imagecolortransparent ($image, $colorMagenta);


// Bild zum Browser schicken
header ("Content-type: image/png");
imagepng ($image);
?>
```

boolean imagechar (integer image, integer font, integer x, integer y, string character, integer color)

Die Funktion imagechar zeichnet an die übergebene Position ein einziges Zeichen. Das Font-Argument kann eine geladene Schriftart oder eine der fünf internen Schriften sein. Das Zeichen wird horizontal ausgerichtet, also von links nach rechts. Die x und y-Koordinaten beziehen sich auf die linke obere Ecke des Zeichens.

```
<?
/*
** 'C' in allen standardmäßigen Fonts zeichnen
*/


// Ein weißes Quadrat erzeugen
$image = imagecreate (200,200);
$colorBlack = imagecolorallocate ($image, 0, 0, 0);
$colorWhite = imagecolorallocate ($image, 255,255,255);
imagefill ($image, 0, 0, $colorWhite);


// Ein 'C' in jedem Font zeichnen
imagechar ($image, 1, 0, 0, "C", $colorBlack);
imagechar ($image, 2, 20, 20, "C", $colorBlack);
imagechar ($image, 3, 40, 40, "C", $colorBlack);
imagechar ($image, 4, 60, 60, "C", $colorBlack);
imagechar ($image, 5, 80, 80, "C", $colorBlack);
```

```
   // Bild zum Browser schicken
   header ("Content-type: image/jpeg");
   imagejpeg ($image);
?>
```

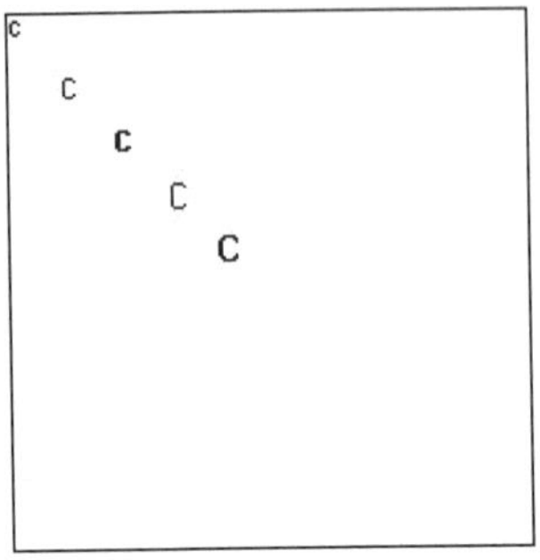

Abbildung 12.1: imagechar

boolean imagecharup (integer image, integer font, integer x, integer y, string character, integer color)

Die Funktion imagecharup entspricht der Funktion imagechar. Das Zeichen wird jedoch vertikal ausgerichtet, also von unten nach oben.

```
<?
   /*
   ** Ein vertikales 'M' in allen Standardschriftarten ausgeben
   */

   // Ein weißes Quadrat erzeugen
   $image = imagecreate (200,200);
   $colorBlack = imagecolorallocate ($image, 0, 0, 0);
   $colorWhite = imagecolorallocate ($image, 255,255,255);
   imagefill ($image, 0, 0, $colorWhite);

   // Ein 'M' in allen Fonts ausgeben
   imagecharup ($image, 1, 10, 10, "M", $colorBlack);
   imagecharup ($image, 2, 30, 30, "M", $colorBlack);
   imagecharup ($image, 3, 50, 50, "M", $colorBlack);
   imagecharup ($image, 4, 70, 70, "M", $colorBlack);
   imagecharup ($image, 5, 90, 90, "M", $colorBlack);

   // Bild zum Browser schicken
   header ("Content-type: image/gif");
   imagejpeg ($image);
?>
```

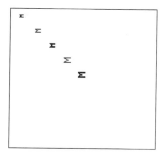

Abbildung 12.2: imagecharup

integer imagecolorallocate (integer image, integer red, integer green, integer blue)

Die Funktion imagecolorallocate ordnet dem übergebenen Bild eine Farbe zu. Sie bestimmen die Farbe durch ihre Rot-, Grün- und Blauanteile. Für die weitere Verwendung dieser Farbe in anderen Funktionen wird ein Bezeichner zurückgegeben, der auf diese Farbe verweist.

```
<?
   /*
   ** Rote, grüne und blaue Kreise zeichnen
   */

   // Ein weißes Quadrat erzeugen
   $image = imagecreate (200,200);
   $colorWhite = imagecolorallocate ($image, 255,255,255);
   $colorRed = imagecolorallocate ($image, 255, 0, 0);
   $colorGreen = imagecolorallocate ($image, 0, 255, 0);
   $colorBlue = imagecolorallocate ($image, 0, 0, 255);
   imagefill ($image, 0, 0, $colorWhite);

   // Einen roten Kreis zeichnen
   imagearc ($image, 50, 50, 100, 100, 0, 360, $colorRed);
   imagefilltoborder ($image, 50, 50, $colorRed, $colorRed);

   // Einen grünen Kreis zeichnen
   imagearc ($image, 100, 50, 100, 100, 0, 360, $colorGreen);
   imagefilltoborder ($image, 100,50,$colorGreen, $colorGreen);

   // Einen blauen Kreis zeichnen
   imagearc ($image, 75, 75, 100, 100, 0, 360, $colorBlue);
   imagefilltoborder ($image, 75, 75, $colorBlue, $colorBlue);

   // Bild zum Browser schicken
   header ("Content-type: image/jpeg");
   imagejpeg ($image);
?>
```

integer imagecolorat (integer image, integer x, integer y)

Die Funktion `imagecolorat` gibt den Farbindex des angegebenen Pixel zurück. Alle Bilder haben verschiedene Farben, die mit Integerwerten bezeichnet werden.

```
<?
   /*
   ** Eine Farbe ändern
   */

   // Bild öffnen, Fehlermeldungen unterdrücken
   if (! ($image = @imagecreatefromjpeg ("php_lang.jpg"))) {
      // Fehler, Fehlerbild erzeugen und Programm beenden
      $image = imagecreate (200,200);
      $colorWhite = imagecolorallocate ($image, 255, 255, 255);
      $colorBlack = imagecolorallocate ($image, 0, 0, 0);
      imagefill ($image, 0, 0, $colorWhite);
      imagestring ($image, 4, 10, 10,
           "Konnte Bild nicht laden!", colorBlack);
      header ("Content-type: image/jpeg");
      imagejpeg ($image);
      exit();
   }
   // Farbe des Pixels an den Koordinaten (10, 10) holen
   $colorIndex = imagecolorat ($image, 10, 10);

   // Diesen Pixel rot färben
   imagecolorset ($image, $colorIndex, 255, 0, 0);

   // Bild an den Browser schicken
   header ("Content-type: image/jpeg");
   imagejpeg ($image);
?>
```

integer imagecolorclosest (integer image, integer red, integer green, integer blue)

Die Funktion `imagecolorclosest` gibt den im Bild enthaltenen Farbindex zurück, der der übergebenen Farbe am nächsten kommt. Farben werden dabei als dreidimensionale Koordinaten behandelt und ihre Ähnlichkeit wird durch den Abstand definiert, den zwei Punkte in diesem Koordinatensystem voneinander haben.

```
<?
   /*
   ** Vergleich zwischen realer Farbe und der ähnlichsten Farbe
   */

   // Bild öffnen, Fehlermeldungen unterdrücken
   if (! ($image = @imagecreatefromjpeg ("php_lang.jpg"))) {
```

```
        // Fehler, ein Fehlerbild erzeugen und Programm beenden
        $image = imagecreate (200,200);
        $colorWhite = imagecolorallocate ($image, 255, 255, 255);
        $colorBlack = imagecolorallocate ($image, 0, 0, 0);
        imagefill ($image, 0, 0, $colorWhite);
        imagestring ($image, 4, 10, 10,
            "Konnte Bild nicht laden!", $colorBlack);
        header ("Content-type: image/jpeg");
        imagejpeg ($image);
        exit();
    }


    // Index der Farbe, die Magenta am nächsten kommt
    $magentaIndex = imagecolorclosest ($image, 255, 0, 255);
    // RGB-Werte ausgeben
    $colorArray = imagecolorsforindex ($image, $magentaIndex);

    // Die ähnlichste Farbe bestimmen
    $colorMagenta = imagecolorallocate ($image,
        $colorArray["red"],
        $colorArray["green"],
        $colorArray["blue"]);
    // Ein Quadrat zeichnen
    imagefilledrectangle ($image,10,10,100,100,$colorMagenta);
    // Bild an den Browser schicken
    header ("Content-type: image/jpeg");
    imagejpeg ($image);
?>
```

integer imagecolorexact (integer image, integer red, integer green, integer blue)

Mit imagecolorexact finden Sie den Farbindex im übergebenen Bild, der der übergebenen Farbe genau entspricht. Wenn der gewünschte Farbindex nicht existiert, wird minus eins (-1) zurückgegeben.

```
<?
    /*
    ** Prüfen, ob ein Bild Schwarz enthält.
    ** Falls ja, Schwarz durch Cyan ersetzen
    */

    // Bild öffnen, Fehlermeldungen unterdrücken
    if (! ($image = @imagecreatefromjpeg ("php_lang.jpg"))) {
        // Fehler, ein Fehlerbild erzeugen und Programm beenden
        $image = imagecreate (200,200);
        $colorWhite = imagecolorallocate ($image, 255, 255, 255);
        $colorBlack = imagecolorallocate ($image, 0, 0, 0);
```

```
    imagefill ($image, 0, 0, $colorWhite);
    imagestring ($image, 4, 10, 10,
        "Konnte Bild nicht laden!", $colorBlack);
    header ("Content-type: image/jpeg");
    imagejpeg ($image);
    exit();
  }

  // Den Index von Schwarz suchen
  $blackIndex = imagecolorexact ($image, 0, 0, 0);

  if ($blackIndex >= 0) {
    // Alle schwarzen Flächen mit Cyan einfärben
    imagecolorset ($image, $blackIndex, 0, 255, 255);
  }

  // Bild an den Browser schicken
  header ("Content-type: image/jpeg");
  imagejpeg ($image);
?>
```

integer imagecolorresolve (integer image, integer red, integer green, integer blue)

Die Funktion imagecolorresolve gibt einen Farbbezeichner zurück, der auf einer angegebenen Farbe beruht. Wenn es die Farbe in der Palette des Bildes nicht gibt, wird sie hinzugefügt. Falls sie nicht hinzugefügt werden kann, gibt die Funktion den Bezeichner der ähnlichsten Farbe zurück.

```
<?
  /*
  ** Magentafarbenes Quadrat zeichnen
  */

  // Bild öffnen, Fehlermeldungen unterdrücken
  if (! ($image = @imagecreatefromjpeg ("php_lang.jpg"))) {
    // Fehler, ein Fehlerbild erzeugen und Programm beenden
    $image = imagecreate (200,200);
    $colorWhite = imagecolorallocate ($image, 255, 255, 255);
    $colorBlack = imagecolorallocate ($image, 0, 0, 0);
    imagefill ($image, 0, 0, $colorWhite);
    imagestring ($image, 4, 10, 10,
        "Konnte Bild nicht laden!", $colorBlack);
    header ("Content-type: image/jpeg");
    imagejpeg ($image);
    exit();
  }

  $colorMagenta = imagecolorresolve ($image, 255, 0, 255);
```

```
   // Ein Quadrat zeichnen
   imagefilledrectangle ($image,10, 10, 50, 50, $colorMagenta);
   // Bild an den Browser schicken
   header ("Content-type: image/jpeg");
   imagejpeg ($image);
?>
```

boolean imagecolorset (integer image, integer index, integer red, integer green, integer blue)

Die Funktion imagecolorset setzt die zu dem übergebenen Farbindex gehörende Farbe auf den übergebenen Wert. Ein Beispiel hierzu finden Sie bei der Beschreibung der Funktion imagecolorat.

array imagecolorsforindex (integer image, integer index)

Die Funktion imagecolorsforindex gibt ein assoziatives Array zurück, dessen Elemente red, green, blue der Farbe des übergebenen Farbindex entsprechen.

```
<?
   /*
   ** Die RGB-Werte für eine Farbe anzeigen   */

   // Bild öffnen, Fehlermeldungen unterdrücken
   if (! ($image = @imagecreatefromjpeg ("php_lang.jpg"))) {
      //Fehler, ein Fehlerbild erzeugen und Programm beenden
      $image = imagecreate (200,200);
      $colorWhite = imagecolorallocate ($image, 255, 255, 255);
      $colorBlack = imagecolorallocate ($image, 0, 0, 0);
      imagefill ($image, 0, 0, $colorWhite);
      imagestring ($image, 4, 10, 10,
            "Konnte Bild nicht laden!", $colorBlack);
      header ("Content-type: image/jpeg");
      imagejpeg ($image);
      exit();
   }

   // Den Farbwert an den Koordinaten (100,100) holen
   $colorIndex = imagecolorat ($image, 100, 100);

   // Die RGB-Werte holen
   $colorParts = imagecolorsforindex ($image, $colorIndex);

   // Die RGB-Werte ausgeben
   printf ("RGB: " .
      $colorParts["red"] . ", " .
      $colorParts["green"] . ", " .
      $colorParts["blue"]);
?>
```

integer imagecolorstotal (integer image)

Die Funktion `imagecolorstotal` gibt die Gesamtzahl der im übergebenen Bild verwendeten Farben zurück.

```
<?
    /*
    ** Anzahl der Farben in einem Bild abfragen
    */

    // Bild öffnen, Fehlermeldungen unterdrücken
    if (! ($image = @imagecreatefromjpeg ("php_lang.jpg"))) {
        // Fehler, Fehlermeldung ausgeben
        print ("Konnte Bild nicht laden!");
    } else {
        print ("Anzahl der Farben: ".imagecolorstotal ($image));
    }
?>
```

integer imagewcolortransparent (integer image [, integer color])

Die Funktion `imagecolortransparent` setzt die übergebene Farbe transparent. Das Argument `color` ist der von der Funktion `imagecolorallocate` zurückgegebene Bezeichner.

```
<?
    /*
    ** Ein rotes Bild erzeugen, aus dem ein transparentes
    ** Quadrat ausgeschnitten wird
    */
    // Ein rotes Quadrat erzeugen
    $image = imagecreate (200,200);
    $colorRed = imagecolorallocate ($image, 255, 0, 0);
    $colorBlue = imagecolorallocate ($image, 0, 0, 255);
    imagefill ($image, 0, 0, $colorRed);

    // Ein kleineres blaues Quadrat erzeugen
    imagefilledrectangle ($image, 30, 30, 70, 70, $colorBlue);

    // Die blaue Farbe transparent machen
    imagecolortransparent ($image, $colorBlue);

    // Bild an den Browser schicken
    header ("Content-type: image/png");
    imagepng ($image);
?>
```

integer imagecopyresized (integer destination, integer source, integer destination_x, integer destination_y, integer source_x, integer source_y, integer destination_width, integer destination_height, integer source_width, integer source_height)

Die Funktion imagecopyresized kopiert einen Teil der Bildquelle in ein neues Bild. Bei unterschiedlicher Breite und Höhe von Ziel und Quelle wird das Bild gestreckt oder gestaucht. Sie können mit der Funktion in das gleiche Bild einfügen, aus dem Sie ausschneiden. Die Überlappung von Quelle und Ziel führt jedoch zu unvorhersehbaren Ergebnissen.

```
<?
    /*
    ** Das PHP-Logo in einen roten Hintergrund einbetten
    ** und auf 180x180 Pixel skalieren
    */

    // Ein rotes Quadrat erzeugen
    $image = imagecreate (200, 200);
    $colorRed = imagecolorallocate ($image, 255, 0, 0);
    imagefill ($image, 0, 0, $colorRed);
    // Bild öffnen, Fehlermeldungen unterdrücken
    if (! ($image2 = @imagecreatefromjpeg("php_lang.jpg"))) {
        // Fehler, ein Fehlerbild erzeugen und Progrmm beenden
        $image = imagecreate (200, 200);
        $colorWhite = imagecolorallocate ($image, 255, 255, 255);
        $colorBlack = imagecolorallocate ($image, 0, 0, 0);
        imagefill ($image, 0, 0, $colorWhite);
        imagestring ($image, 4, 10, 10,
            "Konnte Bild nicht laden!", $colorBlack);
        header ("Content-type: image/jpeg");
        imagejpeg ($image);
        exit();
    }

    // Bild2 in das Bild einfügen und skalieren
    imagecopyresized ($image, $image2, 10, 10, 0, 0,
        180, 180, imagesx ($image2), imagesy ($image2));
    // Bild an den Browser schicken
    header("Content-type: image/jpeg");
    imagejpeg($image);
?>
```

integer imagecreate (integer width, integer height)

Die Funktion imagecreate gibt einen Bildbezeichner mit der angegebenen Breite und Höhe zurück. Diesen Bezeichner können Sie in vielen anderen Bildfunktionen verwenden.

```
<?
   /*
   ** Ein rotes Quadrat erzeugen
   */

   // Rotes Quadrat erzeugen
   $image = imagecreate (200, 200);
   $colorRed = imagecolorallocate ($image, 255, 0, 0);
   imagefill ($image, 0, 0, $colorRed);

   // Bild an den Browser schicken
   header ("Content-type: image/jpeg");
   imagejpeg ($image);
?>
```

integer imagecreatefromjpeg (string filename)

Mit imagecreatefromjpeg laden Sie ein JPEG-Bild aus einer Datei.

```
<?
   // Bild öffnen, Fehlermeldungen unterdrücken
   if (! ($image = @imagecreatefromjpeg ("php_lang.jpg"))) {
      // Fehler, ein Fehlerbild erzeugen und Programm beenden
      $image = imagecreate (200,200);
      $colorWhite = imagecolorallocate ($image, 255, 255, 255);
      $colorBlack = imagecolorallocate ($image, 0, 0, 0);
      imagefill ($image, 0, 0, $colorWhite);
      imagestring ($image, 4, 10, 10,
            "Konnte Bild nicht laden!", $colorBlack);
      header ("Content-type: image/jpeg");
      imagejpeg ($image);
      exit();
   }

   // Bild an den Browser schicken
   header ("Content-type: image/jpeg");
   imagejpeg ($image);
?>
```

integer imagecreatefrompng (string filename)

Mit imagecreatefrompng laden Sie ein PNG-Bild aus einer Datei.

```
<?
   // Ein Bild laden und anzeigen
   $image = imagecreatefrompng ("php.png");
   header ("Content-type: image/png");
   imagepng ($image);
?>
```

boolean imagedashedline (integer image, integer start_x, integer start_y, integer end_x, integer end_y, integer color)

Die Funktion imagedashedline zeichnet eine gestrichelte Linie vom Start- zum Endpunkt. Das Argument color ist ein Farbbezeichner, den die Funktion imagecolorallocate zurückgibt. Mit imageline zeichnen Sie eine durchgezogene Linie.

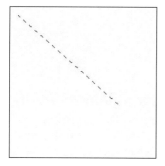

Abbildung 12.3: imagedashedline

```
<?
    /*
    ** Ein Bild mit einer gestrichelten Linie zeichnen
    */

    // Ein gelbes Quadrat erzeugen
    $image = imagecreate (200,200);
    $colorBlue = imagecolorallocate ($image, 0, 0, 255);
    $colorYellow = imagecolorallocate ($image, 255, 255, 0);
    imagefill ($image, 0, 0, $colorYellow);

    // Eine blaue, gestrichelte Linie zeichnen
    imagedashedline ($image, 10, 10, 150, 130, $colorBlue);

    // Bild an den Browser schicken
    header ("Content-type: image/jpeg");
    imagejpeg ($image);
?>
```

boolean imagedestroy (integer image)

Mit der Funktion imagedestroy geben Sie den vom übergebenen Bild belegten Speicherplatz frei. Sie werden diese Funktion nicht oft brauchen, da PHP beim Beenden eines Scripts selbst aufräumt.

```
<?
    /*
    ** Bild erzeugen und dann den Speicher wieder freigeben
    */
```

```
// Blaues Quadrat erzeugen
$image = imagecreate (200,200);
$colorBlue = imagecolorallocate ($image, 128, 128, 255);
imagefill ($image, 0, 0, $colorBlue);

// Bild an den Browser schicken
header ("Content-type: image/jpeg");
imagejpeg ($image);

// Speicher für das Bild wieder freigeben
imagedestroy ($image);
?>
```

boolean imagefill (integer image, integer x, integer y, integer color)

Die Funktion `imagefill` füllt übergebene Pixel mit der übergebenen Farbe. Das Argument `color` ist ein von `imagecolorallocate` gelieferter Bezeichner. Beginnend am übergebenen Pixel, werden alle Pixel in die übergebene Farbe geändert. Die Farbfüllung erstreckt sich bis an die Grenzen einer anderen Farbe. Ein Beispiel dafür finden Sie bei der Beschreibung von `imagearc`. Unter `imagefill-toborder` finden Sie eine Alternative.

boolean imagefilledpolygon (integer image, array points, integer number, integer color)

Die Funktion `imagefilledpolygon` zeichnet ein Polygon, dessen Fläche mit der übergebenen Farbe gefüllt ist. Das Argument `points` ist ein Array der x- und y-Koordinaten jeder Ecke. Jede Ecke belegt zwei Array-Elemente. Das Argument `number` bestimmt die Anzahl der aus dem Array verwendeten Punkte.

```
<?
    /*
    ** Ein schwarzes Dreieck erzeugen
    */

    // Ein rotes Quadrat erzeugen
    $image = imagecreate (200,200);
    $colorRed = imagecolorallocate ($image, 255, 0, 0);
    $colorBlack = imagecolorallocate ($image, 0, 0, 0);
    imagefill ($image, 0, 0, $colorRed);

    // Drei Eckpunkte für das Dreieck definieren
    $points = array (100, 10, 50, 60, 150, 60);

    // Dreieck zeichnen
    imagefilledpolygon ($image,
        $points, count ($points)/2,
        $colorBlack);
```

```
   // Bild an den Browser schicken
   header ("Content-type: image/jpeg");
   imagejpeg ($image);
?>
```

Abbildung 12.4: imagefilledpolygon

boolean imagefilledrectangle (integer image, integer top_left_x, integer top_left_y, integer bottom_right_x, integer bottom_right_y, integer color)

Die Funktion imagefilledrectangle zeichnet ein ausgefülltes Rechteck, das durch die Koordinaten für die linke obere und rechte untere Ecke definiert ist.

```
<?
   /*
   ** Ein schwarzes Rechteck zeichnen
   */

   // Ein grünes Quadrat erzeugen
   $image = imagecreate (200,200);
   $colorGreen = imagecolorallocate ($image, 128, 255, 128);
   $colorBlack = imagecolorallocate ($image, 0, 0, 0);
   imagefill ($image, 0, 0, $colorRed);

   // Ein schwarzes Rechteck zeichnen
   imagefilledrectangle ($image,
      10, 10, 90, 90,
      $colorBlack);

   // Bild an den Browser schicken
   header ("Content-type: image/jpeg");
   imagejpeg ($image);
?>
```

Abbildung 12.5: imagefilledrectangle

boolean imagefilltoborder (integer image, integer x, integer y, integer border_color, integer color)

Die Funktion imagefilltoborder füllt eine Fläche farbig, die durch das Argument border_color begrenzt wird. Die Füllung beginnt an den übergebenen Koordinaten. Sie finden ein Beispiel bei der Beschreibung von imagecolorallocate.

integer imagefontheight (integer font)

Die Funktion imagefontheight gibt die Höhe der übergebenen Schriftart in Pixel zurück. Dabei kann es sich um eine interne Schrift (1 bis 5) oder eine mit imagefontload geladene Schrift handeln.

```
<?
    /*
    ** Ein Bild in der Fonthöhe erstellen
    */

    $Text = "Core PHP Programming";
    $Font = 5;
    $Width = imagefontwidth ($Font) * strlen ($Text);
    $Height = imagefontheight ($Font);

    // Ein grünes Quadrat erzeugen
    $image = imagecreate ($Width, $Height);
    $colorGreen = imagecolorallocate ($image, 128, 255, 128);
    $colorBlack = imagecolorallocate ($image, 0, 0, 0);
    imagefill ($image, 0, 0, $colorGreen);

    // Schwarzen Text einfügen
    imagestring ($image, $Font, 0, 0, $Text, $colorBlack);

    // Bild an den Browser schicken
    header ("Content-type: image/jpeg");
    imagejpeg ($image);
?>
```

integer imagefontwidth (integer font)

Die Funktion `imagefontwidth` gibt die Breite der übergebenen Schriftart in Pixel zurück. Dabei kann es sich um eine interne Schrift (1 bis 5) oder eine mit `imagefontload` geladene Schrift handeln. Ein Beispiel finden Sie unter `imagefontheight`.

boolean imagegammacorrect (integer image, double original, double new)

Die Funktion `imagegammacorrect` ändert den Gamma-Wert eines Bildes. Sie übergibt der Video-Hardware einen Gamma-Wert, der die relative Helligkeit der Bilddarstellung beschreibt. Identische Bilder erscheinen auf Macintosh-Hardware heller als auf einem typischen Wintel-Klon. Jede in der Palette des Bildes enthaltene Farbe wird auf den neuen Gamma-Wert eingestellt.

Gegenwärtig ist `imagegammacorrect` nicht in PHP4 enthalten, obwohl diese Funktion Teil von PHP 3 war.

```
<?
   // Bild öffnen, Fehlermeldungen unterdrücken
   if (! ($image = @imagecreatefromjpeg ("php_lang.jpg"))) {
       // Fehler, ein Fehlerbild erzeugen und Programm beenden
       $image = imagecreate (200, 200);
       $colorWhite = imagecolorallocate ($image, 255, 255, 255);
       $colorBlack = imagecolorallocate ($image, 0, 0, 0);
       imagefill ($image, 0, 0, $colorWhite);
       imagestring ($image, 4, 10, 10,
           "Konnte das Bild nicht laden!", $colorBlack);
       header ("Content-type: image/jpeg");
       imagejpeg ($image);
       exit();
   }

   // gamma anpassen
   imagegammacorrect ($image, 2.2, 1.571);

   // Bild an den Browser schicken
   header ("Content-type: image/jpeg");
   imagejpeg ($image);
?>
```

boolean imageinterlace (integer image [, boolean on])

Mit `imageinterlace` legen Sie fest, ob auf ein Bild das Interlace-Verfahren angewandt wird oder nicht. Wenn eine Änderung erfolgreich ist, wird TRUE zurückgegeben.

Bilder im Interlace-Modus werden so gespeichert, dass sie sich bei der Darstellung aufbauen, anstatt auf einmal zu erscheinen. Als interlaced markierte JPEGs heißen auch progressive JPEGs. Die meisten Browser unterstützen GIF-Bilder mit der Einstellung interlaced, viele Browser unterstützen jedoch nicht PNGs oder progressive JPEGs. Mehr zu diesem Thema finden Sie im Handbuch der GD-Bibliothek.

```
<?
   /*
   ** Ein Interlace-Bild erstellen
   */

   // Ein rotes Quadrat erstellen
   $image = imagecreate (200, 200);
   $colorRed = imagecolorallocate ($image, 255, 0, 0);
   imagefill ($image, 0, 0, $colorRed);

   // Auf 'interleced' setzen
   imageinterlace ($image, TRUE);

   // Bild an den Browser senden
   header ("Content-type: image/jpeg");
   imagejpeg ($image);
?>
```

boolean imagejpeg (integer image [, string filename [, integer quality]])

Die Funktion imagejpeg schickt ein Bild entweder an den Browser oder schreibt es in eine Datei. Wenn Sie einen Dateinamen übergeben, wird eine JPEG-Datei erzeugt. Andernfalls wird das Bild direkt an den Browser geschickt. Das optionale Argument quality bestimmt den Komprimierungsfaktor für das Bild. Er liegt zwischen 0 (schlechteste Qualität) und 10 (beste Qualität).

```
<?
   /*
   ** Ein blaues Quadrat erzeugen und abspeichern
   */

   // Bild erzeugen, falls es noch nicht existiert
   // oder älter als 1 Sunde ist
   if (!file_exists ("blue_square.jpg") OR
      (filectime ("blue_square.jpg") < (time() - 3600))) {
      // Debugger-Meldung ausgeben
      print("<!-erzeuge Bild->\n");

      // Ein blaues Quadrat erstellen
      $image = imagecreate (200, 100);
      $colorBlue = imagecolorallocate ($image, 128, 128, 255);
      $colorWhite = imagecolorallocate ($image, 255, 255, 255);
      imagefill ($image, 0, 0, $colorBlue);

      // Dem Bild das Erstellungsdatum zufügen
      imagestring ($image, 4, 10, 10,
         date ("Y-m-d H:i:s"),
         $colorWhite);
```

```
        // In eine Datei schreiben
        imagejpeg ($image, "blue_square.jpg");
    }

    // Bild mit dem IMG-Tag ausgeben
    print ("<IMG SRC=\"blue_square.jpg\" " .
        "HEIGHT=\"100\" WIDTH=\"200\" BORDER=\"0\">");
?>
```

boolean imageline (integer image, integer start_x, integer start_y, integer end_x, integer end_y, integer color)

Die Funktion imageline zeichnet, wie imagedashedline, eine Linie von einem Start- zum End-punkt. Die Linie ist hier jedoch durchgezogen.

```
<?
    /*
    ** Eine durchgezogene, schwarze Linie zeichnen
    */
    // Ein cyanfarbenes Quadrat erzeugen
    $image = imagecreate (200,200);
    $colorCyan = imagecolorallocate ($image, 0, 255, 255);
    $colorBlack = imagecolorallocate ($image, 0, 0, 0);
    imagefill ($image, 0, 0, $colorCyan);

    // Eine durchgezogene, schwarze Linie zeichnen
    imageline ($image, 10, 10, 150, 130, $colorBlack);

    // Bild an den Browser schicken
    header ("Content-type: image/jpeg");
    imagejpeg ($image);
?>
```

Abbildung 12.6: imageline

integer imageloadfont (string filename)

Die Funktion `imageloadfont` lädt eine Schriftart und gibt einen Schriftartbezeichner zurück, den Sie mit anderen Schriftartfunktionen verwenden können. Die Schriftarten werden als Bitmaps in einem besonderen Format gespeichert. PHP3 enthält ein Perl-Script, mit dem Sie Dateien im Format X11.bdf in das PHP-Format umwandeln können.

Der Code für das Laden von Schriftarten ist architekturabhängig. In Tabelle 12.2 sehen Sie die Struktur einer Schriftartdatei auf Systemen, die mit 32-Bit-Integern arbeiten. Diese Angaben können Sie für die Erzeugung eigener Schriftartdateien verwenden.

Position	Länge	Beschreibung
0	4	Anzahl der Zeichen in der Schrift.
4	4	ASCII-Wert des ersten Zeichens.
8	4	Breite jedes Zeichens in Pixel.
12	4	Höhe jedes Zeichens in Pixel.
16	Unterschiedlich	Jeder Pixel belegt 1 Byte. Dieses Feld sollte also das Produkt aus Zeichenanzahl, Breite und Höhe sein.

Tabelle 12.2: Format von Schriftartdateien in PHP

```php
<?
   /*
   ** Einen Font laden und Text ausgeben
   */
   // Ein rotes Quadrat erzeugen
   $image = imagecreate (200, 200);
   $colorRed = imagecolorallocate ($image, 255, 0, 0);
   $colorBlack = imagecolorallocate ($image, 0, 0, 0);
   imagefill ($image, 0, 0, $colorRed);

   // Font laden
   if (! ($myFont = imageloadfont ("myFont"))) {
      print ("Kann den Font nicht laden!");
      exit();
   }

   // Text mit dem geladenen Font erzeugen
   imagestring ($image, $myFont, 10, 10,
      "Hallo Welt!", $colorBlack);

   // Bild an den Browser schicken
   header ("Content-type: image/jpeg");
   imagejpeg ($image);
?>
```

boolean imagepng (integer image [, string filename])

Die Funktion imagepng schickt ein Bild entweder an den Browser oder schreibt es in eine Datei. Wenn Sie einen Dateinamen übergeben, wird eine PNG-Datei erzeugt. Andernfalls wird das Bild direkt an den Browser geschickt. Die letztere Methode verwenden wir in den meisten Beispielen in diesem Abschnitt.

boolean imagepolygon (integer image, array points, integer number, integer color)

Die Funktion imagepolygon entspricht imagefilledpolygon, außer dass das Polygon nicht farbig gefüllt wird. Das Argument points ist ein Array aus Integerwerten, je zwei für jede Ecke des Polygons. Von jedem Punkt wird eine Linie zum nächsten gezeichnet, dann eine Linie vom letzten Punkt zum Anfangspunkt.

```
<?
  /*
  ** Ein ungefülltes, schwarzes Dreieck zeichnen
  */

  // Rotes Quadrat erzeugen
  $image = imagecreate (200, 200);
  $colorRed = imagecolorallocate ($image, 255, 0, 0);
  $colorBlack = imagecolorallocate ($image, 0, 0, 0);
  imagefill ($image, 0, 0, $colorRed);

  // Eckpunkte des Dreiecks definieren
  $points = array(100, 10, 50, 60, 150, 60);

  // Schwarzes Dreieck zeichnen
  imagepolygon ($image,
    $points, count ($points)/2,
    $colorBlack);

  // Bild an den Browser schicken
  header ("Content-type: image/jpeg");
  imagejpeg ($image);
?>
```

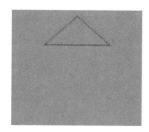

Abbildung 12.7: imagepolygon

array imagepsbbox (string text, integer font_identifier, integer size [, integer spacing, integer letting, double angle])

Die Funktion imagepsbbox gibt ein Array zurück. Es enthält ein Koordinatenpaar für die Begrenzung eines Textrahmens. Die ersten zwei Zahlen sind die x- und y-Werte der linken unteren Ecke. Das zweite Zahlenpaar bestimmt die rechte obere Ecke.

Der font_identifier ist ein Integerwert, wie er von imagepsloadfont zurückgegeben wird. Das Argument size geben Sie in Pixel an. Das Argument spacing gibt den vertikalen Abstand zwischen zwei Textzeilen an. Das Argument letting bestimmt den horizontalen Abstand zwischen den Zeichen. Die beiden letzteren werden in Tausendsteln eines em-Quadrats angegeben und zu den Standardabständen einer Schriftart hinzu addiert. Sie können positiv oder negativ sein. Das Argument angle gibt an, um wie viele Grad der Text aus seiner normalen horizontalen Ausrichtung gedreht werden soll. Ein Beispiel finden Sie unter imagepstext.

integer imagepscopyfont (integer font_identifier)

Die Funktion imagepscopyfont kopiert eine mit imagepsloadfont geladene Schriftart in einen anderen Schriftartbezeichner. So haben Sie neben der ursprünglichen Version einer Schriftart auch eine von Ihnen gestreckte oder schräg gestellte Kopie im Speicher.

Diese Funktion kann zur Zeit nicht benutzt werden, weil es Probleme mit der t1lib gibt.

```php
<?
  /*
  ** Text mit einem PostScript-Font erstellen
  ** normal, gestreckt und kursiv ausgeben
  */
  // Parameter für den Text setzen
  $font_file = "ComputerModern-Roman";
  $size = 20;
  $angle = 0;
  $text = "PHP";
  $antialias_steps = 16;
  $spacing = 0;
  $letting = 0;
  // Ein rotes Quadrat erzeugen
  $image = imagecreate (300, 300);
  $colorRed = imagecolorallocate ($image, 0xFF, 0x00, 0x00);
  $colorBlack = imagecolorallocate ($image, 0, 0, 0);
  imagefill ($image, 10, 10, $colorRed);

  // Font laden
  if (!($myFont = imagepsloadfont ($font_file))) {
    print ("Kann Font nicht laden!");
    exit();
  }
```

```
// Einen weiten Font erzeugen
$myFontExtended = imagepscopyfont ($myFont);
imagepsextendfont ($myFont, 1.5);

// Einen kursiven Font erzeugen
$myFontSlanted = imagepscopyfont ($myFont);
imagepsslantfont ($myFont, 1.5);

// Text normal ausgeben
imagepstext ($image, $text, $myFont, $size,
   $colorBlack, $colorRed,
   0, 0, $spacing, $letting,
   $angle, $antialias_steps);

// Text mit weitem Font ausgeben
imagepstext ($image, $text, $myFont, $size,
   $colorBlack, $colorRed,
   0, $size, $spacing, $letting,
   $angle, $antialias_steps);

// Text mit kursivem Font ausgeben
imagepstext ($image, $text, $myFont, $size,
   $colorBlack, $colorRed,
   0, $size*2, $spacing, $letting,
   $angle, $antialias_steps);

// Speicherplatz der Fonts wieder freigeben
imagepsfreefont ($myFont);
imagepsfreefont ($myFontExtended);
imagepsfreefont ($myFontSlanted);

// Bild an den Browser schicken
header ("Content-type: image/jpeg");
imagejpeg ($image);
?>
```

imagepsencodefont (integer font_identifier, string filename)

Mit imagepsencodefont ändern Sie den Codierungsvektor für die Anpassung von ASCII-Zeichen an PostScript-Zeichen. Standardmäßig gibt es in PostScript-Schriftarten nur Zeichen für die ersten 127 ASCII-Werte. Unter imagepstext finden Sie ein Beispiel.

Imagepsextendfont (integer font_identifier, double extension_factor)

Die Funktion imagepsextendfont streckt oder staucht eine PostScript-Schriftart. Die normale Breite der Schriftart wird mit dem Argument extension_factor multipliziert. Unter imagepscopyfont finden Sie ein Beispiel. Erneute Aufrufe dieser Funktion wirken nicht kumulativ; sie ändern einfach den Dehnungsfaktor. Um die Schriftart wieder auf Normalbreite zu setzen, verwenden Sie den Dehnungsfaktor 1.

Imagepsfreefont (integer font_identifier)

Die Funktion imagepsfreefont entfernt eine PostScript-Schriftart aus dem Speicher. Normalerweise müssen Sie dies nicht selbst tun, da PHP die Schriftarten löscht, sobald Ihr Script abgearbeitet ist. Ein Beispiel finden Sie unter imagepstext.

Imagepsslantfont (integer font_identifier, double slant_factor)

Mit imagepsslantfont neigen Sie eine Schriftart nach vorne oder nach hinten (auch unter »Kursivschrift« bekannt). Der font_identifier ist ein Integerwert, der von imagepsloadfont zurückgegeben wird. Der slant_factor funktioniert ähnlich wie der extension_factor in der Funktion imagepsextendfont. Werte größer 1 führen zu einer Neigung der Schriftart nach rechts. Werte kleiner 1 neigen die Schriftart nach links.

integer imagepsloadfont (string filename)

Mit imagepsloadfont laden Sie eine PostScript-Schriftart. Die Funktion gibt einen Schriftartbezeichner zurück, den Sie in anderen PostScript-Funktionen verwenden können. Wenn der Ladevorgang fehlschlägt, wird FALSE zurückgegeben. Ein Beispiel finden Sie unter imagepstext.

array imagepstext (integer image, string text, integer font_identifier, integer size, integer foreground, integer background, integer x, integer y [, integer spacing, integer letting, double angle, integer antialias_steps])

Die Funktion imagepstext zeichnet eine Zeichenkette unter Verwendung einer PostScript-Schriftart in ein Bild. Das Argument für das Bild ist ein Integerwert, der von imagecreate oder imagecreatefrompng zurückgegeben wird. Das Argument font_identifier ist ein Wert, der von der Funktion imagepsloadfont zurückgegeben wird. Das Argument size gibt die Texthöhe in Pixel an. Die Argumente foreground und background sind Farbbezeichner. Die Argumente x und y legen die linke untere Ecke fest, an der der Text beginnt. Das Argument spacing definiert den vertikalen Abstand zwischen zwei Textzeilen. Das Argument letting legt den horizontalen Abstand zwischen zwei benachbarten Zeichen fest. Die beiden letzteren werden als Tausendstel eines em-Quadrats angegeben und zu den Standardabständen einer Schriftart hinzu addiert. Sie können positiv oder negativ sein. Das Argument angle gibt an, um wie viele Grad der Text aus seiner normalen horizontalen Ausrichtung gedreht werden soll. Das Argument antialias_steps gibt an, wie viele Farben beim Anti-Aliasing, oder Glätten, verwendet werden sollen. Dafür gibt es zwei gültige Werte: 4 und 16. Die letzten vier Argumente sind optional.

Das zurückgegebene Array enthält zwei Koordinatenpaare für die linke untere und die rechte obere Ecke des umgebenden Textfeldes.

```
<?
    /*
    ** Text mit einem PostScript-Font zeichnen,
    ** Bildgröße am Text ausrichten
    */
    // Parameter für den Text setzen
    $font_file = "ComputerModern-Roman";
    $size = 20;
    $angle = 0;
    $text = "PHP";
    $antialias_steps = 16;
    $spacing = 0;
    $letting = 0;

    // Font laden
    if (!($myFont = imagepsloadfont ($font_file))) {
       print ("Kann Font nicht laden!");
       exit();
    }

    // Zeichensatz laden
    imagepsencodefont ("IsoLatin1.enc");

    // Größe des Textblocks abfragen
    $Box = imagepsbbox ($text, $myFont, $size, $spacing, $letting, $angle);

    // Bild erzeugen, das 10 Pixel größer ist
    $image = imagecreate ($Box[1]+10, $Box[3]+10);
    $colorRed = imagecolorallocate ($image, 0, 0, 0);
    $colorBlack = imagecolorallocate ($image, 0, 0, 0);
    imagefill ($image, 10, 10, $colorRed);

    // Den Text schreiben
    imagepstext ($image, $text, $myFont, $size,
       $colorBlack, $colorRed,
       0, 0, $spacing, $letting,
       $angle, $antialias_steps);

    // Speicher des Fonts freigeben
    imagepsfreefont ($myFont);

    // Bild zum Browser schicken
    header ("Content-type: image/jpeg");
    imagejpeg ($image);
?>
```

integer imagerectangle (integer image, integer top_left_x, integer top_left_y, integer bottom_right_x, integer bottom_right_y, integer color)

Die Funktion imagerectangle zeichnet ein Rechteck mit der übergebenen linken oberen und rechten unteren Ecke. Anders als imagefilledrectangle füllt diese Funktion das Rechteck nicht farbig.

```
<?
    /*
    ** Ungefülltes, schwarzes Rechteck zeichnen
    */
    // Gelbes Quadrat erzeugen
    $image = imagecreate (200, 200);
    $colorYellow = imagecolorallocate ($image, 255, 255, 0);
    $colorBlack = imagecolorallocate ($image, 0, 0, 0);
    imagefill ($image, 0, 0, $colorYellow);

    // Schwarzes Rechteck zeichnen
    imagerectangle ($image, 10, 10, 150, 150, $colorBlack);

    // Bild zum Browser schicken
    header ("Content-type: image/jpeg");
    imagejpeg ($image);
?>
```

boolean imagesetpixel (integer image, integer x, integer y, integer color)

Die Funktion imagesetpixel färbt einen einzelnen Pixel mit der übergebenen Farbe.

```
<?
    /*
    ** 100 schwarze Pixel zeichnen
    */
    // Gelbes Quadrat erzeugen
    $image = imagecreate (100, 100);
    $colorYellow = imagecolorallocate ($image, 255, 255, 0);
    $colorBlack = imagecolorallocate ($image, 0, 0, 0);
    imagefill ($image, 0, 0, $colorYellow);
    // 100 zufällige, schwarze Pixel zeichnen
    srand (time());
    for ($i=0; $i < 100; $i++) {
        imagesetpixel ($image, rand (0, 99), rand (0, 99),
                    $colorBlack);
    }

    // Bild an den Browser schicken
    header ("Content-type: image/jpeg");
    imagejpeg ($image);
?>
```

boolean imagestring (integer image, integer font, integer x, integer y, string text, integer color)

Die Funktion imagestring zeichnet den übergebenen Text an die angegebene Stelle. Das übergebene Koordinatenpaar kennzeichnet die linke obere Ecke der Zeichenkette. Das Argument font kann eine interne Schriftart oder eine mit imageloadfont geladene sein.

```
<?
   /*
   ** Schreibt "Hallo, Welt!" in schwarz
   */

   // Gelbes Quadrat erzeugen
   $image = imagecreate (150, 50);
   $colorYellow = imagecolorallocate ($image, 255, 255, 0);
   $colorBlack = imagecolorallocate ($image, 0, 0, 0);
   imagefill ($image, 0, 0, $colorYellow);

   // Mit dem aktuell geladenen Font Text schreiben
   imagestring ($image, 4, 10, 10, "Hallo Welt!", $colorBlack);

   // Bild n den Browser schicken
   header ("Content-type: image/jpeg");
   imagejpeg ($image);
?>
```

```
Hello World!
```

Abbildung 12.8: imagestring

boolean imagestringup (integer image, integer font, integer x, integer y, string text, integer color)

Die Funktion imagestringup zeichnet eine Zeichenkette in vertikaler statt in horizontaler Ausrichtung. Ansonsten entspricht sie der Funktion imagestring.

```
<?
   /*
   ** "Hallo, Welt!" vertikal schreiben
   */

   // Blaues Quadrat erzeugen
   $image = imagecreate (50, 200);
   $colorBlue = imagecolorallocate ($image, 128, 128, 255);
   $colorBlack = imagecolorallocate ($image, 0, 0, 0);
   imagefill ($image, 0, 0, $colorYellow);
```

```
    // Text im aktuell geladenen Font schreiben
    imagestringup ($image, 4, 10, 150, "Hallo Welt!",
                $colorBlack);

    // Bild zum Browser schicken
    header ("Content-type: image/jpeg");
    imagejpeg ($image);
?>
```

integer imagesx (integer image)

Die Funktion imagesx gibt die Breite des angegebenen Bildes in Pixel zurück.

```
<?
    /*
    ** Rechteck in die Mitte eines Bildes stellen
    */

    // Bild öffnen, Fehlermeldungen unterdrücken
    if (! ($image = @imagecreatefromjpeg ("php_lang.jpg"))) {
        // Fehler, ein Fehlerbild erzeugen und Programm beenden
        $image = imagecreate (200,200);
        $colorWhite = imagecolorallocate ($image, 255, 255, 255);
        $colorBlack = imagecolorallocate ($image, 0, 0, 0);
        imagefill ($image, 0, 0, $colorWhite);
        imagestring ($image, 4, 10, 10,
            "Konnte Bild nicht laden!", $colorBlack);
        header ("Content-type: image/jpeg");
        imagejpeg ($image);
    }

    // Die Mitte berechnen
    $centerX = intval (imagesx ($image)/2);
    $centerY = intval (imagesy ($image)/2);

    $colorGreen = imagecolorallocate ($image, 0, 255, 0);

    //Grünes Rechteck in die Mitte zeichnen
    imagefilledrectangle ($image,
        ($centerX-15), ($centerY-15),
        ($centerX+15), ($centerY+15),
        $colorGreen);

    // Bild an den Browser schicken
    header("Content-type: image/jpeg");
    imagejpeg ($image);
?>
```

integer imagesy (integer image)

Die Funktion imagesy gibt die Höhe des angegebenen Bildes in Pixel zurück.

array imagettfbbox (integer point_size, integer angle, string font, string text)

Die Funktion imagettfbbox gibt ein Array aus Punkten zurück. Diese beschreiben das Textfeld für den durch imagettftext gezeichneten Text. Die Punkte sind relativ zum äußersten linken Punkt der Grundlinie. Die Array-Elemente geben in dieser Reihenfolge die linke untere, die rechte untere, die rechte obere und die linke obere Ecke an (siehe Tabelle 12.3).

Diese Funktion steht Ihnen nur zur Verfügung, wenn Sie PHP mit der entsprechenden Bibliothek kompiliert haben.

Arraypaar	Ecke
0,1	links unten
2,3	rechts unten
4,5	rechts oben
6,7	links oben

Tabelle 12.3: Von imagettfbbox zurückgegebenes Array

boolean imagettftext (integer image, integer point_size, integer angle, integer x, integer y, integer color, integer font, string text)

Die Funktion imagettftext zeichnet eine Zeichenkette in einer TrueType-Schriftart. Die Argumente x und y geben die äußerste linke Position der Grundlinie an. Der Text geht von dort aus in dem angegebenen Winkel weiter. Dieser liegt zwischen 0 und 360. Ein Winkel 0 entspricht normalem Text von links nach rechts. Das Argument font ist der vollständige Pfad zu einer .ttf-Datei.

Diese Funktion steht Ihnen nur zur Verfügung, wenn Sie PHP mit der entsprechenden Bibliothek kompiliert haben.

```
<?
   /*
   ** Text mit einem TrueType-Font zeichnen
   ** und einen Rahmen um den Text zeichnen
   */
   // Parameter für den Text bestimmen
   $size = 40;
   $angle = 30;
   $startX = 50;
   $startY = 100;

   // Rotes Quadrat erzeugen
   $image = imagecreate (200, 200);
```

```
$colorRed = imagecolorallocate ($image, 255, 0, 0);
$colorBlack = imagecolorallocate ($image, 0, 0, 0);
imagefill ($image, 10, 10, $colorRed);
// Rahmengröße abfragen
$Box = imagettfbbox ($size, $angle, "comic.ttf", "PHP");

// Rahmen auf die Koordinaten (100, 100) stellen
for ($index = 0; $index < count ($Box); $index += 2) {
    $Box[$index] += $startX;
    $Box[$index+1] += $startY;
}

// Rahmen zeichnen
imagepolygon ($image, $Box, count ($Box)/2, $colorBlack);

// Text schreiben
imagettftext ($image, $size, $angle, $startX, $startY,
        $colorBlack, "comic.ttf", "PHP");

// Bild an den Browser schicken
header ("Content-type: image/jpeg");
imagejpeg ($image);
?>
```

boolean imagewbmp (integer image [, string filename])

Die Funktion imagewbmp schickt ein Bild entweder an den Browser oder schreibt es in eine Datei. Wenn Sie einen Dateinamen angeben, wird eine WAP-Bitmapdatei erzeugt (Wireless Application Protocol). Andernfalls wird das Bild direkt an den Browser geschickt. Die Funktion arbeitet ähnlich wie imagepng und imagejpeg.

Kapitel **13**

Datenbankfunktionen

- dBase
- DBM-Datenbankabstraktion
- filePro
- Informix
- InterBase
- mSQL
- MySQL
- ODBC
- Oracle
- Postgres
- Sybase

PHP unterstützt viele Datenbanken: relationale Open-Source-Datenbanken wie auch viele kommerzielle Produkte. Wenn es keinen Support des Herstellers für eine Datenbank gibt, können Sie wahrscheinlich ODBC in Verbindung mit einem passenden Treiber verwenden. In Kapitel 17, »Datenbankintegration«, behandeln wir Strategien zur Verwendung von Datenbanken auf PHP-gestützten Sites.

Die meisten Funktionen dieses Kapitels brauchen ein Erweiterungsmodul. Sie können diese Module entweder über die Datei php.ini oder mit der Funktion dl laden. Wahrscheinlich sind sie jedoch bereits in PHP kompiliert. Typischerweise müssen Sie unter Windows die erste Methode verwenden, unter anderen Betriebssystemen die zweite.

In diesem Kapitel werden zwar die PHP-Funktionen für die Kommunikation mit verschiedenen Systemen beschrieben, eine Einführung in die Feinheiten aller Systeme würde jedoch zu weit führen. Ich kann unmöglich einen kompletten SQL-Kurs in dieses Buch aufnehmen. Wenn Sie sich für eine Datenbank entschieden haben, die Sie mit PHP integrieren wollen, gehen ich davon aus, dass Sie sich die Zeit nehmen, den Umgang mit dieser Datenbank zu lernen. Ich selbst bin ein großer Anhänger von MySQL und finde die Online-Dokumentation hervorragend. Es gibt auch eine Reihe von Büchern über MySQL.

13.1 dBase

Die folgenden Funktionen wenden Sie auf dBase-Dateien an, die normalerweise die Erweiterung .dbf besitzen. Wenn Sie eine für Windows vorkompilierte Version verwenden, müssen Sie die dBase-Erweiterung laden. Entweder ändern Sie die php.ini oder Sie verwenden die Funktion dl. Die Erweiterung heißt wahrscheinlich php_dbase.dll, war aber zum Zeitpunkt der Drucklegung noch nicht verfügbar. Auf anderen Betriebssystemen können Sie die dBase-Unterstützung problemlos in PHP kompilieren.

Die dBase-Funktionalität in PHP ist etwas begrenzt. Index- und Memofelder werden ebenso wenig unterstützt wie jede Art von Sperren. Die dBase-Funktionalität in PHP ist dazu gedacht, Daten in einem Format zu importieren, das als kleinster gemeinsamer Nenner beim Datenaustausch angesehen wird.

Die Unterstützung für dBase in PHP stammt von Jim Winstead.

boolean dbase_add_record (integer database, array record)

Die Funktion dbase_add_record fügt einen Datensatz in eine Datenbank ein. Das Argument für die Datenbank ist ein Datenbankbezeichner, der von dbase_open zurückgegeben wird. Das Datensatz-Array enthält ein Element für jedes Datenbankfeld, geordnet und bei 0 beginnend. Wenn die Funktion eine falsche Anzahl Felder erhält, gibt sie FALSE zurück.

```
<?
    // Datenbankverbindung öffnen
    $db = dbase_open ("customer.dbf", 2);

    // Neuen Datensatz erstellen
    $newRecord = array ("John Smith", 100.00, "19980901", "Y");
```

```
   // Datensatz einfügen
   dbase_add_record ($db, $newRecord);

   // Datenbankverbindung schließen
   dbase_close ($db);
?>
```

boolean dbase_close (integer database)

Die Funktion `dbase_close` schließt eine Datenbank. Beispiele finden Sie unter anderen Funktionen in diesem Abschnitt.

integer dbase_create (string filename, array fields)

Die Funktion `dbase_create` erzeugt eine dBase-Datenbank. Das Argument für die `Felder` ist ein Array aus Arrays, die die Felder beschreiben. Jedes Array kann bis zu vier Elemente enthalten. Der Reihenfolge nach sind dies `name`, `type`, `length` und `precision`. Der Code für den `Typ` ist ein einzelnes Zeichen. Manche Typen brauchen Länge und Genauigkeit, andere nicht (siehe Tabelle 13.1).

Ist eine Datenbank erfolgreich angelegt, wird ein Datenbankbezeichner zurückgegeben, andernfalls erhalten Sie `FALSE`.

```
<?
   // Felddefinition erstellen
   $fields = array (
      array ("Name", "C", 32),
      array ("Saldo", "N", 8, 2),
      array ("Geburtstag", "D"),
      array ("Kommerziell", L));

   $db = dbase_create ("customer.dbf", $fields);

   dbase_close ($db);
?>
```

Typ	Code	Beschreibung
Boolescher Wert	L	Braucht weder Länge noch Genauigkeit.
Datum	D	Datumsangaben werden im Format JJJJMMTT gespeichert und brauchen weder Länge noch Genauigkeit.
Zahl	N	Die Eigenschaft Länge gibt die Anzahl Stellen der Zahl an. Genauigkeit ist die Anzahl Stellen nach dem Dezimalpunkt.
String	C	Die Eigenschaft Länge gibt an, wie viele Zeichen im Feld gespeichert sind. Braucht keine Genauigkeit.

Tabelle 13.1: Feldtypen in dBase

boolean dbase_delete_record (integer database, integer record)

Die Funktion dbase_delete_record markiert einen zu löschenden Datensatz. Der Datensatz bleibt bis zum Aufruf von dbase_pack in der Datenbank.

```
<?
    // Datenbankverbindung öffnen
    $db = dbase_open ("customer.dbf", 2);

    // Datensatz zum Löschen markieren
    dbase_delete_record ($db, 2);

    // Datenbankverbindung schließen
    dbase_close ($db);
?>
```

array dbase_get_record (integer database, integer record)

Die Funktion dbase_get_record gibt die Felder eines Datensatzes als Array zurück. Das erste Feld hat den Indexwert 0. Zusätzlich enthält ein mit deleted indiziertes Element 1, wenn die Zeile zum Löschen markiert ist. Die Zählung der Datensätze beginnt bei 1.

```
<?
    // Datenbankverbindung öffnen
    $db = dbase_open ("customer.dbf", 2);

    // Informationen über die Datenbank abfragen
    $numRecords = dbase_numrecords ($db);
    $numFields = dbase_numfields ($db);
    // Alle Datensätze ausgeben
    for ($index = 1; $index <= $numRecords; $index++) {
        // Nächsten Datensatz lesen
        $record = dbase_get_record ($db, $index);

        print ("<H3>Datensatz $index</H3>\n");

        // Schleife über alle Felder
        for ($index2 = 0; $index2 < $numFields; $index2++) {
            print ("<B>Feldname $index2:</B>");
            print ($record[$index2]);
            print ("<BR>\n");
        }

        // Liste der gelöschten Datensätze ausgeben
        print ("<B>Gelöscht:</B> ");
        print ($record["deleted"]);
        print ("<BR>\n");
    }
```

```
   // Datenbankverbindung schließen
   dbase_close ($db);
?>
```

array dbase_get_record_with_names (integer database, integer record)

Diese Funktion verhält sich wie dbase_get_record, außer dass sie Felder mit ihren Namen anstatt mit Integerwerten indiziert.

```
<?
   // Datenbankverbindung öffnen
   $db = dbase_open ("customer.dbf", 2);

   // Alle Datensätze ausgeben
   for ($index = 1;$index <= dbase_numrecords ($db);$index++) {
      $record = dbase_get_record_with_names ($db, $index);
      print ("<H3>Datensatz $index</H3>\n");

      // Schleife über die Feldnamen
      while (list ($key, $value) = each ($record)) {
         print ("<B>Feld $key: $value</B><BR>\n");
      }
   }

   // Datenbankverbindung schließen
   dbase_close ($db);
?>
```

integer dbase_numfields (integer database)

Die Funktion dbase_numfields gibt die Anzahl der in der übergebenen Datenbank enthaltenen Felder zurück. Ein Beispiel finden Sie unter dbase_get_record.

integer dbase_numrecords (integer database)

Die Funktion dbase_numrecords gibt die Anzahl der in der Datenbank enthaltenen Datensätze zurück. Ein Beispiel finden Sie unter dbase_get_record.

integer dbase_open (string filename, integer mode)

Mit dbase_open erhalten Sie einen Datenbankbezeichner. Sie brauchen diesen, um die zu bearbeitende Datenbank zu bestimmen. Als Modus übergeben Sie 0 für reinen Lesezugriff, 1 für reinen Schreibzugriff oder 2 für Schreib-Lese-Zugriff. Wenn die Datenbank nicht geöffnet werden kann, wird FALSE zurückgegeben. Beispiele zu dbase_open finden Sie unter den anderen Funktionen in diesem Abschnitt.

boolean dbase_pack (integer database)

Mit `dbase_delete_record` markieren Sie nur die Zeilen einer dBase-Datenbank zum Löschen. Zum endgültigen Löschen dient die Funktion `dbase_pack`. Die Datenbank wird gleichzeitig kompakter.

```
<?
    // Datenbankverbindung öffnen
    $db = dbase_open ("customer.dbf", 2);

    // Datensätze, die als gelöscht markiert sind, entfernen
    dbase_pack ($db);

    // Datenbankverbindung schließen
    dbase_close ($db);
?>
```

boolean dbase_replace_record (integer database, array record, integer record_number)

Mit `dbase_replace_record` ändern Sie den Inhalt eines Datensatzes. Das Argument Record muss ein Element für jedes in der Datenbank definierte Feld haben. Die Zählung der Datensätze beginnt bei 1.

```
<?
    $db = dbase_open ("customer.dbf", 2);

    $Record = array ("John Smith", 200.00, "19990901", "Y");
    dbase_replace_record ($db, $Record, 1);

    dbase_close ($db);
?>
```

13.2 DBM-Datenbankabstraktion

Mit den DBA-Funktionen ist die Abstraktion der Kommunikation mit Datenbanken möglich, die dem Berkeley DB-Datenbanksystem entsprechen. Anstatt komplexe Datensätze zu speichern, speichert eine DBM-Datenbank lediglich Schlüssel-Wert-Paare. Darin ähnelt sie einem assoziativen Array.

Die Funktionen in diesem Abschnitt ersetzen eine Gruppe von Funktionen, die den Zugriff auf nur eine Art von DBM-Datenbank erlauben. Mit den neuen Funktionen können Sie in Ihrem PHP-Code das zu Grunde liegende System wählen, anstatt PHP für eine einzige DBM-Implementierung zu kompilieren. Sie wählen den Typ einer Datenbank, wenn Sie die Verbindung herstellen. Die restlichen Funktionen verhalten sich dann entsprechend. Diese Funktionen programmierte Sascha Schumann.

void dba_close (integer link)

Die Funktion `dba_close` schließt die Verbindung zu einer Datenbank. Das Argument `link` ist ein Integerwert, der von der Funktion `dba_open` oder `dba_popen` zurückgegeben wird. Wenn Sie eine Datenbankverbindung nicht selbst schließen, erledigt PHP das für Sie.

boolean dba_delete (string key, integer link)

Die Funktion `dba_delete` entfernt einen Eintrag aus einer Datenbank. Sie müssen den Schlüssel und eine gültige Verbindung zu einer Datenbank angeben. Diese erhalten Sie von `dba_open` oder `dba_popen`. Ist der Eintrag erfolgreich gelöscht, gibt die Funktion einen booleschen Wert zurück.

```
<?
    // Datenbankverbindung öffnen
    $db = dba_popen ('inventar', 'w', 'gdbm');

    if ($db) {
        // Prüfen, ob der Datensatz existiert
        if (dba_exists ('3', $db)) {
            //  Eintrag 3 löschen
            dba_delete ('3', $db);
        }
        else {
            print ('Der Datensatz existiert nicht');
        }

        // Datenbankverbindung schließen
        dba_close ($db);
    }
    else {
        print ('Die Datenbank existiert nicht');
    }
?>
```

boolean dba_exists (string key, integer link)

Die Funktion `dba_exists` prüft, ob ein Schlüssel existiert. Das Argument `Link` muss ein von `dba_open` oder `dba_popen` zurückgegebener Integer sein. In der Beschreibung von `dba_delete` finden Sie auch ein Beispiel zu `dba_exists`.

string dba_fetch (string key, integer link)

Mit `dba_fetch` fragen Sie einen Datensatz ab.

```
<?
    // Datenbankverbindung öffnen
    $db = dba_popen ('inventar', 'r', 'gdbm');

    if ($db) {
        // Schleife über alle Datensätze
        for ($key=dba_firstkey($db);$key;$key=dba_nextkey($db)) {
            print ("$key = ");
```

```
            // Diesen Datensatz ausgeben
            print (dba_fetch ($key, $db));
            print ("<BR>\n");
        }
    }
    else {
        print('Die Datenbank existiert nicht');
    }
?>
```

string dba_firstkey (integer link)

Die Funktion dba_firstkey gibt den ersten Schlüssel der Datenbank zurück. Wenn die Datenbank leer ist, wird FALSE zurückgegeben. Wie Sie im Beispiel zu dba_fetch sehen, können Sie mit dba_firstkey und dba_nextkey die gesamte Datenbank durchgehen.

boolean dba_insert (string key, string value, integer link)

Mit dba_insert fügen Sie einen Datensatz in eine Datenbank ein. Der zurückgegebene Wert meldet den Erfolg der Operation. Es ist nicht zulässig, einen bereits existierenden Eintrag einzufügen. Wenn Sie einen Eintrag ändern wollen, verwenden Sie dba_replace.

```
<?
    // Datenbankverbindung öffnen
    $db = dba_popen ('inventar', 'w', 'gdbm');

    if ($db) {
        // Prüfen, ob der Datensatz existiert
        if (dba_exists ('3', $db)) {
            // Eintrag 3 existiert, setze inventar auf 150
            dba_replace ('3', '150', $db);
        }
        else {
            // Eintrag 3 existiert nicht, Eintrag einfügen
            dba_insert ('3', '150', $db);
        }
        // Datenbankverbindung schließen
        dba_close ($db);
    }
    else {
        print ('Die Datenbank existiert nicht');
    }
?>
```

string dba_nextkey (integer link)

Mit der Funktion dba_nextkey erhalten Sie den jeweils nächsten Schlüssel aus der Datenbank. Wenn es keinen nächsten Schlüssel mehr gibt, wird FALSE zurückgegeben. In der Beschreibung von dba_fetch finden Sie eine typische Anwendung von dba_nextkey und dba_firstkey.

integer dba_open (string filename, string mode, string type [, string...])

Mit dba_open stellen Sie eine Verbindung zu einer DBM-Datenbank her. Wenn die Datenbank erfolgreich geöffnet wurde, erhalten Sie einen positiven Integer zurück, andernfalls FALSE. Das Argument filename ist einfach der Pfad zu der Datenbank. Das Argument mode kann eines von vier Zeichen sein, die die Ein- und Ausgabe von Daten bestimmen. Die vier Modi sind in Tabelle 13.2 beschrieben.

Mit dem Argument type wählen Sie den zu Grunde liegenden Datenbank-Interpreter. Tabelle 13.3 beschreibt die verschiedenen Typen. Sie können eine beliebige Anzahl weiterer optionaler Argumente übergeben, die dann direkt an den verwendeten Interpreter weitergeleitet werden.

Wenn die Ausführung Ihres Scripts endet, wird die Verbindung zur Datenbank automatisch geschlossen. Sie können die Verbindung bereits vorher mit dba_close trennen, um etwas Speicher freizugeben. Diese Funktion arbeitet anders als dba_popen, die versucht, Verbindungen wiederzuverwenden.

Modus	Beschreibung
c	Wenn die Datenbank nicht existiert, wird sie angelegt. Es sind Schreib- und Lesevorgänge erlaubt.
n	Wenn die Datenbank nicht existiert, wird sie angelegt. Wenn Sie existiert, werden alle Einträge gelöscht. Es sind Schreib- und Lesevorgänge erlaubt.
r	Nur Lesevorgänge sind erlaubt.
w	Es sind Schreib- und Lesevorgänge erlaubt. Wenn die Datei nicht existiert, tritt ein Fehler auf.

Tabelle 13.2: Modi beim Öffnen einer DBA-Datenbank

Code	Beschreibung
dbm	Dieser Code steht für den Originaltyp der DBM-Datenbank, wie er in Berkeley entwickelt wurde.
ndbm	Dies steht für eine neuere Version des DBM-Standards mit weniger Einschränkungen als dbm.
gdbm	Der GNU Datenbankmanager ist ein Teil des GNU-Projekts. Er kann vom GNU-FTP-Server heruntergeladen werden: ftp://ftp.gnu.org/gnu/gdbm.
db2	Dieser Code steht für ein Datenbankpaket, das von Sleepycat Software entwickelt wurde und auf dem Original-Quellcode von Berkeley beruht. Tatsächlich haben die Firmengründer die Originalversion von DBM in Berkeley geschrieben. Weitere Informationen und Software-Downloads finden Sie auf ihrer Website unter: http://www.sleepycat.com.
cdb	Bei CDB handelt es sich um ein Paket zur Erstellung konstanter Datenbanken. Das sind Datenbanken, die für einen Nur-Lese-Zugriff geschrieben wurden. Daraus ergibt sich ein Leistungsgewinn und der Nachteil, dass Schreibfunktionen nicht anwendbar sind. Die Software finden Sie unter ftp://koobera.math.uic.edu/www/cdb.html.

Tabelle 13.3: Codes der DBM-Database-Interpreter

boolean dba_optimize (integer link)

Mit dba_optimize optimieren Sie eine Datenbank. Die Funktion beseitigt Leerräume zwischen Datensätzen, die bei Löschvorgängen entstehen. Bei Erfolg gibt die Funktion TRUE zurück. Einige Interpreter unterstützen die Optimierung nicht. In solchen Fällen bleibt die Funktion wirkungslos.

```
<?
    // Datenbankverbindung öffnen
    $db = dba_popen ('inventar', 'w', 'gdbm');

    if ($db) {
        // Datenbank optimieren
        dba_optimize ($db);

        // Datenbankverbindung schließen
        dba_close ($db);
    }
    else {
        print ('Die Datenbank existiert nicht');
    }
?>
```

integer dba_popen (string filename, string mode, string type [, string...])

Die Funktion dba_popen verhält sich wie dba_open, mit einer Ausnahme: Sie schließt Verbindungen nicht. Die Verbindungen in einem Prozess bleiben geöffnet, bis der Prozess beendet wird. Wenn Sie dba_popen aufrufen, versucht die Funktion zunächst, eine bestehende Verbindung zu finden. Wenn dies fehlschlägt, wird eine neue Verbindung hergestellt. Wenden Sie auf eine von dba_popen zurückgegebene Verbindung niemals dba_close an.

Verbindungen werden prozessweise zusammengefasst. Deshalb bietet diese Funktionalität keinen Vorteil, wenn Sie PHP als selbstständiges Programm verwenden. Wenn Sie PHP als Apache-Modul einsetzen, kann es einen kleinen Performance-Gewinn geben, da Apache Tochterprozesse auf eine spezielle Art verarbeitet.

boolean dba_replace (string key, string value, integer link)

Mit dba_replace ändern Sie den Wert eines bestehenden Datensatzes. Wie bei den anderen DBA-Funktionen verwenden Sie für das Argument link einen gültigen, von dba_open oder dba_popen zurückgegebenen Verbindungsbezeichner. Ein Beispiel für die Verwendung von dba_replace finden Sie bei der Beschreibung von dba_insert.

boolean dba_sync (integer link)

Die Funktion dba_sync synchronisiert die Datenbank im Speicher mit ihrem auf der Festplatte abgelegten Abbild. Wenn Sie Datensätze hinzufügen, werden diese vom Interpreter im Cache gespeichert. Andere Prozesse, die die Datenbank lesen, sehen diese Veränderungen erst nach der Synchronisierung.

```
<?
   // Datenbankverbindung öffnen
   $db = dba_popen ('inventar', 'w', 'gdbm');

   if ($db) {
      for ($n=1; $n<=10; $n++) {
         // Zeile einfügen
         dba_insert ($n, '', $db);

         // synchronisieren
         dba_sync ($db);
      }

      // Datenbankverbindung schließen
      dba_close ($db);
   }
   else {
      print ('Die Datenbank existiert nicht');
   }
?>
```

13.3 filePro

filePro ist eine relationale Datenbank von fP Technologies. Es gibt Versionen für Win32 und SCO UNIX. PHP unterstützt nur das Lesen aus filePro-Datenbanken. Nähere Informationen finden Sie auf der Website von filePro unter http://www.fptechnologies.com/. Um filePro-Funktionen dynamisch einzurichten, verwenden Sie die Funktion dl und laden die richtige Erweiterung. Sie können die Unterstützung für filePro auch in das PHP-Modul kompilieren. Die Erweiterung für filePro stammt von Chad Robinson.

boolean filepro (string directory)

Die Funktion filepro stellt eine Verbindung zu einer Map-Datei her. Sie speichert im Arbeitsspeicher Informationen über die Datenbank, die andere FilePro-Funktionen verwenden können.

```
<?
   // Informationen über die Datenbank abfragen
   filepro ("/fp/store");

   print ("<TABLE>");

   // Spaltenüberschriften erzeugen, die Feldnamen,
   // Feldtypen und die Feldweite enthalten
   print ("<TR>\n");
   for ($col=1; $col <= filepro_fieldcount (); $col++) {
      print ("<TH>");
      print (filepro_fieldname ($col));
      print (" ");
```

```
      print (filepro_fieldtype ($col));
      print (" ");
      print (filepro_fieldwidth ($col));
      print ("</TH>");
   }
   print ("</TR>\n");


   // Schleife über alle Zeilen
   for ($row=1; $row <= filepro_rowcount (); $row++) {
      print ("<TR>\n");

      // Ausgabe der Felder
      for ($col=1; $col <= filepro_fieldcount(); $col++) {
         print ("<TD>");
         print (filepro_retrieve ($row, $col));
         print ("</TD>");
      }

      print ("</TR>\n");
   }

   print ('</TABLE>');

?>
```

integer filepro_fieldcount (void)

Die Funktion `filepro_fieldcount` gibt die Anzahl der Felder zurück. Ein Beispiel finden Sie bei der Beschreibung von `filepro`.

string filepro_fieldname (integer field_number)

Die Funktion `filepro_fieldname` gibt Ihnen den Namen des Feldes mit der übergebenen Feldnummer zurück. Ein Beispiel finden Sie bei der Beschreibung von `filepro`.

string filepro_fieldtype (integer field_number)

Die Funktion `filepro_fieldtype` gibt Ihnen den Bearbeitungstyp des Feldes der übergebenen Feldnummer zurück. Ein Beispiel finden Sie bei der Beschreibung von `filepro`.

string filepro_retrieve (integer row, integer field)

Die Funktion `filepro_retrieve` gibt den Wert des angegebenen Feldes der übergebenen Zeile zurück. Ein Beispiel finden Sie bei der Beschreibung von `filepro`.

integer filepro_rowcount (void)

Mit `filepro_rowcount` erhalten Sie die Anzahl der Datensätze. Ein Beispiel finden Sie bei der Beschreibung von `filepro`.

integer filepro_fieldwidth (integer field_number)

Die Funktion `filepro_fieldwidth` gibt die Länge des angegebenen Feldes zurück. Ein Beispiel finden Sie bei der Beschreibung von `filepro`.

13.4 Informix

Informix stellt einige spezialisierte relationale Datenbankserver für Windows NT und UNIX her. Wie Oracle und Sybase sind die Produkte von Informix für anspruchsvolle Anwendungen gedacht. Die Besonderheiten der Informix Datenbankserver kann ich hier nicht besprechen. Mehr dazu finden Sie auf der Website von Informix unter `http://www.informix.com/`.

PHP unterstützt zwei Teile des Informix API, nämlich ODS und IUS. Alle Funktionen, die mit `ifx_` beginnen, wie `ifx_pconnect`, sind Teil von ODS und stehen Ihnen zur Verfügung. Die IUS-Funktionen beginnen mit `ifxus_`, wie `ifxus_create_slob`. Für diese brauchen Sie IUS-Libraries. Beachten Sie, dass es ODBC-Treiber für Informix gibt. Sie können also als Ersatz die ODBC-Funktionen von PHP verwenden.

Die Informix-Erweiterung stammt von Jouni Ahto, Christian Cartus und Danny Heijl.

integer ifx_affected_rows (integer result)

Die Funktion `ifx_affected_rows` gibt je nach Abfrage die Anzahl der Zeilen zurück, die ausgewählt, eingefügt, aktualisiert oder gelöscht wurden. Wenn die Abfrage der Auswahl dient, ist die Zahl nur eine Schätzung. Sie können dieser Funktion einen Ergebnisbezeichner übergeben, der von `ifx_prepare` zurückgegeben wurde, und damit Abfragen vermeiden, die große Ergebnissätze liefern würden.

boolean ifx_blobinfile_mode (integer mode)

Mit `ifx_blobinfile_mode` definieren Sie, wie Sie mit Blobs (Binary Large OBject – Datenfeld mit digitaler Information wie Grafik oder Sound) arbeiten. Ist `mode` 0, bleiben die Blobs im Speicher. Ist `mode` 1, werden sie auf der Festplatte gespeichert.

boolean ifx_bytesasvarchar (integer mode)

Mit `ifx_bytesasvarchar` definieren Sie, wie Byte-Blobs in Abfragen zurückgegeben werden. Wenn `mode` 0 ist, werden Blob-IDs zurückgegeben. Wenn `mode` 1 ist, wird der Inhalt der Blobs zurückgegeben.

boolean ifx_close (integer link)

Die Funktion `ifx_close` schließt eine Datenbankverbindung, die von `ifx_connect` hergestellt wurde. Wenn Sie das optionale Argument `link` weglassen, wird die zuletzt geöffnete Verbindung geschlossen.

integer ifx_connect ([string database [, string user [, string password]]])

Die Funktion `ifx_connect` gibt eine Verbindung zu einer Informix- Datenbank zurück. Alle Argumente sind optional. Sie erhalten ihre Werte gegebenenfalls aus `php.ini`. Kann keine Verbindung hergestellt werden, gibt die Funktion FALSE zurück. Wenn Sie nach erfolgreichem Verbindungsaufbau erneut versuchen eine Verbindung herzustellen, gibt die Funktion den ursprünglichen Verbindungsbezeichner zurück. Wenn das Script beendet wird, wird die Verbindung automatisch geschlossen. Mit ifx_close können Sie eine Verbindung jedoch auch manuell schließen. Die Funktion ifx_pconnect öffnet eine Dauerverbindung.

integer ifx_copy_blob (intger blob)

Die Funktion ifx_copy_blob erstellt eine Kopie eines vorhandenen Blob und gibt den Bezeichner des neuen Blob zurück.

integer ifx_create_blob (integer type, integer mode, string data)

Die Funktion ifx_create_blob erzeugt einen Blob in der Datenbank. Das Argument type kann 1 für Text oder 0 für Byte sein. Das Argument mode muss 0 sein, wenn das Argument data Daten enthält, die in den Blob geschrieben werden sollen. Der Modus muss 1 sein, wenn das Argument data ein Pfad zu einer Datei ist.

```
<?
   // Datenbankverbindung öffnen
   if (! ($dbLink = ifx_pconnect ("mydb@ol_srv1", "leon", "secret")) {
      print ("Datenbankverbindung fehlgeschlagen!<BR>\n");
      exit ();
   }

   // Einen Blob erzeugen und in das Array einfügen
   $blob[] = ifx_create_blob (0, 0, "Das ist eine Nachricht");

   // Nachricht einfügen
   $Query = "INSERT INTO message VALUES (3,'My Title', ?)";

   if (! ($result = ifx_query ($Query, $dbLink, $blob)) {
      print ("Nachricht kann nicht eingefügt werden!<BR>\n");

      // Informix Fehlermeldung ausgeben
      print (ifx_error() . "<BR>\n");
      print (ifx_errormsg() . "<BR>\n");
   }

   // Speicher wieder freigeben
   ifx_free_result ($result);

   // Datenbankverbindung schließen
   ifx_close ($dbLink);
?>
```

integer ifx_create_char (string data)

Die Funktion ifx_create_char erzeugt ein Zeichen-Objekt. Sie gibt einen Bezeichner für das Objekt zurück.

boolean ifx_do (integer result)

Die Funktion ifx_do führt eine Abfrage aus, die mit ifx_prepare vorbereitet wurde. Von ifx_prepare erhalten Sie das Argument result.

string ifx_error ([int connection_id])

Mit ifx_error fragen Sie den Fehler ab, der bei der letzten Abfrage aufgetreten ist. Das erste Zeichen der zurückgegebenen Zeichenkette ist ein Flag, das die Fehlerart angibt. Ein Leerzeichen bedeutet keinen Fehler. E bedeutet Fehler, N bedeutet, dass keine Daten mehr verfügbar sind. W ist eine Warnung. ? bedeutet unbekannte Fehlerursache. Falls im ersten Zeichen etwas anderes als ein Leerzeichen zurückgegeben wird, enthält die Zeichenkette zusätzliche Informationen, einschließlich Fehlercode.

Ein Anwendungsbeispiel finden Sie unter ifx_create_blob.

string ifx_errormsg ([integer error])

Mit ifx_errormsg erhalten Sie eine Fehlerbeschreibung zu dem übergebenen Fehlercode. Diesen numerischen Code erhalten Sie von ifx_error. Erhält die Funktion keinen Fehlercode, gibt sie die Beschreibung des zuletzt gemeldeten Fehlers zurück.

array ifx_fetch_row (integer result [, mixed position])

Nach der Ausführung einer Auswahl gibt die Funktion ifx_fetch_row einen Datensatz aus einem Ergebnissatz zurück. Das zurückgegebene Array enthält die in der Abfrage enthaltenen Elemente nach Spaltennamen indiziert. Wenn Sie mit IFX_SCROLL den Cursortyp gesetzt haben, können Sie das Argument position verwenden. Dies kann ein Integer sein oder eine der folgenden Zeichenketten: FIRST, NEXT, LAST, PREVIOUS, CURRENT. Ein Anwendungsbeispiel finden Sie unter ifx_prepare.

array ifx_fieldproperties (integer result)

Die Funktion ifx_fieldproperties gibt ein Array zurück, das Informationen über jede Spalte in einem Ergebnissatz enthält. Die Array-Elemente sind nach den Spaltennamen indiziert. Jedes Element enthält eine Reihe von Eigenschaften, die durch Strichpunkte voneinander getrennt sind. Die Zeichenkette besteht aus Typ, Länge, Genauigkeit, Maßstab und einem Flag, das angibt, ob die Spalte Null sein kann. Bei Typ handelt es sich um eine der Zeichenketten, die unter ifx_fieldtypes aufgelistet sind.

array ifx_fieldtypes (integer result)

Die Funktion ifx_fieldtypes gibt ein Array zurück, das den Typ jeder Spalte im Ergebnissatz angibt. Mögliche Werte dafür sind: SQLBOOL, SQLBYTES, SQLCHAR, SQLDATE, SQLDECIMAL, SQLDTIME, SQLFLOAT, SQLINT, SQLINT8, SQLINTERVAL, SQLLVARCHAR, SQLMONEY, SQLNCHAR, SQLNVCHAR, SQLSERIAL, SQLSERIAL8, SQLSMFLOAT, SQLSMINT, SQLTEXT, SQLUDTFIXED, SQLVCHAR. Das zurückgegebene Array ist nach den Namen der Spalten indiziert.

boolean ifx_free_blob (integer blob)

Die Funktion ifx_free_blob entfernt den angegebenen Blob aus der Datenbank.

boolean ifx_free_char (integer character)

Die Funktion ifx_free_char entfernt das angegebene Zeichen-Objekt aus der Datenbank.

bbolean ifx_free_result (integer result)

Die Funktion ifx_free_result gibt den von einem Ergebnissatz belegten Arbeitsspeicher frei. Ein Anwendungsbeispiel finden Sie unter ifx_pconnect.

string ifx_get_blob (integer blob)

Die Funktion ifx_get_blob gibt den Inhalt eines Blob zurück.

string ifx_get_char (integer character)

Die Funktion ifx_get_char gibt den Inhalt eines Zeichen-Objekts zurück.

array ifx_getsqlca (integer result)

Die Funktion ifx_getsqlca gibt ein Array zurück, das die Werte aus sqlerrd des darunter liegenden Informix-API enthält.

integer ifx_htmltbl_result (integer result [, string options])

Die Funktion ifx_htmltbl_result gibt eine HTML-Tabelle mit allen Zeilen des Ergebnissatzes aus. Das optionale Argument options schreiben Sie in das Tabellen-Tag. Ein Anwendungsbeispiel finden Sie unter ifx_pconnect.

void ifx_nullformat (integer mode)

Wenn mode 0 ist, gibt ifx_nullformt alle leeren Spalten als leere Zeichenketten zurück. Bei mode 1 gibt die Funktion sie als NULL zurück (als Zeichenkette mit vier Zeichen).

integer ifx_num_fields (integer result)

Die Funktion ifx_num_fields gibt die Anzahl der im Ergebnissatz enthaltenen Spalten zurück.

integer ifx_num_rows (integer result)

Mit ifx_num_rows erhalten Sie die genaue Anzahl Datensätze eines Ergebnissatzes. Um die ungefähre Anzahl Datensätze in einem Ergebnissatz zu erhalten, verwenden Sie ifx_affected_rows.

integer ifx_pconnect ([string database [, string user [, string password]]])

Die Funktion ifx_pconnect arbeitet ähnlich wie ifx_connect. Allerdings schließt ifx_pconnect die aufgebauten Verbindungen erst, wenn der Webserver-Prozess endet. Ständige Verbindungen bleiben für andere Scripts verfügbar.

```
<?
    // Datenbankverbindung öffnen
    if (! ($dbLink = ifx_pconnect ("mydb@ol_srv1", "leon", "secret")) {
```

```
      print ("Datenbankverbindung fehlgeschlagen!<BR>\n");
      exit();
   }
   // Blobs als varchar behandeln
   ifx_textasvarchar (TRUE);

   // Einen Datensatz aus der message-Tabelle holen
   $Query = "SELECT Title, Body FROM message WHERE ID = 3 ";
   if (! ($result = ifx_query ($Query, $dbLink)) {
      print ("Keine Abfrage möglich!<BR>\n");
   }

   // Ergebnisse in eine HTML-Tabelle schreiben
   ifx_htmltbl_result ($result);

   // Speicher wieder freigeben
   ifx_free_result ($dbLink);

   // Datenbankverbindung schließen
   ifx_close ($dbLink);
?>
```

integer ifx_prepare (string query, integer link [, integer cursor_type] [, array blob-id])

Die Funktion ifx_prepare parst eine Abfrage, führt sie aber nicht aus. Ansonsten arbeitet die Funktion genau wie ifx_query, die weiter unten beschrieben wird. Um eine Abfrage auszuführen, rufen Sie ifx_do auf.

```
<?
   // Datenbankverbindung öffnen
   if (! ($dbLink = ifx_pconnect ("mydb@ol_srv1", "leon", "secret")) {
      print ("Datenbankverbindung fehlgeschlagen!<BR>\n");
      exit();
   }

   // Alle Einträge mit PHP im Titel abfragen
   $Query = "SELECT ID, Title FROM message " .
      "WHERE Title like '%PHP%' ";
   if (!($result = ifx_prepare ($Query, $dbLink, IFX_SCROLL)) {
      print ("Keine Abfrage möglich!<BR>\n");
   }

   if (ifx_affectedrows ($result) < 100)
   {
      // Abfrage ausführen
      ifx_do ($result);
```

```
    // Alle Zeilen ausgeben
    while ($row = ifx_fetch_row ($result, "NEXT")) {
       print ("<A HREF=\"get.php?id={$row["ID"]}\">");
       print ("{$row["Title"]}</A><BR>\n");
    }
  }

  else {
     print ("Zu viele Ergebnisse für eine Seite.<BR>\n");
  }

  // Speicher wieder freigeben
  ifx_free_result ($dbLink);

  // Datenbankverbindung schließen
  ifx_close ($dbLink);
?>
```

integer ifx_query (string query, integer link [, integer cursor_type] [, array blob-id])

Die Funktion ifx_query führt eine Abfrage aus und gibt einen Ergebnisbezeichner zurück, den die meisten anderen Informix-Funktionen brauchen. Das Argument link erhalten Sie von ifx_pconnect. Wenn Sie es weglassen, wird die zuletzt aufgebaute Verbindung verwendet. Wenn Sie eine Auswahl-Abfrage ausführen, können Sie für Cursortyp die Konstanten IFX_SCROLL und IFX_HOLD verwenden.

Wenn Sie aktualisieren oder einfügen, verwenden Sie in der Abfrage ein ? und vergleichen mit einem Eintrag im Argument blob_id. Jeder Eintrag muss ein von ifx_create_blob zurückgegebener Wert sein. Auswahlen, die Blobspalten liefern, geben standardmäßig Blob-IDs zurück. Sie können dies jedoch mit ifx_textasvarchar ändern.

Beachten Sie, dass die Argumente cursor_type und blob-id optional sind. Die Funktion ifx_query erlaubt Ihnen, als drittes Argument ein Array von Blob-IDs anzugeben. Ein Anwendungsbeispiel finden Sie unter ifx_create_blob.

void ifx_textasvarchar (integer mode)

Mit ifx_textasvarchar legen Sie fest, wie Textblobs in Abfragen zurückgegeben werden. Geben Sie als mode 0 an, erhalten Sie Blob-IDs. Wenn mode 1 ist, werden die Inhalte der Blobs zurückgegeben. Ein Anwendungsbeispiel finden Sie unter ifx_pconnect.

boolean ifx_update_blob (integer blob, string data)

Die Funktion ifx_update_blob ändert den Inhalt eines Blob.

boolean ifx_update_char (integer character, string data)

Die Funktion ifx_update_char ändert den Inhalt eines Zeichen-Objekts.

Integer ifxus_close_slob (integer blob)

Die Funktion ifxus_close_slob können Sie anstelle von ifxus_free_slob verwenden.

integer ifxus_create_slob (integer mode)

Mit ifxus_create_slob erzeugen Sie ein Slob-Objekt und erhalten eine Objekt-ID. Sie können die in Tabelle 13.4 aufgeführten Modi mit dem |-Operator kombinieren.

Wert	Informix API-Konstante
1	LO_RDONLY
2	LO_WRONLY
4	LO_APPEND
8	LO_RDWR
16	LO_BUFFER
32	LO_NOBUFFER

Tabelle 13.4: Informix Slob-Modi

boolean ifxus_free_slob (integer slob)

Die Funktion ifxus_free_slob löscht ein Slob-Objekt.

integer ifxus_open_slob (integer slob, integer mode)

Mit ifxus_open_slob erhalten Sie einen Bezeichner für ein vorhandenes Slob-Objekt. Sie können die in Tabelle 13.4 aufgeführten Modi mit dem |-Operator kombinieren.

integer ifxus_read_slob (integer slob, integer bytes)

Die Funktion ifxus_read_slob gibt Daten des angegebenen Slob-Objekts zurück. Das Argument bytes legt fest, wie viele Bytes zurückgegeben werden.

integer ifxus_seek_slob (integer slob, integer mode, integer offset)

Die Funktion ifxus_seek_slob ändert die aktuelle Cursorposition innerhalb eines Slob-Objekts. Das Argument mode legt die Position des Offset fest. Bei mode 0 bezieht sich der Offset auf den Beginn, bei mode 1 auf die aktuelle Position und bei mode 2 auf das Ende des Slob-Objekts.

integer ifxus_tell_slob (integer slob)

Die Funktion ifxus_tell_slob gibt die aktuelle Cursorposition innerhalb eines Slob-Objekts zurück.

integer ifxus_write_slob (integer slob, string data)

Die Funktion ifxus_write_slob schreibt Daten in ein geöffnetes Slob-Objekt und gibt die Anzahl der geschriebenen Bytes zurück.

13.5 InterBase

InterBase ist eine professionelle Datenbank, deren Quellcodes lange Zeit proprietär und nicht freigegeben waren. Im Januar 2000 veröffentlichte Inprise InterBase als Open Source und machte den Quellcode allgemein zugänglich. InterBase ist die erste Open-Source-Datenbank, die dem Standard SQL 92 entspricht. InterBase hat eine mehr als 16-jährige kommerzielle Entwicklungsgeschichte und schneidet im Vergleich mit Oracle, Sybase und DB2 gut ab. In diesem Abschnitt behandle ich die PHP-Funktionen für die Kommunikation mit InterBase. Eine weitere Einführung in InterBase würde hier zu weit führen. Abgesehen von der umfangreichen Dokumentation auf der InterBase Website unter http://www.interbase.com/ finden Sie wertvolle Informationen in Büchern über den C++ Compiler von Borland oder über Delphi.

Die Unterstützung für InterBase in PHP stammt von Jouni Ahto. Andrew Avdeev und Ivo Panacek entwickelten die Unterstützung weiter. Gegenwärtig sind die InterBase-Funktionen in PHP noch nicht vollständig, aber die Änderung der Lizenzierungspolitik fördert neue Entwicklungen. Sie können auch mit den ODBC-Funktionen arbeiten.

boolean ibase_blob_add (integer blob, string data)

Mit ibase_blob_add fügen Sie einem Blob Daten hinzu. Vorher müssen Sie den Blob mit der Funktion ibase_blob_create erzeugen.

boolean ibase_blob_cancel (integer blob)

Mit ibase_blob_cancel löschen Sie einen zuvor mit ibase_blob_create erzeugten Blob.

boolean ibase_blob_close (integer blob)

Die Funktion ibase_blob_close schreibt die an einem Blob durchgeführten Änderungen in die Datenbank.

integer ibase_blob_create ([integer link])

Die Funktion ibase_blob_create erzeugt einen neuen Blob. Das Argument link ist optional. Lassen Sie es weg, verwendet die Funktion die zuletzt geöffnete Verbindung. Sie erhalten einen Blob-Bezeichner.

boolean ibase_blob_echo (string blob)

Die Funktion ibase_blob_echo gibt den Inhalt des angegebenen Blob im Browser aus.

string ibase_blob_get (integer blob, integer bytes)

Mit ibase_blob_get erhalten Sie die angegebene Anzahl Bytes aus einem Blob.

integer ibase_blob_import ([integer link,] integer file)

Die Funktion ibase_blob_import erzeugt einen Blob und legt den Inhalt einer offenen Datei darin ab. Das Datei-Argument muss ein Dateibezeichner sein, den Sie von fopen erhalten. Sie können ibase_blob_import mit oder ohne bestehende Verbindung aufrufen. Nach dem Import wird die Datei geschlossen und der Blob-Bezeichner zurückgegeben.

object ibase_blob_info (string blob)

Mit `ibase_blob_info` erhalten Sie Informationen über einen Blob. Die Funktion gibt ein Objekt mit den folgenden Eigenschaften zurück: `isnull`, `length`, `maxseg`, `numseg`, `stream`.

integer ibase_blob_open (string blob)

Mit `ibase_blob_open` erhalten Sie den Blob-Bezeichner eines vorhandenen Blob.

boolean ibase_close ([integer link])

Mit `ibase_close` schließen Sie eine zuvor mit `ibase_connect` hergestellte Verbindung. Wenn Sie keine Verbindung angeben, wird die zuletzt geöffnete Verbindung geschlossen. Die Standardtransaktion wird ausgeführt, andere Transaktionen werden widerrufen.

boolean ibase_commit ([integer link,] integer trans_number)

Die Funktion `ibase_commit` führt die Standardtransaktion für die angegebene Verbindung aus und für die letzte Verbindung, falls Sie das Argument weglassen.

integer ibase_connect (string path [, string user] [, string password] [, string charset] [, integer buffers] [, integer dialect] [, string role])

Mit `ibase_connect` stellen Sie eine Verbindung zu einer InterBase-Datenbank her. Sie müssen den `Pfad` zu einer Datenbank-Datei angeben. Die Argumente `user` und `password` können Sie weglassen. In diesem Fall werden die in `php.ini` gesetzten Werte für die Direktiven `ibase.default_user` und `ibase.default_password` verwendet.

Sie erhalten einen Verbindungsbezeichner, den Sie für viele andere Funktionen in diesem Abschnitt brauchen. Bei Beendigung des Scripts wird die Verbindung für Sie geschlossen. Sie können eine Verbindung jedoch auch manuell mit `ibase_close` schließen. Bei einem zweiten Verbindungsversuch zur gleichen Datenbank und unter gleichem Benutzernamen erhalten Sie den gleichen Verbindungsbezeichner.

Vergleichen Sie diese Funktion mit `ibase_pconnect`.

string ibase_errmsg (void)

Mit `ibase_errmsg` erhalten Sie die letzte Fehlermeldung. Wenn keine Fehlermeldung verfügbar ist, gibt die Funktion `FALSE` zurück.

integer ibase_execute (integer query [, integer bind [, integer...]])

Die Funktion `ibase_execute` führt eine mit `ibase_prepare` vorbereitete Abfrage durch. Wenn die Abfrage Platzhalter (?) enthält, müssen Sie die passenden Bindewerte nach dem Abfragebezeichner übergeben. Wenn Sie eine Auswahlabfrage durchführen, erhalten Sie einen Ergebnisbezeichner.

object ibase_fetch_object (integer result [, integer blob])

Die Funktion ibase_fetch_object gibt ein Objekt zurück, das für jede Spalte des nächsten Ergebnisdatensatzes eine Eigenschaft enthält. Der Name der Eigenschaft entspricht dem Namen der Spalte. Das Argument blob ist optional. Wenn Sie es auf IBASE_TEXT setzen, werden Blobspalten als Text zurückgegeben. Ansonsten wird der Blob-Bezeichner zurückgegeben. Wenn keine Datensätze mehr übrig sind, gibt die Funktion FALSE zurück.

array ibase_fetch_row (integer result [, integer blob])

Die Funktion ibase_fetch_row arbeitet wie ibase_fetch_object, abgesehen davon, dass ibase_fetch_row ein Array zurückgibt. Die Spalten werden hier nicht mit Namen, sondern mit einer Nummer bezeichnet, beginnend bei 0.

array ibase_field_info (integer result, integer field)

Mit ibase_field_info erhalten Sie Informationen über eine Spalte in einem Ergebnissatz. Die Funktion gibt ein assoziatives Array zurück, das die folgenden Elemente enthält: alias, length, name, relation, type.

boolean ibase_free_query (integer query)

Mit ibase_free_query geben Sie Speicherplatz frei, der von einer vorbereiteten Abfrage belegt ist.

boolean ibase_free_result (integer result)

Mit ibase_free_result geben Sie Speicherplatz frei, der von einem Ergebnissatz belegt ist.

integer ibase_num_fields (integer result)

Die Funktion ibase_num_fields gibt die Anzahl der Felder in einem Ergebnissatz zurück.

Integer ibase_pconnect (string path [, string user] [, string password] [, string character_set] [, integer buffers] [, integer dialect] [, string role])

Die Funktion ibase_pconnect arbeitet ähnlich wie ibase_connect. Der Unterschied besteht darin, dass PHP oder Ihr Script Verbindungen nicht schließt. Sie bestehen weiter mit dem Serverprozess, so dass Sie sie für spätere Scriptausführungen verwenden können, die die gleiche Verbindung benötigen.

integer ibase_prepare ([integer link ,] string query)

Die Funktion ibase_prepare bereitet eine Abfrage für die spätere Ausführung mit ibase_execute vor. Wenn Sie das Argument link weglassen, wird die zuletzt geöffnete Verbindung verwendet. Die Funktion gibt einen Abfragebezeichner zurück.

integer ibase_query ([integer link,] string query [, integer bind])

Die Funktion ibase_query führt eine Abfrage über eine geöffnete Verbindung aus. Sie können den Verbindungsbezeichner weglassen und so die zuletzt geöffnete Verbindung verwenden. Wenn die Abfrage Platzhalter (?) enthält, müssen Sie die entsprechenden Bindewerte nach dem Argument query übergeben. Sie erhalten einen Ergebnisbezeichner, den Sie mit Funktionen wie ibase_fetch_row verwenden können.

```php
<?
   // Datenbankverbindung öffnen
   if (! ($dbLink = ibase_connect ("mydatabase.gdb", "leon", "secret")) {
      print ("Datenbankverbindung fehlgeschlagen!<BR>\n");
      exit();
   }

   // Beginn der Transaktion
   $dbTran = ibase_trans (IBASE_DEFAULT, $dbLink);

   // Eine Nachricht mit bind-Parametern einfügen
   $Query = "INSERT INTO message VALUES (?, ?, ?) ";

   if (! ($result = ibase_query ($dbLink, $Query, $inputID, $inputTitle, $inputBody)) {
      print ("Kann keine Zeile einfügen!<BR>\n");
      exit();
   }
   // Speicher wieder freigeben
   ibase_free_result ($result);


   // Tabelle ausgeben
   print ("<TABLE BORDER=\"1\">\n");
   $Query = "SELECT * FROM message ";

   if (! ($result = ibase_query ($dbLink, $Query)) {
      print ("Tabelle kann nicht abgefragt werden!<BR>\n");
      exit();
   }

   // Feldinformationen ausgeben
   print ("<TR>\n");
   for ($i = 0; $i < ibase_num_fields ($result); $i++) {
      $info = ibase_field_info ($result, $i);
      print ("<TH>{$info["name"]}</TH>\n");
   }
   print ("</TR>\n");

   // Alle Zeilen ausgeben
   while ($row = ibase_fetch_row ($result)) {
      print ("<TR>\n");
      for ($i = 0; $i < ibase_num_fields ($result); $i++) {
         print ("<TD>$row[$i]</TD>\n");
      }
      print("</TR>\n");
```

```
  }
  print("</TABLE>\n");

  // Speicher wieder freigeben
  ibase_free_result ($result);

  // Transaktion ausführen
  ibase_commit ($dbTran);

  // Datenbankverbindung schließen
  ibase_close ($dbLink);
?>
```

boolean ibase_rollback ([integer link ,] integer trans_number)

Die Funktion `ibase_rollback` widerruft die Standardtransaktion der angegebenen Verbindung. Wenn Sie keine Verbindung angeben, wird die zuletzt geöffnete Verbindung verwendet.

boolean ibase_timefmt (string format)

Mit `ibase_timefmt` setzen Sie das Format für Datum/Zeit-Spalten. Der Format-String muss den Regeln von `strftime` folgen. Das Standardformat ist »%m/%d/%Y%H:%M:%S«. Die Funktion `strftime` ist in Kapitel 11, »Zeit-, Datums- und Konfigurationsfunktionen«, beschrieben.

integer ibase_trans ([integer flags [, integer link]])

Die Funktion `ibase_trans` gibt einen Transaktionsbezeichner zurück. Bei den Flags handelt es sich um eine beliebige Kombination der in Tabelle 13.5 aufgeführten Konstanten. Sie können diese mit dem |-Operator kombinieren. `IBASE_DEFAULT` kombiniert die InterBase-Eigenschaften `read`, `write`, `snapshot` und `wait`. Das Argument für die `Verbindung` ist optional. Wenn Sie es weglassen, wird die zuletzt geöffnete Verbindung verwendet.

```
IBASE_COMMITED

IBASE_CONSISTENCY

IBASE_DEFAULT

IBASE_NOWAIT

IBASE_READ

IBASE_TEXT

IBASE_TIMESTAMP
```

Tabelle 13.5: InterBase-Konstanten

13.6 mSQL

Die Funktionen in diesem Abschnitt dienen der Kommunikation mit mSQL. Die Funktionen dieser Datenbank sind eine Teilmenge von SQL. Die offizielle Website ist `http://www.hughes.com.au/`. Eine Site, die Windows-Versionen von mSQL unterstützt, finden Sie unter `http://shell.warped.com/joshua/`.

Eine Reihe von mSQL-Funktionen, die es nur aus Gründen der Abwärts-Kompatibilität gibt, habe ich hier weggelassen. Im offiziellen Handbuch von PHP 3 sind nur einige davon dokumentiert. Eine Beschreibung ihrer Verwendung finden Sie in der Dokumentation für PHP 2. Es handelt sich um die Funktionen: `msql`, `msql_createdb`, `msql_dbname`, `msql_dropdb`, `msql_freeresult`, `msql_listdbs`, `msql_listfields`, `msql_listtables`, `msql_numfields`, `msql_numrows`, `msql_selectdb`, `msql_tablename`.

Es gibt zwei mSQL-Erweiterungen, eine für mSQL-Version 1 und eine für Version 2. Um die Funktionen in diesem Abschnitt verwenden zu können, müssen Sie die richtige Erweiterung laden. Beide mSQL-Erweiterungen stammen von Zeev Suraski.

integer msql_affected_rows (integer link)

Die Funktion `msql_affected_rows` gibt die Anzahl Datensätze zurück, die von der letzten Abfrage über eine angegebene Verbindung betroffen sind. Das Argument `link` muss ein Integer sein, den Sie von `msql_connect` oder `msql_pconnect` erhalten. Ein Anwendungsbeispiel finden Sie unter `msql_db_query`.

boolean msql_close ([integer link])

Die Funktion `msql_close` schließt die Verbindung zu einer Datenbank. Wenn Sie das Verbindungs-argument weglassen, wird die zuletzt geöffnete Verbindung geschlossen. Die Funktion schließt nur die mit `msql_connect` geöffneten Verbindungen. Diese Funktion ist nicht unbedingt erforderlich, weil alle nicht-ständigen Verbindungen bei Script-Ende automatisch geschlossen werden. Ein Anwendungsbeispiel finden Sie unter `msql_db_query`.

integer msql_connect ([string host [:port]] [, string username] [, string password])

Die Funktion `msql_connect` versucht, eine Verbindung mit dem mSQL-Server auf dem angegebenen Host herzustellen. Wenn Sie das Argument `Host` weglassen, wird der lokale Host verwendet. Sie erhalten einen Verbindungsbezeichner. Falls bereits eine Verbindung geöffnet ist, gibt die Funktion deren Bezeichner zurück. Es wird keine weitere Verbindung geöffnet. Bei Scriptende wird die Verbindung automatisch geschlossen.

Sie können dem Argument `Host` einen Doppelpunkt hinzufügen, gefolgt von einer Portnummer.

boolean msql_create_db (string database [, integer link])

Die Funktion `msql_create_db` versucht, eine Datenbank zu erzeugen. Das Argument `link` ist optio-nal. Wenn Sie es weglassen, wird die zuletzt geöffnete Verbindung verwendet.

```
<?
   $Link = msql_connect ("msql.clearink.com");
   msql_create_db ("store", $Link);
   msql_close ($Link);
?>
```

boolean msql_data_seek (integer result, integer row)

Die Funktion `msql_data_seek` bewegt den internen Datensatz-Pointer auf den angegebenen Datensatz in einem Ergebnissatz. Das Argument `result` erhalten Sie von `msql_query`.

```
<?
   $Link = msql_connect ("msql.clearink.com");
   msql_select_db ("store", $Link);

   $Result = msql_query ("SELECT Name FROM customer", $Link);

   // Zur 10. Zeile springen
   msql_data_seek ($Result, 10);

   $Row = msql_fetch_row ($Result);

   print ($Row[0]);

   msql_close ($Link);
?>
```

integer msql_db_query (string database, string query [, integer link])

Die Funktion `msql_db_query` entspricht `msql_query`. Hier müssen Sie jedoch eine Datenbank angeben, während die Funktion `msql_query` eine mit `msql_select_db` ausgewählte Datenbank verwendet. Die Funktion führt eine Abfrage in der angegebenen Datenbank aus und gibt einen Ergebnisbezeichner zurück.

```
<?
   $Link = msql_connect ("msql.clearink.com");
   $Query = "DELETE FROM customer";
   $Result = msql_db_query ("store", $Query, $Link);

   $RowsAffected = msql_affected_rows ($Link);
   print ($RowsAffected . " Zeilen gelöscht.");

   msql_close ($Link);
?>
```

boolean msql_drop_db (string database [, integer link])

Die Funktion `msql_drop_db` entfernt eine komplette Datenbank vom Server. Wenn Sie das optionale Argument `link` weglassen, wird die zuletzt geöffnete Verbindung verwendet.

```
<?
   $Link = msql_connect ("msql.clearink.com");

   if (msql_drop_db ("store", $Link)) {
      print("Die Datenbank wurde gelöscht!");
   }
   else {
      print ("Datenbank wurde nicht gelöscht: ");
      print (msql_error());
   }
   msql_close ($Link);
?>
```

string msql_error ([integer link])

Mit msql_error erhalten Sie die letzte Fehlermeldung, die von einer mSQL-Funktion zurückgegeben wurde. Ein Anwendungsbeispiel finden Sie unter msql_drop_db.

array msql_fetch_array (integer result [, integer type])

Die Funktion msql_fetch_array gibt ein Array der Daten des aktuellen Datensatzes zurück. Das Argument result erhalten Sie von msql_query. Standardmäßig gibt die Funktion Ergebnisspalten in jeweils zwei Elementen zurück: eines mit Nummern und eines mit Feldnamen bezeichnet. Das optionale Argument type bestimmt, welche Elemente erzeugt werden: MSQL_NUM legt fest, dass nur nummerierte, MSQL_ASSOC, dass nur namentlich bezeichnete Elemente erzeugt werden. Wollen Sie beide erzeugen, verwenden Sie MSQL_BOTH.

Vergleichen Sie diese Funktion mit msql_fetch_row und msql_fetch_object.

```
<?
   $Link = msql_connect ("msql.clearink.com");
   msql_select_db ("store", $Link);

   $Query = "SELECT * FROM customer";
   $Result = msql_query ($Query, $Link);

   // Alle Zeilen ausgeben
   while ($Row = msql_fetch_array ($Result, MSQL_ASSOC)) {
      print ($Row["Vorname"] . "<BR>\n");
   }
   msql_close ($Link);
?>
```

object msql_fetch_field (integer result [, integer field])

Die Funktion msql_fetch_field gibt ein Objekt mit Eigenschaften zurück, die das angegebene Feld beschreiben. Wenn Sie das Argument field weglassen, wird das nächste noch nicht geholte Feld zurückgegeben. Die Eigenschaften des Objekts sehen Sie in Tabelle 13.6.

```
<?
  $Link = msql_connect ("msql.clearink.com");
  msql_select_db ("store", $Link);

  $Query = "SELECT * FROM item i, SKU s ";
  $Query .= "WHERE i.SKU = s.ID ";
  $Result = msql_query ($Query, $Link);

  // Feldbeschreibungen ausgeben
  while ($Field = msql_fetch_field ($Result)) {
      print ("Name: " . $Field->name . "<BR>\n");
      print ("Table: " . $Field->table . "<BR>\n");
      print ("Not Null: " . $Field->not_null . "<BR>\n");
      print ("Primary Key: " . $Field->primary_key "<BR>\n");
      print ("Unique: " . $Field->unique . "<BR>\n");
      print ("Type: " . $Field->type . "<BR>\n<BR>\n");
  }
  msql_close($Link);
?>
```

Eigenschaft	Beschreibung
name	Name der Spalte
not_null	TRUE, wenn die Spalte nicht null sein kann
primary_key	TRUE, wenn die Spalte ein primärer Schlüssel ist
table	Name der Tabelle, aus der die Spalte stammt
type	Datentyp der Spalte
unique	TRUE, wenn die Spalte ein eindeutiger Schlüssel ist

Tabelle 13.6: Eigenschaften des Objekts msql_fetch_field

object msql_fetch_object (integer result [, integer type])

Die Funktion msql_fetch_object gibt ein Objekt zurück, mit Eigenschaften für jede Spalte des resultierenden Datensatzes. Jeder Aufruf von msql_fetch_object holt den jeweils nächsten Datensatz aus dem Ergebnissatz oder gibt FALSE zurück, wenn keine mehr übrig sind.

```
<?
  $Link = msql_connect ("msql.clearink.com");
  msql_select_db ("store", $Link);

  $Query = "SELECT * FROM item";
  $Result = msql_query ($Query, $Link);

  while ($Row = msql_fetch_object ($Result)) {
      print ("$Row->ID: $Row->Name<BR>\n");
  }
  msql_close ($Link);
?>
```

array msql_fetch_row (integer result)

Die Funktion `msql_fetch_row` gibt ein Array mit einem Element für jede resultierende Spalte zurück. Sie gibt FALSE zurück, wenn keine Ergebnisse mehr übrig sind. Spalten werden mit Integerwerten, beginnend bei 0, bezeichnet. Vergleichen Sie diese Funktion mit `msql_fetch_array` und `msql_fetch_object`.

```
<?
    $Link = msql_connect ("msql.clearink.com");
    msql_select_db ("store", $Link);

    $Query = "SELECT * FROM item";
    $Result = msql_query ($Query, $Link);

    while ($Row = msql_fetch_row ($Result)) {
        print ($Row[0] . ": " . $Row[1] . "<BR>\n");
    }
    msql_close($Link);
?>
```

boolean msql_field_seek (integer result, integer field)

Mit `msql_field_seek` bewegen Sie den internen Feld-Pointer zum angegebenen Feld.

```
<?
    $Link = msql_connect ("msql.clearink.com");
    msql_select_db ("store", $Link);

    $Query = "SELECT * FROM item i, SKU s ";
    $Query .= "WHERE i.SKU = s.ID ";
    $Result = msql_query ($Query, $Link);

    // Feldbeschreibungen ausgeben, beginnend beim 3. Feld
    msql_field_seek ($Result, 2);

    while ($Field = msql_fetch_field ($Result)) {
        print ("Name: " . $Field->name . "<BR>\n");
        print ("Tabelle: " . $Field->table . "<BR>\n");
        print ("Not Null: " . $Field->not_null ."<BR>\n");
        print ("Primary Key: " . $Field->primary_key "<BR>\n");
        print ("Unique: " . $Field->unique . "<BR>\n");
        print ("Type: " . $Field->type . "<BR>\n<BR>\n");
    }
    msql_close ($Link);
?>
```

string msql_field_flags (integer result, integer field)

Die Funktion msql_fieldflags gibt alle für das angegebene Feld eingeschalteten Flags zurück. Diese können sein: primary key, unique und not null.

```
<?
   $Link = msql_connect ("msql.clearink.com");
   msql_select_db ("store", $Link);

   $Query = "SELECT * FROM item";
   $Result = msql_query ($Query, $Link);
   print ("Flags von Feld 0: " . msql_field_flags ($Result, 0));

   msql_close ($Link);
?>
```

integer msql_field_len (integer result, integer field)

Die Funktion msql_fieldlen gibt die Länge des angegebenen Feldes zurück.

```
<?
   $Link = msql_connect ("msql.clearink.com");
   msql_select_db ("store", $Link);

   $Query = "SELECT * FROM item";
   $Result = msql_query ($Query, $Link);

   print ("Feldlänge von Feld 1:". msql_field_len ($Result, 0));

   msql_close ($Link);
?>
```

string msql_field_name (integer result, integer field)

Die Funktion msql_fieldname gibt den Namen des angegebenen Feldes zurück.

```
<?
   $Link = msql_connect ("msql.clearink.com");
   msql_select_db ("store", $Link);

   $Query = "SELECT * FROM item";
   $Result = msql_query ($Query, $Link);

   print ("Name von Feld 0: " . msql_field_name ($Result, 0));

   msql_close ($Link);
?>
```

string msql_field_table (integer result, integer field)

Die Funktion `msql_fieldtable` gibt den Tabellennamen des angegebenen Feldes zurück.

```
<?
    $Link = msql_connect ("msql.clearink.com");
    msql_select_db ("store", $Link);

    $Query = "SELECT * FROM item";
    $Result = msql_query ($Query, $Link);

    print ("Feld 0 ist in " . msql_field table ($Result, 0));

    msql_close($Link);
?>
```

string msql_field_type (integer result, integer field)

Die Funktion `msql_fieldtype` gibt den Typ des angegebenen Feldes zurück.

```
<?
    $Link = msql_connect ("msql.clearink.com");
    msql_select_db ("store", $Link);

    $Query = "SELECT * FROM item";
    $Result = msql_query ($Query, $Link);

    print ("Typ von Feld 0: " . msql_field type ($Result, 0));

    msql_close ($Link);
?>
```

boolean msql_free_result (integer result)

Wenn ein Script endet, wird der gesamte von Ergebnissen belegte Speicherplatz freigegeben. Wenn der Speicherplatz während der Abarbeitung des Scripts knapp wird, verwenden Sie `msql_free_result`.

```
<?
    $Link = msql_connect ("msql.clearink.com");
    msql_select_db ("store", $Link);

    $Query = "INSERT INTO store VALUES (0, 'Martinez')";
    $Result = msql_query ($Query, $Link);

    msql_free_result ($Result);
    msql_close ($Link);
?>
```

integer msql_list_dbs ([integer link])

Die Funktion `msql_list_dbs` gibt einen Ergebnisbezeichner zurück und ist in dieser Hinsicht identisch mit `msql_query`. Mit allen Funktionen, die Datensätze oder Felder zurückgeben, können Sie die Namen der Datenbank erhalten. Das Argument `link` ist optional. Wenn Sie es weglassen, wird die zuletzt geöffnete Verbindung verwendet.

```
<?
   $Link = msql_connect ("msql.clearink.com");
   msql_select_db ("store", $Link);

   $Result = msql_list_dbs ($Link);

   while ($row_array = msql_fetch_row ($Result)) {
      print ($row_array[0] . "<BR>\n");
   }
   msql_close ($Link);
?>
```

integer msql_list_fields (string database string tablename [, integer link])

Die Funktion `msql_list_fields` gibt einen Ergebnisbezeichner zurück und ist in dieser Hinsicht identisch mit `msql_query`. Mit allen Funktionen, die Datensätze oder Felder zurückgeben, können Sie die Namen der Felder erhalten. Das Argument `link` ist optional. Wenn Sie es weglassen, wird die zuletzt geöffnete Verbindung verwendet.

```
<?
   $Link = msql_connect ("msql.clearink.com");
   msql_select_db ("store", $Link);

   $Result = msql_list_fields ("store", "item", $Link);
   while ($row_array = msql_fetch_row ($Result)) {
      print ($row_array[0] . "<BR>\n");
   }
   msql_close($Link);
?>
```

integer msql_list_tables (string database [, integer link])

Die Funktion `msql_list_tables` gibt einen Ergebnisbezeichner zurück und ist in dieser Hinsicht identisch mit `msql_query`. Mit allen Funktionen, die Datensätze oder Felder zurückgeben, können Sie die Namen der Felder erhalten. Das Argument `link` ist optional. Wenn Sie es weglassen, wird die zuletzt geöffnete Verbindung verwendet.

```
<?
   $Link = msql_connect ("msql.clearink.com");
   msql_select_db ("store", $Link);

   $Result = msql_list_tables ("store", $Link);
```

```
    while ($row_array = msql_fetch_row ($Result)) {
        print ($row_array[0] . "<BR>\n");
    }

    msql_close ($Link);
?>
```

integer msql_num_fields (integer result)

Mit `msql_num_fields` erhalten Sie die Anzahl Felder in einem Ergebnissatz.

```
<?
    $Link = msql_connect ("msql.clearink.com");
    msql_select_db ("store", $Link);

    $Query = "SELECT * FROM item i, SKU s ";
    $Query .= "WHERE i.SKU = s.ID ";
    $Result = msql_query ($Query, $Link);

    print (msql_num_fields ($Result));

    msql_close ($Link);
?>
```

integer msql_num_rows (integer result)

Die Funktion `msql_num_rows` gibt die Anzahl Zeilen in einem Ergebnissatz zurück.

```
<?
    $Link = msql_connect ("msql.clearink.com");
    msql_select_db ("store", $Link);

    $Query = "SELECT * FROM item i, SKU s ";
    $Query .= "WHERE i.SKU = s.ID ";
    $Result = msql_query ($Query, $Link);

    print (msql_num_rows ($Result));

    msql_close($Link);
?>
```

integer msql_pconnect ([string host [:port]] [, string user] [, string password])

Die Funktion `msql_pconnect` arbeitet wie `msql_connect`, abgesehen davon, dass sie die Verbindung beim Beenden des Scripts nicht schließt. Dies wirkt sich nur aus, wenn Sie PHP als Apache-Modul kompiliert haben. Die aufgebauten Verbindungen werden »ständige Verbindungen« (»persistent links«) genannt, weil sie so lange bestehen bleiben wie der Server-Prozess.

```
<?
    $Link = msql_pconnect ("localhost");
?>
```

integer msql_query (string query [, integer link])

Mit `msql_query` führen Sie eine Abfrage aus. Die Funktion verwendet die im Aufruf von `msql_select_db` angegebene Datenbank. Das Argument `link` ist optional. Wenn Sie es weglassen, wird die zuletzt geöffnete Verbindung verwendet.

msql_regcase

Dies ist ein Alias für die Funktion `sql_regcase` (siehe Kapitel 9, »Datenfunktionen«).

string msql_result(integer result, integer row [, mixed field])

Die Funktion `msql_result` gibt den Wert eines einzelnen Feldes der übergebenen Zeile zurück. Das `Feld`-Argument kann auf zwei Arten interpretiert werden. Wenn es eine Zahl ist, stellt es einen Feld-Offset dar, wobei die Zählung bei 0 beginnt. Andernfalls wird es als Spaltenname interpretiert.

Die Funktion `msql_result` arbeitet relativ langsam. Sie sollten daher lieber schnellere Funktionen wie `msql_fetch_array` verwenden.

```
<?
    $Link = msql_connect ("msql.clearink.com");
    msql_select_db ("store", $Link);

    $Query = "SELECT * FROM item i, SKU s ";
    $Query .= "WHERE i.SKU = s.ID ";
    $Result = msql_query ($Query, $Link);

    $numRows = msql_num_rows ($Result);

    for ($index = 0; $index < $numRows; $index++) {
        $item_ID = msql_result ($Result, $index, "item.ID");
        $item_Name = msql_result ($Result, $index, "item.Name");

        print ($item_ID": ".$item_Name."<BR>\n");
    }
    msql_close ($Link);
?>
```

boolean msql_select_db (string database [, integer link])

Mit `msql_select_db` wählen Sie aus, welche Datenbank Sie abfragen möchten. Wie bei den meisten anderen mSQL-Funktionen ist der Verbindungsbezeichner optional.

13.7 MySQL

MySQL ist eine relationale Datenbank mit einer Lizenz, die Ihnen die kostenlose Nutzung für die meisten nichtkommerziellen Zwecke erlaubt. MySQL hat viele Eigenschaften mit mSQL gemein, da es ursprünglich als Ersatz gedacht war, der schneller und flexibler ist als mSQL. MySQL hat dieses Ziel geschafft. Es übertrifft sogar kommerzielle Datenbanken mit Leichtigkeit. Es überrascht also nicht, dass die Wahl vieler PHP-Entwickler auf MySQL fällt.

Mehr über MySQL sowie Quellcode und Binärdateien finden Sie unter http://www.mysql.com/. Es gibt viele Mirrorsites, was sich positiv auf die Download-Zeiten auswirkt. Sie sollten sich auch das ausgezeichnete Online-Handbuch ansehen.

Wie bei mSQL, gibt es auch bei MySQL PHP2-Funktionen, die von PHP3 noch unterstützt werden, die Sie jedoch nicht mehr verwenden sollten. Diese Funktionen finden Sie nicht in diesem Buch. Es handelt sich dabei um mysql, mysql_createdb, mysql_dbname, mysql_dropdb, mysql_fieldflags, mysql_fieldlen, mysql_fieldname, mysql_fieldtable, mysql_fieldtype, mysql_freeresult, mysql_listdbs, mysql_listfields, mysql_listtables, mysql_numfields, mysql_numrows, mysql_selectdb, mysql_tablename.

Die Erweiterung für MySQL stammt von Zeev Suraski.

integer mysql_affected_rows ([integer link])

Die Funktion mysql_affected_rows gibt die Anzahl der von der letzten Abfrage betroffenen Zeilen zurück, unter Verwendung der angegebenen Datenbankverbindung. Wenn Sie das Argument link weglassen, wird die zuletzt aufgebaute Verbindung verwendet. Wenn die letzte Abfrage uneingeschränktes Löschen durchgeführt hat, gibt die Funktion Null zurück. Möchten Sie wissen, wie viele Zeilen von einer Select-Anweisung zurückgegeben wurden, verwenden Sie mysql_num_rows.

```
<?
    // Datenbankverbindung als Benutzer 'freetrade' öffnen
    $dbLink = mysql pconnect ("localhost", "freetrade", "");

    // Datenbank 'freetrade' auswählen
    mysql_select_db ("freetrade", $dbLink);

    // Einige Einträge ändern
    $Query = "UPDATE invoice SET Active = 'Y' WHERE ID < 100 ";
    $dbResult = mysql_query ($Query, $dbLink);

    // Anzahl der geänderten Datensätze ausgeben
    $AffectedRows = mysql_affected_rows ($dbLink);
    print ($AffectedRows." Zeilen geändert.<BR>\n");
?>
```

boolean mysql_change_user (string user, string password, string database, integer link)

Mit mysql_change_user ändern Sie den Benutzer einer Datenbankverbindung. Die Argumente database und link sind optional. Wenn Sie sie weglassen, wird die aktuelle Datenbank und die aktuelle Verbindung verwendet. Wenn der Benutzer nicht geändert werden kann, bleibt die aktuelle Verbindung mit dem ursprünglichen Benutzer geöffnet. Die Funktion erfordert MySQL Version 3.23.3 oder höher.

```
<?
    // Datenbankverbindung als Benutzer 'freetrade' öffnen
    $dbLink = mysql_pconnect ("localhost", "freetrade", "");

    // Datenbank 'freetrade' auswählen
    mysql_select_db ("freetrade", $dbLink);

    // Zum Benutzer 'admin' wechseln
    mysql_change_user ("admin", "secret", "freetrade", $dbLink);
?>
```

boolean mysql_close ([integer link])

Mit `mysql_close` schließen Sie die Verbindung zu einer Datenbank. Die Verbindung muss zuvor mit `mysql_connect` geöffnet worden sein. Sie müssen diese Funktion nicht verwenden, da alle nicht ständigen Verbindungen automatisch bei Scriptende geschlossen werden. Das Argument `link` ist optional. Wenn Sie es weglassen, wird die zuletzt geöffnete Verbindung geschlossen.

```
<?
    // Datenbankverbindung öffnen
    $Link = mysql_connect ("localhost", "httpd", "");

    // Datenbankverbindung schließen
    mysql_close ($Link);
?>
```

integer mysql_connect ([string host [:port] [:/path/to/socket]] [, string user] [, string password])

Die Funktion `mysql_connect` stellt eine Verbindung zu einer MySQL-Datenbank auf dem angegebenen Host her. Wenn die Datenbank auf einem anderen Port ist, fügen Sie dem Hostnamen einen Doppelpunkt und eine Portnummer hinzu. Alternativ können Sie nach dem Doppelpunkt den Pfad zu einem Socket angeben, wenn Sie eine Verbindung zum lokalen Host herstellen. Verwenden Sie folgende Schreibweise: `localhost:/tmp/sockets/mysql`. Alle Argumente sind optional. Standardmäßig werden verwendet: localhost, der Name des Script-Benutzers und eine leere Zeichenkette. Typischerweise ist der Name des Script-Benutzers httpd, der Webserver.

Verbindungen werden bei Scriptende automatisch geschlossen. Sie können sie allerdings schon vorher mit `mysql_close` schließen. Wenn Sie eine bereits geöffnete Verbindung erneut öffnen wollen, wird keine neue Verbindung hergestellt, und die Funktion gibt den Bezeichner der zuerst geöffneten Verbindung zurück.

Falls ein Fehler auftritt, wird `FALSE` zurückgegeben.

```
<?
    // Datenbankverbindung öffnen
    if (! ($dbLink = mysql_connect ("localhost:3606", "freetrade", ""))) {
        print ("Datenbankverbindung fehlgeschlagen!<BR>\n");
    }
```

```
    // Datenbank auswählen
    if (! (mysql_select_db ("freetrade", $dbLink))) {
        print ("mysql_select_db fehlgeschlagen!<BR>\n");
        print (mysql_errno() . ": ");
        print (mysql_error() . "<BR>\n");
    }
?>
```

boolean mysql_create_db (string database [, integer link])

Die Funktion mysql_create_db erzeugt eine neue Datenbank. Beachten Sie, dass Sie eine Verbindung mit einem Benutzerkonto öffnen müssen, das zur Erzeugung von Datenbanken berechtigt. Wenn Sie das Argument link weglassen, wird die zuletzt geöffnete Verbindung verwendet.

```
<?
    // Datenbankverbindung öffnen
    $dbLink = mysql_connect ("localhost", "admin", "secret");

    // Datenbank erzeugen
    mysql_create_db ("garbage", $dbLink);
?>
```

boolean mysql_data_seek (integer result, integer row)

Die Funktion mysql_data_seek bewegt den internen Datensatz-Pointer eines Ergebnissatzes zu dem angegebenen Datensatz. Verwenden Sie die Funktion mit mysql_fetch_row, um zu einem bestimmten Datensatz zu springen. Das Argument result erhalten Sie von mysql_query oder einer ähnlichen Funktion.

```
<?
    // Datenbankverbindung als Benutzer 'freetrade' öffnen
    $dbLink = mysql_pconnect ("localhost", "freetrade", "");

    // Datenbank 'freetrade' auswählen
    mysql_select_db ("freetrade", $dbLink);

    // Die Tabelle 'tax' abfragen
    $Query = "SELECT State FROM tax ";
    $dbResult = mysql_query ($Query, $dbLink);

    // Zur 5. Zeile springen
    mysql_data_seek ($dbResult, 4);

    // Die Zeile holen
    $row = mysql_fetch_row ($dbResult);

    // und ausgeben
    print ($row[0]);
?>
```

integer mysql_db_query (string database, string query [, integer link] [, integer result_mode])

Die Funktion `mysql_db_query` führt eine Abfrage in der angegebenen Datenbank aus und gibt einen Ergebnisbezeichner zurück. Wenn Sie das Argument `link` weglassen, wird die zuletzt geöffnete Verbindung verwendet. Wenn nötig, wird eine neue Verbindung hergestellt.

```
<?
    // Datenbankverbindung als Benutzer 'freetrade' öffnen
    $dbLink = mysql_pconnect ("localhost", "freetrade", "");

    // Alle Datensätze in der Tabelle 'session' löschen
    $Query = "DELETE FROM session ";
    $dbResult = mysql_db_query ("freetrade", $Query, $dbLink);
?>
```

boolean mysql_drop_db (string database [, integer link])

Verwenden Sie `mysql_drop_db` zum Löschen einer Datenbank. Wenn Sie das Argument `link` weglassen, wird die zuletzt geöffnete Verbindung verwendet.

```
<?
    // Datenbankverbindung öffnen
    $dbLink = mysql_connect ("localhost", "admin", "secret");

    // Die Datenbank 'garbage' löschen
    if (mysql_drop_db ("garbage", $dbLink)) {
        print ("Datenbank gelöscht.<BR>");
    }
    else {
        print("Die Datenbank konnte nicht gelöscht werden!<BR>");
    }
?>
```

integer mysql_errno ([integer link])

Die Funktion `mysql_errno` gibt die Fehlernummer der zuletzt ausgeführten Datanbankoperation zurück. Wenn Sie den optionalen `link`-Bezeichner weglassen, wird die letzte Verbindung verwendet.

```
<?
    // Datenbankverbindung als Benutzer 'freetrade' öffnen
    $dbLink = mysql_pconnect ("localhost", "freetrade", "");

    // Datenbank 'freetrade' auswählen
    mysql_select_db ("freetrade", $dbLink);

    // Versuchen, eine falsche Abfrage auszuführen
    $Query = "SELECT FROM tax ";
    if (! ($dbResult = mysql_query ($Query, $dbLink))) {
        // Fehler und Fehlernummer ausgeben
```

```
    $errno = mysql_errno ($dbLink);
    $error = mysql_error ($dbLink);

    print ("FEHLER ".$errno.": ".$error."<BR>\n");
  }
?>
```

string mysql_error ([integer link])

Mit `mysql_error` erhalten Sie einen Beschreibungstext eines bei der letzten Datenbankoperation aufgetretenen Fehlers. Wenn Sie den optionalen Verbindungsbezeichner weglassen, wird die letzte Verbindung verwendet.

array mysql_fetch_array(integer result [, integer type])

Die Funktion `mysql_fetch_array` gibt ein Array zurück, das alle Felder eines Datensatzes im Ergebnissatz enthält. Jeder Aufruf gibt den jeweils nächsten Datensatz zurück, bis keine Datensätze mehr übrig sind. In diesem Fall gibt die Funktion `FALSE` zurück. Standardmäßig wird der Wert jedes Feldes zweimal gespeichert: einmal indiziert mit einem Offset, beginnend bei 0, und einmal mit dem Feldnamen indiziert. Sie können dieses Verhalten mit dem Argument `type` beeinflussen. Wenn Sie die Konstante `MYSQL_NUM` verwenden, werden die Elemente nur nach Feldnummern indiziert. Wenn Sie die Konstante `MYSQL_ASSOC` verwenden, werden die Elemente nur nach Feldnamen indiziert. Mit `MYSQL_BOTH` erzwingen Sie die Standardeinstellung.

Vergleichen Sie diese Funktion mit `mysql_fetch_object` und `mysql_fetch_row`.

```
<?
   // Datenbankverbindung als Benutzer 'freetrade' öffnen
   $dbLink = mysql_pconnect ("localhost", "freetrade", "");

   // Datenbank 'freetrade' auswählen
   mysql_select_db ("freetrade", $dbLink);

   // Staaten und Steuersätze aus der Tabelle 'tax' auslesen
   $Query = "SELECT State, Rate FROM tax ";
   $dbResult = mysql_query ($Query, $dbLink);

   // Alle Zeilen ausgeben
   while ($row = mysql_fetch_array ($dbResult, MYSQL_ASSOC)) {
      // Staat und Steuersatz ausgeben
      print ("{$row["State"]} = {$row["Rate"]}<BR>\n");
   }
?>
```

object mysql_fetch_field (integer result [, integer field])

Mit `mysql_fetch_field` erhalten Sie Informationen über ein Feld eines Ergebnissatzes. Die Felder sind nummeriert, beginnend bei 0. Der Rückgabewert ist ein Objekt mit den in Tabelle 13.7 beschriebenen Eigenschaften.

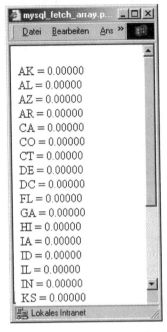

Abbildung 13.1: mysql_fetch_array

Wenn Sie das Argument `field` weglassen, wird das nächste Feld im Ergebnissatz zurückgegeben. So können Sie die Felder auf einfache Art in einer Schleife durchlaufen.

Eigenschaft	Beschreibung
blob	true, wenn die Spalte ein Blob ist
max_length	Maximallänge
multiple_key	true, wenn die Spalte ein nicht eindeutiger Schlüssel ist
name	Name der Spalte
not_null	true, wenn die Spalte nicht null sein kann
numeric	true, wenn die Spalte numerisch ist
primary_key	true, wenn die Spalte ein primärer Schlüssel ist
table	Name der Tabelle
type	Typ der Spalte
unique_key	true, wenn die Spalte ein eindeutiger Schlüssel ist
unsigned	true, wenn die Spalte nicht bezeichnet ist
zerofill	true, wenn die Spalte mit Nullen gefüllt ist

Tabelle 13.7: Eigenschaften des Objekts mysql_fetch_field

```
<?
   // Datenbankverbindung als Benutzer 'freetrade' öffnen
   $dbLink = mysql_pconnect ("localhost", "freetrade", "");

   // Datenbank 'freetrade' auswählen
   mysql_select_db("freetrade", $dbLink);

   // Gesamte Adressen-Tabelle auslesen
   $Query = "SELECT * FROM address a, user u " .
      "WHERE u.Address = a.ID ";
   $dbResult = mysql_query ($Query, $dbLink);

   //  Alle Feldbeschreibungen ausgeben
   while ($Field = mysql_fetch_field ($dbResult)) {
      print ("$Field->table, $Field->name,
$Field->type<BR>\n");
   }
?>
```

array mysql_fetch_lengths (integer result)

Die Funktion `mysql_fetch_lengths` gibt ein Array mit den Maximallängen jedes der Felder im Ergebnissatz zurück.

```
<?
   // Datenbankverbindung als Benutzer 'freetrade' öffnen
   $dbLink = mysql_pconnect ("localhost", "freetrade", "");

   // Datenbank 'freetrade' auswählen
   mysql_select_db ("freetrade", $dbLink);

   // Gesamte Adressen-Tabelle auslesen
   $Query = "SELECT * FROM address ";
   $dbResult = mysql_query ($Query, $dbLink);

   // Feldlängen holen
   $lengths = mysql_fetch_lengths ($dbResult);

   // Die Länge der 3. Spalte ausgeben
   print ($lengths[2]);
?>
```

object mysql_fetch_object (integer result [, integer result_type])

Die Funktion `mysql_fetch_object` arbeitet ähnlich wie `mysql_fetch_array` und `mysql_fetch_row`. Statt eines Arrays gibt sie ein Objekt zurück. Jedes Feld des Ergebnisses ist eine Eigenschaft des zurückgegebenen Objekts. Jeder Aufruf von `mysql_fetch_object` gibt den jeweils nächsten Datensatz zurück. Ist keiner mehr übrig, wird `FALSE` zurückgegeben. Sie können also `mysql_fetch_object` im Testausdruck einer `while`-Schleife aufrufen, um jeden Datensatz auszulesen.

```
<?
   // Datenbankverbindung als Benutzer 'freetrade' öffnen
   $dbLink = mysql_pconnect ("localhost", "freetrade", "");

   // Datenbank 'freetrade' auswählen
   mysql_select_db ("freetrade", $dbLink);

   // Alle Städte 1 Mal aus der Tabelle 'adress' auslesen
   $Query = "SELECT DISTINCT City, StateProv FROM address ";
   $dbResult = mysql_query ($Query, $dbLink);

   // alle Zeilen auslesen
   while ($row = mysql_fetch_object ($dbResult)) {
      // die Namen ausgeben
      print ("$row->City, $row->StateProv<BR>\n");
   }
?>
```

array mysql_fetch_row (integer result)

Die Funktion mysql_fetch_row gibt ein Array zurück, das alle Felder eines Datensatzes im Ergebnissatz enthält. Jeder Aufruf gibt den jeweils nächsten Datensatz zurück. Ist keiner mehr übrig, wird FALSE zurückgegeben. Jeder Feldwert ist numerisch indiziert, beginnend bei 0. Vergleichen Sie diese Funktion mit mysql_fetch_array und mysql_fetch_object. Hinsichtlich Performance gibt es keine großen Unterschiede.

```
<?
   // Datenbankverbindung als Benutzer 'freetrade' öffnen
   $dbLink = mysql_pconnect ("localhost", "freetrade", "");

   //Datenbank 'freetrade' auswählen
   mysql_select_db ("freetrade", $dbLink);

   // Alle Städte 1 Mal aus der Tabelle 'adress' auslesen
   $Query = "SELECT City, StateProv FROM address ";
   $dbResult = mysql_query ($Query, $dbLink);

   //  Alle Zeilen auslesen
   while ($row = mysql_fetch_row ($dbResult)) {
      // Städte und Staten ausgeben
      print ("$row[0], $row[1]<BR>\n");
   }
?>
```

string mysql_field_flags (integer result, integer field)

Mit `mysql_field_flags` erhalten Sie eine Beschreibung der Flags des angegebenen Feldes. Die Funktion gibt Flags in einer Zeichenkette zurück, getrennt durch Leerzeichen. Sie können folgende Flags erhalten: `auto_increment`, `binary`, `blob`, `enum`, `multiple_key`, `not_null`, `primary_key`, `timestamp`, `unique_key`, `unsigned` und `zerofill`. Einige dieser Flags sind erst in den neuesten Versionen von MySQL verfügbar. Ein Anwendungsbeispiel finden Sie unter `mysql_list_fields`.

integer mysql_field_len (integer result, integer field)

Mit `mysql_field_len` erhalten Sie die maximale Zeichenanzahl, die ein Feld enthalten kann. Die Felder sind mit 0 beginnend nummeriert. Ein Anwendungsbeispiel finden Sie unter `mysql_list_fields`.

string mysql_field_name (integer result, integer field)

Die Funktion `mysql_field_name` gibt den Namen einer Spalte zurück. Das Argument `field` ist ein mit 0 beginnender Offset. Ein Anwendungsbeispiel finden Sie unter `mysql_list_fields`.

boolean mysql_field_seek (integer result, integer field)

Die Funktion `mysql_field_seek` bewegt den internen Feld-Pointer zum angegebenen Feld. Der nächste Aufruf von `mysql_fetch_field` holt Informationen aus diesem Feld. Ein Anwendungsbeispiel finden Sie unter `mysql_list_fields`.

```
<?
   // Datenbankverbindung als Benutzer 'freetrade' öffnen
   $dbLink = mysql_pconnect ("localhost", "freetrade", "");

   // Datenbank 'freetrade' auswählen
   mysql_select_db ("freetrade", $dbLink);

   // Alle Daten aus der Tabelle 'adress' auslesen
   $Query = "SELECT * FROM address ";
   $dbResult = mysql_query ($Query, $dbLink);

   // Zum zweiten Feld springen
   mysql_field_seek ($dbResult, 1);

   // Feldbeschreibungen von allen Feldern ausgeben
   while ($Field = mysql_fetch_field ($dbResult)) {
      print ("$Field->table,$Field->name,$Field->type<BR>\n");
   }
?>
```

string mysql_field_table (integer result, integer field)

Die Funktion `mysql_field_table` gibt den Namen der Tabelle des angegebenen Feldes zurück. Wenn Sie ein Alias verwenden, wie im folgenden Beispiel, wird der Alias zurückgegeben.

```
<?
   // Datenbankverbindung als Benutzer 'freetrade' öffnen
   $dbLink = mysql_pconnect ("localhost", "freetrade", "");

   // Datenbank 'freetrade' auswählen
   mysql_select_db ("freetrade", $dbLink);

   // Alle Einträge aus der Tabelle user auslesen
   // Alle Einträge aus der Tabelle address auslesen
   $Query = "SELECT * FROM address a, user u " .
      "WHERE u.Address = a.ID ";
   $dbResult = mysql_query ($Query, $dbLink);

   $Fields = mysql_num_fields ($dbResult);
   for ($i = 0; $i < $Fields; $i++) {
      print (mysql_field_table ($dbResult, $i) . "<BR>\n");
   }
?>
```

string mysql_field_type (integer result, integer field)

Die Funktion `mysql_field_type` gibt den Typ eines Feldes im Ergebnissatz zurück.

boolean mysql_free_result (integer result)

Die Funktion `mysql_free_result` gibt den von dem übergebenen Ergebnissatz belegten Speicher frei. Diese Funktion ist eigentlich nicht nötig, da der Speicherplatz bei Scriptende automatisch freigegeben wird.

```
<?
   // Datenbankverbindung öffnen
   $Link = mysql_connect ("localhost", "httpd", "");

   // Datenbank 'store' auswählen
   mysql_select_db ("store", $Link);

   // Alle Einträge der Tabelle customer auslesen
   $Query = "SELECT * FROM customer ";
   $Result = mysql_query ($Query, $Link);

   // Speicher wieder freigeben
   mysql_free_result ($Result);
?>
```

integer mysql_insert_id ([integer link])

Nach dem Einfügen in eine Tabelle mit einem automatisch hochzählenden Feld gibt die Funktion `mysql_insert_id` die der eingefügten Zeile zugeordnete ID zurück. Wenn Sie das Argument `link` weglassen, wird die zuletzt aufgebaute Verbindung verwendet.

```
<?
    // Datenbankverbindung als Benutzer 'freetrade' öffnen
    $dbLink = mysql_pconnect ("localhost", "freetrade", "");

    // Datenbank 'freetrade' auswählen
    mysql_select_db ("freetrade", $dbLink);

    // Eine Zeile in Tabelle 'user' einfügen
    $Query = "INSERT INTO user (Login, Password) " .
        "VALUES('leon', 'secret') ";
    $dbResult = mysql_query ($Query, $dbLink);

    // Die ID auslesen
    print ("ID ist " . mysql_insert_id ($dbLink));
?>
```

integer mysql_list_dbs ([integer link])

Die Funktion `mysql_list_dbs` führt auf dem Server eine Abfrage nach Datenbanken aus. Die Funktion gibt einen Ergebnis-Pointer zurück, den Sie mit `mysql_fetch_row` und ähnlichen Funktionen verwenden können.

```
<?
    // Datenbankverbindung als Benutzer 'freetrade' öffnen
    $dbLink = mysql_pconnect ("localhost", "freetrade", "");

    // Eine Liste der Datenbanken generieren
    $dbResult = mysql_list_dbs ($dbLink);

    // Alle Zeilen auslesen
    while ($row = mysql_fetch_row ($dbResult)) {
        // Namen ausgeben
        print ($row[0] . "<BR>\n");
    }
?>
```

integer mysql_list_fields (string database, string table [, integer link])

Die Funktion `mysql_list_fields` gibt nach einer Abfrage in der Feldliste der angegebenen Tabelle einen Ergebnis-Pointer zurück. Diesen Ergebnis-Pointer können Sie mit allen Funktionen verwenden, die Informationen über Spalten in einem Ergebnissatz abfragen: `mysql_field_flags`, `mysql_field_len`, `mysql_field_name`, `mysql_field_type`.

Das Argument `link` ist optional.

```
<?
    // Datenbankverbindung öffnen
    $dbLink = mysql_pconnect ("localhost", "freetrade", "");
```

```
// Feldliste auslesen
$dbResult = mysql_list_fields ("freetrade", "invoice", $dbLink);

// Beginn der HTML-Tabelle
print ("<TABLE>\n");
print ("<TR>\n");
print ("<TH>Name</TH>\n");
print ("<TH>Typ</TH>\n");
print ("<TH>Länge</TH>\n");
print ("<TH>Flags</TH>\n");
print ("</TR>\n");

// Schleife über alle Felder
for ($i = 0; $i < mysql_num_fields ($dbResult); $i++) {
    print ("<TR>\n");

    print ("<TD>" . mysql_field_name ($dbResult, $i) . "</TD>\n");
    print ("<TD>" . mysql_field_type ($dbResult,$i) . "</TD>\n");
    print ("<TD>" . mysql_field_len ($dbResult, $i) . "</TD>\n");
    print ("<TD>" . mysql_field_flags ($dbResult,$i) . "</TD>\n");
    print ("</TR>\n");
}

//  HTML-Tabelle schließen
print ("</TABLE>\n");
?>
```

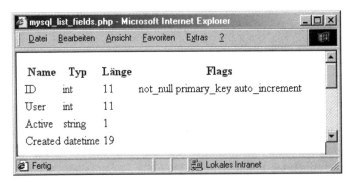

Abbildung 13.2: mysql_list_fields

integer mysql_list_tables (string database [, integer link])

Mit mysql_list_tables erhalten Sie einen Ergebnis-Pointer auf eine Liste der Tabellen der angegebenen Datenbank. Diesen Ergebnis-Pointer können Sie mit allen Funktionen verwenden, die Datensätze eines Ergebnissatzes abfragen. Das Argument link ist optional.

```
<?
   // Datenbankverbindung als Benutzer 'freetrade' öffnen
   $dbLink = mysql_pconnect ("localhost", "freetrade", "");

   // Liste der Tabellen auslesen
   $dbResult = mysql_list_tables ("freetrade", $dbLink);

   // Alle Zeilen auslesen
   while ($row = mysql_fetch_row ($dbResult)) {
     // Namen ausgeben
     print ($row[0] . "<BR>\n");
   }
?>
```

integer mysql_num_fields (integer result)

Die Funktion `mysql_num_fields` gibt die Anzahl der Felder eines Ergebnissatzes zurück. Ein Anwendungsbeispiel finden Sie unter `mysql_list_fields`.

integer mysql_num_rows (integer result)

Die Funktion `mysql_num_rows` gibt die Anzahl der Datensätze eines Ergebnissatzes zurück. Ein Anwendungsbeispiel finden Sie unter `mysql_list_fields`.

integer mysql_pconnect ([string host [:port] [:/path/to/socket]] [, string user] [, string password])

Die Funktion `mysql_pconnect` arbeitet ähnlich wie `mysql_connect`, abgesehen davon, dass sie eine ständige Verbindung herstellt. Die Verbindung wird also beim Scriptende nicht geschlossen, sondern besteht für die Dauer des Serverprozesses weiter. Dadurch vermeiden Sie Overhead, wenn Sie die Verbindung später innerhalb des gleichen Prozesses wieder benötigen.

Die Funktion gibt einen Verbindungsbezeichner zurück. Diesen Bezeichner brauchen Sie für viele andere Funktionen in diesem Abschnitt.

```
<?
   // Persistente Datenbankverbindung öffnen
   $dbLink = mysql_pconnect ("localhost", "freetrade", "");
?>
```

integer mysql_query (string query [, integer link])

Mit `mysql_query` führen Sie eine Abfrage aus. Wenn Sie das Argument `link` weglassen, wird die letzte Verbindung verwendet. Gab es vorher keine Verbindung, stellt PHP eine Verbindung zum lokalen Host her. Wenn die Abfrage eine Einfügung, Löschung oder Aktualisierung ausführt, wird ein boolescher Wert zurückgegeben. Select-Abfragen geben einen Ergebnisbezeichner zurück. Ein Anwendungsbeispiel finden Sie unter `mysql_fetch_object`.

string mysql_result (integer result, integer row [, mixed field)

Die Funktion `mysql_result` gibt den Wert des angegebenen Feldes im angegebenen Datensatz zurück. Das Argument `field` kann eine Zahl sein und wird in diesem Fall als Feld-Offset interpretiert. Es kann auch ein Spaltenname sein, entweder mit Tabellenname oder ohne, oder auch ein Alias.

Im Allgemeinen arbeitet diese Funktion sehr langsam. Verwenden Sie statt dessen besser `mysql_fetch_row` oder eine ähnliche Funktion.

```
<?
    // Datenbankverbindung als Benutzer 'freetrade' öffnen
    $dbLink = mysql_connect ("localhost", "freetrade", "");

    // Datenbank 'freetrade' auswählen
    mysql_select_db ("freetrade", $dbLink);

    // Alle Einträge aus customer auslesen
    $Query = "SELECT * FROM user u " .
        "WHERE u.Login like 'A%' ";
    $dbResult = mysql_query ($Query, $dbLink);

    // Anzahl der Zeilen abfragen
    $rows = mysql_num_rows ($dbResult);

    for ($i = 0; $i < $rows; $i++) {
        $name = mysql_result ($dbResult, $i, "u.Login");
        print ("$name<BR>\n");
    }
?>
```

boolean mysql_select_db (string database [, integer link])

Mit `mysql_select_db` wählen Sie die Standarddatenbank aus. Die meisten der Beispiele in diesem Abschnitt verwenden `mysql_select_db`.

13.8 ODBC

Open Database Connectivity (ODBC) hat sich zu einem Industriestandard für die Datenbankkommunikation entwickelt. Das Modell ist einfach. Client-Software verwendet ein ODBC API (Application Programming Interface). Anbieter entwickeln Treiber, die dieses API auf der Clientseite implementieren und serverseitig über das Betriebssystem mit der Datenbank kommunizieren. So können Entwickler eine Anwendung schreiben, die mit vielen verschiedenen Datenbanken kommunizieren kann. Sie müssen nur einen anderen, externen Treiber verwenden.

ODBC verwendet SQL als Sprache für die Kommunikation mit einer Datenbank, selbst für nicht-relationale Datenbanken. Microsoft bietet Treiber an, mit denen Sie Textdateien und Excel-Arbeitsmappen abfragen können. Wenn Sie mehr über ODBC lernen wollen, fangen Sie am besten auf der Seite von Microsoft an: http://www.microsoft.com/data/odbc/.

Eine Zeit lang hat Microsoft kostenlose ODBC-Treiber angeboten, allerdings nur für seine eigenen Betriebssysteme. ODBC-Treiber für UNIX sind schwerer zu finden. Die meisten Hersteller von Datenbanken bieten Treiber an. Außerdem gibt es Drittanbieter, wie Intersolv, die optimierte Treiber sowohl für Windows- als auch für UNIX-Plattformen anbieten.

Auf die meisten von PHP unterstützten Datenbanken können Sie auch über ODBC zugreifen. Es gibt auch viele Datenbanken, auf die Sie mit PHP nur über ODBC zugreifen können. Zwei erprobte Beispiele sind Solid und Empress.

An der Programmierung der ODBC-Erweiterung haben Stig Bakken, Andreas Karajannis und Frank Kromann mitgewirkt.

boolean odbc_autocommit (integer connection [, boolean on])

Die Funktion odbc_autocommit legt fest, ob für Abfragen automatisch ein Commit ausgeführt wird. Standardmäßig ist das so. Das Argument connection ist ein Integer, den Sie von odbc_connect oder odbc_pconnect erhalten. Setzen Sie diese Funktion mit Bedacht ein, da nicht alle ODBC-Treiber Commits und Rollbacks unterstützen.

```
<?
    $Connection = odbc_connect ("store", "sa", "sa");

    // autocommit abschalten
    odbc_autocommit ($Connection, FALSE);
?>
```

boolean odbc_binmode (integer result, integer mode)

Mit odbc_binmode stellen Sie ein, wie binäre Spalten Daten für einen Ergebnissatz zurückgeben. Wenn ein Treiber Binärdaten zurückgibt, wird jedes Byte als Hexadezimalzahl dargestellt. Standardmäßig wandelt PHP diese in binäre Daten um. Wenn Sie mit der Funktion odbc_longreadlen die Maximallänge des Datentyps long auf etwas anderes als 0 setzen wollen, verwenden Sie die Modi in Tabelle 13.8. Bei einer maximalen Leselänge von 0 werden die Daten immer in binäre Daten umgewandelt.

```
<?
    // Ein GIF aus einer Datenbank an den Browser schicken

    // Datenbankverbindung öffnen
    $Connection = odbc_connect ("store", "admin", "secret");
    // Abfrage ausführen
    $Query = "SELECT picture FROM employee WHERE id=17 ";
    $Result = odbc_do ($Connection, $Query);

    // Prüfen, ob binmode für die Übergabe gesetzt ist
    odbc_binmode ($Result, ODBC_BINMODE_PASSTHRU);

    // Prüfen, ob 'longreadlen'-Modus für
    // die Ausgabe im Browser gesetzt ist
```

```
odbc_longreadlen ($Result, 0);

// Erste Zeile auslesen, den Rest ignorieren
odbc_fetch_row ($Result);

// Header schicken, damit der Browser das GIF erkennt
header ("Content-type: image/gif");

// Das Bild ausgeben
odbc_result ($Result, 1);
?>
```

Modus	Beschreibung
ODBC_BINMODE_PASSTHRU	als Binärdaten weitergeben
ODBC_BINMODE_RETURN	als Hexadezimalcode zurückgeben
ODBC_BINMODE_CONVERT	Daten in eine Zeichenkette umwandeln und zurückgeben

Tabelle 13.8: Binäre Datenmodi bei ODBC

odbc_close (integer connection)

Mit odbc_close schließen Sie die Verbindung zu einer Datenbank. Wenn es auf der Verbindung noch offene Transaktionen gibt, erhalten Sie eine Fehlermeldung und die Verbindung wird nicht geschlossen.

```
<?
    // Datenbankverbindung öffnen
    $Connection = odbc_connect ("store", "guest", "guest");
    // Abfrage ausführen
    $Query = "SELECT price FROM catalog WHERE id=10 ";
    $Result = odbc_do ($Connection, $Query);

    odbc_fetch_row ($Result)

    $price = odbc_result ($Result, 1);

    print ("$price<BR>\n");

    odbc_close ($Connection);
?>
```

odbc_close_all (void)

Die Funktion odbc_close_all schließt alle Verbindungen zu ODBC-Datenquellen. Wie bei odbc_close erhalten Sie im Falle einer offenen Transaktion auf einer der Verbindungen eine Fehlermeldung.

```
<?
    // 3 Datenbankverbindungen aufbauen
    $Connection1 = odbc_connect ("store", "guest", "guest");
    $Connection2 = odbc_connect ("store", "guest", "guest");
    $Connection3 = odbc_connect ("store", "guest", "guest");

    // Alle Datenbankverbindungen schließen
    odbc_close_all();
?>
```

boolean odbc_commit (integer connection)

Die Funktion odbc_commit führt alle anstehenden Aktionen auf der angegebenen Verbindung aus. Wenn die automatische Ausführung aktiviert ist (wie standardmäßig vorgegeben), ist diese Funktion wirkungslos. Stellen Sie sicher, dass Ihr Treiber Transaktionen unterstützt, bevor Sie diese Funktion verwenden.

```
<?
    // Datenbankverbindung öffnen
    $Connection = odbc_connect ("store", "guest", "guest");

    // autocommit abschalten
    odbc_autocommit ($Connection, FALSE);
    // Katalogdaten aktualisieren
    $Query = "UPDATE catalog SET price = price * 0.9 ";
    $Result = odbc_do ($Connection, $Query);

    // commit ausführen
    if (odbc_commit ($Connection)) {
        print ("Commit ausgeführt!<BR>\n");
    }
    odbc_close ($Connection);
?>
```

integer odbc_connect (string dsn, string user, string password [, integer cursor_type])

Mit odbc_connect stellen Sie eine Verbindung zu einer ODBC-Datenquelle her. Sie erhalten einen Verbindungsbezeichner, den Sie für die meisten anderen Funktionen in diesem Abschnitt brauchen. Die Argumente user und password sind notwendig. Wenn Ihr Treiber sie nicht verlangt, übergeben Sie leere Zeichenketten. Das optionale Argument cursor_type erzwingt die Verwendung eines bestimmten Cursors. Damit vermeiden Sie Probleme mit manchen ODBC-Treibern. Wenn Sie die Konstante SQL_CUR_USE_ODBC verwenden, gehen Sie möglichen Problemen beim Aufruf gespeicherter Prozeduren oder beim Abrufen von Zeilennummern aus dem Weg.

string odbc_cursor (integer result)

Die Funktion odbc_cursor gibt den Cursor-Namen für einen Ergebnissatz zurück.

```
<?
   // Datenbankverbindung öffnen
   $Connection = odbc_connect ("store", "guest", "guest");

   // Abfrage ausführen
   $Query = "SELECT name, price FROM catalog ";
   $Result = odbc_do ($Connection, $Query);

   print ("Cursor: " . odbc_cursor ($Result) . "<BR>\n");

   while (odbc_fetch_row ($Result)) {
      $name = odbc_result ($Result, 1);
      $price = odbc_result ($Result, 2);

      print ($name.": ".$price."<BR>\n");
   }
   odbc_close ($Connection);
?>
```

integer odbc_do (integer connection, string query)

Mit odbc_do führen Sie eine Abfrage auf einer Verbindung aus. Sie erhalten einen Ergebnisbezeichner, den Sie mit vielen anderen Funktionen für Datenabruf verwenden können.

integer odbc_exec (integer connection, string query [, integer flags])

Die Funktion odbc_exec ist ein Alias für odbc_do.

integer odbc_execute (integer result [, array parameters])

Die Funktion odbc_execute führt eine vorbereitete Anweisung aus. Das Ergebnis-Argument ist ein von odbc_prepare zurückgegebener Bezeichner. Das Argument parameters ist ein Array, das Sie per Referenz übergeben und mit den Werten der Ergebnisspalten belegen müssen. Ein Anwendungsbeispiel finden Sie unter odbc_prepare.

integer odbc_fetch_into (integer result [, integer rownumber] array fields)

Die Funktion odbc_fetch_into holt den angegebenen Datensatz des angegebenen Ergebnissatzes und legt die Spalten im Array für die Felder ab. Das Argument fields übergeben Sie per Referenz. Sie erhalten die Spaltenanzahl des Ergebnissatzes. Sie können das Argument row weglassen. In diesem Fall übergibt die Funktion den nächsten Datensatz des Ergebnissatzes.

```
<?
    // Datenbankverbindung öffnen
    $Connection = odbc_connect ("store", "guest", "guest");

    // Abfrage ausführen
    $Query = "SELECT name, price FROM catalog ";
    $Result = odbc_do ($Connection, $Query);

    while (odbc_fetch_into ($Result, &$fields)) {
        $name = $fields[0];
        $price = $fields[1];
        print ($name.": ".$price."<BR>\n");
    }
    odbc_close ($Connection);
?>
```

boolean odbc_fetch_row (integer result [, integer row])

Mit `odbc_fetch_row` erhalten Sie einen Datensatz aus dem Ergebnissatz. Die Daten des Datensatzes bleiben im Speicher und können jederzeit mit der Funktion `odbc_result` abgerufen werden. Das Argument `row` ist optional. Wenn Sie es weglassen, wird der nächste verfügbare Datensatz zurückgegeben. Enthält der Ergebnissatz keine weiteren Datensätze, wird `FALSE` zurückgegeben. Ein Anwendungsbeispiel finden Sie unter `odbc_result`.

integer odbc_field_len (integer result, integer field)

Mit `odbc_field_len` erhalten Sie die Länge eines Feldes im Ergebnissatz. Die Felder werden beginnend mit 1 nummeriert.

```
<?
    // Datenbankverbindung öffnen
    $Connection = odbc_connect ("store", "guest", "guest");

    // Abfrage ausführen
    $Query = "SELECT name, price FROM catalog ";
    $Result = odbc_do ($Connection, $Query);

    print (odbc_field_len ($Result, 1));

    odbc_close ($Connection);
?>
```

string odbc_field_name (integer result, integer field)

Mit `odbc_field_name` erhalten Sie den Namen eines Feldes im Ergebnissatz. Die Felder werden beginnend mit 1 nummeriert.

```
<?
    // Datenbankverbindung öffnen
    $Connection = odbc_connect ("store", "guest", "guest");
```

```
    // Abfrage ausführen
    $Query = "SELECT name, price FROM catalog ";
    $Result = odbc_do ($Connection, $Query);

    print (odbc_field_name ($Result, 1));

    odbc_close ($Connection);
?>
```

string odbc_field_type (integer result, integer field)

Mit odbc_field_type erhalten Sie den Typ eines Feldes im Ergebnissatz. Die Felder werden beginnend mit 1 nummeriert.

```
<?
    // Datenbankverbindung öffnen
    $Connection = odbc_connect ("store", "guest", "guest");

    // Abfrage ausführen
    $Query = "SELECT name, price FROM catalog ";
    $Result = odbc do ($Connection, $Query);

    print (odbc_field_type ($Result, 1));

    odbc_close ($Connection);
?>
```

boolean odbc_free_result (integer result)

Mit odbc_free_result geben Sie Speicherplatz frei, der von einem Ergebnissatz belegt ist. Dies ist im Grunde genommen nicht notwendig, kann aber ratsam sein, wenn Ihr Speicherplatz knapp wird. Wenn die automatische Ausführung abgeschaltet ist und Sie den Speicherplatz eines Ergebnissatzes freigeben, bevor Sie odbc_commit aufrufen, wird die Transaktion widerrufen.

```
<?
    // Datenbankverbindung öffnen
    $Connection = odbc_connect ("store", "guest", "guest");

    // Abfrage ausführen
    $Query = "SELECT name, price FROM catalog ";
    $Result = odbc_do ($Connection, $Query);

    // Speicher wieder freigeben
    odbc_free_result ($Result);

    odbc_close ($Connection);
?>
```

boolean odbc_longreadlen (integer result, integer length)

Die Funktion `odbc_longreadlen` setzt die Maximallänge für Werte in allen Spalten mit dem Typ `long`. Dies schließt binäre Spalten wie `longvarbinary` mit ein. Standardmäßig ist die Maximallänge 0. Das bedeutet, dass geholte Spalten vollständig im Browser ausgegeben werden. Jede andere positive Zahl bewirkt, dass die zurückgegebenen Werte auf die angegebene Länge gekürzt werden.

Beachten Sie, dass es nicht immer offensichtlich ist, ob ein Feld vom ODBC-Treiber als `long` angesehen wird. Eine Memospalte in Microsoft Access ist beispielsweise vom Typ `long`. Daten, die an der falschen Stelle auftauchen, sind ein Zeichen dafür, dass Sie unbeabsichtigt einen Wert vom Typ `long` geholt haben. Sie können dieses Problem vermeiden, wenn Sie in jedem Fall `odbc_longreadlen` aufrufen.

Ein Anwendungsbeispiel finden Sie unter `odbc_binmode`.

integer odbc_num_fields (integer result)

Mit `odbc_num_fields` erhalten Sie die Anzahl der Felder in einem Ergebnissatz.

```
<?
    // Datenbankverbindung öffnen
    $Connection = odbc_connect ("store", "guest", "guest");

    // Abfrage ausführen
    $Query = "SELECT name, price FROM catalog ";
    $Result = odbc_do ($Connection, $Query);
    print (odbc_num_fields ($Result));

    odbc_close ($Connection);
?>
```

integer odbc_num_rows (integer result)

Die Funktion `odbc_num_rows` gibt die Anzahl der Datensätze in einem Ergebnissatz zurück. Alternativ wird die Anzahl der von Löschen oder Einfügen betroffenen Datensätze zurückgegeben, sofern der Treiber dies unterstützt.

```
<?
    // Datenbankverbindung öffnen
    $Connection = odbc_connect ("store", "guest", "guest");

    // Abfrage ausführen
    $Query = "SELECT name, price FROM catalog ";
    $Result = odbc_do ($Connection, $Query);

    print (odbc_num_rows ($Result));

    odbc_close ($Connection);
?>
```

integer odbc_pconnect (string dsn, string user, string password [, integer cursor_option])

Die Funktion odbc_pconnect arbeitet ähnlich wie odbc_connect. Die Funktion versucht, eine Verbindung zu der angegebenen Datenquelle (Data Sorce Name, DSN) herzustellen und gibt einen Verbindungsbezeichner zurück. Die Verbindung sollte nicht mit odbc_close geschlossen werden. Sie besteht für die Dauer des Webserver-Prozesses weiter. Wenn ein Script das nächste Mal odbc_pconnect aufruft, sucht PHP zunächst nach bereits bestehenden Verbindungen.

```
<?
  // Datenbankverbindung öffnen
  $Connection = odbc_pconnect ("store", "guest", "guest");
?>
```

integer odbc_prepare (integer connection, string query)

Die Funktion odbc_prepare parst eine Abfrage und bereitet sie für die Ausführung vor. Sie erhalten einen Ergebnisbezeichner, den Sie an odbc_execute übergeben können. Das Vorbereiten von Anweisungen kann effizienter sein als das jeweils erneute Parsen von Anweisungen durch den Treiber. Dies ist in der Regel dann der Fall, wenn Sie viele Datensätze in die gleiche Tabelle einfügen müssen. Wenn Sie einen erst später festzulegenden Wert übergeben wollen, verwenden Sie ein Fragezeichen.

```
<?
  // Datenbankverbindung öffnen
  $Connection = odbc_connect ("store", "guest", "guest");

  // Abfrage ausführen
  $Query = "INSERT INTO catalog (ID, Name, Price) ";
  $Query .= "VALUES(?, ?, ?) ";
  $Result = odbc_prepare ($Connection, $Query);

  // insert
  // 0, 2000 Calendar, 20.00
  // 1, 2001 Calendar, 20.50
  // 2, 2002 Calendar, 21.00
  for ($index = 2000; $index <= 2002; $index++) {
    $values[0] = $index-2000;
    $values[1] = "$index Calendar";
    $values[2] = 20.00 + (0.50 * ($index-2000));

    odbc_execute ($Result, $values);
  }

  odbc_close ($Connection);
?>
```

string odbc_result (integer result, mixed field)

Die Funktion odbc_result gibt den Wert eines Feldes des aktuellen Datensatzes zurück. Sie können Felder über Zahlen oder Namen ansprechen. Wenn Sie Zahlen verwenden, beginnen Sie die Zählung bei 1. Wenn Sie Namen verwenden, schließen Sie den Tabellennamen nicht mit ein.

Die Funktion wird durch die in odbc_binmode und odbc_longreadlen gemachten Einstellungen beeinflusst. Denken Sie immer daran, dass zwar meistens Feldwerte zurückgegeben werden, Felder jedoch, die den Datentyp long enthalten, werden standardmäßig im Browser ausgegeben. Sie können dieses Verhalten mit odbc_longreadlen ändern.

```
<?
    // Datenbankverbindung öffnen
    $Connection = odbc_connect ("store", "guest", "guest");

    // Abfrage ausführen
    $Query = "SELECT name, price FROM catalog ";
    $Result = odbc_do ($Connection, $Query);

    while (odbc_fetch_row($Result)) {
        $name = odbc_result ($Result, 1);
        $price = odbc_result ($Result, 2);
        print("$name: $price<BR>\n");
    }
    odbc_close ($Connection);
?>
```

integer odbc_result_all (integer result [, string format])

Die Funktion odbc_result_all gibt alle Datensätze eines Ergebnissatzes im Browser aus. Sie gibt die Anzahl Datensätze zurück. Die ausgegebenen Datensätze werden als Tabelle formatiert. Die Feldnamen stehen in einer Kopfzeile mit TH-Tags. Das optionale Argument format wird in das ursprüngliche Tabellen-Tag eingefügt, so dass Sie die Tabellenattribute setzen können.

```
<?
    // Datenbankverbindung öffnen
    $Connection = odbc_connect ("store", "guest", "guest");

    // Abfrage ausführen
    $Query = "SELECT name, price FROM catalog ";
    $Result = odbc_do ($Connection, $Query);

    // Alle Ergebnisse ausgeben
    odbc_result_all ($Result, "BORDER=1");

    odbc_close ($Connection);
?>
```

boolean odbc_rollback (integer connection)

Mit `odbc_rollback` verwerfen Sie alle anstehenden Transaktionen. Standardmäßig werden alle Abfragen automatisch ausgeführt, Sie können dieses Verhalten jedoch mit `odbc_autocommit` verändern. Nicht alle Datenbanken unterstützen Transaktionen.

```
<?
    // Datenbankverbindung öffnen
    $Connection = odbc_connect ("store", "guest", "guest");

    // autocommit abschalten
    odbc_autocommit($Connection, FALSE);

    // Preise aktualisieren
    $Query = "UPDATE catalog SET price = price * 0.9 ";
    $Result = odbc_do ($Connection, $Query);

    // Rollback
    odbc_rollback ($Connection);

    odbc_close ($Connection);
?>
```

integer odbc_setoption (integer id, integer function, integer option, integer parameter)

Die Funktion `odbc_setoption` ändert die Konfiguration des ODBC-Treibers für eine komplette Verbindung oder einen einzelnen Ergebnissatz. Dadurch können Sie auf jede ODBC-Einstellung zugreifen, um Probleme mit fehlerhaften ODBC-Treibern zu vermeiden. Wenn Sie diese Funktion verwenden, sollten Sie ODBC sehr gut kennen, um die zur Verfügung stehenden Optionen optimal nutzen zu können.

Das Argument `id` ist entweder ein Verbindungsbezeichner oder ein Ergebnissatzbezeichner. Da Sie `odbc_setoption` auf zwei C API-Funktionen anwenden können, `SQLSetConnectOption` und `SQL-SetStmtOption`, müssen Sie mit dem Argument `function` angeben, welche davon Sie verwenden möchten. Das Argument `option` ist ein Integer, der eine der vielen Optionen bezeichnet, die es für den ODBC-Treiber gibt. Das Argument `parameter` ist der Wert zu dieser Option.

13.9 Oracle

Oracle ist eine der weltweit beliebtesten relationalen Datenbanken. Sie ist ein leistungsstarker Interpreter. Oracle wird bevorzugt von großen Unternehmen eingesetzt, die Datenbanken mit großer Komplexität benötigen. Datenbankadministratorinnen und -administratoren sind rar und hochbezahlt. Eine vollständige Beschreibung von Oracle würde den Rahmen dieses Buches bei weitem sprengen. Im Handel sind jedoch viele Bücher über Oracle erhältlich. Außerdem finden Sie eine kostenlose Dokumentation auf der Oracle Website. Ich empfehle Ihnen besonders den *Oracle Call Interface Programmer's Guide*, den es in verschiedenen Versionen gibt. Ich habe ihn unter der folgenden URL gefunden: http://technet.oracle.com/doc/server.804/a58234/toc.htm. Das Dokument beschreibt das Oracle Call Interface, das von PHP verwendet wird.

PHP unterstützt zwei Generationen der Oracle-Libraries, Version 7 und Version 8. Funktionen für Oracle 7 beginnen mit `ora_`, wie etwa `ora_logon`. Funktionen für Oracle 8 beginnen mit `oci_`, wie etwa `oci_logon`. Die Library für Oracle 8 unterstützt auch Verbindungen zu älteren Oracle-Datenbanken. Ich habe hier Beschreibungen der älteren Funktionen mit aufgenommen, weil Sie möglicherweise keinen Zugriff auf neuere Libraries haben. Sie können Unterstützung für Oracle in PHP kompilieren oder mit der Funktion `dl` eine entsprechende Erweiterung laden.

Wenn Sie Oracle 7-Funktionen verwenden, müssen Sie zwei Umgebungsvariablen setzen: `ORACLE_HOME` und `ORACLE_SID`. Diese sind auf Ihrem Webserver höchstwahrscheinlich noch nicht gesetzt, daher müssen Sie dies mit `putenv` nachholen. In den unten gezeigten Beispielen sehen Sie den Code für das Setzen dieser Variablen.

An der Oracle 7-Erweiterung waren Thies Arntzen, Stig Bakken, Mitch Golden, Andreas Karajannis und Rasmus Lerdorf beteiligt. Die PHP-Unterstützung für Oracle 8 stammt von Stig Bakken und Thies Arntzen.

In Tabelle 13.9 sehen Sie die Konstanten der Oracle 8-Erweiterung.

Nach der Installation legt Oracle 8 einen Benutzer an. Das Login ist `scott`, das Passwort lautet `tiger`. Dieses Login und Passwort verwende ich in den folgenden Beispielen.

boolean ocibindbyname (integer statement, string placeholder, reference variable, integer length [, integer type])

Die Funktion `ocibindbyname` bindet einen Oracle-Platzhalter an eine PHP-Variable. Sie müssen einen gültigen Anweisungsbezeichner angeben, der von `ociparse` erzeugt wurde, den Namen des Platzhalters, eine Referenz zu einer PHP-Variablen und die Maximallänge der zu bindenden Daten. Sie können den Wert -1 verwenden, um die Länge der Variablen zu verwenden, die Sie als Argument `Variable` übergeben haben.

Das optionale Argument `type` legt einen Datentyp fest und ist erforderlich, wenn Sie an einen abstrakten Datentyp binden wollen. Verwenden Sie die folgenden Konstanten, um den Datentyp zu setzen: : `OCI_B_BLOB`, `OCI_B_CFILE`, `OCI_B_CLOB`, `OCI_B_FILE`, `OCI_B_ROWID`. Verwenden Sie immer `ocinewdescriptor`, bevor Sie an einen abstrakten Datentyp binden. Sie müssen außerdem für das Argument `length` -1 verwenden.

```
OCI_ASSOC

OCI_BOTH

OCI_B_BFILE

OCI_B_BIN

OCI_B_BLOB

OCI_B_CFILEE

OCI_B_CLOB

OCI_B_CURSOR
```

Tabelle 13.9: Alle Konstanten in Oracle 8

OCI_B_ROWID
OCI_COMMIT_ON_SUCCESS
OCI_DEFAULT
OCI_DESCRIBE_ONLY
OCI_DTYPE_FILE
OCI_DTYPE_LOB
OCI_DTYPE_ROWID
OCI_D_FILE
OCI_D_LOB
OCI_D_ROWID
OCI_EXACT_FETCH
OCI_NUM
OCI_RETURN_LOBS
OCI_RETURN_NULLS
SQLT_BFILEE
SQLT_BLOB
SQLT_CFILEE
SQLT_CLOB
SQLT_RDD

Tabelle 13.9: Alle Konstanten in Oracle 8 (Forts.)

```
<?
   // Daten zum Einfügen bereitstellen
   $NewEmployee = array (
      array (8001, 'Smith', 'Clerk'),
      array (8002, 'Jones', 'Analyst'),
      array (8003, 'Atkinson', 'President')
      );

   // Datenbankverbindung öffnen
   $Connection = ocilogon ("scott", "tiger");

   // Abfragestring erzeugen
   $Query = "INSERT INTO emp (EMPNO, ENAME, JOB, HIREDATE) ";
   $Query .= "VALUES (:empno, :ename, :job, SYSDATE ) ";
   $Query .= "RETURNING ROWID INTO :rowid ";

   // Abfragestring parsen
   $Statement = ociparse ($Connection, $Query);
```

```
// Einen Deskriptor für den abstrakten Datentyp erstellen
$RowID = ocinewdescriptor ($Connection, OCI_D_ROWID);

// Eingabe- und Ausgabevariablen verknüpfen
ocibindbyname ($Statement, ":empno", &$EmployeeNumber, 32);
ocibindbyname ($Statement, ":ename", &$EmployeeName, 32);
ocibindbyname ($Statement, ":job", &$Job, 32);
ocibindbyname ($Statement, ":rowid", &$RowID, -1, OCI_B_ROWID);


// Schleife über alle neuen Angestellten
while (list ($key, $EmployeeInfo) = each ($NewEmployee)) {
   list ($EmployeeNumber, $EmployeeName, $Job) = $EmployeeInfo;

   // Abfrage ausführen, ohne autocommit
   ociexecute ($Statement, OCI_DEFAULT);

   print ("$EmployeeNumber has ROWID $RowID<BR>\n");
}

// Speicher freigeben
ocifreestatement ($Statement);

// Einfügungen rückgängig machen
// Normalerweise tun Sie das nicht, wir machen es, damit man
// dieses Beispiel immer wieder benutzen kann
ocirollback ($Connection);

// Datenbankverbindung schließen
ocilogoff ($Connection);
?>
```

boolean ocicancel (integer statement)
Die Funktion ocicancel holt die nächste Zeile einer Anweisung. Intern ruft sie OCIStmtFetch auf, die zu OCI gehört, und übergibt der Funktion den Wert 0 für die Zeilenanzahl. Ansonsten arbeitet sie genau wie ocifetch.

boolean ocicolumnisnull (integer statement, integer column)
Mit ocicolumnisnull testen Sie, ob eine Spalte leer ist. Sie können Spalten numerisch oder mit ihrem Namen bezeichnen. Im ersten Fall beginnt die Nummerierung bei 1. Ein Anwendungsbeispiel finden Sie unter ocifetch.

string ocicolumnname (integer statement, integer column)
Sie übergeben der Funktion ocicolumnname eine Spaltennummer und erhalten den Namen dieser Spalte. Spalten sind beginnend mit 1 nummeriert. Ein Anwendungsbeispiel finden Sie unter ocifetch.

integer ocicolumnsize (integer statement, value column)

Die Funktion `ocicolumnsize` gibt die Größe einer Spalte zurück. Sie können Spalten numerisch oder mit ihrem Namen bezeichnen. Im ersten Fall beginnt die Nummerierung bei 1. Ein Anwendungsbeispiel finden Sie unter `ocifetch`.

mixed ocicolumntype (integer statement, integer column)

Die Funktion `ocicolumntype` gibt den Typ der angegebenen Spalte zurück. Sie können Spalten numerisch oder mit ihrem Namen bezeichnen. Im ersten Fall beginnt die Nummerierung bei 1. Die Funktion gibt den Namen des Datentyps zurück, wenn es einer der folgenden ist: BFILE, BLOB, CHAR, CLOB, DATE, LONG RAW, LONG, NUMBER, RAW, REFCURSOR, ROWID, VARCHAR. Andernfalls erhalten Sie einen Integercode des Datentyps. Ein Anwendungsbeispiel finden Sie unter `ocifetch`.

boolean ocicommit (integer connection)

Die Funktion `ocicommit` führt ein Commit aller bisher auf der Verbindung ausgeführten Anweisungen aus. Standardmäßig wird das Commit bei der Ausführung von Anweisungen ausgeführt. Sie können das ändern, indem Sie `ociexecute` aufrufen und einen Modus angeben.

boolean ocidefinebyname (integer statement, string column, reference variable [, integer type])

Die Funktion `ocidefinebyname` assoziiert eine Spalte mit einer PHP-Variablen. Wenn die Anweisung ausgeführt wird, wird der Wert der Spalte in die Variable kopiert. Das Argument `statement` muss ein Integer sein, den Sie von `ociparse` erhalten. Der Name der Spalte muss in Großbuchstaben geschrieben werden, da Oracle ihn sonst nicht erkennt. Nicht erkannte Spaltennamen verursachen keine Fehlermeldungen. Da die Variable, die Sie an `ocidefinebyname` übergeben, verändert wird, müssen Sie sie als Referenz übergeben. Sie müssen also ein &-Zeichen voranstellen.

Das Argument `type` ist nur nötig, wenn Sie mit einem abstrakten Datentyp arbeiten, wie ROWID. Bei abstrakten Datentypen müssen Sie vor `ocidefinebyname` die Funktion `ocinewdescriptor` ausführen. Wenn Sie das Argument `type` weglassen, wird die Variable als mit Null endende String gesetzt.

```
<?
    // Datenbankverbindung öffnen
    $Connection = ocilogon ("scott", "tiger");

    // Abfragestring erzeugen
    $Query = "SELECT ENAME, HIREDATE FROM emp
    $Query .= "WHERE JOB='CLERK' ";

    // Abfragestring parsen
    $Statement = ociparse ($Connection, $Query);

    // Zwei Spalten mit Variablen verknüpfen
    ocidefinebyname ($Statement, "ENAME", &$EmployeeName);
    ocidefinebyname ($Statement, "HIREDATE", &$HireDate);

    // Abfrage ausführen
```

```
   ociexecute ($Statement);

   // Alle Zeilen auslesen
   while (ocifetch($Statement)) {
      print ("$EmployeeName wurde angestellt $HireDate<BR>\n");
   }

   // Ressourcen freigeben, die mit dem Befehl verknüpft sind
   ocifreestatement ($Statement);

   // Datenbankverbindung schließen
   ocilogoff ($Connection);
?>
```

array ocierror ([integer identifier | statement | global])

Tritt ein Fehler auf, dann gibt die Funktion `ocierror` ein assoziatives Array zurück, das diesen Fehler beschreibt. Tritt kein Fehler auf, wird `FALSE` zurückgegeben. Das Argument `identifier` kann entweder ein Anweisungsbezeichner oder ein Verbindungsbezeichner sein. Das zurückgegebene Array besteht aus zwei Elementen, `code` und `message`. Sie können `ocierror` auch ohne Argument aufrufen, um Informationen über eine fehlgeschlagene Anmeldung zu erhalten. Ein Anwendungsbeispiel finden Sie unter `ocifetch`.

boolean ociexecute (integer statement [, integer mode])

Mit `ociexecute` führen Sie eine Anweisung aus. Das Argument `mode` ist optional. Es bestimmt, ob nach der Ausführung der Anweisung ein Commit ausgeführt wird. Standardmäßig wird `OCI_COMMIT_ON_EXECUTE` verwendet. Wenn Sie für die Transaktion nicht sofort ein Commit ausführen wollen, verwenden Sie `OCI_DEFAULT`. Ein Anwendungsbeispiel finden Sie unter `ocifetch`.

boolean ocifetch (integer statement)

Die Funktion `ocifetch` bereitet den nächsten Datensatz für das Lesen mit `ociresult` vor. Sind keine Datensätze übrig, gibt sie `FALSE` zurück.

```
<?
   // Datenbankverbindung öffnen
   $Connection = ocilogon ("scott", "tiger");
   // Abfrage erzeugen
   $Query = "SELECT * FROM emp ";

   // Abfrage parsen
   $Statement = ociparse ($Connection, $Query);

   // Abfrage ausführen
   ociexecute ($Statement);

   // Prüfen, ob die Abfrage erfolgreich war
   if ($Error = ocierror ($Statement)) {
      print ($Error["code"].": ".$Error["message"]."<BR>\n");
```

```
   exit;
}

// Beginn der HTML-Tabelle
print ("<TABLE>\n");

// Spaltenüberschriften generieren
print ("<TR>\n");
for ($i=1; $i <= ocinumcols($Statement); $i++) {
   print ("<TH>");

   // Überschriften ausgeben: "<TH>ENAME VARCHAR2(10)</TH>"
   print (ocicolumnname ($Statement, $i) . " ");
   print (ocicolumntype ($Statement, $i));
   print (" (" . ocicolumnsize ($Statement, $i) . ")");

   print ("</TH>\n");
}
print ("</TR>\n");

// Alle Zeilen auslesen
while (ocifetch ($Statement)) {
   print ("<TR>\n");

   // Schleife über alle Spalten
   for ($i=1; $i <= ocinumcols ($Statement); $i++) {
      // Zeilen ausgeben: "<TD>SMITH</TD>"
      print ("<TD>");
      if (ocicolumnisnull ($Statement, $i)) {
         print ("(null)");
      }
      else {
         print (ociresult ($Statement, $i));
      }
      print ("</TD>\n");
   }
   print("</TR>\n");
}
// HTML-Tabelle schließen
print ("</TABLE>\n");

// Ressourcen freigeben
ocifreestatement ($Statement);

// Datenbankverbindung schließen
ocilogoff ($Connection);
?>
```

boolean ocifetchinto (integer statement, reference data [, integer mode])

Mit ocifetchinto holen Sie den nächsten Datensatz aus einer ausgeführten Anweisung und legen ihn in ein Array ab. Das Argument data enthält ein Array, das standardmäßig mit Integern indiziert ist. Die Zählung beginnt bei 1. Das optionale Argument mode bestimmt, wie das Array indiziert wird. Sie verwenden die Konstanten aus Tabelle 13.10, um das gewünschte Verhalten einzustellen.

Konstante	Beschreibung
OCI_ASSOC	Gibt Spalten noch Namen indiziert zurück.
OCI_NUM	Gibt Spalten nach Nummer indiziert zurück.
OCI_RETURN_NULLS	Erzeugt Elemente für leere Spalten.
OCI_RETURN_LOBS	Gibt Werte von LOBs anstatt Deskriptoren zurück.

Tabelle 13.10: Konstanten für ocifetchinto

```
<?
    // Datenbankverbindung öffnen
    $Connection = ocilogon ("scott", "tiger");

    // Abfrage erzeugen
    $Query = "SELECT * FROM emp ";

    // Abfrage parsen
    $Statement = ociparse ($Connection, $Query);

    // Abfrage ausführen
    ociexecute ($Statement);

    // Prüfen, ob die Abfrage erfolgreich war
    if ($Error = ocierror ($Statement)) {
        print ($Error["code"].": ".$Error["message"]."<BR>\n");
        exit;
    }

    // Beginn der HTML-Tabelle
    print ("<TABLE>\n");


    // Alle Zeilen auslesen
    while (ocifetchinto ($Statement, $Data,
        OCI_NUM + OCI_RETURN_NULLS + OCI_RETURN_LOBS)) {
        print ("<TR>\n");
        // Schleife über alle Spalten
        while (list ($key, $value) = each ($Data)) {
```

```
        // Zeilen ausgeben: "<TD>SMITH</TD>"
        print ("<TD>$value</TD>\n");
    }

    print ("</TR>\n");
}

// HTML-Tabelle schließen
print ("</TABLE>\n");

// Ressourcen freigeben
ocifreestatement ($Statement);

// Datenbankverbindung schließen
ocilogoff ($Connection);
?>
```

integer ocifetchstatement (integer statement, reference data)

Die Funktion ocifetchstatement schreibt alle Ergebnisdaten als Array in das Argument Daten und gibt die Anzahl Datensätze zurück. Das Array data ist nach Spaltennamen indiziert. Jedes Element ist ein Array, das nach Integern indiziert ist. Die Zählung beginnt bei 0. Jedes Element in diesem Unterarray entspricht einem Datensatz.

```
<?
    // Datenbankverbindung öffnen
    $Connection = ocilogon ("scott", "tiger");

    // Abfrage erzeugen
    $Query = "SELECT * FROM emp ";

    // Abfrage parsen
    $Statement = ociparse ($Connection, $Query);

    // Abfrage ausführen
    ociexecute ($Statement);

    print ("<TABLE>\n");
    // alle Zeilen in ein Array einlesen
    if ($Rows = ocifetchstatement ($Statement, &$Data)) {
        while (list ($key, $value) = each ($Data)) {
            print ("<TR>\n");

            // Spaltenname ausgeben
            print ("<TH>$key</TH>\n");

            // Daten ausgeben
```

```
        for ($i=0; $i < $Rows; $i++) {
          print ("<TD>$value[$i]</TD>\n");
        }

        print ("</TR>\n");
      }
    }

    print ("</TABLE>\n");

    // Ressourcen freigeben
    ocifreestatement ($Statement);

    // Datenbankverbindung schließen
    ocilogoff ($Connection);
?>
```

boolean ocifreecursor (integer cursor)

Mit ocifreecursor geben Sie Speicherplatz frei, der von einem mit ocinewcursor erzeugten Cursor belegt ist.

boolean ocifreestatement (integer statement)

Mit ocifreestatement geben Sie den von einer Anweisung belegten Speicherplatz frei. Das Argument statement ist ein Integer, der von ociparse zurückgegeben wird.

void ociinternaldebug (boolean on)

Die Funktion ociinternaldebug legt fest, ob Debugging-Informationen erzeugt werden. Die entsprechende Ausgabe erfolgt im Browser. Natürlich ist diese Funktionalität standardmäßig deaktiviert.

boolean ocilogoff (integer connection)

Mit ocilogoff schließen Sie eine Verbindung.

integer ocilogon (string user, string password [, string sid])

Die Funktion ocilogon stellt eine Verbindung zu einer Oracle-Datenbank her. Mit dem zurückgegebenen Bezeichner erzeugen Sie Anweisungen, Cursor und Deskriptoren. Die Argumente user und password sind notwendig. Das optionale Argument sid gibt den Server an. Wenn Sie es weglassen, wird die Umgebungsvariable ORACLE_SID verwendet.

Wenn Sie versuchen, eine zweite Verbindung zur gleichen Datenbank herzustellen, erhalten Sie keine echte zweite Verbindung. Das heißt, dass Commits oder Rollbacks alle Anweisungen betreffen, die von Ihrem Script erzeugt werden. Falls Sie eine zweite Verbindung wünschen, verwenden Sie ocinlogon.

integer ocinewcursor (integer connection)

Mit `ocinewcursor` erzeugen Sie einen Cursor. Der zurückgegebene Cursorbezeichner ähnelt einem Anweisungsbezeichner. Mit `ocifreecursor` geben Sie den von einem Cursor belegten Speicherplatz wieder frei. Sie können einen Cursor verwenden, um die von einer gespeicherten Prozedur zurückgegebenen Daten abzufragen.

```
<?
   // Datenbankverbindung öffnen
   $Connection = ocilogon ("scott", "tiger");

   // Cursor erzeugen
   $Cursor = ocinewcursor ($Connection);

   // Statement erzeugen, das eine stored procedure aufruft
   $Query = "BEGIN docalculation (:price) END; ";
   $Statement = ociparse ($Connection, $Query);

   // Platzhalter mit dem Cursor verknüpfen
   ocibindbyname ($Statement, "price", &$Cursor, -1, OCI_B_CURSOR);

   // Statement ausführen
   ociexecute ($Statement);

   // Cursor ausführen
   ociexecute ($Cursor);

   // Schleife über die Ergebnisse im Cursor
   while (ocifetchinto ($Cursor, &$Results)) {
      print ("$Results<BR>\n");
   }
   // Speicher für den Cursor freigeben
   ocifreecursor ($Cursor);

   // Speicher für das Statement freigeben
   ocifreestatement ($Statement);

   // Datenbankverbindung schließen
   ocilogoff ($Connection);
?>
```

integer ocinewdescriptor (integer connection [, integer type])

Die Funktion `ocinewdescriptor` teilt Deskriptoren und LOB-Lokatoren Arbeitsspeicher zu. Der Typ ist standardmäßig eine Datei, Sie können aber auch `OCI_D_FILE`, `OCI_D_LOB` oder `OCI_D_ROWID` angeben. Ein Anwendungsbeispiel finden Sie unter `ocibindbyname`.

integer ocinlogon (string user, string password [, string sid])

Die Funktion `ocinlogon` stellt eine einzigartige Verbindung zu einer Oracle-Datenbank her. Mit dem von der Funktion zurückgegebenen Bezeichner erzeugen Sie Anweisungen, Cursor und Deskriptoren. Die Argumente `user` und `password` sind notwendig. Das optionale Argument `sid` gibt den Server an. Wenn Sie es weglassen, wird die Umgebungsvariable `ORACLE_SID` verwendet.

Vergleichen Sie diese Funktion mit `ocilogon` und `ociplogon`.

integer ocinumcols (integer statement)

Die Funktion `ocinumcols` gibt die Anzahl Spalten in einer Anweisung zurück. Ein Anwendungsbeispiel finden Sie unter `ocifetch`.

integer ociparse (integer connection, string query)

Die Funktion `ociparse` erzeugt eine Anweisung aus einer Abfrage. Sie braucht einen gültigen Verbindungsbezeichner.

integer ociplogon (string user, string password [, string sid])

Die Funktion `ociplogon` stellt eine ständige Verbindung zu einer Oracle-Datenbank her. Die Verbindung bleibt für die Dauer des Serverprozesses bestehen. Wenn Sie eine ständige Verbindung herstellen, erhalten Sie möglicherweise eine bereits bestehende Verbindung. Dadurch vermeiden Sie Overhead durch erneuten Verbindungsaufbau.

Mit dem zurückgegebenen Bezeichner erzeugen Sie Anweisungen, Cursor und Deskriptoren. Die Argumente `user` und `password` sind notwendig. Das optionale Argument `sid` gibt den Server an. Wenn Sie es weglassen, wird die Umgebungsvariable `ORACLE_SID` verwendet.

Vergleichen Sie diese Funktion mit `ocilogon` und `ocinlogon`.

string ociresult (integer statement, value column)

Mit `ociresult` erhalten Sie den Wert einer Spalte im aktuellen Datensatz. Die Spalte wird entweder mit Nummer oder Name bezeichnet. Nummerierungen beginnen bei 1. Die Ergebnisse werden als Strings zurückgegeben, außer im Fall von `LOB`, `ROWID` und `FILE`. Ein Anwendungsbeispiel finden Sie unter `ocifetch`.

boolean ocirollback (integer connection)

Die Funktion `ocirollback` führt auf der angegebenen Verbindung ein Rollback durch. Standardmäßig wird für Aufrufe von `ociexecute` automatisch ein Commit ausgeführt. Wenn Sie also `ocirollback` verwenden möchten, müssen Sie diese Funktionalität ändern.

Denken Sie auch daran, dass Verbindungen nicht einzigartig sind, wenn Sie mit `ocilogon` oder `ociplogon` mehr als eine Verbindung herstellen. Ein Rollback betrifft also alle Anweisungen. Um diese Situation zu vermeiden, verwenden Sie `ocinlogon`.

integer ocirowcount (integer statement)

Die Funktion `ocirowcount` gibt die Anzahl der von Aktualisieren, Einfügen oder Löschen betroffenen Datensätze zurück.

string ociserverversion (integer connection)

Mit `ociserverversion` erhalten Sie einen String, der die Serverversion für eine Verbindung beschreibt.

integer ocisetprefetch (integer statement, integer size)

Die Funktion `ocisetprefetch` setzt die Größe eines Puffers, den Oracle zur Zwischenspeicherung von Ergebnissen verwendet. Das Argument `size` wird mit 1024 multipliziert, um die tatsächliche Byte-Anzahl zu setzen.

string ocistatementtype (integer statement)

Mit `ocistatementtype` erhalten Sie einen String mit einer Beschreibung des Anweisungstyps. Es gibt folgende Typen: ALTER, BEGIN, CREATE, DECLARE, DELETE, DROP, INSERT, SELECT, UNKNOWN und UPDATE.

boolean ora_bind (integer cursor, string variable, string parameter, integer length [, integer type])

Die Funktion `ora_bind` bindet eine PHP-Variable an einen Parameter in einer Oracle-Abfrage. Dies führt zu einem Datenaustausch zwischen diesen beiden Größen. Bevor Sie eine Variable inden, müssen Sie `ora_parse` ausführen. Der Parameter `type` ist optional. Er gibt an, in welche Richtung der oben genannte Datenaustausch stattfinden kann. Standardmäßig kann er in beide Richtungen erfolgen. Mit den folgenden Konstanten können Sie den Typ festlegen: ORA_BIND_IN, ORA_BIND_INOUT, ORA_BIND_OUT.

```
<?
    // Falls nicht gesetzt für httpd
    putenv ("ORACLE_HOME=/usr/local/oracle7");
    putenv ("ORACLE_SID=ORCL");

    // Datenbankverbindung öffnen
    $Connection = ora_logon ("scott", "tiger");

    // Cursor öffnen
    $Cursor = ora_open ($Connection);

    $Query = "DECLARE php_in INTEGER; ";
    $Query .= "BEGIN ";
    $Query .= ":php_out := :php_in + 3; ";
    $Query .= "END;";

    //Abfrage parsen
    ora_parse ($Cursor, $Query);
    ora_bind ($Cursor, "input", ":php_in", 11, ORA_BIND_IN);
    ora_bind ($Cursor, "output", ":php_out", 11, ORA_BIND_OUT);

    $input = 10;
    //Abfrage ausführen
```

```
ora_exec ($Cursor);

print ("$output<BR>\n");

// Oracle-Cursor schließen
ora_close ($Cursor);

// Verbindung schließen
ora_logoff ($Connection);
?>
```

boolean ora_close (integer cursor)

Die Funktion ora_close schließt eine mit ora_open geöffnete Verbindung. Ein Anwendungsbeispiel finden Sie unter ora_bind.

string ora_columnname (integer cursor, integer column)

Die Funktion ora_columnname gibt den Namen der angegebenen Spalte zurück. Spalten werden beginnend bei 0 nummeriert. Ein Anwendungsbeispiel finden Sie unter ora_exec.

integer ora_columnsize (integer cursor, string column)

Die Funktion ora_columnsize gibt die Größe der angegebenen Spalte zurück. Spalten werden beginnend bei 0 nummeriert. Alternativ können Sie auch den Namen der Spalte übergeben. Ein Anwendungsbeispiel finden Sie unter ora_exec.

string ora_columntype (integer cursor, integer column)

Die Funktion ora_columntype gibt den Datentyp der angegebenen Spalte zurück. Spalten werden beginnend bei 0 nummeriert. Alternativ können Sie auch den Namen der Spalte übergeben. Es gibt folgende Datentypen: CHAR, CURSOR, DATE, LONG, LONG RAW, NUMBER, ROWID, VARCHAR, VARCHAR2. Ein Anwendungsbeispiel finden Sie unter ora_exec.

boolean ora_commit (integer connection)

Die Funktion ora_commit führt ein Commit für alle anstehenden Transaktionen auf der Verbindung aus. Standardmäßig wird nach dem Aufruf von ora_exec für alle Transaktionen ein Commit ausgeführt.

boolean ora_commitoff (integer connection)

Die Funktion ora_commitoff schaltet das automatische Commit aus, das PHP normalerweise für jede Transaktion durchführt.

boolean ora_commiton (integer connection)

Die Funktion ora_commiton schaltet das automatische Commit ein, das PHP normalerweise für jede Transaktion durchführt.

integer ora_do (integer connection, string query)

Die Funktion ora_do führt eine Abfrage auf der angegebenen Verbindung aus. PHP erzeugt einen Cursor, parst die Abfrage und führt sie aus. Sie erhalten einen Cursorbezeichner.

```
<?
   // Falls nicht gesetzt für httpd
   putenv ("ORACLE_HOME=/usr/local/oracle7");
   putenv ("ORACLE_SID=ORCL");

   // Datenbankverbindung öffnen
   if ($Connection = ora_logon ("scott", "tiger")) {
      $Query = "SELECT ENAME FROM emp ";
      $Query .= "WHERE ENAME LIKE 'SMI%' ";

      if ($Cursor = ora_do ($Connection, $Query)) {
         ora_fetch ($Cursor);

         print (ora_columnname ($Cursor, 0) . "<BR>\n");

         // Oracle-Cursor schließen
         ora_close ($Cursor);
      }

      // Datenbankverbindung schließen.
      ora_logoff ($Connection);
   }
?>
```

string ora_error (integer identifier)

Die Funktion ora_error gibt einen String zurück. Er enhält eine Beschreibung des Fehlers, der bei dem letzten an die Oracle-Datenbank geschickten Befehl aufgetreten ist. Der Bezeichner kann entweder ein Verbindungsbezeichner oder ein Cursorbezeichner sein.

Die Nachricht ist in der Form XXX-NNNNN. XXX gibt an, an welcher Stelle der Fehler aufgetreten ist. NNNNN ist eine Fehlernummer. Wenn Sie eine Beschreibung des Fehlers möchten, verwenden Sie den Oracle-Befehl oerr. Ein Anwendungsbeispiel finden Sie unter ora_exec.

integer ora_errorcode (integer identifier)

Die Funktion ora_errorcode gibt die Nummer des Fehlers zurück, der beim letzten an den Oracle-Server geschickten Befehl aufgetreten ist. Der Bezeichner kann entweder ein Verbindungsbezeichner oder ein Cursorbezeichner sein. Ein Anwendungsbeispiel finden Sie unter ora_exec.

boolean ora_exec (integer cursor)

Die Funktion ora_exec führt eine Abfrage aus, die zuvor von ora_parse geparst wurde. Vergleichen Sie diese Funktion mit ora_do.

```
<?
  // Falls nicht gesetzt für httpd
  putenv ("ORACLE_HOME=/usr/local/oracle7");
  putenv ("ORACLE_SID=ORCL");

  function reportError ($id, $message) {
    print ("$message<BR>\n");

    print ("Error Code: " . ora_errorcode ($id) . "<BR>\n");
    print ("Error Message: " . ora_error ($id) . "<BR>\n");
  }

  // Datenbankverbindung öffnen
  if (! ($Connection = ora_logon ("scott", "tiger"))) {
    print ("Datenbankverbindung fehlgeschlagen!<BR>\n");
    exit;
  }

  // Cursor öffnen
  if (! ($Cursor = ora_open ($Connection))) {
    reportError ($Connection, "Konnte Cursor nicht öffnen!");
    exit;
  }

  $Query = "SELECT * FROM emp ";

  // Abfrage parsen
  if (!ora_parse ($Cursor, $Query)) {
    reportError ($Cursor, "Statement konnte nicht geparst werden!");
    exit;
  }

  // Abfrage ausführen
  if (!ora_exec($Cursor)) {
    reportError ($Cursor, "Statement konnte nicht ausgeführt werden!");
    exit;
  }

  // Beginn der HTML-Tabelle
  print ("<TABLE BORDER=\"1\">\n");

  // Spaltenüberschriften ausgeben
  print ("<TR>\n");

  for ($i = 0; $i < ora_numcols($Cursor); $i++) {
    print ("<TH>");
    // Spalteninformationen abfragen
```

```
    print (ora_columnname ($Cursor, $i) . ": ");
    print (ora_columntype ($Cursor, $i) . " ");
    print (" (" . ora_columnsize ($Cursor, $i) . ")");

    print ("</TH>\n");
  }

print ("</TR>\n");

// Alle Zeilen ausgeben
while (ora_fetch ($Cursor)) {
    print ("<TR>\n");

    // Schleife über alle Spalten
    for ($i = 0; $i < ora_numcols ($Cursor); $i++) {
       print ("<TD>");

       // Spalten ausgeben
       print (ora_getcolumn ($Cursor, $i));

       print ("</TD>\n");
    }

    print ("</TR>\n");

}
// HTML-Tabelle schließen
print ("</TABLE>\n");

print ("<BR>\n");
print ("Zeilen: " . ora_numrows ($Cursor));
print ("<BR>\n");

// Oracle-Cursor schließen
ora_close ($Cursor);

// Datenbankverbindung schließen
ora_logoff ($Connection);
?>
```

boolean ora_fetch (integer cursor)

Die Funktion `ora_fetch` holt eine Zeile aus einer ausgeführten Abfrage in den Cursor. Dies erlaubt Ihnen den Aufruf von `ora_getcolumn`. Ein Anwendungsbeispiel finden Sie unter `ora_exec`.

integer ora_fetch_into (integer cursor, reference fields [, integer flags])

Die Funktion `ora_fetch_into` holt die nächste Zeile aus dem Cursor und legt sie im Argument Felder ab, das Sie per Referenz übergeben müssen. Felder enthält ein Array, das numerisch bei 0 beginnend indiziert ist. Die Funktion gibt die Anzahl der geholten Felder zurück. Das optionale Argument flags ist ein Bitfeld, das die beiden nachfolgenden Konstanten verwendet. ORA_FETCHINTO_ASSOC veranlasst `ora_fetch_into` zur Erzeugung von Array-Elementen, die entsprechend ihren Datenbankfeldern benannt sind. Die Funktion ORA_FETCHINTO_NULLS stellt leere Spalten als leere Strings dar.

```
<?
  // Falls nicht gesetzt für httpd
  putenv ("ORACLE_HOME=/usr/local/oracle7");
  putenv ("ORACLE_SID=ORCL");


  // Datenbankverbindung öffnen
  if (! ($Connection = ora_logon ("scott", "tiger"))) {
    print ("Datenbankverbindung fehlgeschlagen!<BR>\n");
    exit;
  }

  $Query = "SELECT EMPNO FROM emp ";
  if (! ($Cursor = ora_do ($Connection, $Query))) {
    print ("Cursor öffnen fehlgeschlagen!<BR>\n");
    print ("Fehlercode: " . ora_errorcode ($Connection) . "<BR>\n");
    print ("Fehlermeldung: " . ora_error ($Connection) . "<BR>\n");
    exit;
  }
  while (ora_fetch_into ($Cursor, &&$Column)) {
    print ("$Column[0]<BR>\n");
  }

  // Oracle-Cursor schließen
  ora_close ($Cursor);

  // Datenbankverbindung schließen
  ora_logoff ($Connection);
?>
```

string ora_getcolumn (integer cursor, integer column)

Die Funktion `ora_getcolumn` gibt den Wert der Spalte im aktuellen Datensatz zurück. Spalten werden beginnend bei 0 indiziert. Spalten mit dem Datentyp long sind auf 64 Kb begrenzt. Ein Anwendungsbeispiel finden Sie unter `ora_exec`.

boolean ora_logoff (integer connection)

Die Funktion `ora_logoff` trennt die Verbindung zum Datenbank-Server. Ein Anwendungsbeispiel finden Sie unter `ora_exec`.

integer ora_logon (string user, string password)

Die Funktion `ora_logon` stellt eine Verbindung mit einem Oracle-Datenbankserver her. Sie erhalten einen Verbindungsbezeichner. Ein Anwendungsbeispiel finden Sie unter `ora_exec`. Wie bereits zu Beginn dieses Abschnitts erwähnt, müssen Sie Umgebungsvariablen festlegen, die den Server angeben, um erfolgreich eine Verbindung herzustellen.

integer ora_numcols (integer cursor)

Die Funktion `ora_numcols` gibt die Anzahl Spalten für eine ausgeführte Abfrage zurück. Ein Anwendungsbeispiel finden Sie unter `ora_exec`.

integer ora_numrows (integer cursor)

Die Funktion `ora_numrows` gibt die Anzahl Datensätze für eine ausgeführte Abfrage zurück. Ein Anwendungsbeispiel finden Sie unter `ora_exec`.

integer ora_open (integer connection)

Die Funktion `ora_open` öffnet einen Cursor für die angegebene Verbindung. Ein Anwendungsbeispiel finden Sie unter `ora_exec`.

boolean ora_parse (integer cursor, string query [, integer defer])

Die Funktion `ora_parse` parst eine Abfrage und bereitet sie für die Ausführung vor. Ein Anwendungsbeispiel finden Sie unter `ora_exec`.

integer ora_plogon (string user, string password)

Die Funktion `ora_plogon` gibt einen Verbindungsbezeichner zurück. Sie baut eine ständige Verbindung auf, die so lange besteht, wie der Serverprozess andauert. Spätere Aufrufe von `ora_logon` und `ora_plogon` nutzen diese ständige Verbindung, anstatt eine neue Verbindung aufzubauen. Verbindungen, die mit `ora_plogon` geöffnet wurden, sollten Sie nicht mit `ora_logoff` schließen.

boolean ora_rollback (integer connection)

Die Funktion `ora_rollback` führt ein Rollback auf der angegebenen Verbindung aus. Zuvor muss das automatische Commit deaktiviert werden.

13.10 Postgres

Postgres wurde ursprünglich an der Universität von Kalifornien, Berkely, entwickelt. Die Datenbank enthielt erstmals viele der neuesten objekt-relationalen Konzepte, die heute in kommerziellen Datenbank häufig zu finden sind. PostgreSQL ist die neueste Variante von Postgres und wird auch als Version 7 bezeichnet. In ihr ist fast die gesamte SQL-Spezifikation implementiert. Und das Beste daran ist, dass es sich um freie Software handelt.

Wie in den anderen Abschnitten in diesem Kapitel, genügen allein die Beschreibungen der Funktionen nicht. Sie müssen sich näher mit PostgreSQL beschäftigen, um die Funktionen zu verstehen. Sie finden nähere Informationen auf der offiziellen Website für PostgreSQL unter http://www.postgresql.org/.

Die ursprüngliche Erweiterung für Postgres stammt von Zeev Suraski. Jouni Ahto fügte die Unterstützung für große Objekte hinzu.

boolean pg_close ([integer connection])

Die Funktion pg_close schließt eine Verbindung zu einer PostgreSQL-Datenbank. Ein Anwendungsbeispiel finden Sie unter pg_exec.

integer pg_cmdtuples (integer result)

Die Funktion pg_cmdtuples gibt die Anzahl der Instanzen zurück, die von der letzten Abfrage betroffen sind. Dazu gehören die Anweisungen DELETE, INSERT und UPDATE, nicht aber SELECT.

```
<?
  // Datenbankverbindung öffnen
  $Connection = pg_connect ("", "", "", "", "leon");

  $Query = "INSERT INTO item VALUES ('hammer', 15.00) ";

  // Abfrage ausführen
  $Result = pg_exec ($Connection, $Query);

  // Anzahl der eingefügten Zeilen ausgeben
  print (pg_cmdtuples ($Result) ." Zeilen eingefügt.<BR>\n");

  // Datenbankverbindung schließen
  pg_close ($Connection);
?>
```

integer pg_connect ([string connection] | [string host, string port [, string options [, string tty,]] string database)

Die Funktion pg_connect gibt einen Verbindungsbezeichner zu einer PostgreSQL-Datenbank zurück. Wenn Sie nur ein Argument übergeben, wird dieses als Verbindungs-String interpretiert. Das Argument sollte in einem von PostgreSQL erwarteten Stil sein. Wenn Sie drei Argumente übergeben, erwartet pg_connect in dieser Reihenfolge: Host, Port und Datenbank. Wenn Sie vier Argumente übergeben, erwartet pg_connect in dieser Reihenfolge: Host, Port, Optionen und Datenbank. Schließlich können Sie alle fünf Argumente übergeben, angeordnet wie im Prototyp. Wenn Sie für eines der Argumente ein Leerzeichen übergeben, wird eine sinnvolle Standardeinstellung verwendet.

Vergleichen Sie diese Funktion mit pg_pconnect. Ein Anwendungsbeispiel finden Sie unter pg_exec.

string pg_dbname ([integer connection])

Die Funktion pg_dbname gibt den Namen der aktuellen Datenbank zurück. Ein Anwendungsbeispiel finden Sie unter pg_exec.

string pg_errormessage ([integer connection])

Die Funktion pg_errormessage gibt die Fehlermeldung für die letzte Datenbankaktion zurück. Ein Anwendungsbeispiel finden Sie unter pg_exec.

integer pg_exec ([integer connection,] integer query)

Die Funktion pg_exec führt eine Abfrage auf der angegebenen Verbindung aus und gibt einen Ergebnisbezeichner zurück.

```
<?
  // Datenbankverbindung öffnen
  if (! ($Connection = pg_connect ("", "", "", "", "leon"))) {
    print ("Datenbankverbindung fehlgeschlagen.<BR>\n");
    exit;
  }
  // Verbindungsdaten ausgeben
  print ("Verbindung aufgebaut<BR>\n");
  print ("Host: " . pg_host ($Connection) . "<BR>\n");
  print ("Port: " . pg_port ($Connection) . "<BR>\n");
  print ("Datenbank: " . pg_dbname ($connection) . "<BR>\n");
  print ("Optionen: " . pg_options ($connection) . "<BR>\n");
  print ("<BR>\n");

  // Abfrage erstellen
  $Query = "SELECT * FROM item";

  // Abfrage ausführen
  if (! ($Result = pg_exec ($Connection, $Query))) {
    print ("Konnte die Abfrage nicht ausführen: ");
    print (pg_errormessage ($Connection));
    print ("<BR>\n");
    exit;
  }

  // Alle Zeilen einer Tabelle ausgeben
  print ("<TABLE>\n");

  // Spaltenüberschriften ausgeben
  print ("<TR>\n");

  for ($Field=0; $Field < pg_numfields ($Result); $Field++) {
    print ("<TD>");

    print (pg_fieldname ($Result, $Field) . " ");
```

```
      print (pg_fieldtype ($Result, $Field));
      print (" (" . pg_fieldsize ($Result, $Field) . ")");

      print ("</TD>\n");
   }
  print ("</TR>\n");

  // Schleife über alle Zeilen
  for ($Row = 0; $Row < pg_numrows ($Result); $Row++) {
     print ("<TR>\n");
     for ($Field=0; $Field< pg_numfields ($Result);$Field++) {
        print ("<TD>");

        if (pg_fieldisnull ($Result, $Row, $Field)) {
           $price = "NULL";
        }
        else {
           print (pg_result ($Result, $Row, $Field));
        }

        print ("</TD>\n");
     }

     print ("</TR>\n");
  }

  print ("</TABLE>\n");

  // Speicher freigeben und Verbindung schließen
  pg_freeresult ($Result);
  pg_close ($Connection);
?>
```

array pg_fetch_array (integer result, integer row [, integer result_type])

Die Funktion pg_fetch_array gibt ein Array zurück, das den Wert jedes Feldes im übergebenen Datensatz enthält. Die Werte sind numerisch indiziert, beginnend bei 0, und mit dem Spaltennamen. Jeder Aufruf von pg_fetch_array gibt den jeweils nächsten Datensatz zurück. Ist keiner mehr übrig, wird FALSE zurückgegeben. Vergleichen Sie diese Funktion mit pg_fetch_object und pg_fetch_row.

```
<?
  // Datenbankverbindung öffnen
  if (! ($Connection = pg_connect ("", "", "", "", "leon"))) {
     print ("Datenbankverbindung fehlgeschlagen.<BR>\n");
     exit;
  }
```

```
// Abfrage erstellen
$Query = "SELECT * FROM item";

// Abfrage ausführen
if (! ($Result = pg_exec ($Connection, $Query))) {
   print ("Konnte Abfrage nicht ausführen: ");
   print (pg_errormessage ($Connection));
   print ("<BR>\n");
   exit;
}

// Schleife über alle Zeilen
while ($Row = pg_fetch_array ($Result, $Row)) {
   print ($Row["Name"] . "<BR>\n");
}

// Speicher freigeben und Verbindung schließen
pg_freeresult($Result);
pg_close($Connection);
?>
```

object pg_fetch_object (integer result, integer row [, integer result_type])

Die Funktion `pg_fetch_object` gibt ein Objekt mit einer Eigenschaft für jedes Feld zurück. Jede Eigenschaft ist nach dem Feldnamen benannt. Jeder Aufruf von `pg_fetch_object` gibt den jeweils nächsten Datensatz zurück. Ist keiner mehr übrig, wird FALSE zurückgegeben. Vergleichen Sie diese Funktion mit `pg_fetch_array` und `pg_fetch_row`.

```
<?
// Datenbankverbindung öffnen
if (! ($Connection = pg_connect ("", "", "", "", "leon"))) {
   print ("Datenbankverbindung fehlgeschlagen.<BR>\n");
   exit;
}

// Abfrage erstellen
$Query = "SELECT * FROM item";

// Abfrage ausführen
if (! ($Result = pg_exec ($Connection, $Query))) {
   print ("Konnte Abfrage nicht ausführen: ");
   print (pg_errormessage ($Connection));
   print ("<BR>\n");
   exit;
}

// Schleife über alle Zeilen
```

```
   while ($Row = pg_fetch_object ($Result, $Row)) {
      print ("$Row->Name<BR>\n");
   }

   // Speicher freigeben und Verbindung schließen
   pg_freeresult ($Result);
   pg_close ($Connection);
?>
```

array pg_fetch_row (integer result, integer row)

Die Funktion pg_fetch_row gibt die Werte aller Felder in einem Datensatz zurück. Die Felder sind nach Feldnummer indiziert, beginnend bei 0. Jeder Aufruf von pg_fetch_row gibt den jeweils nächsten Datensatz zurück. Ist keiner mehr übrig, wird FALSE zurückgegeben. Vergleichen Sie diese Funktion mit pg_fetch_array und pg_fetch_object.

```
<?
   // Datenbankverbindung öffnen
   if (! ($Connection = pg_connect ("", "", "", "", "leon"))) {
      print ("Datenbankverbindung fehlgeschlagen.<BR>\n");
      exit;
   }

   // Abfrage erstellen
   $Query = "SELECT * FROM item";

   // Abfrage ausführen
   if (! ($Result = pg_exec ($Connection, $Query))) {
      print ("Konnte Abfrage nicht ausführen: ");
      print (pg_errormessage ($Connection));
      print ("<BR>\n");
      exit;
   }

   // Schleife über alle Zeilen
   while ($Row = pg_fetch_row ($Result, $Row)) {
      print ("$Row[0]<BR>\n");
   }

   // Speicher freigeben und Verbindung schließen
   pg_freeresult ($Result);
   pg_close ($Connection);
?>
```

boolean pg_fieldisnull (integer result, integer row, mixed field)

Die Funktion pg_fieldisnull gibt TRUE zurück, wenn das angegebene Feld NULL ist. Felder werden bei 0 beginnend gezählt. Ein Anwendungsbeispiel finden Sie unter pg_exec.

string pg_fieldname (integer result, integer field)

Die Funktion `pg_fieldname` gibt den Namen eines Feldes im Ergebnissatz zurück. Geben Sie die Nummer des Feldes an. Die Zählung beginnt bei 0. Ein Anwendungsbeispiel finden Sie unter `pg_exec`.

integer pg_fieldnum (integer result, string field)

Die Funktion `pg_fieldnum` gibt die Nummer eines namentlich bezeichneten Feldes zurück. Die Zählung beginnt bei 0. Wenn ein Fehler auftritt, wird minus eins (-1) zurückgegeben.

```
<?
   print(pg_fieldnum ($Result, "name"));
?>
```

integer pg_fieldprtlen (integer result, integer row, mixed field)

Die Funktion `pg_fieldprtlen` gibt die ausgegebene Länge eines bestimmten Feldwertes zurück. Bezeichnen Sie das Feld entweder mit seinem Namen oder numerisch. Die Zählung beginnt bei 0.

```
<?
   Print (pg_fieldprtlen ($Result, $Row, 2));
?>
```

integer pg_fieldsize (integer result, string field)

Die Funktion `pg_fieldsize` gibt die Größe eines Feldes zurück. Sie geben das Feld namentlich oder numerisch an. Die Zählung beginnt bei 0. Ein Anwendungsbeispiel finden Sie unter `pg_exec`.

string pg_fieldtype (integer result, string field)

Die Funktion `pg_fieldtype` gibt den Typ eines Feldes zurück. Sie geben das Feld namentlich oder numerisch an. Die Zählung beginnt bei 0. Ein Anwendungsbeispiel finden Sie unter `pg_exec`.

boolean pg_freeresult (integer result)

Die Funktion `pg_freeresult` gibt den Speicherplatz frei, der von einem Ergebnissatz belegt ist. Normalerweise müssen Sie diese Funktion nicht aufrufen, da der gesamte Speicher bei Scriptende freigemacht wird. Ein Anwendungsbeispiel finden Sie unter `pg_exec`.

integer pg_getlastoid (integer result)

Die Funktion `pg_getlastoid` gibt die Objektkennung (OID) des letzten in eine Tabelle eingefügten Objekts zurück, wenn der letzte Aufruf von `pg_exec` eine INSERT-Anweisung war. Tritt ein Fehler auf, wird minus eins (-1) zurückgegeben.

```
<?
   // Datenbankverbindung öffnen
   $Connection = pg_connect ("", "", "", "", "leon");

   $Query = "INSERT INTO item (name, price) ";
   $Query .= "VALUES ('hammer', 15.00)";
```

```
    $Result = pg_exec ($Connection, $Query);

    print ("Die ID des eingefügten Eintrags ist: " . pg_getlastoid() . "<BR>\n");

    pg_close ($Connection);
?>
```

string pg_host ([integer connection])

Die Funktion pg_host gibt den Namen des Hosts für die Verbindung zurück. Ein Anwendungsbeispiel finden Sie unter pg_exec.

void pg_loclose (integer file)

Die Funktion pg_loclose schließt ein großes Objekt. Das Datei-Argument ist ein Dateibezeichner, den Sie von pg_loopen erhalten. Ein Anwendungsbeispiel finden Sie unter pg_loopen.

integer pg_locreate (integer connection)

Die Funktion pg_locreate erzeugt ein großes Objekt und gibt die Objektkennung (OID) zurück. Das Objekt wird mit Schreib- und Lesezugriff erzeugt.

```
<?
    $Object = pg_locreate ($Connection);
?>
```

integer pg_loopen ([integer connection,] integer object, string mode)

Die Funktion pg_loopen öffnet ein großes Objekt. Das Objekt-Argument ist eine gültige Kennung für ein großes Objekt. Der Modus kann r, w oder rw sein. Die Funktion gibt einen Dateibezeichner zurück.

```
<?
    $Object = pg_locreate ($Connection);
    $File = pg_loopen ($Connection, $Object, "r");
    pg_loclose ($File);
?>
```

string pg_loread (integer file, integer length)

Die Funktion pg_loread gibt ein großes Objekt als String zurück. Das Argument length gibt die maximal zurückzugebende Länge an.

```
<?
    $Object = pg_locreate ($Connection);
    $File = pg_loopen ($Connection, $Object, "r");
    $Contents = pg_loread ($File, 4096);
?>
```

void pg_loreadall (integer file)

Die Funktion pg_loreadall liest ein großes Objekt aus und schickt es direkt an den Browser.

```
<?
    $File = pg_loopen ($Connection, $Object, "r");
    pg_loreadall ($File);
?>
```

void pg_lounlink ([integer connection,] integer object)

Mit pg_lounlink löschen Sie ein großes Objekt.

```
<?
    $Object = pg_locreate ($Connection);
    $File = pg_loopen ($Connection, $Object, "r");
    pg_lounlink ($File, $Object);
?>
```

integer pg_lowrite (integer file, string buffer)

Die Funktion pg_lowrite schreibt den angegebenen Puffer in ein großes Objekt.

```
<?
    $Object = pg_locreate ($Connection);
    $File = pg_loopen ($Connection, $Object, "w");
    pg_lowrite ($File, "some text");
?>
```

integer pg_numfields (integer result)

Die Funktion pg_numfields gibt die Anzahl Felder in einem Ergebnissatz zurück. Ein Anwendungsbeispiel finden Sie unter pg_exec.

integer pg_numrows (integer result)

Die Funktion pg_numrows gibt die Anzahl Datensätze in einem Ergebnissatz zurück. Ein Anwendungsbeispiel finden Sie unter pg_exec.

string pg_options ([integer connection])

Die Funktion pg_options gibt die Optionen zurück, die Sie beim Öffnen der Verbindung verwendet haben. Ein Anwendungsbeispiel finden Sie unter pg_exec.

integer pg_pconnect ([string connection_string] | [string host, string port [, string options [, string tty,]] string database)

Die Funktion pg_pconnect arbeitet genau wie pg_connect, außer dass eine ständige Verbindung hergestellt wird. Die Verbindung bleibt bestehen, solange der Serverprozess andauert, kann also immer wieder verwendet werden. Dadurch vermeiden Sie den durch erneutes Öffnen einer Verbindung entstehenden Overhead.

```
<?
   $Connection = pg_pconnect ("", "", "", "", "leon");
?>
```

integer pg_port ([integer connection])

Die Funktion `pg_port` gibt die von `pg_connect` verwendete Portnummer zurück. Ein Anwendungsbeispiel finden Sie unter `pg_exec`.

string pg_result (integer result, integer row, mixed fieldname)

Von `pg_result` erhalten Sie den Wert eines bestimmten Feldes im Ergebnissatz. Die Nummerierung von Datensätzen und Feldern beginnt bei 0. Für Felder können Sie auch Namen angeben. Ein Anwendungsbeispiel finden Sie unter `pg_exec`.

string pg_tty ([integer connection])

Die Funktion `pg_tty` gibt den tty-Namen zurück, den Sie für die Fehlersuche brauchen. Sie verwenden ihn mit `pg_connect`. Ein Anwendungsbeispiel finden Sie unter `pg_exec`.

13.11 Sybase

Sybase bietet eine leistungsstarke Datenbank, die mit großen Anbietern wie Oracle, Informix oder IBM (DB2) konkurriert. Anders als diese Datenbanken ist Sybase besser für Entwickler mit kleinem Budget geeignet, da es Partnerschaften mit Anwendungsanbietern gibt. Der E-Commerce-Server von InterShop ist mit einer Sybase-Datenbank ausgestattet. Der SQL Server 6.5 von Microsoft ist eine erweiterte Version von Sybase. Tatsächlich können die Sybase-Funktionen in PHP mit SQL Server-Datenbanken zusammenarbeiten. Damit Code gut zu lesen ist, gibt es Aliase für alle Sybase-Funktionen, die mit `mssql_` beginnen anstatt mit `sybase_`. Aus Platzgründen habe ich diese jedoch weggelassen. Eine Liste aller `mssql_`-Aliase finden Sie in Tabelle 13.11.

Wenn Sie die Sybase-Unterstützung in PHP kompilieren, können Sie eine von zwei Libraries verwenden. Eine davon ist die ältere DB-Library. Als Ersatz gibt es die Client-Library. Diese beiden Libraries sind nicht zueinander kompatibel, daher gibt es in PHP speziellen Code, der jede von ihnen an einen einzelnen Satz Funktionen anpasst. Folglich sind einige dieser Funktionen verfügbar, wenn Sie die DB-Library verwenden, nicht aber, wenn Sie die Client-Library verwenden. Außerdem können Sie PHP für Windows mit einer MSSQL-Library kompilieren. Dabei handelt es sich eigentlich um die DB-Library, die PHP-Erweiterung erzeugt jedoch nur `mssql_`-Funktionen. Außerdem sind drei Funktionen enthalten, die es in der Sybase-Erweiterung leider nicht gibt: `mssql_field_length`, `mssql_field_name` und `mssql_field_type`.

Die Homepage von Sybase ist `http://www.sybase.com/`. Wenn Sie mehr über die beiden Libraries erfahren wollen, sehen Sie in der Online-Dokumentation nach.

`http://sybooks.sybase.com/onlinebooks/group-cn/cng1110e/ctref/@Generic__BookView`

Tom May und Zeev Suraski haben bei der Sybase-Erweiterung mitgewirkt.

```
mssql_close

mssql_connect

mssql_data_seek

mssql_fetch_array

mssql_fetch_field

mssql_fetch_object

mssql_fetch_row

mssql_field_length

mssql_field_name

mssql_field_seek

mssql_field_type

mssql_free_result

mssql_get_last_message

mssql_min_error_severity

mssql_min_message_severity

mssql_num_fields

mssql_num_rows

mssql_pconnect

mssql_query

mssql_result

mssql_select_db
```

Tabelle 13.11: MSSQL-Funktionen

integer sybase_affected_rows (integer link)

Mit `sybase_affected_rows` erhalten Sie die Anzahl Datensätze, die von der letzten Lösch-, Einfüge- oder Aktualisierungs-Anweisung auf der angegebenen Verbindung betroffen sind. Wenn Sie das optionale Argument Verbindung weglassen, wird die zuletzt geöffnete Verbindung verwendet. Beachten Sie, dass Sie mit dieser Funktion nicht die Anzahl der von einer select-Anweisung zurückgegebenen Datensätze erfahren können. Außerdem ist diese Funktion nur verfügbar, wenn Sie die Client-Library verwenden.

```
<?
   // Datenbankverbindung als Admin öffnen
   $Link = sybase_pconnect ("db1", "sa", "sa");

   // Die Datenbank 'store' auswählen
   sybase_select_db ("store", $Link);

   // 10% auf alle Artikel aufschlagen, die
```

```
    // mehr als 10 Dollars kosten
    $Query = "UPDATE item SET Price = Price * 0.90 ";
    $Query .= "WHERE Price > 10.00 ";
    $Result = sybase_query ($Query, $Link);

    // Anzahl der geänderten Zeilen ausgeben
    $RowsChanged = sybase_affected_rows ($Link);

    print ("$RowsChanged Preise aktualisiert.<BR>\n");

    // Datenbankverbindung schließen
    sybase_close ($Link);
?>
```

boolean sybase_close ([integer link])

Die Funktion `sybase_close` schließt die Verbindung zu einer Datenbank. Sie müssen diese Funktion nicht verwenden, da PHP bei Scriptende alle Verbindungen schließt. Wenn Sie das Argument `link` weglassen, wird die zuletzt geöffnete Verbindung geschlossen.

integer sybase_connect ([string server [, string user [, string password [, string charset]]]])

Die Funktion `sybase_connect` gibt einen Verbindungsbezeichner zurück, der auf den Argumenten `server`, `user` und `password` beruht. Der Server muss ein gültiger Servername sein, wie er in der Interface-Datei definiert ist. Alle Argumente sind optional. Wenn Sie die Argumente weglassen, verwendet PHP sinnvolle Standardeinstellungen. Mit `sybase_connect` hergestellte Verbindungen werden automatisch bei Scriptende geschlossen. Vergleichen Sie diese Funktion mit `sybase_pconnect`.

boolean sybase_data_seek (integer result, integer row)

Die Funktion `sybase_data_seek` bewegt den internen Datensatz-Pointer in einem Ergebnis zu dem angegebenen Datensatz. Datensätze werden beginnend bei 0 nummeriert. Verwenden Sie diese Funktion mit `sybase_fetch_array`, `sybase_fetch_object` oder `sybase_fetch_row`, um sich beliebig innerhalb eines Ergebnissatzes zu bewegen.

```
<?
    // Springe zur 6. Zeile
    sybase_data_seek ($Result, 5);
?>
```

array sybase_fetch_array (integer result)

Die Funktion `sybase_fetch_array` gibt ein Array zurück, das die Werte aller Felder des nächsten Datensatzes enthält. Jeder Aufruf von `sybase_fetch_array` gibt den jeweils nächsten Datensatz im Ergebnis zurück. Ist keiner mehr übrig, gibt sie `FALSE` zurück.

Jedes Feld wird in zwei Elementen zurückgegeben: eines ist mit der Feldnummer indiziert, beginnend bei 0, das andere mit dem Feldnamen. Vergleichen Sie diese Funktion einmal mit `sybase_fetch_object` und `sybase_fetch_row`.

```
<?
    // Datenbankverbindung öffnen
    $Link = sybase_pconnect();

    // Die Datenbank 'store' auswählen
    sybase_select_db ("store", $Link);

    // Alle Einträge ausgeben
    $Result = sybase_query ("SELECT * FROM item ");

    print ("<TABLE BORDER=\"1\">\n");

    // Zeilen ausgeben
    while ($Row = sybase_fetch_array ($Result)) {
        print ("<TR>\n");
        print ("<TD>" . $Row["Name"] . "</TD>\n");
        print ("<TD>" . $Row["Price"] . "</TD>\n");
        print ("</TR>\n");
    }

    print ("</TABLE>\n");
?>
```

object sybase_fetch_field (integer result [, integer field])

Die Funktion `sybase_fetch_field` gibt ein Objekt zurück, das ein Feld im Ergebnissatz beschreibt. Das `Feld`-Argument ist optional. Wenn Sie es weglassen, wird das nächste Feld zurückgegeben. Das Objekt enthält die in Tabelle 13.12 beschriebenen Eigenschaften. Ein Anwendungsbeispiel finden Sie unter `sybase_result`.

Eigenschaft	Beschreibung
Column_source	Name der Tabelle, zu der die Spalte gehört.
max_length	Maximallänge des Feldes.
Name	Name der Spalte.
numeric	Wenn die Spalte numerisch ist, ist diese Eigenschaft TRUE (1).

Tabelle 13.12: Objekteigenschaften von sybase_fetch_field

object sybase_fetch_object (integer result)

Die Funktion `sybase_fetch_object` gibt ein Objekt zurück, das eine Eigenschaft für jedes der Felder des nächsten Datensatzes enthält. Jeder Aufruf von `sybase_fetch_object` gibt den jeweils nächsten Datensatz im Ergebnis zurück. Ist keiner mehr übrig, gibt die Funktion FALSE zurück. Vergleichen Sie diese Funktion mit `sybase_fetch_array` und `sybase_fetch_row`.

```
<?
   // Datenbankverbindung öffnen
   $Link = sybase_pconnect();

   // Die Datenbank 'store' auswählen
   sybase_select_db ("store", $Link);

   // Alle Einträge auslesen
   $Result = sybase_query ("SELECT * FROM item ");

   print ("<TABLE BORDER=\"1\">\n");

   // Zeilen ausgeben
   while ($Row = sybase_fetch_object ($Result)) {
      print ("<TR>\n");
      print ("<TD>$Row->Name</TD>\n");
      print ("<TD>$Row->Preis</TD>\n");
      print ("</TR>\n");
   }

   print ("</TABLE>\n");
?>
```

array sybase_fetch_row (integer result)

Die Funktion `sybase_fetch_row` gibt ein Array aller Feldwerte des nächsten Datensatzes zurück. Die Felder sind mit Integern indiziert. Die Zählung beginnt bei 0. Jeder Aufruf von `sybase_fetch_row` gibt den jeweils nächsten Datensatz im Ergebnis zurück. Ist keiner mehr übrig, gibt die Funktion FALSE zurück. Vergleichen Sie diese Funktion mit `sybase_fetch_array` und `sybase_fetch_object`.

```
<?
   // Datenbankverbindung öffnen
   $Link = sybase_pconnect();

   // Die Datenbank 'store' auswählen
   sybase_select_db ("store", $Link);

   // Alle Einträge auslesen
   $Result = sybase_query ("SELECT * FROM item ");

   print ("<TABLE BORDER=\"1\">\n");

   // Zeilen ausgeben
   while ($Row = sybase_fetch_array ($Result)) {
      print ("<TR>\n");
      print ("<TD>" . $Row[0] . "</TD>\n");
      print ("<TD>" . $Row[1] . "</TD>\n");
      print ("</TR>\n");
```

```
}

  print ("</TABLE>\n");
?>
```

boolean sybase_field_seek (integer result, integer field)

Die Funktion `sybase_field_seek` bewegt den internen Feldpointer zu dem angegebenen Feld. Felder werden bei 0 beginnend nummeriert. Wenn Sie das Argument `field` weglassen, wird der Pointer zum jeweils nächsten Feld bewegt. Der interne Pointer ist der gleiche wie bei `sybase_fetch_field`.

```
<?
   // Zurück zum ersten Feld springen
   sybase_field_seek ($result, 0);
?>
```

boolean sybase_free_result (integer result)

Die Funktion `sybase_free_result` gibt den Speicherplatz frei, der von einem Ergebnissatz belegt ist. Sie müssen diese Funktion nicht aufrufen, da bei Scriptende der Speicherplatz automatisch freigegeben wird.

string sybase_get_last_message(void)

Die Funktion `sybase_get_last_message` gibt die letzte Meldung der Sybase-Datenbank zurück. Wenn Sie die Client-Library statt der DB-Library verwenden, steht Ihnen diese Funktion nicht zur Verfügung.

```
<?
   Print (sybase_get_last_message());
?>
```

sybase_min_client_severity (integer severity)

Diese Funktion können Sie nur nutzen, wenn Sie die Client-Library verwenden. Sie setzt die niedrigste Dringlichkeitsstufe, ab der Meldungen von der Client-Schnittstelle zu PHP-Fehlermeldungen werden.

sybase_min_error_severity (integer severity)

Die Funktion `sybase_min_error_severity` setzt die niedrigste Dringlichkeitsstufe, ab der Fehler zu PHP-Fehlermeldungen werden. Diese Funktion können Sie nur nutzen, wenn Sie die DB-Library verwenden.

sybase_min_message_severity (integer severity)

Die Funktion `sybase_min_message_severity` setzt die niedrigste Dringlichkeitsstufe, ab der Meldungen zu PHP-Fehlermeldungen werden. Diese Funktion können Sie nur nutzen, wenn Sie die DB-Library verwenden.

sybase_min_server_severity (integer severity)

Diese Funktion können Sie nur nutzen, wenn Sie die Client-Library verwenden. Sie setzt die niedrigste Dringlichkeitsstufe, ab der Meldungen von der Server-Schnittstelle zu PHP-Fehlermeldungen werden.

integer sybase_num_fields (integer result)

Die Funktion `sybase_num_fields` gibt die Anzahl Felder im angegebenen Ergebnissatz zurück. Ein Anwendungsbeispiel finden Sie unter `sybase_result`.

integer sybase_num_rows (integer result)

Die Funktion `sybase_num_rows` gibt die Anzahl Datensätze im angegebenen Ergebnissatz zurück. Ein Anwendungsbeispiel finden Sie unter `sybase_result`.

integer sybase_pconnect ([string server [, string username [, string password [, string charset]]]])

Die Funktion `sybase_pconnect` arbeitet genau wie `sybase_connect`, außer dass sie dauerhafte Verbindungen aufbaut, die auch nach Scriptende weiterbestehen. Die Verbindung bleibt bestehen, solange der Serverprozess andauert. Deshalb kann sie wiederverwendet werden, wenn der Prozess ein anderes Script ausführt. Mit `sybase_pconnect` aufgebaute Verbindungen sollten Sie nicht mit `sybase_close` schließen.

integer sybase_query (string query [, integer connection])

Die Funktion `sybase_query` führt auf der angegebenen Verbindung eine Abfrage aus und gibt einen Ergebnisbezeichner zurück. Sie brauchen diesen Bezeichner für viele andere Funktionen in diesem Abschnitt. Wenn Sie das Argument `connection` weglassen, wird die zuletzt aufgebaute Verbindung verwendet.

string sybase_result (integer result, integer row, mixed field)

Die Funktion `sybase_result` gibt den Wert eines bestimmten Feldes zurück, das durch `row` und `field` bezeichnet ist. Das Argument `field` kann ein Integer oder ein Feldname sein. Die Zählung der Felder und Datensätze beginnt bei 0. Wenn Sie auf Leistung achten, sollten Sie `sybase_fetch_row` verwenden, da diese Funktion wesentlich schneller arbeitet.

```
<?
    // Datenbankverbindung öffnen mit Default-Werten
    $Link = sybase_connect();

    // Die Datenbank 'store' auswählen
    sybase_select_db ("store", $Link);

    // Alle Einträge auslesen
    $Result = sybase_query ("SELECT * FROM item ");

    print ("<TABLE BORDER=\"1\">\n");
```

```
// Spaltenüberschriften schreiben
$Fields = sybase_num_fields ($Result);
for ($i = 0; $i < $Fields; $i++) {
   $Field = sybase_fetch_field ($Result);

   print("<TR>\n");
   print("<TH>");
   print ($Field->column_source);
   print (".");
   print ($Field->name);
   print ("(");
   print ($Field->max_length);
   print (")");
   print ("</TH>\n");
   print ("</TR>\n");
}

// Zeilen ausgeben
$Rows = sybase_num_rows ($Result);
for ($n = 0; $n < $Rows; $n++) {
   print ("<TR>\n");

   for ($i = 0; $i < $Fields; $i++) {
      print ("<TD>");
      print (sybase_result ($Result, $n, $i));
      print ("</TD>\n");
   }

   print ("</TR>\n");
}

print ("</TABLE>\n");
sybase_free_result ($Result);
sybase_close ($Link);
?>
```

boolean sybase_select_db (string database [, integer connection])

Mit der Funktion sybase_select_db wählen Sie die Datenbank aus, die Sie auf dem Datenbankserver verwenden wollen. Wenn Sie das Argument connection weglassen, wird die zuletzt aufgebaute
Verbindung verwendet. Ein Anwendungsbeispiel finden Sie unter sybase_fetch_array.

Kapitel **14**

Sonstige Funktionen

- Apache
- Aspell
- COM
- Gettext
- IMAP
- Java
- LDAP
- Semaphore
- Gemeinsam genutzter Speicher (Shared Memory)
- SNMP
- WDDX
- XML

In diesem Abschnitt behandeln wir Funktionen, die nicht in die anderen Kapitel der Funktionsreferenz passen. Standardmäßig sind diese Funktionen nach dem Kompilieren von PHP nicht verfügbar. Für die meisten müssen Sie eigene Libraries einbinden. Obwohl sie für das Schreiben von PHP-Scripts nicht absolut notwendig sind, sind einige dieser Funktionen im richtigen Zusammenhang recht nützlich. Vielleicht sind Ihnen manche der in diesem Kapitel behandelten Technologien nicht bekannt. Deshalb gebe ich Ihnen einen kurzen Abriss und Links zu Websites, wo Sie zusätzliche Informationen finden.

Die Liste der Erweiterungen wächst sehr schnell. Ein paar davon habe ich aus verschiedenen Gründen nicht in dieses Buch aufgenommen. Einige sind sehr spezialisiert und vielleicht nicht von allgemeinem Interesse. Andere sind noch relativ unausgegoren. Ich konnte also nicht sicher sein, ob sie sich vielleicht noch ändern würden. Die meisten sind im Online-Handbuch dokumentiert. Außerdem arbeiten verschiedene Leute, ich selbst eingeschlossen, an der Dokumentation der restlichen Funktionen. Wahrscheinlich werden bis zur Publikation dieses Buches zahlreiche neue Erweiterungen geschaffen. Die folgenden Erweiterungen habe ich bewusst nicht behandelt: CyberCash, DAV, DOM, FDF, Hyperwave, ICAP, MCAL, NIS, PDF, Readline, Recode.

14.1 Apache

Die Funktionen in diesem Abschnitt sind nur verfügbar, wenn Sie PHP als Modul für den Apache Webserver kompiliert haben.

object apache_lookup_uri (string uri)

Die Funktion `apache_lookup_uri` wertet einen URI aus (Universal Response Identifier) und gibt ein Objekt zurück, dessen Eigenschaften den URI beschreiben. Die Funktion verwendet eine Funktion des API des Apache Webservers: `sub_req_lookup_uri`. Folglich muss PHP als Apache-Modul laufen, wenn Sie diese Funktion verwenden wollen. Auf die genaue Bedeutung der zurückgegebenen Objekteigenschaften kann ich hier nicht eingehen. Sie spiegeln die Eigenschaften der Struktur `request_rec` unter Apache wider. Die Funktion `sub_req_lookup_uri` ist in der Quelldatei `http_request.c` von Apache enthalten. Sollten Sie wirklich neugierig sein, lesen Sie die darin enthaltenen Kommentare.

In Tabelle 14.1 sehen Sie die Eigenschaften des zurückgegebenen Objekts.

allowed
args
boundary
byterange
bytes_sent
clength
content_type
filename

Tabelle 14.1: Eigenschaften des von apache_lookup_uri zurückgegebenen Objekts

```
handler
method
mtime
no_cache
no_local_copy
path_info
request_time
send_bodyct
status
status_line
the_request
unparsed_uri
uri
```

Tabelle 14.1: Eigenschaften des von apache_lookup_uri zurückgegebenen Objekts (Forts.)

Abbildung 14.1: apache_lookup_uri

```
<?
  foreach ((array)apache_lookup_uri ("/") as $key=>$val) {
    print ("$key: $val<BR>\n");
  }
?>
```

string apache_note (string name [, string value])

Mit apache_note können Sie Werte der Note-Tabelle in Apache holen oder setzen. Sie erhalten den aktuellen Wert des angegebenen Eintrags. Wenn Sie das optionale Argument value übergeben, überschreiben Sie damit den Wert des Eintrags. Die Note-Tabelle besteht für die Dauer der Anfrage an den Apache Webserver und steht allen Modulen zur Verfügung, die während dieser Anfrage aktiviert werden. Mit Hilfe dieser Funktion können Sie mit anderen Apache-Modulen kommunizieren. Eine Anwendungsmöglichkeit ist die Übergabe von Informationen an das Anmeldemodul.

Genau wie apache_lookup_uri arbeitet die Funktion apache_note mit Anfrageaufzeichnungen innerhalb des Apache-API. Und wie apache_lookup_uri ist diese Funktion nur verfügbar, wenn PHP als Apache-Modul läuft. apache_note verwendet die Funktionen table_get und table_set des Apache API.

```
<?
   apache_note ("session_id", $session_id);
?>
```

array getallheaders()

Die Funktion getallheaders gibt jeden vom Server oder Browser gesendeten Header zurück. Einige davon werden zu Umgebungsvariablen, die Ihnen dann in Ihrem Script als Variablen zur Verfügung stehen. Da diese Funktion auf dem Apache API beruht, können Sie sie nur verwenden, wenn PHP als Apache-Modul läuft.

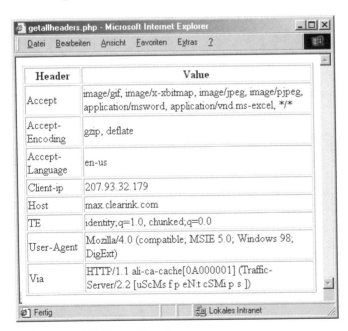

Abbildung 14.2: getallheaders

```
<?
   // Beginn der HTML-Tabelle
   print ("<TABLE BORDER=\"1\">\n");
   print ("<TR>\n");
   print ("<TH>Header</TH>\n");
   print ("<TH>Wert</TH>\n");
   print ("</TR>\n");

   // Schleife über alle Header
   foreach (getallheaders() as $header=>$value) {
      print ("<TR>\n");
      print ("<TD>$header</TD>\n");
      print ("<TD>$value</TD>\n");
      print ("</TR>\n");
   }

   // HTML-Tabelle schließen
   print ("</TABLE>\n");
?>
```

boolean virtual (string filename)

Die Funktion virtual können Sie nur verwenden, wenn PHP ein Apache-Modul ist. Sie könnten genauso gut Folgendes verwenden: <!- #include virtual filename->, eine Apache-Unteranfrage. Wenn Sie mehr über die Funktion erfahren wollen, konsultieren Sie die Apache-Dokumentation. Verwenden Sie include und require, um ein PHP-Script zu parsen. Im Fehlerfall wird FALSE zurückgegeben.

```
<?
   virtual ("ssi-example.shtml");
?>
```

14.2   Aspell

Mit Hilfe der Aspell-Library können Sie eine Rechtschreibprüfung vornehmen. Sie ist das Ergebnis eines von Kevin Atkinson geleiteten Open-Source-Projekts. Die offizielle Website ist http://metalab.unc.edu/kevina/aspell. Laden Sie die Funktionen als Erweiterung, um Aspell zu nutzen. Zur Zeit der Entstehung dieses Buchs gibt es für Aspell noch keine win32-Erweiterung, daher stehen diese Funktionen nur UNIX-Anwendern zur Verfügung. Die PHP-Unterstützung für Aspell stammt von Mark Musone.

integer aspell_new (string dictionary [, string personal_words])

Mit aspell_new laden Sie ein Wörterbuch in das System. Die Funktion gibt einen Bezeichner zurück, den Sie für die Aufrufe anderer Aspell-Funktionen brauchen. Das zweite Argument ist optional und gibt ein persönliches Wörterbuch an.

```
<?
    // Einen Testsatz erzeugen
    $text = "Diser Sats hat einige Rechtschreipfeler.";

    // Wörterbuch laden
    $aspell_link = aspell_new ('deutsch');

    // Den Testsatz in Tokens zerlegen
    for ($word = strtok ($text, ' ');
        $word != ''; $word = strtok (' ')) {
        // Auf unbekannte Wörter prüfen
        if (!aspell_check ($aspell_link, $token)) {
            // Keine Zeichen abschneiden
            if (!aspell_check_raw ($aspell_link, $token)) {
                // Wort wurde nicht erkannt, Vorschläge machen
                $suggestion = aspell_suggest ($aspell_link,$token);

                print ("<B>Unbekanntes Wort:</B> $token<BR>\n");

                while (list ($index, $word) = each ($suggestion)) {
                    print ("$val<BR>\n");
                }

                print ("<BR>\n");
            }
        }
    }
?>
```

boolean aspell_check (integer link, string word)

Die Funktion `aspell_check` gibt TRUE zurück, wenn sie das mit dem Argument `link` übergebene Wort im Wörterbuch findet. Die Funktion versucht, zusätzliche Zeichen abzuschneiden, bevor sie die Schreibweise überprüft.

boolean aspell_check_raw (integer link, string word)

Die Funktion arbeitet genau wie `aspell_check`, versucht aber nicht, zusätzliche Zeichen abzuschneiden.

array aspell_suggest (integer link, string word)

Die Funktion `aspell_suggest` gibt ein Array mit Änderungsvorschlägen für das angegebene Wort zurück. Das Argument `link` ist ein von `aspell_new` zurückgegebener Integer.

14.3 COM

Das Component Object Model (COM) bietet die Möglichkeit, ausführbare Module programmüber-greifend zu nutzen, ohne neu zu kompilieren. Wenn Sie jemals mit Windows gearbeitet haben, kennen Sie Dynamic-Link Libraries (DLLs). Das sind Funktionssammlungen, die ein Programm je nach Bedarf laden kann. Mehrere Programme können sich eine DLL teilen, was eine erhebliche Verbesserung in Bezug auf Wiederverwendung bedeutet. Leider sind DLLs, die mit einigen Pro-grammiersprachen gut funktionieren, zu anderen nicht kompatibel. COM versucht, dieses Problem zu lösen. Auf COM-Objekte können Sie mit C++, Visual Basic, Java und PHP zugreifen.

Eine Einführung in COM würde hier natürlich zu weit führen. Microsofts Liste »lesenswerter« Bü-cher zu COM ist relativ lang: `http://www.microsoft.com/com/tech/com.asp`. Sie könnten zunächst die Online-Artikel lesen, so etwa *Dr. GUIs Gentle Guide to COM* unter `http://www.microsoft.com/com/news/drgui.asp`.

Um ein COM-Objekt unter PHP zu verwenden, laden Sie es zuerst mit `com_load`. Danach können Sie mit `com_invoke` Methoden aufrufen. Eigenschaften erhalten und setzen Sie mit `com_propget` und `com_propset`.

Die Unterstützung für COM in PHP stammt von Zeev Suraski.

value com_get (integer object, string property)

Die Funktion `com_get` ist ein Alias für `com_propget`.

value com_invoke (integer object, string method [, argument [, ...]])

Die Funktion `com_invoke` ruft eine Methode für ein COM-Objekt auf. Geben Sie einen gültigen Ressourcenobjekt-Bezeichner und den Namen einer Methode an. Wenn die Methode Argumente verlangt, führen Sie diese nach dem Namen der Methode auf.

integer com_load (string module, string server)

Die Funktion `com_load` lädt das angegebene COM-Objekt und gibt einen Ressourcenbezeichner zurück, den Sie mit anderen COM-Funktionen verwenden. Mit dem optionalen Argument `server` geben Sie einen entfernten Server an. Wenn der Ladevorgang fehlschlägt, wird `FALSE` zurückgege-ben. Das Modul hat den Namen seiner ProgID.

```
<?
   // Objekt laden
   if (! ($beeper = com_load ("BeepCntMod.BeepCnt"))) {
      print ("Fehler beim Laden des Objekts!<BR>\n");
      exit();
   }

   // Den aktuellen Wert des Zählers ausgeben
   print (com_propget ($beeper, "Zaehler") . "<BR>\n");

   // Den Zähler verändern
   com_propset ($beeper, "Zaehler", 6);
```

```
// Einen Signalton ausgeben
com_invoke ($beeper, "Beep");
?>
```

value com_propget (integer object, string property)

Die Funktion com_propget gibt den Wert einer Eigenschaft eines COM-Objekts zurück.

boolean com_propput (integer object, string property, value data)

Die Funktion com_propput ist ein Alias für com_propset.

boolean com_propset (integer object, string property, value data)

Die Funktion com_propset ändert den Wert einer Eigenschaft.

boolean com_set (integer object, string property, value data)

Die Funktion com_set ist ein Alias für com_propset.

14.4   Gettext

Die Gettext-Funktionen beruhen auf der Arbeit des GNU-Übersetzungsprojekts. Sie haben den Zweck, das Schreiben von Programmen zu vereinfachen, die an Anwender Nachrichten in ihrer Muttersprache schicken. Sie erfahren mehr über gettext auf der Website von GNU unter http://www.gnu.org/software/gettext/gettext.html. Die PHP-Funktionen rufen Funktionen der Gettext-Library auf. Detaillierte Informationen erhalten Sie unter http://www.gnu.org/manual/gettext/index.html. Die Gettext-Funktionen basieren auf Übersetzungstabellen, die die Erweiterung .po oder .mo haben und in Verzeichnissen zusammengefasst sind. Es gibt einen globalen Bereich für diese Dateien, aber Sie können den Pfad dorthin mit bindtextdomain ändern.

Die Gettext-Funktionen in PHP stammen von Alex Plotnik.

string bindtextdomain (string domain, string directory)

Die Funktion bindtextdomain setzt den Pfad zu einer Domäne.

string dcgettext (string domain, string message, integer category)

Mit dcgettext geben Sie für eine einzige Nachrichtensuche eine andere Domäne an. Sie können auch eine Kategorie angeben. Im Handbuch von Gettext wird angezweifelt, ob diese Funktion sinnvoll ist.

string dgettext (string domain, string message)

Mit dgettext geben Sie für eine einzige Nachrichtensuche eine andere Domäne an.

string gettext (string message)

Die Funktion gettext gibt eine übersetzte Zeichenkette zurück. Das Argument message ist sowohl der Schlüssel für die Übersetzungstabelle als auch der zurückgegebene Standardtext, falls die Funktion keine Übersetzung findet. Der Unterstrich ist ein Alias für die Funktion gettext und hilft, Ihren Code übersichtlich zu halten.

```
<?
    // Setze die Sprache auf Spanisch
    putenv ("LANG=es");

    // Bestimme den Speicherort der Übersetzungstabellen
    bindtextdomain ("Fehlermeldungen", "./locale");

    // Wähle die Domain aus
    textdomain ("Fehlermeldungen");

    // Gib eine Testnachricht aus
    print (gettext ("Dieses Buch heisst Core PHP Programming"));
?>
```

string textdomain (string domain)

Die Funktion textdomain setzt die Domäne, in der gesucht wird, wenn Sie gettext aufrufen. Die Domäne ist normalerweise der Name Ihrer Anwendung. Die Funktion gibt die vorherige Domäne zurück. Wenn Sie nur die aktuelle Einstellung erfahren wollen, übergeben Sie einen leeren String. Die Standarddomäne heißt messages.

14.5 IMAP

IMAP ist das Internet Message Access Protocol. Es wurde 1986 an der Stanford University entwickelt, jedoch von weniger ausgefeilten Mail-Protokollen wie POP (Post Office Protocol) verdrängt. Mit IMAP kann ein Anwender Mails auf dem Server so bearbeiten, als ob er sie lokal vorliegen hätte.

PHP implementiert IMAP 4, die neueste Version, die in RFC 1730 beschrieben ist. Sie erhalten weitere Informationen unter http://www.imap.org/, der Website von IMAP.

Sie können die Unterstützung für IMAP direkt in PHP kompilieren oder als Erweiterung laden. Die Erweiterung ist das Werk vieler Autoren: Chuck Hagenbuch, Hartmut Holzgraefe, Kaj-Michael Lang, Rasmus Lerdorf, Rex Logan, Mark Musone, Antoni Pamies Olive, Andrew Skalski, Zeev Suraski, Jani Taskinen und Brian Wang.

string imap_8bit (string text)

Die Funktion imap_8bit wandelt einen 8-Bit-String in einen ausgabebereiten String um.

```
<?
    $qtext = imap_8bit ($text);
?>
```

array imap_alerts()

Die Funktion `imap_alerts` gibt alle von IMAP-Funktionen erzeugten Alarmmeldungen als Array zurück und löscht die Alarmmeldungen aus der Warteschleife.

integer imap_append (integer stream, string mailbox, string message [, string flags])

Die Funktion `imap_append` fügt einer Mailbox eine Nachricht hinzu. Das Argument `stream` ist ein von `imap_open` zurückgegebener Integer. Das Argument `flags` ist optional.

```
<?
    $mailbox = imap_open ("{mail.server.com}INBOX", "leon","password");
    imap_append ($mailbox, "INBOX", "Das ist eine Nachricht");
    imap_close ($mailbox);
?>
```

string imap_base64 (string text)

Mit `imap_base64` decodieren Sie base64-Text. Diese Funktion ist ein Teil der IMAP-Erweiterung. `base64_decode` ist eine integrierte PHP-Funktion, die den gleichen Zweck erfüllt.

```
<?
    $clear_text = imap_base64 ($encoded_text);
?>
```

string imap_binary (string text)

Mit `imap_binary` konvertieren Sie einen 8-Bit-String in einen base64-String.

```
<?
    $base64_text = imap_binary ($clear_text);
?>
```

string imap_body (integer stream, integer message [, integer flags])

Die Funktion `imap_body` gibt den Inhalt der angegebenen Nachricht zurück. Das optionale Argument `flags` ist ein Bitfeld, das die in Tabelle 14.2 aufgelisteten Konstanten enthalten kann. Sie können mehrere Konstanten mit dem |-Operator kombinieren.

Konstante	Beschreibung
FT_INTERNAL	Beim Holen des Inhalts lokale Zeilenende-Zeichen anstatt CRLF verwenden
FT_NOT	Keine Header zurückgeben
FT_PEEK	Die Nachricht nicht als gelesen markieren
FT_PREFETCHTEXT	Wenn der Header geholt wird, auch den Text holen
FT_UID	Das Argument Nachricht ist ein UID

Tabelle 14.2: Flags für imap_body

```
<?
    // Lese die erste Nachricht und drucke sie
    $mailbox = imap_open ("{mail.server.com}INBOX", "leon",
                          "password");
    $message = imap_body ($mailbox, FT_INTERNAL);
    imap_close ($mailbox);
    print ($message);
?>
```

object imap_bodystruct (integer stream, integer message, integer section)

Die Funktion imap_bodystruct gibt ein Objekt zurück, das die Struktur des Nachrichtenbereichs beschreibt. Das Objekt enthält die folgenden Eigenschaften: bytes, description, disposition, dparameters, encoding, id, ifdescription, ifdisposition, ifdparameters, ifid, ifparameters, ifsubtype, lines, parameters, subtype, type. Elemente wie ifsubtype, die mit if beginnen, sind boolesche Daten und geben an, ob es die entsprechenden Elemente gibt.

object imap_check (integer stream)

Die Funktion imap_check gibt Informationen über die aktuelle Mailbox als Objekt zurück. Die Eigenschaften dieses Objekts finden Sie in Tabelle 14.3. Wenn die Verbindung getrennt wurde, wird FALSE zurückgegeben.

Eigenschaft	Beschreibung
Date	Datum der neuesten Nachricht
Driver	Verwendeter Treiber
Mailbox	Name der Mailbox
Nmsgs	Anzahl der Nachrichten
Recent	Anzahl der neuen Nachrichten

Tabelle 14.3: Von imap_check zurückgegebene Elemente

```
<?
    // Auf neue Nachrichten prüfen
    $mailbox = imap_open ("{mail.server.com}INBOX",
                          "leon", "secret");

    // Mailbox-Eigenschaften auslesen
    $check = imap_check ($mailbox);
    print ($check->Date,"<br>\n");
    print ("Verwendeter Treiber: ",$check->Driver,"<br>\n");
    print ("Name der Mailbox: ",$check->Mailbox,"<br>\n");
    print ("Anzahl der Nachrichten: ",$check->Nmsgs);
    print ("Anzahl neue Nachrichten:",$check->Recent,"<br>\n");
```

```
// Zeige die Header der Nachrichten
$nMessages = imap_num_msg ($mailbox);
for ($index=1; $index <= $nMesssages ; $index++) {
    $header = imap_header ($mailbox, $index);
    print ($header->date . "<BR>\n");
    print ($header->to . "<BR>\n");
    print ($header->from . "<BR>\n");
    print ($header->cc . "<BR>\n");
    print ($header->replyTo . "<BR>\n");
    print ($header->subject . "<BR>\n");
    print ("<BR>\n");
    print ("<PRE>");
    print (imap_body ($mbox,$i));
    print ("</PRE>\n<HR>\n");
}
imap_close ($mbox);
?>
```

string imap_clearflag_full (integer stream, string sequence, string flag [, string options])

Die Funktion `imap_clearflag_full` löscht in einer Reihe von Nachrichten ein Flag. Wenn Sie das Argument `options` auf `ST_UID` setzen, wird signalisiert, dass das Argument `sequence` UIDs statt Nachrichtennummern enthält.

```
<?
    $mailbox = imap_open ("{news.server.com/nntp:119}",
                          "leon", "password");
    imap_clearflag_full ($mailbox, "12-15", "U", ST_UID);
    imap_close ($mailbox);
?>
```

boolean imap_close (integer stream [, integer flags])

Mit `imap_close` schließen Sie die Verbindung zu einer Mailbox. Das Argument `stream` ist ein von `imap_open` zurückgegebener Integer. Sie können das optionale Argument `flags` auf `CL_EXPUNGE` setzen. Die Mailbox wird dann vor dem Schließen entleert.

boolean imap_create (integer stream, string mailbox)

Die Funktion `imap_create` ist ein Alias für `imap_createmailbox`.

boolean imap_createmailbox (integer stream, string mailbox)

Mit `imap_createmailbox` erzeugen Sie eine Mailbox.

```
<?
    // Eine Mailbox 'PHP-Liste' erzeugen
    $mailbox = imap_open ("{mail.server.com}INBOX",
                          "leon", "password");
```

```
    imap_createmailbox ($mailbox, "PHP Liste");
    imap_close ($mailbox);
?>
```

boolean imap_delete (integer stream, integer message [integer flags])

Die Funktion `imap_delete` markiert eine Nachricht zum Löschen. Mit `imap_expunge` löschen Sie die Nachricht endgültig.

```
<?
    // Lösche Nachricht 3
    $mailbox = imap_open ("{mail.server.com}INBOX",
                            "leon","password");
    imap_delete ($mailbox, 3);
    imap_close ($mailbox);
?>
```

boolean imap_deletemailbox (integer stream string mailbox)

Die Funktion `imap_deletemailbox` löscht die angegebene Mailbox.

```
<?
    // Lösche eine Mailbox
    $mailbox = imap_open ("{mail.server.com}INBOX",
                            "leon","password");
    imap_deletemailbox ($mailbox, "PHP List");
    imap_close ($mailbox);
?>
```

array imap_errors (void)

Die Funktion `imap_errors` gibt ein Array zurück, das alle bei IMAP-Funktionen aufgetretenen Fehler enthält, und löscht die entsprechenden Meldungen aus der internen Warteschleife. Um nur den letzten Fehler zu erhalten, verwenden Sie `imap_last_error`.

boolean imap_expunge (integer stream)

Die Funktion `imap_expunge` entfernt alle zum Löschen markierten Nachrichten.

```
<?
    // Lösche alle markierten Nachrichten
    $mailbox = imap_open ("{mail.server.com}INBOX", "leon", "password");
    imap_expunge ($mailbox);
    imap_close ($mailbox);
?>
```

array imap_fetch_overview (integer stream, integer message)

Die Funktion `imap_fetch_overview` gibt ein Array mit einer Übersicht über die Nachrichten-Header zurück. Das Array enthält die folgenden Elemente: `answered`, `date`, `deleted`, `draft`, `flagged`, `from`, `message_id`, `msgno`, `recent`, `references`, `seen`, `size`, `subject`, `uid`.

string imap_fetchbody (integer stream, integer message, integer part [, integer flags])

Die Funktion `imap_fetchbody` holt einen bestimmten Teil einer Nachricht. Die Teile des Nachrichtenbereichs sind base64-codiert. Sie müssen sie an `imap_base64` übergeben, um lesbaren Text zu erhalten. Das Argument `flags` kann die in Tabelle 14.2 beschriebenen Flags enthalten.

```
<?
    // Lese den ersten Teil der ersten Nachricht
    $mailbox = imap_open ("{mail.server.com}INBOX",
                          "leon", "password");
    $part1 = imap_fetchbody ($mailbox, 1, 1);
    imap_close ($mailbox);
?>
```

string imap_fetchheader (integer stream, integer message [, integer flags])

Mit `imap_fetchheader` erhalten Sie den kompletten RFC 822 Header-Text für eine Nachricht. Das Argument `flags` ist ein Bitfeld, das die folgenden Konstanten enthalten kann: `FT_UID`, `FT_INTERNAL` und `FT_PREFETCHTEXT`. Die Konstanten `FT_UID` und `FT_INTERNAL` haben hier die gleiche Bedeutung wie in der Funktion `imap_body`. Wenn Sie `FT_PREFETCHTEXT` verwenden, wird gleichzeitig auch der Nachrichtenbereich geholt.

```
<?
    $mailbox = imap_open ("{mail.server.com}INBOX",
                          "leon", "password");
    print (imap_fetchheader ($mailbox, 1, FT_PREFETCHTEXT));
    imap_close ($mailbox);
?>
```

object imap_fetchstructure (integer stream, integer message [, integer flags])

Die Funktion `imap_fetchstructure` gibt ein Objekt zurück, das Informationen über die angegebene Nachricht enthält. Die Eigenschaften dieses Objekts sehen Sie in Tabelle 14.4.

Eigenschaft	Datentyp
Type	Integer
Encoding	Integer
Ifsubtype	Boolean

Tabelle 14.4: Eigenschaften von imap_fetchstructure

Eigenschaft	Datentyp
Subtype	String
Ifdescription	Boolean
Description	String
Ifid	Boolean
Id	String
Lines	Integer
Bytes	Integer
Ifdisposition	Boolean
Disposition	String
Ifdparameters	Boolean
Dparameters	Objekt-Array
Ifparameters	Boolean
Parameters	Objekt-Array
Parts	Objekt-Array

Tabelle 14.4: Eigenschaften von imap_fetchstructure (Forts.)

```
<?
    // Hole die Struktur der ersten Nachricht
    $mailbox = imap_open ("{mail.server.com}INBOX",
                          "leon", "password");
    $structure = imap_fetchstructure ($mailbox, 1);
    imap_close ($mailbox);
?>
```

string imap_fetchtext (integer stream, integer message [, integer flags])

Die Funktion imap_fetchtext ist ein Alias für imap_body.

array imap_getmailboxes (integer stream, string reference, string pattern)

Die Funktion imap_getmailboxes gibt detaillierte Informationen über Mailboxen als Objekt-Array zurück. Das Argument reference ist ein IMAP-Server in der nomalen Form: »{server:port}«. Das Argument pattern legt fest, welche Mailboxen zurückgegeben werden. Ein Stern (*) bedeutet alle Mailboxen, ein Prozentzeichen (%) bedeutet alle Mailboxen einer bestimmten Ebene.

Die zurückgegebenen Objekte enthalten drei Eigenschaften: name, delimiter und attributes. attributes ist ein Bitfeld, das Sie mit den in Tabelle 14.5 genannten Konstanten vergleichen können.

```
<?
    $mailbox = imap_open ("{mail.server.com}INBOX",
                          "leon", "password");
    $boxes = imap_getmailboxes ($mailbox,
                          "{mail.server.com:25}", "*");
    imap_close ($mailbox);

    for (list ($box) = each ($boxes)) {
        print ("$box->name <BR>\n");
    }
?>
```

array imap_getsubscribed (integer stream, string reference, string pattern)

Diese Funktion gibt die Mailboxen zurück, an denen Sie angemeldet sind. Die Argumente reference und pattern sind optional.

Konstante	Beschreibung
LATT_NOINFERIORS	Die Mailbox enthält keine anderen Mailboxen
LATT_NOSELECT	Die Mailbox ist nur Container und kann nicht geöffnet werden
LATT_MARKED	Die Mailbox ist markiert
LATT_UNMARKED	Die Mailbox ist nicht markiert

Tabelle 14.5: Konstanten in der Eigenschaft attributes

object imap_headerinfo (integer stream, integer message [, integer from_length [, integer subject_length [, string default_host]]])

Die Funktion imap_header gibt ein Objekt zurück, dessen Eigenschaften mit Nachrichten-Headern übereinstimmen. Die Argumente from_length und subject_length sind optional. Diese Werte wirken sich auf die Eigenschaften fetchfrom beziehungsweise fetchsubject aus. Tabelle 14.6 zeigt die Eigenschaften des zurückgegebenen Objekts.

Eigenschaft	Beschreibung
Answered	A, falls beantwortet, sonst leer
bcc	Objekt-Array mit den folgenden Eigenschaften: adl, host, mailbox, personal
bccaddress	Vollständige Zeile bcc, auf 1024 Zeichen begrenzt
cc	Objekt-Array mit den folgenden Eigenschaften: adl, host, mailbox, personal
ccaddress	Vollständige Zeile cc, auf 1024 Zeichen begrenzt
Date	Nachrichtendatum

Tabelle 14.6: Eigenschaften von imap_header

Eigenschaft	Beschreibung
date	Nachrichtendatum
Deleted	D, falls zum Löschen markiert, sonst leer
Draft	X, falls Entwuf, sonst leer
fetchfrom	Zeile from: begrenzt durch das Argument from_length
fetchsubject	Zeile subject: begrenzt durch das Argument subject_length
Flagged	F, falls Flag gesetzt, sonst leer
followup_to	Vollständige Zeile followup_to: begrenzt auf 1024 Zeichen
from	Objekt-Array mit den folgenden Eigenschaften: adl, host, mailbox, personal
fromaddress	Vollständige Zeile from: begrenzt auf 1024 Zeichen
in_reply_to	Zeile in_reply_to
MailDate	E-Mail-Datum
message_id	Eindeutige, durch den E-Mail-Server zugeordnete ID
Msgno	Nachrichtennummer
newsgroups	Zeile newsgroups
Recent	
references	Zeile references
remail	
reply_to	Objekt-Array mit den folgenden Eigenschaften: adl, host, mailbox, personal
reply_toaddress	Vollständige Zeile reply_to: begrenzt auf 1024 Zeichen
return_path	Objekt-Array mit den folgenden Eigenschaften: adl, host, mailbox, personal
return_path-address	Vollständige Zeile »Rücksendepfad«, begrenzt auf 1024 Zeichen
sender	Objekt-Array mit den folgenden Eigenschaften: adl, host, mailbox, personal
senderaddress	Vollständige Zeile sender, begrenzt auf 1024 Zeichen
Size	Nachrichtengröße
subject	Nachrichtenbetreff
Subject	Nachrichtenbetreff
to	Objekt-Array mit den folgenden Eigenschaften: adl, host, mailbox, personal
toaddress	Vollständige Zeile to: begrenzt auf 1024 Zeichen
udate	Zeitmarke
Unseen	U, falls Nachricht ungelesen, sonst leer

Tabelle 14.6: Eigenschaften von imap_header (Forts.)

```
<?
   $mailbox = imap_open ("{mail.server.com}INBOX",
                         "leon", "password");
   $header = imap_header ($mailbox, 1);
   print ("Subject: " . $header->subject);
   imap_close ($mailbox);
?>
```

object imap_header (integer stream, integer message [, integer from_length [, integer subject_length [, string default_host]]])

Die Funktion imap_header ist ein Alias für imap_headerinfo.

array imap_headers (integer stream)

Die Funktion imap_headers gibt ein Array aus Strings zurück, pro Nachricht ein Element. Jeder String fasst die Header einer Nachricht zusammen.

```
<?
   $mailbox = imap_open ("{mail.server.com}INBOX",
                         "leon", "password");
   $headers = imap_headers ($mailbox);
   for ($index = 0; $index < count ($headers); $index++) {
      print ($headers[$index] . "<BR>\n");
   }
   imap_close ($mailbox);
?>
```

string imap_last_error (void)

Mit imap_last_error erhalten Sie den letzten bei einer IMAP-Funktion aufgetretenen Fehler.

array imap_list (integer stream, string ref, string pattern)

Die Funktion imap_list ist ein Alias für imap_listmailbox.

array imap_listfull (integer stream, string reference, string pattern)

Die Funktion imap_listfull ist ein Alias für imap_getmailboxes.

array imap_listmailbox (integer stream, string ref, string pattern)

Mit imap_listmailbox erhalten Sie alle in einem Array enthaltenen Mailbox-Namen.

```
<?
   $mailbox = imap_open ("{mail.server.com}INBOX",
                         "leon","password");
   $mailboxes = imap_listmailbox ($mailbox);
   for ($index = 0; $index < count ($mailboxes); $index++) {
```

```
      print ($mailboxes[$index] . "<BR>\n");
   }
   imap_close ($mailbox);
?>
```

array imap_listscan (integer stream, string reference, string pattern, string fragment)

Die Funktion imap_listscan gibt ein Array mit Mailbox-Namen zurück, die das übergebene Fragment enthalten.

```
<?
   $mailbox = imap_open ("{news.server.com/nntp:119}",
                         "leon", "password");
   $name = imap_listscan ($mailbox,
                    "{news.server.com/nntp:119}", "*", "alt.");
   while (list ($match) = each ($name)) {
      print ("$match<BR>\n");
   }
   imap_close ($mailbox);
?>
```

integer imap_mail (string to, string subject, string message [, string headers [, string cc [, string bcc [, string rpath]]]])

Dies ist eine Alternative zur Funktion mail. Der Unterschied besteht in den Argumenten für spezifische Header.

string imap_mail_compose (Array envelope, Array body)

Sie übergeben der Funktion imap_mail_compose Arrays mit Beschreibungen von Envelope und Nachrichtenbereich und erhalten eine MIME-Nachricht. Das Argument envelope kann folgende Elemente enthalten: bcc, cc, date, from, message_id, reply_to, return_path, to. Das Argument body kann diese Elemente enthalten: bytes, contents.data, encoding, id, lines, md5, subtype, type.

boolean imap_mail_copy (integer stream, string list, string mailbox [, integer flags])

Die Funktion imap_mail_copy kopiert Nachrichten in eine andere Mailbox. Die Nachrichtenliste kann eine Liste von Nachrichten oder ein Bereich sein. Das optionale Argument flags ist ein Bitfeld. Setzen Sie hier CP_UID, enthält die Liste UIDs. Setzen Sie CP_MOVE, löscht die Funktion nach dem Kopiervorgang die ursprünglichen Nachrichten. Diese letzte Funktionalität bietet auch die Funktion imap_mail_move.

```
<?
   $mailbox = imap_open ("{mail.server.com}INBOX",
                         "leon", "password");
   imap_mail_copy ($mailbox, "OLD", "17");
   imap_close ($mailbox);
?>
```

boolean imap_mail_move (integer stream, string list, string mailbox [, integer flags])

Die Funktion `imap_mail_move` verschiebt Nachrichten aus der aktuellen Mailbox in eine andere Mailbox. `list` kann eine Liste von Nachrichten oder ein Bereich sein.

```
<?
   $mailbox = imap_open ("{mail.server.com}INBOX",
                         "leon", "password");
   imap_mail_move ($mailbox, "OLD", "17");
   imap_close ($mailbox);
?>
```

object imap_mailboxmsginfo (integer stream)

Die Funktion `imap_mailboxmsginfo` gibt Informationen über die aktuelle Mailbox zurück. Das Objekt hat die in Tabelle 14.7 beschriebenen Eigenschaften.

```
<?
   $mailbox = imap_open ("{mail.server.com}INBOX",
                         "leon", "password");
   $info = imap_mailboxmsginfo ($mailbox);
   print ("Treiber: " . $info->Driver);
   imap_close ($mailbox);
?>
```

Date
Driver
Mailbox
Nmsgs
Recent
Size
Unread

Tabelle 14.7: Eigenschaften von imap_mailboxmsginfo

integer imap_msgno (integer stream, integer uid)

Die Funktion `imap_msgno` gibt die Nachrichtennummer basierend auf einem UID zurück. Um das UID aus einer Nachrichtennummer zu erhalten, rufen Sie `imap_uid` auf.

integer imap_num_msg (integer stream)

Die Funktion `imap_num_msg` gibt die Anzahl der in der aktuellen Mailbox enthaltenen Nachrichten zurück.

```
<?
   $mailbox = imap_open ("{mail.server.com}INBOX",
                         "leon", "password");
```

```
    print ("Anzahl Nachrichten: " . imap_num_msg ($mailbox));
    imap_close ($mailbox);
?>
```

integer imap_num_recent (integer stream)

Die Funktion imap_num_recent gibt die Anzahl der in der aktuellen Mailbox enthaltenen neuen Nachrichten zurück.

```
<?
    $mailbox = imap_open ("{mail.server.com}INBOX",
                          "leon",  "password");
    print ("Neue Nachrichten: " . imap_num_recent ($mailbox));
    imap_close ($mailbox);
?>
```

integer imap_open (string mailbox, string username, string password [, integer flags])

Mit imap_open öffnen Sie eine Verbindung zu einem Mailserver. Das Argument mailbox setzt sich normalerweise aus einem Hostnamen und einem Mailbox-Namen zusammen. Der Hostname wird in geschweifte Klammern gesetzt. Wenn Sie /pop3 hinzufügen, stellt imap_open eine Verbindung zu einem POP-Server anstelle eines IMAP-Servers her. Fügen Sie /nntp hinzu, erhalten Sie eine Verbindung mit einem Usenet-Server. Sie können auch eine Portnummer angeben, die sie mit einem Doppelpunkt vom Hostnamen trennen. Die Funktion gibt einen Streambezeichner zurück. Verwenden Sie diesen Bezeichner mit Funktionen, die einen Stream brauchen. Das optionale Argument flags ist ein Bitfeld, das die Konstanten aus Tabelle 14.8 haben kann.

Konstante	Beschreibung
CL_EXPUNGE	Mailbox beim Schließen automatisch leeren
OP_ANONYMOUS	Beim Verbinden mit einem NNTP-Server keine .newsrc-Datei verwenden
OP_DEBUG	Debug-Protokoll erstellen
OP_EXPUNGE	Verbindungen bereinigen
OP_HALFOPEN	Nur Verbindung, aber keine Mailbox öffnen
OP_PROTOTYPE	Treiber-Prototyp zurückgeben
OP_READONLY	Im Nur-Lese-Modus öffnen
OP_SECURE	Keine ungesicherte Authentifizierung ausführen
OP_SHORTCACHE	Short Caching verwenden
OP_SILENT	Keine Ereignisse übergehen

Tabelle 14.8: Konstanten für imap_open

```
<?
   // Verbindung zu einem normalen IMAP-Server öffnen
   $mailbox = imap_open ("{mail.server.com:143}INBOX",
                         "leon", "password");

   // Verbindung zu einem POP3-Server öffnen
   $mailbox = imap_open ("{mail.server.com/pop3:110}INBOX",
                         "leon", "password");

   // Verbindung zu einem NNTP-Server öffnen
   $mailbox = imap_open ("{mail.server.com/nntp:119}INBOX",
                         "leon", "password");
?>
```

boolean imap_ping (integer stream)

Die Funktion imap_ping prüft, ob der Stream noch aktiv ist. Wenn eine neue E-Mail eingetroffen ist, wird sie beim Aufruf dieser Funktion gefunden.

```
<?
   $mailbox = imap_open ("{mail.server.com}INBOX",
                         "leon", "password");
   imap_ping ($mailbox);
   imap_close ($mailbox);
?>
```

integer imap_popen (string mailbox, string username, tring password [, integer flags])

Die Funktion imap_popen öffnet eine ständige Verbindung zu einem IMAP-Server. Die Verbindung wird erst wieder geschlossen, wenn der aufrufende Prozess beendet wird. Sie kann also von vielen Seitenaufrufen wiederverwendet werden. Zur Zeit der Entstehung dieses Buchs war diese Funktion noch nicht fertig programmiert.

string imap_qprint (string text)

Die Funktion imap_qprint konvertiert einen ausgabefähigen String in einen 8-Bit-String.

```
<?
   $converted = imap_qprint ($qstring);
?>
```

boolean imap_rename (integer stream, string old_name, string new_name)

Die Funktion imap_rename ist ein Alias für imap_renamemailbox.

boolean imap_renamemailbox (integer stream, string old_name, string new_name)

Die Funktion `imap_renamemailbox` ändert den Namen einer Mailbox.

```
<?
   $mailbox = imap_open ("{mail.server.com}INBOX",
                         "leon", "password");
   imap_renamemailbox ($mailbox, "PHP", "PHP List");
   imap_close ($mailbox);
?>
```

boolean imap_reopen (integer stream, string username, string password [, integer flags])

Mit `imap_reopen` öffnen Sie eine nicht mehr aktive Verbindung. Die Funktion arbeitet genau wie `imap_open`.

```
<?
   $mailbox = imap_open ("{mail.server.com}INBOX",
                         "leon", "password");

   // Wiederöffnen einer nicht aktiven Verbindung
   if (!imap_ping ($mailbox)) {
      imap_reopen ($mailbox, "leon", "password");
   }
   imap_close ($mailbox);
?>
```

array imap_rfc822_parse_adrlist (string address, string host)

Diese Funktion parst eine E-Mail-Adresse. Sie übergeben ihr einen Standard-Host und erhalten ein Array aus Objekten zurück. Jedes Objekt hat die folgenden Eigenschaften: `mailbox`, `host`, `personal`, `adl`. Die Eigenschaft `mailbox` ist der Teil der Adresse vor dem @. Die Eigenschaft `host` ist der Zielrechner oder die Zieldomäne. Die Eigenschaft `personal` ist der Name des Empfängers. Die Eigenschaft `adl` ist der Weg, den die Datei nimmt, bestehend aus den Rechnern, über die die E-Mail weitergeleitet wird, sofern die Adresse entsprechend angegeben ist.

Wie der Name der Funktion andeutet, implementiert diese Funktion Adressen gemäß RFC 822.

```
<?
   $address = "Leon Atkinson <leon@clearink.com>, vicky";
   $address = imap_rfc822_parse_adrlist ($address,
                                         "clearink.com");
   while (list ($adr_info) = each ($info)) {
      print ("$adr_info->personal ");
      print ("$adr_info->mailbox ");
      print ("$adr_info->host ");
      print ("$adr_info->adl<BR>\n");
   }
?>
```

string imap_rfc822_write_adress (string mailbox, string host, string personal_info)

Die Funktion `imap_rfc822_write_adress` gibt eine E-Mail-Adresse zurück. Wie der Name schon sagt, implementiert diese Funktion Adressen gemäß RFC 822.

```
<?
   print (imap_rfc822_write_address ("leon", "clearink.com",
                                     "Leon Atkinson"));
?>
```

array imap_scan (integer stream, string reference, string pattern, string fragment)

Die Funktion `imap_scan` ist ein Alias für `imap_listscan`.

array imap_scanmailbox (integer stream, string reference, string pattern, string fragment)

Die Funktion `imap_scanmailbox` ist ein Alias für `imap_listscan`.

array imap_search (integer stream, string criteria [, integer flags])

Die Funktion `imap_search` gibt, basierend auf einem Suchkriterium, eine Liste mit Nachrichtennummern zurück. Das Argument `criteria` ist eine Liste von Suchcodes, die durch Leerzeichen voneinander getrennt sind. Diese Codes finden Sie in Tabelle 14.9. Einige benötigen ein Argument, das immer in doppelten Anführungszeichen stehen muss. Wenn Sie das optionale Argument `flags` auf `SE_UID` setzen, erhalten Sie UIDs statt Nachrichtennummern.

```
ALL
ANSWERED
BCC "string"
BEFORE "date"
BODY "string"
CC "string "
DELETED
FLAGGED
FROM "string "
KEYWORD "string "
NEW
OLD
ON "date"
```

Tabelle 14.9: Codes für Suchkriterien in imap_search

```
RECENT
SEEN
SINCE "date"
SUBJECT " string "
TEXT "string "
TO "string "
UNANSWERED
UNDELETED
UNFLAGGED
UNKEYWORD "string "
UNSEEN
```

Tabelle 14.9: Codes für Suchkriterien in imap_search (Forts.)

```
<?
   // Hole die Liste der ungelesenen Mails von Leon
   $mailbox = imap_open ("{mail.server.com:143}INBOX",
                         "leon", "password");
   $msgs = imap_search ($mailbox, "UNSEEN FROM \"leon\"");
   imap_close ($mailbox);
?>
```

string imap_setflag_full (integer stream, string sequence, string flag [, integer options])

Die Funktion imap_setflag_full setzt bei einer Reihe Nachrichten ein Flag. Wenn Sie das optionale Argument options auf ST_UID setzen, enthält das Argument sequence UIDs anstatt Nachrichtennummern.

```
<?
   $mailbox = imap_open ("{mail.server.com:143}INBOX",
             "leon", "password");
   imap_setflag_full ($mailbox, "12-15", "U", ST_UID);
   imap_close ($mailbox);
?>
```

array imap_sort (integer stream, integer criteria, integer reverse [, integer options [, string search_criteria]])

Die Funktion imap_sort erzeugt, basierend auf Sortierkriterien, eine Liste sortierter Nachrichten. Das Argument criteria muss eine der in Tabelle 14.10 angegebenen Konstanten sein. Wenn Sie das Argument reverse auf 1 setzen, wird die Sortierreihenfolge umgekehrt. Das Argument options ist ein Bitfeld. Wenn Sie SE_UID setzen, werden UIDs verwendet. Wenn Sie SE_NOPREFETCH setzen, werden Nachrichten nicht vorab geholt.

Konstante	Beschreibung
SORTARRIVAL	Eingangsdatum
SORTDATE	Nachrichtendatum
SORTFROM	Zeile: Erste Mailbox in from
SORTSIZE	Nachrichtenlänge
SORTSUBJECT	Betreff der Nachricht
SORTCC	Zeile: Erste Mailbox in cc
SORTO	Zeile: Erste Mailbox in to

Tabelle 14.10: Konstanten für imap_sort

```
<?
   $mailbox = imap_open ("{mail.server.com:143}",
                         "leon", "password");
   $list = imap_sort ($mailbox, SORTFROM, 0, SE_NOPREFETCH);
   while (list ($msg_num) = each ($list)) {
       print ("$msg_num ");
   }
   imap_close ($mailbox);
?>
```

object imap_status (integer stream, string mailbox, integer options)

Die Funktion imap_status gibt ein Objekt zurück, dessen Eigenschaften den Status einer Mailbox beschreiben. Die einzige Eigenschaft, die es immer gibt, ist flags. Sie sagt Ihnen, welche anderen Eigenschaften existieren. Sie können die zu erzeugenden Eigenschaften mit dem Argument options wählen. Die für options zu verwendenden Konstanten finden Sie in Tabelle 14.11.

Konstante	Beschreibung
SA_ALL	Schaltet alle Eigenschaften ein
SA_MESSAGES	Anzahl Nachrichten in der Mailbox
SA_RECENT	Anzahl neuer Nachrichten
SA_QUOTA	Von der Mailbox belegter Festplattenspeicher
SA_QUOTA_ALL	Von allen Mailboxen belegter Festplattenspeicher
SA_UIDNEXT	Nächstes zu verwendendes UID
SA_UIDVALIDITY	Gibt die Gültigkeit von UID-Daten an
SA_UNSEEN	Anzahl ungelesener Nachrichten

Tabelle 14.11: Optionen für imap_status

```
<?
  $mailbox = imap_open ("{mail.server.com}INBOX",
                        "leon", "password");
  $status = imap_status ($mailbox, "INBOX",
      SA_UNSEEN | SA_MESSAGES);
  print ("$status->unseen von $status->messages
                              neuen Nachrichten");
  imap_close ($mailbox);
?>
```

boolean imap_subscribe (integer stream, string mailbox)

Mit imap_subscribe melden Sie sich bei einer Mailbox an.

```
<?
    $mailbox = imap_open ("{mail.server.com}INBOX", "leon", "password");
    imap_subscribe ($mailbox, "PHP");
    imap_close ($mailbox);
?>
```

integer imap_uid (integer stream, integer message)

Die Funktion gibt das UID der angegebenen Nachricht zurück. Um die auf dem UID basierende Nachrichtennummer zu erhalten, verwenden Sie imap_msgno.

boolean imap_undelete (integer stream, integer message)

Die Funktion imap_undelete entfernt die Lösch-Markierung einer Nachricht.

```
<?
  // Nachricht 3 löschen und wiederherstellen
  $mailbox = imap_open ("{mail.server.com}INBOX",
                        "leon", "password");
  imap_delete ($mailbox, 3);
  imap_undelete ($mailbox, 3);
  imap_close ($mailbox);
?>
```

boolean imap_unsubscribe (integer stream, string mailbox)

Mit imap_unsubscribe melden Sie sich von einer Mailbox ab.

```
<?
  $mailbox = imap_open ("{mail.server.com}INBOX",
                        "leon", "password");
  imap_unsubscribe ($mailbox, "PHP");
  imap_close ($mailbox);
?>
```

string imap_utf7_decode (string data)

Die Funktion imap_utf7_decode erzeugt einfachen Text aus UTF-7-codiertem Text.

string imap_utf7_encode (string data)

Die Funktion `imap_utf7_encode` gibt UTF-7-codierten Text zurück.

14.6 Java

Die »coolste« PHP-Erweiterung im Jahr 1999 war der Code von Sam Ruby, mit dem Sie Java-Objekte in PHP nutzen können. Java ist die objektorientierte, plattformunabhängige Sprache von Sun. Java ist sehr beliebt, daher werden Sie problemlos Literatur, Websites und freien Quellcode finden. Wenn Sie Informationen über das auf Webservern verwendete Java suchen, empfehle ich das Java-Apache-Projekt unter `http://java.apache.org/`.

Die Java-Erweiterung bedeutet keine neuen Funktionen. Sie stellt eine Klasse namens Java zur Verfügung. Sie können mit dem Operator `new` jede Klasse in Ihrem Klassen-Pfad instanzieren. Sie erhalten ein Objekt, das Sie wie jedes andere PHP-Objekt behandeln. Seine Eigenschaften und Methoden entsprechen der Java-Klasse.

```
<?
   /*
   ** Von Sam Ruby's Beispiel übernommen
   */

   // Die Java-Version auslesen
   $system = new Java ("java.lang.System");
   print ("Java Version: " .
      $system->getProperty ("java.version") .
      "<BR>\n");

   // Formatiertes Datum ausgeben
   $formatter = new Java ("java.text.SimpleDateFormat",
            "EEEE, MMMM dd, yyyy 'at' h:mm:ss a zzzz");
   print ($formatter->format (new Java ("java.util.Date")) . "<BR>\n");
?>
```

14.7 LDAP

LDAP ist ein Akronym für »Lightweight Directory Access Protocol«. LDAP ist eine universelle Art, Verzeichnisinformationen zu speichern. Es ist eine teilweise Inplementierung des Standards X.500 und wurde erstmals in RFC 1777 und RFC 1778 beschrieben.

Über TCP/IP können Clients auf ein zentrales Adressbuch mit Kontakten, allgemeinen kryptographischen Schlüsseln und ähnlichen Informationen zugreifen. Es gibt im Internet eine Vielzahl von Servern. Dante, eine nicht-kommerzielle Organisation, unterhält eine nach Ländern sortierte Liste von LDAP-Servern unter `http://www.dante.net/np/pdi.html`. Eine ausführliche Diskussion von LDAP würde hier zu weit führen. Sie finden jedoch umfangreiche Informationen im Web. Starten Sie Ihre Suche bei der University of Michigan unter `http://www.umich.edu/~dirsvcs/ldap/index/html`.

Um die Funktionen in diesem Abschnitt zu nutzen, müssen Sie entweder die Unterstützung für LDAP in das PHP-Modul kompilieren oder mit .dl das Erweiterungsmodul laden. Zur Zeit der Entstehung dieses Buchs gab es noch kein Erweiterungsmodul für Windows. Sie finden eine passende LDAP-Library auf der oben genannten Site der University of Michigan.

Das LDAP-Modul ist das Gemeinschaftswerk von Amitay Isaacs, Rasmus Lerdorf, Gerrit Thomson und Eric Warnke.

boolean ldap_add (integer link, string dn, array entry)

Die Funktion ldap_add fügt dem angegebenen DN auf Objektebene Einträge hinzu. Das Argument entry ist ein Array der Attributwerte. Wenn ein Attribut mehrere Werte haben kann, sollte das Array-Element selbst ein Array sein (siehe Attribut mail im Beispiel unten). Wenn Sie Attribute auf Attributebene hinzufügen wollen, verwenden Sie ldap_mod_add.

```
<?
    //Verbindung zum LDAP-Server öffnen
    if (! ($ldap = ldap_connect ("ldap.php.net"))) {
        die ("Verbindungsaufbau fehlgeschlagen!");
    }

    // Login-DN initialisieren
    $dn = "cn = root, dc = php, dc = net";

    // Den DN mit dem LDAP-Verzeichnis verknüpfen
    if (!ldap_bind ($ldap, $dn, "")) {
        die ("Verknüpfung mit ". $dn ." fehlgeschlagen!");
    }

    // Einträge erstellen
    $entry["cn"] = "John";
    $entry["sn"] = "Smith";
    $entry["mail"][0] = "jsmith123@hotmail.com";
    $entry["mail"][1] = "smith@bigfoot.com";
    $entry["objectclass"] = "Person";
    $entry["telephonenumber"] = "123-123-1234";
    $entry["mobile"] = "123-123-1235";
    $entry["pager"] = "123-123-1236";
    $entry["o"] = "ACME Web Design";
    $entry["title"] = "Vize Präsident";
    $entry["department"] = "Technologie";

    // DN aus den neuen Einträgen erstellen
    $dn = "cn = John Smith, dc = php, dc = net";

    // Eintrag einfügen
    if (ldap_add ($ldap, $dn, $entry)) {
        print ("Eintrag eingefügt!\n");
```

```
  } else {
    print ("Einfügen fehlgeschlagen!");
  }
  // Verbindung schließen
  ldap_close ($ldap);
?>
```

boolean ldap_bind (integer link [, string dn, string password])

Mit ldap_bind binden Sie an ein Verzeichnis. Mit den optionalen Argumenten dn und password identifizieren Sie sich. Server verlangen normalerweise für jeden Befehl, der den Inhalt eines Verzeichnisses ändert, eine Authentifizierung.

boolean ldap_close (integer link)

Die Funktion ldap_close schließt die Verbindung zum Verzeichnis-Server.

integer ldap_connect ([string host [, integer port]])

Die Funktion ldap_connect gibt einen LDAP-Verbindungsbezeichner zurück, oder FALSE, falls ein Fehler auftritt. Beide Argumente sind optional. Wenn Sie kein Argument übergeben, gibt ldap_connect den Bezeichner der aktuell offenen Verbindung zurück. Wenn Sie das Argument port weglassen, verwendet die Funktion den Port 389.

integer ldap_count_entries (integer link, integer result)

Die Funktion ldap_count_entries gibt die Anzahl der Einträge im angegebenen Ergebnissatz zurück. Das Argument result ist ein Ergebnisbezeichner, den Sie von ldap_read erhalten.

boolean ldap_delete (integer link, string dn)

Die Funktion ldap_delete löscht einen Verzeichniseintrag.

```
<?
  // Verbindung zum LDAP-Server öffnen
  if (! ($ldap=ldap_connect ("ldap.php.net"))) {
    die ("Verbindungsaufbau fehlgeschlagen!");
  }
  // Login-DN initialisieren
  $dn = "cn = root, dc = php, dc = net";

  // Den DN mit dem LDAP-Verzeichnis verknüpfen
  if (!ldap_bind ($ldap, $dn, "secret")) {
    die ("Verknüpfung mit". $dn." fehlgeschlagen!");
  }

  // Eintrag aus dem Verzeichnis löschen
  $dn = "cn = John Smith, dc = clearink, dc = com";
  if (ldap_delete ($ldap, $dn)) {
    print ("Eintrag gelöscht!\n");
  } else {
```

```
    print ("Löschen fehlgeschlagen!\n");
  }

  // Verbindung schließen
  ldap_close ($ldap);
?>
```

string ldap_dn2ufn (string dn)

Die Funktion ldap_dn2ufn übersetzt ein DN in eine benutzerfreundlichere Form (ohne Typangaben).

```
<?
  $dn = "cn = John Smith, dc = php, dc = net";
  print (ldap_dn2ufn ($dn));
?>
```

integer ldap_errno (integer link)

Die Funktion ldap_errno gibt die Fehlernummer des letzten auf der Verbindung aufgetretenen Fehlers zurück.

string ldap_error (integer link)

Die Funktion ldap_error gibt die Fehlerbeschreibung des letzten auf der Verbindung aufgetretenen Fehlers zurück.

string ldap_err2str (integer error)

Mit ldap_err2str konvertieren Sie eine Fehlernummer in eine Fehlerbeschreibung.

array ldap_explode_dn (string dn, boolean attributes)

Die Funktion ldap_explode_dn spaltet ein von ldap_get_dn zurückgegebenes DN in ein Array auf. Jedes seiner Elemente ist ein »Relative Distinguished Name« (RDN). Das Array enthält ein mit count indiziertes Element, das die Anzahl der RDNs enthält. Das Argument attributes gibt an, ob Werte mit ihren Attributcodes zurückgegeben werden.

```
<?
  // Test-DN erzeugen
  $dn = "cn = Leon Atkinson, o = Clear Ink, c = US";

  $rdn = ldap_explode_dn ($dn, FALSE);

  for ($index = 0; $index < $rdn["count"]; $index++) {
    print ("$rdn[$index] <BR>\n");
  }
?>
```

string ldap_first_attribute (integer link, integer result, integer pointer)

Diese Funktion gibt das erste Attribut des angegebenen Eintrags zurück. Das Argument pointer müssen Sie per Referenz übergeben. Diese Variable speichert einen Pointer in der Attributliste. Die Funktion ldap_get_attributes ist wahrscheinlich praktischer.

integer ldap_first_entry (integer link, integer result)

Die Funktion ldap_first_entry gibt einen Eintragsbezeichner für den ersten Eintrag im Ergebnissatz zurück. Diesen Integer brauchen Sie für die Funktion ldap_next_entry. Mit ldap_get_entries erhalten Sie alle Einträge als Array.

boolean ldap_free_entry (integer entry)

Die Funktion ldap_free_entry gibt den von einem Eintrag belegten Speicherplatz frei. Den Eintragsbezeichner erhalten Sie entweder von ldap_first_entry oder von ldap_next_entry.

boolean ldap_free_result (integer result)

Mit ldap_free_result geben Sie den Speicherplatz frei, der von einem von ldap_read oder ldap_search zurückgegebenen Ergebnis belegt ist.

array ldap_get_attributes (integer link, integer result)

Die Funktion ldap_get_attributes gibt ein multidimensionales Array zurück, in dem alle Attribute und deren Werte des angegebenen Ergebnisbezeichners stehen. Attribute können als Namen oder als Nummern angegeben werden. Das Element count gibt die Anzahl der Argumente an. Auch Attribute mit mehreren Werten haben ein Element count, jedes Element wird als Nummer angegeben. Mit dieser Funktion können Sie ein Verzeichnis durchsuchen. Sie werden Attribute finden, von deren Existenz Sie nichts wussten.

string ldap_get_dn (integer link, integer result)

Die Funktion gibt das DN für das angegebene Ergebnis zurück.

array ldap_get_entries (integer link, integer result)

Die Funktion ldap_get_entries gibt ein dreidimensionales Array zurück, das jeden Eintrag im Ergebnissatz enthält. Ein assoziatives Element, count, enthält die Anzahl der Array-Einträge. Jeder Eintrag ist beginnend bei 0 nummeriert. Jeder Eintrag hat ein Element count und ein Element dn. Auf die Attribute jedes Eintrags können Sie über Name oder Nummer zugreifen. Jedes Attribut hat sein eigenes Element count und einen nummerierten Satz Werte.

array ldap_get_values (integer link, integer entry, string attribute)

Die Funktion ldap_get_values gibt ein Array zurück, das jeden Wert des übergebenen Attributs enthält. Die Werte werden als Strings behandelt. Wenn Sie binäre Daten haben möchten, verwenden Sie ldap_get_values_len.

```
<?
   // Verbindung zum LDAP-Server öffnen
   if (! ($ldap = ldap_connect ("ldap.php.net"))) {
      die ("Verbindungsaufbau fehlgeschlagen!");
   }

   // Suchkriterien erstellen
   $dn = "cn = John Smith, dc = php, dc = net";
   $filter = "sn = *";
   $attributes = array( "givenname", "sn", "mail");

   // Suche durchführen
   if (! ($result=ldap_read ($ldap,$dn,$filter,$attributes))) {
      die ("Nichts gefunden!");
   }

   $entry = ldap_first_entry ($ldap, $result);
   $values = ldap_get_values ($ldap, $entry, "mail");

   print ($values["count"] . " Values:<OL>\n");

   for ($index=0; $index < $values["count"]; $index++) {
      print ("<LI>$values[$index]\n");
   }

   print ("</OL>\n");

   ldap_free_result ($result);
?>
```

integer ldap_get_values_len (integer link, integer entry, string attribute)

Die Funktion entspricht ldap_get_values, außer dass sie mit binären Einträgen arbeitet.

integer ldap_list (integer link, string dn, string filter [, array attributes [, integer attrsonly [, integer sizelimit [, integer timelimit [, integer deref]]]]])

Die Funktion ldap_list gibt alle Objekte auf Ebene des angegebenen DN zurück. Das Argument attributes ist optional. Wenn Sie es übergeben, gibt die Funktion nur Objekte zurück, die die angegebenen Attribute enthalten.

```
<?
   /*
   ** ldap_list-Beispiel
   ** Dieses Script untersucht die Organisationseinheiten
   ** der University of Michigan. Die erzeugten Links
```

```
** untersuchen Einheiten innerhalb von Einheiten.
*/

if (!isset ($dn)) {
    $dn = "o = University of Michigan, c = US";
}
print ("<B>Such-DN:</B> $dn<BR>\n");

// Verbindung zum LDAP-Server öffnen
if (! ($ldap = ldap_connect ("ldap.itd.umich.edu"))) {
    die ("Verbindungsaufbau fehlgeschlagn!");
}

$filter = "objectClass = *";
$attributes = array("ou", "cn");

// Suche ausführen
if (! ($result=ldap_list ($ldap,$dn,$filter,$attributes))) {
    die("Nichts gefunden!");
}

$entries = ldap_get_entries ($ldap, $result);

for ($index = 0; $index < $entries["count"]; $index++) {
    if ($entries[$index]["ou"][0]) {
        print ("<A
         HREF=\"$PHP_SELF?dn=".$entries[$index]["dn"]."\">");
        print ($entries[$index]["ou"][0]);
        print ("</A>");
    } else {
        print ($entries[$index]["cn"][0]);
    }
    print ("<BR>\n");
}

ldap_free_result ($result);

// Verbindung schließen
ldap_close ($ldap);
?>
```

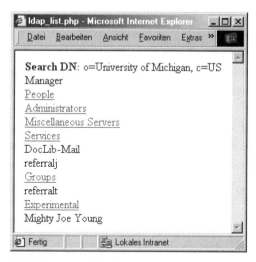

Abbildung 14.3: ldap_list

boolean ldap_mod_add (integer link, string dn, array entry)

Die Funktion ldap_mod_add fügt einem DN Attribute auf Attributebene hinzu. Vergleichen Sie die Funktion mit ldap_add, die Attribute auf Objektebene hinzufügt.

boolean ldap_mod_del (integer link, string dn, array entry)

Mit ldap_mod_del entfernen Sie aus einem DN Attribute auf Attributebene. Vergleichen Sie die Funktion mit ldap_delete, die Attribute auf Objektebene entfernt.

boolean ldap_mod_replace (integer link, string dn, array entry)

Die Funktion ldap_mod_replace ersetzt DN-Einträge auf Attributebene. Vergleichen Sie diese Funktion mit ldap_modify, die Attribute auf Objektebene ersetzt.

boolean ldap_modify (integer link, string dn, array entry)

Die Funktion ldap_modify ändert einen Eintrag. Ansonsten verhält sich die Funktion wie ldap_add.

string ldap_next_attribute (integer link, integer entry, integer pointer)

Mit ldap_next_attribute durchsuchen Sie die Attribute eines Eintrags. Das Argument pointer übergeben Sie per Referenz.

```
<?
    // Verbindung zum LDAP-Server öffnen
    if (!($ldap=ldap_connect ("ldap.itd.umich.edu"))) {
        die ("Verbindungsaufbau fehlgeschlagen!");
    }
```

```php
// Organistionen in den USA auflisten
$dn = "o = University of Michigan, c = US";
$filter = "objectClass = *";

// Suche ausführen
if (! ($result = ldap_list ($ldap, $dn, $filter))) {
   die ("Nichts gefunden!");
}

// Alle Attribute des ersten Eintrags auslesen
$entry = ldap_first_entry ($ldap, $result);

$attribute = ldap_first_attribute ($ldap,$entry,&$pointer);
while ($attribute) {
   print ("$attribute<BR>\n");
   $attribute=ldap_next_attribute ($ldap,$entry, &$pointer);
}

ldap_free_result ($result);
?>
```

integer ldap_next_entry (integer link, integer entry)

Die Funktion ldap_next_entry gibt den nächsten Eintrag im Ergebnissatz zurück. Mit ldap_first_entry erhalten Sie den ersten Eintrag.

```php
<?
// Verbindung zum LDAP-Server öffnen
if (! ($ldap=ldap_connect ("ldap.itd.umich.edu"))) {
   die ("Verbindungsaufbau fehlgeschlagen!");
}

// Organisationen in den USA auflisten
$dn = "o = University of Michigan, c = US";
$filter = "objectClass = *";

// Suche ausführen
if (! ($result = ldap_list ($ldap, $dn, $filter))) {
   die ("Nichts gefunden!");
}

// Alle Einträge auslesen
$entry = ldap_first_entry ($ldap, $result);
do {
   // Alle Attribute aller Einträge ausgeben
   $attribute = ldap_get_attributes ($ldap, $entry);
   print ("<PRE>");
   var_dump ($attribute);
   print ("</PRE>\n");
```

```
        print ("<HR>\n");
    }
    while ($entry = ldap_next_entry ($ldap, $entry));

    ldap_free_result($result);
?>
```

integer ldap_read (integer link, string dn, string filter [, array attributes [, integer attrsonly [, integer sizelimit [, integer timelimit [, integer deref]]]]])

Diese Funktion arbeitet ähnlich wie ldap_list und ldap_search. Die Argumente werden genauso eingesetzt. Allerdings sucht ldap_read nur im Stamm-DN.

integer ldap_search (integer link, string dn, string filter [, array attributes [, integer attrsonly [, integer sizelimit [, integer timelimit [, integer deref]]]]])

Die Funktion ldap_search verhält sich ähnlich wie ldap_list und ldap_read. Anders als diese durchsucht die Funktion das aktuelle Verzeichnis und alle darunter liegenden Verzeichnisse. Das Argument attributes ist optional und gibt eine Liste von Attributen an, die in den gefundenen Einträgen enthalten sein müssen.

```
<?
    /*
    ** Funktion: vergleicheEintrag
    ** Diese Funktion vergleicht zwei Einträge
    ** als Teil eines Sortierverfahrens
    */
    function vergleicheEintrag ($left, $right) {
        $ln = strcmp ($left["last"], $right["last"]);
        if ($ln == 0) {
            return (strcmp ($left["first"], $right["first"]));
        } else {
            return ($ln);
        }
    }


    // Verbindung zum LDAP-Server öffnen
    if (! ($ldap = ldap_connect ("ldap.php.net"))) {
        die ("Verbindungsaufbau fehlgeschlagen!");
    }


    // Suchkriterien erstellen
    $dn = "dc = php, dc = net";
    $filter = "sn = Atkinson";
    $attributes = array ("givenname", "sn");

    // Suche ausführen
```

```
if (! ($result = ldap_search ($ldap, $dn, $filter,    $attributes)))){
   die ("Nichts gefunden!");
}


// Alle Einträge auslesen
$entry = ldap_get_entries ($ldap, $result);

print ("Es gibt " . $entry["count"] . " Personen.<br>\n");

// Die Namen zum Sortieren in ein Array füllen
for ($i = 0; $i < $entry["count"]; $i++) {
   // Wir benutzen hier nur den ersten Eintrag. Dieser
   // Code setzt voraus, dass Personen nur einen Vornamen
   // und einen Nachnamen haben.
   $person[$i]["first"] = $entry[$i]["givenname"][0];
   $person[$i]["last"] = $entry[$i]["sn"][0];
}

// Nach dem Nachnamen sortieren, dann den Vornamen
// mit compareEntry (oben definiert) vergleichen
usort ($person, "compareEntry");


// Schleife über alle Einträge
for ($i = 0; $i < $entry["count"]; $i++) {
   print ($person[$i]["first"] . " " .
      $person[$i]["last"] . "<BR>\n");
}

// Speicher wieder freigeben
ldap_free_result ($result);
?>
```

boolean ldap_unbind (integer link)

Die Funktion `ldap_unbind` ist ein Alias für `ldap_close`.

14.8   Semaphore

In PHP gibt es eine Erweiterung für System V-Semaphore. Wenn Ihr Betriebssystem dieses Feature unterstützt, können Sie Ihrer PHP-Installation diese Erweiterung hinzufügen. Zur Zeit der Entstehung dieses Buchs unterstützten nur die Betriebssysteme Solaris, Linux und AIX Semaphore.

Semaphore bieten eine Möglichkeit, eine Ressource so zu kontrollieren, dass sie jeweils nur von einer Einheit verwendet wird. Die Inspiration dazu waren die Flaggen, mit denen Schiffe untereinander kommunizieren. Die Idee, einen Integerzähler zu verwenden, um die ausschließliche Kontrolle einer Ressource zu gewährleisten, wurde erstmals 1960 von Edsger Dijkstra für die Verwendung mit Betriebssystemen beschrieben.

Eine komplette Einführung in das Thema Semaphore würde diesen Rahmen sprengen. Semaphore sind ein Standardthema in Informatikstudiengängen. Sie finden gute Beschreibungen in Büchern über Betriebssysteme. Die Website von Webopedia ist zur Zeit der Entstehung dieses Buchs leider mager (`http://webopedia.internet.com/TERM/s/semaphore.html`). Die Website von whatis.com unter `http://www.whatis.com` verweist auf *Unix Network Programming* von W. Richard Stevens, veröffentlicht von Prentice Hall. Die zweite Ausgabe kam 1997 in zwei Bänden heraus. Sie finden nähere Informationen auf der »Prentice Hall Professional Technical Reference Web site« unter `http://www.phptr.com/ptrbooks/ptr_013490012X.html`.

Denken Sie daran, dass diese PHP-Funktionen System V-Semaphor-Funktionen aufrufen. Wenn Sie diese verstehen, wird Ihnen das bei der Verwendung der PHP-Funktionen helfen. Wenn Sie genau verstehen wollen, wie PHP mit System V-Semaphoren zusammenarbeitet, empfehle ich Ihnen, den Quellcode zu lesen, insbesondere die Datei `sysvsem.c`. Die Kommentare von Tom May sind sehr klar.

boolean sem_acquire (integer identifier)

Die Funktion `sem_acquire` versucht, ein Semaphor zu holen, das Sie mit der Funktion `sem_get` identifiziert haben. Die Funktion blockiert, bis das Semaphor geholt ist. Beachten Sie, dass Sie darauf auch ewig warten können. Zum Beispiel, wenn ein Script ein Semaphor bis zu einer Grenze zu holen versucht und den Versuch dann zu einem anderen Zeitpunkt wiederholt. In diesem Fall kann das Semaphor nie dekrementieren.

Wenn Sie ein Semaphor nicht mit `sem_release` freigeben, gibt PHP es für Sie frei und gibt eine Warnung aus.

```
<?
  /*
  ** Semaphor-Beispiel
  **
  ** Um dieses Skript in Aktion zu sehen, müssen Sie zwei oder
  ** mehr Browser öffnen und dieses Skript gleichzeitig laden.
  ** Sie sollten sehen, dass jedes Script die Test-Prozedur
  ** ausführen wird, wenn es allein das Semaphor holt.
  ** Achten Sie auf die Ausgabe der microtime-Funktion
  ** in jedem Browserfenster.
  */

  // Einen Integerwert für dieses Semaphor definieren
  // Dies verbessert lediglich die Lesbarkeit
  define ("SEM_COREPHP", 1970);

  // Hole oder erzeuge das Semaphor
  // Dieses Semaphor kann nur einmal geholt werden
  $sem = sem_get (SEM_COREPHP, 1);
  // Semaphor holen
  if (sem_acquire ($sem)) {
    // Einige einfache Funktionen ausführen
```

```
    print ("Testprozedur ausführen... " . microtime());
    sleep (3);
    print ("Testprozedur beendet... " . microtime());

    // Semaphor freigeben
    sem_release ($sem);
  } else {
    // Semaphor holen fehlgeschlagen
    print ("Semaphor holen fehlgeschlagen!<BR>\n");
  }
?>
```

integer sem_get (integer key [, integer maximum [, integer permission]])

Mit sem_get erhalten Sie einen Bezeichner für ein Semaphor. Wenn das Semaphor nicht existiert, wird es erzeugt. Die optionalen Argumente maximum und permission werden nur beim Erzeugen des Semaphors berücksichtigt. Das Argument maximum legt fest, wie oft ein Semaphor angefordert werden kann. Der Standardwert hierfür ist 1. Das Argument permission entspricht Dateizugriffsrechten. Es kontrolliert Lese- und Schreibrechte für das Semaphor. Der Standardwert hierfür ist 0x666, das bedeutet Lese- und Schreibzugriff für alle Anwender. Das Argument key dient zur Identifizierung des Semaphors in Systemprozessen. Der von sem_get zurückgegebene Integer kann bei jedem Aufruf einzigartig sein, auch wenn immer der gleiche Schlüssel angegeben wird.

boolean sem_release (integer identifier)

Die Funktion sem_release kehrt die Funktion sem_acquire um.

14.9　Gemeinsam genutzter Speicher (Shared Memory)

In PHP gibt es eine Erweiterung für System V-Shared Memory. Hierfür gelten die gleichen Einschränkungen wie im Fall der Semaphore-Funktionen. Ihr Betriebssystem muss diese Funktionalität unterstützen. Solaris, Linux und AIX arbeiten mit Shared Memory.

Shared Memory ist virtueller Speicher, den getrennte Prozesse gleichzeitig nutzen. Auf diese Art wird die Kommunikation zwischen Prozessen auf dem gleichen Rechner vereinfacht. Es liegt nahe, Informationen in eine Datei zu schreiben. Jedoch ist der Zugriff auf permanenten Speicher relativ langsam. Shared Memory ist Systemspeicher, auf den mehrere Prozesse zugreifen können, und er ist erheblich schneller. Da exklusiver Zugriff auf diesen Speicher wichtig ist, muss es eine Art Zugriffssperre geben. Dafür verwenden Sie Semaphore. Wenn Sie die Funktionen für Shared Memory verwenden, stellen Sie sicher, dass Sie auch die Unterstützung für System V-Semaphores in PHP aufnehmen.

Eine vollständige Diskussion der Funktionen für Shared Memory würde hier zu weit führen. Ich habe eine kurze Beschreibung auf der Website von whatis.com gefunden: http://www.whatis.com/. Mehr Informationen über gemeinsam genutzten Speicher bieten Hochschulkurse über Betriebssysteme und das Buch *Unix Network Programming* von W. Richard Stevens.

Die Shared-Memory-Erweiterung für PHP stammt von Christian Cartus.

integer shm_attach (integer key [, integer size [, integer permissions]])

Die Funktion `shm_attach` gibt einen Bezeichner für gemeinsam genutzten Speicher zurück. Das Argument `key` ist ein Integer, der den Speicher spezifiziert. Wenn nötig, wird der gemeinsam genutzte Speicherbereich erzeugt. In diesem Fall werden die optionalen Argumente `size` und `permissions` verwendet, sofern sie vorhanden sind.

Die Standardgröße des Speichersegments wird beim Kompilierern von PHP festgelegt. Die Mindest- und Maximalgröße für den Speicherbereich hängen vom Betriebssystem ab. Übliche Werte sind mindestens 1 Byte bis höchstens 128 Kbyte. Es gibt auch eine Obergrenze für die Anzahl der Segmente. Normalerweise sind das 100 Segmente insgesamt und 6 Segmente pro Prozess.

Der Eintrag für Speichersegment-Rechte ist standardmäßig 0x666, das bedeutet Lese- und Schreibzugriff für alle Anwender. Dieser Wert entspricht den für Dateirechte gesetzten Werten.

Wie bei Semaphoren führt ein wiederholter Aufruf von `shm_attach` mit dem gleichen Schlüssel zu unterschiedlichen Bezeichnern. Diese Bezeichner zeigen jedoch intern auf das gleiche Speichersegment.

Denken Sie daran, dass gemeinsam genutzter Speicher nicht automatisch freigegeben wird. Sie müssen ihn mit `shm_remove` freigeben.

```
<?
   /*
   ** Shared Memory-Beispiel
   **
      ** Dieses Beispiel baut auf dem Semaphor-Beispiel auf und
      ** benutzt einen gemeinsamen Speicher, um zwischen ver-
      ** schiedenen Prozessen zu kommunizieren. Dieses Beispiel
      ** erstellt den gemeinsamen Speicher, gibt ihn aber nicht
      ** frei. Starten Sie das shm remove-Beispiel erst, wenn
      ** Sie dieses Skript ausprobiert haben
   */

   // Integerwert für das Semaphor definieren
   define ("SEM_COREPHP", 1970);

   // Integerwert für den gemeinsamen Speicher definieren
   define ("SHM_COREPHP", 1970);

   // Integerwert als Variablenschlüsel definieren
   define ("SHMVAR_MESSAGE", 1970);


   // Hole oder erzeuge das Semaphor
   // Dieses Semaphor kann nur einmal geholt werden
   $sem = sem_get (SEM_COREPHP, 1);
```

```
// Hole das Semaphor
if (sem_acquire ($sem)) {
    // Mit dem gemeinsamen Speicher verbinden und
    // den gemeinsamen Speicher auf 1K begrenzen
    $mem = shm_attach (SHM COREPHP, 1024);

    // Versuche, die 'message'-Variable zu lesen,
    // die beim ersten Mal noch nicht existiert
    if ($old_message=shm_get_var ($mem, SHMVAR_MESSAGE); {
        print ("Vorheriger Wert: $old_message<BR>\n");
    }

    // Neue Nachricht erstellen
    $new_message = getmypid() . " um " . microtime();

    // Neuen Wert setzen
    shm_put_var ($mcm, SHMVAR_MESSAGE, $new_message);

    // Verbindung zum gemeinsamen Speicher lösen
    shm_detach ($mem);
    // Semaphor freigeben
    sem_release ($sem);
} else {
    // Das Semaphor konnte nicht geholt werden
    print ("Semaphor konnte nicht geholt werden!<BR>\n");
}
?>
```

boolean shm_detach (integer identifier)

Mit shm_detach geben Sie Speicher frei, der durch einen Segment-Bezeichner belegt ist. Der gemeinsam genutzte Speicher selbst wird dabei nicht freigegeben. Dies tun Sie mit shm_remove.

mixed shm_get_var (integer identifier, integer key)

Die Funktion shm_get_var gibt den Wert einer Variablen zurück, die Sie mit shm_put_var gespeichert haben.

boolean shm_put_var (integer identifier, integer key, mixed variable)

Die Funktion shm_put_var setzt den Wert einer Variablen in einem Shared Memory-Segment. Wenn es die Variable nicht gibt, wird sie erzeugt. Die Variable bleibt so lange im gemeinsam genutzten Speicher, bis sie mit shm_remove_var gelöscht oder das gemeinsam genutzte Segment selbst mit shm_remove zerstört wird. Das Argument value wird mit dem gleichen Argument serialisiert, das Sie mit der Funktion serialize verwenden. Daher können Sie jeden Wert und jede Variable in PHP verwenden, mit einer Ausnahme: Zur Zeit der Entstehung dieses Buchs verlieren Objekte beim Serialisieren ihre Methoden.

boolean shm_remove (integer identifier)

Mit shm_remove geben Sie ein Shared Memory-Segment frei. Alle Variablen im Segment werden zerstört, es ist also nicht unbedingt notwendig, sie zu entfernen. Wenn Sie Segmente nicht mit dieser Funktion entfernen, bleiben sie dauerhaft im Speicher.

```
<?
   /*
   ** Shared Memory-Beispiel 2
   **
   ** Dieses Beispiel gibt den gemeinsamen Speicher frei,
   ** der im vorigen Beispiel angelegt wurde.
   */

   // Integerwert für das Semaphor definieren
   define ("SEM_COREPHP", 1970);

   // Integerwert für den gemeinsamen Speicher definieren
   define ("SHM_COREPHP", 1970);

   // Integerwert als Variablenschlüsel definieren
   define ("SHMVAR_MESSAGE", 1970);


   // Hole oder erzeuge das Semaphor
   // Dieses Semaphor kann nur einmal geholt werden
   $sem = sem_get (SEM_COREPHP, 1);

   // Das Semaphor holen
   if (sem_acquire ($sem)) {
      // Mit dem gemeinsamen Speicher verbinden
      // Den gemeinsamen Speicher auf 1K begrenzen
       $mem = shm_attach (SHM_COREPHP, 1024);

      // Entferne die Variable aus dem gemeinsamen Speicher
      shm_remove_var ($mem, SHMVAR_MESSAGE);

      // Entferne den gemeinsamen Speicher aus dem System
      shm_remove ($mem);

      // Gib das Semaphor frei
      sem_release ($sem);
   } else {
      // Das Semaphor konnte nicht geholt werden
      print ("Das Semaphor konnte nicht geholt werden!<BR>\n");
   }
?>
```

boolean shm_remove_var (integer identifier, integer key)

Die Funktion `shm_remove_var` gibt den zu einer Variablen gehörenden Speicherplatz innerhalb eines Shared Memory-Segments frei.

14.10 SNMP

SNMP (Simple Network Management Protocol) ist ein Protokoll für das Internet-Netzwerk-Management. Es wurde erstmals in RFC 1089 beschrieben. Eine Möglichkeit, mehr über SNMP zu lernen, ist SNMP Research unter `http://www.snmp.com/`. Um diese Funktionen unter UNIX zu verwenden, brauchen Sie die UCD SNMP Libraries. Sie finden sie unter `http://ucd-snmp.ucdavis.edu/`. Die Dokumentation auf dieser Site geht näher auf die von PHP verwendeten Libraries ein. Ich habe versucht, mich an die genannten Beispiele zu halten, und sie in entsprechenden PHP-Code umgesetzt.

Zur Zeit der Entstehung dieses Buchs gab es in PHP 4 keine SNMP-Erweiterung für Windows. Deren Name wird wahrscheinlich `php_snmp.dll` lauten. Die PHP 3-Library heißt `php3_snmp.dll`. Sie verwendete keine UCD SNMP Libraries und konnte nur unter Windows NT arbeiten. Sie können eine Erweiterung mit der Funktion `.dl` oder mit der Direktive `extension` in `php.ini` aktivieren.

Zur SNMP-Erweiterung haben Mike Jackson, Rasmus Lerdorf und Steve Lawrance beigetragen.

boolean snmp_get_quick_print ()

Die Funktion `snmp_get_quick_print` gibt den Status der Einstellung `quick_print` der UCD SNMP Library zurück. Folglich ist diese Funktion unter Windows nicht verfügbar. Die Einstellung `quick_print` legt fest, wie umfangreich Objektwerte sind. Standardmäßig steht `quick_print` auf FALSE. Die Werte beinhalten Typen und andere Informationen. Das UCD SNMP-Handbuch bietet nähere Informationen.

void snmp_set_quick_print (boolean on)

Die Funktion `snmp_set_quick_print` setzt den Wert der Einstellung `quick_print` der UCD SNMP Library. Folglich ist diese Funktion unter Windows nicht verfügbar. Eine kurze Beschreibung der Einstellung `quick_print` finden Sie unter `snmp_get_quick_print`.

string snmpget (string host, string community, string object [, integer timeout [, integer retries]])

Die Funktion `snmpget` gibt den Wert des angegebenen Objekts zurück. Der `host` kann als Nummer oder Name übergeben werden. Sie müssen auch `community` und `object` angeben. Optional sind die Angaben für `timeout` (in Sekunden) und Anzahl der `retries` für den Verbindungsversuch.

```
<?
    // Abfragen, wie lange das System gelaufen ist
    // Der Rückgabewert sollte etwa so aussehen:
    // Timeticks: (586731977) 67 days, 21:48:39.77
    if ($snmp = snmpget ("ucd-snmp.ucdavis.edu",
        "demopublic", "system.sysUpTime.0")) {
        print ($snmp);
```

```
  } else {
    print ("snmpget fehlgeschlagen!");
  }
?>
```

boolean snmpset (string host, string community, string object, strink type, string value [, integer timeout [, integer retries]])

Die Funktion snmpset setzt den Wert des angegebenen Objekts. Der host kann als Nummer oder Name übergeben werden. Sie müssen auch community und object angeben. Das Argument type ist ein String mit einem einzigen Zeichen. Die gültigen Typen sehen Sie in Tabelle 14.12. Sie können optional einen timeout in Sekunden und die Anzahl der Wiederholungsversuche für den Verbindungsaufbau angeben.

```
<?
  // Den aktuellen Wert eines Demo-Strings ausgeben
  $snmp = snmpget ("ucd-snmp.ucdavis.edu",
     "demopublic", "ucdDemoPublicString.0");
  print ("$snmp (Originalwert)<BR>\n");

  // Auf einen anderen Wert setzen
  snmpset ("ucd-snmp.ucdavis.edu",
     "demopublic", "ucdDemoPublicString.0",
     "s", "Core PHP Programming");

  // Den neuen Wert des Demo-Strings ausgeben
  $snmp = snmpget ("ucd-snmp.ucdavis.edu",
     "demopublic", "ucdDemoPublicString.0");
  print ("$snmp (Neuer Wert)<BR>\n");
?>
```

Typ	Beschreibung
a	IP-Adresse
d	Dezimal-String
i	Integer
o	Objekt-ID
s	String
t	Time-Ticks
u	Integer ohne Vorzeichen
x	Hexadezimal-String
D	Double
F	Float

Tabelle 14.12: SNMP-Typen

Typ	Beschreibung
I	64-Bit-Integer mit Vorzeichen
U	64-Bit-Integer ohne Vorzeichen

Tabelle 14.12: SNMP-Typen (Forts.)

array snmprealwalk (string host, string community, string object [, integer timeout [, integer retries]])

Die Funktion snmprealwalk ist ein Alias für snmpwalk.

array snmpwalk (string host, string community, string object [, integer timeout [, integer retries]])

Diese Funktion gibt ein Array mit allen Objekten eines Verzeichnisbaums zurück. Erstes Element ist das von Ihnen angegebene Objekt. Wenn Sie im Parameter object eine leere Zeichenkette übergeben, erhalten Sie alle Objekte. Optional geben Sie einen timeout in Sekunden an und die Anzahl der Verbindungsversuche.

```
<?
    // Alle SNMP-Objekte auslesen
    $snmp = snmpwalk ("ucd-snmp.ucdavis.edu", "demopublic", "");

    reset ($snmp);
    while (list ($key, $value) = each ($snmp)) {
        print ($value . "<BR>\n");
    }
?>
```

array snmpwalkoid (string host, string community, string object [, integer timeout [, integer retries]])

Die Funktion snmpwalkoid ist ein Alias für snmpwalk.

14.11 WDDX

WDDX (Web Distibuted Data Exchange) ist eine XML-Sprache. Sie beschreibt Daten auf eine Art, die das Verschieben von Daten von einer Programmierumgebung in eine andere erleichtert. Das Ziel ist, Schwierigkeiten durch unterschiedliche Darstellung der Daten in verschiedenen Anwendungen zu umgehen. Die traditionelle Lösung ist das Programmieren einer besonderen Schnittstelle für jeden Fall. Sie legen also zum Beispiel fest, dass Ihr Perl-Script drei Daten zurückgibt, die durch Tabulatoren getrennt sind. Sie verwenden einen regulären Ausdruck, um den Text zu erhalten, den Sie später in Integer umwandeln. WDDX versucht, diese Aufgaben in einer einzigen Schnittstelle zusammenzufassen. Wenn Sie mehr über WDDX erfahren möchten, besuchen Sie die Homepage unter http://www.wddx.org/.

Um die Funktionen in diesem Abschnitt verwenden zu können, müssen Sie lediglich beim Konfigurieren von PHP vor dem Kompilieren Folgendes verwenden: `--with-wddx`. Zur Zeit der Entstehung dieses Buchs war die WDDX-Unterstützung in Windows noch nicht verfügbar.

Die WDDX-Unterstützung für PHP stammt von Andrei Zmievski.

integer wddx_add_vars (integer packet_identifier [, string variable [, string ...]])

Die Funktion `wddx_add_vars` ist eine von drei Funktionen, mit denen inkrementell Pakete erzeugt werden. Nachdem Sie mit `wddx_packet_start` ein Paket erzeugt haben, fügen Sie mit `wddx_add_vars` beliebig viele Variablen hinzu. Nach dem Argument `packet_identifier` übergeben Sie die Namen der lokalen Variablen als Strings oder Arrays aus Strings. Wenn nötig, durchsucht PHP multidimensionale Arrays nach Variablennamen. Die Variablen werden so lange dem Paket hinzugefügt, bis Sie `wddx_packet_end` aufrufen und aus dem fertigen Paket einen String erzeugen. Ein Anwendungsbeispiel finden Sie unter `wddx_packet_start`.

value wddx_deserialize (string packet)

Die Funktion `wddx_deserialize` gibt eine Variable zurück, die die Daten in einem WDDX-Paket enthält. Wenn das Paket einen einzelnen Wert enthält, wird der Datentyp entsprechend gesetzt. Wenn das Paket mehrere strukturierte Werte enthält, erhalten Sie ein assoziatives Array.

```
<?
   // Ein WDDX-Paket simulieren
   $packet = "<wddxPacket version='0.9'>";
   $packet .= "<data>";
   $packet .= "<string>Core PHP Programming</string>";
   $packet .= "</data>";
   $packet .= "</wddxPacket>";

   // Einen PHP-Wert aus dem Paket erzeugen
   $data = wddx_deserialize ($packet);

   // Den Variablentyp abfragen
   if (is_array ($data)) {
      // Schleife über alle Werte
      foreach ($data as $key => $value) {
         print ("$key: $value<BR>\n");
      }
   } else {
      // Einfach den Wert ausgeben
      print ("$data<BR>\n");
   }
?>
```

string wddx_packet_end (integer packet_identifier)

Die Funktion `wddx_packet_end` gibt für das mit `wddx_packet_start` und `wddx_add_vars` erzeugte Paket einen String zurück. Ein Anwendungsbeispiel finden Sie unter `wdd_packet_start`.

integer wddx_packet_start (string comment)

Die Funktion `wddx_packet_start` gibt einen Bezeichner für das WDDX-Paket zurück, das Sie gerade aufbauen. Das optionale Argument `comment` wird, wenn angegeben, in das Paket mit aufgenommen. Den zurückgegebenen Bezeichner verwenden Sie mit `wddx_add_vars` und `wddx_packet_end`.

```
<?
    // Testdaten erzeugen
    $Name = "Leon Atkinson";
    $Email = "corephp@leonatkinson.com";
    $Residence = "Martinez";

    $Info = array("Email", "Residence");

    // Bezeichner für das WDDX-Paket erzeugen
    $wddx = wddx_packet_start ("Core PHP Programming");

    // Dem Paket ein paar Variablen zufügen
    wddx_add_vars ($wddx, "Name", $Info);

    // Paket erzeugen
    $packet = wddx_packet_end ($wddx);

    // Paket zur Demonstration ausgeben
    print ($packet);
?>
```

string wddx_serialize_value (value data [, string comment])

Die Funktion `wddx_serialize_value` erzeugt ein WDDX-Paket, das einen einzigen Wert enthält. Die Daten werden ohne Namen codiert. Das optionale Kommentarfeld wird dem Paket hinzugefügt.

```
<?
    print (wddx_serialize_value ("Hello, World",
        "Ein Beispiel aus Core PHP4-Programmierung"));
?>
```

string wddx_serialize_vars (string variable [, mixed ...])

Mit `wddx_serialize_vars` erzeugen Sie ein Paket, das mehrere Variablen enthält. Sie können eine beliebige Zahl lokaler Variablen angeben. Jedes Argument kann ein String oder ein Array sein. PHP durchsucht wenn nötig multidimensionale Arrays rekursiv nach Variablennamen. Die Funktion gibt ein WDDX-Paket zurück.

```
<?
    // Testdaten erzeugen
    $Name = "Leon Atkinson";
    $Email = "corephp@leonatkinson.com";
    $Residence = "Martinez";
```

```
    $Info = array ("Email", "Wohnort");

    // Paket ausgeben
    print (wddx_serialize_vars("Name", $Info));
?>
```

14.12 XML

Obwohl die Funktionen in diesem Abschnitt an letzter Stelle kommen, gehören sie zu den wichtigsten Funktionen überhaupt. XML (eXtensible Markup Language), erfreut sich seit ihrer Einführung im Jahr 1996 wachsender Beliebtheit. XML ist mit HTML verwandt und wie dieses aus SGML abgeleitet, einer fast 20 Jahre alten Sprache. Wie in HTML stehen auch in XML Textdaten in Tags. Anders als mit HTML können Sie mit XML alle Arten von Daten weitergeben. Den besten Einstieg in XML bietet die W3C-Homepage unter `http://www.w3.org/XML/`. Sie finden dort auch Buchempfehlungen.

Die Funktionen in diesem Abschnitt greifen auf die Expat-Library zurück, die von James Clark entwickelt wurde (`http://jclark.com/xml/`). Diese Library ist Teil des PHP-Pakets und dient dem Parsen von XML-Dokumenten. Die Funktionen unterscheiden sich von anderen PHP-Erweiterungen. Der Parser empfängt einen Datenstrom. Wenn er vollständige Teile der Daten erkennt, löst er ein Ereignis aus. Es handelt sich bei diesen Teilen um Tags und die darin eingeschlossenen Daten. Sie registrieren diese Ereignisse mit einem Handler, einer Funktion, die Sie schreiben. Wenn Sie als Namen irgendeines Handlers FALSE angeben, werden diese Ereignisse ignoriert.

Um die Wiederholung großer Blöcke zu vermeiden, habe ich ein Beispiel geschrieben, das die meisten der in diesem Abschnitt behandelten Funktionen verwendet. Sie finden es unter `xml_set_element_handler`. Sie müssen immer einen Parser erzeugen. Außerdem brauchen Sie Handler für Zeichen-Daten und Start- und Endetags. Einige der anderen Handler werden Sie in den meisten Applikationen nicht brauchen. Sie können Sie weglassen und der Parser ignoriert die entsprechenden Daten.

Die XML-Erweiterung für PHP stammt von Stig Bakken.

string utf8_decode (string data)
Die Funktion wandelt UTF-8 Text in `ISO-8859-1` Text um.

string utf8_encode (string data)
Die Funktion gibt das Argument `data` als UTF-8 Text zurück.

string xml_error_string (integer error)
Die Funktion `xml_error_string` gibt die Beschreibung des angegebenen Fehlercodes zurück.

integer xml_get_current_byte_index (integer parser)
Diese Funktion gibt die Anzahl der bislang geparsten Bytes zurück.

integer xml_get_current_column_number (integer parser)

Die Funktion `xml_get_current_column_number` gibt die Spaltennummer zurück, und zwar für die Datei, aus der der Parser zuletzt Daten gelesen hat. Die Funktion ist nützlich, wenn Sie feststellen wollen, wo ein Fehler aufgetreten ist.

integer xml_get_current_line_number (integer parser)

Die Funktion gibt die Zeilennummer zurück, und zwar für die Datei, aus der der Parser zuletzt Daten gelesen hat. Die Funktion ist nützlich, wenn Sie feststellen wollen, wo ein Fehler aufgetreten ist.

integer xml_get_error _code (integer parser)

Die Funktion `xml_get_error_code` gibt den im angegebenen Parser zuletzt aufgetretenen Fehlercode zurück. Für alle Fehler sind Konstanten definiert, die Sie in Tabelle 14.13 finden. Wenn kein Fehler aufgetreten ist, erhalten Sie `XML_ERROR_NONE`. Wenn Sie einen ungültigen Parserbezeichner übergeben, erhalten Sie `FALSE`.

```
XML_ERROR_ASYNC_ENTITY

XML_ERROR_ATTRIBUTE_EXTERNAL_ENTITY_REF

XML_ERROR_BAD_CHAR_REF

XML_ERROR_BINARY_ENTITY_REF

XML_ERROR_DUPLICATE_ATTRIBUTE

XML_ERROR_EXTERNAL_ENTITY_HANDLING

XML_ERROR_INCORRECT_ENCODING

XML_ERROR_INVALID_TOKEN

XML_ERROR_JUNK_AFTER_DOC_ELEMENT

XML_ERROR_MISPLACED_XML_PI

XML_ERROR_NONE

XML_ERROR_NO_ELEMENTS

XML_ERROR_NO_MEMORY

XML_ERROR_PARAM_ENTITY_REF

XML_ERROR_PARTIAL_CHAR

XML_ERROR_RECURSIVE_ENTITY_REF

XML_ERROR_SYNTAX

XML_ERROR_TAG_MISMATCH

XML_ERROR_UNCLOSED_CDATA_SECTION

XML_ERROR_UNCLOSED_TOKEN

XML_ERROR_UNDEFINED_ENTITY

XML_ERROR_UNKNOWN_ENCODING
```

Tabelle 14.13: XML-Fehlerkonstanten

boolean xml_parse (integer parser, string data [, boolean isFinal)

Die Funktion xml_parse liest alle Daten und ruft die von Ihnen registrierten Handler auf. Die Grö-ße des Arguments data ist unbegrenzt. Sie können eine ganze Datei parsen oder immer nur ein paar Byte. Typisch ist die Verwendung der Funktion in einer while-Schleife.

Das Argument final ist optional. Es teilt dem Parser mit, dass die übergebenen Daten das Dateiende sind.

boolean xml_parse_into_struct (integer parser, string data, array structure, array index)

Die Funktion parst ein ganzes Dokument und erzeugt ein Array, das es beschreibt. Sie müssen das Argument structure als Referenz übergeben. Die Funktion schreibt Werte hinein, die beginnend bei 0 nummeriert sind. Jedes der Elemente enthält ein assoziatives Array, das indiziert ist durch: tag, type, level und value. Das Argument index ist optional und wird als Referenz übergeben. Es enthält Elemente, die durch spezielle Tags aus der XML-Datei indiziert sind. Der Wert jedes Elements ist eine Liste aus Integern. Die Integer sind der Index des Arrays structure. Dies erlaubt Ihnen, die Elemente des Arrays structure zu indizieren, die mit einem angegebenen Tag überein-stimmen.

Wenn Sie irgendwelche Handler setzen, werden diese aufgerufen, sobald Sie xml_parse_into_struct verwenden.

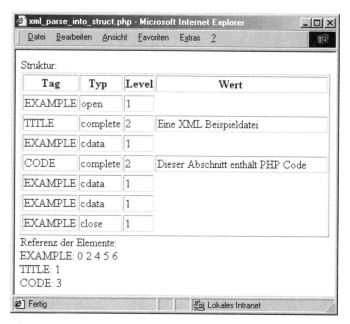

Abbildung 14.4: xml_parse_into_struct

```php
<?
   // Einen XML-Parser erzeugen
   if (! ($parser = xml_parser_create())) {
      print ("Konnte keinen Parser erzeugen!<BR>\n");
      exit();
   }

   // Datei zum Parsen laden
   $data = implode (file ("example.xml"), "");

   // Datei in ein Array parsen
   xml_parse_into_struct ($parser,$data,&$structure,&$index);

   // Speicher für Parser wieder freigeben
   xml_parser_free ($parser);
   print ("Struktur:<BR>\n");
   print ("<TABLE BORDER=\"1\">\n");
   print ("<TR>\n");
   print ("<TH>Tag</TH>\n");
   print ("<TH>Typ</TH>\n");
   print ("<TH>Level</TH>\n");
   print ("<TH>Wert</TH>\n");
   print ("<TR>\n");

   foreach ($structure as $s) {
      print ("<TR>\n");

      print ("<TD>{$s["tag"]}</TD>\n");
      print ("<TD>{$s["type"]}</TD>\n");
      print ("<TD>{$s["level"]}</TD>\n");
      print ("<TD>{$s["value"]}</TD>\n");

      print ("<TR>\n");
   }

   print ("</TABLE>\n");

   print ("Referenz der Elemente:<BR>\n");
   foreach ($index as $key=>$value) {
      print ("$key:");
      foreach ($value as $i) {
         print (" $i");
      }
      print ("<BR>\n");
   }
?>
```

integer xml_parser_create ([string encoding])

Der Aufruf von `xml_parser_create` ist der erste Schritt beim Parsen eines XML-Dokuments. Die Funktion gibt einen Bezeichner zurück, den die meisten anderen Funktionen brauchen. Mit dem optionalen Argument `encoding` legen Sie den vom Parser verwendeten Zeichensatz fest. Drei Zeichensätze sind möglich: `ISO-8859-1`, `US-ASCII` und `UTF-8`. Standardmäßig ist `ISO-8859-1` eingestellt.

boolean xml_parser_free (integer parser)

Die Funktion `xml_parser_free` gibt den vom Parser verwendeten Speicherplatz frei.

xml_parser_get_option (integer parser, integer option)

Die Funktion `xml_parser_get_option` gibt den aktuellen Wert einer Option zurück. Die möglichen Optionen finden Sie in Tabelle 14.14.

integer xml_set_object (integer parser, object container)

Die Funktion `xml_set_object` assoziiert ein Objekt mit einem Parser. Sie übergeben den Parserbezeichner und eine Objekt-Referenz. Sie tun das am besten innerhalb eines Objekts und verwenden die Variable `this`. Wenn Sie nach dem Aufruf dieser Funktion Handler angeben, ruft PHP Methoden des Objekts auf anstatt globaler Funktionen.

```
<?
   class myParser {
      var $parser;

      function parse ($filename) {
         // Parser erzeugen
         if (! ($this->parser = xml_parser_create())) {
            print ("Konnte keinemn Parser erzeugen!<BR>\n");
            exit();
         }

         // Parser mit diesem Objekt verknüpfen
         xml_set_object ($this->parser, &$this);

         // Handler registrieren
         xml_set_character_data_handler ($this->parser,
            "cdataHandler");
         xml_set_element_handler ($this->parser,
            "startHandler", "endHandler");


         /*
         **  Datei parsen
         */
         if (! ($fp = fopen ($filename, "r"))) {
            print ("Konnte example.xml nicht öffnen!<BR>\n");
            xml_parser_free ($this->parser);
```

```
        return;
    }

    while ($line = fread ($fp, 1024)) {
      xml_parse ($this->parser, $line, feof ($fp));
    }

    // Speicher für Parser wieder freigeben
    xml_parser_free ($this->parser);
}

function cdataHandler ($parser, $data) {
    print ($data);
}

function startHandler ($parser, $name, $attributes) {
    switch ($name) {
        case 'EXAMPLE':
            print("<HR>\n");
            break;
        case 'TITLE':
            print("<B>");
            break;
        case 'CODE':
            print("<PRE>");
            break;
        default:
            // Alle anderen Tags ignorieren
    }
}

function endHandler ($parser, $name) {
    switch ($name) {
        case 'EXAMPLE':
            print("<HR>\n");
            break;
        case 'TITLE';
            print("</B>");
            break;
        case 'CODE':
            print("</PRE>");
            break;
        default:
            // Alle anderen Tags ignorieren
    }
  }
}
```

```
    $p = new myParser;
    $p->parse ("example.xml");
?>
```

xml_parser_set_option (integer parser, integer option, value data)

Die Funktion xml_parser_set_option ändert den Wert einer Option. Mögliche Optionen finden Sie in Tabelle 14.14.

XML_OPTION_CASE_FOLDING
XML_OPTION_SKIP_TAGSTART
XML_OPTION_SKIP_WHITE
XML_OPTION_TARGET_ENCODING

Tabelle 14.14: Konstanten für XML-Optionen

boolean xml_set_character_data_handler (integer parser, string function)

Unter »Zeichen-Daten« ist der Text zu verstehen, der zwischen den Tags steht. xml_set_character_data_handler setzt die dafür auszuführende Funktion. Zeichen-Daten können viele Zeilen umfassen und mehrere Ereignisse auslösen. PHP verknüpft die Daten nicht für Sie.

Die im Argument function angegebene Funktion muss zwei Argumente erhalten. Das erste ist der Parserbezeichner, ein Integer. Das zweite ist ein String, der die Zeichen-Daten enthält.

boolean xml_set_default_handler (integer parser, string function)

Die Funktion erfasst Text, der nicht von anderen Handlern verwaltet wird. Dazu gehören DTD-Deklaration und XML-Tag.

Die im Argument function angegebene Funktion muss zwei Argumente erhalten. Das erste ist der Parserbezeichner, ein Integer. Das zweite ist ein String, der die Zeichen-Daten enthält.

boolean xml_set_element_handler (integer parser, string start, string end)

Mit xml_set_element_handler legen Sie fest, welche Funktionen Start-Tags und Ende-Tags behandeln.

Das Argument start muss eine von Ihnen geschriebene Funktion angeben, die drei Argumente enthält. Das erste ist der Parserbezeichner. Das zweite ist der Name des gefundenen Start-Tag. Das dritte ist ein Array der Attribute für das Start-Tag. Die Indexe des Arrays sind die Attributnamen. Die Elemente sind in der gleichen Reihenfolge wie in der XML-Datei.

Die zweite Funktion behandelt Ende-Tags. Sie erhält zwei Argumente. Das erste ist ein Parserbezeichner, das zweite der Name des Tag.

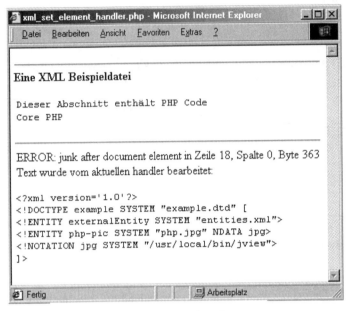

Abbildung 14.5: xml_set_element_handler

```php
<?
   /*
   ** Funktionen definieren
   */
   function cdataHandler ($parser, $data) {
      print ($data);
   }

   function startHandler ($parser, $name, $attributes) {
      switch ($name) {
         case 'EXAMPLE':
            print("<HR>\n");
            break;
         case 'TITLE':
            print("<B>");
            break;
         case 'CODE':
            print("<PRE>");
            break;
         default:
            // Alle anderen Tags ignorieren
      }
   }

   function endHandler ($parser, $name) {
```

```
   switch($name) {
      case 'EXAMPLE':
         print("<HR>\n");
         break;
      case 'TITLE';
         print("</B>");
         break;
      case 'CODE':
         print("</PRE>");
         break;
      default:
      // Alle anderen Tags ignorieren
   }
}


function piHandler ($parser, $target, $data) {
   if ($target == "php") {
      eval ($data);
   } else {
      print (htmlentities ($data));
   }
}


function defaultHandler ($parser, $data) {
   global $defaultText;

   $defaultText .= $data;
}


function ndataHandler ($parser, $name, $base, $systemID,
                                  $publicID, $notation) {
   print ("<!--\n");
   print ("NDATA\n");
   print ("Entity: $name\n");
   print ("Base: $base\n");
   print ("System ID: $systemID\n");
   print ("Public ID: $publicID\n");
   print ("Notation: $notation\n");
   print ("-->\n");
}


function notationHandler($parser, $name, $base,
                           $systemID, $publicID) {
   print ("<!--\n");
   print ("Notation: $name\n");
   print ("Base: $base\n");
   print ("System ID: $systemID\n");
```

```
    print ("Public ID: $publicID\n");
    print ("-->\n");
}

function externalHandler ($parser, $name, $base,
                          $systemID, $publicID) {
    // Hier könnte man einen anderen Parser definieren
    print ("<!--Loading $systemID-->\n");

    return (TRUE);
}

/*
** Initialisieren
*/

// Parser erzeugen
if (!($parser = xml_parser_create())) {
    print ("Konnte keinen Parser erzeugen!<BR>\n");
    exit();
}

// Handler registrieren
xml_set_character_data_handler ($parser, "cdataHandler");
xml_set_element_handler ($parser, "startHandler",
                         "endHandler");
xml_set_processing_instruction_handler ($parser,
                                        "piHandler");
xml_set_default_handler ($parser, "defaultHandler");
xml_set_unparsed_entity_decl_handler ($parser,
                                      "ndataHandler");
xml_set_notation_decl_handler ($parser, "notationHandler");
xml_set_external_entity_ref_handler ($parser,
                                     "externalHandler");

/*
** Datei parsen
*/
if (! ($fp = fopen ("example.xml", "r"))) {
    print ("Konnte example.xml nicht öffnen!<BR>\n");
    xml_parser_free ($parser);
    exit();
}

while ($line = fread ($fp, 1024)) {
    if (!xml_parse ($parser, $line, feof($fp))) {
        // Fehler, gib alle Informationen aus
```

```
    print ("FEHLER: " .
        xml_error_string (xml_get_error_code ($parser)) .
            " in Zeile " .
        xml_get_current_line_number ($parser) .
            ", Spalte " .
        xml_get_current_column_number ($parser) .
            ", Byte " .
        xml_get_current_byte_index ($parser) .
            "<BR>\n");
    }
}

// Speicher für den Parser freigeben
xml_parser_free ($parser);

print ("Text wurde vom aktuellen Handler bearbeitet:\n");
print ("<PRE>" . htmlentities ($defaultText) . "</PRE>\n");
?>
```

boolean xml_set_external_entity_ref_handler (integer parser, string function)

XML-Einheiten haben die gleiche Form wie HTML-Einheiten. Sie beginnen mit einem &-Zeichen und enden mit einem Strichpunkt. Der Name der Einheit steht zwischen diesen beiden Zeichen. Eine externe Einheit wird in einer anderen Datei definiert. Dies hat in Ihrer XML-Datei die Form: `<!ENTITY externalEntity SYSTEM "entities.xml">`. Jedes Mal, wenn die Einheit im Hauptteil Ihrer XML-Datei auftaucht, wird der Handler aufgerufen, den Sie in `xml_set_external_entity_ref_handler` angegeben haben.

Die Handler-Funktion braucht fünf Argumente: zuerst den Parserbezeichner, dann einen String mit den Namen der für den Parser offenen Einheiten, dann die Argumente für Basis, System-ID und allgemeine ID.

boolean xml_set_notation_decl_handler (integer parser, string function)

Der Handler, den Sie mit `xml_set_notation_decl_handler` registriert haben, erhält Notations-Deklarationen. Sie haben die Form `<!NOTATION jpg SYSTEM "/usr/local/bin/jview">` und sollen ein Programm zur Behandlung eines Datentyps vorschlagen.

Der Handler braucht fünf Argumente: zuerst den Parserbezeichner, dann den Namen der Notations-Einheit, dann die Argumente für Basis, System-ID und allgemeine ID in dieser Reihenfolge.

boolean xml_set_processing_instruction_handler (integer parser, string function)

Die Funktion `xml_set_processing_instruction_handler` registriert die Funktion, die Tags der folgenden Form behandelt: `<?target data?>`. Das kommt Ihnen vielleicht bekannt vor, weil Sie so PHP-Code in Dateien einbetten. Das Schlüsselwort `target` identifiziert den Datentyp innerhalb des Tag. Alles andere sind Daten.

Das Argument `function` gibt eine Funktion an, die drei Argumente erhält: Das erste ist der Parserbezeichner, das zweite das Ziel, das dritte Daten.

boolean xml_set_unparsed_entity_decl_handler (integer parser, string function)

Die Funktion legt einen Handler für externe Einheiten fest, die ein Element `NDATA` enthalten. Diese Einheiten haben folgende Form: `<!ENTITY php-pic SYSTEM "php.jpg" NDATA jpg>` und geben eine externe Datei an.

Teil III:
Algorithmen

Ein Algorithmus ist ein Rezept für eine Problemlösung. In diesem Abschnitt diskutieren wir verbreitete Probleme der Computerwissenschaft und Problemlösungen im Zusammenhang mit PHP. Diese Probleme sind bei der Programmierarbeit unvermeidlich. In den meisten Fällen erleichtert PHP jedoch die Lösung. Allerdings stellen die besonderen Umstände des Web selbst für Personen mit Programmiererfahrung eine neue Herausforderung dar. Der folgende Abschnitt bringt dieses Thema zur Sprache.

Kapitel 15 beschreibt Sortier- und Suchfunktionen und das damit verwandte Thema der Zufallszahlen. PHP bietet eingebaute Funktionen für die Datensortierung. Dieses Kapitel erklärt die Theorie, die hinter Sortierfunktionen steckt. Außerdem werden Sortier-Algorithmen in PHP entwickelt.

Kapitel 16 zeigt, wie Sie parsen und Zeichenketten auswerten. Der Großteil dieses Kapitels beschäftigt sich mit regulären Ausdrücken. Reguläre Ausdrücke sind sehr effektiv, wenn Sie Muster definieren und sie mit Zeichenketten vergleichen. Dies ist bei der Auswertung von Benutzereingaben nützlich.

Kapitel 17 beschreibt, wie Sie PHP mit einer Datenbank verbinden. In den Beispielen arbeiten wir mit MySQL, weil es Open Source ist. Datenbanken sind sehr leistungsfähig, wenn es um Datenbearbeitung geht. Außerdem sind sie für viele Web-Anwendungen notwendig.

Kapitel 18 behandelt Netzwerkfragen, wie die Übermittlung von HTTP-Headers. PHP-Scripts werden als Webseiten ausgeführt. Deshalb tauchen Netzwerkfragen häufig auf.

Kapitel 19 zeigt, wie Sie mit PHP Grafiken erzeugen. Anhand von Beispielen zeigen wir, wie Sie Buttons und Diagramme dynamisch erzeugen.

Kapitel **15**

Sortieren, Suchen und Zufallszahlen

- Sortieren
- Aufsteigend sortieren
- Binär sortieren
- Eingebaute Sortierfunktionen
- Mit einer Vergleichsfunktion sortieren
- Suchen
- Indizieren
- Zufallszahlen
- Zufalls-ID
- Werbebanner auswählen

Sortieren und Suchen sind zwei Basiskonzepte der EDV. Sie kommen in fast allen Anwendungen vor: Datenbanken, Compilern und im World Wide Web. Je mehr Information online zur Verfügung steht, desto wichtiger ist es zu wissen, wo diese Information genau liegt.

Im Zusammenhang mit PHP ist das Thema Sortieren nicht ganz so essenziell wie in C++. PHP bietet einige leistungsstarke Sortierfunktionen. Mit einer davon können Sie sogar definieren, wie Sie zwei Elemente vergleichen. Dieses Kapitel behandelt einige klassische Probleme der Programmierung. Diese sind auch für die Arbeit mit Sprachen wie C oder Ada nützlich. Darüber hinaus helfen Ihnen diese Konzepte, die Funktionsweise von Datenbanken, Webservern und von PHP zu verstehen. Dadurch können Sie leichter mit Problemen umgehen, die nicht mit eingebauten PHP-Funktionen gelöst werden können.

In diesem Kapitel behandeln wir auch Zufallszahlen. Sie sind nützlich, wenn Daten nach einem Zufallsprinzip aufeinander folgen sollen, zum Beispiel, um eindeutige Bezeichner für Dateien oder Sitzungen zu erhalten.

15.1 Sortieren

Wenn Sie sortieren, ordnen Sie eine Liste ähnlicher Elemente nach einem bestimmten Prinzip. Es gibt einfache Ordnungsregeln, wie die alphabetische Sortierung von Zeichenketten. Es gibt komplexe Ordnungsregeln, wie Adress-Sortierung nach Staat, dann nach Bundesland, dann nach Stadt. Die Sortierung kann unterschiedlich sein, aber immer werden zwei Elemente gemäß einem Satz von Ordnungsregeln verglichen. Der Vergleich ergibt, ob die beiden Elemente geordnet oder ungeordnet sind, ob sie also umgeordnet werden müssen.

Es gibt drei Sortierklassen: Austauschen, Einfügen und Auswählen. Beim Austauschen werden zwei Elemente verglichen und eventuell ausgetauscht. Dieser Prozess läuft so lange, bis alle Elemente geordnet sind. Beim Einfügen wird ein Element nach dem anderen entfernt und in eine andere Liste eingefügt. Jedes Element wird dabei in der richtigen Reihenfolge eingefügt. Die Liste ist geordnet, wenn alle Elemente eingefügt wurden. Beim Auswählen wird eine zweite Liste erzeugt, indem die erste nach dem jeweils niedrigsten Wert durchsucht wird. Das Einfüge- und das Auswahlverfahren sind zwei Seiten einer Münze. Die erste Methode durchsucht die neue Liste, die zweite durchsucht die alte Liste.

Wie schon vorher erwähnt, ist ein Sortier-Algorithmus im Wesentlichen nichts anderes als ein Vergleich und, möglicherweise, Austausch von Listen-Elementen. Das Umsortieren von Elementen dauert bei allen Algorithmen ungefähr gleich lang. Dasselbe trifft für Vergleiche zu. Wenn wir davon ausgehen, stellt sich die für jeden Algorithmus wichtige Frage: Wie oft führt ein Algorithmus jede dieser beiden aufwendigen Aktionen durch?

Natürlich muss die Sortierklasse einen Bezug zu den Daten haben. Manche Algorithmen arbeiten sehr gut, wenn die Daten vollkommen ungeordnet sind, sind aber langsam, wenn die Daten geordnet oder in umgekehrter Reihenfolge sind. Manche Algorithmen arbeiten langsam, wenn es viele Elemente gibt; andere sind so angelegt, dass sie mit kleineren Datenmengen nicht zurechtkommen. Wie bei jedem Handwerk, muss bei der Programmierung das Werkzeug zur Arbeit passen.

Im ersten Teil dieses Kapitels wird die aufsteigende und die binäre Sortierung beschrieben. Sie lernen die entsprechenden Algorithmen für PHP kennen. Anschließend besprechen wir die eingebauten Sortierfunktionen.

15.2 Aufsteigend sortieren

Der Vorteil aufsteigender Sortierung (Bubble Sort) ist ihre Einfachheit. Eine Liste wird mehrmals durchsucht. Die Anzahl der Durchläufe ist um eins niedriger als die Anzahl der Listen-Elemente. Benachbarte Elemente werden verglichen und ausgetauscht, falls die Reihenfolge nicht stimmt. Bei jedem Durchlauf wird ein Element weniger verglichen, weil die wertniedrigsten Elemente zum Anfang der Liste aufsteigen (wie Luftblasen an die Wasseroberfläche – daher der Name Bubble Sort).

Die äußere for-Schleife bestimmt, wie weit Elemente aufsteigen sollen. Beim ersten Durchlauf ist dies 1, da das erste Array-Element mit 0 indiziert ist. Nach dem ersten Durchlauf der inneren Schleife ist die kleinste Zahl an erster Position im Array. Das kommt daher, weil die innere Schleife das letzte Element mit dem nächsthöheren vergleicht, sie austauscht, falls die Reihenfolge nicht stimmt, und dann die beiden nächsten Elemente vergleicht. Schließlich wird der kleinste Wert gefunden und an den Array-Anfang gesetzt.

Wenn *n* die Anzahl der Array-Elemente ist, wird bei der aufsteigenden Sortierung (*n* - 1) verglichen, dann (*n* - 2) und so weiter. Wie Sie aus dem Beispiel in Listing 15.1 ersehen können, müssen bei 7 Elementen im ersten Schleifendurchlauf 21 Vergleiche gemacht werden (6 + 5 + 4 + 3 + 2 + 1). Dabei spielt es keine Rolle, ob das Array geordnet oder ungeordnet ist. Wenn das Array bereits geordnet ist, werden die Elemente nicht ausgetauscht. Wenn eine umgekehrte Sortierreihenfolge vorliegt, findet nach jedem Vergleich ein Austausch statt.

Sie sehen sofort, dass die aufsteigende Sortierung nicht sehr effizient ist. Wenn Sie jedoch das Script aus Listing 15.1 ausführen, haben Sie nicht den Eindruck, dass die Sortierung langsam ist. Für kleine Listen mit weniger als 100 Elementen ist die aufsteigende Sortierung gut geeignet. Wenn Sie eine Sortierfunktion für Ihr Script brauchen, hat die aufsteigende Sortierung den Vorteil, dass der Code einfach ist und Sie ihn auf Anhieb fehlerfrei schreiben können.

Listing 15.1: Aufsteigende Sortierung

```
<?
/*
** BubbleSort
** sortiert ein Array, in dem Zahlen gespeichert sind
*/
function BubbleSort (&$input_array) {
    $limit = count ($input_array);
    for ($bubble = 1; $bubble < $limit; $bubble++) {
        for ($position = $limit-1; $position >= $bubble;
                                    $position--) {
            if ($input_array[$position-1] >
                    $input_array[$position]) {
                // Elemente tauschen
                $temp = $input_array[$position-1];
                $input_array[$position-1] =
                        $input_array[$position];
                $input_array[$position] = $temp;
            }
        }
    }
```

```
        }
}

// Ein unsortiertes Array definieren
$data = array(6, 13, 99, 2, 33, 19, 84);

// Das Array ausgeben
print ("<H3>Unsortiert</H3>\n");
print ("<PRE>");
print_r ($data);
print ("</PRE>\n");

// Array sortieren
BubbleSort (&$data);

// Array nochmals ausgeben
print ("<H3>Sortiert</H3>\n");
print "<PRE>");
print_r ($data);
print ("</PRE>\n");
?>
```

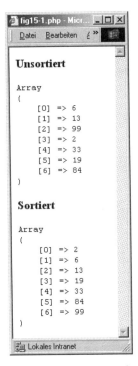

Abbildung 15.1: Aufsteigende Sortierung

15.3 Binär sortieren

Die binäre Sortierung (Quicksort) wurde 1961 von Professor C.A.R. Hoare konzipiert und hat sich für allgemeine Zwecke als bester Sortier-Algorithmus bewährt. Viele Programmiersprachen bieten eine Bibliotheksversion. PHP benutzt die binäre Sortierung für eingebaute Funktionen. Die binäre Sortierung tauscht ebenfalls Elemente aus, zusätzlich gibt es hier das Konzept der Teilung. Bei den meisten eingebauten Funktionen basiert diese Sortierung auf Rekursion, ein Thema, das wir bereits in Kapitel 4 besprochen haben.

Der Algorithmus der binären Sortierung wählt ein Pivot-Element und teilt dann das Array in zwei Hälften: in Elemente, die kleiner als das Pivot-Element sind, und in solche, die größer sind. Danach werden diese Hälften wieder unterteilt und so weiter. Wenn keine weitere Teilung mehr möglich ist, werden die Elemente verglichen und, wenn notwendig, ausgetauscht.

Bei der Deklaration der Funktion quicksort (Listing 15.2) übergeben wir das erste und letzte Array-Element als linke und rechte Grenze. Dadurch wird das gesamte Array sortiert. Innerhalb der Funktion müssen wir ein Pivot-Element angeben. Damit schnell sortiert wird, wählen wir als Pivot das mittlere Array-Element. Zuerst müssen wir jedoch die Mitte finden. Um diese zusätzliche Arbeit zu vermeiden, nehmen wir einfach die mittlere Zahl.

Listing 15.2: Binäre Sortierung

```
<?
/*
** Quicksort
** Das Eingabe-Array enthält Zahlen
** left ist das am weitesten links stehende Element,
** right das am weitesten rechts stehende Element
*/
function Quicksort (&$input_array, $left_limit, $right_limit) {
   // Startpunkte
   $left = $left_limit;
   $right = $right_limit;

   // Mittleres Element als Pivot-Element berechnen
   $pivot_point = intval (($left + $right)/2);
   $pivot = $input_array[$pivot_point];

   do {
      while (($input_array[$left] < $pivot) AND
                              ($left < $right_limit)) {
         $left++;
      }
      while (($pivot < $input_array[$right]) AND
                              ($right > $left_limit)) {
         $right-;
      }

      if ($left <= $right) {
```

```
        // Elemente tauschen
        $temp = $input_array[$left];
        $input_array[$left] = $input_array[$right];
        $input_array[$right] = $temp;
        $left++;
        $right--;
    }

  }
  while ($left <= $right);

  if ($left_limit < $right) {
     Quicksort (&$input_array, $left_limit, $right);
  }

  if ($left < $right_limit) {
     Quicksort (&$input_array, $left, $right_limit);
  }
}

$data = array (6, 13, 99, 2, 33, 19, 84);

// Array ausgeben
print ("<H3>Unsortiert</H3>\n");
print ("<PRE>");
print_r ($data);
print ("</PRE>\n");

// Array sortieren
Quicksort (&$data, 0, count ($data)-1);

// Array nochmal ausgeben
print ("<H3>Sortiert</H3>\n");
print ("<PRE>");
print_r ($data);
print ("</PRE>\n");
?>
```

Als Nächstes teilen wir die Liste in zwei Hälften. Wir vergleichen, ob Array-Elemente größer oder kleiner sind als das Pivot-Element. Wenn zwei Elemente gefunden werden, die in der falschen Hälfte liegen, werden sie ausgetauscht. Wenn das linke und rechte Grenzelement zusammentreffen, werden sie an die Funktion quicksort übergeben.

15.4 Eingebaute Sortierfunktionen

In der Regel müssen Sie keine eigenen Sortierfunktionen schreiben. PHP bietet für die Sortierung von Arrays mehrere Funktionen. Die einfachste ist die Funktion sort. Diese Sortierfunktion ist zusammen mit anderen in Kapitel 9, »Datenfunktionen«, beschrieben. Wir wollen nun die Funktion sort mit rsort, asort und ksort vergleichen. Dabei können Sie einiges lernen.

Die Funktion sort ordnet alle Array-Elemente, vom niedrigsten bis zum höchsten. Wenn das Array auch Zeichenketten enthält, orientiert sich die Sortierung an dem ASCII-Code jedes Zeichens. Wenn das Array nur Zahlen enthält, werden diese nach ihrem Wert geordnet. Die Indizes – die Werte, über die auf die Elemente Bezug genommen wird – werden entfernt und durch Integer, beginnend bei 0, ersetzt. Dies ist wichtig. Warum, sehen Sie in dem Beispiel aus Listing 15.3. Beachten Sie, dass die Elemente nach der Sortierung von 0 bis 4 indiziert sind, obwohl wir das Array mit Zahlen und sogar einer Zeichenkette indiziert haben. Diese Funktion ist nützlich, wenn Sie die Indizes eines Arrays vereinheitlichen müssen.

Ein anderer wichtiger Punkt in dem Beispiel aus Listing 5.3 ist die Reihenfolge in der Ausgabe: Apfel, Blaubeere, Wassermelone, apfel, birne. In einem Wörterbuch würde apfel vor oder nach Apfel stehen, aber der ASCII-Code für A ist 65. Der ASCII-Code für a ist 97. In Appendix B sehen Sie eine Liste aller ASCII-Codes. Wie Sie beim Sortieren Klein-/Großschreibung ausschalten können, erfahren Sie später in diesem Kapitel.

Die Funktion rsort arbeitet genau wie sort, ordnet aber die Elemente in umgekehrter Reihenfolge. Ersetzen Sie im Code aus Listing 15.3 die Funktion sort durch rsort.

Listing 15.3: Die Funktion sort

```
<?
   /*
   ** Ein Früchte-Array mit Zufallswerten füllen
   */
   $fruit[1] = "Apfel";
   $fruit[13] = "apfel";
   $fruit[64] = "Blaubeere";
   $fruit[3] = "Birne";
   $fruit["last"] = "Wassermelone";

   // Das Array sortieren
   sort ($fruit);

   // Array ausgeben, um die Sortierung zu sehen
   print ("<PRE>");
   print_r ($fruit);
   print ("</PRE>\n");
?>
```

Die beiden Sortierfunktionen asort und arsort arbeiten etwas anders. Hier bleiben die ursprünglichen Indizes erhalten. Dies ist bei assoziativen Arrays sehr nützlich. Wenn das Array mit Zahlen indiziert ist, möchten Sie die Zahlen vielleicht nicht beibehalten. Andererseits, warum sollten Sie die Indizierung ändern? Sehen Sie sich dazu das Beispiel aus Listing 15.4 an.

Abbildung 15.2: Die Funktion sort

Listing 15.4: Die Funktion asort

```php
<?
// Array sortiert nach Vorlieben füllen
$pasta = array(1=>"ravioli",
    "spaghetti",
    "vermicelli",
    "lasagna",
    "gnocchi",
    "rigatoni");
// Array sortieren, Indizes beibehalten
asort ($pasta);
// Array in alphabetischer Ordnung ausgeben
for (reset ($pasta); $rank = key ($pasta); next ($pasta)) {
    print ($pasta[$rank]." war an Stelle ".$rank."<BR>\n");
}
?>
```

Abbildung 15.3: Die Funktion asort

Mit reset wird der interne Array-Zeiger auf das erste Element gesetzt. Mit next (vgl. Listing 15.4) greifen wir auf das nächste Element zu. Die Reihenfolge ist die, in der die Elemente im Array gespeichert sind. Die Elemente behalten ihre ursprünglichen Indizes, die sie beim Speichern im Array erhalten haben. Die Indizierung beginnt bei 0.

Für eine umgekehrte Sortierreihenfolge würden wir arsort benutzen. Das Beispiel aus Listing 15.5 ist typisch für diese Sortierfunktionen. Die Array-Elemente, die von getdate zurückgegeben werden, müssen ihre ursprünglichen Indizes haben. Im Beispiel aus Listing 15.5 werden die Array-Elemente in umgekehrter Reihenfolge nach Zeichenketten sortiert. Sehr nützlich ist dieses Beispiel nicht, aber es illustriert, wie Sie diese Funktion einsetzen können.

```
<?
    // Mit getdate die Zeit in ein Array einlesen
    $today = getdate();

    // Array sortieren, die Indizes beibehalten
    arsort ($today);

    // Array in absteigender Reihenfolge ausgeben
    print ("<PRE>");
    print_r ($today);
    print ("</PRE>\n");
?>
```

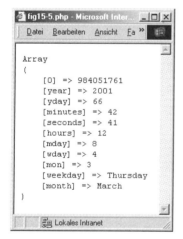

Abbildung 15.4: Die Funktion arsort

Es gibt auch noch die Sortierfunktion ksort. Sie sortiert ein Array nach Index-Werten. Im Beispiel aus Listing 15.5 benutzen wir statt arsort die Funktion ksort. Hier sind die Elemente nach ihren Indizes, den Schlüsseln, geordnet.

Listing 15.5: Die Funktion ksort

```
<?
    /*
    ** printEmployees
    ** Liste von Angestellten an den Browser schicken
    */
    function printEmployees ($employee) {
        foreach ($employee as $value) {
            printf ("%s (%s) %.2f/Hour <BR>\n",
                $value[0],
                $value[1],
                $value[2]);
        }
    }

    // Angestellte erzeugen (Name, Titel, Gehalt)
    $employee = array(
        array ("Schmid, Egon", "Programmierer", 20),
        array ("Dobler, Anna", "Programmierer", 20),
        array ("Mann, Josef", "Manager", 35),
        array ("Schmid, Johann", "CEO", 50),
        array ("Leeds, Alfons", "Präsident", 100));

    print ("<B>Unsortiert</B><BR>\n");
    printEmployees ($employee);

    print ("<B>Nach Namensortiert</B><BR>\n");
    usort ($employee, "byName");
    printEmployees ($employee);

    print ("<B>Nach Titel sortiert</B><BR>\n");
    usort ($employee, "byTitle");
    printEmployees ( $employee);

    print ("<B>Nach Gehalt sortiert</B><BR>\n");
    usort ($employee, "bySalary");
    printEmployees ($employee);
?>
```

Die Funktion ksort ist besonders nützlich, wenn Sie ein assoziatives Array haben und dessen Inhalte nicht genau kennen. Das Script aus Listing 15.5 erzeugt mit getdate ein Array. Wenn Sie die Funktion ksort durch Kommentarzeichen ausschalten, gibt es eine willkürliche Anordnung, nämlich diejenige aus dem Script. Natürlich könnten wir für jedes Element auch einige Zeilen schreiben. Als Basis würden wir die Liste von Elementen aus der Beschreibung zur Funktion getdate in Kapitel 11, »Zeit-, Datums- und Konfigurationsfunktionen«, nehmen. Das Script ist jedoch leichter zu lesen, wenn Sie nach Schlüsseln sortieren und für die Ausgabe der Elemente eine Schleife schreiben. Wie Sie vielleicht schon ahnen, sortiert die Funktion krsort ein Array nach Indizes und in umgekehrter Reihenfolge.

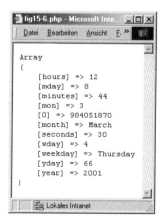

Abbildung 15.5: Die Funktion ksort

15.5 Mit einer Vergleichsfunktion sortieren

In den meisten Fällen sind die eingebauten Sortierfunktionen ausreichend. Wenn keine dieser Funktionen für Ihr Projekt brauchbar ist, müssen Sie eine eigene Sortierfunktion programmieren. Wenn Sie komplexe Elemente, wie Objekte oder mehrdimensionale Arrays, vergleichen müssen, können Sie die Funktion usort um eine von Ihnen definierte Vergleichsfunktion erweitern.

Mit der Funktion usort sortieren Sie ein Array entsprechend Ihren eigenen Vergleichsfunktionen. Die Vergleichsfunktion braucht zwei Werte und gibt ein Integer zurück. Die beiden Argumente werden verglichen, und wenn die Funktion eine negative Zahl zurückgibt, sind die Werte in der richtigen Reihenfolge. Gibt sie 0 zurück, sind sie identisch. Gibt sie eine positive Zahl zurück, dann sind die Werte nicht in der richtigen Reihenfolge.

Das Script aus Listing 15.6 erzeugt ein mehrdimensionales Array mit drei Elementen: Name, Titel und Gehalt. Es soll die Möglichkeit geben, nach jedem dieser drei Felder zu sortieren. Dieses Problem lösen wir mit drei Vergleichsfunktionen.

Die Funktion byName ist eine einfache Hülle für strcmp. Die Namen werden nach ihrem ASCII-Code geordnet. Die Funktion byTitle weist jeder Überschrift einen Integer-Wert zu und gibt den Vergleich dieser Zahlen zurück. Die Funktion bySalary vergleicht innerhalb des Elements für das Gehalt. Wenn zwei Beschäftigte den gleichen Stundenverdienst haben, werden ihre Namen verglichen.

Listing 15.6: Die Funktion usort

```
<?
    /*
    ** byName
    ** Angestellte nach dem Namen ordnen
    */
    function byName ($left, $right) {
        return (strcmp ($left[0], $right[0]));
    }
```

```
/*
** byTitle
** Angestellte nach dem Titel ordnen
*/
function byTitle ($left, $right){
   if ($left[1] == $right[1]) {
      return(0);
   } else {
      $title = array(
         "Präsident"=>1,
         "CEO"=>2,
         "Manager"=>3,
         "Programmierer"=>4
         );

      return ($title[$left[1]] - $title[$right[1]]);
   }
}


/*
** bySalary
** Angestellte nach Gehalt und Namen ordnen
*/
function bySalary ($left, $right) {
   if($left[2] == $right[2]) {
      return (byName ($left, $right));
   } else {
      return ($right[2] - $left[2]);
   }
}


/*
** printEmployees
** Liste der Angestellten an den Browser schicken
*/
function printEmployees ($employee) {
   foreach ($employee as $value) {
      printf ("%s (%s) %.2f/Hour <BR>\n",
         $value[0],
         $value[1],
         $value[2]);
   }
}

// Angestellte erzeugen (Name, Titel, Gehalt)
$employee = array(
   array ("Schmid, Egon", "Programmierer", 20),
   array ("Dobler, Anna", "Programmierer", 20),
```

```
        array ("Mann, Josef", "Manager", 35),
        array ("Schmid, Johann", "CEO", 50),
        array ("Leeds, Alfons", "Präsident", 100));

    print ("<B>Unsortiert</B><BR>\n");
    printEmployees ($employee);

    print ("<B>Nach Namen sortiert</B><BR>\n");
    usort ($employee, "byName");
    printEmployees ($employee);

    print ("<B>Nach Titel sortiert</B><BR>\n");
    usort ($employee, "byTitle");
    printEmployees ($employee);

    print ("<B>Nach dem Gehalt sortiert</B><BR>\n");
    usort ($employee, "bySalary");
    printEmployees ($employee);
?>
```

Abbildung 15.6: Die Funktion usort

15.6 Suchen

Sortierte Daten erleichtern es, bestimmte Information zu finden. Wenn Sie eine Telefonnummer brauchen, suchen Sie im Telefonbuch zuerst unter der Stadt, dann unter dem gesuchten Namen. Da alle Daten sortiert sind, finden Sie die Nummer schnell. Wir sind dieses System schon gewöhnt.

Wenn Sie dasselbe in einem PHP-Script nachvollziehen wollen, müssen Sie jeden Schritt planen. Am einfachsten ist es, die Daten von Anfang bis Ende zu durchsuchen, bis der richtige Eintrag gefunden ist. Wenn der Eintrag nicht gefunden wird, existiert er nicht. Dies ist wahrscheinlich die umständlichste Suchmethode, aber manchmal geht es nicht anders, zum Beispiel, wenn die Daten nicht sortiert sind.

Sie finden Daten erheblich schneller durch binäre Suche. Dazu müssen Daten sortiert sein. Wie Sie bereits gesehen haben, ist das relativ einfach. Bei der binären Suche wird eine Datenmenge wiederholt halbiert. Eine Hälfte enthält den gesuchten Wert, die andere nicht.

Sie beginnen eine binäre Suche in der Mitte eines Arrays. Wenn der gesuchte Eintrag nicht vor dem Pivot-Element steht, können Sie sicher sein, dass er in der zweiten Hälfte steht. Sie müssen jetzt nur noch die halbe Datenmenge durchsuchen. Wenn Sie das Array wiederholt halbieren, finden Sie den gesuchten Wert sehr schnell. Um genau zu sein: Im schlimmsten Fall brauchen wir den Logarithmus von n oder den Logarithmus zur Basis 2 von n der Anzahl der Daten-Elemente. Bei 128 Elementen wird höchstens sieben Mal halbiert. Sie sehen ein Beispiel für binäre Suche in Listing 15.7.

Listing 15.7: Binäre Suche

```
<?
    /*
    ** byName
    ** Angestellte nach dem Namen ordnen
    */
    function byName ($left, $right) {
        return (strcmp ($left[0], $right[0]));
    }

    //Angestellte erzeugen (Name, Titel, Gehalt)
    $employee = array(
        array("Foster, Johann", "Programmierer", 20),
        array("DiBetta, Robert", "Programmierer", 20),
        array("Tully, Josef", "Prokurist", 25),
        array("Lipman, Jakob", "Prokurist", 25),
        array("Villarreal, Hans", "Hausmeister", 25),
        array("Welch, Erich", "Programmierer", 25),
        array("Porter, Karl", "Manager", 35),
        array("Marazzani, Richard", "Manager", 35),
        array("Peterson, James", "CEO", 50),
        array("Glidden, August", "President", 100));

    // Die Liste sortieren
```

```
usort ($employee, "byName");

print ("<PRE>");
print_r ($employee);
print ("</PRE>\n");

// Angestellten auswählen
$Name = "Peterson, James";
print ("Suche nach $Name<BR>\n");

// Suchbereich eingrenzen
$lower_limit = 0;
$upper_limit = count ($employee) - 1;

$TargetFound = FALSE;

while ($lower_limit < $upper_limit) {
    // Die Mitte des Suchbereichs bestimmen
    $index = intval (($lower_limit + $upper_limit)/2);

    if (strcmp ($employee[$index][0], $Name) < 0) {
        // Der Gesuchte ist in der oberen Hälfte
        $lower_limit = $index + 1;
    }
    elseif (strcmp ($employee[$index][0],$Name)>0){
        // Der Gesuchte ist in der unteren Hälfte
        $upper_limit = $index - 1;
    } else {
        // Den Gesuchten gefunden
        $TargetFound = TRUE;
        $lower_limit = $index;
        $upper_limit = $index;
    }
}

// Ergebnisse ausgeben
if ($TargetFound) {
    print ("Position $index<BR>\n");
    print ("{$employee[$index][0]}
        {$employee[$index][1]}<BR>\n");
} else {
    print ("$Name nicht gefunden!<BR>\n");
}
?>
```

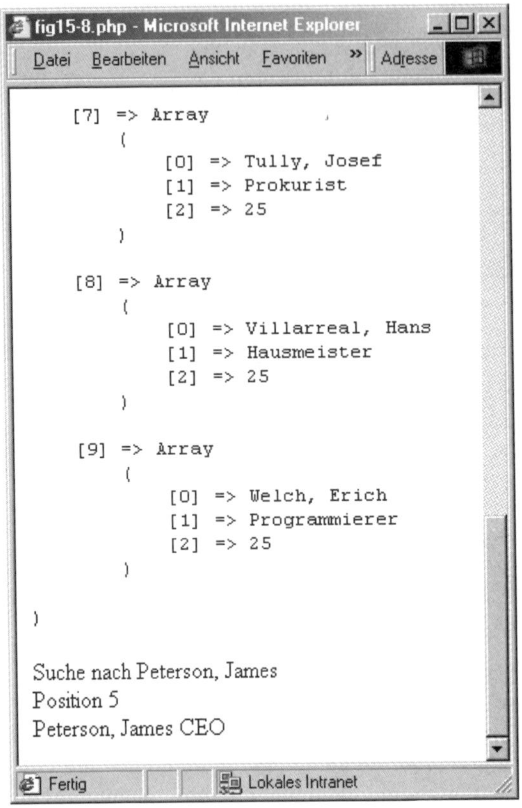
fig15-8.php - Microsoft Internet Explorer
Datei Bearbeiten Ansicht Favoriten » Adresse
[7] => Array
(
[0] => Tully, Josef
[1] => Prokurist
[2] => 25
)
[8] => Array
(
[0] => Villarreal, Hans
[1] => Hausmeister
[2] => 25
)
[9] => Array
(
[0] => Welch, Erich
[1] => Programmierer
[2] => 25
)
)
Suche nach Peterson, James
Position 5
Peterson, James CEO
Fertig
Lokales Intranet

Abbildung 15.7: Binäre Suche

15.7 Indizieren

Wenn Sie Daten sortieren, investieren Sie Zeit. Sie gehen davon aus, dass sich die Mühe bezahlt macht, wenn sie später Daten durchsuchen müssen. Doch auch für die Suche müssen Sie einiges investieren. Eine binäre Suche kann mehrere Schritte erfordern. Wenn Sie Hunderte von Suchdurchläufen ausführen müssen, wollen Sie natürlich die Performance verbessern. Eine Möglichkeit ist, alle Suchdurchläufe vorab auszuführen und die Daten zu indizieren. Damit wird schon viel Vorarbeit geleistet und jede weitere Suche wird schneller ausgeführt.

Im Script aus Listing 15.7 wandeln wir eine binäre Suche in einen einzigen Suchdurchlauf um. Wir brauchen ein benanntes Array, das seine Position im Original-Array angibt. Die Liste der Beschäftigten enthält zwei gleiche Namen, also müssen wir eine Liste für identische Zeichenketten erzeugen. Sehen Sie sich dazu das Script aus Listing 15.8 an. Wir müssen die Liste nicht sortieren, weil wir sowieso auf jedes Array-Element zugreifen. Beim Zugriff erstellen wir ein neues Array. Der Index dieses Arrays ist der Beschäftigten-Name. Jedes Index-Element ist im Array `employee` ein

Array aus Indizes. Wenn der Index erzeugt ist, genügt eine einzige Anweisung, um einen bestimmten Eintrag zu finden. Ist der Name im Array gefunden, können wir die Indexwerte für das Array employee holen.

Dieses Beispiel ist nicht sehr praxisnah, weil wir nur eine Suche durchführen und bei jedem Zugriff den Index erzeugen. Solange das Array employee unverändert ist, muss der Index nur einmal erzeugt werden. Sie können das Array in einer Datei speichern, eventuell mit der PHP-Serienfunktionalität, und bei Bedarf laden. Ich habe einen ähnlichen Code für das FreeTrade-Projekt geschrieben. Dort werden Schlüsselwörter indiziert, die auf Internetseiten erscheinen.

Listing 15.8: Indizieren

```
<?
    // Einige Angestellte erzeugen (Name, Titel, Gehalt)
    $employee = array(
        array("Schmid, Egon", "Programmer", 20),
        array("Dobler, Anne", "Programmer", 20),
        array("Mann, Josef", "Manager", 35),
        array("Schmid, Egon", "CEO", 50),
        array("Leeds, Alfons", "President", 100));

    // Die Namen als Indizes erzeugen
    foreach ($employee as $key=>$value) {
        $nameIndex[($value[0])][] = $key;
    }

    // Die Indizes betrachten
    print ("<PRE>");
    print_r($nameIndex);
    print ("</PRE>\n");

    // Den Index benutzen, um nach Egon Schmid zu suchen
    $searchName = "Schmid, Egon";
    if (isset ($nameIndex[$searchName])) {
        print ("Gefunden \"$searchName\": <BR>\n");

        foreach ($nameIndex["Schmid,Egon"] as $value) {
            print ("$value: ");
            print ($employee[$value][0] . " ");
            print ($employee[$value][1] . " ");
            print ($employee[$value][2] . "<BR>\n");
        }
    } else {
        print ("Nicht gefunden: \"$searchName\"<BR>\n");
    }
?>
```

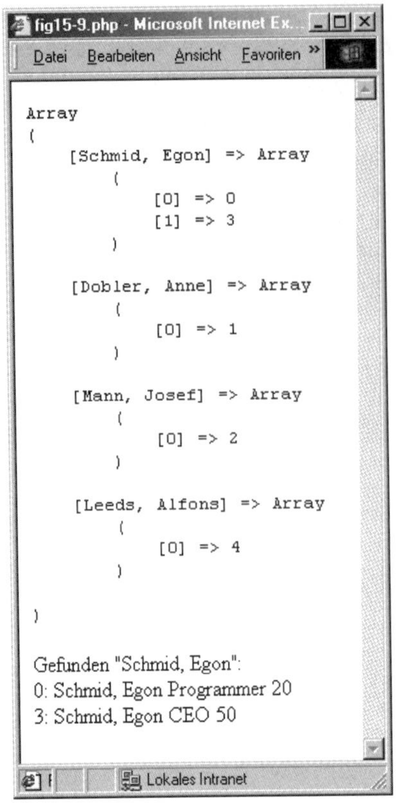
fig15-9.php - Microsoft Internet Ex...
Datei Bearbeiten Ansicht Favoriten
Array
(
[Schmid, Egon] => Array
(
[0] => 0
[1] => 3
)
[Dobler, Anne] => Array
(
[0] => 1
)
[Mann, Josef] => Array
(
[0] => 2
)
[Leeds, Alfons] => Array
(
[0] => 4
)
)
Gefunden "Schmid, Egon":
0: Schmid, Egon Programmer 20
3: Schmid, Egon CEO 50
Lokales Intranet

Abbildung 15.8: Indizieren

Natürlich sind Datenbanken die bessere Lösung für Datenbearbeitung. Wenn Sie große Datenmengen speichern müssen, arbeiten Sie am besten mit Datenbanken, die gute Such- und Sortierfunktionen bieten. Wir besprechen Datenbanken in Kapitel 17, »Datenbankintegration«.

15.8 Zufallszahlen

Die Erzeugung von Zufallszahlen ist eng mit Sortieren und Suchen verbunden. Zufallszahlen werden oft dazu benutzt, Listen willkürlich zu ordnen. Sie sind gut für Überraschungseffekte. Mit Zufallszahlen können Sie mehr Information auf einer einzelnen Seite bereitstellen, indem Sie bei jeder Anfrage Inhalt willkürlich auswählen. Die Praxis gibt uns viele Beispiele dafür, in der Form von Zitaten des Tages, Banner-Werbung und Sitzungs-IDs.

Es gibt zwei wichtige Eigenschaften von Zufallszahlen: Die Verteilung ist gleichmäßig und jeder Wert ist vom vorangehenden Wert unabhängig. Gleichmäßige Verteilung heißt, dass kein Wert öfter erzeugt wird als die anderen Werte. Unabhängig bedeutet, dass Sie bei einer Folge generierter und zurückgegebener Zahlen nicht sagen können, welche Zahl als nächste kommt. Natürlich können wir keinen Algorithmus schreiben, der tatsächlich unabhängige Werte erzeugt. Wir brauchen eine Formel, und das Ergebnis einer Formel ist naturgemäß vorhersehbar. Dennoch kommen wir dem gewünschten Ziel mit einem Pseudo-Zufallsgenerator ziemlich nahe. Dieser braucht einfache mathematische Ausdrücke, die scheinbar zufällige Zahlen zurückgeben. Sie geben einen Ausgangswert an. Der erste Funktionsaufruf benutzt diesen Ausgangswert und die folgenden Aufrufe die davor liegenden Werte. Beachten Sie, dass ein Ausgangswert immer dieselbe Folge von Werten ausgibt. Sie können Zufälligkeit simulieren, indem Sie für die Ausgangswerte die Sekunden der Systemuhr benutzen.

Die Standard-Library von C und PHP bieten für die Erzeugung von Zufallszahlen die Funktion rand. Sie übergeben obere und untere Grenzen und erhalten Integerzahlen. Sie können den Zufallsgenerator unter Verwendung der Funktion srand mit einem Ausgangswert versehen oder als Ausgangswert die aktuelle Zeit des Systems nehmen. Leider ist der Standardgenerator auf manchen Betriebssystemen unzureichend. Sie könnten Ihren eigenen Zufallsgenerator einbauen, um bessere Ergebnisse zu erzielen. Es gibt jedoch jetzt einen neuen Satz PHP-Funktionen von Pedro Melo, die den Mersenne Twister-Algorithmus benutzen.

Den Mersenne Twister-Algorithmus zu beschreiben ist nicht Aufgabe dieses Buchs. Ausführliche Information finden Sie unter <http://www.math.keio.ac.jp/~matumoto/emt.html>. Diese sorgfältige Beschreibung wird Sie von der Arbeitsweise des Algorithmus überzeugen.

In Listing 15.9 sehen Sie ein sehr einfaches Beispiel. Die Funktion mt_rand erzeugt 100 Zufallszahlen zwischen 1 und 100. Dann berechnet sie den Durchschnitt und den Zentralwert. Bei gleichmäßiger Verteilung der Zahlen liegen der Durchschnitt und der Zentralwert eng beieinander. In unserem Beispiel ist der Zahlenbereich sehr klein. Wenn Sie das Script wiederholt ausführen, werden Sie große Abweichungen feststellen.

Listing 15.9: Zufallszahlen erzeugen und ausgeben

```
<?
    // Dem Generator eine Zahl vorgeben
    mt_srand (doubleval (microtime()) * 100000000);

    // Zufallszahlen generieren
    print ("<H3>Beispiel-Zahlenmenge</H3>\n");
    $size = 100;
    for ($i=0; $i < $size; $i++) {
        $n = mt_rand (1, $size);
        $sample[$i] = $n;
        $total += $n;
        print ("$n<BR>\n");
    }

    print ("Durchschnitt: ".($total/$size)."<BR>\n");

    sort ($sample);
    print ("Mittlere Zahl: " . ($sample[intval ($size/2)]) .
        "<BR>\n");
?>
```

Abbildung 15.9: Zufallszahlen erzeugen und ausgeben

15.9 Zufalls-ID

Wenn Sie die Nutzung einer Website erfassen wollen, müssen Sie eindeutige Kennungen zuweisen. Sie können alle über Benutzer gesammelte Informationen in einer Datenbank speichern und Kennungen von Seite zu Seite weitergeben, entweder über Links oder Cookies. Die Kennungen müssen willkürlich sein, andernfalls kann sich irgendeine Person als legitimer Benutzer ausgeben. Glücklicherweise sind willkürliche Kennungen leicht zu erzeugen.

Ein Beispiel dafür sehen Sie in Listing 15.10. Sie definieren eine Zeichenmenge, die für die Sitzungs-ID benutzt werden soll. Aus der Zeichenmenge werden nach dem Zufallsprinzip einzelne Zeichen genommen, um eine Sitzungs-ID der festgelegten Länge zu erzeugen. Die Sitzungs-ID wird innerhalb eines Link zur nächsten Seite weitergegeben. Diese Methode funktioniert in allen Browsern, sogar in Lynx. Wie diese Technik zusammen mit einer Datenbank angewandt wird, besprechen wir in Kapitel 17.

Listing 15.10: Sitzungs-ID erzeugen

```
<?
   /*
   ** SessionID
   ** Erzeugt eine Session-ID
   */
   function getSessionID ($length=16) {
      // Die Menge der möglichen Zeichen definieren
      $Pool = "ABCDEFGHIJKLMNOPQRSTUVWXYZ";
      $Pool .= "abcdefghijklmnopqrstuvwxyz";
      $lastChar = strlen ($Pool) - 1;

      for ($i = 0; $i < $length; $i++) {
         $sid .= $Pool[mt_rand (0, $lastChar)];
      }

      return ($sid);
   }
```

```
// Dem Generator eine Zahl vorgeben
mt_srand (100000000 * (double) microtime());
if ($sid != "") {
    print ("Die alte Session ID war $sid<BR>\n");
}
$sid = getSessionID();
print ("<A HREF=\"$PHP_SELF?sid=$sid\">");
print ("Neue Session ID erzeugen");
print ("</A>\n");
?>
```

Abbildung 15.10: Sitzungs-ID erzeugen

Hier sind Zufallszahlen sehr wichtig. Nehmen wir an, Sie würden nur die Sekunden der Uhr benutzen. Für die Dauer einer Sekunde würden identische Sitzungs-IDs erzeugt, da es sehr wahrscheinlich ist, dass während einer Sekunde viele Personen auf eine Internetseite zugreifen. Im Beispiel aus Listing 15.10 benutzen wir Mikrosekunden, um für den Zufallsgenerator einen Ausgangswert zu setzen. Doch selbst hier können identische Sitzungs-IDs erzeugt werden. Das Problem kann mit einer sperrbaren Quelle für den Ausgangswert, zum Beispiel einer Datei, gelöst werden. Wenn Sie die Datei gesperrt haben, können Sie den Ausgangswert auslesen und einen neuen Wert hineinschreiben. Damit stellen Sie sicher, dass zwei parallel laufende Prozesse verschiedene Ausgangswerte erhalten.

15.10 Werbebanner

Sie können Zufallszahlen auch einsetzen, um Werbebanner auszuwählen. Nehmen wir an, Sie haben sich drei Sponsoren ihrer Website verpflichtet. Das Werbebanner jedes Sponsors soll bei einem Drittel der Website-Besuche angezeigt werden. Dazu erzeugen Sie Zufallszahlen und vergleichen jede davon mit einem der Banner. Im Beispiel aus Listing 15.11 benutzen wir eine switch-Anweisung für den Aufruf von mt_rand. In einem Fall wie diesem müssen Sie sich um die Qualität der Ausgangswerte keine Sorgen machen. Ihr Ziel ist hier, dass die drei Banner in gleicher Häufigkeit angezeigt werden. Es ist kein Sicherheitsproblem, wenn jemand errät, welches Banner um Mitternacht angezeigt wird.

Listing 15.11: Werbebanner

```php
<?
    // Dem Generator eine Zahl vorgeben
    mt_srand (doubleval (microtime()) * 100000000);

    // Ein Banner auswählen
    switch (mt_rand(1,3)) {
        case 1:
            $bannerURL =
            "http://www.leonatkinson.com/random/";
            $bannerImage = "leon.jpg";
            break;
        case 2:
            $bannerURL = "http://www.php.net/";
            $bannerImage = "php_lang.jpg";
            break;
        default:
            $bannerURL = "http://www.phptr.com/";
            $bannerImage = "phptr.jpg";
    }
    // Banner ausgeben
    print ("<A HREF=\"$bannerURL\">");
    print ("<IMG SRC=\"$bannerImage\" ");
    print ("WIDTH=\"400\" HEIGHT=\"148\" BORDER=\"0\">");
    print ("</A>");
?>
```

Kapitel **16**

Parsen und Zeichenketten auswerten

- Token bestimmen
- Reguläre Ausdrücke
- Reguläre Ausdrücke definieren
- Reguläre Ausdrücke in PHP

Beim Parsen wird eine Einheit in ihre Bestandteile zerlegt, üblicherweise ein Satz in einzelne Wörter. Bevor PHP ein Script in ein HTML-Dokument umwandelt, parst es den Code. Irgendwann werden Sie Daten aus einer Zeichenkette extrahieren oder auf ihre Gültigkeit prüfen müssen. Der einfache Fall ist eine Liste mit Tabulatoren als Trennzeichen. Komplizierter ist die Zeichenkette, mit der sich ein Browser beim Webserver anmeldet. Sie können in einer Zeichenkette Token bestimmen und die Zeichenkette aufsplitten. Oder Sie können reguläre Ausdrücke verwenden. In diesem Kapitel besprechen wir PHP-Funktionen, um zu parsen und Zeichenketten auszuwerten.

16.1 Token bestimmen

In PHP gibt es ein einfaches Verfahren, Token zu bestimmen. Sie können bestimmte Zeichen Ihrer Wahl als Trennzeichen benutzen. Die Teilzeichenketten zwischen den Trennzeichen sind Token. Sie können für jedes zu extrahierende Token andere Trennzeichen bestimmen. Sehr brauchbar ist dies bei irregulären Zeichenketten. Das sind solche, die komplexer sind als Listen mit Kommas als Trennzeichen.

Im Beispiel aus Listing 16.1 übergeben Sie einen Satz. Die Funktion strtok zerlegt ihn in einzelne Wörter (siehe Kapitel 9, »Datenfunktionen«). Die Trennzeichen im Script sind Leerzeichen, Interpunktionszeichen und Satzanfang oder -ende. Einfache und doppelte Anführungszeichen sind Teil eines Wortes.

Listing 16.1: Token bestimmen

```
<?
    /*
    ** Zerlegt einen übermittelten Satz
    */
    if (isset ($sentence)) {
        print ("<B>Übermittelter Text:</B>");
        print ("$sentence<BR><BR>\n");

        // Ende-Kennung anfügen
        $sentence .= " <END>";

        // Trennzeichen festlegen
        $separators = " ,!.?";

        // In Token zerlegen
        for ($token = strtok ($sentence, $separators);
            $token != "<END>";
            $token = strtok ($separators)) {
            // leere Token überspringen
            if ($token != "") {
                // alle Wörter zählen
                $word_count[strtolower ($token)]++;
                $total++;
            }
        }
    }
```

```
    // Zuerst nach Wörtern sortieren
    ksort ($word_count);

    // Dann nach Häufigkeit sortieren
    arsort ($word_count);

    print ("<B>$total Worte gefunden</B>\n");
    print ("<UL>\n");
    foreach ($word_count as $key=>$value){
        print ("<LI>$key ($value)\n");
    }
    print ("</UL>\n");
}

print ("<FORM ACTION=\"$PHP_SELF\" METHOD=\"post\">\n");
print ("<INPUT NAME=\"sentence\" SIZE=\"40\">\n");
print ("<INPUT TYPE=\"submit\" VALUE=\"Parse\">\n");
print ("</FORM>\n");
?>
```

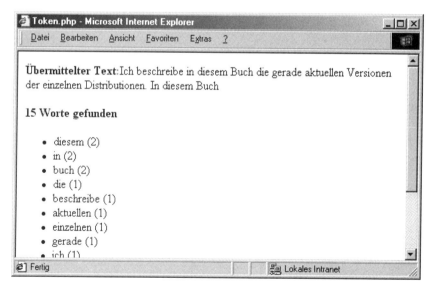

Abbildung 16.1: Token bestimmen

Beachten Sie das `<END>` bei der Eingabe-Variablen. Es ermöglicht dem Algorithmus, das Ende der eingegebenen Zeichenkette zu erkennen. Wenn die Funktion `strtok` das Ende der Eingabe erreicht, gibt sie `FALSE` zurück. Deshalb sind Sie vielleicht versucht, in einer for-Schleife auf `FALSE` zu prüfen. Denken Sie jedoch daran, dass auch eine leere Zeichenkette `FALSE` ergibt. Bei zwei aufeinander folgenden Trennzeichen gibt `strtok`, wie erwartet, eine leere Zeichenkette zurück. Wir wollen, dass Token auch nach dem ersten sich wiederholenden Trennzeichen bestimmt werden. Also setzen wir Zeichen ans Ende, die nicht als Eingabe angezeigt werden. Falls wir damit rechnen, dass Benutzer absichtlich <END> eingeben, können wir diese Zeichen extrahieren. Niemand gibt solche Zeichen versehentlich ein. Es gibt keine Sicherheitsrisiken, wenn der Prozess vorzeitig beendet wird, und Hacker, die ungültige Resultate erhalten, stören mich nicht.

Die Funktion strtok ist nur bei einfachen und strukturierten Zeichenketten nützlich, zum Beispiel wenn Sie eine Textdatei mit Tabulatoren als Trennzeichen lesen wollen. Sie könnten einen Algorithmus schreiben, der Zeile für Zeile liest und jedes Token zwischen Trennzeichen extrahiert.

16.2 Reguläre Ausdrücke

Glücklicherweise gibt es in PHP etwas viel Besseres als die Funktion strtok, nämlich reguläre Ausdrücke. Sie haben eine eigene Syntax und definieren Muster, die mit Zeichenketten verglichen werden. Im PHP-Quellcode sind reguläre Ausdrücke eingebaut, die dem POSIX 1003.2-Standard entsprechen. Dieser Standard lässt auch ältere Ausdrücke zu, favorisiert jedoch neuere Ausdrücke. Reguläre Ausdrücke sind in Kapitel 9 beschrieben.

1999 schrieb Andrei Zmievski eine Unterstützung für reguläre Ausdrücke im Perl-Stil. Dadurch wird PHP in zweierlei Hinsicht verbessert. Sie können reguläre Ausdrücke leichter aus Perl-Scripts übernehmen. Außerdem werden reguläre Ausdrücke schneller ausgeführt.

Es würde zu weit führen, reguläre Ausdrücke in aller Ausführlichkeit zu besprechen. Die Thematik bietet Material für ein eigenes Buch. Wir besprechen hier nur Grundsätzliches und schauen uns verschiedene PHP-Funktionen an, die reguläre Ausdrücke verwenden. Eine ausgezeichnete Quelle für mehr Information über reguläre Ausdrücke ist das Kapitel 2 von Ellie Quigleys »UNIX Shells by Example«. Mehr zu Perl-kompatiblen regulären Ausdrücken finden Sie in der von Tom Christiansen gesammelten und editierten Dokumentation zu Perl <http://www.perl.com/CPAN-local/doc/manual/html/pod/perlre.html>. Sie sollten auch die Dokumentation zu PHP lesen. Darin werden die Unterschiede zwischen Perl und PHP aufgeführt <http://www.php.net/manual/pcre.pattern.syntax.php3>.

16.3 Reguläre Ausdrücke definieren

Der erste reguläre Ausdruck wird mit einem vertikalen Strich (|) verzweigt. Er entspricht dem logischen OR. Das Muster in jeder Verzweigung kann mit einer Zeichenkette verglichen werden. In Tabelle 16.1 sehen Sie einige Beispiele.

Beispiel	Beschreibung
apple	Sucht das Wort apple.
apple | ball	Sucht entweder apple oder ball.
begin | end | break	Sucht begin, end oder break.

Tabelle 16.1: Reguläre Ausdrücke verzweigen

Jede Verzweigung enthält ein oder mehrere Teilmuster. Sie können angeben, wie oft ein Teilmuster verglichen werden soll. Ein Sternchen (*) bedeutet, dass Teilmuster mindestens 0 mal gesucht werden. Das Pluszeichen (+) bedeutet, dass Teilmuster mindestens ein Mal gesucht werden, und das Fragezeichen (?), dass das Teilmuster genau ein Mal gesucht wird.

Alternativ dazu können Sie Grenzen für Teilmuster setzen. Dazu benutzen Sie geschweifte Klammern ({}), die Integerzahlen enthalten. Enthalten die geschweiften Klammern nur eine Zahl, dann wird das Teilmuster entsprechend dieser Angabe gesucht. Enthalten sie eine Zahl von einem Komma gefolgt, ist dies die Mindestangabe für den Mustervergleich. Zwei durch Komma getrennte Zahlen bedeuten die Mindest- und Höchstanzahl der Vergleiche (siehe Tabelle 16.2).

Beispiel	Beschreibung
a(*)	Sucht a, ab, abb, ... – ein a und alle b.
a(b+)	Sucht ab, abb, abbb, ... – ein a und mindestens ein b.
a(b?)	Sucht a oder ab – ein a und eventuell ein b.
a(b{3})	Sucht nur abbb.
a(b{2,})	Sucht abb, abbb, abbbb, ... – ein a gefolgt von zwei oder mehr b.
a(b{2,4})	Sucht abb, abbb, abbbb – ein a gefolgt von mindestens 2 und höchstens 4 b.

Tabelle 16.2: Häufigkeit des Mustervergleichs festlegen

Ein Teilmuster ist eine Folge von Zeichen. Einige davon haben eine besondere Bedeutung, andere sind einfach Muster, die gesucht werden sollen. Ein Punkt (.) sucht jedes beliebige Einzelzeichen. Ein Zirkumflex (^) vergleicht den Anfang der Zeichenkette. Ein Dollarzeichen ($) vergleicht das Ende der Zeichenkette. Wenn Sie nach Sonderzeichen suchen (^ . [] $ () | * ? {} \), muss ein Backslash davorstehen. Jedes Zeichen hinter einem Backslash wird wie ein normales Zeichen behandelt. Jedes normale Zeichen dient nur dem Vergleich, egal ob ein Backslash davor steht oder nicht. Sie können Teilmuster auch in Klammern zusammenfassen. Diese werden dann als ein Teilmuster behandelt.

In eckigen Klammern ([]) bestimmen Sie den Bereich möglicher Werte. Das kann eine Liste gültiger Zeichen sein. Sie bestimmen einen Bereich nach einem Gedankenstrich (-). Wenn vor dem Bereich ein Zirkumflex (^) steht, werden die folgenden Zeichen vom Vergleich ausgeschlossen. Beachten Sie die zweifache Einsatzmöglichkeit des Zirkumflex.

Zusätzlich zu Listen und Bereichen können eckige Klammern eine Zeichenklasse enthalten. Die Namen dieser Klassen stehen zwischen Doppelpunkten. Um alphabetische Zeichen zu vergleichen, schreiben Sie also [:alpha:]. Es gibt folgende Klassen: alnum, alpha, blank, cntrl, digit, graph, lower, print, punct, space, upper und xdigit. Auf den Handbuchseiten zu ctype finden Sie eine Beschreibung dieser Klassen.

Beginn und Ende eines Wortes werden durch zwei zusätzliche Codes in eckigen Klammern bestimmt: [:<:] und [:>:]. Ein Wort in diesem Sinn ist eine Folge von alphanumerischen Zeichen, die auch den Unterstrich enthalten kann. In Tabelle 16.3 sehen Sie Beispiele für den Einsatz eckiger Klammern.

Beispiel	Beschreibung
a.c	Sucht aac, abc, acc, ... – alle Zeichenketten mit drei Zeichen, die mit a beginnen und mit c enden.
^a.*	Sucht alle Zeichenketten, die mit a beginnen.
[a-c]*x$	Sucht x, ax, bx, abax, abcx – alle Zeichenketten, die mit a, b, oder c beginnen und mit x enden.
b[ao]y	Sucht nach bay oder boy.
[^Zz]{5}	Sucht alle Zeichenketten mit einer Länge von fünf Zeichen, die weder kleines noch großes Z enthalten.
[[:digit:]]	Sucht alle Zahlen, entspricht [0-9].
[[:<:]]a.*	Sucht alle Wörter, die mit a beginnen.

Tabelle 16.3: Eckige Klammern in regulären Ausdrücken

16.4 Reguläre Ausdrücke in PHP

Die wichtigste Funktion für reguläre Ausdrücke ist ereg. Diese Funktion vergleicht eine Zeichenkette mit einem im regulären Ausdruck festgelegten Muster und gibt TRUE zurück, wenn das Muster in der Zeichenkette gefunden wird. Mit dieser Funktion können Sie prüfen, ob eine Zeichenkette in ein bestimmtes Formularfeld passt. Zum Beispiel können Sie sicherstellen, dass eine amerikanische Postleitzahl richtig eingegeben wird: fünf Ziffern, Bindestrich, und vier weitere Ziffern (siehe Listing 16.2).

Listing 16.2: Eingabe der Postleitzahl prüfen

```
<?
/*
** Einen ZIP-Code prüfen
** Dieses Skript prüft einen Zip-Code, welcher
** aus fünf Ziffern besteht, optional gefolgt von
** einem Gedankenstrich und vier Ziffern
*/

/*
** Prüfe den übermittelten Zip-Code
*/
if (isset ($zip)) {
   if (ereg ("^([0-9]{5})(-[0-9]{4})?$", $zip)) {
      print ("$zip ist ein gültiger ZIP Code.<BR>\n");
   } else {
      print ("$zip ist <B>kein</B> gültiger ZIP
         Code.<BR>\n");
   }
}

// Beginn des Formulars
```

```
print ("<FORM ACTION=\"$PHP_SELF\">\n");
print ("<INPUT TYPE=\"text\" NAME=\"Zip\">\n");
print ("<INPUT TYPE=\"submit\" value=\"Test\">\n");
print ("</FORM>\n");
?>
```

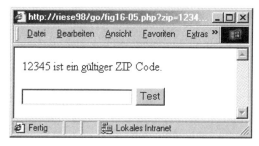

Abbildung 16.2: Eingabe der Postleitzahl prüfen

Das Script erzeugt ein Formular für die Eingabe einer Postleitzahl. Die Eingabe muss aus fünf Ziffern, gefolgt von einem Gedankenstrich, und weiteren vier Ziffern bestehen. Kernstück dieses Scripts ist der reguläre Ausdruck als Vergleichsbasis für die Benutzereingabe:

```
^([0-9]{5})(-[0-9]{4})?$
```

Wir wollen uns diesen Ausdruck etwas genauer ansehen. Am Anfang steht ein Zirkumflex. Dadurch beginnt der Vergleich beim Anfang der zu prüfenden Zeichenkette. Ohne Zirkumflex könnten beliebig viele Zeichen vor der Postleitzahl stehen, wie `abc12345-1234`, und die Zeichenkette wäre trotzdem gültig. Das Dollarzeichen am Ende des Ausdrucks prüft das Ende der Zeichenkette. Damit sind Zeichenketten wie `12345-1234abc` ungültig. Die Kombination von Zirkumflex und Dollarzeichen erlaubt uns die Suche nach exakt definierten Zeichenketten.

Der erste Teilausdruck ist `([0-9]{5})`. Der Bereich in eckigen Klammern lässt nur Ziffern zwischen null und neun zu. In geschweiften Klammern wird festgelegt, dass es genau fünf Ziffern sein müssen.

Der zweite Teilausdruck ist `(-[0-9]{4})?`. Hier werden genau vier Ziffern zugelassen. Der Bindestrich steht als solcher vor den vier Ziffern. Das Fragezeichen legt fest, dass der gesamte Teilausdruck höchstens einmal gefunden wird. Dadurch wird die vierstellige Zahl optional.

Sie können dieses Prinzip auch auf die Prüfung von Telefonnummern oder Datumsangaben anwenden. Reguläre Ausdrücke sind eine saubere Lösung, um Benutzereingaben zu prüfen. Alternativen dazu sind die Verschachtelung von `if`-Anweisungen und das Durchsuchen von Zeichenketten mit der Funktion `strpos`.

Gelegentlich möchten Sie die Ergebnisse von Teilausdrücken in Arrays speichern. Zum Beispiel, wenn Sie eine Zeichenkette in Teilzeichenketten splitten wollen. Gut geeignet dafür ist die Zeichenkette, mit der sich ein Browser identifiziert. Sie enthält den Browser-Namen, Angaben zur Browser-Version und dem Betriebssystem. Sie speichern diese Informationen in verschiedenen Variablen und können dann Ihre Site entsprechend der jeweiligen Browser-Fähigkeiten anpassen.

Das Script aus Listing 16.3 erzeugt Variablen, mit denen Sie eine Site browserspezifisch anpassen können. Im folgenden Beispiel passen wir einen Link an den benutzten Browser an. Im Netscape Navigator erscheint ein Link zur Download-Seite des Microsoft Internet Explorer. In anderen Browsern erscheint ein Link zur Download-Seite von Netscape. Dies ist ein Beispiel für die Anpassung von Inhalten. Sie können dieselbe Methode anwenden, um zu entscheiden, ob neuere Features benutzt werden sollen oder nicht.

Listing 16.3: HTTP_USER_AGENT auswerten

```
<?
// Benutzer-Client abfragen, wie z.B.
// Mozilla/4.0 (compatible; MSIE 5.0; Windows 98; DigExt)
ereg ("^([[:alpha:]]+)/([[:digit:]\.]+)( .*)$",
   $HTTP_USER_AGENT, $match);
$Browser_Name = $match[1];
$Browser_Version = $match[2];
$Browser_Description = $match[3];

// Nach Hinweisen suchen, ob es MSIE ist
if (eregi ("msie", $Browser_Description)) {
   // Nach etwas suchen wie:
   // (compatible; MSIE 5.0; Windows 98; DigExt)
   eregi ("MSIE ([[:digit:]\.]+);",
      $Browser_Description, $match);
   $Browser_Name = "MSIE";
   $Browser_Version = $match[1];
}

print ("Sie benutzen $Browser_Name ");
print ("Version $Browser_Version!<BR>\n");

print ("Versuchen Sie auch ");

if (eregi ("mozilla", $Browser_Name)) {
   print ("<A HREF=\"http://www.microsoft.com/ie/download/default.asp\">");
   print ("Internet Explorer");
   print ("</A> ");
} else {
   print ("<A HREF=\"http://www.netscape.com/computing/download/index.html\">");
   print ("Navigator");
   print ("</A> ");
}

print ("zum Vergleich.\n");
?>
```

Abbildung 16.3: HTTP_USER_AGENT auswerten

In diesem Script wird die Funktion ereg nicht in einer if-Anweisung benutzt. Sie enthält einen Ausdruck für minimale Angaben zum Browser: Name, Schrägstrich und die Browser-Version. Das Array match wird mit den Teilen der ausgewerteten Zeichenkette gefüllt, die mit den Teilen des regulären Ausdrucks übereinstimmen. Es gibt drei Teilausdrücke für Name, Version und eine zusätzliche Beschreibung. Diese Aufteilung funktioniert in den meisten Browsern, einschließlich Netscape Navigator und Internet Explorer. Der Internet Explorer gibt sich als Mozilla (Netscape) Browser aus. Deshalb muss zusätzlich geprüft werden, ob es sich bei einem Browser wirklich um Netscape handelt oder ob es eine falsche Angabe ist. Dafür gibt es die Funktion eregi.

Sie wundern sich vielleicht, dass das Array-Element Null ignoriert wird. Es fehlt hier deshalb, weil das Element Null die Teilzeichenkette enthält, die mit dem regulären Ausdruck übereinstimmt. Für unser Beispiel brauchen wir dieses Element nicht. Das Element Null ist nützlich, wenn Sie in einem großen Umfeld nach einer bestimmten Zeichenkette suchen, zum Beispiel wenn Sie den Body-Bereich von Internetseiten nach URLs durchsuchen. Das Script aus Listing 16.4 ruft die PHP-Homepage auf und listet alle Links dieser Seite.

Listing 16.4: URL-Adressen in einem Text suchen

```php
<?
    // URL bestimmen, auf der gesucht wird
    $URL = "http://www.php.net/";

    // Datei öffnen
    $page = fopen ($URL, "r");

    print ("Links auf $URL<BR>\n");
    print ("<UL>\n");

    while (!feof ($page)) {
        // Eine Zeile lesen
        $line = fgets ($page, 1024);

        // Schleife, solange noch URLs da sind
        while (ereg ("HREF=\"[^\"]*\"",$line,$match)) {
            // URLs ausgeben
            print ("<LI>");
```

```
        print ($match[0]);
        print ("<BR>\n");

        // URL aus der Zeile löschen
        $replace=ereg_replace("\?","\?",$match[0]);
        $line = ereg_replace($replace, "", $line);
    }
  }

  print ("</UL>\n");

  fclose ($page);
?>
```

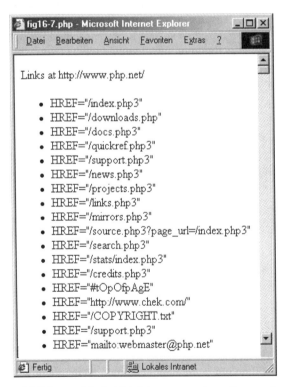

Abbildung 16.4: URL-Adressen in einem Text suchen

Die äußere Schleife in diesem Script durchsucht einzelne Textzeilen auf die Eigenschaft von HREF. Treffer werden in dem Element Null des Arrays match gespeichert. Anschließend erfolgt die Ausgabe des Link im Browser. Dann wird der Link mit der Funktion ereg_replace aus der Zeile entfernt. Diese Funktion ersetzt Text, der mit dem Muster eines regulären Ausdrucks übereinstimmt, durch eine Zeichenkette. In unserem Beispiel wird die Eigenschaft von HREF durch eine leere Zeichenkette ersetzt. Der gefundene Link wird entfernt, weil zwei Links in einer HTML-Zeile stehen könnten. Die Funktion ereg sucht nur nach der ersten Teilzeichenkette. Deshalb wird jeder gefundene Link entfernt, bis keiner mehr übrig ist.

Für die Funktion zum Entfernen von Links stellen wir die Variable replace zur Verfügung. Einige Links könnten ein Fragezeichen enthalten. In einer URL ist das Fragezeichen ein gültiges Zeichen, das den Dateinamen von Formularvariablen trennt. In regulären Ausdrücken hat dieses Zeichen eine besondere Bedeutung. Deshalb entwerten wir die Sonderbedeutung mit einem Backslash, damit PHP das Fragezeichen als normales Zeichen behandelt.

Ich benutze ereg_replace häufig, um Text für einen neuen Kontext anzupassen. Sie können ereg_replace benutzen, um Zeichen für das Zeilenende durch Break-Tags zu ersetzen (siehe Listing 16.5). Sie können mit dieser Funktion auch mehrere Leerzeichen durch ein einzelnes Leerzeichen ersetzen.

Listing 16.5: Zeilenvorschub durch
-Tags ersetzen

```
<?
/*
** Übermittelten Text anzeigen
*/
if (isset ($text)){
    print ("<B>Ungefiltert</B><BR>\n");
    print ($text);
    print ("<BR>\n");

    // Zeilenvorschub durch <BR> ersetzen,
    // Wagenrücklauf löschen
    $text = ereg_replace (10, "<BR>", $text);
    $text = ereg_replace (13, "", $text);

    print ("<B>Gefiltert</B><BR>\n");
    print ($text);
    print ("<BR>\n");
}

// Beginn des Formulars
print ("<FORM ACTION=\"$PHP_SELF\">\n");
print ("<TEXTAREA NAME=\"text\" COLS=\"40\" ROWS=\"10\">");
print ("</TEXTAREA><BR>\n");
print ("<INPUT TYPE=\"submit\" value=\"anzeigen\">\n");
print ("</FORM>\n");
?>
```

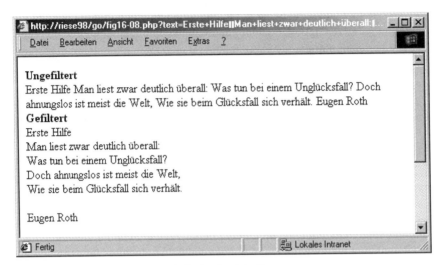

Abbildung 16.5: Zeilenvorschub durch
-Tags ersetzen

Inzwischen dürften Sie das Prinzip, das hinter regulären Ausdrücken steht, verstanden haben. Ich möchte Sie nur noch auf eines hinweisen: In dem Script aus Listing 16.5 wird die Funktion `ereg_replace` mit einer Integerzahl für den Zeilenvorschub aufgerufen. Die Zahl 10 ist der ASCII-Code für den Zeilenvorschub. Wenn Sie hier Backslash-n benutzen würden, bekämen Sie ein anderes Ergebnis. Denken Sie daran, dass durch einen Backslash in regulären Ausdrücken das nachfolgende Zeichen als normales Zeichen behandelt wird. Für die Funktion `ereg_replace` können Sie als erstes Argument den Wert eines einzelnen Zeichens in ASCII-Code definieren.

Datenbankintegration

- HTML-Tabellen aus SQL-Abfragen erzeugen
- Besuche einzelner Benutzer mit Session-IDs aufzeichnen
- Daten in Datenbanken speichern
- Datenbank-Abstraction-Layer

PHP bietet für viele Datenbanken gute Unterstützung. Wenn es für die von Ihnen bevorzugte Datenbank keine systemeigene Unterstützung gibt, können Sie die ODBC-Standardtreiber für externe Datenbanken benutzen. Es gibt regelmäßig Unterstützung für neue Datenbanken. Aus der PHP-Entwicklungsecke kommt generell die Bemerkung: »Geben Sie uns einen Rechner zum Testen, und wir werden eine Unterstützung bereitstellen.«

MySQL ist bei allen, die mit PHP arbeiten, zweifellos die beliebteste Datenbank. Sie kostet nichts und ist darüber hinaus wegen ihrer erstaunlichen Schnelligkeit sehr gut für die Webentwicklung geeignet. In den Beispielen dieses Kapitels arbeiten wir mit der MySQL-Datenbank. Falls Sie diese Datenbank nicht haben, rufen Sie die MySQL-Website auf <http://www.mysql.com> und informieren sich dort über das Downloaden und die Installierung. Oder Sie versuchen, die Beispiele für eine andere Datenbank anzupassen.

Die meisten relationalen Datenbanken benutzen die Structured Query Language (SQL). Sie ist eine Programmiersprache der vierten Generation (Fourth Generation Language – 4GL). Das heißt, sie ist im Vergleich zu PHP-Code dem Englischen näher. Im Rahmen dieses Buches können wir kein Tutorial zu SQL anbieten. Wenn Ihnen SQL vollkommen neu ist, empfehle ich Ihnen die Tutorials, die Sie auf der Dokumentationsseite der MySQL-Homepage finden <http://www.mysql.com/doc.html>. Oder Sie lesen ein Buch wie *Hands-On SQL* (Prentice Hall) von Robert Groth und David Gerber.

17.1 HTML-Tabellen aus SQL-Abfragen erzeugen

Die vielleicht einfachste Aufgabe, die Sie mit einer Datenbank und PHP ausführen können, ist, Daten aus einer Datenbanktabelle zu extrahieren und sie in einer HTML-Tabelle anzuzeigen. Dies können Verkaufsartikel aus einem Katalog, eine Projektliste oder eine Liste von Internet-Name-Servern mit ihren Ping-Zeiten sein. Für unser Beispiel nehmen wir den ersten Fall. Angenommen, ein Supermarkt möchte Verkaufsartikel auf seiner Website anbieten. Als Konzeptentwurf erstellen Sie eine Seite mit einigen Artikeln aus einer Datenbank. Wir benutzen die Datenbank test, die bei der Installation von MySQL erzeugt wird. Das PHP-Script für die Anzeige der Verkaufsartikel liegt auf dem gleichen Rechner wie der Datenbank-Server.

Als Erstes erzeugen wir die Tabelle. In Listing 17.1 sehen Sie den SQL-Code für die Erzeugung einer einfachen, dreispaltigen Tabelle. Die Tabelle heißt catalog. Die Spalte ID enthält Integerzahlen mit höchstens 11 Stellen. Sie darf nicht null enthalten, und neue Zeilen erhalten automatisch hochgezählte Werte. Die letzte Zeile der Tabellen-Definition legt ID als Primärschlüssel fest. Dadurch erzeugen Sie einen Index und schließen doppelte IDs aus. Die beiden anderen Spalten nennen wir Name und Preis.

Listing 17.1: Tabelle Catalog erzeugen

```
CREATE TABLE catalog (
    ID INT(11) NOT NULL AUTO_INCREMENT,
    Name VARCHAR(32),
    Preis FLOAT(6,2),
    PRIMARY KEY (ID)
);
```

Als Datentyp für Name sind Zeichenketten mit bis zu 32 Zeichen definiert. Preis enthält Gleitkommazahlen mit sechs Stellen vor und zwei Stellen nach dem Dezimalzeichen. Ein perfektes Format für Preisangaben.

Als Nächstes fügen wir in die Tabelle einige Daten ein. Da es sich nur um eine Demoversion handelt, nehmen wir ein paar handelsübliche Artikel mit fiktiven Preisen. Dafür verwenden wir die Anweisung INSERT (vgl. Listing 17.2).

Listing 17.2: Daten in eine Tabelle einfügen

```
INSERT INTO catalog (Name,Preis) VALUES ('Zahnbürste', 1.79);
INSERT INTO catalog (Name,Preis) VALUES ('Kamm', 0.95);
INSERT INTO catalog (Name,Preis) VALUES ('Zahnpasta', 5.39);
INSERT INTO catalog (Name,Preis) VALUES ('Zahnseide', 3.50);
INSERT INTO catalog (Name,Preis) VALUES ('Shampoo', 2.50);
INSERT INTO catalog (Name,Preis) VALUES ('Festiger', 3.15);
INSERT INTO catalog (Name,Preis) VALUES ('Deodorant', 1.50);
INSERT INTO catalog (Name,Preis) VALUES ('Haargel', 6.25);
INSERT INTO catalog (Name,Preis) VALUES ('Rasierklingen',2.99);
INSERT INTO catalog (Name, Preis) VALUES ('Bürste', 1.15);
```

Jede SQL-Anweisung endet mit einem Strichpunkt, wie wir es von PHP kennen. Die Anweisung richtet sich an den MySQL-Server. Mit jeder Zeile fügen wir in die Katalogtabelle eine Zeile mit Artikelname und Preis ein. Eine ID geben wir nicht an. Diese wird von MySQL erzeugt, weil wir die betreffende Spalte als AUTO-INCREMENT definiert haben. Das Schlüsselwort VALUES signalisiert dem Server, dass jetzt die Werte für die vorher angegebenen Spalten folgen. Beachten Sie, dass in SQL Text von einfachen Anführungsstrichen umgeben ist.

Abb. 17.1 zeigt die Ausgabe aller eingegebenen Artikel auf dem MySQL-Client. Um die Ausgabe zu erhalten, geben Sie am MySQL-Client Folgendes ein:

```
SELECT * FROM catalog;
ID Name     Preis
1  Zahnbürste    1.79
2  Kamm          0.95
3  Zahnpasta     5.39
4  Zahnseide     3.50
5  Shampoo       2.50
6  Conditioner   3.15
7  Deodorant     1.50
8  Haargel       6.25
9  Rasierklingen 2.99
10 Bürste        1.15
10 rows in set (0.01 sec)
```

Abbildung 17.1: SELECT*FROM catalog

Als letzten Schritt schreiben wir ein PHP-Script, das die Inhalte der Datenbanktabelle abfragt und sie in einer HTML-Tabelle ausgibt (siehe Listing 17.3). Zuerst stellen wir mit der Funktion mysql_pconnect eine Verbindung zum Datenbank-Server her. Diese Funktion kann einen Hostnamen, einen Benutzernamen und ein Passwort erhalten. Ich lege in der Regel den Benutzer httpd ohne Passwort in meiner MySQL-Datenbank an. Dieser Benutzer darf nur mit Verbindungen des lokalen Servers arbeiten. Er hat den Namen des UNIX-Benutzers, der Scripts ausführt – das heißt, den Namen des Webservers. Möglicherweise haben Sie Platz auf einem Server bei einem Anbieter gemietet, der Ihnen einen MySQL-Benutzernamen und eine Datenbank zugewiesen hat. In diesem Fall müssen Sie die Funktionsargumente natürlich ändern.

Listing 17.3: Eine HTML-Tabelle aus einer Abfrage erzeugen

```
<?
// Datenbankverbindung öffnen, auf Fehler prüfen
if (!($dbLink = mysql_pconnect ("localhost", "httpd", ""))) {
  print ("Datenbankverbindung fehlgeschlagen!<BR>\n");
  print ("Beendet!<BR>\n");
  exit();
}

// Datenbank auswählen, auf Fehler prüfen
if (!mysql_select_db ("test", $dbLink)) {
  print ("Kann die Datenbank nicht auswählen!<BR>\n");
  print ("Abbruch!<BR>\n");
  exit();
}

// Die Katalog-Tabelle ganz auslesen
$Query = "SELECT Name, Preis FROM catalog ";
if (!($dbResult = mysql_query ($Query, $dbLink))) {
  print ("Fehler beim Ausführen der Abfrage!<BR>\n");
  print ("MySQL meldet: " . mysql_error() . "<BR>\n");
  print ("Die Abfrage war: $Query<BR>\n");
  exit();
}

// Beginn der HTML-Tabelle
print ("<TABLE BORDER=\"0\">\n");

// Überschrift schreiben
print ("<TR>\n");
print ("<TD BGCOLOR=\"#CCCCCC\"><B>Ware</B></TD>\n");
print ("<TD BGCOLOR=\"#CCCCCC\"><B>Preis</B></TD>\n");
print ("</TR>\n");

// Alle Zeilen holen
while ($dbRow = mysql_fetch_object ($dbResult)) {
  print ("<TR>\n");
```

```
    print ("<TD>$dbRow->Name</TD>\n");
    print ("<TD ALIGN=\"right\">$dbRow->Preis </TD>\n");
    print ("</TR>\n");
}

// Ende der HTML-Tabelle
print ("</TABLE>\n");
?>
```

Abbildung 17.2: Eine HTML-Tabelle aus einer Abfrage erzeugen

Bei erfolgreicher Verbindung wird ein MySQL-Link-Bezeichner zurückgegeben. Sie sehen hier, dass für die Verbindung zum Server und die Prüfung der Verbindung eine Zeile genügt. Link-Bezeichner sind immer größer als null. Wenn keine Verbindung hergestellt werden kann, wird null zurückgegeben. Wenn wir also prüfen, ob FALSE zurückgegeben wird, können wir feststellen, ob eine Verbindung fehlgeschlagen ist. Wenn ja, wird die Script-Ausführung beendet.

Die Verbindung zur Datenbank wird mit der Funktion mysql_pconnect hergestellt. In den Beschreibungen der MySQL-Funktionen in Kapitel 13, »Datenbankfunktionen«, finden Sie die Funktion mysql_connect. Beide Funktionen arbeiten innerhalb eines Scripts auf gleiche Weise. Jedoch gibt mysql_pconnect eine ständige Verbindung zurück.

Die meisten Datenbankfunktionen von PHP bieten die Möglichkeit einer ständigen Verbindung, das heißt eine Verbindung, die auch nach Beendigung des Scripts erhalten bleibt. Wenn während des gleichen Web-Prozesses später ein anderes Script ausgeführt wird, das auf dieselbe Datenbank zugreift, wird die bestehende Verbindung benutzt. Dadurch wird Overhead vermieden. In der Praxis ist die Einsparung nicht sehr hoch, weil Apache 1.3.x und frühere Versionen mit Kindprozes-

sen anstatt mit Threads arbeiten. Diese Prozesse bedienen einige Anfragen und werden dann durch neue Prozesse ersetzt. Bei Ende eines Prozesses wird auch seine ständige Verbindung beendet.

Nur bei hohem Datendurchsatz profitiert Ihr Script von einer ständigen Verbindung, also genau zur richtigen Zeit. Ich benutze in der Regel die Funktion `mysql_pconnect`. Inzwischen ist Apache 2.0 in der Testphase. Apache 2.0 verspricht einen Multithread-Ansatz und damit die optimale Nutzung ständiger Verbindungen.

Als Nächstes wählen Sie eine Datenbank aus. Für unser Beispiel-Script habe ich die Datenbank `store` gewählt. Mit der Funktion `mysql_query` erhalten wir dann alle Zeilen aus der Tabelle `catalog`. Die Funktion erhält einen Link und führt eine Abfrage durch. Anschließend gibt sie einen Ergebnisbezeichner zurück. Mit diesem Ergebnisbezeichner können wir die Abfrageergebnisse abrufen.

Vorher erstellen wir jedoch eine HTML-Tabelle. Wir beginnen mit dem Tag für Tabelle, dann erstellen wir eine Kopfzeile mit grauem Hintergrund. Der Rest der Tabelle ist Standard.

Nach der Ausgabe der Kopfzeile füllen wir jede Zeile mit den Abfrageergebnissen. Mit der Funktion `mysql_fetch_object` ist die Ausführung am schnellsten. Dadurch wird jede Spalte im Abfrageergebnis als Objekt-Eigenschaft interpretiert. Die Spaltennamen dienen als Eigenschaftsnamen. Sie könnten auch die Funktionen `mysql_fetch_row` oder `mysql_fetch-array` benutzen, die genauso effizient sind. Objekte haben meistens den Vorteil, dass Scripts leichter lesbar sind. Die Funktion `mysql_result` sollten Sie vermeiden, weil sie ein zweidimensionales Array aufwendig durchsucht.

Wenn keine Zeilen mehr übrig sind, gibt die Funktion FALSE zurück. Um dieses gewünschte Ergebnis zu erzielen, schreiben wir die Funktion in eine `while`-Schleife. In die Kopfzeilen-Zellen der HTML-Tabelle werden die Objekt-Eigenschaften ausgegeben. Wenn es keine weiteren Zeilen gibt, endet die Tabelle. PHP trennt die Verbindung zur Datenbank anschließend automatisch.

Das Beispiel ist zwar sehr einfach, berührt jedoch die wichtigsten Merkmale der Arbeit mit Datenbanken. Dadurch dass jede Zeile in einer Schleife erzeugt wird, sind die Zeilen einheitlich. Wenn Sie Daten in der Datenbank ändern, müssen Sie den Code, der die Daten in HTML ausgibt, nicht ändern.

Ein gutes Praxisbeispiel für diese Technik ist der Zufallsgenerator für Namen von Musikgruppen `<http://www.leonatkinson.com/random/>`. In einer MySQL-Datenbanktabelle sind Wörter gespeichert. Jede Person kann neue Wörter hinzufügen. Aus diesem Material erzeugt der Zufallsgenerator Namen. Jedes Mal, wenn die Seite geladen wird, werden zehn neue Namen angezeigt.

17.2 Benutzerbesuche mit Sitzungs-IDs aufzeichnen

Wenn sich Websites zu Webanwendungen entwickeln, taucht das Problem der Informationspflege auf. Es geht hier darum, auch über mehrere Seiten aufzuzeichnen, wer die Seiten besucht. Das Internet selbst ist anonym. Ihr Browser stellt eine Verbindung mit einem Server her, ruft eine oder mehrere Dateien ab und beendet dann die Verbindung. Wenn Sie fünf Minuten später einen Link anklicken, geschieht wieder das Gleiche. Es gibt Protokolldateien, der Server muss sich an Sie nicht erinnern. Persönliche Informationen, die Sie drei Seiten vorher eingegeben haben, sind zwar irgendwo gespeichert, werden aber auf den Folgeseiten nicht mit Ihnen assoziiert.

Stellen Sie sich eine assistentenähnliche Oberfläche für Pizzabestellungen vor. Auf dem ersten Bildschirm soll die Anzahl der Pizzen eingegeben werden. Für jede Pizza soll es eine eigene Seite geben, wo der Belag zusammengestellt und die Dicke der Pizza ausgewählt wird. Auf der letzten Seite soll Name und Telefonnummer eingegeben werden. Dann wird die Bestellung per E-Mail zum nächstgelegenen Pizza-Service geschickt. Diese Aufgabe lässt sich lösen, indem alle bisherigen Informationen mit jedem Formular abgeschickt werden. Die Daten werden von Seite zu Seite mehr und Teile der Bestellung werden dem Server mehrfach übermittelt. Diese Lösung funktioniert, belastet jedoch unnötig das Netzwerk.

Mit einer Datenbank und einer Sitzungs-ID können Sie Information sofort speichern. Als Schlüssel zur Information gibt es eine eindeutige ID. Sobald Ihrem Script diese ID zur Verfügung steht, kann es auf die gespeicherten Informationen zugreifen.

Wie das Script die ID erhält, ist ein anderes Thema. Es gibt zwei Möglichkeiten. Sie können die ID innerhalb eines Link oder eines Formulars als Variable weitergeben. In einem Formular ist dies eine versteckte Variable. In einem Link müssen Sie ein Fragezeichen und eine Variablen-Definition einfügen. Ist Ihre Sitzungs-ID in einer Variablen session gespeichert, könnten Sie diese Variable mit einer Zeile wie der folgenden an die nächste Seite übergeben:

```
Print ("<A HREF=\"page2.php3?session=$session\">nächste Seite</A>");
```

Diese Technik funktioniert in allen Browsern, sogar in Lynx.

Die zweite Möglichkeit ist die Verwendung von Cookies. Wie GET- und POST-Formular-Variablen werden Cookies von PHP in Variablen umgewandelt. Sie erzeugen ein Cookie session. Der Unterschied zur ersten Lösung ist, dass Sie ein Cookie nur in einem Header setzen können. Das heißt, Sie senden zuerst die Cookies, dann HTML-Code an den Browser. Wenn Sie diese Technik anwenden wollen, sollten Sie sich die Funktion setcookie in Kapitel 8, »I/O-Funktionen«, noch einmal ansehen. Eine kompliziertere Technik ist die Kombination von Cookies und GET-Variablen.

Beide Techniken finden Sie sehr häufig im Internet, vor allem auf E-Commerce-Sites. Im nächsten Beispiel arbeiten wir mit GET-Variablen. Als Erstes erzeugen wir eine Tabelle für die Session-IDs. In Listing 17.4 sehen Sie den SQL-Code für die Erzeugung dieser Tabelle in einer MySQL-Datenbank.

Listing 17.4: Tabelle für Sitzungs-IDs erzeugen

```
CREATE TABLE session (
  ID VARCHAR(8) NOT NULL,
  LastAction DATETIME,
  PRIMARY KEY (ID)
);
```

In die Spalte für die ID passen Zeichenketten von acht Zeichen. Jedes Mal, wenn Benutzer zur nächsten Seite gehen, aktualisieren wir die Spalte LastAction. Jeder Besuch auf unserer Seite bewirkt das Löschen aller Sitzungen, die 30 Minuten inaktiv waren. Dann müssen wir prüfen, ob der Besucher oder die Besucherin eine Sitzungs-ID hat. Wenn nicht, erzeugen wir eine. Im anderen Fall prüfen wir die Sitzungs-ID auf ihre Gültigkeit.

Listing 17.5: Sitzungs-ID prüfen

```
<?
/*
** Demonstration von Session-IDs
*/
function SessionID ($length=8) {
  // Menge der möglichen Zeichen definieren
  $Pool = "ABCDEFGHIJKLMNOPQRSTUVWXYZ";
  $Pool .= "abcdefghijklmnopqrstuvwxyz";
  $lastChar = strlen ($Pool) - 1;

  for ($i = 0; $i < $length; $i++) {
    $sid .= $Pool[mt_rand (0, $lastChar)];
  }
  return ($sid);
}

// Dem Generator einen Wert vorgeben
mt_srand (time());

// Datenbankverbindung öffnen, auf Fehler prüfen
if (! ($dbLink = mysql_pconnect ("localhost", "httpd", ""))) {
  print ("Datenbankverbindung fehlgeschlagen!<BR>\n");
  print ("Abbruch!<BR>\n");
  exit();
}

// Datenbank auswählen, auf Fehler prüfen
if (!mysql_select_db ("test", $dbLink)) {
  print ("Kann die Test-Datenbank nicht auswählen!<BR>\n");
  print ("Abbruch!<BR>\n");
  exit();
}

// Etwaige ältere Sessions löschen
$Query = "DELETE FROM session ";
$Query .= "WHERE LastAction < '";
$Query .= date ("Y-m-d H:i:s", (time ()-10800))'";
if (! ($dbResult = mysql_query ($Query, $dbLink))) {
  // Abfrage kann nicht ausgeführt werden
  print ("Fehler beim Löschen alter Sessions!<BR>\n");
  print ("MySQL meldet: " . mysql_error() . "<BR>\n");
  exit();
}

 // Session prüfen
 if (isset ($session)) {
   // Es gibt eine Session, die geprüft wird
```

```
  $Query = "SELECT * FROM session WHERE ";
  $Query .= "ID='".addslashes ($session)."' ";

  if (! ($dbResult=mysql_query ($Query,$dbLink))) {
    // Abfrage kann nicht ausgeführt werden
    print ("Fehler beim Abfragen der session-Tabelle!<BR>\n");
    print ("MySQL meldet: " . mysql_error() . "<BR>\n");
    exit();
  }

  // Wenn es eine Zeile gibt, gibt es eine Session
  if (mysql_numrows ($dbResult)) {
    // Session existiert, letzte Aktion aktualisieren
    $Query = "UPDATE session SET LastAction ";
    $Query .= "= now() WHERE ID='$session' ";
    if (! ($dbResult = mysql_query ($Query, $dbLink))) {
      // Konnte Abfrage nicht ausführen
      print ("Fehler beim Aktualisieren der Tabelle!<BR>\n");
      print ("MySQL meldet: " . mysql_error() . "<BR>\n");
      exit();
    }
  } else {
    // Session ist falsch
    print ("Falsche Session ID ($session)!<BR>\n");
    $session = "";
  }
}
// Falls Session leer ist, neue Session erzeugen
if ($session == "") {
  // Session existiert nicht, neu erzeugen
  $session = SessionID(8);

  // Session in die Datenbanktabelle schreiben
  $Query = "INSERT INTO session ";
  $Query .= "VALUES ('$session', now()) ";
  if (! ($dbResult = mysql_query ($Query, $dbLink))) {
    // Kann die Abfrage nicht ausführen
    print ("Fehler beim Einfügen in die Tabelle!<BR>\n");
    print ("MySQL meldet: ".mysql_error() . "<BR>\n");
    exit();
  }
}

print ("Ihre SessionID ist: $session<BR>\n");
print ("<A HREF=\"$PHP_SELF?session=$session\">");
print ("Seite neu laden");
print ("</A><BR>\n");
?>
```

Abbildung 17.3: Sitzungs-ID prüfen

Der erste Aufruf des Scripts aus Listing 17.5 erzeugt eine Sitzungs-ID. Wenn Sie auf den Link »Refresh Page« klicken, prüft das Script die Sitzung. Gibt es die Sitzungs-ID nicht in der Tabelle session, wird sie zurückgewiesen und es wird eine neue erzeugt. Versuchen Sie, eine ungültige Sitzungs-ID abzusenden, indem Sie ein Zeichen aus der Adresszeile Ihres Browsers entfernen.

Versuchen Sie, den nächsten Schritt zu lösen: Erzeugen Sie eine weitere Tabelle, um notwendige Informationen über Site-Besucher zu speichern. Die Tabelle soll eine Spalte für die Sitzungs-IDs aus der Tabelle session haben.

17.3 Daten in einer Datenbank speichern

Die in Datenbanken gespeicherte Information ist nicht auf kurze Zeichenketten beschränkt, wie der 32 Zeichen lange Artikelname aus Listing 17.3. Sie können 64 KByte große Datenfelder erzeugen und darin auch größere Internetseiten speichern. Der Vorteil ist, dass Internetseiten hier in einer sehr gut strukturierten Umgebung liegen. Die einzelnen Seiten werden durch Zahlen identifiziert, die auch für die Erstellung von Beziehungen zwischen den Seiten genutzt werden können. Der Nachteil ist, dass Sie die Seiten, die in einer Datenbank liegen, nicht mehr mit einem Editor öffnen können. Sie müssen hier Vor- und Nachteile abwägen. Bei den meisten Websites ist es nicht notwendig, dass jedes Stückchen Information in einer Datenbank gespeichert ist.

Alle Inhalte in einer Datenbank zu speichern, ist zum Beispiel für eine Mailbox sinnvoll. Das System speichert Nachrichten, die mehr als bloße Internetseiten sind. Jede Nachricht hat Angaben zu Titel, Erstellungszeit und Autor. Diese Angaben können Sie problemlos in einer Datenbank speichern. Zudem können wir Nachrichten einer Eltern-Kind-Baumstruktur zuordnen, weil jede Nachricht eine eindeutige ID erhält. Benutzer können ein neues Diskussionsthema anlegen, dem viele Nachrichten zugeordnet sind. Nachrichten werden in dieser hierarchischen Struktur angezeigt, um das Browsen zu erleichtern.

Wie bei allen Systemen, die mit Datenbanken zu tun haben, muss zuerst eine Tabelle erzeugt werden. Das Script aus Listing 17.6 erzeugt eine Tabelle für die Speicherung von Nachrichten. Jede Nachricht hat einen Titel, den Namen der Person, die die Nachricht geschickt hat, Absendezeit, eine Eltern-Nachricht und den Textkörper. Die Eltern-ID kann null sein. Das bedeutet, dass diese Nachricht ein neues Thema beginnt. Der Textkörper muss nicht reiner Text sein. Er kann HTML enthalten. Dadurch können Benutzer in ihrem Browser eigene Internetseiten erstellen.

Listing 17.6: Tabelle für Nachrichten erzeugen

```
(
  ID INT NOT NULL AUTO_INCREMENT,
  Titel VARCHAR(64),
  Absender VARCHAR(64),
  Erstellt DATETIME,
  Parent INT,
  Body BLOB,
  PRIMARY KEY(ID)
);
```

Das Script aus Listing 17.7 bietet zwei Modi: die Ansicht einer Liste von Nachrichtentiteln und die Ansicht einzelner Nachrichten. Wenn die Variable messageID leer ist, wird eine thematisch strukturierte Liste aller Nachrichten angezeigt. Dafür gibt es die Funktion showMessages. Vielleicht sollten Sie sich das Kapitel 4, »Funktionen«, insbesondere den Abschnitt über Rekursion, noch einmal ansehen. Die Funktion showMessages benutzt Rekursion, um jeden Zweig des Nachrichtenbaums zu durchlaufen. Zuerst erstellt die Funktion eine Liste aller Nachrichten, die keine Elternnachricht haben. Dies sind die Ursprungsnachrichten, die Startpunkte für Themen. Nach der Ausgabe jeder Ursprungsnachricht ruft sich die Funktion für das Thema auf. Dieser Prozess läuft so lange, bis eine Nachricht ohne Kindnachrichten gefunden wird. Für die Ausgabe der Nachrichtentitel werden UL-Tags benutzt. Durch den Zeileneinzug wird die Hierarchie deutlich.

Listing 17.7: Eine einfache Mailbox

```
<?
Print ("<H1>Leon's BBS</H1>\n");

// Datenbankverbindung öffnen, auf Fehler prüfen
if (! ($dbLink = mysql_pconnect ("localhost", "httpd", ""))) {
  print ("Datenbankverbindung fehlgeschlagen!<BR>\n");
  print ("Abbruch!<BR>\n");
  exit();
}

// Datenbank auswählen, auf Fehler prüfen
if (!mysql_select_db ("test", $dbLink)) {
  print ("Fehler bei der Benutzung der test-Datenbank!<BR>\n");
  print ("Abbruch!<BR>\n");
  exit();
}

/*
** Rekursive Funktion, von einer Eltern-Nachricht
** aus werden alle Kind-Nachrichten durchlaufen
*/
function showMessages ($parentID) {
  global $dbLink;
```

```php
$dateToUse = Date("U");
print ("<UL>\n");

$Query = "SELECT ID, Titel, Erstellt FROM bbsMessage ";
$Query .= " WHERE Parent=$parentID ORDER BY Created ";

if (! ($dbResult = mysql_query ($Query, $dbLink))) {
  // Konnte Anfrage nicht ausführen
  print ("Fehler beim Abfragen der Tabelle!<BR>\n");
  print ("MySQL meldet: " . mysql_error() . "<BR>\n");
  exit();
}

while ($row = mysql_fetch_object ($dbResult)) {
  // Zeige den Titel als Link zum body an
  print ("<LI> ($row->Erstellt) <A HREF=\"");
  print ("$PHP_SELF?messageID=$row->ID\">");
  print ("$row->Titel</A><BR>\n");

  // Zeige die Kind-Nachrichten an
  showMessages ($row->ID);
}
print ("</UL>\n");
}


/*
** Ein Formular erstellen, um eine Nachricht mit
** gegebener Eltern-Nachricht zuzufügen
*/
function postForm ($parentID, $useTitle) {
  print ("<FORM ACTION=\"$PHP_SELF\" METHOD=\"post\">\n");
  print ("<INPUT TYPE=\"hidden\" NAME=\"inputParent\" ");
  print ("VALUE=\"$parentID\">\n");
  print ("<INPUT TYPE=\"hidden\" NAME=\"ACTION\" ");
  print ("VALUE=\"POST\">\n");
  print ("<TABLE BORDER=\"1\" CELLSPACING=\"0\" ");
  print ("CELLPADDING=\"5\" WIDTH=\"400\">\n");
  print ("<TR>\n");
  print ("<TD WIDTH=\"100\"><B>Titel</B></TD>\n");
  print ("<TD WIDTH=\"300\">");
  print ("<INPUT TYPE=\"text\" NAME=\"inputTitle\" ");
  print ("SIZE=\"35\" MAXLENGTH=\"64\" VALUE=\"$useTitle\">");
  print ("</TD>\n");
  print ("</TR>\n");
  print ("<TR>\n");
  print ("<TD WIDTH=\"100\"><B>Absender</B></TD>\n");
  print ("<TD WIDTH=\"300\">");
```

```
    print ("<INPUT TYPE=\"text\" NAME=\"inputPoster\" ");
    print ("SIZE=\"35\" MAXLENGTH=\"64\">");
    print ("</TD>\n");
    print ("</TR>\n");
    print ("<TR>\n");
    print ("<TD COLSPAN=\"2\" WIDTH=\"400\">");
    print ("<TEXTAREA NAME=\"inputBody\" ");
    print ("COLS=\"45\" ROWS=\"5\"></TEXTAREA>");
    print ("</TD>\n");
    print ("</TR>\n");
    print ("<TR>\n");
    print ("<TD COLSPAN=\"2\" WIDTH=\"400\" ALIGN=\"middle\">");
    print ("<INPUT TYPE=\"submit\" VALUE=\"Post\">");
    print ("</TD>\n");
    print ("</TR>\n");
    print ("</TABLE>\n");
    print ("</FORM>\n");
}

/*
** Aktionen bereitstellen
*/
if($ACTION != "") {
  if ($ACTION == "POST") {
    $Query = "INSERT INTO bbsMessage VALUES(0,";
    $Query .= "'".addslashes($inputTitle)."',";
    $Query .= "'".addslashes($inputPoster)."', now(), ";
    $Query .= " $inputParent, '".addslashes($inputBody)."')";

    if (! ($dbResult=mysql_query ($Query, $dbLink))) {
    // Kann Abfrage nicht ausführen
    print("Fehler beim Einfügen in Tabelle!<BR>\n");
    print ("MySQL meldet: " . mysql_error() . "<BR>\n");
    exit();
    }
  }
}
/*
** Nachrichten oder Nachrichtenliste anzeigen
*/
if ($messageID > 0) {
  $Query = "SELECT ID, Titel, Absender, Erstellt,";
  $Query .= "Parent, Body FROM bbsMessage ";
  $Query .= "WHERE ID = $messageID ";

  if (! ($dbResult = mysql_query ($Query, $dbLink))) {
    // Konnte Abfrage nicht ausführen
```

```
    print ("Fehler beim Abfragen der Tabelle!<BR>\n");
    print ("MySQL meldet: " . mysql_error() . "<BR>\n");
    exit();
  }

  if ($row = mysql_fetch_object ($dbResult)) {
    print ("<TABLE BORDER=\"1\" CELLSPACING=\"0\" ");
    print ("CELLPADDING=\"5\" WIDTH=\"400\">\n");
    print ("<TR>");
    print ("<TD WIDTH=\"100\"><B>Titel</B></TD>");
    print ("<TD WIDTH=\"300\">$row->Titel </TD>");
    print ("</TR>\n");
    print ("<TR>");
    print ("<TD WIDTH=\"100\"><B>Absender</B></TD>");
    print ("<TD WIDTH=\"300\">$row->Poster </TD>");
    print ("</TR>\n");
    print ("<TR>");
    print ("<TD WIDTH=\"100\"><B>Erstellt</B></TD>");
    print ("<TD WIDTH=\"300\">$row->Erstellt </TD>");
    print ("</TR>\n");
    print ("<TR>");
    print ("<TD COLSPAN=\"2\" WIDTH=\"400\">");
    print ("$row->Body");
    print ("</TD>");
    print ("</TR>\n");
    print ("</TABLE>\n");
    postForm ($row->ID, "RE: $row->Title");
  }

  print ("<A HREF=\"$PHP_SELF\">Nachrichtenliste </A><BR>\n");
} else{
  print ("<H2>Nachrichtenliste</H2>\n");

  // Liste ausgeben
  showMessages (0);

  postForm (0, "");
}
?>
```

Für Rationalisten ist dieser Einsatz der Rekursion nicht optimal. Jedes Thema ruft die Funktion showMessages auf und die Datenbank wird erneut abgefragt. Versuchen Sie herauszufinden, wie Sie die Datenbank nur einmal aufrufen und den Nachrichtenbaum im Arbeitsspeicher durchlaufen können.

Abbildung 17.4: Eine einfache Mailbox

Bei einem Klick auf einen Nachrichtentitel wird die Seite mit gesetzter `messageID` neu geladen. Das Script schaltet dann auf den Anzeigemodus für einzelne Nachrichten. Die einzelnen Felder der Nachricht erscheinen in einer Tabelle. HTML-Abschnitte werden im Browser als solche wiedergegeben. Sie werden nicht ausgefiltert. Wenn Sie HTML ausfiltern wollen, dann tun Sie dies am besten im Code, der neue Nachrichten hinzufügt.

In beiden Anzeigemodi gibt es ein Formular, um eine neue Nachricht hinzuzufügen. Fügen Sie eine neue Nachricht in der Listenanzeige hinzu, wird die Nachricht der Ursprungsebene hinzugefügt. In der Einzelansicht wird eine neue Nachricht als Antwort gewertet, und sie wird zur Kindnachricht der angezeigten Nachricht.

Dieses Mailbox-Beispiel ist zwar einfach, aber enthält die wichtigsten Funktionalitäten. Eine ausgefeiltere Lösung könnte sein, nur authentifizierten Benutzern zu erlauben, Nachrichten hinzuzufügen. Sie könnten Nachrichten auch erst nach der Genehmigung eines Moderators veröffentlichen. Die hier gezeigte Struktur können Sie für alle interaktiven Anwendungen, wie zum Beispiel ein Gästebuch, anwenden. Wenn Sie an einer ausgefeilten Lösung für eine Mailbox interessiert sind, möchte ich Ihnen Brian Moons Phorum-Projekt empfehlen <`http://www.phorum.org/`>.

17.4 Datenbank-Abstraction-Layer

Angenommen, Sie erstellen eine Webanwendung, die mit MySQL arbeitet. Später werden Sie gebeten, diese Anwendung auf Oracle abzustimmen. Sie brauchen dafür andere PHP-Funktionen, also müssten Sie jede umschreiben. Außerdem ist SQL bei MySQL etwas anders als bei Oracle. Also müssten Sie wahrscheinlich auch die meisten Abfragen ändern. Eine Lösung dieses Problems ist das Hinzufügen eines Abstraction Layer. Dadurch wird die Geschäftslogik – die Regeln für die Anwendung – und der Code, der als Schnittstelle zur Datenbank dient, getrennt. Eine einzelne Funktion ruft die richtige Funktion für den abzufragenden Datenbanktyp auf.

Der vielleicht am meisten genutzte Abstraction Layer ist Teil der PHP-Basis-Library <`http://phplib.netuse.de/`>. Diese Bibliothek enthält auch Code für die Sitzungsverwaltung. Ein anderer Abstraction Layer ist Metabase. Sie finden ihn in der PHP-Klassensammlung <`http://phpclasses.upperdesign.com/`>.

Trotz der Abstraction Layer bleiben Inkompatibilitäten zwischen Datenbanken eine Herausforderung. MySQL hat für die Spaltendefinition den speziellen Bezeichner `AUTO_INCREMENT`. Er füllt eine Spalte automatisch mit Integerzahlen in aufsteigender Reihenfolge. In Oracle erreichen Sie etwas Ähnliches mit einer Sequence und einem Trigger. Es ist schwierig, Unterschiede systematisch auszugleichen. 1999 schlug Scott Ambler eine Lösung vor, und zwar in seinem Arbeitspapier »The Design of a Robust Persistence Layer for Relational Databases«, <`http://www.ambysoft.com/persistenceLayer.html`>. Probleme werden sorgfältig analysiert und es wird ein detaillierter Entwurf diskutiert. Leider kann ich hier nicht darauf eingehen.

Ein Abstraction Layer ist stabil, beeinträchtigt jedoch die Performance. Deshalb müssen Sie bei jeder Datenbank auf bestimmte, leistungsstarke Features verzichten. Andererseits bietet der Abstraction Layer die gängigsten Funktionalitäten und Sie sind nicht an bestimmte Datenbanken gebunden.

Kapitel **18**

Netzwerk

- HTTP-Authentifizierung
- Browser-Cache kontrollieren
- Dokumenttyp festlegen
- E-Mail mit Anhängen
- E-Mail-Adressen verifizieren

Sie schreiben PHP hauptsächlich für die Netzwerkumgebung. Der Hauptzweck von PHP ist die Erzeugung von HTML-Dokumenten über das HTTP-Protokoll. In PHP können Sie programmieren, ohne sich um die notwendigen Protokolle kümmern zu müssen, aber Sie können bei Bedarf Protokolle auch direkt ansprechen. In diesem Kapitel besprechen wir ausführlich die zwei wichtigen Protokolle HTTP und SMTP. Sie sind für die Übertragung von Internetseiten und Mail zuständig. Ich werde häufig auftauchende Probleme beschreiben und Lösungen vorschlagen. Vielleicht finden Sie in diesem Kapitel ein Problem besprochen, mit dem Sie gerade zu kämpfen haben. Zum Beispiel, wie Sie eine Internetseite durch elementare HTTP-Authentifizierung schützen. Sie finden hier aber auch Beispiele, wie Sie HTTP-Header einsetzen und mit entfernten Rechnern kommunizieren.

18.1 HTTP-Authentifizierung

Wenn Sie bereits Internet-Erfahrung haben, wird Ihnen elementare HTTP-Authentifizierung bekannt sein. Sie rufen eine Seite auf und es erscheint ein kleines Dialogfenster, wo Sie Ihren Benutzernamen und Ihr Passwort eingeben müssen. Wie bereits in Kapitel 8, »I/O-Funktionen« beschrieben, können Sie in PHP mit der Funktion fopen eine URL öffnen. Sie können sogar, wie Sie es in der Adresszeile des Browsers tun, einen Benutzernamen und ein Passwort in der URL festlegen. HTTP-Header beinhalten die Authentifizierung, und Sie können Ihre PHP-Seiten schützen, indem Sie mit der header-Funktion arbeiten.

Um eine Seite durch HTTP-Authentifizierung zu schützen, müssen Sie zwei Header absenden. Der Header WWW-Authenticate teilt dem Browser mit, dass ein Benutzername und ein Passwort erforderlich sind. Außerdem legt er einen Bereich für eine Gruppe von Seiten fest. Benutzername und Passwort gelten für einen ganzen Bereich, so dass Benutzer sich nicht für jede aufgerufene Seite authentifizieren müssen. Der zweite Header bezeichnet den Status, in der Regel HTTP/1.0 401 Unauthorized. Vergleichen Sie dies mit dem normalen Header HTTP/1.0 200 OK.

Das Beispiel aus Listing 18.1 zeigt, wie Sie eine einzelne Seite schützen. HTML für den Seitenaufbau steht innerhalb der Funktionen, weil es ausgegeben werden muss, egal ob die Authentifizierung glückt oder nicht. Die Variablen PHP_AUTH_USER und PHP_AUTH_PW werden von PHP automatisch erzeugt, sobald ein Benutzername und ein Passwort gesendet werden. Im folgenden Beispiel benutze ich meinen Namen, »Leon«, als Benutzername und »secret« als Passwort. In einem komplexeren Script könnten Benutzername und Passwort mit einer in einer Datei oder Datenbank gespeicherten Liste verglichen werden.

Listing 18.1: Authentifizierung verlangen

```
<?
   /*
   ** Definition von Funktionen für den Beginn
   ** und das Ende von HTML-Dokumenten
   */
   function startPage() {
      print ("<HTML>\n");
      print ("<HEAD>\n");
      print ("<TITLE>Listing 18.1</TITLE>\n");
```

```
        print ("</HEAD>\n");
        print ("<BODY>\n");
    }

    function endPage() {
        print ("</BODY>\n");
        print ("</HTML>\n");
    }

    /*
    ** Test auf username/password
    */
    if (($PHP_AUTH_USER == "leon") AND
        ($PHP_AUTH_PW == "secret")) {
        startPage();

        print ("Sie sind eingelogged!<BR>\n");

        endPage();
    } else {
        // Header an den Browser senden, damit dieser den
        // Usernamen und Passwort vom Benutzer verlangt
        header ("WWW-Authenticate: Basic realm=\"Leon's Protected Area\"");
        header ("HTTP/1.0 401 Unauthorized");

        // Fehlertext anzeigen
        print ("Diese Seite ist durch HTTP Authentication
            geschützt.<br>\n");
        print ("Benutzen Sie <B>leon</B> als Username,
            and <B>secret</B> ");
        print ("als Password.<br>\n");
    }
?>
```

Nachdem Sie nun eine Seite schützen können, ist es für Sie vielleicht auch interessant zu wissen, wie Sie eine geschützte Seite abrufen. Wie bereits erwähnt, können Sie mit der Funktion fopen Benutzername und Passwort als Teil einer URL festlegen. Komplizierter wird es, wenn Sie die Funktion fsockopen benutzen müssen. Hier brauchen Sie den Anfrage-Header Authentication. Er enthält als Wert Benutzername und Passwort, getrennt durch einen Doppelpunkt. Diese Zeichenkette ist gemäß der HTTP-Spezifikation im 64-Bit-Format codiert.

Listing 18.2: Ein geschütztes Dokument abrufen

```
<?
    // Socket öffnen
    if (!($fp = fsockopen ("localhost", 80))) {
        print ("Kann Socket nicht öffnen!<BR>\n");
        exit;
```

```
    }

    // Dokument anfordern
    fputs ($fp,
        "HEAD /corephp/listings/18-1.php HTTP/1.0\r\n");

    // Username und Passwort senden
    fputs ($fp, "Authorization: Basic " .
        base64_encode("leon:secret") . "\r\n");

    // Request beenden
    fputs ($fp, "\r\n");

    // Antwort vom Server ausgeben
    fpassthru ($fp);
?>
```

Das Script aus Listing 18.2 ruft das Script aus Listing 18.1 ab. Möglicherweise müssen Sie die
URL ändern, damit das Script auf Ihrem Webserver funktioniert. Das Script geht davon aus, dass
Sie alle bisherigen Beispiele auf Ihrem Webserver unter dem Verzeichnis /corephp/listings gespeichert haben. Falls Sie sich über \r\n am Ende jeder Zeile wundern sollten, denken Sie daran,
dass alle an den HTTP-Server abgeschickten Zeilen mit Wagenrücklauf und Zeilenvorschub enden
müssen.

18.2 Browser-Cache kontrollieren

Bei der Arbeit mit dynamischen Internetseiten ist das Cache-Verhalten etwas lästig. Browser kümmern sich selbst um ihren Cache. Standardmäßig suchen sie nur einmal pro Sitzung nach einer
neuen Version einer Seite. Manche Internet-Anbieter stellen Cache zur Verfügung. Dadurch soll
unnötige Neuübertragung von Seiten vermieden werden. Wenn sich jedoch der Inhalt Ihrer Seite
mit jeder Anfrage ändern kann, ist es ärgerlich, wenn eine alte Version geladen wird. Zum Beispiel
bei E-Commerce-Sites ist es wesentlich, dass immer die neuesten Versionen von Seiten geladen
werden.

Andererseits könnte Ihre Site eine Seite dynamisch aufbauen, deren Inhalt über längere Zeit gleich
bleibt. Nach meiner Erfahrung können Caches URLs speichern, die gewöhnliche HTML-Dateien
zu sein scheinen, nicht jedoch URLs, die ein Fragezeichen mit nachfolgenden Variablen enthalten.
PHP kann jedoch Variablen verarbeiten, die in einer URL enthalten sind. Wenn sich Seiteninhalt in
zeitlich unregelmäßigen Abständen ändert, möchten Sie, dass der Cache darauf reagiert.

RFC 2616 beschreibt das Protokoll HTTP 1.1, das für die Steuerung des Cache mehrere Header
bietet. Im Beispiel aus Listing 18.3 sehen Sie, welche Header Sie abschicken müssen, damit eine
Seite nicht im Cache gespeichert wird. Der Header Last-Modified gibt an, wann ein Dokument zuletzt geändert wurde. Er setzt die aktuelle Zeit und teilt dem Browser mit, dass diese Version der
Seite neu ist. Der Header Expires teilt dem Browser mit, wann diese Version der Seite veraltet sein
wird und neu aufgerufen werden muss. Wir benutzen wieder die aktuelle Zeit und veranlassen den
Browser, die Seite nicht im Cache zu speichern. Der vielleicht wichtigste Header, Cache-Control,

teilt dem Browser mit, wie er die Seite behandeln soll. In unserem Beispiel wollen wir die Seite nicht im Cache speichern. Der letzte Header ist für alte Browser, die nur HTTP 1.0 verstehen. Laden Sie das Script aus Listing 18.3 mehrmals hintereinander. Sie sollten jedes Mal die aktualisierte Zeitangabe sehen.

Listing 18.3: Speichern im Cache verhindern

```
<?
   header("Last-Modified: " . gmdate ("D, d M Y H:i:s") .
      " GMT");
   header("Expires: " . gmdate("D, d M Y H:i:s") . " GMT");
   header("Cache-Control: no-cache, must-revalidate");
   header("Pragma: no-cache");
?>
<HTML>
<HEAD>
<TITLE>Listing 18.3</TITLE>
</HEAD>
<BODY>
Datum und Uhrzeit: <? Print (date ("D, d M Y H:i:s")); ?><BR>
</BODY>
</HTML>
```

Das Script aus Listing 18.4 bewirkt, dass eine Seite 24 Stunden lang im Cache gespeichert bleibt. Wie im Beispiel aus Listing 18.3 steuern auch hier die Header `Last-Modified`, `Expires` und `Cache-Control` das Cache-Verhalten. Die Zeit der letzten Änderung wird als letzte Dateiänderung übertragen. Die Seite verfällt nach 24 Stunden. Der Cache enthält die Seite und lässt sie 86.400 Sekunden (Anzahl Sekunden pro Tag) altern. Um zu prüfen, dass die Datei aus dem Cache geladen wird, rufen Sie die Seite sofort erneut auf. Die Zeitangabe auf der Seite dürfte sich nicht verändert haben.

Listing 18.4: Speichern im Cache veranlassen

```
<?
   // Gibt das Datum der Dateiänderung aus
   $LastModified = filemtime (__FILE__) + date("Z");
   header ("Last-Modified: " .
      gmdate("D, d M Y H:i:s", $LastModified) . " GMT");

   // Verfallsdatum 24 Stunden später (86400 Sekunden)
   $Expires = time() + 86400;
   header ("Expires: " .
      gmdate ("D, d M Y H:i:s", $Expires) . " GMT");

   // Dem Cache die 24 Stunden mitteilen
   header ("Cache-Control: max-age=86400");
?>
<HTML>
<HEAD>
<TITLE>Listing 18.4</TITLE>
```

```
</HEAD>
<BODY>
Datum: <? print (gmdate ("D, d M Y H:i:s")); ?> GMT<BR>
<BR>
Dieses Dokument wurde zuletzt am
<? print (gmdate ("D, d M Y H:i:s", $LastModified)); ?> GMT
geändert.<BR>
Dieses verfällt am
<? print (gmdate ("D, d M Y H:i:s", $Expires)); ?> GMT<BR>
</BODY>
</HTML>
```

Beachten Sie, dass die Zeitangaben der beiden Beispiele in GMT (Greenwich Mean Time) sind. Diese Zeitzone ist durch das HTTP-Protokoll festgelegt. Wenn Sie vergessen, Ihre Lokalzeit auf GMT umzustellen, müssen Sie mit lästigen Fehlern rechnen.

18.3 Dokumenttyp festlegen

Standardmäßig schickt PHP einen HTTP-Header mit der Dokumenttyp-Angabe HTML. Der Header `Content-Type` legt den MIME-Typ `text/html` fest, und der Browser interpretiert den Code als HTML. Manchmal wollen Sie jedoch mit PHP andere Dokumenttypen erzeugen. In Kapitel 19 lernen Sie, wie Sie Grafiken erzeugen. Diese brauchen vielleicht den Inhaltstyp `image/png`. MIME-Typen verwaltet IANA (Internet Assigned Numbers Authority). Eine Liste offizieller Medientypen finden Sie unter <`http://www.isi.edu/in-notes/iana/assignments/media-types/`>.

Manchmal wollen Sie die Browser-Reaktion auf verschiedene Inhaltstypen nutzen. Zum Beispiel wird `text/plain` ohne HTML-Interpretation in einer Schrift mit fester Weite dargestellt. Wenn Sie als Inhaltstyp `*/*` angeben, erscheint im Browser ein Dialogfenster, um die Datei zu speichern. Der vielleicht interessanteste Einsatz dafür ist der Aufruf einer Hilfe.

Das Beispiel aus Listing 18.5 erzeugt eine Textdatei mit Tabulatoren als Trennzeichen, die Micro-soft-Excel aufrufen kann. Dazu müssen auf dem Rechner Windows und Excel installiert sein. Neuere Versionen von Excel verknüpfen den Inhaltstyp `application/vnd.ms-excel` mit `xls`-Dateien. Nach meiner Erfahrung erzeugen diese Header auf einem Windows-Rechner OLE für Excel innerhalb von Microsoft Internet Explorer oder Netscape Navigator. Andere Browser fragen wahrscheinlich, ob die Datei gespeichert werden soll.

Listing 18.5: Excel-Datei übertragen

```
<?
    // Dokumenttyp senden
    header ("Content-Type: application/vnd.ms-excel");
    header (
       "Content-Disposition: filename=\"listing18-5.txt\"");

    // Mit Tabs unterteilte Daten senden
    print ("Listing 18.5\r\n");
```

```
    for ($i=1; $i < 100; $i++) {
        print ("$i\t");
        print (($i * $i) . "\t");
        print (($i * $i * $i) . "\r\n");
    }
?>
```

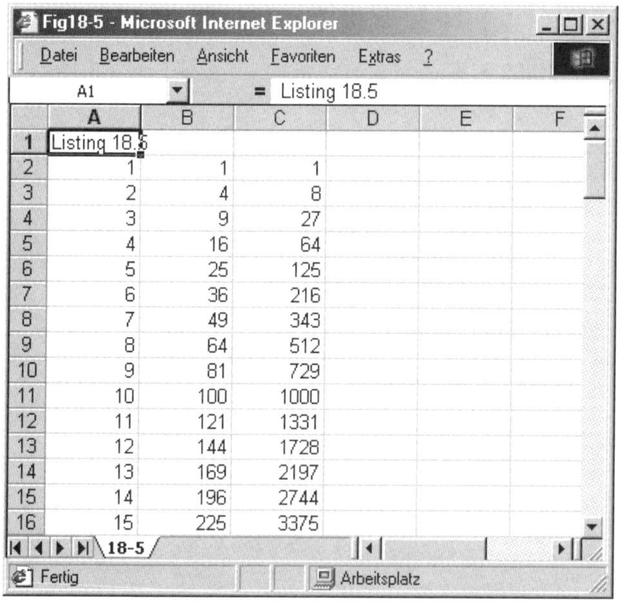

	A	B	C	D	E	F
1	Listing 18.5					
2	1	1	1			
3	2	4	8			
4	3	9	27			
5	4	16	64			
6	5	25	125			
7	6	36	216			
8	7	49	343			
9	8	64	512			
10	9	81	729			
11	10	100	1000			
12	11	121	1331			
13	12	144	1728			
14	13	169	2197			
15	14	196	2744			
16	15	225	3375			

Abbildung 18.1: Excel-Datei übertragen

Beachten Sie den Header `Content-Disposition` in Listing 18.5. Er gehört nicht zum HTTP-1.1-Standard, wird jedoch häufig eingesetzt. Er erlaubt Ihnen die Angabe eines Dateinamens. Wenn Sie dem Header `attachment;` hinzufügen, öffnen manche Browser Excel in einem eigenen Fenster.

Ein solcher Einsatz von `Content-Type` grenzt schon an schwarze Magie, da sich Browser bei den verschiedenen MIME-Typen nicht an einen Standard halten. Sehr gut geeignet ist diese Technik für Intranet-Anwendungen, wo nur wenige Browsertypen zu berücksichtigen sind.

18.4 E-Mail mit Anhängen

Eine einfache E-Mail mit PHP zu versenden, ist nicht schwer. Die Funktion `mail` kümmert sich im Hintergrund um all die schwierigen Protokoll-Details. Wenn Sie jedoch Anhänge schicken wollen, müssen Sie sich mit einem RFC befassen, besonders mit RFC 1341. Dieser RFC beschreibt MIME (Multipurpose Internet Mail Extensions). Sie finden ihn unter <`http://www.faqs.org/rfcs/rfc1341.html`>. Ich zeige Ihnen hier ein einfaches Script.

Im Internet finden Sie mehrere Scripts. Zum Beispiel auf David Sklars Seiten zu Netzwerken <http://px.sklar.com/section.html?section_id=10>. Die meisten davon fassen Funktionalitäten in Klassen zusammen und versuchen dabei, jeden Standard zu berücksichtigen. Der Code aus Listing 18.6 versendet mit zwei einfachen Funktionen E-Mail mit mehreren Anhängen. Versuchen Sie, das Beispiel nachzuvollziehen und, bei Bedarf, die Funktionalität zu erweitern.

Listing 18.6: Anhänge verschicken

```
<?
/*
** Function: makeAttachment
** Input: ARRAY attachment
** Output: STRING
** Description: Gibt Header und Daten für ein
** Attachment zurück. Die Funktion erwartet ein
** Array mit den Elementen: type, name und content
** Attachments werden mit base64 verschlüsselt.
*/
function makeAttachment ($attachment) {
    // Contenttyp senden
    $headers = "Content-Type: " . $attachment["type"];

    if ($attachment["name"] != "") {
        $headers .= "; name=\"{$attachment["name"]}\"";
    }

    $headers .= "\r\n";

    $headers .= "Content-Transfer-Encoding: base64\r\n";

    $headers .= "\r\n";
    $headers .=
        chunk_split(base64_encode($attachment["content"]));
    $headers .= "\r\n";

    return($headers);
}


/*
** Function: mailAttachment
** Input: STRING to, STRING from, STRING subject,
**        ARRAY attachment
** Output: none
** Description: Versendet Mails mit Anhängen. Der Anhang ist
** ein assoziativer Array und jedes Element besteht aus type,
** name und content.
*/
function mailAttachment ($to, $from, $subject, $attachment) {
```

```
    // Aus dem Header
    $headers = "From: $from\r\n";

    // Lege die MIME version 1.0 fest
    $headers .= "MIME-Version: 1.0\r\n";

    // Spezialbehandlung für mehrere Teile
    if (count($attachment) > 1) {
        $boundary = uniqid ("COREPHP");

        $headers .= "Content-Type: multipart/mixed";
        $headers .= "; boundary = $boundary\r\n\r\n";
        $headers .= "MIME kodierte Nachricht.\r\n\r\n";
        $headers .= "--$boundary";

        foreach ($attachment as $a) {
            $headers .= "\r\n";
            $headers .= makeAttachment($a);
            $headers .= "--$boundary";
        }

        $headers .= "--\r\n";
    } else {
        $headers .= makeAttachment ($attachment[0]);
    }

    // Nachricht versenden
    mail ($to, $subject, "", $headers);
}

// Erläuternden Text hinzufügen
$attach[] = array ("content"=>"Dies ist Listing 18.6",
        "type"=>"text/plain");

// Skript hinzufügen
$fp = fopen (__FILE__, "r");
$attach[] = array ("name"=>basename (__FILE__),
        "content"=>fread ($fp, filesize (__FILE__)),
        "type"=>"application/octet-stream");
fclose ($fp);

// Mail an root schicken
mailAttachment ("root@localhost", "httpd@localhost",
        "Listing 18.6", $attach);

print ("Mail versandt!<BR>\n");
?>
```

Die Funktion `mailAttachment` enthält die Bestandteile einer MIME-Nachricht. Diese Teile werden der Funktion `mail` als viertes Argument übergeben, dem Argument, das üblicherweise für Header benutzt wird. Bei MIME-Nachrichten wird dieser Bereich sowohl für Header als auch für Anhänge benutzt. Nach dem Header `From` wird der Header `MIME-Version` abgeschickt. Wenn Sie mehr als einen Anhang schicken wollen, müssen Sie Trennzeichen erzeugen. Dadurch werden Anhänge voneinander getrennt. Wir vermeiden Trennzeichen, die in der Mitteilung selbst vorkommen könnten, indem wir die Funktion `uniqid` benutzen.

Jeder Anhang ist von diesen Trennzeichen umgeben. Sie beginnen immer mit zwei Schrägstrichen. Der Anhang selbst wird mit der Funktion `makeAttachment` definiert. Jeder Anhang braucht die Header `Content-Type` und `Content-Transfer-Encoding`. Der Inhaltstyp ist vom Anhang selbst abhängig. Eine Bilddatei könnte vom Typ `image/jpg` sein. Der Code ist derselbe wie für das HTTP-Protokoll. Der Einfachheit halber codiert diese Funktion Anhänge immer auf der Basis 64, die Binärdateien in 7-Bit-ASCII-Dateien konvertieren kann. Dadurch bleiben die Dateien auf ihrem Weg durch das Netzwerk unbeschädigt. Wie Sie sich vielleicht vorstellen können, müssen Textdateien nicht codiert werden. Vollständige Scripts kodieren Anhänge gemäß ihrem Inhaltstyp.

Sie können einiges lernen, wenn Sie sich eine Nachricht in ihrer Gesamtheit ansehen. Versuchen Sie, eine Nachricht an sich selbst zu schicken. Auf einem UNIX-System können Sie sich die Datei im Verzeichnis `/var/spool/mail` ansehen, bevor Sie sie lesen. Oder nachher im Verzeichnis `~/Mail/received`.

18.5 E-Mail-Adresse verifizieren

Sie brauchen nicht viel Erfahrung, um zu wissen, was mit einer falsch adressierten E-Mail passiert. Die E-Mail kommt zurück. Stellen Sie sich eine Internet-Seite vor, auf der Benutzer ein Formular ausfüllen, ihre E-Mail-Adresse angeben und eine Dankeschön-Nachricht erhalten. Es gibt bestimmt etliche Personen, die sich bei der Adresse entweder vertippen oder absichtlich eine falsche Adresse angeben. Die Form der Adresse können Sie natürlich überprüfen, aber selbst formgerechte Adressen können falsch sein. In diesem Fall kommt die Mail zur absendenden Stelle zurück. Leider ist dies wahrscheinlich der Webserver.

Manchmal ist es interessant, die zurückgekommene E-Mail zu lesen. Die Betreiber von E-Commerce-Sites müssen sich um zurückgekommene Bestätigungen von Bestellungen kümmern. Der Umfang eingehender Mail kann sehr groß sein. Dazu kommt, dass falsch adressierte Mail nicht sofort zurückkommt. Für den Sendeprozess scheint alles in Ordnung zu sein. Deshalb lohnt es sich, eine Adresse vor dem Absenden der E-Mail zu verifizieren.

RFC 821 beschreibt das SMTP, das Protokoll für den Austausch von E-Mail. Sie finden RFC 821 unter <`http://www.faqs.org/rfcs/rfc821.html`>. Der Name passt zum Protokoll (SMTP – Simple Mail Transfer Protocol). Es ist sehr einfach und kann in einer Telnet-Sitzung interaktiv benutzt werden. Um eine Adresse zu verifizieren, stellen Sie eine Verbindung zum betreffenden SMTP-Server her und senden eine Nachricht. Wenn der Empfänger erreicht wurde, gibt der Server einen 250-Antwort-Code zurück. Sie können dann den Prozess beenden.

Das klingt einfach, aber es gibt einen Haken. Der Teil nach dem @, also der Domain-Name, führt nicht notwendig zu dem Rechner, der E-Mails empfängt. Domains sind mit einem oder mehr Mail-Servern assoziiert – Rechner, die SMTP-Verbindungen für die Übertragung lokaler Mail herstellen. Die Funktion getmxrr gibt alle DNS-Einträge einer Domain zurück.

Sehen Sie sich Listing 18.7 an. Die Funktion verifyEmail ist der von Jon Stevens geschriebenen Funktion ähnlich. Wie Sie sehen, versucht die Funktion, eine Liste der Mail-Server zu erstellen. Wenn es für die Domain keine Mail-Server gibt, geht das Script davon aus, dass die Domain selbst die Mail empfängt.

Listing 18.7: E-Mail-Adresse verifizieren

```
<?
/*
** Function: verifyEmail
** Input: STRING address, REFERENCE error
** Output: BOOLEAN
** Description: Versucht eine E-Mail Adresse zu verifizieren,
** indem der Mail Verteiler kontaktiert wird. Registrierte Mail-
** Verteiler werden zuerst auf Grund der DNS-Einträge überprüft,
** dann wird die Domain geprüft. Eine mögliche Fehlermeldung
** enhält den Grund, warum die Mail nicht zugestellt werden.
** kann.
*/

function verifyEmail ($address, &$error) {
   global $SERVER_NAME;

   list ($user, $domain) = split ("@", $address, 2);

   // Sicherstellen, ob die Domain einen Mail-Verteiler hat
   if (checkdnsrr ($domain, "MX")) {
      // die Mail Verteiler Liste auslesen
      if (!getmxrr ($domain, $mxhost, $mxweight)) {
         $error = "Kein Mail Verteiler!<BR>\n";
         return (FALSE);
      }
   } else {
      // Wenn kein Mail-Verteiler existiert, prüfen,
      // ob der Host Mails akzeptiert
      $mxhost[] = $domain;
      $mxweight[] = 1;
   }

   // Eine sortierte Liste von Hosts erzeugen
   for ($i = 0; $i < count ($mxhost); $i++) {
      $weighted_host[($mxweight[$i])] = $mxhost[$i];
   }
```

```
ksort ($weighted_host);

// Schleife über alle Hosts
foreach ($weighted_host as $host) {
    // Verbindung zum Host über den SMTP-Port
    if (!($fp = fsockopen ($host, 25))) {
        // Keine Verbindung zu diesem Host,
        // vielleicht funktioniert der nächste
        continue;
    }


    /*
    ** Nachrichten mit der Nummer 220 übergehen.
    ** Aufgeben, wenn nach zehn Sekunden keine Antwort
    ** kommt.
    */
    set_socket_blocking ($fp, FALSE);

    $stopTime = time() + 10;
    $gotResponse = FALSE;

    while (TRUE) {
        // Eine Zeile vom Mail-Server lesen
        $line = fgets ($fp, 1024);

        if (substr ($line, 0, 3) == "220") {
            // Timer zurücksetzen
            $stopTime = time() + 10;
            $gotResponse = TRUE;
        } elseif (($line=="") AND ($gotResponse)) {
            break;
        } elseif (time() > $stopTime) {
            break;
        }
    }

    if (!$gotResponse) {
        // Dieser Host hat nicht geantwortet,
        // vielleicht antwortet der nächste
        continue;
    }

    set_socket_blocking ($fp, TRUE);

    // Anmelden beim Mail-Server
    fputs ($fp, "HELO $SERVER_NAME\r\n");
```

```
       fgets ($fp, 1024);

       // From setzen
       fputs ($fp, "MAIL FROM: <info@$domain>\r\n");
       fgets ($fp, 1024);

       // Adresse ausprobieren
       fputs ($fp, "RCPT TO: <$address>\r\n");
       $line = fgets ($fp, 1024);

       // Verbindung schließen
       fputs ($fp, "QUIT\r\n");
       fclose ($fp);

       if (substr ($line, 0, 3) != "250") {
           // Mail-Server kennt die Adresse nicht
           $error = $line;
           return (FALSE);
       } else {
           // Adresse wurde erkannt
           return (TRUE);
       }
   }

   $error = "Konnte kein Mail-Verteiler finden!";
   return (FALSE);
}


if (verifyEmail ("leon@clearink.com", &$error)) {
   print ("Mail-Adresse ist OK!<BR>\n");
} else {
   print ("Mail-Adresse kann nicht stimmen!<BR>\n");
   print ("Error: $error<BR>\n");
}
?>
```

SMTP-Server stellen vor jede Nachricht einen numerischen Code, wie den vorher erwähnten 250-Code. Bei der ersten Verbindung mit einem Server erhalten Sie einige 220-Nachrichten. Diese enthalten Kommentare, zum Beispiel den Hinweis von AOL-Servern, dass sie nicht für Spam benutzt werden dürfen. Das Ende der Kommentare ist nicht markiert. Der Server schickt einfach keine weiteren Zeilen mehr. Denken Sie daran, dass die Funktion fgets standardmäßig den Prozess abschließt, nachdem die festgesetzte Höchstzahl von Zeichen oder die Zeilenende-Markierung erreicht ist. Bei einer unbestimmten Zeilenanzahl funktioniert dies nicht. Das Script kann sich nach dem letzten Kommentar nicht beenden. Um dieses Problem zu lösen, muss die Sockelsperre ausgeschaltet werden.

Wenn die Sperre mit `set_socket_blocking` ausgeschaltet ist, gibt `fgets` sofort die im Buffer vorhandenen Daten zurück. In einer Schleife wird der Buffer kontinuierlich geprüft. Es gibt wahrscheinlich eine Verzögerung zwischen dem Verbindungsaufbau und dem Empfang der ersten Nachricht. Wenn dann 220-Nachrichten eintreffen, wartet das Script auf das Ende der Datenübertragung. Das heißt, der Server wartet auf einen Befehl. Damit der Server reagieren kann, findet ein Zeitvergleich statt. Nach 10 Sekunden Leerlauf wird angenommen, dass der Server nicht erreichbar ist.

Kapitel **19**

Grafiken erzeugen

- Dynamische Schaltflächen
- Grafiken bei Bedarf erzeugen
- Balkendiagramme
- Kreisdiagramme
- 1 Pixel große Bilder strecken

Wir besprechen in diesem Kapitel, wie Sie mit Funktionen für GD-Erweiterungen Grafiken erzeugen (siehe auch Kapitel 12, »Bildfunktionen«). Es ist wichtig, dass Sie die Probleme kennen, die mit der Erzeugung von bedarfsabhängigen Grafiken verbunden sind. Zum einen wird sehr viel CPU-Zeit beansprucht. In den meisten Fällen rechtfertigt die Flexibilität dynamischer Grafiken nicht die entstehende Belastung des Servers. Das andere Problem ist, dass mit PHP-Funktionen ansprechende Grafiken nicht leicht zu erzeugen sind. Gängige Techniken wie Schattenwurf sind fast unmöglich. Die folgenden Beispiele zeigen, dass selbst hinter einfachen, zweidimensionalen Diagrammen viel Arbeit steckt. Und schließlich gibt es zwar angemessene Unterstützung für Text, aber keine Funktionen, wie sie aus Textverarbeitungsprogrammen bekannt sind. Es gibt keinen automatischen Zeilenumbruch. Es gibt kein Konzept für Zeilenabstand, Zeichenabstand oder Unterlängen. Trotzdem macht es manchmal Sinn, Grafiken zu erzeugen. Dieses Kapitel enthält einige Praxisbeispiele, die Sie nach ein paar kleinen Änderungen anwenden können.

In der ersten Auflage dieses Buches erzeugten die Beispiel-Scripts GIF-Grafiken. Seitdem gibt es in der GD-Library keine Unterstützung für GIF-Bilder mehr, weil eine Schlüsselkomponente des GIF-Standards auf einem patentierten Vorgang der Datenkomprimierung beruht. Statt dessen erzeugt die GD-Library jetzt PNG- und JPEG-Bilder. Mehr dazu finden Sie in Kapitel 12.

19.1 Dynamische Schaltflächen

Bilder innerhalb von Anker-Tags sind ein gängiges Navigationsmittel. Mit dieser Methode können Sie Schaltflächen einbauen in der Art, wie sie das Betriebssystem erzeugt. Sie können auch phantasievolle Icons erzeugen. In den meisten Fällen ist es besser, die mit einem Grafikprogramm erstellten Grafiken zu benutzen, weil sie oft lange Zeit nicht verändert werden. Wenn Sie andererseits Schaltflächen einsetzen, die oft geändert werden müssen, ist es sinnvoll, sie mit PHP dynamisch zu erzeugen. Die Aufschrift der Schaltfläche muss als Zeichenkette für PHP verfügbar sein. Sie können dafür eine Anweisung schreiben, die den Wert einer Variablen setzt. Der Wert kann aber auch aus einer Datei oder Datenbank geholt werden.

Wir wollen dies anhand eines Beispiels verdeutlichen. Viele Firmen-Websites haben Seiten für Pressemitteilungen. Die Kunden wollen keine Liste von Text-Links, sondern für jeden Verweis eine Grafik, die eine glühende Zeitung darstellt, mit dem Titel »Hot of the Press«. Über jeder glühenden Zeitung steht der Titel der Pressemitteilung. Für kleine Firmen, die pro Monat nur eine Pressemitteilung herausgeben, erstellen Sie die Grafik am besten manuell. Für Firmen, die jede Woche eine Pressemitteilung herausgeben, lohnt es sich, die Grafikerzeugung zu automatisieren. Dazu speichern Sie die Pressemitteilungen in einer Datenbank und erzeugen die Grafiken bei Bedarf, wenn Surfer die Liste der Pressemitteilungen ansehen. Der Vorteil dieses Ansatzes ist, dass Sie nur wenig ändern müssen, um die Grafik durch das Firmenlogo zu ersetzen, falls dem Generaldirektor die glühende Zeitschrift nicht gefällt.

Sie müssen die Nachteile berücksichtigen, die mit dynamisch erzeugten Grafiken verbunden sind. Sie legen sehr wahrscheinlich keinen Wert auf eine Zeiteinsparung von 15 Minuten monatlich, wenn jede Seite 30 Sekunden länger lädt. Wenn Sie schon eine Zeit lang mit dem Web gearbeitet haben, setzen Sie dieselben Grafiken mehrmals auf Ihrer Website ein. Der Browser speichert die Grafiken im Cache, und nur die erste Seite braucht etwas länger beim Laden. Alle folgenden Seiten erscheinen schneller, weil die Grafiken bereits geladen sind. Natürlich können auch dynamische

Grafiken im Cache gespeichert werden, aber dazu nutzt der Browser die URL. Die Formular-Variablen der GET-Methode sind Teil der URL. `http://www.site.com/button.php?label=home&from=1` und `http://www.site.com/button.php?label=home&from=2` erzeugen also zwei identische Grafiken, bezüglich des Browser-Cache unterscheiden sie sich jedoch.

Es sind hier nur einige Probleme in Bezug auf dynamische Schaltflächen angesprochen. Ich erläutere nun den Vorgang an einem Beispiel und beschreibe die Einzelschritte. Das Script aus Listing 19.1 erzeugt eine Schaltfläche mit Beschriftung im JPEG-Format. Die Schaltfläche ist rechteckig und hat Licht- und Schatteneffekt. Die Beschriftung ist vertikal und horizontal zentriert und wirft einen Schatten.

Listing 19.1: Schaltfläche im JPEG-Format erzeugen

```
<?
/*
** JPEG-Button
** Erzeugt graphische Buttons
** aus Formvariablen
*/

// Parameter setzen, wenn sie nicht übergeben werden
if (!isset ($ButtonWidth)) {
   $ButtonWidth = 100;
}

if (!isset ($ButtonHeight)) {
   $ButtonHeight = 30;
}

if (!isset ($ButtonLabel)) {
   $ButtonLabel = "CLICK";
}

if (!isset ($ButtonFont)) {
   $ButtonFont = 5;
}

// Bild und Farben erzeugen
$image = imagecreate ($ButtonWidth, $ButtonHeight);
$colorBody = imagecolorallocate ($image, 0x99, 0x99, 0x99);
$colorShadow = imagecolorallocate ($image, 0x33, 0x33, 0x33);
$colorHighlight = imagecolorallocate($image, 0xCC, 0xCC, 0xCC);

// Rumpf des Buttons
imagefilledrectangle($image, 1, 1, $ButtonWidth-2,
         $ButtonHeight-2, $colorBody);

// Schatten unten
```

```
imageline ($image, 0, $ButtonHeight-1, $ButtonWidth-1,
        $ButtonHeight-1, $colorShadow);

// Schatten rechts
imageline ($image, $ButtonWidth-1, 1, $ButtonWidth-1,
        $ButtonHeight-1, $colorShadow);

// Oberes Highlight
imageline ($image, 0, 0, $ButtonWidth-1, 0, $colorHighlight);

// Linkes Highlight
imageline ($image, 0, 0, 0, $ButtonHeight-2, $colorHighlight);

// Labelgröße bestimmen
$ButtonLabelHeight = imagefontheight ($ButtonFont);
$ButtonLabelWidth = imagefontwidth ($ButtonFont)
        * strlen($ButtonLabel);

// Linke obere Ecke bestimmen
$ButtonLabelX = ($ButtonWidth - $ButtonLabelWidth)/2;
$ButtonLabelY = ($ButtonHeight - $ButtonLabelHeight)/2;

// Labelschatten
imagestring ($image, $ButtonFont, $ButtonLabelX+1,
        $ButtonLabelY+1, $ButtonLabel, $colorShadow);

// Label
imagestring ($image, $ButtonFont, $ButtonLabelX, $ButtonLabelY,
        $ButtonLabel, $colorHighlight);

// Bild ausgeben
header ("Content-type: image/jpeg");
imagejpeg ($image);
?>
```

Das Script prüft zuerst, ob alle Parameter gültige Information haben. Dazu gehören die Größe der Schaltfläche und der Text für die Beschriftung. Ich habe mich auf die eingebauten Schriftarten beschränkt, die von 1 bis 5 durchnummeriert sind. In Kapitel 12 finden Sie Funktionen beschrieben, mit denen Sie andere Schriftarten laden können. Versuchen Sie, das obige Script zu ändern, um andere Schriftarten auszuwählen.

Als Nächstes wird ein Bild erzeugt. Es gibt zwei Möglichkeiten dafür. Sie können ein Bild fester Größe erzeugen, das leer ist, oder Sie können ein vorhandenes JPEG-Bild laden. Ich habe mich für die erste Möglichkeit entschieden, weil so das Script Schaltflächen beliebiger Größen erzeugen kann. Mit der zweiten Methode können Sie kunstvollere Schaltflächen gestalten. Das ist auch eine gute Übung.

Wir zeichnen die Schaltfläche in drei Farben: Es gibt die Grundfarbe (*body*), die aufgehellten Stellen (*highlight*) und die Farbe für den Schatten. Ich habe mich für drei Graustufen entschieden. Diese Farben weisen Sie der Funktion imagecolorallocate zu. Dabei ist das Rechteck für die Grundfarbe ein Pixel kleiner als für die gesamte Grafik. Als Grafikgrenze werden vier Linien erzeugt. Die Grundlinie und die rechte Seitenlinie sind in der Schattenfarbe gezeichnet, die Oberlinie und die linke Seitenlinie in der aufgehellten Farbe. Dadurch sieht die Schaltfläche dreidimensional aus.

Dann erzeugt das Script die Beschriftung: zuerst den Text in der Schattenfarbe und leicht dezentriert, dann exakt zentriert in der aufgehellten Farbe. Es sieht aus, als würde der Text über der Schaltfläche schweben.

Die Grafik ist nun fertig und muss jetzt an den Browser geschickt werden. Damit der Browser erkennt, dass es sich um eine JPEG-Datei handelt, müssen Sie einen entsprechenden Header schicken. Wenn Sie das nicht tun, erscheint im Browserfenster nur ein verwirrender Haufen merkwürdiger Zeichen.

Listing 19.2: Dynamische Schaltflächen

```
<?
// Labels festlegen
$label = array ("HOME", "ÜBER UNS", "UNSERE PRODUKTE",
        "KONTAKT");

// Alle Buttons anzeigen
foreach ($label as $text) {
   // Link auf diese Seite
   print ("<A HREF=\"$PHP_SELF\">");

   // Parameter übergeben
   print ("<IMG SRC=\"19-1.php");
   print ("?ButtonLabel=" . htmlentities ($text));
   print ("&amp;ButtonWidth=145");
   print ("&amp;ButtonHeight=25");
   print ("\" BORDER=\"0\"");
   print ("WIDTH=\"145\" HEIGHT=\"25\">");

   print ("</A><BR>\n");
}
?>
```

Damit ist das Script für die Erzeugung einer Schaltfläche abgeschlossen. Wir können es aber nur im Kontext einer Webseite einsetzen. Das Grundgerüst dafür sehen Sie in Listing 19.2. Zuerst erzeugen wir ein Array, das die Beschriftungen für vier Schaltflächen enthält. In einem Schleifendurchlauf durch das Array erzeugen wir für jedes Element ein Image-Tag. Die Bildquelle ist das Script aus Listing 19.1. Wir übergeben Parameter für die Größe der Schaltfläche und der Beschriftung. Hier wählen wir als Schrift die Standardschrift. Wir könnten auch eine andere Schrift zuweisen.

Abbildung 19.1: Dynamische Schaltflächen

19.2 Grafiken nach Bedarf erzeugen

Am häufigsten werden dynamische Grafiken für Diagramme eingesetzt. Da Diagramme von Daten abhängig sind, können sie auch gut mit Formeln erzeugt werden. Wenn sich Daten oft ändern, ist PHP für die Erzeugung von Diagrammen gut geeignet. Im folgenden Beispiel habe ich die Daten in das Script geschrieben, sie können jedoch auch problemlos aus Datenbanken abgerufen werden. Daten aus Formularen zu erhalten, ist bei großen Datenmengen nicht anzuraten. Die GET-Methode stellt für die Gesamtlänge einer URL relativ wenig Platz zur Verfügung. Wie viel genau, ist abhängig von den verschiedenen Webservern. Sie könnten jedoch die POST-Methode benutzen. Im Folgenden sehen Sie Beispiele für ein Balkendiagramm und ein Kreisdiagramm. Beide Diagramme beruhen auf den gleichen Daten – einer fiktiven Erhebung über bevorzugte Fleischprodukte.

Listing 19.3: Balkendiagramm erzeugen

```
<?
/*
** JPEG-Balkendiagramm
*/

// Parameter für die Grafik
$GraphWidth = 400;
$GraphHeight = 200;
$GraphScale = 2;
$GraphFont = 5;
$GraphData = array ("99", "75", "15", "66", "22");
$GraphLabel = array("Rind", "Geflügel", "Schwein", "Lamm", "Fisch");

// Grafik erzeugen
$image = imagecreate ($GraphWidth, $GraphHeight);

// Farben zuordnen
$colorBody = imagecolorallocate ($image, 0xFF, 0xFF, 0xFF);
$colorGrid = imagecolorallocate ($image, 0xCC, 0xCC, 0xCC);
$colorBar = imagecolorallocate ($image, 0xFF, 0x00, 0x00);
```

```
$colorText = imagecolorallocate ($image, 0x00, 0x00, 0x00);

// Hintergrund ausfüllen
imagefill ($image, 0, 0, $colorBody);

// Vertikale Gitterlinien zeichnen
$GridLabelWidth = imagefontwidth ($GraphFont)*3 + 1;
imageline ($image, $GridLabelWidth, 0, $GridLabelWidth,
        $GraphHeight-1, $colorGrid);

// Horizontale Gitterlinien zeichnen
for ($index=0;$index<$GraphHeight;$index += $GraphHeight/10) {
    imagedashedline($image, 0, $index, $GraphWidth-1,
            $index, $colorGrid);

    // Label zeichnen
    imagestring ($image, $GraphFont, 0, $index,
            round (($GraphHeight - $index)/$GraphScale),
            $colorText);
}

// Fußzeile zeichnen
imageline ($image, 0, $GraphHeight-1, $GraphWidth-1,
        $GraphHeight-1, $colorGrid);

// Jeden Balken zeichnen
$BarWidth=(($GraphWidth-$GridLabelWidth)/count($GraphData))-10;
for ($index = 0; $index < count ($GraphData); $index++) {
    // Balken zeichnen
    $BarTopX = $GridLabelWidth + (($index+1) * 10) +
            ($index * $BarWidth); $BarBottomX = $BarTopX +
            $BarWidth; $BarBottomY = $GraphHeight-1;
            $BarTopY = $BarBottomY - ($GraphData[$index] *
            $GraphScale);

    imagefilledrectangle ($image, $BarTopX, $BarTopY,
                $BarBottomX, $BarBottomY, $colorBar);

    // Label zeichnen
    $LabelX = $BarTopX + (($BarBottomX - $BarTopX)/2)
            - (imagefontheight($GraphFont)/2);
    $LabelY = $BarBottomY - 10;

    imagestringup ($image, $GraphFont, $LabelX, $LabelY,
            "$GraphLabel[$index]: $GraphData[$index]",
            $colorText);
}
```

```
// Grafik ausgeben
header ("Content-type: image/jpeg");
imagejpeg ($image);
?>
```

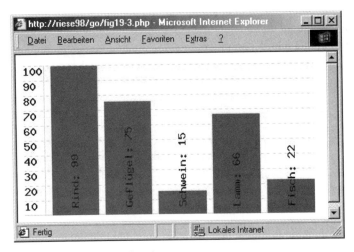

Abbildung 19.2: Balkendiagramm erzeugen

19.3 Balkendiagramme

Balkendiagramme eignen sich gut für den Vergleich von Werten. Sie lassen sich leicht erzeugen, weil jede Datenanzeige rechteckig ist. Die Höhe des Rechtecks repräsentiert die Datenmenge. Für die Umsetzung benutzen wir den Faktor 2. Das heißt, dass eine Datenmenge mit dem Wert 75 eine Höhe von 150 Pixeln hat.

Wir erzeugen das Diagramm in ähnlicher Weise wie eine Schaltfläche. Wir erzeugen eine leere Grafik, weisen einige Farben zu und rufen Funktionen auf, um Formen in die Grafik zu zeichnen. Die Breite der Balken kann an die Breite des Diagramms angepasst werden. Die Breite des Diagramms wird durch die Anzahl der gezeichneten Balken geteilt. Zwischen den Balken sind zehn Pixel breite Zwischenräume. In der Mitte jedes Balken steht die Beschriftung und der Datenwert.

19.4 Kreisdiagramme

Kreisdiagramme sind gut geeignet, um den prozentualen Anteil eines Wertes an einem Ganzen darzustellen. Jede Datenmenge sieht aus wie ein Kuchenstück und hat eine eigene Farbe. Eine Legende assoziiert jede Farbe mit einer Beschriftung und einem Wert.

Die Kreisform des Diagramms ist schwieriger zu erzeugen als das Balkendiagramm. Sie können mit den Zeichenfunktionen von PHP einen Bogen oder ein Dreieck zeichnen, aber kein Kuchenstück. Sie lösen das Problem, indem Sie zuerst den Bogen zeichnen und seine Enden über zwei Linien mit der Kreismitte verbinden. Sie zeichnen diese Elemente in der Farbe der Fläche und füllen die Fläche mit der Funktion imagefilltoborder.

Der Bogen ist einfach zu zeichnen. Dafür gibt es die Funktion `imagearc`, die den Start- und Endpunkt als Gradangabe braucht. Um die Koordinaten für die Enden des Bogens zu finden, brauchen Sie einige Trigonometrie-Kenntnisse. In unser Script habe ich eine Funktion eingefügt, die die Koordinaten eines Punktes auf einem Kreis findet. Sie übergeben der Funktion die Gradangaben und den Durchmesser des Kreises. Die Rückgabewerte gelten für einen Kreis mit den Zentrumskoordinaten (0, 0). Also müssen Sie ein Offset addieren, um die Koordinaten für das Diagramm zu erhalten.

Um die fertigen Kreisabschnitte zeichnen wir einen schwarzen Rand. Für jede benutzte Farbe erzeugen wir ein kleines Rechteck. Daneben steht die Beschriftung und der Wert für jede Datenmenge.

Wie beim Balkendiagramm stammen auch im Script aus Listing 19.4 die Diagramm-Daten aus einem hart codierten Array. Diese Daten müssen manuell aktualisiert werden, deshalb ist es besser, die Daten aus einer Datenbank zu beziehen.

Listing 19.4: Kreisdiagramm erzeugen

```
<?
/*
** JPEG-Kreisdiagramm
*/

/*
** x,y Koordinaten auf dem Kreisbogen berechnen wobei
** der Mittelpunkt 0,0 ist
*/
function circle_point ($degrees, $diameter) {
    $x = cos (deg2rad ($degrees)) * ($diameter/2);
    $y = sin (deg2rad ($degrees)) * ($diameter/2);

    return (array ($x, $y));
}


// Parameter
$ChartDiameter = 300;
$ChartFont = 5;
$ChartFontHeight = imagefontheight ($ChartFont);
$ChartData = array ("99", "75", "15", "66", "22");
$ChartLabel = array("Beef", "Chicken", "Pork", "Lamb", "Fish");

// Größe der Grafik ermitteln
$ChartWidth = $ChartDiameter + 20;
$ChartHeight = $ChartDiameter + 20 + (($ChartFontHeight + 2)
        * count($ChartData));

// Summe aller Werte ermitteln
for ($index = 0; $index < count ($ChartData); $index++) {
    $ChartTotal += $ChartData[$index];
}
```

```php
$ChartCenterX = $ChartDiameter/2 + 10;
$ChartCenterY = $ChartDiameter/2 + 10;

// Bild erzeugen
$image = imagecreate ($ChartWidth, $ChartHeight);

// Farben zuordnen
$colorBody = imagecolorallocate ($image, 0xFF, 0xFF, 0xFF);
$colorBorder = imagecolorallocate ($image, 0x00, 0x00, 0x00);
$colorText = imagecolorallocate ($image, 0x00, 0x00, 0x00);

$colorSlice[] = imagecolorallocate ($image, 0xFF, 0x00, 0x00);
$colorSlice[] = imagecolorallocate ($image, 0x00, 0xFF, 0x00);
$colorSlice[] = imagecolorallocate ($image, 0x00, 0x00, 0xFF);
$colorSlice[] = imagecolorallocate ($image, 0xFF, 0xFF, 0x00);
$colorSlice[] = imagecolorallocate ($image, 0xFF, 0x00, 0xFF);
$colorSlice[] = imagecolorallocate ($image, 0x00, 0xFF, 0xFF);
$colorSlice[] = imagecolorallocate ($image, 0x99, 0x00, 0x00);
$colorSlice[] = imagecolorallocate ($image, 0x00, 0x99, 0x00);
$colorSlice[] = imagecolorallocate ($image, 0x00, 0x00, 0x99);
$colorSlice[] = imagecolorallocate ($image, 0x99, 0x99, 0x00);
$colorSlice[] = imagecolorallocate ($image, 0x99, 0x00, 0x99);
$colorSlice[] = imagecolorallocate ($image, 0x00, 0x99, 0x99);

// Hintergrund füllen
imagefill ($image, 0, 0, $colorBody);

/*
** Alle Scheiben zeichnen
*/
$Degrees = 0;
for ($index = 0; $index < count ($ChartData); $index++) {
    $StartDegrees = round ($Degrees);
    $Degrees += (($ChartData[$index]/$ChartTotal)*360);
    $EndDegrees = round ($Degrees);

    $CurrentColor=$colorSlice[$index%(count($colorSlice))];

    // Kreisbogen zeichnen
    imagearc ($image, $ChartCenterX, $ChartCenterY,
            $ChartDiameter, $ChartDiameter, StartDegrees,
            $EndDegrees, $CurrentColor);

    // Linie vom Mittelpunkt zum Start ziehen
    list($ArcX, $ArcY) = circle_point ($StartDegrees,
                    $ChartDiameter);
    imageline ($image, $ChartCenterX, $ChartCenterY,
            floor ($ChartCenterX + $ArcX),
```

```
          floor ($ChartCenterY + $ArcY), $CurrentColor);

   // Linie vom Mittelpunkt zum Ende ziehen
   list ($ArcX, $ArcY) = circle_point ($EndDegrees,
                   $ChartDiameter);
   imageline ($image, $ChartCenterX, $ChartCenterY,
          ceil ($ChartCenterX + $ArcX),
          ceil ($ChartCenterY + $ArcY), CurrentColor);

   // Füllen
   $MidPoint = round ((($EndDegrees - $StartDegrees)/2)
           + $StartDegrees);
   list ($ArcX, $ArcY) = circle_point ($MidPoint,
                   $ChartDiameter/2);
   imagefilltoborder ($image, floor($ChartCenterX + $ArcX),
             floor ($ChartCenterY + $ArcY),
             $CurrentColor, $CurrentColor);
}

// Ränder zeichnen
imagearc ($image, $ChartCenterX, $ChartCenterY, $ChartDiameter, $ChartDiameter, 0, 180,
$colorBorder);

imagearc ($image, $ChartCenterX, $ChartCenterY, $ChartDiameter, $ChartDiameter, 180,
360, $colorBorder);

imagearc ($image, $ChartCenterX, $ChartCenterY,
     $ChartDiameter+7, $ChartDiameter+7, 0, 180,
     $colorBorder);

imagearc ($image, $ChartCenterX, $ChartCenterY,
     $ChartDiameter+7, $ChartDiameter+7, 180, 360,
     $colorBorder);

imagefilltoborder ($image, floor ($ChartCenterX
          + ($ChartDiameter/2) + 2), $ChartCenterY,
          $colorBorder, $colorBorder);

// Legende
for ($index = 0; $index < count ($ChartData); $index++) {
   $CurrentColor =
           $colorSlice[$index%(count($colorSlice))];
   $LineY = $ChartDiameter + 20 + ($index
       * ($ChartFontHeight+2));

   // Farbige Box
   imagerectangle ($image, 10, $LineY, 10
           + $ChartFontHeight, $LineY
```

```
            + $ChartFontHeight, $colorBorder);

    imagefilltoborder ($image, 12, $LineY + 2, $colorBorder,
            $CurrentColor);

    // Label
    imagestring ($image, $ChartFont, 20 + $ChartFontHeight,
        $LineY, "$ChartLabel[$index]: $ChartData[$index]",
        $colorText);
}

// Grafik ausgeben
header ("Content-type: image/jpeg");
imagejpeg ($image);
?>
```

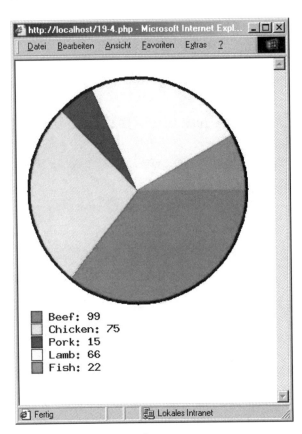

Abbildung 19.3: Kreisdiagramm erzeugen

19.5 1 Pixel große Bilder strecken

Die folgende Technik nutzt das Verhalten der meisten Browser gegenüber den Width- und Height-Attributen des Image-Tag. Dafür brauchen wir keine GD-Erweiterung, die ein Bild sowieso nicht ändern kann. Browser können ein Bild gemäß den Breiten- und Höhenangaben, die im IMG-Tag gemacht werden, strecken. Dadurch wird ein 1 Pixel großes Bild zu einem langen Balken.

Damit Diagrammbalken und Beschriftung in einer Zeile stehen, erzeugen wir eine Tabelle. Die größte Datenmenge füllt 100 % der Balkenlänge. Die Variable graphWidthMax enthält die maximale Balkenlänge. Die einzelnen Elemente werden aus einem Array abgerufen und für die Maßeinteilung von graphWidthMax benutzt. Hier erzeugen wir horizontale Balken. Auf die gleiche Weise können Sie natürlich auch vertikale Balken erzeugen.

Listing 19.5: Balkendiagramm mit gestreckten Bildern

```
<?
// Parameter
$graphWidthMax = 400;
$graphData = array(
    "Rind"=>"99",
    "Geflügel"=>"75",
    "Schwein"=>"15",
    "Lamm"=>"66",
    "Fisch"=>"22");
$barHeight = 10;
$barMax = max ($graphData);

print ("<TABLE BORDER=\"0\">\n");

foreach ($graphData as $label=>$rating) {
    // Breite berechnen
    $barWidth = intval ($graphWidthMax * $rating/$barMax);

    print ("<TR>\n");

    // Label
    print ("<TH>$label</TH>\n");

    // Daten
    print ("<TD>");
    print ("<IMG SRC=\"reddot.jpg\" ");
    print ("WIDTH=\"$barWidth\" HEIGHT=\"$barHeight\" ");
    print ("BORDER=\"0\">");
    print ("</TD>\n");

    print ("</TR>\n");
}

print ("</TABLE>\n");
?>
```

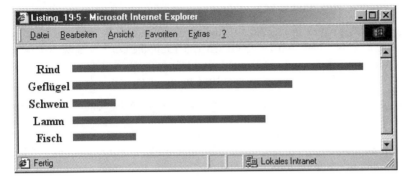

Abbildung 19.4: Balkendiagramm mit gestreckten Bildern

Teil IV:
Software-Entwicklung

Software-Entwicklung ist mehr als nur Programmieren. So wie ein Bauingenieur einen Wolkenkratzer sorgfältig plant und baut, erstellen auch Programmierer Softwaresysteme nach einem wohl überlegten Plan. Auch kleine PHP-Scripts profitieren von Konzepten der Software-Entwicklung. Dieser Teil behandelt den Einsatz von PHP in einer Website.

In Kapitel 20 besprechen wir, wie Sie PHP mit HTML kombinieren. Sie können PHP nur in Schlüsselpositionen oder für die Erzeugung jeder einzelnen Internetseite benutzen. Dieses Kapitel hilft Ihnen bei der Entscheidung.

Kapitel 21 befasst sich mit der Struktur und dem Design. Es wird ein Ansatz für das Design eines Systems mit PHP entworfen. Dazu gehört auch die sorgfältige Analyse der Erfordernisse. Wir sehen uns die von PHP gebotenen Design-Möglichkeiten an.

Kapitel 22 berührt Fragen der Effizienz und der Fehlersuche. Hier erfahren Sie, wie Sie Leistung messen und wie Sie die Fehlersuche fernsteuern.

•

Kapitel *20*

Kombination mit HTML

- PHP-Abschnitte in ein HTML-Dokument einfügen
- HTML mit PHP ausgeben
- HTML von PHP trennen
- <SELECT>-Felder erzeugen
- Arrays aus Formularen übergeben

Bisher haben Sie PHP-Grundlagen gelernt. Es steht Ihnen eine Referenz für Funktionen zur Verfügung. Außerdem haben Sie einige grundlegende Probleme der Programmierung kennen gelernt. Alle bisherigen Beispiele waren fragmentarisch und dienten nur der Illustration. In diesem Kapitel befassen wir uns mit der Integration von PHP in eine Website. Es soll Ihnen helfen zu entscheiden, ob Sie eine Website komplett mit PHP aufbauen, PHP nur gelegentlich einfügen oder ein paar wichtige Seiten mit PHP steuern. Außerdem behandeln wir Fragen bezüglich PHP-erzeugter HTML-Dokumente.

20.1 PHP-Abschnitte in ein HTML-Dokument einfügen

Der erste und offensichtlichste Ansatz ist, wie gewohnt HTML-Seiten zu erstellen und PHP-Tags so einzufügen, als wären sie HTML-Tags. Sie können HTML-Tags, die sich wiederholen, durch einen PHP-Funktionsaufruf ersetzen. Sie können einen großen PHP-Block einfügen, der die Ausgabe von Daten aus einer Datenbank bewirkt. Oder Sie können ein Script einfügen, das Formulareingaben verarbeitet. Bei diesem Ansatz spielt PHP für die Website nur eine kleine Rolle. Er ist jedoch als Einstieg in die Programmierung gut geeignet. Sie können mit kleinen PHP-Einfügungen üben. Mit zunehmender Erfahrung und Sicherheit werden Sie PHP auch zunehmend vertrauen.

Sehen wir uns zuerst eine Funktion an, die ein wiederholt vorkommendes HTML-Tag ersetzt. Einer der großen Vorzüge von Cascading Style Sheets (CSS) ist, dass sie die Neudefinition von Tags ermöglichen. Leider werden CSS nur von neueren Versionen des Navigator und des Internet Explorer unterstützt. Sie können jedoch serverseitig mit PHP ähnliche Funktionalität schaffen. Nehmen wir an, es sollen alle Überschriften in fetten Großbuchstaben, Größe 7 und blau ausgegeben werden. Dafür schreiben wir eine Funktion, die eine Zeichenkette enthält und sie im gewünschten Format ausgibt.

In Listing 20.1 habe ich eine Funktion `PrintTitle` geschrieben. Sie setzt eine übergebene Zeichenkette zwischen HTML-Tags. In gewisser Weise ist dieser Code besser lesbar als statisches HTML, weil wir bei jeder Überschrift den Aufruf der Funktion `PrintTitle` sehen. Das ist wahrscheinlich aussagekräftiger als die Ansammlung von Tags, für die die Funktion steht. Dies ist generell einer der Vorteile von Funktionen: Sie fassen komplexe Funktionalität unter einem Namen zusammen.

Listing 20.1: Formatierungsfunktion

```
<?
function PrintTitle ($title) {
  print ("<CENTER>");
  print ("<FONT COLOR=\"#0000FF\" SIZE=\"5\">");
  print ("<B>");
  print (strtoupper ($title));
  print ("</B>");
  print ("</FONT>");
  print ("</CENTER>\n");
}
?>
<HTML>
<HEAD>
```

```
<TITLE>Listing 20.1</TITLE>
</HEAD>

<BODY>
<? PrintTitle ("Listing 20.1"); ?>
Dies ist ein Beispiel, wie man eine Funktion benutzen kann, um oft benutzte HTML-
Codefragmente zu wiederholen.<BR>
<BR>
<? PrintTitle ("So geht's"); ?>
Jedes Mal, wenn ein Titel erstellt werden muss, wird die <CODE>PrintTitle</CODE>
Funktion mit dem Inhalt des Titels aufgerufen.<BR>
<BR>
<? PrintTitle ("Vorteile"); ?>
Der Code ist besser lesbar<BR>
Weniger Schreibarbeit fuer jeden Titel<BR>
Einfaches Auswechseln aller Titel<BR>
</BODY>
</HTML>
```

Ein weiterer Vorteil ist, dass alle Überschriften in einheitlichem Format ausgegeben werden. Je weniger Text pro Überschrift getippt werden muss, desto geringer ist die Gefahr, etwas auszulassen. Personen, die programmieren, freuen sich darüber. Sie haben wahrscheinlich schon eifrig nach einem Weg gesucht, die Schreibarbeit von identischem HTML zu verkürzen. Zusätzlich wird die Qualität verbessert. Vertippen Sie sich im Funktionsaufruf, meldet PHP einen Fehler. Wenn PHP keine Fehler meldet, werden die Überschriften einheitlich im korrekten Format ausgegeben. Wenn Sie die Überschriften anders gestalten wollen, müssen Sie den Code nur an einer Stelle ändern. – Ein gutes Gegenmittel zu der schrecklichen Phrase »Ich habe es mir anders überlegt ...«.

Sie können PHP in ähnlicher Weise einsetzen, wenn Sie CGI-Ausgaben etwas aufputzen wollen. Sie setzen einen großen Block PHP zwischen HTML und die Ausgabe erscheint auf einer größeren Seite. Dies ist ein ähnlicher Ansatz, wie er von SSI geboten wird (SSI – Server-Side Includes). Ein SSI-Tag kann ein CGI aufrufen und die Ausgabe in den eigenen Tag einfügen.

Für statische Bereiche der Website ist dieser Ansatz angemessen, aber bestimmte Kernbereiche müssen dynamisch sein. Der Vorteil ist, dass der Webserver nur gering belastet wird, weil PHP nur eingesetzt wird, wenn es wirklich nötig ist. Das Script aus Listing 20.2 erzeugt Information, die sich nicht ändert. Aber es gibt zum Beispiel Code, der Lagerbestände aus einer Datenbank abruft. Damit muss nicht jedes Mal, wenn sich die Daten ändern, auch die HTML-Seite geändert werden. Teile, die sich nicht oft ändern, wie das Layout einer Seite, bleiben statisches HTML.

Listing 20.2: CGI-Ausgabe aufputzen

```
<HTML>
<HEAD>
<TITLE>Listing 20.2</TITLE>
</HEAD>
<BODY>
<H1>Farbtabelle</H1>
```

```
<P>Die folgende Tabelle zeigt die Farben an,
die in allen Browsern korrekt dargestellt werden.
Diese Farben sollten sich auf Computern mit einer
Farbpalette von 256 Farben nicht verändern.</P>
<P>Diese Tabelle wird nur in Browsern dargestellt,
die das Hintergrund-Attribut bei Tabellenzellen unterstützen.</P>
<?
$color = array ("00", "33", "66", "99", "CC", "FF");

for ($Red = 0; $Red < count ($color); $Red++) {
  print ("<TABLE>\n");

  for ($Green = 0; $Green < count ($color); $Green++) {
    print ("<TR>\n");

    for ($Blue = 0; $Blue < count ($color); $Blue++) {
      $CellColor = $color[$Red].$color[$Green].$color[$Blue];

      print ("<TD BGCOLOR=\"#$CellColor\">");
      print ("<TT>$CellColor</TT>");
      print ("</TD>\n");
    }
    print ("</TR>\n");
  }
  print ("</TABLE>\n");
}
?>
</BODY>
</HTML>
```

Listing 20.2 ist ein Beispiel für dynamische Ausgabe. Oft sind Sie jedoch in einer ganz anderen Situation. Ihre komplette Website ist vielleicht statisch, aber Sie brauchen eine Möglichkeit, Katalog-anforderungen zu erhalten. PHP eignet sich gut für den Empfang von Formulareingaben. Als Erstes schreiben Sie eine HTML-Seite für den Eintrag von Name und Adresse (siehe Listing 20.3).

Listing 20.3: Formular für Kataloganforderung

```
<HTML>
<HEAD>
<TITLE>Listing 20.3</TITLE>
</HEAD>
<BODY>
Bitte geben Sie Ihren Namen und Ihre Adresse an, um einen kostenlosen Katalog zu
bekommen
<FORM ACTION="20-4.php">
<TABLE>
<TR>
  <TD>Name</TD>
```

```
  <TD><INPUT TYPE="text" NAME="InputName"></TD>
</TR>
<TR>
  <TD>Adresse</TD>
  <TD><INPUT TYPE="text" NAME="InputAdresse"></TD>
</TR>
<TR>
  <TD>Wohnort</TD>
  <TD><INPUT TYPE="text" NAME="InputOrt"></TD>
</TR>
<TR>
  <TD>Land</TD>
  <TD><INPUT TYPE="text" NAME="InputLand"></TD>
</TR>
<TR>
  <TD>PLZ</TD>
  <TD><INPUT TYPE="text" NAME="InputPLZ"></TD>
</TR>
<TR>
  <TD><INPUT TYPE="reset"></TD>
  <TD><INPUT TYPE="submit"></TD>
</TR>
</TABLE>
</FORM>
</BODY>
</HTML>
```

Das Script aus Listing 20.3 erzeugt ein sehr einfaches Absendeformular. Jeder Eingabe-Tag wird beim Anklicken der Absende-Schaltfläche in eine PHP-Variable umgewandelt. Anschließend erfolgt der Aufruf des Scripts aus Listing 20.4. Es öffnet sich die Datei reg.txt und die Formulareingaben werden in der Datei angefügt. Die Felder sind durch Tabulatorzeichen getrennt. Das erlaubt Ihnen, die Datei problemlos in ein Tabellenblatt zu importieren.

Listing 20.4: Formular absenden

```
<HTML>
<HEAD>
<TITLE>Listing 20.4</TITLE>
</HEAD>
<BODY>
<?
/*
** Formulareingaben bearbeiten und an Datei anfügen
*/
$CatalogRequests = fopen ("req.txt", "a");
if ($CatalogRequests) {
  fputs ($CatalogRequests, "$InputName\t");
  fputs ($CatalogRequests, "$InputAdresse\t");
```

```
    fputs ($CatalogRequests, "$InputOrt\t");
    fputs ($CatalogRequests, "$InputLand\t");
    fputs ($CatalogRequests, "$InputPLZ\n");
    fclose ($CatalogRequests);
}
?>
Danke für Ihre Anforderung!<BR>
<BR>
<A HREF="20-3.html">Zurück zum Formular</A><BR>
</BODY>
</HTML>
```

20.2 HTML mit PHP ausgeben

Die Beispiele im vorigen Abschnitt sind gut als erste Versuche geeignet, PHP auf einer Website einzusetzen. Sie belasten den Server nur geringfügig. Ich bezeichne Sites mit ähnlichen Ansätzen gerne als PHP-belebt, so, als hätten Sie einen kleinen Spritzer PHP, der sie außergewöhnlich macht. Einen Schritt weiter führt die PHP-betriebene Site, eine Site also, die komplett aus PHP besteht. Bei diesem Ansatz kommt jedes Byte Ausgabe von PHP. Die Funktion print (oder echo oder printf) sendet HTML-Tags. Jede Seite ist ein Script innerhalb eines einzelnen Paars PHP-Tags.

Vielleicht ist Ihnen aufgefallen, dass die meisten Beispiele in diesem Buch diesen Ansatz wählen. Es dauert anfangs zwar länger, den Code zu schreiben, er ist jedoch später leichter zu pflegen. Wenn Sie Information in einer PHP-Variablen speichern, können Sie später Dynamik hinzufügen. Ein weiterer Vorteil ist, dass die Seite letztlich leichter zu lesen ist, auch wenn sie immer komplexer wird. Vergleichen Sie dazu Listing 20.5 mit Listing 20.6. Beide Scripts ändern die Hintergrundfarbe der Seite je nach Tageszeit.

Listing 20.5: PHP und HTML mischen

```
<HTML>
<HEAD>
<TITLE>Listing 20.5</TITLE>
</HEAD>
<?
$Hour = date ("H");
$Intensity = round (($Hour/24.0)*(0xFF));
$PageColor = dechex ($Intensity)
        . dechex ($Intensity) .
        . dechex ($Intensity);
?>
<BODY BGCOLOR="#<? Print ($PageColor); ?>">
<H1>Listing 20.5</H1>
</BODY>
</HTML>
```

Listing 20.6: Reines PHP

```
<?
Print ("<HTML>\n");
print ("<HEAD>\n");
print ("<TITLE>Listing 20.6</TITLE>\n");
print ("</HEAD>\n");

$Hour = date ("H");
$Intensity = round (($Hour/24.0)*(0xFF));
$PageColor = dechex ($Intensity) . dechex ($Intensity)
        .dechex ($Intensity);

print ("<BODY BGCOLOR=\"#$PageColor\">\n");
print ("<H1>Listing 20.6</H1>\n");
print ("</BODY>\n");
print ("</HTML>\n");
?>
```

Nach meiner Erfahrung sind Änderungen sehr schnell durchgeführt, wenn HTML innerhalb von PHP steht. Sie müssen nicht nach den Start- und Ende-Tags von PHP suchen, die innerhalb von HTML vergraben sind, wie in Listing 20.5. Außerdem können Sie den Quellcode in einzelne Zeilen aufteilen, die in der Ausgabe trotzdem als eine Zeile erscheinen. Ein Beispiel dafür ist der Header-Text. Sie können die Lesbarkeit verbessern, ohne die Darstellung zu opfern. Besonders praktisch ist dies bei Tabellen. Wenn Sie zwischen einem TD-Tag und einem Bild ein Leerzeichen lassen, erscheint ein zusätzliches Pixel. In einer HTML-Datei müssen Sie alles in eine Zeile schreiben. Innerhalb eines PHP-Scripts haben Sie etliche Aufrufe von print und erst im letzten das Zeichen für Zeilenende. Als Ergebnis haben Sie eine einzelne Zeile in der Ausgabe, aber sehr gut lesbaren Quellcode.

Mit zunehmender Projektgröße wird auch der Nutzen dieser Technik, wie vieler anderer, immer größer. Ich habe Webanwendungen von 50 Seiten mit beiden Ansätzen erstellt und kann Ihnen versichern, dass es große Vorteile bringt, alles innerhalb des PHP-Codes zu schreiben.

20.3 HTML von PHP trennen

Der letzte Ansatz, den ich hier vorstellen will, umfasst die Funktionen include und require. Wie Sie bereits aus Kapitel 8, »I/O-Funktionen«, wissen, binden diese Funktionen eine Datei in PHP-Code ein. Die Datei gilt als PHP-Datei, egal welche Dateierweiterung sie hat. Falls PHP-Code in der eingebundenen Datei steht, ist er von <? und ?>-Tags umgeben. Wenn Sie Ihr Gedächtnis auffrischen wollen, was die Unterschiede zwischen include und require betrifft, können Sie in der Funktionen-Referenz nachschlagen. Für die folgende Besprechung spielen sie jedoch kaum eine Rolle.

Bestimmte HTML-Abschnitte müssen auf jeder gut geschriebenen Seite stehen. Zusätzlich gibt es sich wiederholende Elemente, wie ein Firmen-Logo. Anstatt es auf jede Seite zu schreiben, speichern Sie es am besten in einer Datei und binden diese dynamisch ein. Listing 20.7 enthält HTML, das am Anfang jeder Seite steht. In Listing 20.8 sehen Sie die beiden Zeilen für das Seitenende. Das Script aus Listing 20.10 umschließt den Inhalt aus Listing 20.9 mit dem Start- und Ende-Code. Damit haben Sie eine komplette Seite.

Listing 20.7: HTML-Seite beginnen

```
<HTML>
<HEAD>
<TITLE>PHP</TITLE>
</HEAD>
<BODY>
```

Listing 20.8: HTML-Seite beenden

```
</BODY>
</HTML>
```

Listing 20.9: Seiteninhalt

```
Das ist der Körper der Seite.<BR>
Nur ein wenig HTML.<BR>
```

Listing 20.10: Seite mit PHP aufbauen

```
<?
/*
** Code zum Öffnen der HTML-Seite einbinden
*/
require ("20-7.html");

/*
** Den Inhalt einbinden
*/
require ("20-9.html");

/*
** Code zum Schließen der HTML-Seite einbinden
*/
require ("20-8.html");
?>
```

So werden HTML und PHP in zwei getrennte Module aufgeteilt. Im obigen Beispiel habe ich die Einbindung einer zweizeiligen HTML-Datei hart codiert, ich hätte jedoch genausogut die Farbtabelle aus Listing 20.2 einbinden können. Das HTML aus Listing 20.7 können Sie auf jeder Seite wieder verwenden. Wenn Sie etwas zu bestehenden Seiten hinzufügen wollen, müssen Sie nur die betreffenden Seiten ändern. Sie könnten zum Beispiel die PHP-Funktion aus Listing 20.1 hinzufügen. Die Funktion wirkt sich dann auf den Inhalt von Listing 20.9 aus.

Vielleicht ist Ihnen aufgefallen, dass dieser Ansatz ein bestimmtes Muster aufweist. Jede Seite der Website besteht ganz einfach aus drei Aufrufen von require. Der erste und zweite Aufruf bleiben immer gleich. Tatsächlich unterscheiden sich die Seiten nur durch den Namen der in die zweite require-Anweisung eingebundenen Datei. Dies führt bereits über das Thema der Kombination von HTML und PHP hinaus und betrifft bereits das strukturelle Design. Sie können mit nur einem PHP-Script eine Website erstellen. Mehr dazu finden Sie in Kapitel 21, »Design«.

20.4 <SELECT>-Felder erzeugen

Mit dem HTML-SELECT-Tag können Sie verschiedene Optionen auflisten, die in einem Klappmenü erscheinen. Oft müssen Sie die Inhalte einer Liste bei Bedarf erstellen. Manchmal rufen Sie die Inhalte aus einer Datenbank ab, zum Beispiel, um Benutzer einer Webanwendung auszuwählen. Ein andermal erzeugen Sie die Inhalte, wie Tag-, Monats- oder Jahresangaben. Die Erstellung von Feldern hat zwei Aspekte. Als Erstes gibt es das relativ einfache Problem, alle Werte für die OPTION-Tags zu erzeugen. Dafür ist eine Schleife am besten geeignet. Als Zweites wählen Sie eine der Optionen als Voreinstellung.

Ob die Inhalte aus einer Datenbank kommen oder nicht, die Technik ist in allen Fällen ähnlich. Als Beispiel schreibe ich eine Funktion, um drei SELECT-Felder für eine Benutzerauswahl zu erzeugen: Tag, Monat und Jahr. Die Liste der Monatsnamen erzeugen Sie am besten aus einem Array. Tage und Jahre sind Zahlen, also sind Name und Wert identisch (vgl. Listing 20.11).

Listing 20.11: Datum wählen

```
<?
/*
** Drei Auswahlfelder für das Datum erstellen
*/
function DateSelector ($name, $date=FALSE) {
  static $MonthName;

  // Den Monatsnamen zum ersten Mal erzeugen
  if (!isset ($MonthName)) {
    $MonthName = array(1=>"Januar", "Februar", "März",
      "April", "Mai", "Juni", "Juli", "August",
      "September", "Oktober", "November", "Dezember");
  }

  // Aktuelles Datum angeben, falls Datum nicht gesetzt ist
  if (!$date) {
    $date = time();
  }

  /*
  ** Monat
  */
  print ("<SELECT NAME=\"{$name}Month\">\n");

  // Schleife über alle 12 Monate
  for ($m=1; $m <= 12; $m++) {
    print ("<OPTION VALUE=\"$m\"");
```

```
  if (date ("m", $date) == $m) {
    print (" SELECTED");
  }
  print (">{$MonthName[$m]}\n");
}
print ("</SELECT>\n");

/*
** Tag
*/
print ("<SELECT NAME=\"{$name}Day\">\n");

// Schleife über alle 31 Tage
for ($d=1; $d <= 31; $d++) {
  print ("<OPTION VALUE=\"$d\"");
  if (date ("d", $date) == $d) {
    print (" SELECTED");
  }
  print (">$d\n");
}
print ("</SELECT>\n");

/*
** Jahr
*/
print ("<SELECT NAME=\"{$name}Year\">\n");

// Schleife über den Zeitraum von 10 Jahren
for ($y=(date ("Y",$date)-5);$y<=(date ("Y",$date)+5);$y++){
  print ("<OPTION VALUE=\"$y\"");
    if (date("Y", $date) == $y){
      print (" SELECTED");
    }
    print (">$y\n");
  }
  print ("</SELECT>\n");
}
print ("<HTML>\n");
print ("<HEAD>\n");
print ("<TITLE>Listing 20.11</TITLE>\n");
print ("</HEAD>\n");

print ("<BODY>\n");

/*
** Ein Datum auswählen
*/
```

```
if (isset ($SampleMonth)) {
  // Zeitangaben erzeugen
  $UseDate = mktime (0, 0, 0,
    $SampleMonth,
    $SampleDay,
    $SampleYear);
} else {
// Aktuelle Zeit benutzen
$UseDate = time();
}

print ("<FORM ACTION=\"$PHP_SELF\">\n");

DateSelector ("Sample", $UseDate);

print ("<INPUT TYPE=\"submit\">\n");
print ("</FORM>\n");

print ("</BODY>\n");
print ("</HTML>\n");
?>
```

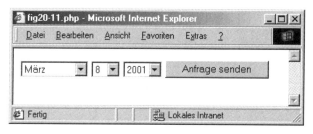

Abbildung 20.1: Datum wählen

Die Optionen für jede Auswahl erzeugen Sie in einer `for`-Schleife. Es gibt 12 Monate und 31 Tage. Der Bereich für Jahre ist hier auf 5 vor und 5 nach dem aktuellen Jahr beschränkt. Wenn Sie eine Datumsauswahl abschicken, lädt sich die Seite neu und das Formular zeigt das ausgewählte Datum. Dies bewirkt die `if`-Anweisung. Bei jedem Schleifendurchlauf wird der aktuelle Wert mit dem ausgewählten Wert verglichen.

20.5 Arrays aus Formularen übergeben

Es ist zwar nicht offensichtlich, aber es ist möglich, Arrays aus einem Formular zu übergeben. Sie verstehen den Vorgang, wenn Sie daran denken, wie Formularfelder in PHP-Variablen umgewandelt werden. PHP liest alle Felder der Reihe nach und wandelt sie in Zuweisungsanweisungen um. Eine URL wie `http://www.somesite.com/script.php3?name=leon` erzeugt eine Zuweisung wie `$name = "leon"`. Das heißt, dass die Variable `name` gesetzt wird, bevor das Script ausgeführt wird.

PHP behandelt den Namen des Formularfelds wie die linke Seite einer Zuweisungsanweisung. Deshalb interpretiert PHP vorkommende Sonderzeichen, die Teil des Feldnamens sind, entsprechend. Wenn Sie eckige Klammern eingeben, machen Sie aus der Variablen ein Array. Lassen Sie die Klammern leer, füllt sich das Array mit aufeinander folgenden Ganzzahlen. Wenn Sie also mehreren Feldern eines Formulars den gleichen Namen geben, die mit eckigen Klammern enden, wird nach dem Abschicken des Formulars ein Array übergeben (siehe Listing 20.12).

Listing 20.12: Arrays aus Formularen übergeben

```
<?
print ("<HTML>\n");
print ("<HEAD>\n");
print ("<TITLE>Listing 20.12</TITLE>\n");
print ("</HEAD>\n");

print ("<BODY>\n");

if (isset ($part)) {
  print ("<H3>Letzter Burger</H3>\n");
  print ("<UL>\n");

  foreach ($part as $name) {
    print ("<LI>$name\n");
  }
  print ("</UL>\n");
}

$Option = array("Senf", "Ketchup", "Pickles", "Zwiebeln",
        "Salat", "Tomaten");

print ("<H3>Einen Burger erzeugen</H3>\n");
print ("<FORM ACTION=\"$PHP_SELF\">\n");

foreach ($Option as $name) {
  print ("<INPUT TYPE=\"checkbox\" ");
  print ("NAME=\"part[]\" VALUE=\"$name\">");
  print ("$name<BR>\ n");
}

print ("<INPUT TYPE=\"submit\">\n");
print ("</FORM>\n");

print ("</BODY>\n");
print ("</HTML>\n");
?>
```

Abbildung 20.2: Arrays aus Formularen übergeben

Es gibt allerdings Einschränkungen. Nur eindimensionale Arrays werden korrekt übergeben. Es kann auch Probleme mit fehlerhaften Browsern geben. Auf jeden Fall sollten Sie die Feldnamen in doppelte Anführungszeichen setzen. Es gibt Browser, die Felder nicht korrekt übergeben, wenn Anführungszeichen bei Feldern mit abschließenden eckigen Klammern fehlen.

Kapitel **21**

Design

- Leistungsbeschreibung
- Design-Dokument
- CVS einsetzen
- Website mit `include` in Module aufteilen
- FreeEnergy
- FastTemplate .
- Midgard
- Ariadne
- Informationen aufzeichnen und Daten schützen
- Cloaking
- Suchmaschinenfreundliche URLs
- Scripts regelmäßig ausführen

Die Arbeit an einer Website mit PHP ist anders als die Arbeit an einer statischen Website. Wenn Sie nur gelegentlich PHP-Code auf Ihrer Site haben, ist der Effekt natürlich minimal. Wenn Sie jede Seite mit PHP erzeugen, werden Sie häufig bestimmte Muster in Funktionen umwandeln. Wie schon in Kapitel 20, »Kombination mit HTML«, erwähnt, können Sie Elemente wie Anfangs- und Ende-Tags für den Body-Bereich in eine Funktion oder eine Include-Datei einfügen. Als Konsequenz haben Sie nun keine Website mehr, sondern eine Webanwendung.

In diesem Fall ist es wichtig, sich auf formale Entwicklungstechniken zu stützen. Beim Aufbau statischer Websites ist strukturiertes Design sehr nützlich. Dies wird deutlich in *Web Site Engineering* von Thomas Powell. Mit PHP ist sorgfältiges Design schwierig. Innerhalb eines Kapitels kann ich nicht jeden Punkt der Software-Entwicklung von Webanwendungen abdecken. Als ausgezeichneten Start empfehle ich das Buch von Powell als Lektüre.

Zuerst werde ich grundlegende Anforderungen an Software und Design vorstellen. Anschließend diskutieren wir spezifische Design-Probleme und deren Lösungen.

21.1 Leistungsbeschreibung

Bevor Sie ein Design für ein System entwerfen, müssen Sie sich über die Zielsetzung im Klaren sein. Oft erhalten Sie nur eine mündliche Anfrage wie »Wir brauchen eine Homepage mit einem Gästebuch und einem Besucherzähler« ohne weitere Details. Üblicherweise führt das zur Erstellung eines Prototyps, der allerdings nur zu 25 Prozent die Kundenwünsche trifft. Nach Änderungen am Prototyp entspricht er zu 50 Prozent dem, was der Kunde will. Während der Arbeit an den Änderungen ändert der Kunde sein Ziel.

Die Lösung dieses Problems ist, ein Ziel zu setzen und daran festzuhalten. Als erstes müssen die Ziele des Projekts protokolliert werden. Nach meiner Erfahrung wird die wichtigste Frage, diejenige der Motivation, nicht gestellt. Wenn ein Kunde eine große Animation auf der Startseite will, ist die Motivation oft der Wunsch, mit Spitzentechnologie Eindruck zu machen. Anstatt Kundenwünsche blind zu erfüllen, sollten Sie lieber die beste Lösung für das »Warum?« suchen. Ein professionelles grafisches Design sagt mehr aus über die Aufgeschlossenheit des Kunden gegenüber technologischem Fortschritt.

Wenn Sie oft genug nach dem »Warum?« fragen, können Sie eine Liste von Zielen für das Projekt erstellen. Das Erreichen dieser Ziele erfordert gewisse Voraussetzungen. Ein Ziel könnte sein, den Umsatz zu steigern. Eine Voraussetzung dafür ist, Besucher auf die Artikel im Katalog des Kunden aufmerksam zu machen, etwa dadurch, dass Produkte im Wechsel auf allen Seiten erscheinen. Sie realisieren dies durch strategisch platzierte Banner oder Kicker. Halten Sie sich jedoch nicht zu sehr mit Design-Fragen auf. Im frühen Stadium der Entwicklung sollten Sie sich ausschließlich auf die Ziele konzentrieren.

Ausgehend von einer soliden Basis von Zielen können Sie die Systemvoraussetzungen beschreiben. In der Regel erstellen Sie dafür eine Leistungsbeschreibung. In diesem formalen Dokument wird die Gesamtfunktionalität beschrieben, die die Website haben soll. Die Ziele erfordern etliche funktionale Voraussetzungen und schaffen Beschränkungen bezüglich des Designs. Wie schon erwähnt, verlangt das Ziel der Umsatzsteigerung unter anderem, dass Kunden auf Katalogartikel aufmerksam werden. Sie können auch kostenlosen Service anbieten, um Besucher anzulocken. Zum

Beispiel könnte eine Kreditgesellschaft eine Rechensoftware für Hypotheken anbieten. Es ist eine gute Idee, mögliche Lösungen zu überlegen, aber die endgültigen Entscheidungen über das Design sollten Sie in dieser Phase noch nicht treffen.

Die Leistungsbeschreibung ist formal und strukturiert. Sie sollte jedoch auch für Technologie-Laien verständlich sein. Die Beschreibung der Funktionalität dient zum Teil als Vertrag zwischen Kunde und Entwickler. Durch klare Aussagen vermeiden Sie Missverständnisse und späteren Mehraufwand für die Entwicklung. Das heißt nicht, dass das Dokument in allen Punkten präzise sein muss. Wenn möglich, geben Sie messbare Anforderungen an. Die Festlegung einer Seitengröße auf 30 Kbyte ist ein objektiver Standard und leicht zu überprüfen. Inwieweit die Website Vertrauen zu der Firma Ihres Kunden erweckt, lässt sich nicht so einfach messen. Manchmal ist das jedoch der einzige Anhaltspunkt, den Sie haben.

In Tabelle 21.1 sehen Sie die sechs wichtigsten Punkte einer Leistungsbeschreibung. Sie sollte nur die Funktionalität beschreiben. Jede Anforderung sollte eine »Was?«-Frage beantworten und Einschränkungen aufzeigen, am besten in Form von Mengenangaben: Wie viele Hits gibt es pro Tag? Maximale Seitengröße? Maximale Ebenen? Die Leistungsbeschreibung sollte Ihnen spätere Änderungen erlauben. Benutzen Sie eine natürlich klingende Sprache und verzichten Sie auf lange Erzählungen. Es empfiehlt sich, die Abschnitte des Dokuments zu nummerieren und, wo nötig, Diagramme einzusetzen. Das Dokument ist als Information für die Person gedacht, die die Website später programmiert. Seien Sie nicht überrascht, wenn Sie sechs Monate später diesen Auftrag bekommen.

Beschreibt nur die Funktionalität
Beschreibt Beschränkungen bei der Ausführung
Erlaubt problemlos Änderungen
Dient als Referenz für die Systempflege
Enthält Vorüberlegungen zum Lebenszyklus des Systems
Beschreibt akzeptable Lösungen für unerwünschte Ereignisse

Tabelle 21.1: Eigenschaften einer Leistungsbeschreibung

Die Anforderungen müssen das gesamte System berücksichtigen. Die Fähigkeit des Systems, nach einem katastrophalen Ausfall innerhalb einer Stunde wieder zu funktionieren, gehört in die Leistungsbeschreibung. Daraus folgt ein anderer Gedanke: Wie reagiert das System generell auf Fehler – nicht nur Katastrophen, sondern auch auf unkorrekte Benutzereingaben? Manche Systeme ignorieren falsch eingegebene Benutzereingaben. Wie oft haben Sie die Fehlermeldung schon gesehen: »Error 404 Document Not Found« oder »404 Dokument ist nicht auf diesem Server verfügbar«. Es wäre für Benutzer schön, wenn diese Seite einen Link zur Startseite hätte.

Merken Sie sich diese Richtlinien und sehen Sie sich Tabelle 21.2 an, in der die Struktur einer Leistungsbeschreibung umrissen ist. Für den Überblick, der die Ziele der Website darlegt, genügt eine Seite oder weniger. Wenn Sie diese Ziele in einem anderen Dokument ausführlicher beschreiben, sollten Sie dieses Dokument beilegen. Die Ideen zu jeder Projektphase müssen erhalten blei-

ben. Die Anforderungen basieren auf den Zielen, und das Design wiederum baut auf den Anforderungen auf. Die Kenntnis der ursprünglichen Ziele für die Website helfen beim Design und bei der Entwicklung.

Überblick über die Ziele

System- und Entwicklungsumgebung

Externe Schnittstellen und Datenfluss

Funktionale Anforderungen

Performanz-Anforderungen

Behandlung von Ausnahmefällen

Prioritäten bei der Ausführung

Voraussehbare Änderungen

Vorschläge für das Design

Tabelle 21.2: Leistungsbeschreibung strukturieren

Die System- und Entwicklungsumgebung, wie Browser und Webserver, werden bei der Leistungsbeschreibung gelegentlich übersehen. Wenn Sie für eine Intranet-Umgebung entwickeln, sind Sie vielleicht in der glücklichen Lage, nur eine bestimmte Browser-Version berücksichtigen zu müssen. Es kann sein, dass ein großes Unternehmen firmenweit denselben Browser einsetzt und Sie dafür eine Anwendung entwickelt haben. Eine andere Firma, 1.600 km entfernt, setzt dagegen einen anderen Browser ein. Ich wünsche Ihnen, dass Sie niemals ein System für Netscape Navigator 3.01 entwickeln und dann gebeten werden, dass System für Microsoft Internet Explorer 3.02 zum Laufen zu bringen.

Auf den Webserver haben Sie dagegen mehr Einfluss, und er hat weniger Probleme mit unterschiedlichen Quellcodes. Wenn Sie PHP schreiben, benutzen Sie wahrscheinlich den Apache-Server. Es empfiehlt sich, für die Entwicklungs- und die Anwendungsumgebung identische Versionen von PHP und Apache zu benutzen.

Zum großen Teil enthält Ihre Liste externer Schnittstellen die Internetverbindung zwischen dem Browser und dem Webserver, das lokale Dateisystem, und möglicherweise eine Datenbankverbindung. Diagramme sind hilfreich. Sie zeigen die Beziehung zwischen den Elementen. Eine einfache Form zeigt ein Kästchen mit der Beschriftung *Browser*, das mit einem anderen Kästchen mit der Beschriftung *Server* verbunden ist. Die Verbindungslinie hat an beiden Enden Pfeile und zeigt damit, dass Information in beide Richtungen fließt. Dieses Diagramm illustriert den Zusammenhang, nicht das Design der Datenstruktur. Ob Sie eine Datenbank benutzen, ist wahrscheinlich offensichtlich, nicht jedoch, welche Sie benutzen. Wenn Ihr System Daten »irgendwie« speichert, zeichnen Sie auf, dass Daten in ein Kästchen fließen, das für eine Datenbank oder eine einfache Datei steht. Die Darstellung soll den Verlauf des Datenflusses zeigen.

Den größten Teil des Dokuments bilden sicherlich die funktionalen Anforderungen. Wenn Sie ein Datenfluss-Diagramm zeichnen, können Sie sich gut vorstellen, wie Sie das System in Module aufteilen. Je klarer Sie die Funktionalität in einzelne Teile untergliedern, desto einfacher ist es für Sie, funktionale Anforderungen zu unterteilen. Ich habe schon viele Leistungsbeschreibungen für Webanwendungen geschrieben, die im Grunde Data Warehouses sind. Dabei habe ich jeder größeren Dateneinheit einen eigenen Abschnitt gewidmet. Eine Anwendung für Projektmanagement kann aus einer Gruppe von Projektbeschreibungen, einer Gruppe von Benutzern und einer Gruppe von Kommentaren bestehen. Jede dieser Gruppen hat einen Abschnitt in den Funktionalitätsanforderungen. Darin listen Sie zuerst die zu speichernden Informationen auf und anschließend Möglichkeiten, diese Informationen zu ändern.

Die Performance-Anforderungen schränken die Funktionalität ein. Vielleicht wollen Sie die für einen Site-Besuch notwendigen Mindestanforderungen an die Browser-Konfiguration aufzeichnen. Eine gute Idee ist, die maximale Seitenlast anzugeben. Wenn der Kunde den Einsatz einer bestimmten Technologie verlangt, sollte dies in diesem Abschnitt der Beschreibung vermerkt werden. Es ist gut, schon im Voraus zu wissen, ob Sie mit PHP arbeiten können, aber auch, ob Sie es mit Oracle und dem Internet Information Server unter Windows NT zu tun haben werden.

Der Abschnitt über die Behandlung von Ausnahmefällen beschreibt, wie das System mit Problemen zurecht kommt. Dieser Abschnitt enthält zwei Bereiche: Notfälle und ungültige Eingaben. Hier steht was passiert, wenn der Webserver plötzlich in Flammen aufgeht. Hier legen Sie fest, ob Backups stündlich, täglich oder wöchentlich gemacht werden. Sie beschreiben, wie das System mit unsinnigen Benutzereingaben umgeht. Zum Beispiel entscheiden Sie, was passiert, wenn in einem Formular die Stadt nicht angegeben wird: Entweder klicken Benutzer auf die Schaltfläche »Zurück«, oder das Formular lädt sich automatisch neu, wobei die bereits gemachten Angaben bestehen bleiben und nur das leere Feld mit einem roten Sternchen gekennzeichnet ist.

Wenn der Kunde bezüglich der Reihenfolge bei der Ausführung bestimmte Wünsche hat, notieren Sie diese. Nach meiner Erfahrung diskutieren Kunden unter Termindruck und kurz vor Projektbeginn oft den Punkt, welche Funktionalität sie zuerst haben wollen. Andere Anforderungen sind für das System vielleicht nicht so wesentlich, und der Kunde kann darauf warten. Wenn es in diesem Bereich Präferenzen gibt, müssen die für Design und Entwicklung zuständigen Personen im Voraus davon wissen.

Noch weiter in der Zukunft liegen die voraussehbaren Änderungen. Kunden sind wahrscheinlich nicht sofort bereit, für eine E-Commerce-Site zwei Millionen Mark auszugeben. Aber vielleicht erhalten Sie ein Jahr später den Auftrag, zusätzliche Funktionalität einzubauen. Es ist nicht sehr sinnvoll, für einen aus 50 Artikeln bestehenden Katalog eine teure Datenbank zu nutzen. Es ist jedoch der Mühe wert, eine gute Grundlage für spätere Erweiterungen zu schaffen.

Der letzte Teil der Leistungsbeschreibung ist eine Liste von Design-Vorschlägen. Daraus wird ersichtlich, dass Sie bei den Vorüberlegungen Schwierigkeiten beim Design berücksichtigen. Sie können darin ein ähnliches Projekt kurz umreißen oder/und einen Ansatz für das Design vorschlagen.

21.2 Design-Dokument

Wenn Sie mit der Leistungsbeschreibung fertig sind, sollten Sie überlegen, ob Sie ein Design-Dokument erstellen. Oft ist es nicht nötig, vor allem, wenn nur wenige Leute an einem kleinen Projekt arbeiten. Sie wollen vielleicht Schlüsselelemente eines kompletten Design-Dokuments herausgreifen und sie detailliert ausarbeiten.

Der erste Teil des Designs behandelt die Architektur des Systems. Sie sollten das System in große Funktionalitätsbereiche aufteilen. Eine Webanwendung für Projektmanagement könnte für die Bearbeitung in drei Module aufgeteilt werden: eines für Projektinformation, eines für Benutzer und eines für Einträge in eine Zeit-Tabelle. Eine informationelle Website untergliedern Sie durch sekundäre Seiten. Das sind Seiten, zu denen Sie von der Startseite durch einen Klick gelangen. Der Abschnitt »Über uns« informiert Besucher über die Firma. Der Katalog-Teil bietet Informationen über die von der Firma angebotenen Artikel.

Je nach Art der Website sollten Sie eine Diagrammform wählen, die Subsysteme und deren Beziehungen zeigt. Diese Diagramme heißen Beziehungsdiagramme. Meistens erstelle ich ein Diagramm mit Seitendarstellung. Jeder Knoten im Diagramm steht für eine Seite, wie sie sich Benutzern darstellt. Die Verbindungslinien repräsentieren Links, die von einer Seite zur anderen führen. Ein anderes nützliches Diagramm zeigt die Beziehung zwischen Datenbanktabellen. Die Knoten stehen für Tabellen. Sie können innerhalb der Kästchen, die für die Tabellen stehen, die Tabellenfelder auflisten. Sie verbinden die Tabellen durch Linien und zeigen, welche Felder zueinander in Beziehung stehen. Ebenfalls hilfreich ist die Anzeige, welche Beziehung zwischen Tabellen besteht – eins zu eins oder eins zu viele (1:1 oder 1:n).

Die nächste Phase beim Design ist die Schnittstellen-Spezifikation. Sie beschreiben, wie Subsysteme kommunizieren. Das kann eine einfache Liste von URLs für jede Seite sein. Falls es Formulare gibt, empfiehlt sich eine Liste aller Felder. Ist die Aufzeichnung von Benutzersitzungen geplant, sollten Sie überlegen, ob Sie Cookies oder Formular-Variablen einsetzen wollen. Legen Sie akzeptable Werte für die Sitzungs-ID fest. Soll die Website mit Dateien oder einer Datenbank kommunizieren, legen Sie in dieser Planungsphase die Dateinamen oder die Login-Information für die Datenbanken fest.

Der größte Teil eines Design-Dokuments besteht aus detaillierten Beschreibungen zur Funktionsweise der Module. Sie können hier exakt festlegen, wie Sie Module schreiben. Zum Beispiel, dass eine Liste von Katalog-Artikeln zwischen UL-Tags steht. Solche detaillierten Beschreibungen müssen jedoch nicht sein. Die Person, die später den Code schreibt, kann das Problem wahrscheinlich auch selbst gut lösen.

Am besten halten Sie sich an einen Style Guide. Dieser kann Teil der Leistungsbeschreibung oder ein eigenes Dokument sein. Der Style Guide legt den Stil des Codes für das Projekt fest. Sie finden ein Beispiel dafür in Anhang G. Im Style Guide steht zum Beispiel, wie Variablen zu benennen sind oder wo geschweifte Klammern gesetzt werden. Viele Punkte sind willkürlich. Wichtig ist, dass Sie Entscheidungen treffen und ihnen folgen. Umfangreicher Programmcode ist leichter zu lesen, wenn die Formatierung standardisiert ist.

Im Folgenden stelle ich Ihnen einige Ideen zum Design vor, die Sie übernehmen können. Die Dynamik von PHP erlaubt ein strukturiertes Design, das mit reinem HTML nicht möglich ist. Es wäre schade, diese Funktionalität zu vergeuden, indem Sie PHP nur als schnelle Alternative zu CGI einsetzen. Ich empfehle Ihnen, PHP als treibende Kraft für eine komplett dynamische Website zu nutzen.

21.3 CVS einsetzen

CVS (Concurrent Versions System) ist ein Open-Source-System. Entwickler können damit alle Änderungen an einem Projekt verfolgen. Projektdateien sind in einem zentralen Verzeichnis gespeichert. Entwickler rufen Kopien ab, nehmen Änderungen vor und stellen die Kopien ins Verzeichnis. Das System zeichnet alle Änderungen auf. Team-Mitglieder können also vorige Versionen jeder beliebigen Datei abrufen. Auch kann das System Unterschiede ausgleichen, die entstehen, wenn zwei Entwickler unabhängig voneinander Änderungen an der gleichen Datei vornehmen.

Ich denke, dass für Projektmanagement CVS unentbehrlich ist. Mit CVS können Sie im Team effektiv zusammenarbeiten, auch wenn Sie an unterschiedlichen Orten tätig sind. Bekannte Netzprojekte wie Apache, Linux und PHP nutzen es und wären ohne CVS wahrscheinlich nicht so erfolgreich.

Ich kann Ihnen hier kein Tutorial bieten und verweise Sie deshalb auf Karl Fogels Buch *Open Source Development with CVS* <`http://cvsbook.red-bean.com/`>. (Deutscher Titel: *Open Source-Projekte mit CVS*) Die Kapitel über CVS können Sie herunterladen. Wenn Sie CVS einsetzen wollen, empfehle ich Ihnen, das Buch zu kaufen. Es geht darin neben der Arbeitsweise von CVS auch darum, wie Sie CVS beim Entwicklungsprozess einsetzen.

21.4 Website mit include in Module aufteilen

Trotz ihres Namens entspricht die Funktion `include` nicht dem gleichnamigen Preprocessor-Befehl in C. Sie ähnelt in vieler Hinsicht einem Funktionsaufruf. PHP erhält einen Dateinamen und versucht, die Datei zu parsen, als wäre sie an der Stelle des Aufrufs von `include`. Der Unterschied zu einer Funktion ist, dass der Code nur geparst wird, wenn die Anweisung `include` ausgeführt wird. Der Vorteil ist, dass Sie Aufrufe von `include` innerhalb von `if`-Anweisungen schreiben können. Dagegen schließt die Funktion `require` immer die angegebene Datei ein, selbst wenn diese innerhalb eines `if`-Blocks steht, der niemals ausgeführt wird. Auf der PHP-Mailing-Liste wurde schon öfter besprochen, dass `require` schneller ist als `include`. Und zwar deshalb, weil PHP in einem der ersten Scriptdurchläufe die angegebene Datei ins Script einfügen kann. Dies trifft jedoch nur für Dateien mit statischer Pfadangabe zu. Enthält der Aufruf von `require` eine Variable, erfolgt die Ausführung erst zur Laufzeit. Es hilft, wenn Sie sich an die Regeln halten, `require` nur außerhalb einer zusammengesetzten Anweisung einzusetzen und einen statischen Pfad anzugeben.

In fast allen PHP-Projekten benutze ich `include` sehr häufig. Zum einen wird der Code leichter lesbar. Zum anderen kann ich damit die Website in Module aufteilen. Dadurch können viele Personen gleichzeitig an der Website arbeiten. Außerdem werden Sie gezwungen, Code zu schreiben, der problemlos wieder verwendbar ist, sowohl auf der bestehenden Website als auch in neuen Projekten. Viele Websites brauchen sich wiederholende Elemente. Konsistente Navigation ist für Benutzer wichtig, ist jedoch auch ein großes Problem, wenn es um den Aufbau und die Pflege der Website geht, vor allem wenn Sie den gleichen Code auf jede Seite einfügen. Wenn Sie daraus ein Modul machen und mit `include` einbinden, müssen Sie nur an einer Stelle Fehler suchen und können Änderungen schnell vornehmen.

Es gibt die Strategie, Funktionen in include-Module einzufügen. Wenn ein Script eine bestimmte Funktion braucht, müssen Sie nur include hinzufügen. Haben Sie nur eine kleine Funktions-Library, dann reicht eine Datei dafür aus. Es kann jedoch sein, dass Sie einzelne Code-Abschnitte nur auf einer Handvoll Seiten brauchen. Dafür erstellen Sie besser eigenständige Module.

Während Ihre Library immer größer wird, entdecken Sie vielleicht einige Abhängigkeiten. Stellen Sie sich ein Modul vor, das eine Verbindung zu einer Datenbank herstellt, und zusätzlich ein paar andere Module, die von dieser Datenbankverbindung abhängen. Jedes dieser beiden Scripts schließt das Modul für die Datenbankverbindung ein. Doch was passiert, wenn Sie diese Scripts wiederum in ein anderes Script einbinden? Das Datenbankmodul ist zweimal eingebunden. Es könnte sein, dass dadurch eine zweite Datenbankverbindung hergestellt wird. Wenn Funktionen definiert sind, gibt PHP eine Fehlermeldung aus, dass eine Funktion doppelt vorhanden ist.

In C vermeiden Sie diese Situation, indem Sie innerhalb der eingebundenen Dateien Konstanten definieren. Sie können eine ähnliche Strategie auch hier anwenden und innerhalb Ihres Moduls eine Konstante definieren. Wenn diese Konstante vor der Modul-Ausführung definiert ist, springt das Programm zum aufrufenden Prozess zurück. Sehen Sie sich die Funktion printBold in Listing 21.1 an. Diese Funktion brauchen wir für das Beispiel aus Listing 21.2. Ich habe absichtlich einen Fehler in Form eines zweiten include eingebaut. Wenn das Modul das zweite Mal eingebunden wird, springt es vor der Neudeklarierung der Funktion zurück.

Listing 21.1: Include-Doppelungen vermeiden

```
<?
/*
** Doppelte includes vermeiden
*/
$included_flag = 'INCLUDE_' . basename (__FILE__);
  if (defined ($included_flag)){
  return (TRUE);
}
define ($included_flag, TRUE);

function printBold ($text){
  print ("<B>$text</B>");
}
?>
```

Listing 21.2: Zweifache Einbindung eines Moduls

```
<?
// printBold-Funktion laden
include ("21-1.php");

// Versucht, die printBold-Funktion erneut aufzurufen
include ("21-1.php");

printBold ("Zweiter include erfogreich verhindert");
?>
```

21.5 FreeEnergy

Die Technik, Module einzubinden, habe ich bereits bei einigen Webanwendungen benutzt. Deshalb habe ich mich ausführlich mit den einzelnen Elementen einer Webseite befasst. Kopf- und Fußzeilen und andere sich wiederholende Navigationselemente sind kein Problem. Manchmal können Sie Seiten aufteilen in seitenspezifische Inhalte, solche die vorher und andere, die nachher stehen müssen. Möglicherweise wird dadurch die Pflege schwierig. Ein Teil von HTML steht in einer Datei, ein Teil in einer anderen. Zumindest müssen Sie hier zwischen zwei Editor-Fenstern hin- und herspringen.

Stellen Sie sich eine Webseite als ein Objekt vor – im Sinne von Objektorientierung. Zuerst einmal besteht eine Webseite aus einem Paar HTML-Tags, den HEAD-Tags und den BODY-Tags. Diese Tags muss es geben – ganz unabhängig davon, wie das Design und der Inhalt aussieht. Innerhalb dieser Tags gibt es weitere Tags. Innerhalb der BODY-Tags können Sie für die Gestaltung des Layout eine Tabelle platzieren. Innerhalb der Tabellenzellen sind entweder Links zu anderen Seiten oder seitenspezifischer Inhalt.

Mit FreeEnergy können Sie größere Teile jeder Seite in Dateien verpacken und bei Bedarf einbinden. Bevor ich weitermache, möchte ich meine Beweggründe erläutern. Mein erstes Anliegen beim Entwickeln einer Website ist Korrektheit und beste Qualität. Mein zweites Anliegen ist, dass ich die Website mit minimalem Zeitaufwand entwickeln und pflegen kann. Als Nächstes mache ich mir Gedanken über die Performance. Dies ist der letzte Punkt, weil schnellere Hardware relativ günstig ist. Nach Moores Gesetz verdoppeln sich in 18 Monaten CPU-Geschwindigkeit und Speicherkapazität, wobei der Preis gleich bleibt. Doppelte Leistung kostet in diesem Fall nur Zeit. Auch zeigt die Erfahrung, dass nur ein geringer Teil des Programmcodes den Großteil der Verarbeitungszeit beansprucht. Diese kleinen Code-Abschnitte können wir später optimieren. Zuerst schreiben wir den restlichen Code so übersichtlich wie möglich.

Wo Sie einfach ein paar Dateien am Anfang Ihrer Seiten einbinden, benutzt das FreeEnergy-System erheblich mehr Aufrufe von include. Natürlich dauern Aufrufe aus dem Dateisystem länger als Funktionsaufrufe. Sie können alles, was Sie brauchen, in eine große Datei schreiben und diese in jede Seite einbinden. Dann müssen Sie jedoch diese Datei mühsam durchsuchen, wenn Sie etwas ändern wollen. Mit FreeEnergy findet ein Tausch von Performance der Anwendung und der Entwicklungs- und Pflegezeit statt.

Ich nannte dieses System FreeEnergy, weil es seine Energie scheinbar aus der PHP-Umgebung erhält. Die Funktion include von PHP ist einzigartig und für FreeEnergy zentral, vor allem die Möglichkeit, einem Script einen Variablen-Namen zu geben. Der für eine Seite spezifische Inhalt heißt Screen. Der Screen-Name wird einem einzigen PHP-Script übergeben. Dieses bezieht den Screen-Namen auf ein großes Array, das die Anzeige dem entsprechenden Layout und den Navigationsmodulen zuordnet.

Das FreeEnergy-System unterteilt Webseiten in fünf Module: Aktion, Layout, Navigation, Screen und Utility. Aktionsmodule schreiben in eine Datenbank, eine Datei oder auch ins Netzwerk. Während einer Anfrage wird nur ein Aktionsmodul ausgeführt, und zwar bevor das Screen-Modul ausgeführt wird. Ein Aktionsmodul hat Vorrang vor dem in der Anfrage genannten Screen-Modul. Das ist wichtig, wenn ein Aktionsmodul ein Formular verarbeitet und die abgesendeten Daten unvollständig oder aus anderen Gründen nicht akzeptabel sind. Aktionsmodule senden Daten nie direkt zur Anzeige. Statt dessen speichern sie Meldungen in einer Warteschlange, die das Layout-Modul später losschickt. Möglicherweise schickt das Aktionsmodul Header-Information. Deshalb darf keine Ausgabe erzeugt werden.

Layout-Module enthalten nur den Code, der die Ausgabe der Screen- und Navigationsmodule arrangiert. Typischerweise enthalten Sie `table`-Tags, wie für die Layout-Kontrolle von Webseiten üblich. Innerhalb der Tabellenzellen stehen die Aufrufe von `include`. Diese können Navigations- oder Screen-Module aufrufen.

Navigationsmodule enthalten Links und sich wiederholende Elemente. Im Fachjargon heißen sie »top nav«, »bottom nav« und »side nav«. Sehen Sie sich einmal die beliebten Yahoo-Seiten an. Diese Seiten bestehen in der Regel aus einer Navigationsleiste am Seitenanfang und am Seitenende. Die »top nav« beinhaltet das Logo und Links zu wichtigen Bereichen der Site. Wäre die Yahoo-Site in FreeEnergy geschrieben, gäbe es wahrscheinlich ein dynamisches Navigationsmodul, das den Pfad zum aktuellen Bereich erzeugt, zum Beispiel: `Home > Computers and Internet > Software > Internet > World Wide Web > Servers > Server Side Scripting > PHP`.

Screen-Module enthalten den spezifischen Inhalt einer Seite, die gerade angezeigt wird. Je nach Kontext können sie reines HTML oder hauptsächlich PHP-Code enthalten. Eine Pressemitteilung ist statisch. Auch Personen ohne PHP-Kenntnisse können sie vorbereiten. Sie müssen nur wissen, dass das Screen-Modul ein Stück HTML ist.

Jedes beliebige Modul kann sich auf ein Utility-Modul stützen, in der Weise, wie Utility-Dateien in anderen Zusammenhängen benutzt werden. Einige Utility-Module heißen Each Page Load. Andere sind Sammlungen von Funktionen oder Objekten, die mit einer bestimmten Datenbanktabelle in Beziehung stehen.

Wir sammeln alle Module in einem Verzeichnis `Module`, das weitere Unterverzeichnisse für jeden Modultyp enthält. Aus Sicherheitsgründen erstellen wir das Verzeichnis außerhalb des Dokument-Root-Verzeichnisses des Webservers. Im Dokument-Root-Verzeichnis gibt es ein einziges PHP-Script, `index.php`. Dieses Script leitet den Prozess der Modulaufrufe ein und strukturiert die Ausgabe mit den Standard-HTML-Tags.

Da ich schon einige Zeit mit diesem System arbeite, will ich Ihnen einige Praxisbeispiele zeigen. Ein Beispiel ist FreeTrade, ein Open-Source-Framework für die Entwicklung von E-Commerce-Sites <`http://www.working-dogs.com/freetrade/`>.

21.6 FastTemplate

In meiner langjährigen Erfahrung mit Webentwicklung habe ich etwas Interessantes gelernt: Keine zwei Unternehmen entwickeln Webanwendungen auf dieselbe Weise. Einige haben eine bunte Mischung von Mitarbeiter, die bestimmte Spezialgebiete haben, aber die gleiche Art von Arbeit verrichten können. Andere trennen strikt zwischen Personen, die HTML schreiben, und Personen, die Scripts schreiben. Wieder andere teilen die Arbeit auf unter einer Grafikdesign-Gruppe und einer Gruppe für die Entwicklung, die HTML und Scripts schreibt. Es kann für eine HTML-Gruppe unproduktiv sein, wenn sie Änderungen von einer Script-Gruppe anfordert.

FastTemplate begegnet diesem Problem, indem es HTML und PHP trennt. Templates sind in HTML und können speziellen Code enthalten, umgeben von geschweiften Klammern. Ein PHP-Script lädt die Templates, legt Werte für den speziellen Code fest und ersetzt sie. Code-Abschnitte können durch andere Templates ersetzt werden oder durch Daten, die PHP erzeugt.

Dadurch können auch Personen ohne PHP-Kenntnisse gut mit Template-Dateien arbeiten, weil diese reinem HTML ähnlicher sind. Kleine Änderungen an HTML können Sie auch ohne Zusammenarbeit mit der Entwicklungsgruppe machen, die auf Änderungswünsche vielleicht sowieso mürrisch reagiert. Außerdem muss sich die Entwicklungsgruppe keine Sorgen machen, dass Neulinge Fehler in ihre Scripts einbauen.

Wenn Sie mit Templates arbeiten, empfehle ich Ihnen die Homepage von FastTemplate <`http://www.thewebmasters.net/php/`>. Sie können die Klasse zusammen mit der Dokumentation und Beispielen herunterladen. Vielleicht interessiert Sie auch der Artikel von Sascha Schumann auf der Website der PHP-Entwickler <`http://www.phpbuilder.com/`>.

21.7 Midgard

Das Midgard-Projekt ist ein weiterer Ansatz für das Website-Design mit PHP <`http://www.midgard-project.org/`>. Das Projekt pflegen Jukka Zitting und Henri Bergius. Sie ziehen es vor, PHP in ihren eigenen Anwendungsserver zu integrieren, anstatt reinen PHP-Code zu schreiben. Midgard kann mehr als 800.000 Inhaltsseiten verwalten und benutzt eine Web-basierte Schnittstelle. Deshalb ist es für den Betrieb von Magazinseiten hervorragend geeignet.

Midgard ist natürlich ein Open-Source-Projekt. Sie können eine offizielle Version herunterladen oder sich einen Snapshot aus dem CVS holen. Für die Installation müssen Sie PHP leicht verändern. Eine Anleitung finden Sie auf der Midgard-Website. Sie müssen Midgard kompilieren. Deshalb lohnt sich unter Windows die Mühe wahrscheinlich nicht.

21.8 Ariadne

Zur Zeit der Entstehung dieses Buchs gibt es nur eine Beta-Version. Ariadne ist eine Webanwendung von Muze, einer Entwicklungsagentur in den Niederlanden. Ariadne wird unter der GNU Public License vertrieben. Projektleitung hat Auke van Slooten. Sie können den Quellcode von der Muze-Website herunterladen: <`http://www.muze.nl/software/ariadne/`>.

Ariadne speichert PHP-Quellcode als Objekte in einer MySQL-Datenbank. Über ein virtuelles Dateisystem interagieren diese Objekte miteinander. Die gut ausgestattete Bedienoberfläche ist über Webseiten dargestellt. Fortgeschrittene Anwender können natürlich auch tiefer graben. Eine andere Hauptkomponente steuert die Zugriffsrechte für Anwender oder Gruppen.

21.9 Informationen aufzeichnen und Daten schützen

Kapitel 15, »Sortieren, Suchen und Zufallszahlen«, beschreibt Sitzungs-IDs. Vielleicht ist nicht auf Anhieb offensichtlich, warum Sie sie implementieren sollten. Möglicherweise wollen Sie Ihre Webanwendung schützen, indem Sie von Besuchern und Besucher eine Identifikation durch Login und Passwort verlangen. Wenn Sie dies jedoch für jede Seite wiederholen, ist das für Surfer sehr

ärgerlich. Vielleicht wollen Sie auch den Weg aufzeichnen, den Besucher auf Ihrer Website nehmen, ohne sie zu identifizieren. Der Prozess muss versteckt ablaufen und darf beim Surfen nicht stören.

Eine Lösung ist, eine zufällige Sitzungs-ID zu erzeugen. Diese ID muss schwer zu erraten und einzigartig sein. Die Sitzung wird in einer Datenbank oder einer Datei gespeichert und in jedem Link oder jedem Formular weitergegeben. Die Site muss nur bei jedem Seitenaufruf prüfen, ob die Sitzung gültig ist. Wenn die Sitzung ungültig ist, können Sie eine Fehlermeldung ausgeben und den Besucher oder die Besucherin zur Login-Seite zurückschicken. Je nach Kontext, können Sie auch eine neue Sitzungs-ID erzeugen.

Auf einer Site, die ein Login verlangt, wird die Sitzungs-ID mit einer Benutzer-ID assoziiert. Diese ist der Schlüssel für eine Tabelle mit Benutzerinformationen. Sie können auch aufzeichnen, wann eine Sitzung zuletzt eine Seite aufgerufen hat, und die über einen Zeitraum von vielleicht 15 Minuten inaktiven Seiten ablaufen lassen. Dies schützt Benutzer, die ihren Rechner verlassen, ohne sich abzumelden.

Vielleicht möchten Sie auch beliebige Variablen mit jeder Sitzung assoziieren. Mit einer relationalen Datenbank implementieren Sie dies relativ einfach. Sie erzeugen eine Tabelle, in der jede Zeile eindeutig durch eine Sitzungs-ID oder einen Variablennamen bezeichnet ist. Die Erzeugung einer Variablen ist genau so einfach wie das Einfügen einer Zeile in eine Tabelle. Sie können jede Variable mit jedem Aufruf holen oder nur wenn nötig. Eine andere Möglichkeit ist, ein Array von Werten zu serialisieren und es in einer Tabellenspalte zu speichern.

Kapitel 7, »Eingaben/Ausgaben und Dateizugriffe«, beschreibt das in PHP 4 eingebaute Dateiverwaltungssystem. Kapitel 8, »Funktionsreferenz«, ist eine Liste der verfügbaren Funktionen. Diese Funktionen bilden ein System, das das Verschieben von Daten zwischen Variablen und permanentem Speicher verwaltet. Der Standard-Handler speichert Variablen im lokalen Dateisystem. Sie können jedoch Ihren eigenen Handler schreiben, der Variablen in einer Datenbank speichert.

21.10 Cloaking

Wenn Sie eine reine HTML-Site erstellen wollen, haben Sie zwei Möglichkeiten: Sie erstellen eine Site, die in nur einem Browser sehr gut funktioniert, oder eine mittelmäßige Site, die in allen Browsern funktioniert. Mit PHP können Sie eine Site erstellen, die in allen Browsern sehr gut funktioniert. Die Variable HTTP_USER_AGENT enthält den String, mit dem sich die meisten Browser beim Webserver identifizieren. Sie können diese Variable nutzen, um zwischen Inhaltsversionen zu wählen. Dadurch ist die Funktionsweise der Site im Browser nicht zu sehen. Benutzer können trotz unterschiedlicher Browser-Fähigkeiten ohne Unterbrechung surfen.

Kapitel 16, "Parsen und Zeichenketten auswerten", enthält ein Beispiel dafür, wie Sie reguläre Ausdrücke anwenden, um HTTP_USER_AGENT in verständliche Elemente zu parsen. Meistens genügen Browser-Name und -Version, aber auch die Angabe des Betriebssystems ist nützlich. Nach meiner Erfahrung gibt es feine Unterschiede zwischen identischen Browser-Versionen unter Windows und Macintosh. Bisher habe ich ein Design-Element versteckt, und zwar ein Rollover-JavaScript, eine grafische Schaltfläche, die sich ändert, wenn die Maus darüber bewegt wird. Zum Beispiel könnte die Beschriftung auf der Schaltfläche glühen. In JavaScript erreichen Sie dies durch

Bildertausch. Leider können ältere Browser diesen Effekt nicht anzeigen. Deshalb geben Sie für diesen Code nur Browser an, die ihn ausführen können.

Auch grafische Trennlinien habe ich versteckt. Mit HTML können Sie ein Bild erzeugen, das ein Pixel groß ist. Sie strecken es, indem Sie die Angaben von Höhe und Breite mit Werten größer als 1 setzen. Sie können also ein Pixel in eine Trennlinie strecken. Im Gegensatz zum HR-Tag kann die Linie farbig sein. An ältere Browser, die Bilder nicht strecken können, sende ich ein HR-Tag, um einen ähnlichen Effekt zu erzielen. Alternativ dazu können Sie einen Verweis auf eine Grafik von angemessener Größe setzen.

Die Strategie des Versteckens lässt sich mit FreeEnergy kombinieren. Sie können zwischen verschiedenen Layout-Modulen für verschiedene Browser wählen. Der reine Textbrowser Lynx erlaubt keine Elementanordnung mit HTML-Tabellen, wie es üblich ist, und wirft die Inhalte durcheinander. Da Sie Inhalt und Layout-Code voneinander trennen können, können Sie eine komplette Website Lynx-freundlich gestalten, indem Sie ein Layout-Modul erzeugen.

21.11 Suchmaschinenfreundliche URLs

Suchmaschinen wie Google <http://www.google.com/> und Alta Vista <http://www.altavista.com/> durchsuchen das gesamte Web. Sie sind für Surfer ein wichtiges Hilfsmittel und nutzen den aufgeführten Site-Betreibern. Suchmaschinen arbeiten mit Robots oder Spiders für die Seitensuche in einer Website. Sie indizieren PHP-Scripts auf die gleiche Weise wie HTML-Dateien. Die Suchmaschinen folgen auch der auf einer Seite aufgeführten Links. Deshalb kann die ganze Site durchsucht werden.

Leider folgen Robots keinen Links, die Formular-Variablen zu enthalten scheinen. Links, die Fragezeichen enthalten, können Robots in eine Endlosschleife führen. Deshalb sind Robots so programmiert, dass sie Fragezeichen meiden. Für Websites, die Formularvariablen in Links benutzen, ist das ein Problem. Formularvariablen in Anker-Tags zu übergeben, ist für PHP ein gängiger Kommunikationsvorgang. Dies verhindert die Aufnahme dieser Seiten in Suchmaschinen. Das Problem lösen Sie, indem Sie Daten in einem URL-ähnlichen Format übergeben.

Überlegen Sie zuerst, wie ein Webserver ein URI erhält und ihn mit einer Datei vergleicht. Der URI ist ein virtueller Pfad. Er ist der Teil in der URL nach dem Hostnamen. Er beginnt mit einem Schrägstrich, dann folgt ein Verzeichnis, ein weiterer Schrägstrich, und so weiter. Der Webserver vergleicht jedes einzelne Verzeichnis im URI mit Verzeichnissen im Dateisystem. Wenn ein Teil des URI gefunden wird, auch wenn noch zusätzliche Pfadinformation folgt, wird ein Script ausgeführt. Normalerweise wird die zusätzliche Pfadinformation verworfen, Sie können sie jedoch abfangen.

Sehen Sie sich das Beispiel in Listing 21.3 an. Dieses Script arbeitet mit dem für UNIX kompilierten Apache-Server, jedoch nicht unbedingt mit anderen Webservern. Das Script basiert auf der Umgebungsvariablen PATH_INFO, die in einem anderen Kontext vielleicht nicht zur Verfügung steht. Jeder Webserver erzeugt ein einzigartiges Set von Umgebungsvariablen, obwohl es Überlappungen gibt.

Auf den Code aus Listing 21.3 können Sie zugreifen unter der URL `http://localhost/corephp/` `figures/21-5.php/1234.html`. Hier stellen Sie die Verbindung zu einem lokalen Server her, der in seinem Dokumentenverzeichnis das Verzeichnis `corephp/figures` enthält. Bei einer Standardinstallation von Apache könnte dieses Verzeichnis auch in `/usr/local/apcache/htdocs` sein. Der Name des Scripts ist `21-5.php`, und alle Angaben nach dem Scriptnamen werden in der Variablen `PATH_INFO` gespeichert. Es gibt keine Datei mit dem Namen `1234.html`. Für den Browser scheint dies jedoch eine normale HTML-Datei zu sein. Ebenso für den Spider.

Listing 21.3: Pfadinformation einsetzen

```
<?
/*
** Nachrichten ID aus $PATH_INFO holen
*/
if ($PATH_INFO != "") {
 ereg ("^/([[:digit:]]+)(.*)$", $PATH_INFO, $match);
 $ID = $match[1];
} else {
  $ID = 0;
}

print ("Sie sehen Meldung $ID<BR>\n");

// Eine zufällige ID erzeugen
$nextID = rand (1, 1000);
print ("<A HREF=\"$SCRIPT_NAME/$nextID.html\">Nachricht $nextID
    anzeigen</A><BR>\n");
?>
```

Abbildung 21.1: Pfadinformation einsetzen

Der Code aus Listing 21.3 tut nicht sehr viel. Er benutzt einen regulären Ausdruck, um die Zahlen zwischen dem letzten Schrägstrich und der Erweiterung `.html` zu extrahieren. Das Script benutzt diese Zahlen als Bezeichner. Dieser könnte auf einen Datensatz in einer relationalen Datenbank verweisen. Ich habe etwas Code für eine Zufallszahl hinzugefügt, um einen Link auf einen anderen imaginären Datensatz zu erzeugen. Denken Sie an das BBS aus Kapitel 17, »Datenbankintegration«. Sie können diese Methode anwenden, damit jede Nachricht aussieht, als wäre sie eine einzelne HTML-Datei.

Ich habe nur die wichtigsten Prinzipien dieser Methode besprochen. Es gibt ein paar Fallen und ein paar Verbesserungen zu beachten. Denken Sie daran, dass Browser versuchen, relative URLs zu ergänzen. Wenn Sie Pfadinformationen auf die beschriebene Art einsetzen, können Browser keine Bilder aufrufen, die in Ihrem Script auftauchen. Deshalb müssen Sie absolute Pfade angeben. Wenn Sie Ihrem PHP-Script einen Namen ohne Erweiterung geben wollen, können Sie für Apache den Standarddokumenttyp mit der Konfigurationsdirektive `DefaultType` setzen. Diese Möglichkeit haben Sie auch mit dem Apache-Modul `mod_rewrite`. Ich empfehle Ihnen, darüber auf der Homepage von Apache nachzulesen: <http://www.apache.org/docs/>.

21.12 Scripts regelmäßig ausführen

Sowohl unter UNIX als auch unter Windows NT gibt es die Möglichkeit, Programme nach einem Zeitplan auszuführen. Unter UNIX können Sie die Datei `crontab` bearbeiten, und unter Windows nutzen Sie den Zeitplan (Wartungs-Assistent). Das ist nützlich, wenn auf Ihrer PHP-betriebenen Site Wartungsarbeiten durchgeführt werden sollen. Sie können ein Script schreiben, um die Dateiliste von der Slashdot-Site herunterzuladen <http://www.slashdot.org/>. Ein anderes Script könnte den Index für eine lokale Suchmaschine neu aufbauen. `Crontab` und der Zeitplan brauchen eine Befehlszeile und führen den Befehl zur angegebenen Zeit aus. Wenn Sie die Details nicht kennen, erhalten Sie Hilfe auf der Hauptseite von `crontab`. Unter Windows geben Sie in einer Command-Shell `at /?` ein.

Es gibt zwei Möglichkeiten, ein PHP-Script aus der Befehlszeile aufzurufen. Wenn PHP eine Standalone-Anwendung ist, rufen Sie PHP auf und übergeben als einziges Argument den Pfad zum Script. Dieses Vorgehen ist für Windows geeignet, weil hier die Datei `php.exe` installiert wird. Unter UNIX wird PHP als Apache-Modul installiert, es gibt also keine Standalone-Anwendung. In diesem Fall stellen Sie die HTTP-Verbindung mit einem anderen Programm her. Dazu eignet sich der textbasierte Browser Lynx sehr gut (<http://lynx.browser.org/>).

Denken Sie daran, dass der Webserver PHP-Scripts ausführt. Wenn Sie Scripts aus der `crontab`-Datei des Root-Benutzers ausführen, könnten Sie einigen Schaden anrichten. Besser ist es, Scripts aus der `crontab`-Datei des Webserver auszuführen. Mit Lynx vermeiden Sie dieses Problem, dafür gibt es ein anderes. Sie müssen das Script in einem geschützten Verzeichnis ablegen, sonst kann jede Person es ausführen. Für diesen Schutz brauchen Sie nur einen Benutzernamen und ein Passwort. Beides können Sie in der Befehlszeile von Lynx angeben.

Kapitel 22

Effizienz und Debugging

- Performance messen
- Datenbank-Abfrageergebnisse holen
- Inhalte in einer Datenbank speichern
- In-Line Debugging
- Remote Debugging
- HTTP-Verbindungen simulieren

In diesem letzten Kapitel werde ich einige Themen in Bezug auf Effizienz und Debugging ansprechen, die mehr in Richtung Kunst als Wissenschaft gehen. Effizienz sollte beim Programmieren nicht Ihr erstes Anliegen sein. Als Erstes muss Ihr Code funktionieren. Das nächste Kriterium ist die einfache Pflege des Codes. Zur Zeit der Entstehung dieses Buchs wurde der Zend-Optimierer veröffentlicht. Ein Optimierer kann im Hintergrund den Bedarf an Arbeitsspeicher und die für die Programmausführung benötigte Zeit reduzieren. Er kann jedoch nicht alle Effizienz-Probleme lösen.

Mit zunehmender Programmiererfahrung werden Sie einige taktische Design-Fragen aufpicken. Diese verfestigen sich zu Idiomen – gleichbleibende Strukturen, die Sie auf verwandte Probleme anwenden. Individuen und Organisationen entwickeln gern ihre eigenen Idiome. Diese Idiome finden Sie oft in Zeitschriftenartikeln und Code-Sammlungen. Die Arbeit mit Idiomen löst viele Probleme. Außerdem sparen Sie durch Konsistenz Zeit, sowohl beim Programmieren als auch bei späteren Überarbeitungen.

In den meisten Anwendungen beanspruchen winzige Code-Abschnitte den Großteil der Ausführungszeit. Deshalb lohnt es sich, zuerst Messungen durchzuführen und dann den langsamsten Abschnitt zu optimieren. Sie optimieren so lange, bis die Performance eine akzeptable Stufe erreicht.

Wenn ein Fehler in Ihrem Script auftaucht, zahlt sich die Zeit aus, die Sie damit verbracht haben, aussagekräftige Kommentare zu schreiben und Zeilen einzurücken. Manchmal finden Sie Mängel schon beim bloßen Lesen des Codes. In den meisten Fällen geben Sie inkrementierende Variablenwerte aus, um das Problem zu verstehen.

Unter den vielen, zu diesem Thema publizierten Büchern möchte ich Ihnen zwei empfehlen. Das erste ist *Writing Solid Code* von Steve Maguire. Es behandelt die Programmierung von Anwendungen mit C. Sie können jedoch viele Konzepte auf das Schreiben von PHP-Scripts anwenden. Das zweite Buch ist *The Practice of Programming* von Brian Kernighan und Rob Pike, deutscher Titel: *Programmierpraxis. Prinzipien zur effizienten Programmierung*, Addison-Wesley. Besonders interessant ist Kapitel 7.

22.1 Performance messen

Drei Faktoren wirken sich auf die Zeit aus, die vom Klick auf einen Link bis zum vollständigen Laden einer Webseite vergeht. Der erste Faktor ist das Netzwerk. Ihre Anfrage nimmt den Weg vom Browser zum Server, und die angefragte Seite nimmt den Weg zurück zu Ihrem Browser. Die Zeitdauer ist je nach Ort und Verbindungsgeschwindigkeit unterschiedlich. Der zweite Faktor ist die Zeit, die der Browser nach dem Empfang des HTML-Dokuments braucht, um eine Webseite anzuzeigen. Beide Faktoren haben mit PHP nichts zu tun. Außerdem können Sie sie kaum beeinflussen. Sie können versuchen, das HTML-Dokument möglichst klein zu halten, indem Sie komplexe HTML-Strukturen wie verschachtelte Tabellen vermeiden. Aber Sie können ein 28.8-Modem nicht upgraden. Allerdings lässt sich steuern, wie lange der Aufbau eines HTML-Dokuments durch ein PHP-Script dauert.

Die beste Methode zur Messung der Ausführungsdauer eines Scripts ist, die Zeit an wichtigen Stellen im Script auszugeben. Da die meisten Scripts weniger als eine Sekunde für die Ausführung brauchen, benutzen Sie die Funktion `microtime`. Wenn Sie die Ausgabe in HTML-Kommentare setzen, bleibt die Seitenanzeige unberührt. Natürlich beansprucht die Ausgabeanweisung selbst einige Zeit. Die Zeitdauer reduzieren Sie, indem Sie die Ausgabe von `microtime` nicht in ein Integer konvertieren. Die Umrechnung können Sie später mit einem Rechner oder in einem Tabellenblatt vornehmen.

Listing 22.1 zeigt ein konstruiertes Script, das komplexe Berechnungen anstellt und in eine Datei schreibt. Die Ausgabe sehen Sie in Abbildung 22.1. Der erste HTML-Kommentar enthält die Zeit des Script-Beginns. Es folgt der Zeitpunkt für das Ende der 10.000 Cosinus-Berechnungen. Die dritte Zeile enthält den Zeitpunkt, zu dem alle 10.000 Zeilen in eine Datei geschrieben sind.

Die Funktion `microtime` gibt zwei Nummern zurück. Die erste ist der Bruchteil einer Sekunde, die andere die Anzahl Sekunden seit dem 1. Januar 1970. Wenn Sie die erste und zweite Kommentarzeile vergleichen, sehen Sie, dass die Anzahl Sekunden von 950996931 zu 950996932 angestiegen ist. Der Bruchteil änderte sich von 0.95462500 zu 0.38373500. Insgesamt vergingen 0,42911 Sekunden. Wenn Sie vom Bruchteil der dritten Zeile denjenigen der zweiten abziehen, erhalten Sie 0,080332 Sekunden. Wenn Sie mit der Performance dieses Scripts nicht zufrieden sind, sollten Sie überlegen, wie Sie die erste Hälfte verbessern. Sie braucht für die Ausführung fünf Mal länger als der Rest.

Listing 22.1: Script-Performance messen

```
<?
Print ("\n<!-- " . microtime() . " -->\n");

// Komplizierte Berechnungen durchführen
for ($index = 0; $index < 10000; $index++) {
  $value += (cos (time()%360));
}

print ("\n<!-- " . microtime() . " -->\n");

// Ergebnis in eine Datei schreiben
$fp = fopen ("data.txt", "w");
for ($index = 0; $index < 10000; $index++) {
  fputs ($fp, "Leistungstest\n");
}
fclose ($fp);

print ("\n<!-- " . microtime() . " -->\n");
?>
```

```
<!-- 0.95462500 950996931 -->
<!-- 0.38373500 950996932 -->
<!-- 0.46406700 950996932 -->
```

Abbildung 22.1: Ausgabe von microtime

22.2 Datenbank-Abfrageergebnisse holen

Aus den meisten von PHP unterstützten Datenbanken können Sie Spalten auf zwei Arten erhalten: Sie können die Zeilennummer und den Spaltennamen eines Werts angeben oder Zeilen nacheinander in ein Array holen. Für MySQL benutzen Sie im ersten Fall `mysql_result`, im zweiten `mysql_fetch_row`.

Die Funktion `mysql_result` ist viel langsamer als die `fetch`-Funktionen, da PHP aufwendiger nach den angeforderten Daten suchen muss. Zuerst muss PHP die angegebene Zeile referenzieren. Dann sucht es in der Zeile nach einer Spalte mit dem entsprechenden Namen. Sie können sich vorstellen, dass die mehrfache Ausführung von `mysql_result` innerhalb einer Schleife in einem sehr langsamen Script resultiert. Bei jedem Aufruf beginnt die Suche wieder von vorne, bis das entsprechende Datenelement gefunden ist.

Alternativ dazu können Sie einen ganzen Datensatz in ein Objekt holen (wie in den meisten bisherigen Beispielen) und dadurch exakt auf ein Element referenzieren, ohne das gesamte Dataset durchsuchen zu müssen. Die Schwierigkeit dabei ist, zu den Abfrageergebnissen die passenden Array-Elemente zu finden. Problematisch ist eine Abfrage wie die folgende:

```
SELECT *
FROM user u, employer e
WHERE u.Employer = e.ID
```

Hier müssen Sie die Struktur jeder Tabelle untersuchen, um die Anordnung der Spalten zu sehen. Besser ist es, Sie geben nur die benötigten Spalten an und lassen die anderen weg. Dann sieht die Abfrage ungefähr so aus:

```
SELECT u.ID, u.Name, e.Name
FROM user u, employer e
WHERE u.Employer = e.ID
```

Hier sind nur drei Spalten angegeben. Egal, wie die Spalten in der Tabelle angeordnet sind, Sie können sicher sein, dass die Benutzer-ID die Spalte Null ist.

Ein anderer Vorteil ist die kleinere Abrufmenge, weil die Ergebnisdaten auf drei Spalten reduziert sind. Auch die Datenbank wird weniger belastet, weil sie nur drei Datenelemente mal Zeilenanzahl zurückgibt. Keine der unbenutzten Zeilen aus der ersten Version der Abfrage wird über das Netzwerk vom Datenbankserver zu PHP geschickt. Deshalb muss PHP sie auch nicht in einem Array speichern.

22.3 Inhalte in einer Datenbank speichern

Wenn ich von Inhalt spreche, meine ich statischen Text, eventuell auch mit HTML. Es gibt keine Regel, die das Speichern von Inhalt in einer Datenbank verbietet, und auch keine, die es verlangt. Im Fall einer Mailbox macht es Sinn, die Nachrichten in einer Datenbank zu speichern. Es werden kontinuierlich Nachrichten hinzugefügt. Es ist vorteilhaft, wenn Sie sie als separate Einheiten behandeln und nach Erstelldatum oder VerfasserIn bearbeiten. Im Gegensatz dazu steht der Copyright-Eintrag am Fußende jeder Webseite. Hier ist eine Textdatei besser geeignet, die mit der Funktion `require` abgefragt wird.

Irgendwo zwischen diesen beiden Extremen liegt der Punkt, wo Vor- und Nachteile ausgeglichen sind. Datenbanken haben auch Nachteile. Sie erlauben Ihnen zwar komplexe Datenbearbeitung. Sie können verschiedene Informationen mit einem gemeinsamen Bezeichner assoziieren. Sie verlieren jedoch an Performance, weil der Datenabruf langsamer ist als beim Öffnen und Lesen einer Datei.

Viele Websites sind nichts anderes als eine Handvoll Seiten, die mit einem gemeinsamen grafischen Thema aufbereitet sind. Hundert Dateien in einem Verzeichnis sind leicht zu verwalten. Sie können jeder Datei einen beschreibenden Namen geben und auf sie in der URL ungefähr wie folgt verweisen: `http://www.mysite.com/index.php?screen=about_us`. Dabei haben Sie immer noch den Vorteil, Layout und Navigation systematisch erzeugen zu können. Ihr PHP-Script kann den Wert der Variablen `screen` als Name einer lokalen Datei verwenden. Die Datei liegt in dem Verzeichnis `screens`. Entwickler können wie gewohnt an den Seiteninhalten arbeiten, weil sie wissen, dass der Code in der Datei `about_us` im Verzeichnis `screens` gespeichert ist.

Wenn der Inhalt auf tausend Seiten anwächst und jede Seite in einer Datei liegt, wird die Pflege fast unmöglich. Eine relationale Datenbank erleichtert Ihnen die Organisation des Inhalts. Bei einer so umfangreichen Site gibt es wahrscheinlich viele Navigationsversionen. In einer Datenbank können Sie problemlos eine Tabelle erstellen, die Inhalte mit der Navigation assoziiert. Auch Hyperlinks können Sie automatisieren, indem Sie Einweg-Beziehungen zwischen Seiten herstellen. Der Link erscheint dann automatisch auf einer Seite.

Das größte Problem bei diesem Ansatz ist der Mangel an guten Tools für die Site-Editierung. Entwickler holen in der Regel über das FTP Dateien in einen Editor. Von diesen Leuten zu verlangen, mit einer Datenbank-Shell zu arbeiten, kommt wahrscheinlich nicht in Frage. Die Kosten einer SQL-Schulung für alle, die vielleicht an der Website arbeiten, könnte die aus dem Datenbankprojekt entstehenden Vorteile zunichte machen. Sie müssen also für die Bearbeitung des Inhalts Ihre eigenen Tools erstellen. Es ist logisch, webbasierte Tools zu erstellen, weil die Programmierung von Desktop-Anwendungen allein schon ein Hauptprojekt ist, besonders dann, wenn Sie sowohl Windows- als auch Macintosh-Benutzer berücksichtigen wollen. Wie Sie vielleicht schon ahnen, sind webbasierte Site-Editoren nicht ganz ideal. Bei sehr großen Sites, ist dies jedoch erträglich, denn die Alternative, eine statische Site in dieser Größe zu pflegen, ist ein weit größeres Übel.

22.4 In-Line Debugging

Manchmal produziert Code unerwartete Ergebnisse. Wenn Sie den Code überprüfen und nichts finden, sollten Sie In-Line Debugging anwenden. PHP-Scripts erzeugen HTML, das vom Browser interpretiert wird, und in HTML gibt es ein Kommentar-Tag. Deshalb können Sie sehr leicht PHP-Code schreiben, der diagnostische Information innerhalb von HTML-Kommentaren ausgibt.

Ich erzeuge oft dynamisch Datenbankabfragen, basierend auf Benutzereingaben. Einzelne Zeichen oder ungültige Benutzereingaben verursachen Fehlermeldungen während der Abfrage. Manchmal gebe ich die Abfrage selbst aus. Auch die Ergebnisse der Fehlerfunktionen, wie `mysql_error`, gebe ich aus. Dasselbe gilt für Code, der mit der Datenbank nicht in Verbindung steht. Die Ausgabe diagnostischer Information ist hilfreich, auch wenn Sie nur die Meldung erhalten »Bis hierher gekommen«.

22.5 Remote Debugging

In der Konfigurationsdatei php.ini können Sie Remote Debugging für alle Scripts einschalten. Oder Sie benutzen die Funktion debugger_on, die in Kapitel 8, »I/O-Funktionen«, beschrieben ist. Ist die Funktion eingeschaltet, versucht PHP bei jeder Scriptausführung, die Verbindung zu einem entfernten Host und Port herzustellen.

Sie brauchen einen Dämon (Port Listener), um die Debugging-Information zu erhalten. Für Windows gibt es zahlreiche kostenlose Dämons. Gut funktioniert der Port Listener von Hauke X. Auch für UNIX gibt es ähnliche Programme.

Alle Fehlermeldungen werden zum wartenden Host geschickt, unabhängig von der in php.ini eingestellten Ebene der Fehlermeldungen. Meldungen erscheinen in einem speziellen Format, gefolgt von einem Zeilenvorschub:

```
date time host(pid) type:message-data
```

Das Datum hat das Format YYYY-MM-DD, und die Zeit das Format HH:MM:UUUUUU. Die letzten drei Stellen der Zeitangabe sind die Sekunden und Mikrosekunden. Der Name des Servers ist host und pid ist der Prozess-Bezeichner. Der Typ ist ein spezieller Code. Sie finden ihn in Tabelle 22.1 beschrieben. Der Rest der Zeile ist eine Meldung und wird mit einem Zeilenvorschub beendet.

Remote Debugging ist so einfach wie die Ausführung eines PHP-Scripts. Sie müssen nur noch die Debug-Information in der Port-Listener-Ausgabe ansehen.

Typ	Beschreibung
end	Ende einer Fehlermeldung
frames	Anzahl Frames im Aufrufstapel
function	Name der Funktion, in der der Fehler auftrat
location	Dateiname und Zeilennummer, die die Fehlermeldung erzeugte
message	PHP-Fehlermeldung
start	Beginn der Fehlermeldung. Hier steht der Fehlertyp.

Tabelle 22.1: Debugging-Information

22.6 HTTP-Verbindungen simulieren

Wenn Sie PHP-Scripts schreiben, müssen Sie nicht jedes Detail des HTTP-Protokolls verstehen. Ich würde abschweifen, wenn ich darüber eine Abhandlung geben würde. Aber Sie sollten genug wissen, um mit Telnet eine Verbindung simulieren zu können. Sie wissen vielleicht, dass Webserver standardmäßig auf Port 80 auf Verbindungen warten. HTTP ist ein textbasiertes Protokoll. Das macht es leicht, über Telnet direkt zum Webserver zu verbinden und eine einfache Anfrage einzugeben. HTTP stellt einige Befehle zur Verfügung, die Ihnen bekannt sein dürften; GET und POST werden am häufigsten verwendet. Mit dem Befehl HEAD erhalten Sie nur die Header für eine Anfrage. Browser prüfen mit diesem Befehl, ob sie wirklich das gesamte Dokument laden wollen.

Besonders nützlich ist die Simulation einer HTTP-Verbindung, wenn Ihr Script angepasste Header schickt. Abbildung 22.2 zeigt Ihnen eine Anfrage, die an die PHP-Homepage geht. Den fettgedruckten Text habe ich eingegeben. Alles andere stammt vom entfernten Server.

```
[1] leon [/export/home/leon] ?> telnet www.php.net 80
Trying 208.247.106.167...
Connected to www.php.net.
Escape character is '^]'.
HEAD / HTTP/1.0

HTTP/1.1 200 OK
Date: Sun, 20 Feb 2000 00:53:51 GMT
Server: Apache/1.3.10-dev (Unix) DAV/0.9.15-dev PHP/4.0b4-dev
X-Powered-By: PHP/4.0b4-dev
Last-Modified: Mon, 31 Jan 2000 04:33:04 GMT
Vary: User-Agent
Connection: close
Content-Type: text/html; charset=iso-8859-1


Connection closed by foreign host.
[2] leon [/export/home/leon] ?>
```

Abbildung 22.2: HTTP-Verbindung simulieren

Anhang A

Steuerzeichen

Sie können die folgenden Codes in Zeichenketten einfügen. Wenn sie im Browser oder in eine Da-
tei ausgegeben werden, haben sie eine besondere Bedeutung. Es ist wichtig zu wissen, dass sie keine besondere Bedeutung haben, wenn sie an andere Funktionen übergeben werden, etwa bei der
Kommunikation mit einer Datenbank oder der Auswertung eines regulären Ausdrucks.

Code	Beschreibung
\"	Doppelte Anführungszeichen
\\	Backslash-Zeichen
\n	Zeilenvorschub
\r	Wagenrücklauf
\t	Horizontaltabulator
\x00 - \xFF	Hexadezimalzeichen

Anhang B

ASCII-Codes

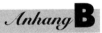
In der folgenden Tabelle sehen Sie die ersten 128 ASCII-Zeichen. PHP erlaubt ASCII-Codes im Bereich 0 bis 255. Die Darstellung oberhalb von Code 127 ist jedoch vom Betriebssystem abhängig.

Dezimal	Hexadezimal	Zeichen	Beschreibung
0	00		Null
1	01		Kopfbeginn
2	02		Textbeginn
3	03		Textende
4	04		Ende der Übertragung
5	05		Anfrage
6	06		Rückmeldung
7	07		Glocke
8	08		Rücktaste
9	09		Horizontaltabulator
10	0A		Zeilenvorschub
11	0B		Vertikaltabulator
12	0C		Seitenvorschub
13	0D		Wagenrücklauf
14	0E		Breitschrift
15	0F		Engschrift
16	10		Abbruch der Verbindung
17	11		Einheitensteuerung 1
18	12		Einheitensteuerung 2
19	13		Einheitensteuerung 3
20	14		Einheitensteuerung 4
21	15		Negative Rückmeldung
22	16		Synchroner Leerlauf
23	17		Ende des Übertragungsblocks
24	18		Stornieren
25	19		Ende des Mediums
26	1A		Ersetzen
27	1B		Escape
28	1C		Dateitrenner
29	1D		Gruppentrenner

Dezimal	Hexadezimal	Zeichen	Beschreibung
30	1E		Datensatztrenner
31	1F		Einheitentrenner
32	20		Leerzeichen
33	21	!	Ausrufezeichen
34	22	"	Anführungszeichen
35	23	#	Nummernzeichen
36	24	$	Dollarzeichen
37	25	%	Prozentzeichen
38	26	&	Ampersand-Zeichen
39	27	'	Apostroph
40	28	(	Klammer auf
41	29	)	Klammer zu
42	2A	*	Sternzeichen
43	2B	+	Pluszeichen
44	2C	,	Komma
45	2D	-	Bindestrich, Minuszeichen
46	2E	.	Punkt
47	2F	/	Schrägstrich
48	30	0	Null
49	31	1	Eins
50	32	2	Zwei
51	33	3	Drei
52	34	4	Vier
53	35	5	Fünf
54	36	6	Sechs
55	37	7	Sieben
56	38	8	Acht
57	39	9	Neun
58	3A	:	Doppelpunkt
59	3B	;	Strichpunkt
60	3C	<	Kleiner-Zeichen
61	3D	=	Gleichheitszeichen
62	3E	>	Größer-Zeichen

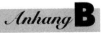
Dezimal	Hexadezimal	Zeichen	Beschreibung
63	3F	?	Fragezeichen
64	40	@	»At«-Zeichen (Klammeraffe)
65	41	A	Groß geschriebenes A
66	42	B	Groß geschriebenes B
67	43	C	Groß geschriebenes C
68	44	D	Groß geschriebenes D
69	45	E	Groß geschriebenes E
70	46	F	Groß geschriebenes F
71	47	G	Groß geschriebenes G
72	48	H	Groß geschriebenes H
73	49	I	Groß geschriebenes I
74	4A	J	Groß geschriebenes J
75	4B	K	Groß geschriebenes K
76	4C	L	Groß geschriebenes L
77	4D	M	Groß geschriebenes M
78	4E	N	Groß geschriebenes N
79	4F	O	Groß geschriebenes O
80	50	P	Groß geschriebenes P
81	51	Q	Groß geschriebenes Q
82	52	R	Groß geschriebenes R
83	53	S	Groß geschriebenes S
84	54	T	Groß geschriebenes T
85	55	U	Groß geschriebenes U
86	56	V	Groß geschriebenes V
87	57	W	Groß geschriebenes W
88	58	X	Groß geschriebenes X
89	59	Y	Groß geschriebenes Y
90	5A	Z	Groß geschriebenes Z
91	5B	[	Eckige Klammer auf
92	5C	\	Umgekehrter Schrägstrich (Backslash)
93	5D	]	Eckige Klammer zu
94	5E	^	Carat-Zeichen
95	5F	_	Unterstrich

Dezimal	Hexadezimal	Zeichen	Beschreibung
96	60	'	Accent-Zeichen
97	61	a	Klein geschriebenes A
98	62	b	Klein geschriebenes B
99	63	c	Klein geschriebenes C
100	64	d	Klein geschriebenes D
101	65	e	Klein geschriebenes E
102	66	f	Klein geschriebenes F
103	67	g	Klein geschriebenes G
104	68	h	Klein geschriebenes H
105	69	i	Klein geschriebenes I
106	6A	j	Klein geschriebenes J
107	6B	k	Klein geschriebenes K
108	6C	l	Klein geschriebenes L
109	6D	m	Klein geschriebenes M
110	6E	n	Klein geschriebenes N
111	6F	o	Klein geschriebenes O
112	70	p	Klein geschriebenes P
113	71	q	Klein geschriebenes Q
114	72	r	Klein geschriebenes R
115	73	s	Klein geschriebenes S
116	74	t	Klein geschriebenes T
117	75	u	Klein geschriebenes U
118	76	v	Klein geschriebenes V
119	77	w	Klein geschriebenes W
120	78	x	Klein geschriebenes X
121	79	y	Klein geschriebenes Y
122	7A	z	Klein geschriebenes Z
123	7B	{	Geschweifte Klammer auf
124	7C	|	Vertikale Linie
125	7D	}	Geschweifte Klammer zu
126	7E	~	Tilde
127	7F		Löschen

Wenn Sie wissen möchten, wie bestimmte Browser die einzelnen Zeichen darstellen, lassen Sie mit dem folgenden Script jedes Zeichen der Tabelle ausgeben:

```
<HTML>
<HEAD>
<TITLE>ASCII Characters</TITLE>
</HEAD>
<BODY>
<TABLE BORDER="1" CELLSPACING="0" CELLPADDING="5">
<?
  for ($index=0; $index <= 255; $index++) {
    print ("<TR>");
    print ("<TD>$index</TD>");
    print ("<TD>".chr ($index)."</TD>");
    print ("</TR>\n");
  }
?>
</TABLE>
</BODY>
</HTML>
```

Anhang C

Operatoren

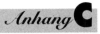
Operator	Durchgeführte Operation
+	Addition
-	Subtraktion
*	Multiplikation
/	Division
%	Modulo Division
++	Inkrement
- -	Dekrement
<	Kleiner als
>	Größer als
<=	Kleiner als oder gleich
>=	Größer als oder gleich
==	Gleich
===	Identisch
!=	Ist ungleich
!==	Nicht identisch
AND &&	AND
OR ||	OR
XOR	XOR
!	NOT
&	AND
|	OR
^	XOR
~	Komplement oder NOT
>>	Alle Bits nach rechts
<<	Alle Bits nach links
.	Verkettung
$	Bezug auf eine Variable
&	Bezug auf Speicher einer Variablen
->	Bezug auf eine Klassenmethode oder Eigenschaft
=>	Argument auf Defaultwert setzen oder einem Array-Element einen Index zuweisen
@	Fehlermeldungen unterdrücken
?	Dreistelliger bedingter Ausdruck
=	Rechte Seite der linken Seite zuweisen

Operator	Durchgeführte Operation
+=	Rechte Seite zu linker Seite addieren
-=	Rechte Seite von linker Seite subtrahieren
*=	Linke Seite mit rechter Seite multiplizieren
/=	Linke Seite durch rechte Seite dividieren
%=	Der linken Seite das Ergebnis von linke Seite modulo rechte Seite zuweisen
&=	Der linken Seite das Ergebnis von bitweise AND der linken und rechten Seite zuweisen
|=	Der linken Seite das Ergebnis von bitweise OR der linken und rechten Seite zuweisen
^=	Der linken Seite das Ergebnis von bitweise XOR der linken und rechten Seite zuweisen
.=	Der linken Seite das Ergebnis von Verkettung der linken und rechten Seite zuweisen

Anhang **D**

PHP-Tags

PHP-Bereiche können in einem Script auf unterschiedliche Art und Weise markiert werden (siehe unten). Wenn das Script ein Ergebnis liefert, wird dieses ausgegeben. Wenn auf das Ende-Tag ein Zeilenumbruch folgt, wird dieser entfernt. Dadurch ist Ihr Code besser zu lesen.

```
<?
?>
```

Dies ist die klassische Schreibweise für die Kennzeichnung von PHP-Code. Viele der Beispiele, die Sie im Internet finden, verwenden diese Methode, wahrscheinlich deshalb, weil es die älteste ist. Es gab sie bereits für PHP Version 2, nur dass hier das zweite Fragezeichen weggelassen wurde.

Man nennt diese Methode auch »kurze Tags«. Sie können die Unterstützung für kurze Tags ein- oder ausschalten. Eine Möglichkeit ist die Verwendung der Funktion short_tags, die in Kapitel 11, »Zeit- Datums- und Konfigurationsfunktionen«, beschrieben ist. Die Verwendung kurzer Tags in allen Scripts steuern Sie durch eine Direktive in der Datei php.ini. Sie können PHP auch vor der Kompilierung für die Verwendung kurzer Tags konfigurieren.

```
<?php
?>
```

Diese Methode wurde in PHP aufgenommen, um die Scripts XML-kompatibel zu machen, da XML mit den oben beschriebenen kurzen Tags Probleme bekommt.

```
<SCRIPT LANGUAGE="php">
</SCRIPT>
```

Manche Texteditoren, insbesondere Microsoft Frontpage, verstehen keine Tags, die mit <? beginnen, daher wird auch diese Form der Tags unterstützt.

```
<%
>
```

Diese Methode emuliert ASP-Tags.

```
<%=
%>
```

Anders als bei den anderen Methoden handelt es sich hier um eine Kurzschreibweise zum Aufrufen der Funktion echo. Ein Beispiel soll dies verdeutlichen:

```
<% $name="Leon"; %>
Hi, my name is <%= $name %>.<BR>
```

Diese Methode wird durch Kompilier- und Laufzeitdirektiven gesteuert und steht nur zur Verfügung, wenn sie aktiviert ist.

Schließlich können Sie Ihr Script auch aus einer Kommandozeile aus aufrufen:

```
#! /usr/local/bin/php -q
<? print "hello\n"; ?>
```

Dazu müssen Sie PHP natürlich als Standalone-Anwendung kompiliert haben. Das -q lässt PHP schweigen und verhindert die Ausgabe von HTTP-Headern.

Anhang **E**

PHP Compiler-
Konfiguration

Das Script `configure` akzeptiert die folgenden Befehle. Sie erhalten weitere Informationen über jeden dieser Befehle, wenn Sie in Ihrer Shell `./configure --help` eingeben.

```
--disable-debug
--disable-libtool-lock
--disable-pear
--disable-posix
--disable-rpath
--disable-short-tags
--disable-url-fopen-wrapper
--enable-bcmath
--enable-discard-path
--enable-dmalloc
--enable-fast-install[=PKGS]
--enable-force-cgi-redirect
--enable-freetype-4bit-antialias-hack
--enable-inline-optimization
--enable-magic-quotes
--enable-maintainer-mode
--enable-memory-limit
--enable-roxen-zts
--enable-safe-mode
--enable-shared[=PKGS]
--enable-static[=PKGS]
--enable-sysvsem
--enable-sysvshm
--enable-track-vars
--enable-trans-sid
--enable-ucd-snmp-hack
--enable-versioning
--enable-xml
--with-adabas[=DIR]
--with-aolserver=DIR"
--with-apache[=DIR]
--with-apxs[=FILE]
--with-aspell[=DIR]
--with-cdb[=DIR]
--with-config-file-path=PATH
--with-cpdflib[=DIR]
--with-custom-odbc[=DIR]
--with-cybercash[=DIR]
--with-db2[=DIR]
--with-db3[=DIR]
--with-dbase
--with-dbm[=DIR]
--with-dbmaker[=DIR]
--with-dom[=DIR]
--with-empress[=DIR]
```

```
--with-esoob[=DIR]
--with-exec-dir[=DIR]
--with-fdftk[=DIR]
--with-fhttpd[=DIR]
--with-filepro
--with-ftp
--with-gd[=DIR]
--with-gdbm[=DIR]
--with-gettext[=DIR]
--with-gnu-ld
--with-hyperwave
--with-ibm-db2[=DIR]
--with-icap[=DIR]
--with-imap[=DIR]
--with-informix[=DIR]
--with-interbase[=DIR]
--with-iodbc[=DIR]
--with-java[=DIR]
--with-jpeg-dir[=DIR]
--with-ldap[=DIR]
--with-mcal[=DIR]
--with-mcrypt[=DIR]
--with-mhash[=DIR]
--with-mm[=DIR]
--with-mod-dav=DIR
--with-mod_charset
--with-msql[=DIR]
--with-mysql[=DIR]
--with-ndbm[=DIR]
--with-oci8[=DIR]
--with-openlink[=DIR]
--with-oracle[=DIR]
--with-pdflib[=DIR]
--with-pgsql[=DIR]
--with-phttpd=DIR"
--with-png-dir[=DIR]
--with-readline[=DIR]
--with-regex=TYPE
--with-roxen=DIR
--with-servlet[=DIR]
--with-snmp[=DIR]
--with-solid[=DIR]
--with-sybase-ct[=DIR]
--with-sybase[=DIR]
--with-thttpd=SRCDIR
--with-tiff-dir[=DIR]
--with-tsrm-pth[=pth-config]
```

```
--with-tsrm-pthreads
--with-ttf[=DIR]
--with-unixODBC[=DIR]
--with-velocis[=DIR]
--with-wddx
--with-yp
--with-zeus=DIR
--with-zlib-dir[=DIR]
--with-zlib[=DIR]
--without-gd
--without-pcre-regex
```

Anhang F

Internet-Ressourcen

Die erste Stelle, an der Sie im Internet nach Informationen über PHP suchen, ist die Homepage von PHP unter `http://www.php.net/`. Viele der Sites, die in diesem Anhang genannt werden, erscheinen auf Seiten dieser Site. Sie können hier die neuesten Quellcodes und ausführbaren Dateien herunterladen. Hier finden Sie aktuelle Mitteilungen und Informationen über die verschiedenen Mailing-Listen, die Ihnen wichtige Unterstützung bieten können. Wenn Sie in die allgemeine Mailing-Liste aufgenommen werden möchten, schicken Sie eine E-Mail an `php-general@lists.php.net`. Sie erhalten dann per E-Mail eine Bestätigung Ihrer Anmeldung. Seien Sie auf täglich Hunderte von Nachrichten gefasst. Sie sollten einen Filter verwenden und diese Nachrichten in einen eigenen Ordner umleiten. Wenn Sie die Nachrichten nur browsen möchten, sehen Sie sich die Archive der Mailing-Liste der AIMS-Gruppe an unter `http://marc.theaimsgroup.com/?l=php-general`.

Eine andere gute Informationsquelle ist die Site FAQTS.com von Nathan Wallace `http://www.faqts.com/`. Sie finden hier eine Sammlung häufig gestellter Fragen und einen großen Abschnitt über PHP.

Die unten gezeigten Links sind nur eine Auswahl des gesamten Angebots. Die Homesite von PHP und die unten genannten Portale bieten noch mehr Links.

F.1   Portale

http://www.zend.com/	Zend
http://www.phpbuilder.com/	PHP Builder
http://www.weberdev.com/	WeberDev
http://devshed.com/Server_Side/PHP/	PHP-Ressourcen von DevShed
http://www.phpwizard.net/	PHP Wizard (Tobias Ratschiller, Till Gerken)
http://www.dynamic-webpages.de/	DWP Dynamic Web Pages (Deutsch: Wolfgang Drews, Mathias Meyer, Egon Schmid)
http://www.php-homepage.de/	PHP Homepage (Deutsch: Mark Kronsbein)
http://www.php-center.de/	PHP Center (Deutsch: Ralf Geschke, Björn Schotte)
http://www.phpindex.com/	PHP Index (Französisch)
http://www.phpx.com/	Chinese PHP Developer's Union (Chinesisch)

F.2   Software

http://px.sklar.com/	PX: PHP Code-Tauschbörse
http://phplib.netuse.de/	PHP Basisbibliothek
http://phpclasses.upperdesign.com/	PHP Classes Repository
http://www.hotscripts.com/PHP/Scripts_and_Programs/	PHP-Bereich von HotScript
http://www.samoun.com/alain/ultraedit/	UltraEdit-Dateien für PHP
http://dcl.sourceforge.net/	Double Choco Latte, ein System zur Fehlersuche
http://www.phorum.org/	Phorum, Diskussion mit Threads
http://horde.org/imp/	Web-to-Mail-Schnittstelle
http://www.htmlwizard.net/phpMyAdmin/	MySQL-Web-Schnittstelle

http://kidsister.tjw.org/   KidSister, Software für Trackingaufgaben

http://www.midgard-project.org/   Midgard

F.3   Jobs und Dienstleistungen

http://hosts.php.net/   Datenbank mit Suchfunktion für Host-Dienste, die PHP anbieten

http://www.phpbuilder.com/jobs/   Jobs bei PHP Builder

http://www.schaffner.net/emp/   Jobliste von Brian Schaffner

Anhang G

PHP Style Guide

Dies ist ein Beispiel für einen Style Guide. Er basiert auf demjenigen von FreeTrade-Projekt `http://www.working-dogs.com/freetrade/`.

G.1 Kommentare

Jede Datei sollte mit einem Kommentarblock beginnen, in dem Zweck, Version, Autor und eine Copyright-Nachricht stehen. Der Kommentar sollte ein Blockkommentar in der folgenden Form sein:

```
/*
** File: test
** Description: Dies ist ein Testprogramm
** Version: 1.0
** Created: 1.1.2000
** Author: Leon Atkinson
** Email: leon@clearink.com
**
** Copyright (c) 2000 Your Group.  All rights reserved.
*/
```

Jede Funktion sollte einen Blockkommentar bekommen, der Name, Ein-/Ausgabe und die Aufgabe der Funktion enthält.

```
/*
** Function: doAdd
** Input:   INTEGER a, INTEGER b
** Output: INTEGER
** Description: Zwei Integer addieren
*/
function doAdd ($a, $b) {
   return (a+b);
}
```

Idealerweise sollte jedem Codebereich wie `while`, `if`, `for` oder Ähnlichem ein Kommentar vorangestellt sein, der beschreibt, was in diesem Bereich passiert. Manchmal können Sie darauf verzichten.

```
// Eingaben vom Benutzer zeichenweise einlesen
while (getInput ($inputChar)) {
   storeChar ($inputChar);
}
```

Erklären Sie Codebereiche, deren Zweck nicht offensichtlich ist.

```
// TAB ist ASCII 9
define (TAB, 9);

// Tabs in userName in Leerzeichen wandeln
while ($index=0; $index < count ($userName); $index++) {
   $userName[$index] =
        ereg_replace(TAB, " ", $userName[$index]);
}
```

G.2   Funktionsdeklarationen

Wie bereits gesagt, sollten Funktionen einen Kommentarblock erhalten, der ihren Zweck und ihre Ein- und Ausgabe beschreibt. Der Funktionsblock sollte einen Einzug von einer Tabulatorbreite vom linken Rand haben, sofern es sich nicht um einen Teil einer Klassendefinition handelt. Auch öffnende und schließende Klammern sollten eine Tabulatorbreite vom linken Rand entfernt sein. Der Hauptteil der Funktion sollte zwei Tabulatorbreiten eingerückt sein.

```php
<?php
   /*
   ** doAdd
   ** zwei Integer addieren
   ** Input: $a, $b
   ** Output: Summe von $a and $b
   */
   function doAdd ($a, $b) {
      return (a+b);
   }
?>
```

G.3   Zusammengesetzte Anweisungen

Konstruktionen zur Ablaufsteuerung sollten zusammengesetzte Anweisungen sein, selbst wenn sie nur eine Anweisung enthalten. Wie Funktionen sollten zusammengesetzte Anweisungen in Klammern stehen. Klammern stehen, relativ zum Bereich, in der Spalte 0.

Code innerhalb der Klammern bildet einen neuen Bereich und wird eingerückt.

```php
// Prüft ob die Variable gleich 10 ist
if ($a == 10) {
   printf ("a is Zehn.\n");
} else {
   printf ("a ist nicht Zehn.\n");
}
```

G.4   Namensgebung

Die Namen von Variablen, Konstanten und Funktionen müssen mit Kleinbuchstaben beginnen. Bei Namen, die aus mehr als einem Wort bestehen, schreiben Sie die Wörter zusammen und beginnen jedes Wort mit einem Großbuchstaben. Verwenden Sie innerhalb kleiner Bereiche kurze Namen für Variablen, wie etwa in einer for-Schleife. Variablen innerhalb großer Bereiche erhalten lange Namen.

Funktionsnamen sollten mit Kleinbuchstaben beginnen. Jedes Wort im Namen beginnt mit einem Großbuchstaben.

```php
/*
** Function getAddressFromEnvironment
** Input: $Prefix - Prefix für Adressen
```

```
** Return: Array geeignet für addressFields
*/
function getAddressFromEnvironment ($Prefix) {
   global $AddressInfo;

   // alle Adressfelder aus dem
   // AdressInfo Array auslesen
   reset ($AddressInfo);
   while (list ($field, $info) = each ($AddressInfo)) {
      $ReturnValue[$field] =
      trim ($GLOBALS[($Prefix . $info[ADDR_VAR])]);
   }


   return ($ReturnValue);
}
```

Funktionsnamen sollten eine Handlung oder ein Verb andeuten. Verwenden Sie Namen wie `up-dateAdress` oder `makeStateSelector`. Variablennamen sollten eine Eigenschaft oder ein Nomen andeuten, wie etwa `userName` oder `Width`. Verwenden Sie Namen, die man aussprechen kann, wie `User` und nicht `usr`. Vergeben Sie für global verwendete Variablen beschreibende Namen und für lokal verwendete Variablen kurze Namen.

Achten Sie auf Konsistenz und Parallelität. Wenn Sie Nummer mit `num` abkürzen, dann tun Sie das immer. Wechseln Sie nicht zu `no` oder `nr`.

Werte, die als Konstanten behandelt, also nicht vom Programm geändert werden, sollten zu Beginn des Bereichs deklariert werden, in dem sie verwendet werden. In PHP verwenden Sie dazu die Funktion `define`. Jede Konstante sollte einen Kommentar erhalten, der ihre Verwendung erklärt. Ihre Namen sollten ausschließlich aus Großbuchstaben bestehen, wobei mehrere Wörter durch Unterstriche getrennt werden. Sie sollten anstelle von Werten Konstanten verwenden, um die Lesbarkeit zu verbessern.

```
// Maximale Länge eines Namens festlegen
define ("MAX_NAME_LENGTH", 32);
print ("Die maximale Länge ist " . MAX_NAME_LENGTH);
```

Verwenden Sie für Konstanten, die zum gleichen Modul gehören, immer das gleiche Präfix.

```
// Text, mit dem das Feld versehen wird
define ("ADDR_LABEL", 0);

// Name des Feldes
define ("ADDR_VAR", 1);

// Fehlernachricht für fehlende Felder
define("ADDR_ERROR", 2);
```

Deklarieren Sie Variablen im kleinsten möglichen Bereich. Dies bedeutet, dass Sie Funktionsparameter verwenden, wo es angebracht ist.

Zeilen sollten nicht länger als 78 Zeichen sein. Teilen Sie lange Zeilen an natürlichen Bruchstellen und stellen Sie die Fragmente in einem eingerückten Block zusammen.

```
If (($size  max_size) OR
      (isSizeInvalid ($size))) {
    print ("Invalid size");
}
```

G.5 Ausdrücke

Schreiben Sie Bedingungen so, dass sie beim lauten Lesen natürlich klingen. Manchmal wird ein Ausdruck besser verständlich, wenn Sie einen `NOT`-Operator (`!`) vermeiden. Verwenden Sie Klammern zur Vermeidung von Zweideutigkeiten. Die Verwendung von Klammern erzwingt bei der Auswertung des Ausdrucks eine Reihenfolge. Das erspart dem Leser Zeit, da er sich nicht an die Rangfolge der Operatoren erinnern muss.

Schreiben Sie einfache Zeilen. Der dreistellige Operator (`x ? 1 : 2`) weist im Allgemeinen auf eine Zeile mit zu viel Code hin. `if..elseif..else` ist normalerweise besser lesbar. Opfern Sie Klarheit nicht zu Gunsten von Cleverness.

Anhang H

Auf der Buch-CD

Um Ihnen die Navigation zu erleichtern, sind hier die wichtigsten Verzeichnisse und deren Inhalte kurz beschrieben. Der Sourcecode in PHP/PHP_3 und PHP/PHP_4 enthält das vollständige CVS-Repository vom 1. April 2001. PHP_Mirror entspricht der Site http://www.php.net/ vom 31. März 2001. Das englische und deutsche PHP Manual ist auch enthalten, während die anderen Sprachen (cs, es, fr, nl, pt_BR, hk, hu, it, ja, kr) gelöscht wurden.

Buchdaten\Anwendungen\

In diesem Verzeichnis finden Sie verschiedene Anwendungen, vom Forum bis zum Content-Management-System, die mit PHP realisiert wurden. Ausserdem Webseiten mit Verweisen zu Anwendungen oder Scriptarchiven.

Buchdaten\Datenbanken\

Hier sind die aktuellen Versionen der Datenbanksysteme MySQL, PostgreSQL und InterBase, jeweils für Linux und Windows32.

\Buchdaten\Dokumentation\

Das Verzeichnis enthält die aktuelle Version des deutschen und englischen PHP-Handbuchs in verschiedenen Ausgabeformaten.

\Buchdaten\Editor\

Eine kleine Auswahl von Editoren, die gut für die Entwicklung von PHP-Skripten geeignet sind, haben wir in diesem Ordner zusammengestellt.

\Buchdaten\Listings\

Alle Programmbeispiele des Buches sind in diesem Verzeichnis nach Kapiteln geordnet abgelegt.

\Buchdaten\PHP\

Hier gibt es die aktuellen PHP-Distributionen für Linux und Win32, sowie einen Installer für PHP 4 unter Windows.

\Buchdaten\PHP_Mirror\

In diesem Verzeichnis steht die vollständige Site http://www.php.net vom 31. März 2001.

\Buchdaten\Sonstiges\

Das Verzeichnis enthält verschiedene Dienstprogramme und Administrationstools für Linux oder Windows.

\Buchdaten\Webserver\

Eine Auswahl von Webservern, sowohl für Linux als auch für Windows.

Weitere nützliche Tools zum Thema Web-Publishing finden Sie unter \Web bzw. unter \Programme.

Stichwortverzeichnis

_() 429
8-Bit-Zeichenkette, IMAP-Datenbanken 442

A

Abfragen
– Alarmmeldung 430
– Anweisung erzeugen aus, Oracle-Datenbank 397
– aufführen, Oracle-Datenbank 400
– auführen, Oracle-Datenbank 400
– ausführen, Informix-Datenbank 343, 346
– ausführen, InterBase-Datenbank 349f.
– ausführen, mSQL-Datenbank 354, 360
– ausführen, mSQL-Funktionen 362
– ausführen, MySQL-Datenbank 366, 375
– ausführen, ODBC-Datenbank 380
– ausführen, Postgres-Datenbank 406
– ausführen, Sybase-Datenbank 419
– Fehler, IMAP-Mailbox 433, 438
– Fehler, Informix-Datenbank 343
– Fehler, InterBase-Datenbank 349
– Fehler, LDAP-Verzeichnis 451
– Fehler, mSQL-Datenbank 355
– Fehler, MySQL-Datenbank 366
– Fehler, Oracle-Datenbank 391, 400
– Fehler, XML 470
– Fehlerbeschreibung, Informix-Datenbank 343
– Fehlerbeschreibung, LDAP-Verzeichnis 451
– Fehlerbeschreibung, MySQL-Datenbank 367
– Fehlerbeschreibung, Oracle-Datenbank 400
– Fehlerbeschreibung, Postgres-Funktionen 406
– Fehlerbeschreibung, XML 469
– vorbereiten, Informix-Datenbank 345
– vorbereiten, InterBase-Datenbank 350
– vorbereiten, ODBC-Datenbank 384
– vorbereiten, Oracle-Datenbank 404
Abmelden, IMAP-Mailbox 447
Abstraktion, Kommunikation mit Datenbank 334
Ändern
– Benutzer, MySQL-Datenbank 363
– Blob, Informix-Datenbank 346
– Blob, InterBase-Datenbank 348
– Datensatz, dBase-Datenbank 334
– Datensatz, DBM-Datenbankabstraktion 338
– Eigenschaft (COM-Objekte) 428
– Eintrag, LDAP-Verzeichnis 455
– Name, IMAP-Mailbox 443
– Zeichen-Objekt, Informix-Datenbank 346

Agorithmen 32
Alarmmeldung, abfragen 430
Anhänge
– Anhang A 602
– Anhang B 604
– Anhang C 610
– Anhang D 614
– Anhang E 616
– Anhang F 620
– Anhang G 624
– Anhang H 630
– ASCII-Codes 604f., 607
– Backslash-Codes 602
– Compiler-Konfiguration 616
– Internetressourcen 620
– Operatoren 610f.
– PHP-Tags 614
– Steuerzeichen 602
– Style Guide 624
Anmelden, IMAP-Mailbox 436, 447
Anweisungen
– Art bestimmen, Oracle-Datenbank 398
– ausführen, Oracle-Datenbank 391
– break 67, 70
– Commit (automatisch) ausschalten, Oracle-Datenbank 399
– Commit (automatisch) einschalten, Oracle-Datenbank 399
– Commit ausführen, Oracle-Datenbank 390, 399
– continue 71
– default 67
– die 75
– do...while 72
– else 64
– elseif 64f.
– erzeugen aus Abfrage, Oracle-Datenbank 397
– exit 75
– for 73
– foreach 58, 75
– global 79
– if 64
– if-elseif-else 64
– new 99
– or 76
– return 75, 79
– static 46
– switch 67

– unset 51
– var 97
– vorbereitete ausführen, ODBC-Datenbank 380
– while 69
– Zeile holen, Oracle-Datenbank 389
– zusammengesetzte 625
Anzahl, Einträge, LDAP-Verzeichnis 450
Apache 421f.
– Note-Tabelle 424
– table_get 424
– table_set 424
– URI-Eigenschaften 422
apache_lookup_uri() 422
apache_note() 424
Apache-Funktionen
– apache_lookup_uri() 422
– apache_note() 424
– getallheaders() 424
– virtual() 425
Apache-Module, mod_rewrite 591
API, Informix-Datenbank 344
Argumente 80
Ariadne 587
arithmetische Operatoren 52
array() 88
Array-Elemente 86
Array-Funktionen
– array() 206
– array_count_values() 207
– array_flip() 208
– array_keys() 209
– array_merge() 209
– array_multisort() 209
– array_pad() 211
– array_pop() 211
– array_push() 211
– array_reverse() 212
– array_shift() 212
– array_slice() 213
– array_splice() 213
– array_unshift() 214
– array_values() 215
– array_walk() 215
– arsort() 215
– asort() 216
– compact() 216

– count() 217
– current() 217
– each() 218
– end() 218
– explode() 218
– extract() 219
– implode() 220
– in_array() 219
– join() 220
– key() 220
– krsort() 220
– ksort() 221
– list() 221
– max() 221
– min() 222
– next() 222
– pos() 223
– prev() 223
– range() 223
– reset() 223
– rsort() 224
– shuffle() 224
– similar_text() 229
– sizeof() 224
– sort() 224
– uasort() 225
– uksort() 226
– usort() 226
Arrays 42, 85
– assoziative 87
– auffüllen 87
– Datentypumwandlung in Arrays 90
– eindimensionale 86
– GLOBALS 79
– indizieren 87
– initialisieren 88
– innerhalb von Zeichenketten referenzieren 92
– mit Zeichenketten indizieren 88
– multidimensionale 89
ASCII-Codes 604f., 607
ASCII-Zeichen 321
Aspell 27, 421, 425
aspell_check() 426
aspell_check_raw() 426
aspell_new() 425
aspell_suggest() 426

Aspell-Funktionen
- aspell_check() 426
- aspell_check_raw() 426
- aspell_new() 425
- aspell_suggest() 426
Attribut
- Ergebnis, LDAP-Verzeichnis 452
- ersetzen in DN, LDAP-Verzeichnis 455
- erstes, Eintrag, LDAP-Verzeichnis 452
- hinzufügen zu DN, LDAP-Verzeichnis 455
- löschen aus DN, LDAP-Verzeichnis 455
- nächstes, Eintrag, LDAP-Verzeichnis 455
- Werte holen, LDAP-Verzeichnis 452f.
Auflisten
- Felder, MySQL-Datenbank 373
- MySQL-Datenbank 373
- Tabellen, MySQL-Datenbank 374
Aufrufen, Methode (COM-Objekt) 427
Aufspalten, DN, LDAP-Verzeichnis 451
Ausdrücke 59, 627
Ausführen
- Abfrage, Informix-Datenbank 343, 346
- Abfrage, InterBase-Datenbank 349f.
- Abfrage, mSQL-Datenbank 354, 360
- Abfrage, mSQL-Funktionen 362
- Abfrage, MySQL-Datenbank 366, 375
- Abfrage, ODBC-Datenbank 380
- Abfrage, Oracle-Datenbank 400
- Abfrage, Postgres-Datenbank 406
- Abfrage, Sybase-Datenbank 419
- Anweisung, Oracle-Datenbank 391
- Rollback, InterBase-Funktionen 352
- Rollback, ODBC-Datenbank 386
- Rollback, Oracle-Datenbank 397, 404
- vorbereitete Anweisung, ODBC-Datenbank 380
Ausfüllen, Bild, farbig 312, 314
Ausgaben 103
- Bilder 316, 319, 328
- festlegen Blob, Informix-Datenbank 346
- puffern 105f., 124
Ausgaben puffern, Anweisungen
- flush() 122
- ob_end_clean() 125
- ob_end_flush() 125
- ob_get_contents() 125
- ob_start() 124

Ausgeben
- Blobinhalt an Browser, InterBase-Datenbank 348
- großes Objekt, Postgres-Datenbank 412
Ausschneiden, Teile von Bildern 309
Auswählen
- Datenbank, mSQL-Datenbank 362
- MySQL-Datenbank 376
- Sybase-Datenbank 420

B
Backslash 48
- Codes 602
- Kodierung 49
base64, decodieren 430
Beenden, WDDX-Paket 467
Beginnen, WDDX-Paket 468
Benutzer, ändern, MySQL-Datenbank 363
Bewegen
- Datensatz-Pointer, MySQL-Datenbank 365
- Datensatz-Pointer, Sybase-Datenbank 415
- Feldpointer, mSQL-Datenbank 357
- Feldpointer, MySQL-Datenbank 371
- Feldpointer, Sybase-Datenbank 418
- Nachricht, IMAP-Mailbox 440
Bezeichner 42
Bibliotheken, GD-Bibliothek 298
Bildbezeichner, erzeugen 309
Bildbreite, bestimmen 326
Bilder
- analysieren 297f.
- Anzahl der verwendeten Farben 308
- ausgeben 316, 319, 328
- Bildaufbau 315
- erzeugen 297, 300, 309
- farbig ausfüllen 312, 314
- in Datei schreiben 316, 319, 328
- Interlacing 315
- Komprimierungsfaktor 316
- kopieren 309
- laden aus JPEG-Datei 310
- laden aus PNG-Datei 310
- löschen 311
Bildformate
- GIF 298
- JPEG 299, 316
- JPG 297

– PNG 297, 319
– WAP-Bitmap 328
– WBMP 297
Bildfunktionen
– Codierungsvektor 321
– gamma_correct_tag() 298
– getimagesize() 299
– imagearc() 300
– imagechar() 301
– imagecharup() 302
– imagecolorallocate() 303
– imagecolorat() 304
– imagecolorclosest() 304
– imagecolorexact() 305
– imagecolorresolve() 306
– imagecolorset() 307
– imagecolorsforindex() 307
– imagecolorstotal() 308
– imagecolortransparent() 308
– imagecopyfont() 320
– imagecopyresized() 309
– imagecreate() 309
– imagecreatefromjpeg() 310
– imagecreatefrompng() 310
– imagedashedline() 311
– imagedestroy() 311
– imagefill() 312
– imagefilledpolygon() 312
– imagefilledrectangle() 313
– imagefilltoborder() 314
– imagefontheight() 314
– imagefontwidth() 315
– imagegammacorrect() 315
– imageinterlace() 315
– imagejpeg() 316
– imageline() 317
– imageloadfont() 318
– imagepng() 319
– imagepolygon() 319
– imagepsbbox() 320
– imagepsencodefont() 321
– imagepsextendfont() 321
– imagepsfreefont() 322
– imagepsloadfont() 322
– imagepsslantfont() 322

– imagepstext() 322
– imagerectangle() 324
– imagesetpixel() 324
– imagestring() 325
– imagestringup() 325
– imagesx() 326
– imagesy() 327
– imagettfbbox() 327
– imagettftext() 327
– imagewbmp() 328
– iptcembed() 299
– iptcparse() 300
Bildgröße, bestimmen 299
Bildhelligkeit 298
– ändern 315
Bildhöhe, bestimmen 327
Bildinformationen, Bildgröße 299
binäre Spaltendaten, ODBC-Datenbank 377
binden
– LDAP-Verzeichnis 450
– Platzhalter an PHP-Variable, Oracle-Datenbank 387
bindtextdomain() 428
Bit-Feld 44
Bit-Operatoren 55
Blobs
– ändern, Informix-Datenbank 346
– ändern, InterBase-Datenbank 348
– Ausgabe festlegen, Informix-Datenbank 346
– ausgeben an Browser, InterBase-Datenbank 348
– Daten schreiben, InterBase -Datenbank 348
– erzeugen, Informix-Datenbank 342
– erzeugen, InterBase-Datenbank 348
– Ids, Informix-Datenbank 341
– importieren, InterBase-Datenbank 348
– Informationen holen, InterBase-Datenbank 349
– Inhalt holen, Informix-Datenbank 344
– Inhalt holen, InterBase-Datenbank 348
– kopieren, Informix-Datenbank 342
– löschen, Informix-Datenbank 344
– Modus, Informix-Datenbank 341
– öffnen, InterBase-Datenbank 349
– Übergabe, Informix-Datenbank 341
boolean ereg() 260
Boolesche Ausdrücke 76

Boolesche Werte 42
Breite
- Bildbreite bestimmen 326
- Bildhöhe bestimmen 327
- Schriftarten 321
Browser
- an den Browser schreiben 106
- Designprobleme 588
- Lynx 589
- Text an Browser schicken 106
bscale-Funktion 289
Bytes, geparste holen, XML 469

C
caching, DBM-Datenbankabstraktion 338
Casting 90
checkdate-Funktion 280
Client-Library, Sybase-Datenbank 413, 418
Cloaking 588
closelog-Funktion 290
Code, Interpreter, DBM-Datenbankabstraktion 337
codieren
- UTF7, IMAP-Mailbox 448
- UTF8-Text, XML 469
Codierungsvektor, Schriftarten 321
COM 421, 427
com_get() 427
com_invoke() 427
com_load() 427
com_propget() 428
com_propput() 428
com_propset() 428
com_set() 428
COM-Funktionen
- com_get() 427
- com_invoke() 427
- com_load() 427
- com_propget() 428
- com_propput() 428
- com_propset() 428
- com_set() 428
Commit
- Anweisungen, Oracle-Datenbank 390, 399
- ausführen, InterBase-Datenbank 349
- automatisch, ODBC-Datenbank 377, 379

COM-Objekt
- Eigenschaften holen 428
- laden 427
Compiler, konfigurieren 616
Component Object Model Siehe COM
configure 616
connection_aborted() 105
connection_timeout() 105
Cookies 109, 114
- automatisch löschen 188
crontab 591
Cursor
- erzeugen, Oracle-Datenbank 396, 404
- löschen, Oracle-Datenbank 395
Cursorname, holen, ODBC-Datenbank 380
Cursorposition
- ändern Slobs, Informix-Datenbank 347
- holen Slob, Informix-Datenbank 347
CVS 583

D
Dämon 598
date-Funktion 280
- Formatierungscodes 282
Datei erstellen, Bilddateien 316, 319, 328
Dateien 125
- aktuellen Besitzer bestimmen 127
- als Array zurückgeben 132
- Benutzerbezeichner des Besitzers feststellen 134
- Besitzer ändern 127, 134
- Dateityp bestimmen 134
- Dateizeiger ändern 140
- Dateizeiger zum Anfang setzen 149
- dauerhaft löschen 154
- flock-Modi 135
- FTP 136
- ganze Datei in ein Array lesen 155
- Größe bestimmen 134
- Gruppe ändern 126, 133
- Gruppenbezeichner bestimmen 133
- HTML und PHP trennen 587
- HTML-Meta-Tags suchen 141
- HTTP 136
- in eine komprimierte Datei schreiben 157
- in eine offene Datei schreiben 138

– kopieren 128
– Lese- und Schreibmodi 136
– lesen aus 112
– letzte Veränderung feststellen 133
– letzten Zugriff feststellen 132
– Modus ändern 134
– neue temporäre Datei öffnen 153
– öffnen 129
– öffnen für Lese- und Schreibvorgänge 135
– öffnen und ausführen 142
– Offset des Dateizeigers erhalten 140
– Position des Dateizeigers ändern 140
– schließen 129, 155
– schreiben in 112
– Schreibpuffergröße für einen Datenstrom setzen 151
– Standard-Zugriffsrechte erhalten 154
– umbenennen 149
– verkleinern 141
– verschlüsseln 256
– Zeitinformationen erhalten 133
– Zugriff temporär sperren 134
– Zugriffsrechte 134
– Zugriffsrechte setzen 126
Dateifunktionen
– chdir() 125
– chgrp() 126
– chmod() 126
– chown() 127
– closedir() 127
– copy() 128
– dir() 128
– diskfreespace() 128
– fclose() 129
– feof() 129
– fgetc() 129
– fgetcsv() 130
– fgets() 131
– fgetss() 131
– file() 132
– file_exists 290
– file_exists() 132
– fileatime 290
– fileatime() 132
– filectime 290
– filectime() 133

– filegroup 290
– filegroup() 133
– fileinode 290
– fileinode() 133
– filemtime() 133
– fileowner 290
– fileowner() 134
– fileperms 290
– fileperms() 134
– filesize 290
– filesize() 134
– filetype 290
– filetype() 134
– flock() 134
– fopen() 135
– fpassthru() 138
– fread() 139
– fseek() 140
– fstat() 140
– ftell() 140
– ftruncate() 141
– fwrite() 138, 141
– get_meta_tags() 141
– include() 142, 583
– is_dir() 143
– is_executable() 143
– is_file() 143
– is_link() 144
– is_readable() 144
– is_writeable() 144
– link() 145
– linkinfo() 145
– lstat() 145
– mkdir() 146
– opendir() 147
– pclose() 147
– popen() 147
– readdir() 148
– readfile() 148
– readlink() 149
– rename() 149
– rewind() 149
– rewinddir() 150
– rmdir() 150
– set_file_buffer() 151
– stat() 151

– symlink() 153
– tmpfile() 153
– touch() 154
– umask() 154
– unlink() 154
Datei-Uploads 110
Dateizugriffe 103
Daten
– parsen, XML 471
– schreiben Blob, InterBase -Datenbank 348
– schreiben Slob, Informix-Datenbank 347
– speichern 34
– verstecken 588
Datenbank 330
Datenbankbezeichner, dBase-Datenbank 333
Datenbanken
– Abfrageergebnisse holen 596
– auswählen, mSQL-Datenbank 362
– auswählen, MySQL-Datenbank 376
– auswählen, Sybase-Datenbank 420
– dBase 330
– DBM-Datenbankabstraktion 334
– Empress 376
– filePro 339
– Informix 341
– Inhalte speichern 596
– InterBase 348
– löschen, MySQL-Datenbank 366
– mSQL 353
– MySQL 363
– ODBC 376
– Oracle 386
– Postgres 404
– PostgreSQL Siehe Postgres
– Solid 376
– Sybase 413
Datenbankfunktionen
– dBase Siehe dBase-Funktionen
– DBM-Datenbankabstraktion Siehe DBM-Funktionen
– filePro Siehe filePro-Funktionen
– Informix Siehe Informix-Funktionen
– Interbase Siehe Interbase-Funktionen
– mSQL Siehe mSQL-Funktionen
– MySQL Siehe MySQL-Funktionen
– ODBC Siehe ODBC-Funktionen

– Oracle Siehe Oracle-Funktionen
– Postgres Siehe Postgres-Funktionen
– Sybase Siehe Sybase-Funktionen
Datenbankfunktionen siehe MySQL-Funktionen
Datenbankkommunikation, DBM-Datenbankabstraktion 334
Datenbankliste, MySQL-Datenbank 373
Datenbankname, Postgres-Datenbank 406
Datensatz
– ändern, dBase-Datenbank 334
– ändern, DBM-Datenbankabstraktion 338
– betroffener, Informix-Datenbank 341
– betroffener, mSQL-Datenbank 353
– einfügen, dBase-Datenbank 330
– einfügen, DBM-Datenbankabstraktion 336
– einfügen, MySQL-Datenbank 372
– holen, dBase-Datenbank 332f.
– holen, DBM-Datenbankabstraktion 335
– holen, Informix-Datenbank 343
– holen, InterBase-Datenbank 350
– holen, mSQL-Datenbank 355ff.
– holen, MySQL-Datenbank 367, 369f.
– holen, ODBC-Datenbank 380f.
– holen, Oracle-Datenbank 393, 402f.
– holen, Postgres-Datenbank 407ff.
– holen, Sybase-Datenbank 415ff.
– löschen, dBase-Datenbank 332
– löschen, DBM-Datenbankabstraktion 335
– vorbereiten, Oracle-Datenbank 391
Datensatzanzahl
– dBase-Datenbank 333
– filePro-Datenbank 340
– Informix-Datenbank 344
– mSQL-Datenbank 361
– MySQL-Datenbank 363, 375
– ODBC-Datenbank 383
– Oracle-Datenbank 397, 404
– Postgres-Datenbank 412
– Sybase-Datenbank 414, 419
Datensatz-Pointer
– bewegen, mSQL-Datenbank 354
– bewegen, MySQL-Datenbank 365
– bewegen, Sybase-Datenbank 415
Datentypen 42, 89
– SNMP 465

Datum
– formatieren 280
– prüfen 280
Datumsangaben 280
– umwandeln 286
Datumsformat, InterBase-Datenbank 352
dba_close() 335
dba_delete() 335
dba_exists() 335
dba_fetch() 335
dba_firstkey() 336
dba_insert() 336
dba_nextkey() 336
dba_open() 337
dba_optimize() 338
dba_popen() 338
dba_replace() 338
dba_sync() 338
dBase 330
dbase_add_record() 330
dBase_close() 331
dBase_create() 331
dbase_delete_record() 332
dbase_get_record() 332
dbase_get_record_with_names() 333
dbase_numfields() 333
dbase_numrecords() 333
dBase_open() 333
dbase_pack() 334
dbase_replace_record() 334
dBase-Datenbank
– dBase_create() 331
– Feldtypen 331
dBase-Funktionen
– dbase_add_record() 330
– dBase_close() 331
– dbase_delete_record() 332
– dbase_get_record() 332
– dbase_get_record_with_names() 333
– dbase_numfields() 333
– dbase_numrecords() 333
– dBase_open() 333
– dbase_pack() 334
– dbase_replace_record() 334
DB-Library, Sybase-Datenbank 413, 418f.
DBM-Datenbankabstraktion 334

DBM-Funktionen
– dba_close() 335
– dba_delete() 335
– dba_exists() 335
– dba_fetch() 335
– dba_firstkey() 336
– dba_insert() 336
– dba_nextkey() 336
– dba_open() 337
– dba_optimize() 338
– dba_popen() 338
– dba_replace() 338
– dba_sync() 338
dcgettext() 428
Debugging 164, 168
– Information 598
– In-Line Debugging 597
– Oracle-Datenbank 395
– Remote Debugging 598
Decodieren
– base64 430
– UTF7, IMAP-Mailbox 447
– UTF8-Text, XML 469
define() 51, 202
define_syslog_variables-Funktion 290
Dehnen, Schriftarten 321
Dehnungsfaktor, Schriftarten 321
Design, Trennlinien 589
Deskriptor, erzeugen, Oracle-Datenbank 396
Destruktoren 98
dgettext() 428
die 75
dl-Funktion 290
DN
– aufspalten, LDAP-Verzeichnis 451
– LDAP-Verzeichnis 451
DNS-Datensätze 189
Dokumente
– parsen, XML 471
– Typ setzen 591
Domäne
– angeben, Gettext 428f.
– Pfad setzen, Gettext 428
Double 42
Dringlichkeitsstufe
– Fehlermeldungen PHP, Sybase-Datenbank 418

– Fehlermeldungen, Sybase-Datenbank 418
– Meldungen Client-Schnittstelle, Sybase-Datenbank
  418
– Meldungen Server-Schnittstelle, Sybase-Datenbank
  419
Druckbare Zeichenkette, IMAP-Datenbanken 442
Durchsuchen, LDAP-Verzeichnis 453, 457
Dynamische Funktionsaufrufe 84

E
easter_date-Funktion 286
easter_days-Funktion 286
echo() 106
Eigenschaften 100
– ändern (COM-Objekte) 428
– Nachrichtenheader, IMAP-Mailbox 436
– Vererbung 99
– zugreifen auf 99
Ein- und Ausgabefunktionen 122
Eindimensionale Arrays 86
Einfügen
– Datensatz, dBase-Datenbank 330
– Datensatz, DBM-Datenbankabstraktion 336
– Datensatz, MySQL-Datenbank 372
– Teile von Bildern 309
Eingaben 103
– aus Formularen 108
– von Benutzern 36
Eintrag
– ändern, LDAP-Verzeichnis 455
– Anzahl, LDAP-Verzeichnis 450
– erster, LDAP-Verzeichnis 452
– erstes Attribut, LDAP-Verzeichnis 452
– hinzufügen, LDAP-Verzeichnis 449
– löschen, LDAP-Verzeichnis 450
– nächster, LDAP-Verzeichnis 456
– nächstes Attribut, LDAP-Verzeichnis 455
Ellipsen 300
E-Mail, Adresse
– erzeugen, IMAP-Mailbox 444
– parsen, IMAP-Mailbox 443
– verschicken 192
Empress 376
ereg_replace() 260
eregi() 261
eregi_replace() 261

Ergebnis
– Attribute, LDAP-Verzeichnis 452
– DN, LDAP-Verzeichnis 452
– holen, LDAP-Verzeichnis 452
– holen, Oracle-Datenbank 394
– Tabelle, Informix-Datenbank 344
Ergebnisbezeichner Siehe Abfrage, ausführen
Ergebnispuffer, festlegen, Oracle-Datenbank 398
error_reporting-Funktion 290
Erzeugen
– Bild und Bildbezeichner 309
– Blob, Informix-Datenbank 342
– Blob, InterBase-Datenbank 348
– Cursor, Oracle-Datenbank 396, 404
– dBase-Datenbank 331
– Deskriptor, Oracle-Datenbank 396
– Farbbezeichner 306
– Fehlerbeschreibung, LDAP-Verzeichnis 451
– großes Objekt, Postgres-Datenbank 411
– Mailbox, IMAP 432
– mSQL-Datenbank 353
– MySQL-Datenbank 365
– Parser, XML 473
– Semaphor 460
– Shared Memory 461
– Slob, Informix-Datenbank 347
– WDDX-Paket 467f.
– Zeichen-Objekt, Informix-Datenbank 343
exit 75
extends 99
Extensible Markup Language Siehe XML

F
FALSE und TRUE 64
Farbanteile
– bestimmen aus Farbindex 307
– in Bildern 303
Farbbezeichner, erzeugen 303, 306
Farben
– ändern 312, 314
– festlegen 303, 306
– festlegen, Pixel 324
– Gesamtanzahl in einem Bild 308
– transparent setzen 308
Farbindex
– Farbanteile bestimmen 307

– festlegen 307
– Pixel 304f.
Farbinformation 304f.
Farbpalette 304
FastTemplate 586
fclose() 112
Fehler
– abfragen, IMAP-Mailbox 433, 438
– abfragen, Informix-Datenbank 343
– abfragen, LDAP-Verzeichnis 451
– abfragen, mSQL-Datenbank 355
– abfragen, MySQL-Datenbank 366
– abfragen, Oracle-Datenbank 391, 400
– abfragen, XML 470
Fehlerarten, Informix-Datenbank 343
Fehlerbeschreibung
– abfragen, Informix-Datenbank 343
– abfragen, LDAP-Verzeichnis 451
– abfragen, MySQL-Datenbank 367
– abfragen, Oracle-Datenbank 400
– abfragen, Postgres-Funktionen 406
– abfragen, XML 469
– erzeugen, LDAP-Verzeichnis 451
Fehlerkonstanten, XML 470
Fehlermeldungen
– Dringlichkeitsstufe, Sybase-Datenbank 418
– Ebenen 291
– Format 598
– PHP-Dringlichkeitsstufe, Sybase-Datenbank 418
Fehlersuche 164
– Oracle-Datenbank 395
Fehlersuchfunktionen
– assert() 164
– assert_options() 165
– call_user_fun() 165
– call_user_method() 165
– closelog() 165
– connection_aborted() 166
– connection_status() 166
– connection_timeout() 167
– debugger_off() 168
– debugger_on() 168
– error_log() 168
– extension_loaded() 168
– func_get_arg() 169

– func_get_args() 169
– func_num_args() 170
– function_exists() 171
– get_browser() 171
– get_cfg_var() 171
– get_class() 172
– get_class_methods() 172
– get_class_vars() 172
– get_current_user() 173
– get_extension_funcs() 174
– get_html_translation_table() 174
– get_loaded_extensions() 174
– get_magic_quotes_gpc() 175
– get_magic_quotes_runtime() 175
– get_object_vars() 174
– get_parent_class() 175
– getlastmod() 176
– getmyinode() 176
– getmypid() 176
– getmyuid() 176
– getrusage() 176
– headers_sent() 176
– highlight_file() 174
– highlight_string() 174
– leak() 177
– method_exists() 177
– openlog() 178
– phpcredits() 179
– phpinfo() 180
– phpversion() 181
– print_r() 181
– show_source() 181
– string getcwd() 173
– syslog() 181
– var_dump() 182
– zend_version() 183
Feldanzahl
– dBase-Datenbank 333
– filePro-Datenbank 340
– InterBase-Datenbank 350
– mSQL-Datenbank 361
– MySQL-Datenbank 375
– ODBC-Datenbank 383
– Postgres-Datenbank 410, 412
– Sybase-Datenbank 419

Feldeigenschaften, holen, Informix-Datenbank 343
Felder
– auflisten, MySQL-Datenbank 373
– Flags, mSQL-Datenbank 358
– Flags, MySQL-Datanbanken 371
– holen, filePro-Datenbank 340
– holen, mSQL-Datenbank 355, 362
– holen, MySQL-Datenbank 376
– holen, MySQL-Datenbanken 367
– holen, ODBC-Datenbank 385
– holen, Postgres-Datenbank 413
– holen, Sybase-Datenbank 416, 419
– testen, Postgres-Datenbank 409
Feldlänge
– ausgedruckte, Postgres-Datenbank 410
– filePro-Datenbank 341
– mSQL-Datenbank 358
– MySQL-Datenbank 369, 371
– ODBC-Datenbank 381
– Postgres-Datenbank 410
Feldname
– filePro-Datenbank 340
– mSQL-Datenbank 358
– MySQL-Datenbank 371
– ODBC-Datenbank 381
– Postgres-Datenbank 410
Feldpointer
– bewegen, mSQL-Datenbank 357
– bewegen, MySQL-Datenbank 371
– bewegen, Sybase-Datenbank 418
Feldtyp
– dBase-Datenbank 331
– filePro-Datenbank 340
– holen, Informix-Datenbank 343
– mSQL-Datenbank 359
– MySQL-Datenbank 372
– ODBC-Datenbank 382
– Postgres-Datenbank 410
Festlegen, Ergebnispuffer-Größe, Oracle-Datenbank
   398
file_exists-Funktion 290
fileatime-Funktion 290
filectime-Funktion 290
filegroup-Funktion 290
fileinode-Funktion 290
fileowner-Funktion 290

fileperms-Funktion 290
filePro-Funktionen
– filepro() 339
– filepro_fieldcount() 340
– filepro_fieldname() 340
– filepro_fieldtype() 340
– filepro_fieldwidth() 341
– filepro_retrieve() 340
– filepro_rowcount() 340
filesize-Funktion 290
filetype-Funktion 290
Flags
– Felder, mSQL-Datenbank 358
– Felder, MySQL-Datanbanken 371
– imap_body() 430
– löschen, IMAP-Nachrichten 432
– printf Flags 124
– setzen, Nachrichten, IMAP-Mailbox 445
flush() 105
fopen() 112
for 73
Formate, Schriftartdateien 318
Formularvariablen, Probleme mit Robots 589
for-Schleife 73f.
FreeEnergy 585
Freigeben
– Semaphor 460
– Shared Memory 462
– Speicherplatz 311
– Speicherplatz, Informix-Datenbank 344
– Speicherplatz, InterBase-Datenbank 350
– Speicherplatz, LDAP-Verzeichnis 452
– Speicherplatz, mSQL-Datenbank 359
– Speicherplatz, MySQL-Datenbank 372
– Speicherplatz, ODBC-Datenbank 382
– Speicherplatz, Oracle-Datenbank 395
– Speicherplatz, Parser, XML 473
– Speicherplatz, Postgres-Datenbank 410
– Speicherplatz, Sybase-Datenbank 418
– Speichersegment, Shared Memory 463
frenchtojd-Funktion 287
fsockopen() 112
FTP (File Transfer Protocol) 193
FTP-Funktionen
– ftp_cdup() 193
– ftp_chdir() 193

– ftp_connect() 194
– ftp_delete() 195
– ftp_fget() 195
– ftp_fput() 196
– ftp_get() 196
– ftp_login() 197
– ftp_mdtm() 197
– ftp_mkdir() 198
– ftp_nlist() 198
– ftp_pasv() 198
– ftp_put() 198
– ftp_pwd() 199
– ftp_quit() 199
– ftp_rawlist() 199
– ftp_rename() 199
– ftp_rmdir() 199
– ftp_size() 199
– ftp_systype() 199
Füllfläche 312, 314
Funktionen 77, 120
– Bildfunktionen 297
– definieren 78
– error_reporting 58
– in Module einfügen 584
– isset 51
– rekursive 82
– sonstige 421
Funktionen für komprimierte Dateien 155
– gzclose() 155
– gzeof() 155
– gzfile() 155
– gzgetc() 155
– gzgets() 156
– gzgetss() 156
– gzopen() 157
– gzpassthru() 157
– gzputs() 157
– gzread() 158
– gzrewind() 158
– gzseek() 159
– gztell() 159
– gzwrite() 159
– readgzfile() 160
Funktionen, sonstige
– Apache 422
– Aspell 425

– COM 427
– Gettext 428
– IMAP 429
– Java 448
– LDAP 448
– Semaphore 458
– Shared Memory 460
– SNMP 464
– WDDX 466
– XML 469
Funktionsdeklarationen 625
Funktionsreferenz 120

G
gamma_correct_tag() 298
Gammawert 298
– ändern 315
Ganzzahl 42
Garbage Collection 177
GD-Bibliothek 298
Gemeinsam genutzter Speicher Siehe Shared Memory
Genauigkeit 124
get_class() 101
get_parent_class() 101
getallheaders() 424
getdate 280
– Array-Elemente 283
getimagesize() 299
Gettext 421, 428
gettext() 429
Gettext-Funktionen
– _() 429
– bindtextdomain() 428
– dcgettext() 428
– dgettext() 428
– gettext() 429
– textdomain() 429
gettimeofday 281
– Array-Elemente 283
GIF 298
Gleitkommazahlen 42
gmdate-Funktion 283
gmstrftime-Funktion 284
Greenwich Mean Time 283
gregoriantojd-Funktion 287
Gültigkeitsbereich und global-Anweisung 79

H

Handler
- Datentypen, XML 479
- externe Einheiten mit NDATA, XML 480
- externe Einheiten, XML 479
- Flags, XML 480
- Standard, XML 475
- Start- und Endetags, XML 475
- Zeichendaten, XML 475
Hardware 28
Hash-Algorithmen 227
Hashing 227
Header 104, 187
- holen, Apache 424
- holen, IMAP-Mailbox 438
- Nachrichten, IMAP-Mailbox 434
header_sent() 105
here docs 49
Hinzufügen
- Eintrag, LDAP-Verzeichnis 449
- Variablen, WDDX-Paket 467
Holen
- Attributwerte, LDAP-Verzeichnis 452f.
- betroffene Instanzen, Postgres-Datenbank 405
- Blobinhalt, Informix-Datenbank 344
- Blobinhalt, InterBase-Datenbank 348
- Cursorname, ODBC-Datenbank 380
- Cursorposition Slob, Informix-Datenbank 347
- Datensatz, DBM-Datenbankabstraktion 335
- Datensatz, Informix-Datenbank 343
- Datensatz, InterBase-Datenbank 350
- Datensatz, mSQL-Datenbank 355ff.
- Datensatz, MySQL-Datenbank 367, 369f.
- Datensatz, ODBC-Datenbank 380f.
- Datensatz, Oracle-Datenbank 393, 402f.
- Datensatz, Postgres-Datenbank 407ff.
- Datensatz, Sybase-Datenbank 415ff.
- Eigenschaften (COM-Objekt) 428
- Ergebnis, LDAP-Verzeichnis 452
- Feld, mSQL-Datenbank 355
- Feld, MySQL-Datenbank 367, 376
- Feld, ODBC -Datenbank 385
- Feld, Postgres-Datenbank 413
- Feld, Sybase-Datenbank 416, 419
- Feldeigenschaften, Informix-Datenbank 343
- Feldtyp, Informix-Datenbank 343

- ganzes Ergebnis, Oracle-Datenbank 394
- großes Objekt, Postgres-Datenbank 411
- Header, Apache 424
- Inhalt Zeichen-Objekt, Informix-Datenbank 344
- leere Spalte, Informix-Datenbank 344
- Nachrichtenheader, IMAP-Mailbox 438
- Objekte, LDAP-Verzeichnis 453
- Objektwert, SNMP 464
- Optionswert, XML 473
- Schlüssel, DBM-Datenbankabstraktion 336
- Semaphor 459
- Semaphorbezeichner 460
- Slobinhalt, Informix-Datenbank 347
- Spalte, InterBase-Datenbank 350
- Spalte, Oracle-Datenbank 397, 403
- Spalteneigenschaften, Informix-Datenbank 343
- Spalteninformationen, InterBase-Datenbank 350
- Teilnachricht, IMAP-Mailbox 434
- Variable, WDDX-Paket 467
- Verzeichnisstruktur, SNMP 466
Hostname, Postgres-Datenbank 411
HTML 106, 108
- Beispiel für eine einfache HTML-Seite 32
HTTP 104
HTTP_USER_AGENT 588
HTTP-Funktionen
- header() 187
- setcookie() 188
HTTP-Header 187
HTTP-Verbindungen 104
- simulieren 598

I

I/O-Funktionen 122
IBase Siehe InterBase
ibase_blob_add() 348
ibase_blob_cancel() 348
ibase_blob_close() 348
ibase_blob_create() 348
ibase_blob_echo() 348
ibase_blob_get() 348
ibase_blob_import() 348
ibase_blob_info() 349
ibase_blob_open() 349
ibase_close() 349
ibase_commit () 349

ibase_connect() 349
ibase_errmsg() 349
ibase_execute() 349
ibase_fetch_object() 350
ibase_fetch_row() 350
ibase_field_info() 350
ibase_free_query() 350
ibase_free_result() 350
ibase_num_fields() 350
ibase_pconnect() 350
ibase_prepare() 350
ibase_query() 350
ibase_rollback() 352
ibase_timefmt() 352
ibase_trans() 352
ifx_affected_rows() 341
ifx_blobinfile_mode() 341
ifx_bytesasvarchar() 341
ifx_close() 341
ifx_connect() 341
ifx_copy_blob() 342
ifx_create_blob() 342
ifx_create_char() 343
ifx_do() 343
ifx_error() 343
ifx_errormsg() 343
ifx_fetch_row() 343
ifx_fieldproperties() 343
ifx_filedtypes() 343
ifx_free_blob() 344
ifx_free_char() 344
ifx_free_result() 344
ifx_get_blob() 344
ifx_get_char() 344
ifx_getsqla() 344
ifx_htmlbtl_result() 344
ifx_nullformat() 344
ifx_num_fields() 344
ifx_num_rows() 344
ifx_pconnect () 344
ifx_prepare() 345
ifx_query() 346
ifx_textvarchar() 346
ifx_update_blob() 346
ifx_update_char() 346
ifxus_close_slob() 347

ifxus_create_slob() 347
ifxus_free_slob() 347
ifxus_open_slob() 347
ifxus_read_slob() 347
ifxus_seek_slob() 347
ifxus_tell_slob() 347
ifxus_write_slob() 347
ignore_user_abort-Funktion 292
imagearc() 300
imagechar() 301
imagecharup() 302
imagecolorallocate() 303
imagecolorat() 304
imagecolorclosest() 304
imagecolorexact() 305
imagecolorresolve() 306
imagecolorset() 307
imagecolorsforindex() 307
imagecolorstotal() 308
imagecolortransparent() 308
imagecopyfont() 320
imagecopyresized() 309
imagecreate() 300, 309
imagecreatefromjpeg() 310
imagecreatefrompng() 300, 310
imagedashedline() 311
imagedestroy() 311
imagefill() 312
imagefilledpolygon() 312
imagefilledrectangle() 313
imagefilltoborder() 314
imagefontheight() 314
imagefontwidht() 315
imagegammacorrect() 315
imageinterlace() 315
imagejpeg() 316
imageline() 317
imageloadfont() 318
imagepng() 319
imagepolygon() 319
imagepsbbox() 320
imagepsencodefont() 321
imagepsextendfont() 321
imagepsfreefont() 322
imagepsloadfont() 322
imagepsslantfont() 322

imagepstext() 322
imagerectangle() 324
imagesetpixel() 324
imagestring() 325
imagestringup() 325
imagesx() 326
imagesy() 327
imagettfbbox() 327
imagettftext() 327
imagewbmp() 328
IMAP 421, 429
imap_8bit() 429
imap_alerts() 430
imap_append() 430
imap_base64() 430
imap_binary() 430
imap_body() 430
imap_bodystruct() 431
imap_check() 431
imap_clearflag_full() 432
imap_close() 432
imap_create() 432
imap_createmailbox() 432
imap_delete() 433
imap_deletemailbox() 433
imap_errors() 433
imap_expunge() 433
imap_fetch_overview() 434
imap_fetchbody() 434
imap_fetchheader() 434
imap_fetchstructure() 434
imap_fetchtext() 435
imap_getmailboxes() 435
imap_getsubscribed() 436
imap_header() 436
imap_headerinfo() 438
imap_headers() 438
imap_last_error() 438
imap_list() 438
imap_listfull() 438
imap_listmailbox() 438
imap_listscan() 439
imap_mail() 439
imap_mail_compose() 439
imap_mail_copy() 439
imap_mail_move() 440

imap_mailboxmsginfo() 440
imap_msgno() 440
imap_num_msg() 440
imap_num_recent() 441
imap_open() 441
imap_ping() 442
imap_popen() 442
imap_qprint() 442
imap_rename() 442
imap_renamemailbox() 443
imap_reopen() 443
imap_rfc822_parse_adrlist() 443
imap_rfc822_write_adress() 444
imap_scan() 444
imap_scanmailbox() 444
imap_search() 444
imap_setflag_full() 445
imap_sort() 445
imap_status() 446
imap_subscribe() 447
imap_uid() 447
imap_undelete() 447
imap_unsubscribe() 447
imap_utf7_decode() 447
imap_utf7_encode() 448
IMAP-Funktionen
– imap_8bit() 429
– imap_alerts() 430
– imap_append() 430
– imap_base64() 430
– imap_binary() 430
– imap_body() 430
– imap_bodystruct() 431
– imap_check() 431
– imap_clearflag_full() 432
– imap_close() 432
– imap_create() 432
– imap_createmailbox() 432
– imap_delete() 433
– imap_deletemailbox() 433
– imap_errors() 433
– imap_expunge() 433
– imap_fetch_overview() 434
– imap_fetchbody() 434
– imap_fetchheader() 434
– imap_fetchstructure() 434

– imap_fetchtext() 435
– imap_getmailboxes() 435
– imap_getsubscribed() 436
– imap_header() 436
– imap_headerinfo() 438
– imap_headers() 438
– imap_last_error() 438
– imap_list() 438
– imap_listfull() 438
– imap_listmailbox() 438
– imap_listscan() 439
– imap_mail() 439
– imap_mail_compose() 439
– imap_mail_copy() 439
– imap_mail_move() 440
– imap_mailboxmsginfo() 440
– imap_msgno() 440
– imap_num_msg() 440
– imap_num_recent() 441
– imap_open() 441
– imap_ping() 442
– imap_popen() 442
– imap_qprint() 442
– imap_rename() 442
– imap_renamemailbox() 443
– imap_reopen() 443
– imap_rfc822_parse_adrlist() 443
– imap_rfc822_write_adress() 444
– imap_scan() 444
– imap_scanmailbox() 444
– imap_search() 444
– imap_setflag_full() 445
– imap_sort() 445
– imap_status() 446
– imap_subscribe() 447
– imap_uid() 447
– imap_undelete() 447
– imap_unsubscribe() 447
– imap_utf7_decode() 447
– imap_utf7_encode() 448
IMAP-Mailbox, Informationen holen 431
Importieren, Blob, InterBase-Datenbank 348
include 75
include() 116, 583

Informationen
– Blobinformationen holen, InterBase-Datenbank 349
– IMAP-Mailboxen 435f., 440
– Nachrichten, IMAP-Mailbox 434
Informix 341
– API 344
– IUS 341
– ODS 341
Informix-Funktionen
– ifx_affected_rows() 341
– ifx_blobinfile_mode() 341
– ifx_bytesasvarchar() 341
– ifx_close() 341
– ifx_connect() 341
– ifx_copy_blob() 342
– ifx_create_blob() 342
– ifx_create_char() 343
– ifx_do() 343
– ifx_error() 343
– ifx_errormsg() 343
– ifx_fetch_row() 343
– ifx_fieldproperties() 343
– ifx_filedtypes() 343
– ifx_free_blob() 344
– ifx_free_char() 344
– ifx_free_result() 344
– ifx_get_blob() 344
– ifx_get_char() 344
– ifx_getsqla() 344
– ifx_htmlbtl_result() 344
– ifx_nullformat() 344
– ifx_num_fields() 344
– ifx_num_rows() 344
– ifx_pconnect() 344
– ifx_prepare() 345
– ifx_query() 346
– ifx_textvarchar() 346
– ifx_update_blob() 346
– ifx_update_char() 346
– ifxus_close_slob() 347
– ifxus_create_slob() 347
– ifxus_free_slob() 347
– ifxus_open_slob() 347

- ifxus_read_slob() 347
- ifxus_seek_slob() 347
- ifxus_tell_slob() 347
- ifxus_write_slob() 347
Inhalt, IMAP-Nachricht 430
ini_get-Funktion 292
ini_restore-Funktion 293
ini_set-Funktion 292
Initialisieren, filePro 339
Initialisierungsvektor erzeugen 256
Instanzen, betroffene holen, Postgres-Datenbank 405
Integer 42
integer time-Funktion 286
InterBase-Datenbank 348
- ibase_blob_create() 348
InterBase-Funktionen
- ibase_blob_add() 348
- ibase_blob_cancel() 348
- ibase_blob_close() 348
- ibase_blob_echo() 348
- ibase_blob_get() 348
- ibase_blob_import() 348
- ibase_blob_info() 349
- ibase_blob_open() 349
- ibase_close() 349
- ibase_commit() 349
- ibase_connect() 349
- ibase_errmsg() 349
- ibase_execute() 349
- ibase_fetch_object() 350
- ibase_fetch_row() 350
- ibase_field_info() 350
- ibase_free_query() 350
- ibase_free_result() 350
- ibase_num_fields() 350
- ibase_pconnect() 350
- ibase_prepare() 350
- ibase_query() 350
- ibase_rollback() 352
- ibase_timefmt() 352
- ibase_trans() 352
Interferenz 99
Interlacing 315
International Press Telecommunications Council 299
Internet Message Protocol Siehe IMAP
Internetadressen

- Apache 112, 591
- Ariadne-Quellcode 587
- Aspell 425
- COM 427
- COM-Artikel 427
- COM-Buchtitel 427
- Cookies 109
- CVS (Literaturhinweis) 583
- Danksagungen 26
- Daten zwischen Browser und Webserver übermit-
  teln 104
- Errata-Seite 120
- Expat library 469
- FastTemplate 587
- FastTemplate-Artikel 587
- filePro 339
- Gettext 428
- HTTP-Header 187
- IMAP 4 429
- Informix 341
- InterBase 348
- IPTC 299
- Java 448
- LDAP 448
- Leon Atkinson 17
- Lynx 591
- Mersenne-Twister-Algorithmus 274
- mSQL 353
- mSQL (für Windows) 353
- MySQL 363
- neueste Versionen von Apache 29
- neueste Versionen von PHP 29
- ODBC 376
- Oracle 386
- PHP Web-Site 26
- PHP-Essay von E. Raymond 25
- PHP-Quellcode 26
- PostgreSQL 405
- Prentice Hall 459
- Semaphore 458
- Semaphore (Webopedia) 459
- Shared Memory 460
- Slashdot 591
- SNMP 464
- SNMP (UCD SNMP-Libraries) 464
- SNMP Research 464

– Suchmaschinen 589
– SuperCuts-Site 25
– Sybase 413
– W3C 469
– WDDX 466
– XML 469
– zlib-Bibliothek 155
Internetressourcen 620
Interpreter, Code, DBA-Datenbankabstraktion 337
IPTC-Blöcke 300
iptcembed() 299
iptcparse() 300

J
Java 421, 448
jddayofweek-Funktion 287
jdmonthname-Funktion 287
jdtofrench-Funktion 288
jdtogregorian-Funktion 288
jdtojewish-Funktion 288
jdtojulian-Funktion 289
jewishtojd-Funktion 289
JPEG 297, 299
– Bild aus JPEG-Datei laden 310
– Bild ausgeben/speichern 316
juliantojd-Funktion 289

K
Kalender
– Modi für Kalendertage 287
– Modi für Monatsnamen 288
Kalenderfunktionen
– easter_date 286
– easter_days 286
– frenchtojd 287
– gregoriantojd 287
– jddayofweek 287
– jdmonthname 287
– jdtofrench 288
– jdtogregorian 288
– jdtojewish 288
– jdtojulian 289
– jewishtojd 289
– juliantojd 289
Kalendersysteme, umwandeln 286
Kapselung 96

Klammern 57, 90
– eckige 50, 86
– geschweifte 57, 92
– Verwendung im Ausdruck 60
Klassen 95, 100
– definieren 97
– Instanzen 99
Kommentare 624
– im PHP-Script 34
Kommunikation, Datenbank 330
Komprimierungsfaktor, Bilddateien 316
Konfiguration
– Compiler 616
– ODBC-Treiber 386
Konfigurationsfunktionen
– bscale 289
– define_syslog_variables 290
– dl 290
– error_reporting 290
– ignore_user_abort 292
– ini_get 292
– ini_restore 293
– ini_set 292
– magic_quotes_runtime 293
– register_shutdown_function 293
– set_magic_quotes_runtime 293
– set_time_limit 294
– setlocale 285, 294
– sleep 295
– usleep 295
Konstanten 51
– Gültigkeitsbereich 51
– imap_getsubscribed() 436
– imap_open() 441
– imap_sort() 446
– imap_status() 446
– InterBase 352
– Oracle-Datenbank 387
– Position im Zuweisungsoperator 51
– Schreibweise 52
– SID 114
Konstruktoren 98f.
Kopieren
– Blob, Informix-Datenbank 342
– Nachricht, IMAP-Mailbox 439
– Teile von Bildern 309

Kopplung 96
Kryptographie 255

L
laden
– Bild aus JPEG-Datei 310
– Bild aus PNG-Datei 310
– COM-Objekt 427
– PostScript-Schriftarten 322
– Schriftarten 318
– Wörterbuch 425
Ländercode 294
LDAP 421, 448
ldap_add() 449
ldap_bind() 450
ldap_close() 450
ldap_connect() 450
ldap_count_entries() 450
ldap_delete() 450
ldap_dn2ufn() 451
ldap_err2str() 451
ldap_errno() 451
ldap_error() 451
ldap_explode_dn() 451
ldap_first_attribute() 452
ldap_first_entry() 452
ldap_free_entry() 452
ldap_free_result() 452
ldap_get_attributes() 452
ldap_get_dn() 452
ldap_get_entries() 452
ldap_get_values() 452
ldap_get_values_len() 453
ldap_list() 453
ldap_mod_add() 455
ldap_mod_del() 455
ldap_mod_replace() 455
ldap_modify() 455
ldap_next_attribute() 455
ldap_next_entry() 456
ldap_read() 457
ldap_search() 457
ldap_unbind() 458
LDAP-Funktionen
– ldap_add() 449
– ldap_bind() 450

– ldap_close() 450
– ldap_connect() 450
– ldap_count_entries() 450
– ldap_delete() 450
– ldap_dn2ufn() 451
– ldap_err2str() 451
– ldap_errno() 451
– ldap_error() 451
– ldap_explode_dn() 451
– ldap_first_attribute() 452
– ldap_first_entry() 452
– ldap_free_entry() 452
– ldap_free_result() 452
– ldap_get_attributes() 452
– ldap_get_dn() 452
– ldap_get_entries() 452
– ldap_get_values() 452
– ldap_get_values_len() 453
– ldap_list() 453
– ldap_mod_add() 455
– ldap_mod_del() 455
– ldap_mod_replace() 455
– ldap_modify() 455
– ldap_next_attribute() 455
– ldap_next_entry() 456
– ldap_read() 457
– ldap_search() 457
– ldap_unbind() 458
Lesen, Variable, Shared Memory 462
Library, UCD SNMP 464
Lightweight Directory Access Protocol Siehe LDAP
Linie
– zeichnen, durchgezogene 317
– zeichnen, gestrichelte 311
Listings
– Include-Doppelungen vermeiden 584
– Pfadinformation einsetzen 590
– Script-Performance messen 595
Lizenzgebühren 26
Löschen
– Blob, Informix-Datenbank 344
– Datensatz, dBase-Datenbank 332
– Datensatz, DBM-Datenbankabstraktion 335
– Eintrag, LDAP-Verzeichnis 450
– großes Objekt, Postgres-Datenbank 412
– IMAP-Mailbox 433

– Leerräume, DBM-Datenbankabstraktion 338
– mSQL-Datenbank 354
– MySQL-Datenbank 366
– Nachrichten, IMAP-Mailbox 433
– PostScript-Schriftart, aus dem Speicher 322
– Slob, Informix-Datenbank 347
– Variable, Shared Memory 464
– Zeichen-Objekt, Informix-Datenbank 344
Logische Operatoren 54
– Wahrheitstabelle 54
Lynx 589
– Daten schützen 591

M
magic_quotes_runtime-Funktion 293
Mailbox, erzeugen, IMAP 432
Mailboxnamen abrufen, IMAP-Mailbox 438
Mailing-Liste 620
Markieren
– Nachricht zum Löschen, IMAP 433
– zum Löschen rückgängig, IMAP-Mailbox 447
Mathematische Funktionen 268
– abs() 268
– acos() 268
– asin() 269
– atan() 269
– atan2() 270
– base_convert() 270
– bindec() 270
– ceil() 271
– cos() 271
– decbin() 271
– dechex() 271
– decoct() 271
– deg2rad() 272
– exp() 272
– floor() 272
– hexdec() 272
– log() 272
– log10() 273
– octdec() 273
– pi() 273
– pow() 273
– rad2deg() 273
– round() 274
– sin() 274

– sqrt() 274
– tan() 274
Mathematische Funktionen mit beliebiger Präzision
– bcadd() 277
– bccomp() 277
– bcdiv() 277
– bcmod() 277
– bcmul() 278
– bcpow() 278
– bcsqrt() 278
– bcsub() 278
Maximallänge, setzen für Spalten, ODBC-Datenbank 383
Mcrypt-Funktionen 255
– crypt() 255
– mcrypt_cbc() 256
– mcrypt_cfb() 257
– mcrypt_create_iv() 256
– mcrypt_ecb 257
– mcrypt_get_block_size() 257
– mcrypt_get_cipher_name() 258
– mcrypt_get_key_size() 258
– mcrypt_ofb() 259
Meldungen
– Dringlichkeitsstufe Client-Schnittstelle, Sybase-Datenbank 418
– Dringlichkeitsstufe Server-Schnittstelle, Sybase-Datenbank 419
– letzte, Sybase-Datenbank 418
method_exists() 101
Methode aufrufen, COM-Objekt 427
Methoden 101
– Vererbung 99
– zugreifen auf 99
Mhash-Funktionen
– md5() 227
– metaphone() 228
– mhash() 228
– mhash_count() 229
– mhash_get_block_size() 229
– mhash_get_hash_name() 229
– soundex() 230
Microsoft-Treiber, ODBC 376
microtime() 594
microtime-Funktion 285
Midgard 587

mktime-Funktion 285
mod_rewrite 591
Module, FreeEnery 585
Modulo-Division 53
Modus
– binäre Spaltenmodi in ODBC-Datenbank 377f.
– öffnen, DBM-Datenbankabstraktion 337
– Slobs, Informix-Datenbank 347
mSQL 353
msql_affected_rows() 353
msql_connect() 353
msql_create_db() 353
msql_data_seek() 354
msql_db_query() 354
msql_drop_db() 354
msql_error() 355
msql_fetch_array() 355
msql_fetch_field() 355
msql_fetch_object() 356
msql_fetch_row() 357
msql_field_seek() 357
msql_fieldflags() 358
msql_fieldlen() 358
msql_fieldtable() 359
msql_fieldtype() 359
msql_filesname() 358
msql_free_result() 359
msql_list_dbs() 360
msql_list_fields() 360
msql_list_tables() 360
msql_num_fields() 361
msql_num_rows() 361
msql_pconnect() 361
msql_query() 362
msql_regcase() Siehe sql_regcase()
msql_result() 362
msql_select_db() 362
mSQL-Funktionen, PHP2-Funktionen 353
MSSQL Siehe Sybase
MSSQL-Funktionen 414
MSSQL-Library, Sybase-Datenbank 413
Multidimensionale Arrays 89
MySQL 362
mysql_affected_rows() 363
mysql_change_user() 363
mysql_close() 364

mysql_connect() 364
mysql_create_db() 365
mysql_data_seek() 365
mysql_db_query() 366
mysql_drop_db() 366
mysql_errno() 366
mysql_error() 367
mysql_fetch_array() 367
mysql_fetch_field() 367
mysql_fetch_lengths() 369
mysql_fetch_object() 369
mysql_fetch_row() 370, 596
mysql_field_flags() 371
mysql_field_len() 371
mysql_field_name() 371
mysql_field_seek() 371
mysql_field_table() 371
mysql_field_type() 372
mysql_free_result() 372
mysql_insert_id() 372
mysql_list_dbs() 373
mysql_list_fields() 373
mysql_list_tables() 374
mysql_num_fields() 375
mysql_num_rows() 375
mysql_pconnect() 375
mysql_query() 375
mysql_result() 376, 596
mysql_select_db() 376
MySQL-Funktionen, PHP2-Funktionen 363

N
Nachricht
– an IMAP-Mailbox anhängen 430
– bewegen, IMAP-Mailbox 440
– Flag setzen, IMAP-Mailbox 445
– Header komplett, IMAP-Mailbox 434
– Headereigenschaften, IMAP-Mailbox 436
– Headerübersicht, IMAP-Mailbox 434
– Informationen, IMAP-Mailbox 434
– Inhalt zurückgeben, IMAP 430
– kopieren, IMAP-Mailbox 439
– löschen, IMAP-Mailbox 433
– markieren zum Löschen, IMAP 433
– schreiben, IMAP-Mailbox 439
– sortieren, IMAP-Mailbox 445

– suchen, IMAP-Mailbox 444
– Teil holen, IMAP-Mailbox 434
Nachrichtenanzahl
– IMAP-Mailbox 440
– neue, IMAP-Mailbox 441
Nachrichtenbereich, Struktur, IMAP 431
Nachrichtennummer, IMAP-Mailbox 440, 447
Namen
– ändern, IMAP-Mailbox 443
– IMAP-Mailboxen 438
Namengebung 625f.
Neigungsfaktor, Schriftarten 322
Netzwerk I/O-Funktionen 189
Netzwerkfunktionen 189
– checkdnsrr() 189
– fsockopen() 189
– gethostbyaddr() 190
– gethostbyname() 190
– gethostbynamel() 191
– getmxrr() 191
– getprotobyname() 191
– getprotobynumber() 191
– getservbyname() 191
– getservbyport() 192
– mail() 192
– pfsockopen() 193
– set_socket_blocking() 193
Nobody 113
Normalbreite, Schriftarten 321

O
ob_end_flush() 106
ob_get_contents() 106
ob_start() 106
Objekt 95, 100
– eingefügtes, Postgres-Datenbank 410
– erstellen 99
– großes ausgeben, Postgres-Datenbank 412
– großes erzeugen, Postgres-Datenbank 411
– großes holen, Postgres-Datenbank 411
– großes löschen, Postgres-Datenbank 412
– großes öffnen, Postgres-Datenbank 411
– großes schließen, Postgres-Datenbank 411
– großes schreiben, Postgres-Datenbank 412
– holen, LDAP-Verzeichnis 453
– setzen, Parser, XML 473

– Wert holen, SNMP 464
– Wert setzen, SNMP 465
Objekte 42
Objekteigenschaften
– apache_lookup_uri() 422
– imap_check() 431
– imap_fetchstructure() 434
– imap_header() 436
– imap_mailboxmsginfo() 440
– sybase_fetch_field() 416
Objektkennung, Postgres-Datenbank 410
Objektorientierte Programmierung 96
ocibindbyname() 387
ocicancel() 389
ocicolumnisnull() 389
ocicolumnname() 389
ocicolumnsize() 390
ocicommit() 390
ocidefinebyname() 390
ocierror() 391
ociexecute() 391
ocifetch() 391
ocifetchinto() 393
ocifetchstatement() 394
ocifreecursor() 395
ocifreestatement() 395
ociinternaldebug() 395
ocilogoff() 395
ocilogon() 395
ocinewcursor() 396
ocinewdescriptor() 396
ocinlogon() 397
ocinumcols() 397
ociparse() 397
ociplogon() 397
ociresult() 397
ocirollback() 397
ocirowcount() 397
ociserverversion() 398
ocisetprefetch() 398
ocistatementtype() 398
ODBC 376
odbc_autocommit() 377
odbc_binmode() 377
odbc_close() 378
odbc_close_all() 378

odbc_commit() 379
odbc_connect() 379
odbc_cursor() 380
odbc_do() 380
odbc_exec() 380
odbc_execute() 380
odbc_fetch_into() 380
odbc_fetch_row() 381
odbc_field_len() 381
odbc_field_name() 381
odbc_field_type() 382
odbc_free_result() 382
odbc_longreadlen() 377, 383
odbc_num_fields() 383
odbc_num_rows() 383
odbc_pconnect() 384
odbc_prepare() 384
odbc_result() 385
odbc_result_all() 385
odbc_rollback() 386
odbc_setoption() 386
ODBC-Funktionen 377
ODBC-Treiber, konfigurieren 386
Öffnen
– Blobs, InterBase-Datenbank 349
– dBase-Datenbank 333
– DBM-Datenbankabstraktion 337f.
– großes Objekt, Postgres-Datenbank 411
– IMAP-Mailbox 441ff.
– Informix-Datenbank 341, 344
– InterBase-Datenbank 349f.
– LDAP-Verzeichnis 450
– Modus, DBM-Datenbankabstraktion 337
– mSQL-Datenbank 353, 361
– MySQL-Datenbank 364, 375
– ODBC-Datenbank 379, 384
– Oracle-Datenbank 395, 397, 404
– Postgres-Datenbank 405, 412
– Sybase-Datenbank 415, 419
oiccolumntype() 390
openlog-Funktion 290
openlog-Optionen 178
Operatoren 52, 610f.
– - 53
– & 56
– => 58

– -> 58, 99
– ? 58, 65
– @ 58
– arithmetische Operatoren 52
– Bit-Operatoren 55
– Dekrementoperator 53
– Dollarzeichenoperator 57
– dreistellig 58, 65
– Gleichheitsoperator 54
– Inkrementoperator 53
– logische Operatoren 53
– new 56
– or 76
– Rangfolge 61
– Referenzoperator 55
– sonstige Operatoren 55
– Variablenmarkierung 55
– Vergleichsoperatoren 53
– Verkettungsoperator 55
– Zuweisungsoperator 54, 58
optimieren, DBM-Datenbankabstraktion 338
Optionen
– imap_status() 446
– Verbindung, Postgres-Datenbank 412
– Wert holen, XML 473
– Wert setzen, XML 475
ora_bind() 398
ora_close() 399
ora_columnname() 399
ora_columnsize() 399
ora_columntype() 399
ora_commit() 399
ora_commitoff() 399
ora_commiton() 399
ora_do() 400
ora_error() 400
ora_errorcode() 400
ora_exec() 400
ora_fetch() 402
ora_fetch_into() 403
ora_getcolumn() 403
ora_logoff() 404
ora_logon() 404
ora_numcols() 404
ora_numrows() 404
ora_open() 404

ora_parse() 404
ora_plogon() 404
ora_rollback() 404
Oracle 386
Oracle-Funktionen
– ocibindbyname() 387
– ocicancel() 389
– ocicolumnisnull() 389
– ocicolumnname() 389
– ocicolumnsize() 390
– ocicommit() 390
– ocidefinebyname() 390
– ocierror() 391
– ociexecute() 391
– ocifetch() 391
– ocifetchinto() 393
– ocifetchstatement() 394
– ocifreecursor() 395
– ocifreestatement() 395
– ociinternaldebug() 395
– ocilogoff() 395
– ocilogon() 395
– ocinewcursor() 396
– ocinewdescriptor() 396
– ocinlogon() 397
– ocinumcols() 397
– ociparse() 397
– ociplogon() 397
– ociresult() 397
– ocirollback() 397
– ocirowcount() 397
– ociserverversion() 398
– ocisetprefetch() 398
– ocistatementtype() 398
– oiccolumntype() 390
– ora_bind() 398
– ora_close() 399
– ora_columnname() 399
– ora_columnsize() 399
– ora_columntype() 399
– ora_commit() 399
– ora_commitoff() 399
– ora_commiton() 399
– ora_do() 400
– ora_error() 400
– ora_errorcode() 400

– ora_exec() 400
– ora_fetch() 402
– ora_fetch_into() 403
– ora_getcolumn() 403
– ora_logoff() 404
– ora_logon() 404
– ora_numcols() 404
– ora_numrows() 404
– ora_open() 404
– ora_parse() 404
– ora_plogon() 404
– ora_rollback() 404
Oracle-Platzhalter, an PHP-Variable binden, Oracle-
   Datenbank 387

P
Packen, dBase-Datenbank 334
Palette 304
Parameter, binden, PHP-Variable, Oracle-Datenbank
   398
Parsen
– Daten, XML 471
– Dokument, XML 471
Parser, erzeugen, XML 473
PATH_INFO 589
Performance
– Faktoren 594
– messen 594
Perl-kompatible reguläre Ausdrücke 262
permanente Verbindung
– DBM-Datenbankabstraktion 338
– Informix-Datenbank 344
– InterBase-Datenbank 350
– mSQL-Datenbank 361
– MySQL-Datenbank 375
– ODBC-Datenbank 384
– öffnen, IMAP-Mailbox 442
– Oracle-Datenbank 397, 404
– Postgres-Datenbank 412
– Sybase-Datenbank 419
Pfad setzen, Domäne für Gettext 428
pg_close() 405
pg_cmdtuples() 405
pg_connect() 405
pg_dbname() 406
pg_errormessage() 406

pg_exec() 406
pg_fetch_array() 407
pg_fetch_object() 408
pg_fetch_row() 409
pg_fieldisnull() 409
pg_fieldname() 410
pg_fieldnum() 410
pg_fieldprtlen() 410
pg_fieldsize() 410
pg_fieldtype() 410
pg_freeresult() 410
pg_getlastoid() 410
pg_host() 411
pg_loclose() 411
pg_locreate() 411
pg_loopen() 411
pg_loread() 411
pg_loreadall() 412
pg_lounlink() 412
pg_lowrite() 412
pg_numfields() 412
pg_numrows() 412
pg_options() 412
pg_pconnect() 412
pg_port() 413
pg_result() 413
pg_tty() 413
PHP
– auf Apache für UNIX installieren 29
– auf IIS für Windows NT installieren 30
– Bibliothek erstellen 29
– Dateinamen 591
– Modul integrieren 29
– Tags 614
– über den Web-Server ausführen 28
– Ursprünge 24
php.ini 30
php_dbase.dll 330
PHP2
– mSQL-Funktionen 353
– MySQL-Funktionen 363
PHP-Scripts
– editieren 31
– erstellen 31
– Hilfsprogramme für 31

PHP-Variable
– binden an Parameter, Oracle-Datenbank 398
– binden, Spalte, Oracle-Datenbank 390
Pipes 112
– schließen 129
Pixel, Farbe festlegen 324
PNG 297
– Bild aus PNG-Datei laden 310
– Bild ausgeben/speichern 319
Polygon zeichnen 312, 319
POP 429
Portnummer, Postgres-Datenbank 413
POSIX 160
POSIX-Funktionen
– posix_ctermid() 160
– posix_getcwd() 160
– posix_getegid() 161
– posix_geteuid() 161
– posix_getgid() 161
– posix_getgrgid() 161
– posix_getgrnam() 161
– posix_getgroups() 161
– posix_getlogin() 161
– posix_getpgid() 161
– posix_getpgrp() 161
– posix_getpid() 161
– posix_getppid() 161
– posix_getpwnam() 162
– posix_getpwuid() 162
– posix_getrlimit() 162
– posix_getsid() 163
– posix_getuid() 163
– posix_isatty() 163
– posix_kill() 163
– posix_mkfifo() 163
– posix_setgid() 163
– posix_setpgid() 163
– posix_setsid() 163
– posix_setuid() 163
– posix_times() 163
– posix_ttyname() 163
– posix_uname() 164
Post Office Protocol Siehe POP
Postgres 404

Postgres-Funktionen
- pg_close() 405
- pg_cmdtuples() 405
- pg_connect() 405
- pg_dbname() 406
- pg_errormessage() 406
- pg_exec() 406
- pg_fetch_array() 407
- pg_fetch_object() 408
- pg_fetch_row() 409
- pg_fieldisnull() 409
- pg_fieldname() 410
- pg_fieldnum() 410
- pg_fieldprtlen() 410
- pg_fieldsize() 410
- pg_fieldtype() 410
- pg_freeresult() 410
- pg_getlastoid() 410
- pg_host() 411
- pg_loclose() 411
- pg_locreate() 411
- pg_loopen() 411
- pg_loread() 411
- pg_loreadall() 412
- pg_lounlink() 412
- pg_lowrite() 412
- pg_numfields() 412
- pg_numrows() 412
- pg_options() 412
- pg_pconnect() 412
- pg_port() 413
- pg_result() 413
- pg_tty() 413
PostgreSQL Siehe Postgres
PostScript-Schriftart 298
- aus dem Speicher löschen 322
- laden 322
- Text zeichnen 322
PostScript-Zeichen 321
preg_grep() 262
preg_match() 262
preg_match_all() 263
preg_quote() 265
preg_replace() 265

preg_split() 265
print() 106
printf() 106
Programmierung, Code optimieren 594
Projekt-Management, Änderungen verfolgen 583
Projektplanung
- Design 581
- Leistungsbeschreibung 578
- Zielsetzung 578
Puffer 105
- aktivieren 124
- Ausgaben puffern 124
- Inhalt löschen 125
- leeren 122
- puffern der Ausgabe beenden 125
Puffergröße, festlegen, Oracle-Datenbank 398
PUT 111
- Anforderungen 111

R
Random Access Memory (RAM) 45
Rechte, Shared Memory 461
Rechteck zeichnen 313, 324
Rechtschreibung prüfen 426
Rechtschreibung vorschlagen 426
register_shutdown_function 293
register-shutdown_function() 105
Reguläre Ausdrücke
- Funktionen 260
- Perl-kompatibel 262
Rekursion 82
Rekursive Definitionen 82
Rekursive Funktion 82
require() 116
Ressourcen 42
- ausschließliche Kontrolle 458
return 75
RFC 822 434
- IMAP-Mailbox 443f.
Robots 589
Rollback
- ausführen, InterBasc-Funktionen 352
- ausführen, ODBC-Datenbank 386
- ausführen, Oracle-Datenbank 397, 404

S
Schleifen 39, 69
– for 39, 73
– while 69
Schließen
– dBase-Datenbank 331
– großes Objekt, Postgres-Datenbank 411
– IMAP-Mailbox 432
– Informix-Datenbank 341
– InterBase-Datenbank 349
– MySQL-Datenbank 364
– ODBC-Datenbank 378
– Oracle-Datenbank 395, 404
– Oracle-Datenbenken 399
– Postgres-Datenbank 405
– Sybase-Datenbank 415
– Verbindung, DBM-Datenbankabstraktion 335
– Verbindung, LDAP-Server 450
Schlüssel
– DBM-Datenbankabstraktion 335
– holen, DBM-Datenbankabstraktion 336
Schnittstellen zu externen Systemen 27
Schreiben
– Daten Blob, InterBase-Datenbank 348
– Daten Slob, Informix-Datenbank 347
– großes Objekt, Postgres-Datenbank 412
– Nachricht, IMAP-Mailbox 439
– Variable, Shared Memory 462
Schriftartbezeichner 300
– erzeugen 318
– kopieren 320
– PostScript-Schriftarten 322
Schriftartdateien, Format 318
Schriftarten
– Breite festlegen 321
– Dehnungsfaktor 321
– gestreckte Kopie 320
– interne 300
– Kopie 320
– laden 318
– neigen 322
– Normalbreite wiederherstellen 321
– schräggestellte Kopie 320
– Schriftartbezeichner 318
– Schriftbreite bestimmen 315

– Schrifthöhe bestimmen 314
– zeichnen 301f.
Scripts
– configure 616
– nach Zeitplan ausführen 591
sem_acquire() 459
sem_get() 460
sem_release() 460
Semaphore 421, 458
Semaphor-Funktionen
– sem_acquire() 459
– sem_get() 460
– sem_release() 460
Serialisierung 116
Serverversion, Oracle-Datenbank 398
session_set_handler() 116
session_start() 114
Sessions 114
set_magic_quotes_runtime-Funktion 293
set_time_limit() 105
set_time_limit-Funktion 294
setlocale 285, 294
– Kategorien 294
settype() 43
Setup, ODBC-Treiber 386
Setzen
– Objektwert, SNMP 465
– Optionswert, XML 475
Shared Memory 421, 460
Shared Memory-Funktionen
– shm_attach() 461
– shm_detach() 462
– shm_get_var() 462
– shm_put_var() 462
– shm_remove() 463
– shm_remove_var() 464
Shell-Anweisungen
– exec() 185
– getenv() 186
– passthru() 186
– putenv() 186
– system() 186
shm_attach() 461
shm_detach() 462
shm_get_var() 462

shm_put_var() 462
shm_remove() 463
shm_remove_var() 464
Simple Network Management Protocol Siehe SNMP
Sitzungen 114
– Bezeichner 114
– Datenschutz 588
– in relationalen Datenbanken speichern 116
– Informationen aufzeichnen 588
– verwalten 183
Sitzungsfunktionen
– session_decode() 183
– session_destroy() 183
– session_encode() 183
– session_id() 183
– session_is_registered() 183
– session_module_name() 183
– session_name() 184
– session_register() 184
– session_save_path() 184
– session_set_save_handler() 184
– session_start() 185
– session_unregister() 185
sleep-Funktion 295
Slobs
– Cursorposition ändern, Informix-Datenbank 347
– Cursorposition holen, Informix-Datenbank 347
– Daten schreiben, Informix-Datenbank 347
– erzeugen, Informix-Datenbank 347
– Inhalt holen, Informix-Datenbank 347
– löschen, Informix-Datenbank 347
– Modus, Informix-Datenbank 347
SNMP 421, 464
SNMP-Funktionen
– snmp_get_quick_print() 464
– snmp_set_quick_print() 464
– snmpget() 464
– snmprealwalk() 466
– snmpset() 465
– snmpwalk() 466
– snmpwalkoid() 466
Software 28
Solid 376
Sonstige Funktionen 421
Sonstige Operatoren 55

Sortieren, Nachrichten, IMAP-Mailbox 445
Spalte
– binden, PHP-Variable, Oracle-Datenbank 390
– holen leere, Informix-Datenbank 344
– holen, InterBase-Datenbank 350
– holen, Oracle-Datenbank 397, 403
– testen, Oracle-Datenbank 389
– zuletzt gelesene, XML 470
Spaltenanzahl
– Informix-Datenbank 344
– Oracle-Datenbank 397, 404
Spalteneigenschaften, holen, Informix-Datenbank 343
Spalteninformationen, holen, InterBase-Datenbank 350
Spaltenlänge
– maximale setzen, ODBC-Datenbank 383
– Oracle-Datenbank 390, 399
Spaltenname, Oracle-Datenbank 389, 399
Spaltentyp, Oracle-Datenbank 390, 399
Speicher 51
– freigeben 51
– gemeinsam genutzter 421
Speicherplatz
– freigeben 311
– freigeben, Informix-Datenbank 344
– freigeben, InterBase-Datenbank 350
– freigeben, LDAP-Verzeichnis 452
– freigeben, mSQL-Datenbank 359
– freigeben, MySQL-Datenbank 372
– freigeben, ODBC-Datenbank 382
– freigeben, Oracle-Datenbank 395
– freigeben, Parser, XML 473
– freigeben, Postgres-Datenbank 410
– freigeben, Shared Memory 462
– freigeben, Sybase-Datenbank 418
Speichersegment, freigeben, Shared Memory 463
split() 261
Sprachcode 294
Standarddomäne, Gettext 429
Standardtransaktion, ausführen, InterBase-Datenbank 349
Stapelspeicher 104, 106
stat-Funktion 290
Status, IMAP-Mailbox 446
Stauchen, Teile von Bildern 309

Steueranweisungen 63
Steuerzeichen 602
- printf-Steuerzeichen 123
Stream, IMAP-Mailbox 442
Strecken, Teile von Bildern 309
strftime-Funktion 285
- Codes 284
String 42
String-Funktionen
- addslashes() 237
- base64_decode() 237
- base64_encode() 237
- basename() 237
- bin2hex() 238
- chop() 238
- chr() 238
- chunk_split() 239
- convert_cyr_string() 239
- count_chars() 230
- dirname() 239
- escapeshellcmd() 240
- eval() 231
- hebrev() 241
- hebrevc() 241
- htmlentities() 241
- htmlspecialchars() 243
- ip2long() 243
- long2ip() 243
- ltrim() 243
- nl2br() 243
- number_format() 243
- ord() 244
- pack() 245
- parse_str() 247
- parse_url() 247
- quoted_printable_decode() 248
- quotemeta() 249
- rawurldecode() 249
- rawurlencode() 250
- serialize() 250
- sql_regcase() 251
- str_repeat() 232
- str_replace() 251
- strcasecmp() 232
- strchr() 232
- strcmp() 233
- strcspn() 233

- string addcslashes() 236
- string sprintf() 232
- strip_tags() 251
- stripcslashes() 252
- stripslashes() 252
- stristr() 233
- strlen() 234
- strpos() 234
- strrchr() 234
- strrev() 252
- strrpos() 234
- strspn() 235
- strstr() 235
- strtok() 235
- strtolower() 252
- strtoupper() 253
- strtr() 253
- substr() 236
- substr_replace() 253
- trim() 254
- ucfirst() 254
- ucwords() 254
- unpack() 254
- unserialize() 254
- urldecode() 255
- urlencode() 255
strtotime-Funktion 286
Style Guide 624
- Anweisungen, zusammengesetzte 625
- Ausdrücke 627
- Funktionsdeklarationen 625
- Kommentare 624
- Namengebung 625f.
sub_req_lookup_uri 422
Suchen
- IMAP-Mailbox 439
- Nachrichten, IMAP-Mailbox 444
Suchkriterien
- imap_search() 444
- IMAP-Mailbox 446
Suchmaschinen
- Alta Vista 589
- Arbeitsweise 589
- Google 589
Sybase 413
sybase_affected_rows() 414
sybase_close() 415

sybase_connect() 415
sybase_data_seek() 415
sybase_fetch_array() 415
sybase_fetch_field() 416
– Objekteigenschaften 416
sybase_fetch_object() 416
sybase_fetch_row() 417
sybase_field_seek() 418
sybase_free_result() 418
sybase_get_last_message() 418
sybase_min_client_severity() 418
sybase_min_error_severity() 418
sybase_min_message_severity() 418
sybase_min_server_severity() 419
sybase_num_fields() 419
sybase_num_rows() 419
sybase_pconnect() 419
sybase_query() 419
sybase_result() 419
sybase_select_db() 420
Sybase-Funktionen 414
Synchronisieren, DBM-Datenbankabstraktion 338
syslog-Funktion 290
syslog-Prioritäten 181

T
Tabellen, auflisten, MySQL-Datenbank 374
Tabellenname
– mSQL-Datenbank 359
– MySQL-Datenbank 371
Tags
– ASP 614
– kompatible, XML 614
– kurze 614
– PHP 614
Teilbild, kopieren 309
Telnet 598
Templates, FastTemplate 587
Testen
– Feld, Postgres-Datenbank 409
– Spalte, Oracle-Datenbank 389
Text
– an den Browser schicken 122
– zeichnen, horizontal 325
– zeichnen, PostScript 322

– zeichnen, TrueType 327
– zeichnen, vertikal 325
Text an den Browser schicken, Anweisungen
– echo() 122
– print() 123
– printf() 123
textdomain() 429
Textfeld, bestimmen 320, 327
Textgröße, bestimmen 320, 327
Transaktionsbezeichner, InterBase-Datenbank 352
transparente Farben 308
Treiber, konfigurieren, ODBC-Datenbank 386
TRUE und FALSE 64
TrueType-Schriftart 298
– Text zeichnen 327
tty-Name, Postges-Datenbank 413

U
UCD SNMP Library 464
Übersetzen, Zeichenkette 429
UID, IMAP-Mailbox 440, 447
Umgebungsvariablen 107
– PATH_INFO 589
Umwandeln, 8-Bit-Zeichenkette 429f.
UNIX
– crontab 591
– Epoche 280
URI
– Definition 589
– Eigenschaften 422
usleep-Funktion 295
UTF7
– codieren, IMAP-Mailbox 448
– decodieren, IMAP-Mailbox 447
utf8_decode() 469
utf8_encode() 469
UTF-8-Text
– codieren, XML 469
– decodieren, XML 469

V
Variablen 108
– eingebettete 49
– Gültigkeitsbereich 45
– hinzufügen, WDDX-Paket 467

– holen, WDDX-Paket 467
– HTTP_COOKIE_VARS 108
– HTTP_GET_VARS 108
– HTTP_POST_VARS 108
– HTTP_USER_AGENT 588
– HTTP-USER-AGENT 107
– inputColor 108
– lesen, Shared Memory 462
– PHP_UPLOAD_FILE_NAME 112
– Referenz 80
– referenzieren 56
– REMOTE-ADDR 107
– REQUEST-URI 112
– schreiben, Shared Memory 462
– this 98
– Werte zuweisen 48
– Zuweisungen (Beispiele) 48
Variablenfunktionen
– define() 202
– defined() 202
– doubleval() 203
– empty() 203
– intval() 203
– is_array() 204
– is_bool() 204
– is_double() 204
– is_float() 204
– is_int() 204
– is_integer() 204
– is_long() 204
– is_object() 204
– is_real() 205
– is_resource() 205
– is_string() 205
– isset() 205
– settype() 206
– string gettype() 203
– strval() 206
– unset() 206
Verbindung
– öffnen, dBase-Datenbank 333
– öffnen, DBM-Datenbankabstraktion 337
– öffnen, IMAP-Mailbox 441, 443
– öffnen, Informix-Datenbank 341
– öffnen, InterBase-Datenbank 349
– öffnen, LDAP-Verzeichnis 450

– öffnen, mSQL-Datenbank 353
– öffnen, MySQL-Datenbank 364
– öffnen, ODBC-Datenbank 379
– öffnen, Oracle-Datenbank 395, 397, 404
– öffnen, Postgres-Datenbank 405
– öffnen, Sybase-Datenbank 415
– Optionen, Postgres-Datenbank 412
– permanent öffnen, DBM-Datenbankabstraktion
    338
– permanent öffnen, IMAP-Mailbox 442
– permanent öffnen, Informix-Datenbank 344
– permanent öffnen, InterBase-Datenbank 350
– permanent öffnen, mSQL-Datenbank 361
– permanent öffnen, MySQL-Datenbank 375
– permanent öffnen, ODBC-Datenbank 384
– permanent öffnen, Oracle-Datenbank 397, 404
– permanent öffnen, Postgres-Datenbank 412
– permanent öffnen, Sybase-Datenbank 419
– Portnummer, Postgres-Datenbank 413
– schließen, dBase-Datenbank 331
– schließen, DBM-Datenbankabstraktion 335
– schließen, IMAP-Mailbox 432
– schließen, Informix-Datenbank 341
– schließen, InterBase-Datenbank 349
– schließen, LDAP-Server 450
– schließen, ODBC-Datenbank 378
– schließen, Oracle-Datenbank 395, 399, 404
– schließen, Postgres-Datenbank 405
– schließen, Sybase-Datenbank 415
– tty-Name, Postgres-Datenbank 413
Verbindungsbezeichner Siehe Verbindung, (perma-
    nent) öffnen
Vererbung 99
Vergleichsoperatoren 54
Verschlüsselung, Funktionen, siehe Mcrypt-Funktio-
    nen 255
Verzeichnis
– entfernen 150
– löschen 154
– schließen 127
Verzeichnisobjekt erstellen 128
Verzeichnisstruktur, holen, SNMP 466
virtual() 425
Vorbereiten
– Abfrage, Informix-Datenbank 345
– Abfrage, InterBase-Datenbank 350

– Abfrage, ODBC-Datenbank 384
– Abfrage, Oracle-Datenbank 404
– Datensatz, Oracle-Datenbank 391

W

WAP-Bitmap, Bild ausgeben/speichern 328
WBMP 297
WDDX 421, 466
wddx_add_vars() 467
wddx_deserialize() 467
wddx_packet_end() 467
wddx_packet_start() 468
wddx_serialize_value() 468
wddx_serialize_vars() 468
WDDX-Funktionen
– wddx_add_vars() 467
– wddx_deserialize() 467
– wddx_packet_end() 467
– wddx_packet_start() 468
– wddx_serialize_value() 468
– wddx_serialize_vars() 468
Web Distributed Data Exchange Siehe WDDX
Website, in Module aufteilen 583
Websites
– Archiv der Mailing-Liste 620
– Dienstleistungen 622
– FAQTS.com 620
– filePro 339
– IMAP 429
– Informix 341
– InterBase 348
– Jobs 622
– mSQL 353
– Oracle 386
– PHP 620
– Portale 621
– Software 621
– Style Guide 624
Weltzeit 283f.
Werte abrufen 50
while-Schleife 69
Wörterbuch laden 425

X

X.500 448
XML 421, 469
xml_error_string() 469
xml_get_current_byte_index() 469
xml_get_current_column_number() 470
xml_get_current_line_number() 470
xml_get_error_code() 470
xml_parse() 471
xml_parse_into_struct() 471
xml_parser_create() 473
xml_parser_free() 473
xml_parser_get_option() 473
xml_parser_set_option() 475
xml_set_character_data_handler() 475
xml_set_default_handler() 475
xml_set_element_handler() 475
xml_set_entity_ref_handler() 479
xml_set_notation_decl_handler() 479
xml_set_object() 473
xml_set_processing_instruction_handler() 480
xml_set_unparsed_entity_decl_handler() 480
XML-Funktionen
– utf8_decode() 469
– utf8_encode() 469
– xml_error_string() 469
– xml_get_current_byte_index() 469
– xml_get_current_column_number() 470
– xml_get_current_line_number() 470
– xml_get_error_code() 470
– xml_parse() 471
– xml_parse_into_struct() 471
– xml_parser_create() 473
– xml_parser_free() 473
– xml_parser_get_option() 473
– xml_parser_set_option() 475
– xml_set_character_data_handler() 475
– xml_set_default_handler() 475
– xml_set_element_handler() 475
– xml_set_entity_ref_handler() 479
– xml_set_notation_decl_handler() 479
– xml_set_object() 473
– xml_set_processing_instruction_handler() 480
– xml_set_unparsed_entity_decl_handler() 480

Z

Zahlen mit beliebiger Präzision 277
Zeichenketten 42
– übersetzen 429
– umwandeln 60
Zeichen-Objekt
– ändern, Informix-Datenbank 346
– erzeugen, Informix-Datenbank 343
– Inhalt holen, Informix-Datenbank 344
– löschen, Informix-Datenbank 344
Zeichnen
– einzelnes Zeichen horizontal 301
– einzelnes Zeichen vertikal 302
– Ellipsen 300
– Linie, durchgezogene 317
– Linie, gestrichelte 311
– Polygon, ausgefülltes 312
– Polygon, Umriss 319
– Rechteck, ausgefülltes 313
– Rechteck, Umriss 324
– Text, horizontal 325
– Text, PostScript 322
– Text, TrueType 327
– Text, vertikal 325
Zeile
– holen Anweisung, Oracle-Datenbank 389
– zuletzt gelesene, XML 470
Zeit- und Datumsfunktionen
– checkdate 280
– date 280, 282
– getdate 280, 283
– gettimeofday 281, 283
– gmdate 283
– gmstrftime 284
– integer time 286
– microtime 285
– microtime() 594
– mktime 285
– strftime 285
– strtotime 286
Zeitformat, InterBase-Datenbank 352
Zeitmarke 280
– Definition 280
Zend, Optimierer 594
Zufallszahlen 274
Zufallszahlen-Funktionen
– getrandmax() 275
– lcg_value() 275
– mt_getrandmax() 275
– mt_rand() 275
– mt_srand() 275
– rand() 275
– srand() 276
– tempnam() 276
– uniqid() 276
Zugriffsrechte 126
Zuweisungsoperatoren 48, 58

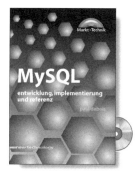